de Gruyter Studienbuch

Ansgar Beckermann

Analytische Einführung in die Philosophie des Geistes

2., überarbeitete Auflage

Walter de Gruyter · Berlin · New York
2001

Die Deutsche Bibliothek – CIP-Einheitsaufnahme

Beckermann, Ansgar:
Analytische Einführung in die Philosophie des Geistes / Ansgar
Beckermann. – 2., überarb. Aufl. – Berlin ; New York : de Gruy-
ter, 2001
  (De-Gruyter-Studienbuch)
  ISBN 3-11-017065-5

© Copyright 2000 by Walter de Gruyter GmbH & Co. KG, D-10785 Berlin

Printed in Germany
Druck und buchbinderische Verarbeitung: WB-Druck, 87669 Rieden a.
Forggensee

Für Carl Gustav Hempel und Günther Patzig,
die ich gerne als akademische Lehrer gehabt hätte

Vorwort

Dieses Buch trägt den Titel *Analytische Einführung in die Philosophie des Geistes* und nicht – wie man wegen seines Inhalts auch vermuten könnte – *Einführung in die Analytische Philosophie des Geistes.* Zugleich ist es der erste einer Reihe von Bänden, die ebenfalls als 'Analytische Einführungen' in verschiedene Disziplinen der Philosophie dienen sollen. Die Wahl des Titels ist also doppelt erklärungsbedürftig.

Analytische Philosophie im *traditionellen* Sinn kann durch eine (oder auch mehrere) der folgenden drei Thesen gekennzeichnet werden:

(1) *Ziel* der Philosophie ist die Überwindung der Philosophie durch Sprachanalyse.

(2) Die einzige (legitime) *Aufgabe* der Philosophie ist die Analyse der (Alltags- oder Wissenschafts-)Sprache.

(3) Die einzige *Methode*, die der Philosophie zur Verfügung steht, ist die Methode der Sprachanalyse.

Wenn man betrachtet, was heute unter dem Stichwort 'Analytische Philosophie' betrieben wird, stellt man jedoch fest, daß es kaum noch jemanden gibt, der auch nur eine dieser Thesen unterschreiben würde. Mit anderen Worten: Analytische Philosophie in dem Sinne, in dem dieser Ausdruck in der ersten Hälfte des 20. Jahrhunderts verstanden wurde, gibt es heute nicht mehr. Die traditionelle Analytische Philosophie ist tot. Und dennoch scheint die Analytische Philosophie kaum je so lebendig gewesen zu sein wie heute. Auch wenn dies nach außen hin kaum sichtbar geworden ist, muß es also einen deutlichen Wandel im Selbstverständnis dieses Bereichs der Philosophie gegeben haben.

Soweit ich sehen kann, ergibt sich der Übergang von der traditionellen zur heutigen Analytischen Philosophie einfach daraus, daß man, ohne viel Aufhebens davon zu machen, die oben angeführten drei Thesen aufgegeben, zugleich aber einen bestimmten *Stil des Philosophierens* beibehalten hat. Das wesentliche Kennzeichen der heutigen Analytischen Philosophie ist eine bestimmte *Analytische Einstellung* philosophischen Problemen gegenüber. Was macht diese Einstellung aus? Zum einen zeichnet sich die heutige, ebenso wie die traditionelle, Analytische Philosophie

durch eine besondere *Argumentationskultur* aus. Ernest LePore
hat einmal im Gespräch berichtet, Quine vertrete die Auffassung,
der Beginn der Analytischen Philosophie in den USA sei genau
zu datieren. 1935 begleiteten Quine, Goodman und einige andere
Kollegen Rudolf Carnap zu einem Vortrag vor der *Philosophical
Association* in Baltimore. Nach dem Vortrag mußte sich Carnap
mit einem Einwand Arthur Lovejoys auseinandersetzen, und das
tat er in der für ihn und für die Analytische Philosophie charakteristischen Weise: „Wenn Arthur Lovejoy *A* meint, dann *p*, wenn
er dagegen *B* meint, dann *q*."[1] Diese schöne Geschichte ist sehr
bezeichnend. Denn an ihr wird *ein* Merkmal Analytischen Philosophierens schlagartig deutlich: Der Versuch, den *Inhalt* einer
These so präzise wie irgend möglich herauszuarbeiten, und sei es
um den Preis der Penetranz oder gar der Langeweile. Nur wenn
klar ist, was mit einer bestimmten Annahme gemeint ist bzw.
welche verschiedenen Lesarten sie zuläßt, kann man sagen, welche Argumente für oder gegen sie sprechen. *Begriffliche Implikationen* und *argumentative Zusammenhänge* so klar wie möglich
herauszuarbeiten, ist also ein wesentlicher Aspekt der Analytischen Einstellung.[2]

Es gibt aber auch noch andere, vielleicht weniger offensicht-
liche. Ein zweites Merkmal der Analytischen Einstellung besteht
darin, daß sie von der Annahme ausgeht, daß es *zeitunabhängige
philosophische Probleme* gibt, Fragen, die seit dem Beginn der
Philosophie immer wieder gestellt wurden und die heute noch
dieselbe Bedeutung haben wie damals. Dasselbe gilt für Argumente. Der Analytischen Einstellung zufolge sind auch Argu-

---

[1]   Siehe etwa Quine (1966, 42).

[2]   Dieses Streben nach Klarheit ist natürlich auch dafür verantwortlich, daß
neben anderen Methoden die Methode der Sprachanalyse – und insbesondere die Methode des 'semantischen Aufstiegs' – in der Analytischen Philosophie nach wie vor eine große Rolle spielt. Wenn man Genaueres über *X*
erfahren will, ist es oft ausgesprochen hilfreich, zuerst zu fragen, wie die
sprachlichen Ausdrücke verwendet werden, mit denen wir über *X* reden.
Dies bedeutet jedoch nicht, daß die Fragen „Was ist *X*?" oder „Was hat es
mit *X* auf sich?" durch die Frage „Wie werden die sprachlichen Ausdrücke
verwendet, mit denen wir über *X* reden?" ersetzt würden. Antworten auf
diese letzte Frage sind in der Regel nur Mittel, um bessere Antworten auf
die ersten beiden Fragen zu finden.

mente nicht relativ zu einer bestimmten Zeit, Kultur oder einem philosophischen System.

Aus dieser Auffassung ergibt sich ein drittes Merkmal der Analytischen Einstellung, die Überzeugung, daß es so etwas wie philosophische *Schulen* eigentlich gar nicht geben kann. Möglich sind nur unterschiedliche Auffassungen und Positionen; aber diese sind gegeneinander nicht so abgeschottet, daß ein Austausch von Argumenten unmöglich wäre. Ganz im Gegenteil: Es gibt nur einen großen philosophischen Diskurs, in dem jeder argumentativ zu den Auffassungen der jeweils anderen Stellung nehmen kann. Dies ist auch der Grund dafür, daß Philosophie *arbeitsteilig* betrieben werden kann. Wenn die Aufgabe von Philosophinnen und Philosophen nicht ist, große Systeme zu entwerfen, sondern an der Klärung zeitübergreifender philosophischer Fragen mitzuwirken, dann können auch kleine Beiträge einen Fortschritt bedeuten. Sie müssen nur auf eine gemeinsame Frage bezogen sein und helfen, der Antwort auf diese Frage näherzukommen. Allerdings ist die Hoffnung, daß es möglich sei, philosophische Probleme ein für alle Mal zu lösen, heute bei weitem nicht mehr so ausgeprägt, wie sie es vielleicht einmal war. Fortschritt ist dennoch möglich. Denn auch wenn es gelingt, zu klären, was eine bestimmte Position genau impliziert, welche Argumente für diese Position relevant und welche Argumente definitiv zum Scheitern verurteilt sind, z.B. weil sie nicht zeigen, was sie zeigen sollen, kann dies durchaus einen wesentlichen Fortschritt darstellen. Fortschritt in der Philosophie bedeutet im allgemeinen nicht die Lösung, sondern die Klärung von Problemen.

Damit ist zunächst alles gesagt, was zur Erläuterung des Titels dieses Buches nötig ist. Es handelt sich um eine Einführung in die Philosophie des Geistes *in Analytischer Einstellung*. Das bedeutet, daß es sich nicht um eine Einführung in Kants Philosophie des Geistes oder die marxistische Philosophie des Geistes oder die abendländische Philosophie des Geistes handelt, sondern einfach um eine Einführung in die Philosophie des Geistes. In diesem Buch geht es also nicht so sehr darum, was die sogenannten großen Philosophen zum Leib-Seele-Problem gesagt und geschrieben haben. Vielmehr stehen die systematischen Fragen im Vordergrund, die dieses Problem ausmachen. Genauer gesagt

bedeutet das folgendes: In diesem Buch sollen erstens die zentralen Fragen vorgestellt werden, die den Bereich der Philosophie
des Geistes definieren; zweitens sollen die Hauptpositionen, die
man im Hinblick auf diese Fragen einnehmen kann, erläutert
werden; und drittens schließlich sollen die Argumente vorgestellt
und diskutiert werden, die für und gegen die einzelnen Positionen
sprechen. Dabei ist Vollständigkeit natürlich unmöglich. Und das
bedeutet, daß die *Auswahl* der behandelten Fragen, Positionen
und Argumente insofern doch zeitgebunden ist, als sie sich im
wesentlichen aus dem gegenwärtigen Stand der Diskussion ergibt.
Natürlich ist es auch unmöglich, auf alle Details der inzwischen
überaus differenzierten Debatte einzugehen. Das Ziel ist vielmehr
die Vermittlung von *Basiswissen*. Die Grundfragen, Hauptpositionen und die wesentlichsten Argumente sollen in ihrer Entstehung und ihrem systematischen Zusammenhang so dargestellt
werden, daß die Leserinnen und Leser am Ende über eine solide
Grundlage verfügen, die es ihnen ermöglicht, sich zurechtzufin-
den, neue Positionen, auf die sie stoßen, richtig einzuordnen und
gezielt dort weiterzufragen, wo es für sie am interessantesten ist.
Im übrigen ist die vorliegende Einführung natürlich auch dem
ersten Merkmal der gerade erläuterten Analytischen Einstellung
verpflichtet. Auch in ihr wird versucht, begriffliche Implikationen
und argumentative Zusammenhänge so klar wie möglich herauszuarbeiten.

Daß es einen Bedarf an Übersichtsdarstellungen dieser Art gibt,
zeigt sich besonders im angelsächsischen Raum an den vielen
Einführungen in alle historischen und systematischen Teilgebiete
der Philosophie und an einer ebenfalls erheblichen Anzahl von
Handbüchern, die fast alle in den letzten fünf bis zehn Jahren
erschienen sind und größtenteils ausgesprochen nützliche Dienste
leisten.[3] Im deutschsprachigen Raum gibt es weit weniger Auswahl, und die meisten Überblicksdarstellungen haben eher historischen Charakter. In der Philosophie des Geistes sind in den
letzten zwei Jahren immerhin Godehard Brüntrups *Das Leib-
Seele-Problem – Eine Einführung*, Thomas Zoglauers *Geist und*

---

[3] Für die Philosophie des Geistes siehe z.B. P.M. Churchland (1988), Priest
(1991), Kim (1996), Braddon-Mitchell/Jackson (1996), Rey (1997) und
Guttenplan (1994).

Gehirn sowie die Übersetzung von Jaegwon Kims *Philosophy of Mind* erschienen.[4] Wenn jetzt noch ein weiteres Buch zu demselben Themenbereich hinzukommt, ist dies sicher kein Nachteil. Denn meist ist es eher hilfreich, wenn man die unterschiedlichen Herangehensweisen verschiedener Autoren an denselben Gegenstand miteinander vergleichen kann.

Außerdem gibt es zwischen Einführungen in dasselbe Gebiet oft erhebliche Unterschiede. Manchen Autoren geht es eher darum, die Dinge so darzustellen, wie sie selbst sie sehen, bei anderen steht ein Teilaspekt des dargestellten Gebiets im Vordergrund, und nur wenigen geht es um eine möglichst umfassende Darstellung des gegenwärtigen Stands der Diskussion. Dieses Buch fühlt sich, wie schon gesagt, dem letzten Ziel verpflichtet. Trotzdem lassen sich persönliche Vorlieben und Sichtweisen natürlich nicht völlig ausschalten. Besonders bei der Art, wie man den Gesamtbereich gliedert und welche Beiträge man in welchem Kapitel behandelt, sind Entscheidungen unumgänglich, bei denen der persönliche Standpunkt nicht ausgeblendet werden kann.

Eine so komplexe Diskussion darzustellen wie die, die in den letzten Jahrzehnten in der Philosophie des Geistes geführt wurde, ist keine leichte Sache. Dies hat seinen Grund nicht zuletzt darin, daß in dieser Diskussion immer wieder von Ergebnissen in Nachbardisziplinen – wie der Wissenschaftstheorie, der Sprachphilosophie und der Metaphysik – Gebrauch gemacht wird. Damit dies nicht von vornherein zu unüberwindlichen Verständnisschwierigkeiten führt, werden in diesem Buch, soweit das irgend möglich ist, alle wichtigen Begriffe erläutert. Das geschieht auf verschiedene Weise. Die für die philosophische Diskussion absolut unentbehrlichen Begriffe werden im Text ausführlich erklärt, wobei die wesentlichen Punkte häufig noch einmal in einem eigenen Kasten zusammengefaßt sind. Wichtige technische Begriffe werden im Glossar am Ende des Buches erläutert; diese Begriffe sind mit einem '*' gekennzeichnet. Weniger wichtige technische Begriffe werden kurz in einer Fußnote erklärt.

---

[4] Carrier/Mittelstraß (1989) ist nicht im eigentlichen Sinne eine Überblicksdarstellung, zeichnet sich vor anderen Büchern aber durch seinen systematischen Charakter aus; dasselbe gilt für Hastedt (1988).

Dieses Buch ist aus einer Vorlesung entstanden, die ich zuerst im Wintersemester 1992/93 an der Universität Mannheim und später noch einmal an der Universität Bielefeld gehalten habe. Da es nicht immer einfach ist, selbst zu beurteilen, ob man sich auf dem richtigen Wege befindet, habe ich eine Reihe von Kolleginnen und Kollegen gebeten, frühere Fassungen dieses Buches zu lesen und kritisch zu kommentieren. Für diese sehr hilfreichen Kommentare möchte ich mich bedanken bei Rüdiger Bittner, Hans Flohr, Martina Herrmann, Wolfgang Lenzen und Achim Stephan. Besonderer Dank gebührt Antonia Barke, Stefan Baur, Barbara Guckes, Volker Meurer, Christian Nimtz, Martin Rechenauer und Michael Schütte. Stefan Baur, Volker Meurer, Christian Nimtz, Michael Schütte und eine Zeitlang auch Martin Rechenauer haben in einer ständigen 'Redaktionskonferenz' die Fertigstellung des endgültigen Textes begleitet. Martin Rechenauer hat darüber hinaus mit einer Vorlesungsmitschrift wertvolle Vorarbeit für die Abfassung vieler Kapitel geliefert. Volker Meurer hat wesentlichen Anteil an der Erstellung des Glossars. Antonia Barke und Barbara Guckes haben geholfen, bei der Endredaktion die letzten Fehler auszumerzen. Außerdem hat Antonia Barke die mühevolle Aufgabe übernommen, das Register zu erstellen. Schließlich soll Peter Lanz hier nicht vergessen sein, dessen Kommentare immer besonders scharfsinnig waren und dessen kritischen Rat ich bei der Erstellung der Endfassung sehr vermißt habe.

Bielefeld, November 1998

Vorwort zur zweiten Auflage

Obwohl seit Erscheinen der ersten Auflage erst knapp zwei Jahre vergangen sind, ist es meiner Meinung nach notwendig, einige Veränderungen und Ergänzungen vorzunehmen – und zwar besonders in den Kapiteln, in denen es direkt um den Begriff des Eigenschafts-Physikalismus geht. Erstens scheint es mir sinnvoll, darauf hinzuweisen, daß auch der Semantische Physikalismus als eine Version der Identitätstheorie angesehen werden kann. Zweitens bin ich inzwischen im Zweifel darüber, ob es vernünftig ist, von *Kriterien* für Eigenschaftsidentitäten zu reden. Deshalb habe ich die Argumentation im Abschnitt 5.1 umgestellt und eine Passage eingefügt, in der deutlich werden soll, daß die Rede von solchen Kriterien keineswegs selbstverständlich ist. Drittens mußte auch das Kapitel 8 überarbeitet werden – und zwar gleich aus drei Gründen. Zum einen war es eigentlich unverzeihlich, daß in der bisherigen Fassung des Abschnitts 8.1 die Unterscheidung zwischen logischer und nomologischer Supervenienz völlig ignoriert wurde. Das gilt um so mehr, als diese Unterscheidung auch eine andere Bewertung der Supervenienztheorie nach sich ziehen kann. Zum anderen ist es vielleicht keine schlechte Idee, die doch recht theoretischen Begriffe der Emergenz und der reduktiven Erklärbarkeit auch mit Hilfe von Beispielen zu erläutern. Das geschieht im neuen Abschnitt 8.3. Schließlich habe ich den Eindruck gewonnen, daß es einen engen Zusammenhang gibt zwischen den von mir im Anschluß an Broad entwickelten Begriffen der reduktiven Erklärbarkeit und Realisierung auf der einen und entsprechenden Überlegungen von Levine und Chalmers auf der anderen Seite. Im neuen Abschnitt 8.4 wird dieser Zusammenhang ausgelotet und zugleich die Kritik diskutiert, die erst in den letzten Jahren an Levine und Chalmers geübt worden ist. Um den Umfang des Buches nicht über Gebühr anwachsen zu lassen, ist der Abschnitt 8.2 etwas gestrafft und der alte Abschnitt 8.3 in den neuen Abschnitt 8.4 eingearbeitet worden.

Weitere Veränderungen, die ich vorgenommen habe, sind zum Teil Folgeänderungen, die sich aus den Änderungen der Kapitel 4, 5 und 8 ergeben. Manche Veränderungen betreffen aber auch die Terminologie. Es scheint mir zum Beispiel inzwischen vernünftig, statt von mechanischer nur von reduktiver Erklärung zu reden. Der Ausdruck 'mechanisch' bringt einfach zu viele irreführende Konnotationen mit sich. Und es scheint mir auch geboten, das englische 'conceivable' immer mit 'denkbar' und nicht mit 'vorstellbar' wiederzugeben.

Jede Änderung eines schon gedruckten Buches hat die mißliche Konsequenz, daß das Register völlig überarbeitet werden muß. Dafür daß sie mich bei dieser Arbeit umsichtig und zuverlässig unterstützt hat, möchte ich Stefanie Becker herzlich danken.

Bielefeld, Dezember 2000

Inhaltsverzeichnis

1 Einleitung – Probleme und Fragen in der Philosophie des Geistes

1.1 Die verschiedenen Problembereiche in der Philosophie des Geistes

Menschen sind – daran kann es keinen Zweifel geben – auf der einen Seite biologische Lebewesen: Sie atmen und nehmen Nahrung zu sich, sie paaren sich und pflanzen sich fort, sie wachsen, altern und sterben. Auf der anderen Seite haben sie aber auch ein mentales Leben: Sie nehmen wahr und erinnern sich, sie denken nach und fällen Entscheidungen, sie freuen und ärgern sich, sie fühlen Schmerz und Erleichterung. Soweit sind die Dinge sicher klar.

Wenn man es unternimmt, die mentale Seite des menschlichen Lebens – und sie ist der Gegenstand der Philosophie des Geistes – genauer zu untersuchen, stößt man jedoch recht bald auf eine Reihe höchst komplexer Fragen, die sich vier Problembereichen[1] zuordnen lassen:

- der *Ontologie*
- der *Epistemologie*
- der *Semantik* und
- der *Methodologie*.

In der *Ontologie* – der Lehre vom Sein, wie es früher etwas hochtrabend hieß – geht es, kurz gesagt, um die Frage, welche Arten von Entitäten* es gibt und was die charakteristischen Merkmale dieser verschiedenen Arten von Entitäten sind. In der Philosophie des Geistes ist das *ontologische Teilproblem* daher in erster Linie durch die Fragen charakterisiert „Gibt es Mentales?" und „Was ist die Natur des Mentalen?".[2] Dabei liegt das Schwer-

---

[1] Vgl. zu dieser Unterteilung P.M. Churchland (1988).
[2] In der neueren Philosophie wird oft nicht mehr scharf zwischen Ontologie und Metaphysik unterschieden – und eine klare Abgrenzung dieser beiden Gebiete ist auch der Sache nach schwierig. Fragen nach der Natur des Mentalen werden jedenfalls häufig auch unter dem Titel „Metaphysik des Geistes" behandelt.

gewicht jedoch eher auf der zweiten Frage, da es nur wenige Autoren gibt, die die Existenz des Mentalen rundweg abstreiten.[3] Den Kern des ontologischen Teilproblems bildet das klassische *Leib-Seele-Problem*, bei dem es um die Fragen geht: Wie verhält sich das Mentale zum Physischen? Lassen sich mentale auf physische Phänomene zurückführen? Kann man etwa das Denken und Fühlen genauso biologisch erklären wie das Atmen und die Fortpflanzung? Oder ist der mentale Bereich in dem Sinne eigenständig, daß er sich prinzipiell jeder naturwissenschaftlichen Erklärung entzieht?

Epistemologie (die Lehre von der Erkenntnis) beschäftigt sich hauptsächlich mit der Frage, was Wissen ist und wie wir Wissen erwerben können. *Epistemologisch* ist der Bereich des Mentalen insofern bemerkenswert, als es hier einen eigenartigen Unterschied zwischen dem Wissen über *unsere eigenen* mentalen Zustände und dem Wissen über die mentalen Zustände *anderer* zu geben scheint. Unsere eigenen mentalen Zustände sind uns nämlich – zumindest glauben das viele – so präsent, daß wir uns über sie unmöglich irren können. Wenn ich ernsthaft glaube, Schmerzen zu haben, dann habe ich auch welche. Über meine Schmerzen bin ich so direkt informiert, daß jeder Irrtum ausgeschlossen ist. Bei anderen dagegen scheint genau das Gegenteil der Fall. Denn auch wenn jemand alle Anzeichen dafür zeigt, daß er starke Schmerzen hat, scheint es vielen so, daß niemand – außer ihm selbst – wirklich wissen kann, ob es tatsächlich so ist. Kann es nicht sein, daß er nur so tut oder daß sich seine Schmerzen ganz anders anfühlen als meine? Dieses zweite Problem wird in der gegenwärtigen Philosophie das Problem des *Fremdpsychischen* oder das *other-minds*-Problem genannt. Das erste Problem dagegen – das Problem, ob jeder über seine mentalen Zustände so unmittelbar informiert ist, daß er sich über sie nicht irren kann – wird als das Problem des *privilegierten Zugangs* zu den eigenen mentalen Zuständen bezeichnet.

In der *Semantik* geht es um die Bedeutung sprachlicher Ausdrücke – beim *semantischen* Teilproblem in der Philosophie des Geistes also speziell um die Bedeutung mentaler Begriffe. Offenbar haben auch mentale Begriffe eine Bedeutung. Aber worin

---

[3]   Vgl. aber Kapitel 9.

besteht diese Bedeutung genau? Eine naheliegende Antwort
scheint zu sein: Mentale Ausdrücke beziehen sich auf mentale
Gegenstände – Vorstellungen, Ideen, Empfindungen – so wie sich
die Ausdrücke 'Stein', 'Baum' und 'Haus' auf physische Gegenstände beziehen.[4] Dieser Auffassung zufolge würde sich etwa der
Ausdruck 'Roteindruck' auf die Vorstellung oder Empfindung
beziehen, die ich habe, wenn ich bei normalen Beleuchtungsver-
hältnissen eine reife Tomate ansehe. Aber wenn das so wäre, wie
könnte ich diesen Ausdruck lernen? Nur ich weiß doch, wann ich
einen Roteindruck habe. Also kann mir niemand sagen "Den Eindruck, den Du jetzt hast, nennt man 'Roteindruck'". Die Theorie,
daß Empfindungen oder Vorstellungen die Bedeutung mentaler
Ausdrücke ausmachen, ist die Zielscheibe von Wittgensteins berühmtem Argument gegen die Möglichkeit einer Privatsprache.[5]
Wenn Wittgenstein aber mit der Annahme recht hat, daß sich
mentale Ausdrücke nicht auf private Empfindungen beziehen,
worin besteht dann die Bedeutung dieser Ausdrücke? In Verhaltensdispositionen? Wir werden sehen, daß auch diese Antwort
erhebliche Schwierigkeiten aufwirft.

Das letzte, das *methodologische* Teilproblem schließlich ist
durch die Leitfrage charakterisiert, welches die beste Methode ist,
geistige Phänomene zu untersuchen. Sind die Fragen der Philosophie des Geistes tatsächlich rein philosophische Fragen, die nur
mit philosophischen Mitteln – zum Beispiel dem Mittel der Be-
griffsanalyse – geklärt werden können? Oder ist es nicht vielmehr
so, daß diese Fragen nur in Zusammenarbeit von Philosophie und
Naturwissenschaften beantwortet werden können? Handelt es sich
dabei vielleicht sogar um Fragen, für die allein die Naturwissenschaften zuständig sind? Diese Fragen könnten dazu angetan sein,
traditionell gestimmte Philosophen in Rage zu bringen. Wir werden aber sehen, daß empirische Ergebnisse aus der philosophischen Diskussion auf jeden Fall nicht völlig ausgeblendet werden
können.

Nach diesem Überblick über die wichtigsten Teilprobleme der
Philosophie des Geistes kann das Programm dieser Einführung

---

[4] Diese Position beherrschte fast die gesamte Philosophie der Frühen Neuzeit
     von Descartes bis Hume.
[5] Vgl. unten Abschnitt 4.1.2.

jetzt präziser gefaßt werden. Da es nicht möglich ist, allen aufge-
worfenen Fragen gerecht zu werden, soll im folgenden das erste,
das *ontologische Teilproblem* im Mittelpunkt stehen. Die anderen
Teilprobleme werden nur zur Sprache kommen, wenn sie in einem direkten Zusammenhang zur ontologischen Frage nach der
Natur des Mentalen stehen.

1.2   Die beiden Hauptaspekte des ontologischen Teilproblems

Den Kern der Frage nach der Natur des Mentalen bildet, wie
schon gesagt, das klassische *Leib-Seele-Problem* – oder wie man
vielleicht besser sagen sollte: das *Körper-Geist-Problem*.[6] In einer
ersten Näherung kann man dieses Problem durch die Frage charakterisieren: *Wie verhält sich der menschliche Geist zu seinem
Körper?* Allerdings: Die Verwendung der Substantive 'Geist' und
'Körper' könnte dazu verführen, anzunehmen, daß es beim Körper-Geist-Problem nur um die Frage geht, ob es neben dem Kör-

---

[6]   Für die Wahl dieses Ausdrucks gibt es zumindest zwei Gründe. Erstens ist
      der Ausdruck 'Leib' sowohl in der Alltags- als auch in der philosophischen
      Fachsprache mit vielen Konnotationen verbunden, die in diesem Zusam-
      menhang Anlaß zu Mißverständnissen sein könnten. 'Körper' scheint daher
      besser geeignet; denn schließlich geht es um den Zusammenhang zwischen
      seelischen Phänomenen und physiologischen Prozessen in unserem Körper,
      also z.B. um den Zusammenhang zwischen bestimmten Schmerzempfin-
      dungen und bestimmten neuronalen Prozessen in unserem Zentralnervensy-
      stem. Zweitens ist auch der Ausdruck 'Seele' in diesem Zusammenhang
      nicht unproblematisch. Im Deutschen unterscheidet man häufig in dem Sin-
      ne zwischen Geist und Seele, daß man dem Geist den Bereich des rationa-
      len Überlegens und Handelns zuordnet, der Seele dagegen den Bereich der
      Gefühle und der Intuition. Für unsere Zwecke benötigen wir jedoch ein
      Wort, das – wie das englische 'mind' – beide Bereiche umfaßt; denn beide
      gehören zum großen Bereich des Mentalen. Aus diesem Grund scheint der
      Ausdruck 'Geist' auf den ersten Blick ebenso unpassend wie der Ausdruck
      'Seele'. In der philosophischen Fachsprache hat es sich jedoch eingebür-
      gert, 'mind' mit 'Geist' zu übersetzen, und aus diesem Grund ist dieses
      Wort in diesem Zusammenhang vorzuziehen. Dabei sollte aber nie verges-
      sen werden, daß 'Geist' hier in einem umfassenden Sinne gemeint ist, der
      sowohl geistige Phänomene im engeren Sinne als auch seelische Phänome-
      ne umfaßt. Als entsprechendes Adjektiv wird im folgenden der Ausdruck
      'geistig' oder der Fachterminus 'mental' verwendet.

per auch noch einen Geist oder eine Seele gibt – eine besondere Art von Ding, das womöglich den Tod des Körpers überlebt. Diese Frage ist jedoch, obwohl sie für viele sicher die größte existentielle Bedeutung hat, keineswegs die einzige und vielleicht nicht einmal die interessanteste Frage im Hinblick auf die Beziehung zwischen dem Mentalen und dem Physischen.

Aber gehen wir systematisch vor und versuchen zunächst, die Vorfrage zu klären: *Was heißt es überhaupt, einen Geist zu haben?*

Vielleicht ist es sinnvoll, den Begriff des Mentalen zuerst anhand einiger unstrittiger Beispiele einzuführen. Ebenso wie es klare Fälle von Phänomenen gibt, die ganz offenbar nicht zum Bereich des Mentalen gehören (Atmung, Verdauung, Schwitzen, das Funktionieren der Nieren und der Leber, usw.), gibt es auch eine Reihe von Phänomenen, deren geistigen Charakter kaum jemand leugnen wird. So kann man etwa sagen: Einen Geist hat, wer denkt (oder doch zumindest denken kann), wer wahrnimmt, Empfindungen hat, sich erinnert (oder dazu fähig ist), wer Gefühle hat, wer Wünsche und Überzeugungen hat, usw.

- *Einen Geist zu haben heißt also offenbar, bestimmte Fähigkeiten und Eigenschaften zu besitzen.*

Aber welche Fähigkeiten und Eigenschaften sind dies genau? Offenbar bleibt auch nach der Aufzählung unzweifelhafter Fälle immer noch die Frage: Was ist es eigentlich, das alle diese Fähigkeiten und Eigenschaften zu *mentalen* Fähigkeiten und Eigenschaften macht? Gibt es ein gemeinsames Merkmal, das sie von allen *physischen* Fähigkeiten und Eigenschaften eindeutig unterscheidet?

Auf diese Fragen werden wir erst in den nächsten beiden Abschnitten zurückkommen. Denn auch die gerade gefundene – zugegebenermaßen noch recht unscharfe – Bestimmung dessen, was es heißt, einen Geist zu haben, erlaubt uns schon, das Körper-Geist-Problem weiter zu präzisieren. Wenn einen Geist zu haben bedeutet, bestimmte Fähigkeiten und Eigenschaften zu besitzen, muß man nämlich zumindest zwei Fragen unterscheiden, die ganz verschiedene Aspekte des Körper-Geist-Problems deutlich werden lassen:

Frage 1: Welche Art von *Dingen* sind die Träger mentaler Eigenschaften? Oder anders ausgedrückt: Auf welche Art von *Dingen* treffen mentale Prädikate[7] zu?

Frage 2: Was ist die Natur mentaler *Eigenschaften*? Beziehungsweise: Welche Art von *Eigenschaften* werden durch mentale Prädikate ausgedrückt?

Die erste Frage verweist auf das Problem *mentaler Substanzen*,[8] die zweite Frage dagegen auf das Problem *mentaler Eigenschaften*.

Substanz-Dualisten – wie Platon, Descartes oder in neuester Zeit Richard Swinburne – behaupten, daß es neben Steinen, Bäumen und Stühlen – also neben den physischen Gegenständen – auch noch immaterielle, nicht-physische Dinge gibt und daß es diese immateriellen Dinge sind, die ein geistiges Leben haben, die denken, fühlen und sich entscheiden. Für Substanz-Dualisten gilt also: Mentale Prädikate treffen nicht auf physische, sondern auf nicht-physische, immaterielle Dinge zu; diese immateriellen Substanzen sind die Träger mentaler Eigenschaften. *Gegner des Substanz-Dualismus* (*Physikalisten* im weiteren Sinne) behaupten dagegen, daß es in der Welt nur physische Dinge gibt und daß, wenn es überhaupt so etwas wie ein geistiges Leben gibt, be-

---

[7] Im folgenden wird statt von 'Fähigkeiten und Eigenschaften' nur noch von 'Eigenschaften' die Rede sein, da Fähigkeiten in einem weiten Sinn auch zu den Eigenschaften gezählt werden können. Hier wie auch sonst in der Philosophie ist es allerdings außerordentlich wichtig, die *Ebene der sprachlichen Ausdrücke* von der *Ebene der Dinge* zu unterscheiden, über die wir mit Hilfe dieser Ausdrücke reden wollen. *Prädikate gehören zur sprachlichen Ebene*. Sie sind Ausdrücke wie 'ist 2 kg schwer', 'ist blond' oder 'hat starke Zahnschmerzen', Ausdrücke, die wir verwenden, um Gegenständen oder Personen Eigenschaften zuzuschreiben. Dem Prädikat 'ist 2 kg schwer' entspricht also die Eigenschaft, 2 kg schwer zu sein, dem Prädikat 'ist blond' die Eigenschaft, blond zu sein, und dem Prädikat 'hat starke Zahnschmerzen' die Eigenschaft, starke Zahnschmerzen zu haben. Eigenschaften gehören nicht zur sprachlichen Ebene. Man kann sagen, daß Prädikate Eigenschaften ausdrücken oder vielleicht sogar, daß sie Eigenschaften bezeichnen.

[8] Der Ausdruck 'Substanz' soll hier und im folgenden dazu verwendet werden, die Träger von Eigenschaften zu bezeichnen, d.h. die Dinge, die Eigenschaften haben, aber selbst keine Eigenschaften sind.

stimmte physische Dinge – in unserer Welt: bestimmte Lebewesen – Träger dieses Lebens sind. Für sie treffen mentale Prädikate, wenn überhaupt, also auf physische Gegenstände zu.

Eigenschafts-Dualisten – wie etwa Karl Popper – müssen nicht zugleich Substanz-Dualisten sein,[9] d.h. sie können durchaus die Auffassung teilen, daß es in der Welt nur physische Dinge gibt und daß bestimmte Organismen die Träger mentaler Eigenschaften sind. Für den Eigenschafts-Dualisten ist nur die These charakteristisch, daß mentale *Eigenschaften* in dem Sinne *eigenständig* sind, daß sie sich *nicht* auf physische Eigenschaften zurückführen lassen, während der *Eigenschafts-Materialist* bzw. *-Physikalist* (der *Physikalist* im engeren Sinne) wiederum die gegenteilige Auffassung vertritt. Seine These lautet, daß die durch mentale Prädikate ausgedrückten Eigenschaften nicht eigenständig sind, daß sie vielmehr – auf die eine oder andere Weise – auf physische Eigenschaften zurückgeführt werden können.

Das Problem mentaler Substanzen

- Gibt es neben den physischen Dingen auch noch *nichtphysische, immaterielle Entitäten*, die die Träger mentaler Eigenschaften sind? Oder sind die Träger mentaler Eigenschaften selbst physische Dinge, z.B. bestimmte Lebewesen?

Das Problem mentaler Eigenschaften

- Sind mentale Eigenschaften *eigenständig* oder können sie auf physische Eigenschaften zurückgeführt werden?

Die These des Substanz-Dualismus hatte historisch eine erhebliche Bedeutung und sie entspricht sicher auch dem Alltagsweltbild vieler Menschen. Zumindest in der Vergangenheit war das

---

[9] In dem gemeinsam mit John C. Eccles verfaßten Buch *The Self and its Brain* (1977) sieht sich Karl Popper veranlaßt, gegen die diesbezügliche Ansicht seines Mitautors explizit zu protestieren.

so; aber auch heute noch halten es viele Menschen wenigstens für
möglich, daß es ein Leben nach dem Tode geben könnte. In der
gegenwärtigen Philosophie spielt der Substanz-Dualismus dagegen kaum noch eine Rolle. Inzwischen sind so viele Argumente
gegen diese Position ins Feld geführt worden, daß sie den meisten
zeitgenössischen Philosophen schier unglaublich scheint. In diesem Buch soll deshalb das Problem mentaler Substanzen nur relativ kurz behandelt werden, damit mehr Raum für eine ausführliche Diskussion des Eigenschafts-Dualismus bleibt, der in den
letzten Jahren immer mehr ins Zentrum der philosophischen Auseinandersetzung gerückt ist.

Bevor das geschieht, soll jedoch im nächsten Abschnitt noch
einmal die Frage aufgegriffen werden, ob es eigentlich ein gemeinsames Merkmal aller mentalen Eigenschaften und Zustände[10]
gibt, das sie eindeutig von physischen Eigenschaften und Zuständen unterscheidet. Im übernächsten Abschnitt wird es dann darum
gehen, warum das Problem mentaler Eigenschaften ein so schwie-
riges Problem ist – warum es so schwierig zu sein scheint, mentale Eigenschaften und Zustände in ein von den Naturwissenschaften geprägtes Weltbild zu integrieren.

---

[10]   Im folgenden wird der Ausdruck 'Zustand', anders als es in der Philosophie
vielfach üblich ist, mehr oder weniger synonym mit dem Ausdruck
'Eigenschaft' verwendet. So wie man sagen kann, daß Hans die Eigenschaft
hat, zu glauben, daß 2+2=4 ist, kann man diesem Sprachgebrauch zufolge
also auch sagen, daß Hans in dem (mentalen) Zustand ist, zu glauben, daß
2+2=4 ist, und umgekehrt. Der Grund für diesen etwas abweichenden
Sprachgebrauch liegt einfach darin, daß es in der Philosophie des Geistes
üblich geworden ist, von mentalen Zuständen im allgemeinen oder auch
von intentionalen Zuständen im besonderen zu reden, obwohl meiner Meinung nach völlig klar ist, daß mentale Zustände ontologisch gesehen zum
Bereich der Eigenschaften gehören und nicht etwa zum Bereich der Eigenschaftsinstantiierungen*. Dies zeigt sich auch daran, daß es üblich geworden ist, zwischen Zustands-Typen und Zustands-Token* zu unterscheiden,
wobei, wenn einfach nur von Zuständen geredet wird, in der Regel Zustands-Typen gemeint sind.

1.3 Gibt es ein charakteristisches Merkmal des Mentalen?

Die Frage, ob es ein charakteristisches Merkmal des Mentalen gibt, das es erlaubt, mentale Eigenschaften und Zustände eindeutig von *physischen* Eigenschaften und Zuständen zu unterscheiden, ist in der Philosophie des Geistes immer wieder diskutiert worden. Eine allgemein akzeptierte Antwort hat sich dabei allerdings nicht ergeben. Trotzdem ist es sinnvoll, sich die Liste der verschiedenen Antworten, die im Laufe der Zeit gegeben wurden, einmal anzuschauen:

1. *Mentale Phänomene unterscheiden sich von physischen Phänomenen dadurch, daß sie bewußt sind.*

Daß ein mentaler Zustand *M* bewußt ist, kann zumindest zweierlei heißen.

- Es kann erstens heißen, daß eine Person, die im mentalen Zustand *M* ist, auch *weiß*, daß sie in *M* ist. Spätestens seit Freuds 'Entdeckung des Unbewußten' wird kaum noch bestritten, daß *nicht alle* mentalen Zustände in diesem Sinne bewußt sind.

- Und es kann zweitens heißen, daß der Zustand *M* einen *phänomenalen* Charakter besitzt, d.h. daß es sich auf eine bestimmte Weise anfühlt, in diesem Zustand zu sein (vgl. unten Abschnitt 13.1). Auch hier ist zumindest zweifelhaft, daß dies für alle mentalen Zustände gilt.

2. *Mentale Phänomene unterscheiden sich von physischen Phänomenen dadurch, daß unser Wissen um unsere eigenen mentalen Zustände unkorrigierbar ist.*

Wenn alle mentalen Zustände im ersten der beiden genannten Sinne bewußt wären, dann wäre uns unser mentales Leben in dem Sinne 'durchsichtig', daß uns keiner unserer mentalen Zustände entgehen könnte. Es würde generell gelten: Wenn eine Person im mentalen Zustand *M ist*, dann *weiß* sie auch, daß sie in *M* ist. Unkorrigierbarkeit ist in gewisser Weise das Gegenstück zur Durchsichtigkeit des Mentalen. Denn wenn unser Wissen über unsere mentalen Zustände unkorrigierbar wäre, dann würde das heißen, daß wir uns in diesem Bereich *nicht irren können*, daß also generell gilt: Wenn eine Person *glaubt*, in einem mentalen Zustand *M* zu sein, dann *ist* sie auch in *M*. Es ist zweifelhaft, ob es auch nur einen mentalen Zustand gibt, für den dies der Fall ist. Auf jeden Fall gilt es aber nicht generell. Denn natürlich kann sich jemand z.b. darüber irren, daß er in eine andere Person verliebt ist, daß er ehrgeizig ist oder daß er gerade versucht, seinen Nachbarn zu beeindrucken.

3. *Mentale Phänomene unterscheiden sich von physischen Phänomenen durch das Merkmal der Intentionalität.*

Ein Phänomen wird intentional genannt, wenn es sich auf etwas anderes bezieht bzw. wenn es einen intentionalen Gegenstand oder einen semantischen Inhalt hat.[11] Wenn wir glauben, glauben wir *etwas*, wenn wir wünschen, wünschen wir *etwas*, wenn wir befürchten, befürchten wir *etwas*, usw. In diesem Sinne sind also Überzeugungen, Wünsche und Befürchtungen intentional. Die These, daß Intentionalität in diesem Sinn das entscheidende Merkmal des Mentalen ist, das diesen Bereich unzweideutig vom Bereich des Physischen abgrenzt, wurde besonders von Franz Brentano vertreten. Es ist aber durchaus zweifelhaft, daß tatsächlich alle mentalen Phänomene über dieses Merkmal verfügen. Denn wenn ich mich z.B. unwohl fühle, wenn ich nervös, erfreut oder einfach erschöpft bin, dann haben diese Zustände zwar in der Regel einen Grund oder Anlaß, aber sie sind nicht auf diesen Grund gerichtet, sie haben ihn nicht als intentionalen Gegenstand.

4. *Mentale Phänomene unterscheiden sich von physischen Phänomenen dadurch, daß sie nicht räumlich sind.*

Die Annahme, daß das Mentale im Gegensatz zum Physischen nicht-räumlich ist, hat eigentlich nur einen Sinn, wenn man den Bereich des Mentalen als einen Bereich von Gegenständen auffaßt. Denn von Eigenschaften oder Zuständen zu sagen, sie seien nicht-räumlich, ist ebenso sinnlos wie zu sagen, sie seien räumlich. Unabhängig von der Frage, ob es überhaupt mentale Gegenstände gibt, gilt diese Annahme also sicher nicht für den gesamten Bereich des Mentalen.

---

[11] Vgl. unten Abschnitt 10.1.

5. *Mentale Phänomene unterscheiden sich von physischen Phä-*
nomenen dadurch, daß sie privat sind.

• Privatheit ist sicher das meistdiskutierte Merkmal des
Mentalen. Dabei ist die Annahme, mentale Phänomene sei-
en privat, ebenso vieldeutig wie umstritten. Grundsätzlich
kann man aber sagen, daß etwas (nennen wir es *x*) privat ist,
wenn sein Besitzer eine privilegierte Beziehung zu *x* hat,
d.h. eine Beziehung, die kein anderer zu *x* hat oder haben
kann. Die Frage ist nur, wie diese besondere Beziehung
zwischen einer Person und ihren mentalen Zuständen genau
definiert werden kann.

• Ein erster Sinn von 'privat' wird deutlich in Aussagen wie
„Mehrere Personen können (auch gleichzeitig) dasselbe
Auto besitzen. Aber meine Schmerzen kann nur ich haben".
Es ist jedoch fraglich, ob diese Art von Privatheit für Mentales charakteristisch ist. Denn in demselben Sinne kann
man auch sagen „Meine Grippe kann nur ich haben". Jemand anderes kann die gleiche Krankheit haben, aber nicht
meine Grippe. Genauso kann eine andere Person die gleichen Schmerzen haben wie ich, aber nicht meine Schmerzen.

• Ein verwandter, aber doch verschiedener Sinn von 'privat'
zeigt sich in der Aussage „Nur ich kann meine Schmerzen
fühlen". Diese Aussage wird oft damit in Zusammenhang
gebracht, daß wir zu unseren mentalen Zuständen einen besonderen, privilegierten epistemischen Zugang haben. Dies
mag durchaus sein; aber es ist fraglich, ob es für alle mentalen Zustände in derselben Weise gilt.

• Ein wieder anderer, auf noch deutlichere Weise epistemischer Sinn von 'privat' ergibt sich aus der Aussage „Nur ich
kann *wissen*, ob ich Schmerzen habe; andere können dies
höchstens vermuten". Auch dies ist umstritten. In den *Phi-*
losophischen Untersuchungen hat etwa Ludwig Wittgenstein versucht, nachzuweisen, daß eine solche Aussage der
Grammatik des Wortes 'wissen' widerspricht.

• Viertens schließlich sehen viele einen engen Zusammenhang zwischen der Privatheit mentaler Zustände und ihrer

Subjektivität, d.h. der schon erwähnten Tatsache, daß zumindest einige mentale Zustände dadurch charakterisiert sind, daß es auf eine bestimmte Weise ist bzw. sich auf eine bestimmte Weise anfühlt, in diesen Zuständen zu sein. Denn dieser qualitative Charakter ist, wie manche sagen, mit einer bestimmten *Erfahrungsperspektive* (einem bestimmten *point of view*) verbunden. Zu verstehen, was es heißt, in einem solchen Zustand zu sein, setzt voraus, daß man selbst bestimmte Erfahrungen machen und insofern eine bestimmte Erfahrungsperspektive einnehmen kann. Bei objektiven Zuständen, z.B. dem Zustand, 80 kg schwer zu sein, ist das ganz anders; jedermann kann verstehen, was es heißt, in diesem Zustand zu sein. Hier ist das Verständnis nicht an eine bestimmte Erfahrungsperspektive gebunden.

Auf den ersten Blick scheint unsere kurze Durchmusterung der verschiedenen Antworten, die auf die Frage gegeben wurden, was mentale Phänomene von physischen Phänomenen unterscheidet, nur ein negatives Ergebnis ergeben zu haben: Keines der genannten Merkmale trifft genau auf die Phänomene zu, die wir intuitiv zu den mentalen Phänomenen zählen, und von einigen dieser Merkmale ist sogar umstritten, ob sie überhaupt auf irgend etwas zutreffen. Trotzdem stehen wir keineswegs mit leeren Händen da. Denn mit einigen dieser Merkmale sind in der Tat die Aspekte benannt, die das Körper-Geist-Problem zu einem so schwierigen Problem zu machen scheinen.

Mögliche Merkmale des Mentalen

Bewußtheit

Unkorrigierbarkeit

Intentionalität

Nicht-Räumlichkeit

Privatheit

1.4   Intentionalität und phänomenaler Charakter als kritische Merkmale mentaler Zustände

Wenn man verstehen will, warum es vielen so schwierig erscheint, mentale Eigenschaften und Zustände in ein naturwissenschaftliches Weltbild zu integrieren, ist es sinnvoll, sich zunächst einen groben Überblick über die wichtigsten Arten mentaler Zustände zu verschaffen. In der Literatur ist es heute allgemein üblich, zwei Haupttypen von mentalen Zuständen zu unterscheiden: *Empfindungen* und *intentionale Zustände*.[12]

Zu den Empfindungen sollen *körperliche Empfindungen* wie Schmerzen, Kitzel oder Übelkeit ebenso gehören wie *Wahrnehmungseindrücke*, etwa der Eindruck einer bestimmten Farbe, des Klangs einer lauten Trompete und des Geschmacks einer süßen Birne. Zwischen diesen beiden Gruppen von Empfindungen gibt es zwar eine Reihe von Unterschieden; trotzdem ist es sinnvoll, sie zusammenzufassen. Denn alle Empfindungen sind auf den ersten Blick durch ihren *qualitativen Charakter* definiert, durch das, was man erlebt oder fühlt, wenn man eine Empfindung hat, die Art, wie es ist, eine solche Empfindung zu haben.[13] *Intentionale Zustände* wie Überzeugungen, Wünsche, Befürchtungen und Erwartungen sind demgegenüber eben durch ihre Intentionalität, d.h. dadurch charakterisiert, daß sie *auf etwas gerichtet* sind, daß sie einen *Inhalt* haben. Man glaubt, *daß etwas der Fall ist*, man wünscht sich *einen bestimmten Gegenstand*, man hofft oder befürchtet, *daß ein bestimmtes Ereignis eintreten wird*.[14] Aus die-

---

[12]   Vgl. z.B. McGinn (1982, 8ff.). Auch hier noch eine terminologische Anmerkung: 'Empfindung' soll das bezeichnen, was in der englischsprachigen Literatur 'sensation' oder 'experience' genannt wird. Statt von intentionalen Zuständen spricht man oft auch von propositionalen Einstellungen.

[13]   Diese Charakterisierung geht zurück auf T. Nagel (1974).

[14]   Vielleicht ist es sinnvoll, an dieser Stelle auf ein mögliches Mißverständnis hinzuweisen, das sich aus der Tatsache ergeben könnte, daß die Ausdrücke 'Intention' und 'intentional' im Deutschen im allgemeinen im Sinne von 'Absicht' bzw. 'absichtlich' gebraucht werden. Der Ausdruck 'Intentionalität', so wie er hier im Anschluß an Brentano verwendet wird, ist jedoch ein *terminus technicus* der Philosophie mit einer sehr speziellen Bedeutung. 'Intentionalität' im Sinne Brentanos bedeutet nicht Absichtlichkeit, sondern – wie gesagt – Gerichtetheit auf ein Objekt (was im Englischen häufig 'aboutness' genannt wird). Ein mentaler Zustand wird 'intentional' genannt,

sem Grund werden intentionale Zustände in der Regel unter Verwendung von 'daß'-Sätzen zugeschrieben. Wir schreiben Hans eine bestimmte Überzeugung zu, indem wir sagen „Hans glaubt, *daß* es morgen regnen wird", und wir schreiben ihm eine bestimmte Erwartung zu, indem wir sagen „Hans erwartet, *daß* Arminia Bielefeld (irgendwann einmal) Deutscher Fußballmeister wird". Auch innerhalb der Gruppe der intentionalen Zustände gibt es erhebliche Unterschiede – z.B. zwischen kognitiven Einstellungen wie Überzeugungen auf der einen und Einstellungen, die auch eine konative* oder affektive Komponente haben, wie Wünsche, Absichten und Befürchtungen auf der anderen Seite. Allen intentionalen Zuständen ist aber gemeinsam, daß sie durch zwei Aspekte gekennzeichnet sind: durch die *Art* des Zustandes – sie sind Überzeugungen, Wünsche, Hoffnungen, etc. – und durch ihren *Inhalt*, d.h. durch das, was geglaubt, gewünscht oder gehofft wird. Zustände wie zu glauben, daß es morgen regnen wird, und zu glauben, daß 2+2=4 ist, sind Zustände derselben Art (Überzeugungen), die sich jedoch im Hinblick auf ihren Inhalt – also das, was geglaubt wird – unterscheiden. Die Zustände zu glauben, daß es morgen regnen wird, und zu befürchten, daß es morgen regnen wird, haben dagegen denselben Inhalt, gehören jedoch zu verschiedenen Arten von intentionalen Zuständen.[15]
Die Linie zwischen Empfindungen und intentionalen Zuständen ist nicht überall trennscharf. Nicht nur im Bereich der emotional gefärbten intentionalen Zustände, wie etwa der Befürchtungen und Hoffnungen, gibt es Zustände, die sowohl einen qualitativen als auch einen inhaltlichen Aspekt haben. Daneben gibt es auch Zustände wie Zorn oder Trauer, die zunächst eher auf die Seite der Empfindungen zu gehören scheinen, die aber trotzdem häufig auch ein Objekt und insofern auch einen intentionalen Inhalt haben.

---

wenn er ein intentionales Objekt bzw. einen semantischen Inhalt hat. Absichten und Wünsche gehören damit zwar ebenfalls zur Gruppe der intentionalen Zustände, da auch sie ein Objekt bzw. einen Inhalt haben. Aber sie bilden nur *eine* Art von intentionalen Zuständen neben vielen anderen; sie haben im Hinblick auf das hier diskutierte Problem der Intentionalität keine Sonderstellung. Vgl. hierzu auch Searle (1983, ch. I, sec. i).

[15] Im Teil III werden die kritischen Merkmale *Intentionalität* und *phänomenaler Charakter* noch einmal ausführlich erläutert.

Nach dieser Klärung nun zurück zu der Frage, woran es eigentlich liegt, daß mentale Zustände – also Empfindungen und intentionale Zustände – so schwer in ein naturwissenschaftliches Weltbild zu integrieren sind. Nun, Integrierbarkeit setzt voraus, daß mentale Zustände auf eine Weise auf physische Zustände zurückgeführt werden können, aus der hervorgeht, daß sie selbst nur eine besondere Spielart physischer Zustände sind. Nun haben aber Empfindungen und intentionale Zustände jeweils Merkmale, von denen schwer zu sehen ist, wie es überhaupt möglich sein soll, daß physische Zustände eben diese Merkmale aufweisen.

Bei den Empfindungen ist es natürlich ihr *qualitativer Erlebnischarakter*. Es fühlt sich auf eine charakteristische Weise an, das Erlebnis des Anblicks einer grünen Wiese zu haben, den beruhigenden Ton einer Klarinette zu hören oder den bitteren Geschmack von Campari auf der Zunge zu spüren. Wie um alles in der Welt soll es möglich sein, daß etwa bestimmte Gehirnzustände eben diese qualitativen Charakteristika haben? Wie soll es möglich sein, daß es sich überhaupt irgendwie anfühlt bzw. daß es überhaupt irgendwie ist, in einem bestimmten Gehirnzustand zu sein? Gehirnzustände hat man, aber man erlebt sie nicht. Das jedenfalls ist eine starke Intuition, die viele daran hat zweifeln lassen, daß Empfindungen auf die eine oder andere Weise auf Gehirnzustände zurückgeführt werden können.

Diese Überlegung trifft allerdings auf intentionale Zustände nicht zu – jedenfalls nicht in derselben Weise. Denn anders als Empfindungen sind intentionale Zustände in der Regel nicht durch spezifische phänomenale Qualitäten charakterisiert. Auch intentionale Zustände haben aber Merkmale, die ihre Zurückführbarkeit auf physische Zustände problematisch erscheinen lassen. Da ist zum einen natürlich die Tatsache, daß intentionale Zustände immer einen, wie man sagt, semantischen bzw. repräsentationalen Inhalt haben; daß man, wenn man glaubt, wünscht oder hofft, immer *etwas* glaubt, *etwas* wünscht und *etwas* hofft. Oder wie auch oft gesagt wird, daß intentionale Zustände auf etwas gerichtet sind, daß sie ein intentionales Objekt haben. Auch hier stellt sich die Frage, wie es denn möglich sein soll, daß physische Zustände dieses Merkmal aufweisen, wie es möglich sein soll, daß physische Zustände einen semantischen Inhalt bzw. ein intentionales Objekt haben.

Bei intentionalen Zuständen gibt es aber auch noch ein zweites kritisches Merkmal, das darin besteht, daß die Kausalbeziehungen, die zwischen ihnen bestehen, häufig *Rationalitätsprinzipien* bzw. *semantische Beziehungen zwischen ihren Inhalten respektieren*. So kann man zum Beispiel sagen, daß etwa mein Wunsch, ein kühles Bier zu trinken, und meine Überzeugung, daß sich im Kühlschrank noch eine schöne Flasche Kräusen befindet, dazu führen, daß ich zum Kühlschrank in der Küche gehe und mir das Bier aus dem Kühlschrank hole. Aber es ist nicht nur so, daß diese intentionalen Zustände meine Handlung verursachen; sie ist im Hinblick auf meinen Wunsch und meine Überzeugung auch *rational*. Dagegen wäre es im Hinblick auf *diese* intentionalen Zustände nicht rational, in die Küche an den Wasserhahn zu gehen und ein Glas Wasser zu trinken. Und diese Handlung wird durch meinen Wunsch und meine Überzeugung auch nicht verursacht. Mit anderen Worten: *Wünsche und Überzeugungen verursachen oft genau die Handlungen, die im Hinblick auf sie rational sind.*

Oder, um ein anderes Beispiel zu nehmen: Meine Überzeugung, daß Paul und Gerda zur Party kommen, führt in der Regel auch zu der Überzeugung, daß Paul zur Party kommt. Auch hier liegt jedoch nicht nur eine Kausalbeziehung vor. Denn zugleich *folgt*, daß Paul zur Party kommt, *logisch* daraus, daß Paul und Gerda zur Party kommen. Und wenn q logisch aus p folgt, ist es offenbar rational, q zu glauben, wenn man p glaubt. Bei Überzeugungen gilt also analog: *Die Überzeugung, daß p, verursacht die Überzeugung, daß q, (zumindest in vielen Fällen) genau dann, wenn es rational ist, q zu glauben, wenn man p glaubt.*

Offenbar bereitet auch diese bemerkenswerte Parallelität von Kausalrelationen und Rationalitätsprinzipien Schwierigkeiten. Denn auch hier drängt sich die Frage auf, wie es denn möglich sein soll, daß die Gehirnzustände, auf die wir (angeblich) Wünsche und Überzeugungen zurückführen können, in der Regel genau die Handlungen verursachen, die im Hinblick auf diese Wünsche und Überzeugungen rational sind. Bzw. wie es denn möglich sein soll, daß der Gehirnzustand, auf den wir (angeblich) die Überzeugung, daß p, zurückführen können, in der Regel genau

die Gehirnzustände verursacht, auf die Überzeugungen zurückgeführt werden können, die zu haben rational ist, wenn man *p*
glaubt. Auf all diese Fragen werden wir im dritten Teil dieses
Buches zurückkommen.

Arten mentaler Zustände

- *Empfindungen:* körperliche Empfindungen wie Kitzel,
  Schmerzen, Übelkeit und Wahrnehmungseindrücke
  wie Farb-, Geruchs- und Geschmackseindrücke.
- *Intentionale Zustände* wie Überzeugungen, Wünsche,
  Hoffnungen, Befürchtungen etc.

Das kritische Merkmal von Empfindungen

- Ihr *qualitativer Charakter*, die Tatsache, daß es immer
  auf eine bestimmte Weise ist oder sich auf eine bestimmte Weise anfühlt, eine Empfindung zu haben.

Die kritischen Merkmale intentionaler Zustände

- Ihre *Intentionalität*, d.h. die Tatsache, daß sie immer
  einen semantischen Inhalt haben.
- Die Tatsache, daß Kausalrelationen zwischen intentionalen Zuständen häufig Rationalitätsprinzipien bzw.
  semantische Relationen zwischen ihren Inhalten respektieren.

1.5   Zur Gliederung dieses Buches

Mit dieser Bemerkung sind wir am Ende dieser Einleitung bei der
Frage, was der Leser im folgenden erwarten darf. Im ersten Teil
soll zunächst das Problem mentaler Substanzen zumindest soweit
dargestellt werden, daß die These des Substanz-Dualismus sowie
die Hauptargumente für und gegen diese These klar werden. Insgesamt wird diese Darstellung jedoch eher knapp ausfallen, da,
wie schon gesagt, der Substanz-Dualismus in der gegenwärtigen
philosophischen Diskussion kaum noch eine Rolle spielt.

Im folgenden geht es dann in viel ausführlicherer Form um das
Problem mentaler Eigenschaften. Dabei werden zwei Fragen im
Vordergrund stehen, denen jeweils ein weiterer Teil gewidmet ist.
Die erste dieser Fragen lautet (in zwei Varianten):

*Wie ist die These des Eigenschafts-Physikalisten – d.h. die The-
se des Gegners des Eigenschafts-Dualismus – genau zu verstehen?*

*Was ist damit gemeint, wenn behauptet wird, daß mentale Ei-
genschaften oder Zustände auf physische Eigenschaften oder
Zustände zurückgeführt werden können?*

Im Zusammenhang mit dieser Frage werden in erster Linie die
folgenden Positionen besprochen werden: *Semantischer Physikalismus* (*Logischer Behaviorismus*), *Identitätstheorie*, *Funktionalismus*, *Anomaler Monismus*, *Supervenienz-* und *Emergenz-
Theorien*.[16] Darüber hinaus soll aber auch der *Eliminative Materialismus* zur Sprache kommen, der zwar keine direkte Antwort
auf die zentrale Frage dieses Teils gibt, aber eine so relevante
Alternative zu den zuvor genannten Hauptpositionen darstellt,
daß es sinnvoll ist, ihn mit diesen zusammen zu behandeln.

Im dritten Teil geht es dann um die Frage:

*Können mentale Zustände trotz ihrer kritischen Merkmale auf
physische Zustände zurückgeführt werden?*

Dabei stehen in den Kapiteln 10 bis 12 die intentionalen Zustände im Vordergrund. In diesen Kapiteln wird die Frage diskutiert, ob und gegebenenfalls wie mentale Zustände, die unter anderem durch die kritischen Merkmale *semantischer Inhalt* und
Parallelität von Kausalbeziehungen und Rationalitätsprinzipien
charakterisiert sind, auf physische Zustände zurückgeführt werden können. Im Kapitel 13 wird dann zum Abschluß die Frage
nach der Naturalisierbarkeit von Empfindungen behandelt, d.h.
die Frage, ob es nicht doch möglich ist, das kritische Merkmal
des *phänomenalen Charakters* dieser Zustände in ein naturwissenschaftliches Weltverständnis zu integrieren.

---

[16] Ein kurzer Überblick über die wichtigsten dieser Positionen findet sich in
Lanz (1993).

I Gibt es eine vom Körper unabhängige, immaterielle Seele?

2 Argumente für den Substanz-Dualismus

Die Überzeugung, daß der Körper eines Menschen nicht den ganzen Menschen ausmacht, daß es für den Menschen möglich ist, sich zumindest im Prinzip von seinem Körper zu trennen, ist in vielen Kulturkreisen weit verbreitet. Was es ist, das sich da vom Körper lösen kann, und unter welchen Bedingungen dieses Sich-Lösen erfolgt, darauf hat es im Laufe der Zeit sehr verschiedene Antworten gegeben. Für die platonisch-christliche Tradition ist allerdings klar, daß es die Seele ist, die sich vom Körper löst, und daß diese Seele etwas Nicht-Körperliches ist, das das eigentliche Selbst des Menschen ausmacht.

Platon formuliert diese Position durch den Mund des Sokrates sehr prägnant in der folgenden ebenso interessanten wie beeindruckenden Passage aus dem Dialog *Phaidon*.

> „Kriton [an Sokrates gerichtet]: … Doch sage, wie willst Du, daß wir Dich begraben? – Sokrates: Ganz so, wie ihr wollt, vorausgesetzt, daß ihr mich dann wirklich habt und ich euch nicht entwische, Kriton. – Sokrates lächelte leise und wandte sich an uns: Ich kann diesen Kriton nicht davon überzeugen, daß ich der Sokrates, der jetzt mit Euch redet und alles Satz für Satz auseinandersetzt, und daß ich kein anderer bin, denn Kriton sieht in mir nur den Toten und diesen Leichnam fragt er, wie er ihn begraben soll. Daß ich aber vorhin schon … erklärt habe, ich würde, nachdem ich das Gift getrunken habe, nicht bei euch weilen, sondern mich zu einer Stätte seliger Menschen aufmachen, damit, meint er, hätte ich euch und mich selber eben nur beruhigen und trösten wollen. So steht ihr doch einmal für mich bei Kriton ein – anders allerdings, als er für mich bei den Richtern bürgen wollte. Er hat dafür gebürgt, daß ich bleiben werde; bürgt ihr bei ihm dafür, daß ich nicht bleiben werde nach meinem Tode, daß ich mich auf und davon machen werde; denn Kriton wird es so leichter tragen und sich nicht grämen, wenn er meinen Leichnam begraben oder verbrennen sieht, als widerführe mir damit etwas Schreckliches, auch wird Kriton dann bei meinem Begräbnis nicht sagen, daß es wirklich Sokrates sei, den er ausstelle oder heraustrage oder begrabe." (*Phaidon* 115c2-115e4)

Wenn er gestorben sei, so will Sokrates dem ungläubigen Kriton verständlich machen, dann werde er – Sokrates selbst – nicht länger in seiner Gefängniszelle sein, und das, was dann dort noch auf der Pritsche liege, sei nur sein Leichnam, sein Körper, der mit dem eigentlichen Sokrates nichts zu schaffen habe. Sein eigentliches Selbst, seine Seele, so hatte Sokrates schon früher im Dialog nachzuweisen versucht, sei unsterblich und werde deshalb den Tod des Körpers überdauern.

Die Einstellung, die Sokrates mit vielen Philosophen geteilt hat, läßt sich also so zusammenfassen:

(1)   Der Mensch besteht nicht nur aus einem Körper, sondern einem Körper und einer Seele.

(2)   Die Seele macht das eigentliche Selbst eines Menschen aus. Sie (und damit der Mensch) ist für ihre Existenz auf keinen Körper angewiesen.

(3)   Körper und Seele des Menschen sind nur während seines Erdenlebens zusammengespannt; beim Tode löst sich die Seele vom Körper.

(4)   Während der Körper vergänglich ist, ist die Seele unsterblich.

2.1   *Platons Argumente für die Unsterblichkeit der Seele*

So verbreitet der Substanz-Dualismus in der Philosophie auch lange Zeit war, so wenig explizite Argumente findet man für diese Position. Vielleicht war sie den meisten einfach zu selbstverständlich. Auch Platon argumentiert im *Phaidon* nicht für die eigentlich interessanten ersten beiden Grundsätze, sondern nur für den vierten Grundsatz, die *Annahme der Unsterblichkeit der Seele*. Seine vier Argumente für diese Annahme sind aber so bedeutsam, daß sie hier kurz vorgestellt und diskutiert werden sollen.[1] Dabei muß jedoch vorausgeschickt werden, daß für den antiken Menschen und damit auch für die meisten antiken Philosophen die Seele (*psyche*) nicht nur mit Denken, Fühlen und Empfinden zu tun hat, daß sie vielmehr in erster Linie als *Prinzip des Lebens* angesehen wird. Das macht natürlich die Vorstellung, daß

---

[1]   Dabei orientiere ich mich weitgehend an der Darstellung in Gallop (1980), Patzig (1982) und Bostock (1986).

beim Tode die Seele den Körper verläßt, sofort verständlich; denn der Tod ist ja gerade das Ende des Lebens. Auch für Platon war dieser Zusammenhang völlig selbstverständlich, wie z.B. das folgende kurze Zitat zeigt.

> „Sokrates: … was wird in einem Körper entstehen müssen, der leben soll? – Kebes: Die Seele. – Sokrates: In allen Fällen? – Kebes: Natürlich. – Sokrates: Wohin immer die Seele kommt, dorthin bringt sie Leben mit? – Kebes: Ja." (*Phaidon*, 105c9-105d5)

Platons erstes Argument für die Unsterblichkeit der Seele ist das *zyklische Argument*. Wenn etwas entsteht, so Platon, entsteht es aus seinem Gegenteil: das Schöne aus dem Häßlichen, das Gerechte aus dem Ungerechten, das Kleinere aus dem Größeren, das Stärkere aus dem Schwächeren. Wenn das so ist, muß es aber zu jedem Prozeß, der von *A* zum Gegenteil von *A* – sagen wir *B* – führt, auch einen entgegengesetzten Prozeß geben, der von *B* zu *A* führt. Denn wäre dies nicht so, wäre im Laufe der Zeit alles *B* und jede Entwicklung käme an ein Ende. Nun ist es mit dem Sterben nach Platon ähnlich wie mit dem Schlafen; der Schlaf entsteht aus dem Wachen, das Wachen aus dem Schlafen. Diese Übergänge nennen wir Einschlafen und Aufwachen. Dem Einschlafen entspricht das Sterben: der Übergang vom Leben zum Totsein. Aber so wie es zum Einschlafen das Aufwachen gibt, muß es auch zum Sterben das Gegenteil geben: das Wiederaufleben. Denn ansonsten, das hatten wir schon gesehen, gäbe es nach einer gewissen Zeit überhaupt kein Leben mehr. Nun ist aber das Sterben nichts anderes als die Trennung der Seele vom Körper, also kann das Wiederaufleben nur darin bestehen, daß die Seele wieder in den (bzw. in einen) Körper eintritt. Die Seelen der Menschen müssen sich daher nach dem Tode irgendwo aufhalten, damit sie von dort wieder in einen Körper zurückkehren können.

Offenbar hat dieses Argument eine ganze Reihe von Schwächen. *Erstens* zeigt es nicht wirklich das, was es zeigen soll. Denn daß *jede* Seele unsterblich ist, würde aus ihm nur unter der Voraussetzung folgen, daß es eine bestimmte Anzahl (potentieller) Menschen gibt, die nicht geringer werden kann. *Zweitens* ist Platons Annahme, daß es zu jedem Prozeß einen Umkehrprozeß geben muß, offensichtlich falsch. Der Prozeß des Alterns kann nicht rückgängig gemacht, ein einmal gesprochenes Wort nicht zurückgenommen werden. Wenn die Physik recht hat, ergibt sich aus dem Entropiesatz sogar, daß die gesamte Welt irgendwann einmal den 'Wärmetod' sterben wird. Außerdem: Selbst wenn es zu einem Prozeß einen Gegenprozeß gibt, findet dieser keineswegs immer statt. Wer krank wird, kann gesund werden, muß es aber nicht. Wer im Koma liegt, kann wieder aufwachen, muß es aber nicht. *Drittens* schließlich krankt Platons Gedankengang daran, daß das Wort 'werden' auf zwei ganz verschiedene Weisen verwendet wird. Die Beispiele, die er anführt (schön/häßlich, gerecht/ungerecht, klein/groß, stark/schwach), beziehen sich alle auf Fälle, in denen ein (schon existierender) Gegenstand in dem Sinne (etwas) wird, daß er eine Eigenschaft erwirbt, die er vorher nicht hatte. Und in diesen Fällen ist es durchaus verständlich, daß dieser Gegenstand vorher die 'gegenteilige' Eigenschaft gehabt haben muß. Was schön wird, muß vorher nicht schön (häßlich) gewesen sein; was groß wird, muß vorher nicht groß (klein) gewesen sein; usw. Neben dieser Art von 'Werden' gibt es aber auch noch ein ganz anderes Werden – das Werden im Sinne von 'Entstehen'. Und wenn etwas in diesem Sinne wird, muß es nicht vorher schon existiert oder gar eine 'gegenteilige' Eigenschaft gehabt haben. (Was sollte das in diesem Fall überhaupt heißen?) Wenn jemand geboren, also lebendig wird, dann ist das offenbar nicht so zu verstehen, daß er schon vorher existiert hat und bei der Geburt nur eine Eigenschaft erwirbt, die er vorher nicht hatte. Vielmehr entsteht er in diesem Augenblick erst. Und dies ist ein Vorgang, der gar nicht so aufgefaßt werden kann, daß hier etwas *aus seinem Gegenteil* wird. Auch wenn das Geborenwerden im Sinne Platons als ein Prozeß verstanden wird, in dem ein Körper mit einer Seele vereint wird, ist es durchaus möglich, daß beide bei der Geburt erst neu entstehen. Wenn das möglich ist, würde aber aus der Tatsache, daß auch die Seele nicht unsterblich ist, keineswegs folgen, daß in absehbarer Zeit alles menschliche Leben erloschen sein wird.

Platons zweites Argument – das Argument der *Erinnerung* – beruht auf der Überzeugung, daß jeder Mensch über Wissen verfügt, das er nur vor seiner Geburt erworben haben kann. Schon im Dialog *Menon* hatte Platon gezeigt, daß man einen Sklaven, der über keinerlei mathematische Ausbildung verfügt, durch bloßes

Fragen zur richtigen Antwort auf die Frage bringen kann, wie lang die Seite eines Quadrats sein muß, dessen Flächeninhalt doppelt so groß sein soll wie der eines vorgegebenen Quadrats („So lang wie die Diagonale dieses vorgegebenen Quadrats"). Wie sollte dies möglich sein, so Platon, wenn der Sklave nicht zuvor schon über Einsicht in fundamentale mathematische Zusammenhänge verfügt? Im *Phaidon* gibt Platon diesem Argument eine andere Richtung. Offenbar, so argumentiert er, können wir den Begriff des Gleichen nicht aus der Erfahrung gewonnen haben; denn auch wenn zwei wahrnehmbare Dinge tatsächlich gleich sind, werden sie doch dem einen gleich, dem anderen ungleich erscheinen. Für das Gleiche selbst – die Idee des Gleichen[2] – gilt dies aber nicht: Das Gleiche selbst erscheint jedem und unter allen Umständen gleich. Wenn das Gleiche selbst aber Eigenschaften hat, die kein Paar von wahrnehmbaren Dingen hat, und wenn wir trotzdem das Gleiche selbst kennen – wofür Platon ein eigenes Argument anführt –, dann können wir diese Kenntnis nur vor unserer Geburt erworben haben, und zwar dadurch, daß wir vor der Geburt mit dem Gleichen selbst bekannt geworden sind.

Auch dieses – schwer zu verstehende – Argument ist sicher angreifbar. Erstens würde, selbst wenn es schlüssig wäre, aus ihm nämlich nur folgen, daß die Seele *eine gewisse Zeit* vor der Geburt eines Menschen existiert haben muß, nicht aber, daß sie unsterblich ist. Zweitens ist aber auch die Schlüssigkeit des Arguments selbst zweifelhaft. Platon setzt voraus, daß wir, wenn wir zwei gleiche Dinge sehen, (a) durch diese Dinge an das Gleiche selbst erinnert werden und (b) dabei feststellen, daß die Gleichheit dieser Dinge in gewisser Weise hinter der Gleichheit des Gleichen selbst zurückbleibt. Aber warum sollte das so sein? Welche Funktion hat das Gleiche selbst überhaupt? Bostock zufolge geht Platon davon aus, daß keine zwei wahrnehmbaren

---

[2] Ideen im Sinne Platons sind keine Vorstellungen; sie sind keine mentalen, sondern abstrakte Gegenstände. Die Idee des *F* hat nach Platon folgende Eigenschaften: 1. Sie ist nicht wahrnehmbar, nicht körperlich, nur dem Denken zugänglich. 2. Sie ist ewig und unveränderlich. 3. Sie ist realer als alle wahrnehmbaren Dinge. 4. Sie ist selbst vollkommen und uneingeschränkt *F*. 5. Wahrnehmbare Dinge haben die Eigenschaft *F*, weil und insofern sie an der Idee des *F* teilhaben.

Dinge uneingeschränkt gleich sind; sie sind immer auch in gewisser Weise ungleich. Für Platon ist auch kein wahrnehmbares Ding uneingeschränkt schön und keine Handlung uneingeschränkt gerecht; was schön ist, ist immer auch in gewisser Weise häßlich, und was gerecht ist, immer auch in gewisser Weise ungerecht. Wir können die Begriffe des Gleichen, des Schönen und des Gerechten, so Bostock, aber nur anhand von Beispielen erwerben, die uneingeschränkt gleich, uneingeschränkt schön bzw. uneingeschränkt gerecht sind. Also können wir sie nur durch Kenntnis des Gleichen selbst, des Schönen selbst und des Gerechten selbst erwerben. Doch diese These über den Erwerb bestimmter Begriffe ist keineswegs zwingend. Schließlich ist es eine empirische Tatsache, daß es im Hinblick auf die von Platon genannten Beispiele ein Mehr oder Weniger gibt: Zwei Dinge können mehr oder weniger gleich, etwas kann mehr oder weniger schön, eine Handlung mehr oder weniger gerecht sein. Und dies legt den Gedanken nahe, daß wir die genannten Begriffe durch Konstruktion eines idealen Grenzwerts fortschreitender Annäherung gewinnen. „Eine Reihe von Paaren von empirischen Gegenständen abnehmender Ungleichheit liefert uns die Erfahrungsbasis einer Progression, deren Grenzwert wir als 'absolute Gleichheit' definieren. Die Bekanntschaft mit einem Super-Gegenstandspaar, das absolut gleich wäre, brauchen wir für diese Begriffsbildung nicht."[3] Es gibt also eine Alternative zur Platonischen Ideenschau, und das berechtigt zumindest zu erheblichen Zweifeln an der zentralen Prämisse der Platonischen Argumentation.

Das dritte Argument ist das Argument von der *Verwandtschaft* der Seele mit den Ideen. Die Seele, so Platon, sei im wesentlichen an den Ideen, also dem „Bereich des Unsichtbaren, aber doch eigentlich Wirklichen"[4] interessiert, der Körper dagegen an der empirischen Welt der vergänglichen Dinge. Also könne man schließen, daß es zumindest eine Verwandtschaft zwischen der Seele und den Ideen gebe, da ja auf der anderen Seite der Körper offenbar Teil der vergänglichen Welt des Empirischen sei. Nun wissen wir aber z.B. von den ägyptischen Mumien, daß der Körper eines Menschen dessen Tod auf sehr lange Zeit überdauern

---

[3]   Patzig (1982, 40).
[4]   Patzig (1982, 41).

kann. Also sei es doch nur plausibel anzunehmen, daß die Seele, eben aufgrund ihrer Verwandtschaft mit den unsterblichen Ideen, den Tod eines Menschen noch sehr viel länger überleben könne.

Auch hier wird wieder zu wenig gezeigt; denn sehr langes Leben ist etwas anderes als Unsterblichkeit. Aber Platon geht es hier wohl gar nicht um ein zwingendes Argument, sondern nur um einen anregenden Gedanken. Denn natürlich folgt aus der Tatsache, daß ich mich z.B. für die Sterne interessiere, sicher nicht, daß ich eine 'Verwandtschaft' zu den Sternen hätte, die darauf hinausliefe, daß ich ihnen in irgendeiner Weise ähnlich wäre.

Vielleicht das größte Gewicht hat Platons viertes Argument, das Argument von der *Seele als Prinzip des Lebens*. Dieses Argument beruht auf zwei Grundannahmen:

(1)   Auf die Frage, warum ein Gegenstand eine Eigenschaft hat, ist die vernünftigste Antwort, daß er an der entsprechenden Idee teilhat.

Etwas ist groß, weil es an der Idee der Größe teilhat, gut, weil es an der Idee des Guten teilhat, etc.

(2)   Die Seele ist das Prinzip des Lebens.

Nichts kann leben, das keine Seele hat, und alles, was eine Seele hat, lebt. Ausgehend von diesen Grundannahmen argumentiert Platon nun folgendermaßen:

(3)   Ideen von Gegensätzen schließen einander aus.

Die Idee des Großen kann nicht klein, die Idee des Schönen nicht häßlich und die Idee des Warmen nicht kalt sein.

(4)   Einige Dinge sind notwendig mit einer von zwei entgegengesetzten Eigenschaften – und damit mit einer von zwei entgegengesetzten Ideen – verknüpft; die andere Eigenschaft schließen sie aus.

Feuer ist notwendig warm; es kann nicht die Eigenschaft der Kälte annehmen, ohne aufzuhören zu existieren. Schnee ist notwendig kalt; er kann nicht die Eigenschaft der Wärme annehmen, ohne aufzuhören zu existieren. Die Zahl 3 ist notwendig ungerade, sie kann nicht gerade werden.

(5)   Feuer ist nicht nur selbst notwendig warm; es bringt auch überall, wo es hinkommt, die Eigenschaft der Wärme mit.

Da Leben und Tod einander ausschließen, und da die Seele aufgrund von (2) überall, wo sie hinkommt, die Eigenschaft des Lebens mitbringt, wird also wohl auch gelten:

(6)   Die Seele ist notwendig mit der Eigenschaft des Lebens verknüpft, d.h. sie hat notwendig an der Idee des Lebens teil.

Hier liegt offenbar ein erster schwacher Punkt des Arguments. Denn zur Begründung von (6) benötigt Platon nicht nur Beispiele wie (5), sondern den allgemeinen Grundsatz:

(7)   Wenn etwas allen „Gegenständen, denen es innewohnt, Anteil an einer Idee F vermittelt und die Teilhabe an einer dieser entgegengesetzten Idee F' verhindert, so kann dieses Vermittelnde erst recht die Idee F' nicht in sich aufnehmen."[5]

Und dieser Grundsatz ist sicher fraglich. Alkohol z.B. macht betrunken, ist selbst aber weder betrunken noch nüchtern, und ein Virus bringt eine Krankheit, muß deshalb aber selbst nicht krank sein (wenn es überhaupt einen Sinn hat, so zu reden).

Noch kritischer ist jedoch ein anderer Punkt. Aus der Tatsache, daß die Seele notwendig mit der Idee des Lebens verknüpft ist, schließt Platon nämlich:

(8)   Die Seele ist unsterblich.

Dieser Schluß ist in der Tat unbedenklich, wenn man das Wort 'unsterblich' so versteht, wie Platon dies ausdrücklich tut: Unsterblich ist, was notwendig lebendig ist. So verstanden folgt aus der Unsterblichkeit der Seele jedoch nicht ihre Unvergänglichkeit. Denn daß Feuer notwendig warm und Schnee notwendig kalt sind, bedeutet nicht, daß Feuer und Schnee unvergänglich wären. Es bedeutet nur, daß Feuer immer warm und Schnee immer kalt sind, *solange sie existieren.* Selbst wenn die Seele notwendig mit der Idee des Lebens verbunden (und daher in diesem Sinne unsterblich) wäre, würde daraus also nicht folgen, daß die Seele unvergänglich ist, sondern nur, daß die Seele immer lebendig ist, *solange sie existiert.*

---

5   Patzig (1982, 44).

Platon läßt Sokrates deshalb ganz konsequent sagen: „Wenn man uns zugestünde, daß [das Unsterbliche] auch unvergänglich ist, dann wäre die Seele nicht nur unsterblich, sondern auch unvergänglich; wenn aber nicht, dann wäre ein anderes Argument vonnöten." Doch dann läßt er Kebes, den Dialogpartner Sokrates', unwidersprochen antworten: „Doch dies ist nicht vonnöten, zumindest nicht in diesem Punkt." Und als Begründung läßt er Kebes anfügen: „Denn falls selbst das Unsterbliche, *das ja ewig ist*, nicht unvergänglich wäre, wäre wohl kaum irgend etwas unvergänglich."[6] Wie die hervorgehobene Passage zeigt, liegt der Grund dafür, daß Kebes – und vielleicht auch Platon – hier plötzlich keinen Argumentationsbedarf mehr sieht, darin, daß er wie selbstverständlich davon ausgeht, daß das Unsterbliche auch unvergänglich ist („das Unsterbliche, *das ja ewig ist*"). Und dies hat seinen Grund wohl darin, daß er 'unsterblich' jetzt doch wieder im alltagssprachlichen Sinne versteht; denn in *diesem* Sinn ist sicher alles, was unsterblich ist, auch unvergänglich und daher ewig. Der Schluß von der These (8) auf die These

(9)   Die Seele ist unvergänglich

scheint also auf einer begrifflichen Konfusion zu beruhen. Denn Platon hatte bisher (wenn überhaupt) nur gezeigt, daß die Seele in dem Sinne unsterblich ist, daß sie notwendig lebendig ist, solange sie existiert. Aber aus der Unsterblichkeit in diesem Sinne folgt eben nicht die Unsterblichkeit im alltagssprachlichen Sinn.

Allerdings ist wohl auch Platon etwas unwohl bei diesem Stand der Argumentation. Denn Sokrates setzt nach der Antwort von Kebes noch einmal an und fügt hinzu: „Daß Gott wenigstens … und die Idee des Lebens selbst und wenn sonst noch etwas unsterblich ist, niemals vergehen, das dürfte wohl von allen zugestanden werden".[7] Auch in dieser Passage wird jedoch zunächst nur darauf verwiesen, daß es eine allgemeine Übereinstimmung darin gibt, daß das Unsterbliche unvergänglich ist. Man kann diese Passage – etwas gegen den Wortlaut des Textes – jedoch auch als Analogieschluß* lesen: Offenbar sind Gott und die Idee des Lebens, die beide unsterblich sind, unvergänglich. Also wird

---

[6]   *Phaidon* 106c9-d4 – Hervorh. vom Verf.
[7]   *Phaidon* 106d5-7.

wohl auch alles andere, was unsterblich ist, unvergänglich sein.
Doch dies wäre ganz offensichtlich ebenfalls kein besonders
zwingendes Argument.

Platons vier Argumente für die Unsterblichkeit der Seele

1. *Der Zyklus von Entstehen und Vergehen.* Zu jedem
   Prozeß, der von *A* zu *B* – dem Gegenteil von *A* – führt,
   muß es einen entgegengesetzten Prozeß geben, der
   von *B* wieder zu *A* führt – zum Sterben also den Prozeß des Wiederauflebens. Sterben bedeutet aber nichts
   anderes als die Trennung der Seele vom Körper; also
   muß das Wiederaufleben darin bestehen, daß die Seele
   wieder in den Körper eintritt. Die Seelen der Menschen müssen sich daher nach dem Tode irgendwo
   aufhalten, damit sie von dort wieder in einen Körper
   zurückkehren können.

2. *Erinnerung.* Die Seele muß schon vor der Geburt existiert haben, da wir über Wissen verfügen, das wir nur
   vor der Geburt (durch Schau der Ideen) erworben haben können.

3. *Verwandtschaft.* Die Seele strebt nach der Erkenntnis
   der Ideen, der Körper dagegen konzentriert sich auf
   die Welt der vergänglichen empirischen Dinge. Es gibt
   also eine Verwandtschaft, und d.h. auch eine Schick-
   salsverwandtschaft, zwischen Körper und vergängli-
   cher Welt einerseits und Seele und Ideenwelt andererseits. Also ist der Körper vergänglich und die Seele
   (wie die Ideen) unvergänglich.

4. *Die Seele als Lebensprinzip.* So wie das Feuer allem,
   dem es innewohnt, Wärme verleiht, so verleiht die
   Seele allem, wovon sie Besitz ergreift, Leben. Wenn
   etwas allen Gegenständen, denen es innewohnt, Anteil
   an der Idee *F* vermittelt und deren Teilhabe an der
   entgegengesetzten Idee *F'* verhindert, dann kann dieses Vermittelnde selbst erst recht die Idee *F'* nicht in
   sich aufnehmen. Also ist die Seele unsterblich.

2.2   Descartes' Argumente für die vom Körper unabhängige Existenz der Seele

Anders als Platon und die meisten Philosophen vor ihm hat *René Descartes* die Notwendigkeit, den Begriff der Seele zu definieren und einen Beweis für die vom Körper unabhängige Existenz der Seele zu geben, klar gesehen. Er definiert die Seele als eine *res cogitans* und zugleich den Körper als eine *res extensa*. Das wesentliche Attribut* der Seele ist also, zu denken, so wie es das wesentliche Attribut des Körpers ist, ausgedehnt zu sein. Was hier genau mit dem Ausdruck 'denken' gemeint ist, ist für unsere Überlegung nicht von Bedeutung. Wichtig ist nur, daß Denken in seiner reinen Form Descartes zufolge keinerlei körperliche Eigenschaften impliziert.

2.2.1   Das metaphysische Argument

Für die vom Körper unabhängige Existenz der Seele hat Descartes nicht nur einen, sondern sogar zwei Beweise: einen *metaphysischen* und einen *naturphilosophischen*. Der metaphysische Beweis findet sich am ausführlichsten in den *Meditationen*. Er beginnt in der zweiten Meditation im Anschluß an das 'cogito'-Argument, mit dessen Hilfe Descartes versucht hat, seine Existenz zu beweisen. Nachdem klar ist, daß er existiert, stellt sich nämlich sofort die Frage, was denn die Natur oder das Wesen dieses Dinges ist, dessen Existenz gerade bewiesen wurde. Descartes stellt zunächst fest, daß er bisher von sich nur weiß, daß er ein denkendes Ding ist. Denn seine Existenz folgte ja allein aus der Tatsache, daß er an seiner Existenz zweifelte, d.h. daß er einen bestimmten Gedanken gefaßt hatte. Heißt dies aber auch schon, daß er nichts *weiter* als ein denkendes Ding ist – ein Wesen, das allein mit der Eigenschaft des Denkens und ohne alle körperlichen Eigenschaften existieren kann? Bisher weiß er nur, daß er denkt und daß er zugleich an der Existenz der gesamten Körperwelt zweifeln kann. Was daraus folgt, ergibt sich erst im Laufe der 6. Meditation. Die entscheidende Passage des Arguments sei hier in voller Länge zitiert:

„Zuerst: da ich weiß, daß alles, was ich klar und deutlich begreife, von Gott
in der Weise gemacht werden kann, wie ich es begreife, so reicht es aus,
daß ich eine Sache ohne eine andere klar und deutlich begreifen kann, damit ich sicher bin, daß die eine von der anderen verschieden ist, da sie wenigstens von Gott getrennt voneinander gesetzt werden können ... Und deshalb: gerade daraus, daß ich weiß, ich existiere, und daß ich bisher nichts
anderes als zu meiner Natur oder meinem Wesen gehörig bemerke, außer
daß ich ein denkendes Ding bin, eben daraus schließe ich mit Recht, daß
mein Wesen allein darin besteht, daß ich ein denkendes Ding bin [oder eine
Substanz, deren ganzes Wesen und deren ganze Natur nur darin besteht, zu
denken]. Und obwohl ich vielleicht – oder sogar gewiß, wie ich später dar-
legen werde – einen Körper habe, der mit mir sehr eng verbunden ist, so ist
doch, da ich auf der einen Seite eine klare und deutliche Idee von mir selbst
habe, insofern ich nur ein denkendes, nicht ausgedehntes Ding bin, und auf
der anderen Seite eine deutliche Idee vom Körper, insofern dieser nur ein
ausgedehntes nicht denkendes Ding ist, so ist, sage ich, gewiß, daß ich von
meinem Körper wirklich verschieden bin und ohne ihn existieren kann [daß
dieses Ich, d.h. meine Seele, durch die ich das bin, was ich bin, vollständig
und in Wirklichkeit von meinem Körper verschieden ist und ohne ihn sein
oder existieren kann]." (*Meditationen* AT VII 77 f., IX.1 62; die Passagen
in eckigen Klammern finden sich nur in der französischen Fassung)

Wenn man versucht, die verschiedenen Schritte dieser Argumentation explizit zu machen, kommt man in etwa zu dem folgenden Ergebnis. Aus Überlegungen in den vorangegangenen
Meditationen, auf die wir hier nicht einzugehen brauchen, ergibt
sich: (1) Alles, was ich klar und deutlich begreife, kann von Gott
so gemacht werden, wie ich es begreife. Also gilt: (2) Alles, was
ich klar und deutlich begreife, ist möglich. Denn wenn etwas gemacht werden kann, muß es möglich sein. Nun hatten wir schon
gesehen, daß ich mit Sicherheit einsehe, daß ich denke. Zugleich
kann ich aber an der Existenz der gesamten Körperwelt zweifeln,
ohne daß dies für meine eigene Existenz in irgendeiner Weise
relevant wäre. Also gilt (3), daß ich klar und deutlich einsehe, daß
ich allein mit der Eigenschaft des Denkens und ohne alle körperlichen Eigenschaften existieren könnte. In analoger Weise sehe
ich (4) ein, daß Körper allein mit der Eigenschaft des Ausgedehntseins, d.h. ohne zu denken, existieren können. Somit ergibt
sich aufgrund von (2): (5) Ich kann allein mit der Eigenschaft des
Denkens und ohne alle körperlichen Eigenschaften existieren.
Und ebenso: (6) Jeder Körper kann allein mit der Eigenschaft des
Ausgedehntseins, d.h. ohne zu denken, existieren. Hieraus folgt

Descartes' metaphysisches Argument

(1) Alles, was ich klar und deutlich begreife, kann von Gott so gemacht werden, wie ich es begreife.

Also:

(2) Alles, was ich klar und deutlich begreife, ist möglich.

(3) Ich sehe klar und deutlich ein, daß ich allein mit der Eigenschaft des Denkens und ohne alle körperlichen Eigenschaften existieren könnte.

(4) Ich sehe ein, daß alle Körper allein mit der Eigenschaft des Ausgedehntseins, d.h. ohne zu denken, existieren können.

Somit ergibt sich aufgrund von (2):

(5) Ich kann allein mit der Eigenschaft des Denkens und ohne alle körperlichen Eigenschaften existieren.

(6) Jeder Körper kann allein mit der Eigenschaft des Ausgedehntseins, d.h. ohne zu denken, existieren.

Also:

(7) Ich bin von meinem Körper real verschieden und kann daher auch ohne ihn existieren.

jedoch (7), daß ich – „d.h. meine Seele, durch die ich das bin, was ich bin" – von meinem Körper „wirklich" verschieden bin. Denn wenn ich mit meinem Körper identisch wäre, wäre es offenbar undenkbar, daß ich ohne alle körperlichen Eigenschaften existieren könnte.

Dieses Argument zeigt Descartes nicht nur als einen besonders scharfsinnigen Denker, es zeigt ihn auch als einen Philosophen mit bemerkenswertem modallogischen Verständnis.[8] Denn Prinzipien wie „Was vorstellbar ist, ist auch möglich" oder „Wenn

---

[8] In der Modallogik geht es um die logischen Beziehungen zwischen Sätzen, die modale Ausdrücke wie 'es ist notwendig, daß' oder 'es ist möglich, daß' enthalten.

zwei Dinge unabhängig voneinander existieren *können*, dann sind sie real verschieden", von denen Descartes in seiner Argumentation wesentlich Gebrauch macht, sind erst in neuester Zeit besonders durch Überlegungen von Saul Kripke gestützt worden. Insofern ist das metaphysische Argument Descartes' für die vom Körper unabhängige Existenz der Seele sicher nicht zu unterschätzen.

Allerdings kann es auch nicht stärker sein als seine zentrale Prämisse: „Ich sehe klar und deutlich ein, daß ich allein mit der Eigenschaft des Denkens und ohne alle körperlichen Eigenschaften existieren könnte". Aus der Tatsache, daß Descartes seine Existenz beweisen kann, während er zugleich noch an der Existenz der gesamten Körperwelt zweifelt, folgt allein nämlich sicher nicht, daß es *objektiv* möglich ist, daß er auch ohne jede körperliche Eigenschaft existieren könnte. Wir werden im Abschnitt 3.2 sogar sehen, daß es gute Gründe gibt, daran zu zweifeln, daß dies möglich ist.

2.2.2 Das naturphilosophische Argument

Das naturphilosophische Argument für die vom Körper unabhängige Existenz der Seele wurde von Descartes leider bei weitem nicht so klar ausgearbeitet wie das metaphysische. Es gibt nur einige wenige Textstellen, die eigentlich nur eine allgemeine Argumentationsrichtung erahnen lassen. Die wichtigste dieser Stellen aus dem *Discours de la Méthode* soll hier wieder zitiert werden:

> „Wenn es Maschinen mit den Organen und der Gestalt eines Affen oder eines anderen vernunftlosen Tieres gäbe, so hätten wir gar kein Mittel zu erkennen, daß sie nicht von genau derselben Natur wie diese Tiere wären. … gäbe es dagegen Maschinen, die unseren Körpern ähnlich wären und unsere Handlungen insoweit nachahmten, wie dies für Maschinen wahrscheinlich möglich ist, so hätten wir immer zwei ganz sichere Mittel, um zu erkennen, daß sie keineswegs wahre Menschen sind. Erstens könnten sie nämlich niemals Worte oder andere Zeichen dadurch gebrauchen, daß sie sie zusammenstellen, wie wir es tun, um anderen unsere Gedanken mitzuteilen … man kann sich nicht vorstellen, daß [Tiere] die Worte auf verschiedene Weisen zusammenstellen, um auf die Bedeutung alles dessen, was in ihrer Gegenwart laut werden mag, zu antworten, wie es der stumpfsinnigste Mensch kann. … [Und zweitens:] Sollten diese Maschinen auch manches

ebenso gut oder sogar besser verrichten als irgendeiner von uns, so würden
sie doch zweifellos bei vielem anderen versagen, wodurch offen zutage tritt,
daß sie nicht aus Einsicht (connaissance) handeln, sondern nur aufgrund der
Einrichtung ihrer Organe. Denn die Vernunft (raison) ist ein Universalinstrument, das bei allen Gelegenheiten zu Diensten steht, während diese
Organe für jede besondere Handlung einer besonderen Einrichtung bedürfen ..." (*Discours* 5.10, AT VI 56f.)

Schon auf den ersten Blick wird deutlich, daß es sich hier um
eine ganz andere Art von Argument handelt. Zentral ist dieses
Mal die Annahme, daß Menschen Eigenschaften und Fähigkeiten
haben, die keine Maschine besitzen kann, d.h. kein physisches
System, dessen Verhalten sich allein aus den für seine Teile geltenden Naturgesetzen ergibt. Tiere verfügen nach Descartes nicht
über diese Fähigkeiten, nicht einmal Affen. Affen könne man
deshalb 'nachbauen'. D.h. man könnte eine Maschine bauen, die
sich genau so verhält wie ein Affe und die wir, wenn man zusätzlich dafür sorgt, daß sie auch genau so aussieht wie ein Affe,
nicht von einem wirklichen Tier unterscheiden könnten. Wir
könnten weder am Verhalten, d.h. an den Fähigkeiten dieses Wesens, noch an seinem Aussehen erkennen, ob es sich um eine Maschine oder um einen richtigen Affen handelt.

Was sind das für Fähigkeiten, die Descartes zufolge den Menschen vor allen Tieren auszeichnen? Auf eine kurze Formel gebracht, lautet seine Antwort: die *Fähigkeit zu sprechen* und die
Fähigkeit zu intelligentem Handeln. Doch dies muß noch weiter
erläutert werden. Denn natürlich ist Descartes klar, daß man einigen Tieren – z.B. Papageien – beibringen kann, bei bestimmten
Anlässen bestimmte Wörter zu äußern. Aber das allein ist noch
kein Sprechen. Sprechen besteht für Descartes darin, daß wir
„Worte oder andere Zeichen ... zusammenstellen, ... um anderen
unsere Gedanken mitzuteilen". In dieser kurzen Charakterisierung
ist mehr enthalten, als man ihr auf den ersten Blick ansieht. Erstens: Sprechen besteht nicht einfach im Äußern von Wörtern; es
beruht vielmehr auf dem *Zusammenstellen* von Wörtern. Ihre
Ausdruckskraft und Flexibilität erreicht Sprache erst dadurch, daß
wir dieselben Wörter auf sehr verschiedene Weise kombinieren
können, um damit jeweils andere Gedanken auszudrücken. Es
gibt kein festes Repertoire vorgegebener Wörter oder Sätze, mit
dem wir auch nur ein festes Repertoire von Gedanken ausdrücken

könnten. Vielmehr ist Sprache nahezu unbegrenzt flexibel; wir
können immer neue Wörter hinzufügen und die vorhandenen
Wörter auf immer neue Art zusammenstellen, woraus sich die
Möglichkeit ergibt, immer neue Gedanken auszudrücken.
Sprachlernen kann deshalb nicht einfach darin bestehen, auf einen
bestimmten Reiz hin einen bestimmten Satz zu äußern.

Zweitens: Sprache dient dazu, *anderen unsere Gedanken mitzuteilen*. Tiere können dazu gebracht werden, in bestimmten Situationen bestimmte Wörter oder Sätze zu äußern. Aber in der
Regel verbinden sie keine Zwecke damit. Möglicherweise verfolgen sie zumindest manchmal den 'Zweck', eine bestimmte Reaktion hervorzurufen, z.B. daß man ihnen Futter gibt oder daß man
mit ihnen auf die Straße geht. Aber das ist etwas anderes als das
Mitteilen von Gedanken. Wenn wir unseren Mitmenschen auf
sprachliche Weise unsere Gedanken mitteilen, dann dient dies in
der Regel nicht dazu, in ihnen eine bestimmte Reaktion hervorzurufen. Vielmehr stellen wir ihnen damit Informationen zur Verfügung, die in ganz unterschiedlichen Verhaltenszusammenhängen
genutzt werden können.

Für die Fähigkeit zu intelligentem Handeln gelten ganz ähnliche
Überlegungen. Denn Descartes gesteht explizit zu, daß Tiere *bestimmte* Aufgaben zum Teil sehr viel besser erledigen als wir.
Aber dies ist für ihn kein Zeichen von Intelligenz. Denn solche
begrenzten Fähigkeiten beruhen seiner Meinung nach jeweils auf
der Einrichtung bestimmter Organe. Intelligenz dagegen ist ein
„Universalinstrument", d.h. mit Hilfe unserer Intelligenz können
wir nicht nur bestimmte Aufgaben lösen. Vielmehr gibt es eigentlich keine Aufgabe, die dem Versuch einer intelligenten Lösung von vornherein entzogen wäre. Sicher, nicht in jedem Fall
werden wir eine Lösung finden. Aber es gibt sozusagen keinen
Typ von Problem, den wir mit unserer Intelligenz nicht zumindest
anpacken könnten. Darin liegt auch der entscheidende Grund für
Descartes' These, daß Intelligenz nicht maschinell realisierbar ist.
Denn seiner Meinung nach lassen sich maschinell immer nur Lösungen für *einzelne* Aufgabentypen realisieren. Ein „Organ" zur
universellen Problemlösung kann es daher nicht geben. Und eine
Maschine mit unendlich vielen Organen, die jeweils für die Lö-

sung eines Problems zuständig sind, ist natürlich ebenfalls undenkbar.

Aber zurück zu Descartes' naturphilosophischem Argument.
Offenbar hat dies die einfache Struktur: (1) Menschen haben die
Fähigkeit zu sprechen und die Fähigkeit, intelligent zu handeln.
(2) Keine Maschine, d.h. kein physisches System, dessen Verhalten sich allein aus den für seine Teile geltenden Naturgesetzen
ergibt, verfügt über diese Fähigkeiten. Also muß es (3) eine Seele
geben, die dafür verantwortlich ist, daß Menschen diese Fähigkeiten besitzen, und diese Seele kann selbst nichts Physisches
sein.

Meiner Meinung nach ist auch dies ein ausgesprochen interessantes Argument, das eine Reihe von wichtigen Herausforderun-
gen enthält. Im 17. Jahrhundert, in dem Descartes schrieb, gab es
nur wenige künstliche Systeme, an denen er sich orientieren
konnte:[9] es gab Uhren, deren Verhalten vollständig durch das
mechanische Zusammenwirken ihrer Gewichte und Räder bestimmt ist; es gab Orgeln, bei denen Register und Tastenanschlag
das Öffnen und Schließen der einzelnen Orgelpfeifen bewirken,
und schließlich gab es einige schon etwas kompliziertere hydrau-
lische Steuerungssysteme, mit denen die Baumeister seiner Zeit
kleine Gartenfiguren zu einer Art von künstlichem Leben zu er-
wecken verstanden. Es gab keinerlei elektromechanische Systeme
und an Computer war überhaupt noch nicht zu denken. Vor diesem Hintergrund war Descartes' These, es könne keine Maschinen mit den Fähigkeiten, zu sprechen und intelligent zu handeln,
geben, offenbar plausibel.

Aber wie steht es heute, nachdem die Entwicklung etliche
Schritte vorangekommen ist? Lassen sich die früheren Beschränkungen vielleicht mit Computern überwinden? In den ersten Jahren der Künstlichen Intelligenz-Forschung war die Antwort auf
diese Frage ein lautstarkes und uneingeschränktes 'Ja'. Aber inzwischen mehren sich kritischere Stimmen. Immerhin ist es bis
heute nicht gelungen, ein Programm zu schreiben, das es auch nur
annähernd erlauben würde, die sprachlichen Fähigkeiten des
Menschen umfassend zu simulieren. Und obwohl Schachcomputer inzwischen selbst Weltmeister vor große Probleme stellen,

---

[9] Vgl. hierzu Specht (1966, 114ff.).

Descartes' naturphilosophisches Argument

(1) Menschen haben die Fähigkeit, zu sprechen, und die Fähigkeit, intelligent zu handeln.

(2) Keine Maschine, d.h. kein physisches System, dessen Verhalten sich allein aus den für seine Teile geltenden Naturgesetzen ergibt, verfügt über diese Fähigkeiten.

Also:

(3) Es muß eine Seele geben, die dafür verantwortlich ist, daß Menschen diese Fähigkeiten besitzen, und diese Seele kann selbst nichts Physisches sein.

sind wir von einer Maschine, die nicht nur Schachspielen, sondern auch Auto fahren, den Weg zum Nordbahnhof finden, den Kindern bei den Hausaufgaben helfen und Kreuzworträtsel lösen kann, nach wie vor meilenweit entfernt. Allerdings: Dies wäre auch nicht die einzige Möglichkeit, Descartes' Herausforderung zu begegnen. Denn während die Skepsis in die Leistungsfähigkeit von Computern eher gewachsen ist, gibt es heute doch so etwas wie einen Konsens zumindest unter den meisten Wissenschaftlern und Philosophen, daß in der Tat alle unsere Leistungen und Fähigkeiten auf den komplizierten Verschaltungen der Nervenzellen in unserem Gehirn beruhen.

Es gibt jedoch auch noch einen ganz anderen Weg, Descartes' naturphilosophisches Argument zu kritisieren. Descartes geht nämlich stillschweigend davon aus, daß jedes physische System nur über Eigenschaften und Fähigkeiten verfügen kann, die sich auf seine Teile und das naturgesetzliche Zusammenwirken dieser Teile zurückführen lassen. D.h. Descartes leugnet schlicht die Möglichkeit *emergenter* Eigenschaften.[10] Er geht von dem Prinzip aus: (4) Wenn ein physisches System Eigenschaften und Fähigkeiten besitzt, die sich nicht auf seine Teile und das naturgesetzliche Zusammenwirken dieser Teile zurückführen lassen, dann

---

[10] Zum Begriff der emergenten Eigenschaft vgl. unten Kapitel 8.

muß es eine zusätzliche nicht-physische Entität* geben, die für
diese Eigenschaften und Fähigkeiten verantwortlich ist und die
selbst der Träger dieser Eigenschaften ist. Und dieses Prinzip ist
sicher alles andere als selbstverständlich. Auf dieses Problem
werden wir jedoch im Kapitel 8 noch einmal ausführlich zurückkommen. Hier sei nur noch angemerkt, daß Descartes' naturphilosophisches Argument ohne das Prinzip (4) bestenfalls ein Argument für den Eigenschafts-Dualismus, aber kein Argument
mehr für den Substanz-Dualismus ist.

2.3 Swinburne als Vertreter des zeitgenössischen Substanz-Dualismus

Unter den zeitgenössischen Philosophinnen und Philosophen gibt
es, wie schon gesagt, nur noch sehr wenige, die sich explizit für
den Substanz-Dualismus stark machen. Einer dieser Philosophen
ist Richard Swinburne, der – ganz im Sinne des metaphysischen
Arguments Descartes' – versucht hat, die These von der eigenständigen Existenz einer vom Körper unabhängigen Seele mit
einer modallogischen Überlegung zu untermauern.[11] Informell
läßt sich diese Überlegung so zusammenfassen:

> „Wir können uns eine Situation vorstellen, in der unser Körper zerstört
> wird, aber unser Bewußtsein andauert. Dieser Bewußtseinsstrom benötigt
> einen Träger oder eine Substanz. Und damit diese Substanz identisch mit
> der Person vor dem körperlichen Tod ist, muß es etwas geben, was die eine
> Phase mit der anderen verbindet. Da der Körper zerstört wird, kann dieses
> Etwas nicht physikalische Materie sein: Es muß also etwas Immaterielles
> geben, und das nennen wir Seele." (Jansen/Strobach 1999, 268f.)

Um die formale Fassung dieser Argumentation besser verstehen
zu können, ist es zweckmäßig, für die entscheidenden vier Sätze
Abkürzungen einzuführen. (Dabei steht t für irgend einen beliebigen Zeitpunkt.)

p = „Hans ist im Jahr vor t ein Mensch mit Bewußtsein"

---

[11] Vgl. Swinburne (1984; 1986; 1994). Eine gute Zusammenfassung des Arguments und der Kritik an diesem Argument findet sich in Jansen/Strobach
(1999). Ein weiterer zeitgenössischer Philosoph, der versucht hat, für den
Substanz-Dualismus zu argumentieren, ist John Foster (1991).

q = „Der Körper von Hans wird zum Zeitpunkt t zerstört"
r = „Hans besitzt im Jahr vor t eine immaterielle Seele"
s = „Hans existiert nach t körperlos fort"

Swinburnes Ziel ist zu zeigen, daß aus dem Satz p – unter Zuhilfenahme einiger in seinen Augen unproblematischer Zusatzannahmen – der Satz r logisch abgeleitet werden kann, daß also aus der Tatsache, daß Hans im Jahr vor t ein Mensch mit Bewußtsein ist, logisch folgt, daß Hans in diesem Zeitraum eine immaterielle Seele besitzt (d.h. sogar genauer, daß er vor t nicht mit seinem Körper, sondern mit seiner Seele identisch ist).

In Swinburnes Argumentation spielt die Satzmenge M eine entscheidende Rolle, die so definiert ist:

> M ist die Menge aller Sätze, die *mögliche* Sachverhalte des Jahres vor t beschreiben und die mit p und q kompatibel[12] sind.

Zu M gehören also Sätze wie

u = „Ein halbes Jahr vor t wird Hans am Knie operiert"

und

v = „Einen Tag vor t regnet es in Bielefeld".

Denn beide Sätze beschreiben einen *möglichen* Sachverhalt des Jahres vor t, und offensichtlich ist es zumindest *möglich*, daß die drei Sätze p, q und u bzw. p, q und v alle wahr sind.

Ausgehend von der gerade angeführten Definition der Menge M formuliert Swinburne nun zunächst ein Argument für die Konklusion, daß der Satz

nicht-r = „Es ist nicht der Fall, daß Hans im Jahr vor t eine immaterielle Seele besitzt"

nicht zu M gehört. Dabei geht er von den beiden Prämissen aus:

(1)   Für alle Sätze x, die zur Menge M gehören, gilt: p, q, x und s sind kompatibel.[13]

---

[12] Zwei Sätze sind kompatibel, wenn es *möglich* ist, daß sie beide zugleich wahr sind.

(2) p, q, nicht-r und s sind nicht kompatibel.

Und in der Tat folgt aus diesen Prämissen

(3)   nicht-r gehört nicht zur Menge M.

Auf die Frage, ob die Prämissen selbst plausibel sind, werden wir gleich zurückkommen. Zuerst wollen wir jedoch die Argumentation Swinburnes weiter verfolgen.
  Offenbar gilt:

(4)   nicht-r beschreibt einen möglichen Sachverhalt des Jahres vor t.

Also folgt aus (3) aufgrund der Definition von M:

(5)   nicht-r ist nicht mit p und q kompatibel.

Da aber, so Swinburne, q offenbar irrelevant dafür ist, ob nicht-r wahr ist oder nicht, ergibt sich aus (5)

(6)   nicht-r ist nicht mit p kompatibel.

Daß die Negation eines Satzes mit einem anderen Satz nicht kompatibel ist, bedeutet aber, daß der erste aus dem zweiten Satz logisch folgt. Daher ergibt sich aus (6)

(7) r folgt logisch aus p.

  Damit scheint Swinburne sein Ziel erreicht zu haben; er scheint gezeigt zu haben, daß die Wahrheit des Satzes „Hans besitzt im Jahr vor t eine immaterielle Seele" logisch aus der Wahrheit des Satzes „Hans ist im Jahr vor t ein Mensch mit Bewußtsein" folgt. Und da man sein Argument für beliebige Personen und beliebige Zeiträume wiederholen kann, scheint damit generell zu gelten:

(8)   Jede Person, die in einem gewissen Zeitraum über Bewußtsein verfügt, besitzt in diesem Zeitraum eine immaterielle Seele.

  Allerdings: Bei näherem Hinsehen zeigen sich auch in Swinburnes Argumentation Lücken. Die erste Lücke betrifft den Über-

---

[13] Hiermit ist gemeint, daß es zumindest *möglich* ist, daß diese vier Sätze alle zugleich wahr sind.

gang von (5) zu (6). Für diesen Übergang muß Swinburne nämlich nicht nur voraussetzen, daß außer (5) auch

(9)   nicht-r ist mit q kompatibel

wahr ist. Er muß außerdem voraussetzen, daß die Schlußfigur

(*) A ist nicht mit B und C kompatibel.
         A ist mit C kompatibel.
         Also: A ist nicht mit B kompatibel.

formal gültig ist. Und daß dies nicht so ist, haben Jansen und
Strobach mit einem einfachen Gegenbeispiel nachgewiesen. Die
folgenden drei Sätze zeigen nämlich eindeutig, daß es durchaus
möglich ist, daß A mit B kompatibel ist und daß A mit C kompatibel ist, daß A aber nicht mit B und C kompatibel ist.

A = „Klara ist älter als Jan"
B = „Peter ist älter als Klara"
C = „Jan ist älter als Peter".

    Allerdings kann Swinburne diesem Einwand ausweichen. Denn
für seine Zwecke genügt auch die schwächere Schlußfolgerung

(7') r folgt logisch aus p und q,

die sich direkt aus (5) ergibt. Denn da jeder Mensch irgendwann
stirbt, reicht die Aussage

(8')   Jede Person, die in einem gewissen Zeitraum über Be-
         wußtsein verfügt und am Ende dieses Zeitraums stirbt, be-
         sitzt in diesem Zeitraum eine immaterielle Seele

völlig aus, wenn es darum geht, dafür zu argumentieren, daß jeder
Mensch außer einem Körper auch eine Seele besitzt.
    Swinburnes Argumentation ist jedoch noch mit einem zweiten,
stärkeren Einwand konfrontiert, der sich auf die Plausibilität der
Prämissen (1) und (2) bezieht.[14] Auf den ersten Blick könnte es so
aussehen, als seien diese Prämissen ganz unproblematisch. Denn
die Prämisse (2) scheint unbestreitbar (wie soll Hans nach t körperlos weiter existieren, wenn er nicht schon vor t eine Seele be-

---

[14] Vgl. zu diesem Einwand Alston/Smythe (1994, 132), Stump/Kretzmann
(1996) sowie Jansen/Strobach (1999, 275ff.).

sessen hat). Und auch die Prämisse (1) sieht eher harmlos aus. Warum sollten nicht alle Sätze von *M*, die ja *per definitionem* schon mit *p* und *q* kompatibel sind, auch mit *p*, *q* und *s* kompatibel sein?

Doch hier trügt der Schein. Wie steht es nämlich mit dem Satz nicht-*r*? Auch Swinburne zufolge betrifft dieser Satz einen möglichen Sachverhalt des Jahres vor *t*. Also spricht alles dafür, daß nicht-*r* zur Menge *M* gehört. Denn selbst ein Dualist kann zugeben, daß es zumindest *möglich* ist, daß Hans im Jahr vor *t* ein Mensch mit Bewußtsein ist, daß der Körper von Hans zum Zeitpunkt *t* zerstört wird, daß Hans im Jahr vor *t* aber trotzdem keine Seele besitzt – d.h. selbst ein Dualist kann zugeben, daß nicht-*r* mit *p* und *q* kompatibel ist. Zumindest kann er das zugeben, wenn er nicht die Auffassung vertritt, der Substanz-Dualismus sei notwendigerweise wahr.

Wenn aber nicht-*r* mit *p* und *q* kompatibel und die Prämisse (2) wahr ist, dann muß die Prämisse (1) falsch sein. Denn wenn nicht-*r* mit *p* und *q* kompatibel ist, gilt wegen (4):

(10)   nicht-*r* ist ein Element von *M*.

Und hieraus und aus (2) folgt die Negation von (1).

Wenn nicht-*r* mit *p* und *q* kompatibel ist, können die Prämissen (1) und (2) also nicht beide wahr sein. Oder mit anderen Worten: (1) und (2) kann nur für wahr halten, wer leugnet, daß nicht-*r* mit *p* und *q* kompatibel ist – d.h. wer die Auffassung vertritt, daß der Substanz-Dualismus notwendigerweise wahr ist. Doch damit würde mehr vorausgesetzt, als gezeigt werden soll. In diesem Fall wäre Swinburnes Argumentation also zirkulär*.

Swinburne hat jedoch versucht, den Spieß herumzudrehen, und behauptet, nur der dogmatische Anti-Dualist könne der Auffassung sein, daß nicht-*r* mit *p* und *q* kompatibel ist, d.h. daß es möglich ist, daß Hans im Jahr vor *t* ein Mensch mit Bewußtsein ist, daß der Körper von Hans zum Zeitpunkt *t* zerstört wird und daß Hans im Jahr vor *t* keine Seele besitzt.[15] Aber welche Gründe sprechen für diese Behauptung?

Offenbar vertritt Swinburne eine bestimmte Form des Essentialismus*. Wie Descartes geht er davon aus, daß jedes Ding not-

---

[15]   Vgl. Swinburne (1996).

wendig zu einer bestimmten Art von Dingen gehört – es kann
nicht weiter existieren, ohne dieser Art anzugehören. Keine Kerze
kann weiter existieren, wenn sie die Eigenschaft verliert, eine
Kerze zu sein. Und jedes Lebewesen, das aufhört zu leben, verliert damit auch seine Existenz. Wenn Menschen der Art nach –
also notwendigerweise – Körper wären, könnten sie daher nicht
weiter existieren, nachdem ihr Körper zerstört ist. Oder mit anderen Worten: Wenn es möglich ist, daß Hans nach der Zerstörung
seines Körpers weiter existiert, dann kann er kein Körper, dann
muß er eine Seele sein. Wenn er aber eine Seele ist, dann ist es
nicht möglich, daß er zu irgendeinem Zeitpunkt existiert, ohne
eine Seele zu sein.

Aus dieser Überlegung kann man zwei Konsequenzen ziehen:
1. Wer die Auffassung vertritt, daß es möglich ist, daß Hans zu
irgendeinem Zeitpunkt keine Seele hat (keine Seele ist), der setzt
damit schon voraus, daß Hans tatsächlich keine Seele hat – wer
diese Auffassung vertritt, ist also ein (dogmatischer) Anti-Dualist.
2. Wer die Möglichkeit einräumt, daß Hans nach der Zerstörung
seines Körpers weiter existiert, der hat damit schon zugegeben,
daß Hans kein Körper, sondern eine Seele ist.

Doch damit haben wir jetzt eine völlig neue argumentative Situation. Swinburnes gesamte komplizierte Argumentation erweist
sich als überflüssig. Und auch die Frage, ob nicht-r mit p und q
kompatibel ist oder nicht, spielt überhaupt keine Rolle mehr. Die
einzige Prämisse, die Swinburne noch benötigt, lautet:

(11)   Es ist möglich, daß Hans nach der Zerstörung seines Kör-
         pers weiter existiert.

Und diese Prämisse scheint auf den ersten Blick in der Tat harmlos. Nur der dogmatische Anti-Dualist scheint sie leugnen zu
können. Allerdings: Es hat sich gezeigt, daß bei Möglichkeitsaus-
sagen wie (11) allergrößte Vorsicht am Platze ist. Häufig *scheinen* uns Dinge möglich – z.B. weil wir *glauben*, sie uns vorstellen
zu können –, die tatsächlich *objektiv* unmöglich sind. Wenn
Swinburne seine Argumentation also wirklich auf der Aussage
(11) aufbauen will, ist er exakt in derselben Situation wie Descartes. Er muß zunächst *zeigen*, daß (11) wahr ist; er darf die
Wahrheit dieser Aussage nicht schon voraussetzen.

3 Argumente gegen den Substanz-Dualismus

3.1 Das Problem der Interaktion von Geist und Körper

Jeder, der die Auffassung vertritt, daß Menschen außer einem Körper auch einen von allen körperlichen Dingen verschiedenen nicht-physischen Geist besitzen, muß die Frage beantworten, welche Beziehung denn zwischen Geistern und Körpern besteht. Lebt der Geist einfach sein eigenes Leben, ohne in irgendeiner Weise durch das beeinflußt zu werden, was in der Welt der Körper vorgeht, und ohne seinerseits auf diese Welt Einfluß zu nehmen? Oder gibt es einen systematischen Zusammenhang zwischen dem geistigen und dem körperlichen Bereich? Offenbar ist es nicht sehr plausibel, anzunehmen, daß zwischen Geist und Körper überhaupt kein Zusammenhang besteht. Diese Position ist daher auch nie ernsthaft vertreten worden. Aber wenn es einen systematischen Zusammenhang gibt zwischen der körperlichen Welt und dem, was im Geist vorgeht, wie sieht dieser Zusammenhang aus?

3.1.1 Vier Theorien über den Zusammenhang zwischen Geist und Körper

In der Geschichte der (westlichen) Philosophie sind auf diese Frage im wesentlichen vier Antworten gegeben worden. Der *interaktionistische Dualismus* geht davon aus, daß sich Geist und Körper, obwohl sie Substanzen völlig verschiedener Art sind, *gegenseitig kausal* beeinflussen. Die Anhänger dieser Position, zu denen insbesondere Descartes gehörte, vertreten also die – durchaus natürlich erscheinende – Auffassung, daß auf der einen Seite z.B. Gewebeverletzungen Schmerzerlebnisse verursachen und die Lichtstrahlen, die von einem Tisch reflektiert werden, auf dem Wege über das Netzhautbild und den visuellen Kortex* den Wahrnehmungseindruck eines Tisches erzeugen, daß auf der anderen Seite aber auch Wut das Ansteigen des Blutdrucks bewirkt und mein Wunsch, etwas zu trinken, bestimmte Körperbewegungen verursacht – etwa, daß ich in die Küche gehe und mir ein Glas Wasser hole.

Die Probleme, die mit dieser Auffassung verbunden sind und auf die wir gleich zu sprechen kommen werden, haben jedoch schon Descartes' Zeitgenossen veranlaßt, nach Alternativen zu suchen, von denen der Parallelismus und der Okkasionalismus die bekanntesten sind. Die Grundidee des *Parallelismus* besteht in der Annahme, daß geistige und körperliche Phänomene *kausal unabhängig* voneinander ablaufen, wobei jedoch – durch Gottes weisen Ratschluß – die Dinge so eingerichtet sind, daß bestimmten neuronalen Zuständen im Gehirn eines Menschen immer bestimmte mentale Zustände in seinem Geist entsprechen und umgekehrt. Wenn etwa das von einem Tisch reflektierte Licht auf dem Wege über das Netzhautbild in meinem visuellen Kortex einen bestimmten neuronalen Zustand verursacht, entsteht gleichzeitig – aber ohne von diesem neuronalen Zustand verursacht zu sein – in meinem Geist der Wahrnehmungseindruck eines Tisches, und wenn ich den Wunsch habe etwas zu trinken, entsteht gleichzeitig – aber ohne durch diesen Wunsch verursacht zu sein – in meinem Gehirn ein neuronaler Zustand, der seinerseits dafür verantwortlich ist, daß ich in die Küche gehe und mir ein Glas Wasser hole. Gottfried Wilhelm Leibniz hat diese 'prästabilierte Harmonie' zwischen Geist und Körper am Beispiel zweier synchronisierter Uhren veranschaulicht, die auch dann dieselbe Zeit anzeigen, wenn zwischen ihnen keinerlei kausaler Zusammenhang besteht.

Der *Okkasionalismus*, der insbesondere auf Arnold Geulincx und Nicolas Malebranche zurückgeht, nimmt wie der Parallelismus an, daß es zwischen geistigen und körperlichen Zuständen systematische Entsprechungen gibt; allerdings führt er diese nicht auf eine von Gott eingerichtete 'prästabilierte Harmonie' zurück, sondern darauf, daß Gott selbst jeweils gezielt in den Ablauf der geistigen bzw. körperlichen Phänomene eingreift. Für einen Okkasionalisten stellen sich die Dinge also so dar: Wenn das von einem Tisch reflektierte Licht auf dem Wege über das Netzhautbild in meinem visuellen Kortex einen bestimmten neuronalen Zustand hervorruft, dann greift Gott – anläßlich[1] dieses neuronalen Zustands – ein und erzeugt in meinem Geist den Wahrneh-

---

[1] Der Name 'Okkasionalismus' geht auf das lateinische Wort 'occasio' zurück, was soviel wie 'Anlaß' oder 'Gelegenheit' bedeutet.

mungseindruck eines Tisches, und wenn ich den Wunsch habe, etwas zu trinken, dann greift Gott – anläßlich dieses Wunsches – ein und erzeugt in meinem Gehirn einen neuronalen Zustand, der dafür verantwortlich ist, daß ich in die Küche gehe und mir ein Glas Wasser hole.[2]

Es scheint klar, daß der Parallelismus und der Okkasionalismus als *ad hoc*-Antworten*[3] auf die Probleme des Interaktionismus keine große Plausibilität für sich in Anspruch nehmen können. Außerdem werfen sie mehr Fragen auf, als sie beantworten.[4] So besteht z.B. der kausalen Theorie intentionalen Handelns zufolge der Unterschied zwischen wirklichen Handlungen und bloßen Körperbewegungen u.a. darin, daß beim Handeln Körperbewegungen durch die Wünsche und Überzeugungen einer Person verursacht werden. Und in analoger Weise besteht der kausalen Theorie der Wahrnehmung zufolge der Unterschied zwischen wirklichem Wahrnehmen und bloßem Halluzinieren u.a. darin, daß beim Wahrnehmen die Wahrnehmungseindrücke durch die wahrgenommenen Dinge selbst verursacht werden. Nicht-interaktionistische Theorien wie der Parallelismus schulden uns also alternative Theorien des Handelns und der Wahrnehmung, die mindestens ebenso plausibel sind. Noch kritischer ist aber der Punkt, daß sowohl der Parallelismus wie der Okkasionalismus auf starken theologischen Annahmen beruhen und daß die kausale Beziehung zwischen Gott und der körperlichen Welt sicher noch schwerer verständlich ist als die zwischen dem Geist und der

---

[2] Die so charakterisierte Position des Okkasionalismus ist eigentlich keine Theorie, bei der es speziell um die Beziehung zwischen geistigen und körperlichen Phänomenen geht. Malebranche etwa ist vielmehr der Meinung, daß auch körperliche Phänomene niemals andere körperliche Phänomene verursachen können bzw. allgemeiner: daß Gott die einzig mögliche Ursache ist. Der Okkasionalismus ist also eine Theorie der Kausalität, die besagt, daß es niemals die natürliche 'Ursache' selbst ist, die ihre Wirkung hervorruft, sondern daß es immer Gott ist, der – anläßlich der Ursache – diese Wirkung hervorbringt. So gesehen, ist der Okkasionalismus nur eine Spielart des Interaktionismus.

[3] Vielleicht ist es unfair, die Annahme einer prästabilierten Harmonie als *ad hoc*-Annahme zu bezeichnen. Denn nach Leibniz spricht für diese Annahme auch, daß so Gottes Weisheit am ehesten Gerechtigkeit getan wird. (Diesen Hinweis verdanke ich Rüdiger Bittner.)

[4] Zur folgenden Argumentation vgl. McLaughlin (1995b, 598f.).

Welt. In der Geschichte der Philosophie haben deshalb weder der Parallelismus noch der Okkasionalismus eine große Anhängerschaft gefunden.

Dies gilt jedoch nicht für die vierte Position, den *Epiphänomenalismus*, der im 19. Jahrhundert unter dem Eindruck neuer Ergebnisse in den Naturwissenschaften entstand. T.H. Huxley faßt diese Ergebnisse in seinem Aufsatz „On the Hypothesis that Animals are Automata" von 1874 so zusammen. *Erstens*: Mentale Zustände und insbesondere alle Bewußtseinszustände sind kausal abhängig von den Aktivitäten bestimmter Teile des Gehirns. Wenn man die afferenten* Nervenbahnen unterbricht, werden vor der Unterbrechung liegende Reizungen dieser Nerven nicht mehr bewußt wahrgenommen. Alle Reize werden also zunächst ins Gehirn geleitet; erst dort werden die entsprechenden bewußten Erlebnisse hervorgebracht. Und es kann kein Zweifel daran bestehen, daß *alle* bewußten Erlebnisse durch Aktivitäten bestimmter Teile des Gehirns verursacht werden.

Zweitens: Für das Verhalten eines Systems ist es ohne jede Bedeutung, ob bestimmte Veränderungen im Gehirn bewußte Erlebnisse hervorrufen oder nicht.

> „Der Frosch geht, hüpft, schwimmt, und führt seine Turnübungen auch ohne Bewußtsein, und folglich auch ohne Willensakt, genauso gut aus wie mit; und wenn ein Frosch in seinem natürlichen Zustand irgend etwas besitzt, was dem entspricht, das wir 'Willensakt' nennen, so haben wir keinen Grund anzunehmen, daß es sich hierbei um irgend etwas anderes handelt als um eine Begleiterscheinung molekularer Veränderungen im Gehirn, die einen Teil der Kette bilden, welche seine Bewegungen hervorbringt." (Huxley 1874)

Für Huxley – ebenso wie für andere Wissenschaftler wie Ludwig Büchner und Ernst Haeckel, die trotz ihrer naturwissenschaftlichen Grundeinstellung in gewissem Sinne Dualisten blieben – schien deshalb die Schlußfolgerung unausweichlich, daß zwar alle bewußten Erlebnisse durch Veränderungen im Gehirn verursacht werden, daß diese Erlebnisse selbst aber niemals körperliche Veränderungen bewirken können.

> „Es scheint so, daß sich das Bewußtsein der Tiere zum Mechanismus ihrer Körper nur wie eine Begleiterscheinung seiner Arbeitsweise verhält und daß es genauso wenig irgendeine Kraft hat, diese Arbeitsweise zu verändern, wie die Dampfpfeife, die das Funktionieren der Antriebsmaschine ei-

ner Dampflokomotive begleitet, einen Einfluß auf deren Arbeitsweise besitzt. Ihre Willensakte, falls sie welche besitzen, sind nichts weiter als eine Emotion, die physische Veränderungen anzeigt, diese Veränderungen aber nicht verursacht." (Huxley 1874)

Für Huxley ist das Bewußtsein also nichts anderes als eine *Begleiterscheinung* – ein *Epiphänomen* – der Vorgänge im Gehirn, die für unser Verhalten verantwortlich sind, nicht deren Ursache. Es liegt nahe, gegen Huxley einzuwenden, daß seine Beobachtungen an Fröschen kaum ausreichen, um so weitgehende Thesen auf sie zu gründen. Auch in neuester Zeit sind jedoch empirische Untersuchungen durchgeführt worden, die für den Epiphänomenalismus ins Feld geführt werden können. So hat etwa Benjamin Libet[5] eine Reihe von Probanden gebeten, innerhalb der nächsten fünf Minuten zu einem von ihnen selbst bestimmten Zeitpunkt ihren Zeigefinger zu bewegen. Dabei sollten sie zu erkennen geben, wann sie sich entschlossen hatten, diese Handlung auszuführen. Ein Vergleich dieser Angaben mit den Ergebnissen eines gleichzeitig durchgeführten EEG führte nun zu einem bemerkenswerten Ergebnis. Schon einige 100 Millisekunden, *bevor* die Probanden ihren Entschluß, den Zeigefinger zu bewegen, zu Protokoll gaben, konnte im EEG ein dieser Bewegung vorhergehendes Bereitschaftspotential nachgewiesen werden. Zumindest auf den ersten Blick sieht es also so aus, als würde die Bewegung des Fingers im Gehirn schon initiiert, bevor die jeweilige Person sich bewußt für die Ausführung dieser Handlung entscheidet.[6] Falls das so ist, scheint die beste Erklärung in der Annahme zu bestehen, daß die bewußte Entscheidung selbst Wirkung und nicht Ursache der Gehirnprozesse ist, die tatsächlich die Ausführung der Handlung verursachen.

Aber so groß die empirische Evidenz für den Epiphänomenalismus auch sein mag, auch diese Position ist nicht frei von theoretischen Problemen. Auf der einen Seite impliziert sie nämlich, daß das gesamte Leben auf dieser Welt genauso ablaufen würde, wie es jetzt abläuft, wenn kein Mensch und kein Tier je bewußte

---

[5] Vgl. bes. Libet (1985).
[6] Natürlich kann man diese Interpretation der Daten Libets auch mit guten Gründen kritisieren. Vgl. z.B. die Kommentare zu Libet (1985) sowie Keller/Heckhausen (1990), Dennett (1991b) und Spence (1996).

Vier Theorien über den Zusammenhang zwischen Geist und Körper

Interaktionismus

Zustände im Körper einer Person verursachen Zustände in ihrem Geist (z.B. Gewebeverletzungen Schmerzen), aber auch Zustände in ihrem Geist Zustände in ihrem Körper (z.B. Wünsche Handlungen).

Parallelismus

Es gibt einen systematischen Zusammenhang zwischen Zuständen im Körper einer Person und Zuständen in ihrem Geist; aber dieser Zusammenhang beruht nicht auf einer Kausalbeziehung, sondern auf einer 'prästabilierten Harmonie'. Gott hat es so eingerichtet, daß Zuständen im Körper Zustände im Geist entsprechen und umgekehrt, so wie ein Uhrmacher, der zwei Uhren synchronisiert, dafür sorgt, daß sie beide dieselbe Zeit anzeigen, ohne daß zwischen ihnen ein kausaler Zusammenhang bestünde.

Okkasionalismus

Der systematische Zusammenhang zwischen Zuständen im Körper einer Person und Zuständen in ihrem Geist beruht weder auf einer direkten Kausalbeziehung noch auf einer 'prästabilierten Harmonie', sondern darauf, daß Gott jeweils anläßlich bestimmter Zustände im Körper die entsprechenden Zustände im Geist hervorbringt bzw. anläßlich bestimmter Zustände im Geist die entsprechenden Zustände im Körper verursacht.

Epiphänomenalismus

Zustände im Geist einer Person werden zwar durch Zustände in ihrem Körper verursacht, haben aber selbst niemals Wirkungen auf ihren Körper.

Erlebnisse, Überzeugungen und Wünsche hätte. Und dies scheint zumindest hochgradig kontraintuitiv.[7] Auf der anderen Seite hält sie aber auch daran fest, daß es zumindest *in einer Richtung* kausale Zusammenhänge zwischen Geist und Welt gibt. Die Probleme, die generell gegen solche Zusammenhänge sprechen und die im nächsten Abschnitt nun endlich zur Sprache kommen sollen, sind daher auch Probleme für den Epiphänomenalismus.

3.1.2 Die Probleme des interaktionistischen Dualismus

Wenn man annimmt, daß Vorgänge im Geist einer Person Vorgänge in der physischen Welt und umgekehrt Vorgänge in der physischen Welt Vorgänge im Geist einer Person verursachen, dann ist die erste Frage, *welche* geistigen *welche* körperlichen Vorgänge verursachen können und umgekehrt. Oder anders ausgedrückt, *an welcher Stelle* des Körpers diese kausale Interaktion stattfindet.

Bei willentlichen Handlungen etwa sind dem Interaktionismus zufolge die Wünsche und Überzeugungen einer Person für bestimmte ihrer Körperbewegungen kausal mitverantwortlich. Aber natürlich bewirken diese Wünsche und Überzeugungen *nicht direkt* die Kontraktionen und Relaxationen bestimmter Muskeln. Diese werden unmittelbar vielmehr von der Änderung der Aktivität bestimmter motorischer Einheiten der Muskeln hervorgerufen. Diese wiederum gehen auf Impulse aus den motorischen Vorderhornzellen des Rückenmarks zurück, und diese Vorderhornzellen werden für zielgerichtete Willkürbewegungen durch Neuronen der motorischen Hirnrinde aktiviert. In den peripherienahen Bereichen des Körpers gibt es also offenbar keine psychophysische Verursachung;[8] wenn es überhaupt stattfindet, scheint

---

[7] Vgl. z.B. Bieri (1981b, 7f.). Außerdem ist natürlich auch der Epiphänomenalismus mit der kausalen Theorie intentionalen Handelns unvereinbar. Trotz der mit dieser Position verbundenen Schwierigkeiten gibt es auch heute noch Verfechter des Epiphänomenalismus. Vgl. z.B. Birnbacher (1990; 1997) und auch Bieri (1992).

[8] Ebensowenig wie es offenbar außerhalb des Körpers psychophysische Wirkungen gibt – allen Versuchen zur Telekinese zum Trotz.

das Eingreifen des Geistes auf bestimmte zentrale Regionen des Gehirns beschränkt zu sein.

Tatsächlich hat schon Descartes die Ansicht vertreten, daß die kausale Interaktion zwischen Geist und Körper nur an einer einzigen Stelle, nämlich in der *Zirbeldrüse* stattfindet.[9] Schon Descartes wußte, daß einerseits alles Handeln, andererseits aber auch alles Wahrnehmen durch das Nervensystem des Menschen vermittelt ist. Die Nerven stellte er sich jedoch als kleine biegsame Röhrchen vor, durch die sich die *spiritus animales* – kleine, sehr leichte Teilchen – bewegen, um Signale von den Sinnesorganen an das Gehirn oder Signale vom Gehirn an die Muskeln weiterzuleiten. Die Zirbeldrüse ist für ihn das Zentrum all dieser Bewegungen. Wahrnehmungen entstehen dadurch, daß die von den Sinnesorganen kommenden Nerven auf der Zirbeldrüse ein 'Abbild' der wahrgenommenen Dinge erzeugen, das seinerseits im Geist einen entsprechenden Wahrnehmungseindruck hervorruft; willentliche Handlungen dadurch, daß der Geist die Zirbeldrüse so dreht, daß die aus dieser Drüse ausströmenden *spiritus animales* sich gerade in die Nerven bewegen, die zu den entsprechenden Muskeln führen. Der 'Kraftaufwand' des Geistes bei der Hervorbringung willentlicher Handlungen ist dabei Descartes zufolge minimal, da sich die äußerst beweglich aufgehängte Zirbeldrüse sehr leicht in die verschiedensten Richtungen drehen läßt.

Trotz aller Unterschiede hat diese Theorie eine große Ähnlichkeit mit den Auffassungen, die der Neurobiologe John Eccles erst vor einigen Jahren entwickelt hat. Denn Eccles zufolge kann der Geist ebenfalls nur mit einem bestimmten Teil der Hirnrinde (dem Liaisonhirn) direkt interagieren. Dabei soll diese Interaktion so vonstatten gehen, daß der Geist kleine funktionelle Einheiten (Module) in diesem Bereich abtastet und die Aktivität einiger Module, die ihm aufgrund ihrer „Offenheit" zugänglich sind,

---

[9] Die Zirbeldrüse ist eine pinienzapfenähnliche, 8–14 mm lange Drüse, die beim Menschen am Mittelhirn liegt. Sie hat direkt weder etwas mit der neuronalen Verarbeitung von Sinnesreizen noch mit der Steuerung von Körperbewegungen zu tun; vielmehr dient sie der Produktion des Hormons Melatonin. Dieses Hormon wirkt jedoch – wie andere ähnliche Hormone – indirekt auf die gesamte neuronale Informationsverarbeitung.

„leicht modifiziert, wobei die Module dann gemeinsam auf diese geringfügigen Änderungen reagieren und diese gemeinsame Reaktion durch die Assoziations- und Kommissurenfasern weiterleiten".[10]

Auf jeden Fall stellen sich im Hinblick auf diese Auffassung die gleichen Fragen wie im Hinblick auf die Auffassung Descartes'. Aus welchen Gründen eigentlich kann der Geist nur auf bestimmte sehr zentrale Bereiche des Gehirns einwirken? Wenn er überhaupt kausal in den Bereich des Physischen eingreifen kann, dann sollte dies doch an einer Stelle nicht problematischer sein als an einer anderen. Und: Warum nehmen beide Autoren an, daß der Geist nur sehr geringe Veränderungen in der physischen Welt bewirkt? Reicht seine Kraft nicht weiter? Oder 'verbirgt' sich der Geist mit Absicht, indem er physische Gegenstände nur auf empirisch kaum feststellbare Weise beeinflußt? Beide Antworten scheinen wenig plausibel. Auf jeden Fall ist bemerkenswert, daß in allen ausgearbeiteten Theorien der kausalen Interaktion von Geist und Körper der Einfluß des Geistes so gering ist, daß er unterhalb der Schwelle des empirisch Feststellbaren liegt. Denn dies ist offenbar eine – wenn auch unzureichende – Antwort auf die Tatsache, daß *empirisch* eine kausale Interaktion zwischen geistigen und körperlichen Vorgängen noch nie nachgewiesen werden konnte. Wenn der Geist auf den Körper einwirkt, sollte man eigentlich erwarten, daß sich dies bei einer empirischen Untersuchung der Funktionsweise des Gehirns zeigen würde. Aber ganz im Gegenteil: Neurobiologische Untersuchungen haben bisher nirgends einen Anhaltspunkt für das Wirken nicht-physiologischer Ursachen ergeben.

Das zweite Problem für den interaktionistischen Dualismus ergibt sich aus der Tatsache, daß das kausale Einwirken des Geistes auch dann, wenn seine Wirkungen nur sehr gering sind, den Erhaltungssätzen der Physik widerspricht.[11] Schon Descartes war

---

[10] Eccles/Zeier (1980, 173). In neueren Arbeiten vermutet Eccles den Ort der Geist/Materie-Interaktion in Dendronen, also in Einheiten, die noch wesentlich kleiner als die Module sind.

[11] Dieses Problem hängt eng zusammen mit der These, daß die physische Welt kausal geschlossen ist, die im Abschnitt 5.2 ausführlich behandelt wird.

sich dieses Problems bewußt. Da er den genauen Gehalt der Erhaltungsgesetze noch nicht kannte, glaubte er allerdings, dieses Problem durch die Annahme lösen zu können, daß der Geist nur die Richtung, aber nicht die Geschwindigkeit der *spiritus animales* verändere. Spätestens seit Leibniz ist jedoch klar, daß diese Annahme das Problem nicht löst, da auch eine Richtungsänderung den Impuls der betroffenen Teilchen verändert und daher den Satz der Impulserhaltung verletzt. Heute können wir dies sogar noch allgemeiner fassen. Selbst wenn man annimmt, daß die Wirkung des Geistes nicht in der Veränderung des Impulses einer oder mehrerer Teilchen besteht, würde das kausale Eingreifen des Geistes in ein physikalisches System auf jeden Fall eine Änderung des Energiezustandes dieses Systems implizieren und daher mit dem Energieerhaltungssatz in Konflikt kommen. Offenbar hat die Annahme, daß die kausalen Wirkungen des Geistes nur sehr gering und daher kaum merklich sind, auch den Sinn, diesem Problem auszuweichen. Aber natürlich kann man, falls das so ist, hier bestenfalls von einer Scheinlösung sprechen. Auch die geringsten Energieveränderungen widersprechen den empirisch gut bestätigten Erhaltungssätzen.[12]

Das schwerwiegendste mit der Annahme einer kausalen Interaktion zwischen Geist und Körper verbundene Problem beruht jedoch auf der Frage, wie ein solcher kausaler Zusammenhang überhaupt gedacht werden kann. Auch hier war Descartes der erste, der die Tragweite dieses Problems erkannt hat. Für ihn stellte sich dieses Problem sogar mit besonderer Schärfe, da, wie wir schon gesehen haben, sein Hauptanliegen darin bestand, die grundlegende Gegensätzlichkeit von Körper und Geist herauszuarbeiten. Wenn Körper und Geist, wie Descartes annahm, zwei völlig verschiedene Substanzen sind, die keinerlei Eigenschaften gemeinsam haben, dann wird die Möglichkeit einer kausalen Interaktion aber völlig unverständlich. Für Descartes sogar in besonderer Weise, da seiner Auffassung nach jede Ursache ihre

---

[12] Allerdings haben Eccles und Beck in Eccles/Beck (1992) mit recht komplizierten quantentheoretischen Überlegungen zu zeigen versucht, daß ein Eingreifen des Geistes auch ohne Verletzung der Erhaltungssätze möglich ist. Ähnliche Überlegungen scheinen auch in der Theorie von Roger Penrose eine Rolle zu spielen; vgl. Penrose (1989; 1994).

Wirkung in gewisser Weise in sich enthalten muß. Aber wie soll etwas Geistiges etwas Körperliches in sich enthalten (und umgekehrt), wenn Geist und Körper wesensverschieden sind? Descartes selbst sah sich daher am Ende seiner Überlegungen gezwungen, einzugestehen, daß die kausale Interaktion von Geist und Körper, die seiner Meinung nach empirisch völlig offensichtlich ist,[13] theoretisch kaum verstanden werden kann.

> „… die Dinge endlich, die der Vereinigung von Seele und Körper zugehören, lassen sich nur dunkel durch das Begriffsvermögen allein, auch nicht durch das von der Vorstellungskraft unterstützte Begriffsvermögen erkennen, sondern sie werden sehr deutlich durch die Sinne erkannt. Daher kommt es, daß diejenigen, die niemals philosophieren und sich nur ihrer Sinne bedienen, nicht daran zweifeln, daß die Seele den Körper bewegt, und daß der Körper auf die Seele wirkt; sie betrachten aber beide als eine einzige Sache, das heißt, sie begreifen nur ihre Vereinigung; denn die zwischen zwei Dingen bestehende Vereinigung begreifen heißt, sie als ein einziges begreifen. Die metaphysischen Gedanken, die das reine Begriffsvermögen üben, dienen dazu, uns den Begriff der Seele vertraut zu machen; das Studium der Mathematik, das hauptsächlich die Vorstellungskraft in der Betrachtung der Gestalten und Bewegungen übt, gewöhnt uns daran, sehr deutliche Begriffe vom Körper zu bilden; und indem man schließlich nur das Leben und die alltäglichen Gespräche benutzt und sich des Nachdenkens und des Studiums von Dingen enthält, die die Vorstellungskraft üben, lernt man die Vereinigung von Seele und Körper begreifen." (Brief an Elisabeth von Böhmen vom 28. Juni 1643)

Mit anderen Worten: Mit Hilfe theoretischer Überlegungen können wir einen klaren Begriff vom Geist als einer denkenden Substanz und einen klaren Begriff vom Körper als einer ausgedehnten Substanz gewinnen; aber eben darum sind diese Überlegungen völlig ungeeignet, um uns die Einheit oder Interaktion von Geist und Körper verständlich zu machen. Diese Einheit ist ein Faktum, das uns im Alltagsleben völlig selbstverständlich erscheint, das aber theoretisch nicht recht nachvollziehbar ist.

Nun könnte man sicher sagen, daß Descartes sich nur aufgrund seines Kausalitätsbegriffs zu dieser Schlußfolgerung gezwungen

---

[13] Mit 'empirisch' meint Descartes an dieser Stelle nicht das, was sich mit Hilfe wissenschaftlicher Untersuchungen feststellen läßt (s.o.), sondern das, was uns die Selbsterfahrung lehrt. Daß uns diese Selbsterfahrung zweifelsfrei zeigt, daß der Geist auf den Körper einwirkt, ist jedoch sicher ebenfalls umstritten.

sah. Doch dies ist nicht der einzige Grund. Aus der angenommenen grundsätzlichen Verschiedenheit von Körper und Geist und insbesondere aus der angenommenen Unräumlichkeit des Geistes ergeben sich für die Möglichkeit der kausalen Interaktion auf jeden Fall eine Reihe schwerwiegender Fragen.[14]

1. Wie ist es zu erklären, daß der Geist, um kausal wirksam werden zu können, eines relativ komplexen, funktionsfähigen Gehirns bedarf? Das Bild, das der interaktionistische Dualist von der Aufgabenverteilung zwischen Geist und Körper zeichnet, ist doch dies: Der Körper ist dafür da, (a) über die Sinnesorgane den Geist mit Wahrnehmungseindrücken zu versorgen und (b) die Bewegungen auszuführen, die der Geist anordnet; alles was dazwischen liegt, ist Aufgabe des Geistes. Wenn das so ist, ist aber die Frage unabweisbar, warum wir ein so großes Gehirn haben, das ebenfalls im wesentlichen damit beschäftigt zu sein scheint, zwischen sensorischem Input und motorischem Output zu vermitteln. Wahrnehmen z.B. besteht nicht bloß in der Aufnahme sensorischer Reize, sondern ganz wesentlich darin, aus diesen sensorischen Reizen ein Bild der uns umgebenden Welt zu rekonstruieren. Und wie es aussieht, ist ein Großteil des sensorischen Kortex genau mit der Lösung dieser Aufgabe beschäftigt. D.h., ein Großteil der Informationsverarbeitung, die unserer Wahrnehmung zugrunde liegt, findet im Gehirn und nicht im Geist statt. Umgekehrt brauchen wir einen anderen Teil des Kortex offenbar zur Handlungsplanung, die ebenfalls weitgehend im Gehirn stattfindet. Wenn das so ist, stehen wir aber vor einem Dilemma: Entweder ein Großteil unseres Gehirns ist 'überflüssige Maschinerie', da in ihm Probleme gelöst werden, deren Erledigung eigentlich in die 'Kompetenz' des Geistes fällt oder der Geist hat wenig oder gar nichts mehr zu tun, da alles oder zumindest das meiste schon vom Gehirn erledigt wird.

2. Wie hat man sich die kausale Beziehung zwischen Geist und Gehirn genau vorzustellen? McGinn z.B. zweifelt, daß der Dualist auf diese Frage eine befriedigende Antwort geben kann.

> „Allgemein fassen wir kausale Interaktion als etwas auf, das vermittels eines Mechanismus' vor sich geht, und zwar so, daß Ursachen und Wirkungen in einer nachvollziehbaren Verbindung zueinander stehen. Doch diese

---

[14]   Vgl. zum folgenden auch McGinn (1982, 24f.).

nachvollziehbare Verbindung ist genau das, was der dualistischen Theorie der Interaktion von Körper und Geist zufolge fehlt. Denn der Kern dieser Theorie besteht gerade im Insistieren darauf, daß sich mentale und physische Phänomene ihrer Natur nach radikal voneinander unterscheiden. Man versuche nun, sich vorzustellen, welche Art von Mechanismus es materiellen und immateriellen Substanzen ermöglichen würde, kausal miteinander in Kontakt zu kommen: Sofern wir überhaupt eine Auffassung von der Natur immaterieller Substanzen haben, scheint dies eine äußerst schwierige Aufgabe zu sein – auf jeden Fall können wir uns hier nicht berechtigterweise auf diejenigen Arten der Kausalität beziehen, die auf den physikalischen Kräften beruhen, welche in den Wissenschaften von der Materie untersucht werden." (McGinn 1982, 25)

Vielleicht könnte der Dualist hier jedoch antworten, daß es auch in der Natur fundamentale Kausalbeziehungen gibt, die sich nicht über die Angabe von zugrunde liegenden Mechanismen verständlich machen lassen. Daß die Erdanziehung in einem nicht an einer freien Bewegung gehinderten Körper eine Beschleunigung in Richtung auf den Erdmittelpunkt bewirkt, z.B. ist eine fundamentale Tatsache über die Kausalstruktur der Welt, die nicht durch die Angabe tieferliegender Mechanismen erklärt werden kann. Und in derselben Weise, so könnte der Dualist argumentieren, ist es auch eine nicht weiter erklärbare Tatsache, daß bestimmte geistige Vorgänge bestimmte geringfügige (s.o.) Veränderungen im Gehirn bewirken. Doch damit bliebe immer noch eine letzte Frage unbeantwortet.

3. Wie kommt es, daß *mein* Geist auf *mein* Gehirn, aber auf *kein anderes* Gehirn einwirken kann? Wenn man einen Strom durch eine Spule leitet, dann entsteht in *dieser* Spule ein magnetisches Feld und nicht in *irgendeiner anderen* Spule. Und der Grund dafür ist offensichtlich, daß zwischen Ursache (Strom) und Wirkung (magnetisches Feld) unter anderem eine bestimmte räumliche Relation besteht. Aber welche Relation könnte zwischen meinem Geist und meinem Körper bestehen, die dafür verantwortlich ist, daß Vorgänge in meinem Geist Veränderungen in meinem Körper und nicht in irgendeinem anderen Körper bewirken? Räumlich kann diese Relation nicht sein, da der Geist unräumlich sein soll. Aber welche andere Relation könnte diese Rolle übernehmen? Gibt es vielleicht eine 'Affinität' zwischen bestimmten Geistern und bestimmten Körpern? Aber auf welchen Eigenschaften dieser Geister sollte diese 'Affinität' beruhen? Oder ist es vielleicht ein

weiteres *factum brutum*, eine weitere unerklärbare Tatsache, daß jeder Geist eine besondere 'Affinität' zu genau einem Körper hat? Offenbar hieße dies nur, ein Mysterium durch ein anderes, noch weniger verständliches zu erklären.

Probleme des interaktionistischen Dualismus

(1) Eine Wirkung des Geistes auf das Gehirn läßt sich *empirisch* nicht nachweisen.

(2) Auf die folgenden *theoretischen* Fragen gibt es keine nachvollziehbare Antwort:

(a) Warum sind die Wirkungen des Geistes so *minimal* und *nur auf bestimmte Bereiche des Gehirns beschränkt*?

(b) Wie ist ein Einwirken des Geistes auf den Körper mit den *physikalischen Erhaltungssätzen* vereinbar?

(c) Warum bedarf der Geist überhaupt eines *komplexen und funktionsfähigen Gehirns*, um kausal wirksam sein zu können?

(d) Wie sieht der *Mechanismus* aus, auf dem die kausale Beziehung zwischen Geist und Körper beruht?

(e) Warum kann *mein* Geist auf *mein* Gehirn, aber auf *kein anderes* Gehirn einwirken?

3.2   *Strawsons Überlegungen zum Begriff der Person*

Die Probleme der Interaktionsthese bilden nach traditioneller Ansicht die Achillesferse des Substanz-Dualismus. Tatsächlich ist diese Position jedoch mit weiteren Problemen konfrontiert, die vielleicht noch sehr viel schwerer wiegen. Eines dieser Probleme steht im Mittelpunkt der Überlegungen Peter Strawsons zum Begriff der Person,[15] die durchaus als direkte Antwort auf Descartes' These verstanden werden können, er (Descartes) könne sich vorstellen, allein mit der Eigenschaft des Denkens und ohne alle körperlichen Eigenschaften zu existieren. Denn auch Strawson unterscheidet auf der einen Seite zwei nicht aufeinander reduzierbare Arten von Dingen: *Körper* und *Personen*; aber auf der anderen Seite gilt seiner Meinung nach auch für Personen, daß sie *nicht* ohne körperliche Eigenschaften existieren können.

Wenn wir von unserem normalen Sprachgebrauch ausgehen, ist zunächst völlig klar, daß wir Personen *de facto* neben mentalen auch physische Eigenschaften zuschreiben. Wir sagen nicht nur, daß sich *Hans* an seinen letzten Urlaub erinnert, daß er über eine schwierige mathematische Aufgabe nachdenkt oder daß er im Augenblick ein wohliges Gefühl von Wärme empfindet, wir sagen auch, daß *Hans* 1,80 m groß und 75 kg schwer ist, daß er sich im Wohnzimmer befindet oder daß er einen Spaziergang im Park macht. Und es ist für das Alltagsverständnis gar keine Frage, daß es *dieselbe* Person ist, der wir all diese Eigenschaften und Tätigkeiten zuschreiben. (Der Cartesianer müßte demgegenüber sagen, daß es der *Geist* von Hans ist, der sich an den letzten Urlaub erinnert, der über eine schwierige mathematische Aufgabe nachdenkt oder der ein wohliges Gefühl von Wärme empfindet, während es der *Körper* von Hans ist, der 1,80 m groß und 75 kg schwer ist, der sich im Wohnzimmer befindet oder der sich bei einem Spaziergang durch den Park bewegt.) Strawson zufolge ist es jedoch kein Zufall, daß wir umgangssprachlich Personen sowohl mentale als auch physische Eigenschaften zuschreiben. Vielmehr gibt es für diesen Sprachgebrauch überzeugende theoretische Gründe. Seine Darstellung dieser Gründe beginnt mit der Feststellung:

> „Eine notwendige Bedingung dafür, sich selbst in der gewohnten Art Bewußtseinszustände, Erlebnisse, zuzuschreiben, ist, daß man sie ebenso anderen zuschreiben sollte oder bereit sein sollte, sie ihnen zuzuschreiben." (Strawson 1959, 127 – die Übersetzung weicht teilweise von der der deutschen Ausgabe ab)

Mit anderen Worten: Ich kann mir selbst eine mentale Eigenschaft nur zuschreiben, wenn es zumindest *möglich* ist, diese Ei-

---

[15] Bes. in Strawson (1959, ch. 3). Vgl. zum folgenden auch Priest (1991, 170-182).

genschaft auch anderen zuzuschreiben. Warum sollte das so sein?
Der Grund liegt einfach in dem, was ein Prädikat ausmacht. Ein
Prädikat ist ein sprachlicher Ausdruck wie 'ist rot' oder 'fühlt
Zahnschmerzen', der auf eine ganze Reihe von Gegenständen
zutreffen *kann* und der auf einen Gegenstand tatsächlich zutrifft,
wenn dieser bestimmte Bedingungen erfüllt. Nun kann es natürlich sein, daß in einem speziellen Fall *de facto* nur ein Gegenstand oder vielleicht auch gar kein Gegenstand diese Bedingungen erfüllt, so daß das entsprechende Prädikat nur auf einen
bzw. auf gar keinen Gegenstand zutrifft. Doch das ist nicht entscheidend. Denn Strawson sagt nur: Wenn *F* ein Prädikat ist,
dann muß es *möglich* sein, *F* auf eine ganze Reihe von Dingen
anzuwenden, d.h. dann müssen die entsprechenden Sätze *sinnvoll*
(wenn auch nicht unbedingt wahr) sein.

> „Der zentrale Punkt ist hier ein rein logischer: Es besteht eine wechselseiti-
> ge Abhängigkeit zwischen der Idee eines Prädikats und der Idee eines *Be-
> reichs* von unterscheidbaren Individuen, denen das Prädikat sinnvoll, wenn
> auch nicht notwendigerweise wahrheitsgemäß, zugesprochen werden kann."
> (Strawson 1959, 127 Fn. 6 – die Übersetzung weicht teilweise von der der
> deutschen Ausgabe ab)

Für die Strawsonsche Argumentation ist nun entscheidend, daß
es unter Cartesianischen Bedingungen unmöglich ist, *anderen*
mentale Eigenschaften zuzuschreiben.

> „Eins ist hier sicher: *Wenn* man die Dinge, denen man – im Fall der
> Fremdzuschreibung – Bewußtseinszustände zuschreibt, als eine Menge von
> Cartesianischen Egos auffaßt, denen – in korrekter logischer Grammatik –
> nur private Erlebnisse zugeschrieben werden können, *dann* ist diese Frage
> nicht zu beantworten und das Problem unlösbar." (Strawson 1959, 128f. –
> die Übersetzung weicht teilweise von der der deutschen Ausgabe ab)

Der Grund dafür ist, daß man einem Wesen nur dann Eigenschaften zuschreiben kann, wenn man es zuerst identifizieren, d.h.
von anderen Wesen unterscheiden und wiedererkennen kann, und
daß genau dies bei Cartesianischen reinen Geistern unmöglich ist.
Wir alle wissen, wie man z.B. einen Stuhl von anderen Stühlen
unterscheidet, und wir haben auch Kriterien an der Hand, mit
denen wir feststellen können, ob der Stuhl, der jetzt an der Wand
steht, derselbe ist, auf dem wir gestern gesessen haben. Aber wie
soll all dies bei reinen Geistern vor sich gehen, die ja keinerlei

physische Eigenschaften haben, die also nicht wahrnehmbar sind und die nicht einmal einen Ort im Raum innehaben? Offenbar gibt es keinerlei Möglichkeit, solche Wesen voneinander zu unterscheiden oder festzustellen, ob eines dieser Wesen, mit dem wir es jetzt zu tun haben, mit dem identisch ist, mit dem wir es gestern zu tun hatten.

Nun könnte man einwenden, daß all dies vielleicht für jene reinen Geister zutrifft, die nicht mit einem Körper verbunden sind, daß wir aber einen Geist sehr wohl identifizieren können, sobald er über einen Körper verfügt, nämlich als 'den Geist, der zu diesem Körper in genau der Beziehung steht, in der ich zu meinem Körper stehe' oder genauer als 'den Geist, dessen mentale Zustände zu diesem Körper in genau der kausalen Beziehung stehen, in der *meine* mentalen Zustände zu meinem Körper stehen'. Doch auch dieser Vorschlag läuft ins Leere. Denn von *meinen* mentalen Zuständen kann erst geredet werden, wenn klar ist, daß auch andere mentale Eigenschaften haben können; und dafür wiederum ist erforderlich, daß es möglich ist, diese anderen zu identifizieren. Wenn man versucht, die Bedingungen für diese Identifikation daran zu binden, daß meine von anderen mentalen Zuständen unterschieden werden können, gerät man also in einen Zirkel. Außerdem: Wer sagt mir eigentlich, daß zu verschiedenen Zeiten nicht ganz verschiedene Geister mit demselben Körper oder daß sogar zu demselben Zeitpunkt ganz verschiedene Geister mit diesem Körper verbunden sind? Die Identität eines Körpers garantiert in keiner Weise die Identität des mit ihm verbundenen Geistes.

Strawson zufolge kann man sich aus diesen Schwierigkeiten nur befreien, indem man anerkennt, daß es sich beim Begriff der *Person* um einen Grundbegriff handelt, der nicht auf andere Begriffe zurückführbar ist. Der Begriff der Person ist dabei für ihn der Begriff eines Wesens, dem *sowohl mentale als auch körperliche Eigenschaften* zugeschrieben werden können.

> „Mit dem Begriff der Person meine ich den Begriff eines Typs von Entitäten* derart, daß auf ein einzelnes Individuum dieses einzelnen Typs *sowohl* Prädikate, die Bewußtseinszustände zuschreiben, *als auch* Prädikate anwendbar sind, die körperliche Eigenschaften, eine physikalische Situation etc. zuschreiben." (Strawson 1959, 130 – die Übersetzung weicht teilweise von der der deutschen Ausgabe ab)

Die Pointe der Strawsonschen Überlegungen ist also, daß die Cartesianische Idee, Menschen als die *Verbindung* eines Geistes und eines Körpers aufzufassen, völlig irregeleitet ist, da sich mit Hilfe der angeführten Gründe zeigen läßt, daß man mentale Eigenschaften überhaupt nur Wesen zuschreiben kann, die auch physische Eigenschaften haben. Denn nur solche Wesen sind identifizierbar. Strawson selbst drückt diese Schlußfolgerung so aus:

> „… eine notwendige Bedingung dafür, daß Bewußtseinszustände überhaupt zugeschrieben werden, ist, daß sie *genau denselben* Subjekten zugeschrieben werden sollten wie bestimmte körperliche Charakteristika, eine bestimmte physikalische Situation etc. Das heißt: Bewußtseinszustände können *nur* Personen zugeschrieben werden …. Wenn sie Personen nicht zugeschrieben würden, könnten sie überhaupt nicht zugeschrieben werden." (Strawson 1959, 131 – die Übersetzung weicht teilweise von der der deutschen Ausgabe ab)

Vielleicht ist es hilfreich, die sicher nicht ganz leicht zu verstehende Argumentation, die Strawson zu dieser Schlußfolgerung geführt hat, noch einmal kurz zusammenzufassen. Dies soll hier zunächst in Strawsons eigenen Worten geschehen.

> „Lassen Sie mich kurz die Schritte des Arguments wiederholen. Man könnte die eigenen Bewußtseinszustände oder Erlebnisse überhaupt keinem Ding zuschreiben, wenn man nicht auch bereit und in der Lage wäre, Bewußtseinszustände oder Erfahrungen anderer individueller Entitäten zuzuschreiben, die zu demselben logischen Typ gehören wie das Ding, dem man die eigenen Bewußtseinszustände zuschreibt. Die Bedingung dafür, sich selbst als Subjekt derartiger Prädikate anzusehen, ist, daß man auch andere als Subjekte derartiger Prädikate ansehen sollte. Dies wiederum ist nur möglich unter der Bedingung, daß man imstande sein sollte, verschiedene Subjekte solcher Prädikate, d.h. verschiedene Individuen des besagten Typs voneinander zu unterscheiden, auszumachen oder zu identifizieren. Dies wiederum ist nur unter der Bedingung möglich, daß die besagten Individuen, einschließlich einem selbst, einem bestimmten einzigartigen Typ angehören sollten: einem Typ von der Art nämlich, daß jedem Individuum dieses Typs *sowohl* Bewußtseinszustände *als auch* körperliche Charakteristika zugeschrieben werden oder zuschreibbar sein müssen." (Strawson 1959, 133f. – die Übersetzung weicht teilweise von der der deutschen Ausgabe ab)

In knappen Worten lassen sich Strawsons Argumente also so zusammenfassen:

Die Struktur der Argumentation Strawsons'

(1) Daß man mentale Zustände anderen zuschreiben kann, ist eine notwendige Bedingung dafür, daß man sie sich selbst zuschreiben kann.

(2) Man kann mentale Zustände anderen Wesen nur zuschreiben, wenn man in der Lage ist, diese Wesen zu identifizieren und voneinander zu unterscheiden.

(3) Man könnte andere Wesen nicht identifizieren und voneinander unterscheiden, wenn diese reine Geister im Sinne Descartes' wären. Man kann Wesen nur identifizieren und voneinander unterscheiden, wenn sie auch körperliche Eigenschaften haben.

Also:

(4) Subjekte von mentalen Zuständen müssen außer mentalen auch körperliche Eigenschaften haben, d.h. sie können keine reinen Geister im Sinne Descartes', sondern nur Personen sein.

Unabhängig von ihrer spezifischen Pointe scheint mir diese Argumentation insbesondere deshalb ausgesprochen hilfreich, weil sie sehr nachdrücklich auf die begrifflichen Probleme aufmerksam macht, die mit der Cartesianischen Idee einer reinen *res cogitans* verbunden sind – Probleme, die an den folgenden Fragen deutlich werden: Welche Gründe könnten dafür sprechen, daß es (außer mir) noch andere reine Geister gibt? Wie lassen sich reine Geister voneinander unterscheiden? Und mit Hilfe welcher Kriterien läßt sich die Identität reiner Geister feststellen?

Und diese Liste läßt sich noch verlängern: Können reine Geister wahrnehmen und, wenn ja, was nehmen sie wahr? Wenn ein Mensch einen Baum sieht, dann ist der visuelle Eindruck, den er dabei hat, von seinen *physischen* Eigenschaften abhängig – davon, aus welcher Richtung er auf diesen Baum schaut und wie weit er von ihm entfernt ist, und ebenso davon, wie seine Augen und sein Gehirn das einfallende Licht verarbeiten. Reine Geister haben aber keine physischen Eigenschaften. Was bestimmt also ihre Wahrnehmungseindrücke, wenn sie überhaupt welche haben? Können reine Geister ultraviolettes Licht sehen oder Töne von mehr als 16000 Hz hören? Gibt es Eigenschaften (Magnetismus, elektrische Ladung), die reine Geister wahrnehmen können, obwohl wir das nicht können? Ähnelt das Wahrnehmungsvermögen reiner Geister vielleicht eher dem von Fledermäusen als dem unseren? Können reine Geister vielleicht sogar alles wahrnehmen? Und was würde das heißen?

Ähnliche Fragen stellen sich im Hinblick auf die Kommunikationsfähigkeit reiner Geister. Wie bringen sie es überhaupt fertig, miteinander zu kommunizieren? Sicher können sie zur Kommunikation kein physisches Medium verwenden. Könnte es also sein, daß sie sich ihre Gedanken direkt, ohne die Unterstützung durch ein Medium mitteilen? Aber wie könnte das geschehen? Vielleicht hat ein Geist einfach den Eindruck, daß ihm ein anderer Geist etwas mitteilen will. Aber wie ist es, wenn ihm verschiedene Geister gleichzeitig etwas mitteilen möchten? Empfängt er ihre Botschaften gleichzeitig oder nacheinander? Und wie kann er unterscheiden, wer ihm etwas mitteilt, und wie kann er den Fall, daß ihm etwas mitgeteilt wird, von dem unterscheiden, daß er nur den Eindruck hat, daß ihm etwas mitgeteilt wird?

All dies sind Fragen, auf die es einfach keine Antwort zu geben scheint und die damit deutlich machen, daß irgend etwas an der Konzeption reiner Geister grundlegend verkehrt ist. Natürlich könnte man gegen diese Schlußfolgerung einwenden, daß die aufgeführten Fragen nur für *körperlose* Geister unbeantwortbar sind, für Geister, die nicht mit einem Körper verbunden sind. Aus diesen Fragen ergeben sich Probleme also nur für die Annahme, daß reine Geister auch ohne jeden Körper existieren können, nicht aber für die Annahme der Existenz von reinen Geistern überhaupt. Auf diesen Einwand läßt sich aber erwidern, daß es, wenn Geister nur in Verbindung mit einem Körper existieren können, keinen Grund mehr für die Annahme gibt, diese Geister und nicht die Körper selbst seien die eigentlichen Träger mentaler Eigenschaften. Und dies gilt natürlich um so mehr, als die Position des Substanz-Dualismus auch in dieser abgeschwächten Form immer noch mit all den Problemen konfrontiert ist, die schon im letzten Abschnitt angesprochen wurden.

II Die Rückführbarkeit mentaler auf physische Eigenschaften

4 Semantischer Physikalismus[1]

In den folgenden Kapiteln soll es, wie in der Einleitung schon gesagt, in erster Linie um die Fragen gehen:

Wie ist die These des Eigenschafts-Physikalisten – d.h. die These des Gegners des Eigenschafts-Dualismus – genau zu verstehen?

Was ist damit gemeint, wenn behauptet wird, daß mentale Eigenschaften oder Zustände auf physische Eigenschaften oder Zustände zurückgeführt werden können?

Die erste und weitreichendste Antwort auf die zweite Frage lautet:

(I) Mentale Eigenschaften sind genau dann auf physische Eigenschaften zurückführbar, wenn sie mit physischen Eigenschaften *identisch* sind.

Aber wann ist das der Fall? Gibt es Kriterien für die Identität von Eigenschaften? Eine klassische Antwort auf diese Fragen findet sich in Rudolf Carnaps *Meaning and Necessity* (1956): Zwei Prädikate drücken genau dann dieselbe Eigenschaft aus, wenn sie

---

[1] Die Spielart des Physikalismus, die in diesem Kapitel behandelt wird, verdient den Namen 'Semantischer Physikalismus', weil für sie die These zentral ist, daß sich die Rückführbarkeit mentaler auf physische Eigenschaften schon aus der *Bedeutung* mentaler Ausdrücke ergibt, d.h. genauer daraus, daß es für jeden Satz über mentale Phänomene einen bedeutungsgleichen Satz der physikalischen Sprache gibt.
   In der Literatur wird diese Position häufig mit dem *Logischen Behaviorismus* gleichgesetzt, d.h. mit der These, daß mentale Zustände nichts weiter sind als Verhaltensdispositionen. Diese Gleichsetzung scheint mir jedoch ungerechtfertigt. Denn die These des Logischen Behaviorismus beinhaltet eine zu starke Einschränkung auf Verhaltensaspekte, die ja nicht den ganzen Bereich dessen ausmachen, was sich in physikalischer Sprache ausdrücken läßt. Der Logische Behaviorismus ist daher eher eine Unterart des Semantischen Physikalismus.

synonym sind.[2] Wenn man der Meinung ist, daß mentale Eigenschaften mit physischen Eigenschaften identisch sind, und wenn man Carnaps Auffassung über die Identität von Eigenschaften teilt, muß man daher die These vertreten, daß es zu jedem mentalen Prädikat ein synonymes Prädikat der physikalischen Sprache gibt. Und genau diese These findet sich in den Arbeiten der Vertreter des Wiener Kreises* unter dem Stichwort *'Die physikalische Sprache als Universalsprache der Wissenschaft'*. Besonders prägnant formuliert sie Carnap selbst in seinem Aufsatz „Psychologie in physikalischer Sprache" (1932b):

> „Es soll im folgenden die *These* erläutert und begründet werden, daß *jeder Satz der Psychologie in physikalischer Sprache formuliert werden kann* ... Dies ist eine Teilthese der allgemeinen These des *Physikalismus*, daß *die physikalische Sprache eine Universalsprache* ist, d.h. eine Sprache, in die jeder Satz übersetzt werden kann. ... Der Physikalismus ist nicht so zu verstehen, als wolle er der Psychologie vorschreiben, nur physikalisch ausdrückbare Sachverhalte zu behandeln. Es ist vielmehr gemeint: die Psychologie mag behandeln, was sie will, und ihre Sätze formulieren, wie sie will; in jedem Fall sind diese Sätze in die physikalische Sprache übersetzbar." (1932b, 107f.)

Carnap zufolge gilt also das Prinzip:

(SP) Zu jedem psychologischen Satz *S* gibt es einen *bedeutungsgleichen* Satz *S'* der physikalischen Sprache.

Aber nicht nur das:

> „Die Übersetzbarkeit aller Sätze einer Sprache L_1 in eine ... andere Sprache L_2 ist ... gewährleistet, wenn für jeden Ausdruck von L_1 eine Definition vorliegt, die ihn ... auf Ausdrücke von L_2 zurückführt. Unsere These besagt also, daß für jeden psychologischen Begriff ... eine Definition aufgestellt werden kann, durch die er ... auf physikalische Begriffe zurückgeführt ist." (1932b, 109)

Neben dem Prinzip (SP) gilt nach Carnap also auch das Prinzip:

(SP') Jedes mentale Prädikat läßt sich mit Hilfe von Ausdrücken der physikalischen Sprache *definieren*.

Wir können somit festhalten, daß es für die Grundthese des Semantischen Physikalismus zumindest zwei Formulierungen gibt:

---

[2]   Carnap (1956, § 4).

Semantischer Physikalismus (Version 1)

Jeder psychologische Satz S kann in einen Satz der physikalischen Sprache *übersetzt* werden, d.h., zu jedem psychologischen Satz S gibt es einen *bedeutungsgleichen* Satz S' der physikalischen Sprache.

Semantischer Physikalismus (Version 2)

Jedes mentale Prädikat läßt sich mit Hilfe von Ausdrücken der physikalischen Sprache *definieren*.

4.1   Argumente für den Semantischen Physikalismus

4.1.1   Gründe für die These von der physikalischen Sprache als Universalsprache der Wissenschaft

Die ursprüngliche Argumentation Carnaps beruht auf der Unterscheidung zwischen Systemsätzen und Protokollsätzen. Systemsätze sind die Sätze der verschiedenen Wissenschaften – etwa die Sätze der Physik, der Chemie, der Biologie und der Psychologie. Protokollsätze dagegen sind die Sätze, mit deren Hilfe Systemsätze überprüft werden. Wie Protokollsätze genau aussehen, darüber hat es im Wiener Kreis eine komplizierte und etwas unübersichtliche Debatte gegeben. Für uns reicht hier die vereinfachende Feststellung, daß Protokollsätze die Sätze sind, in denen Wissenschaftler ihre Beobachtungen niederschreiben. Sehr grob gesprochen sind Protokollsätze in etwa dasselbe wie Beobachtungssätze.

Carnaps These besagt nun, daß es für jeden Satz der Psychologie einen bedeutungsgleichen Satz der physikalischen Sprache gibt. Wie man sich das vorzustellen hat, erläutert er an folgendem Beispiel. Betrachten wir den Satz

(1)   Herr A ist jetzt aufgeregt.

Wie könnte ein Satz der physikalischen Sprache aussehen, der dieselbe Bedeutung hat wie (1)? Carnap zufolge in etwa so:

(2)   Der Leib des Herrn *A*, und insbesondere sein Zentralnervensystem, hat eine physikalische (Mikro-)Struktur, die dadurch gekennzeichnet ist, daß Atmungs- und Pulsfrequenz
erhöht ist und sich auf gewisse Reize hin noch weiter erhöht, daß auf Fragen meist heftige und sachlich unbefriedi-
gende Antworten gegeben werden, daß auf gewisse Reize
hin erregte Bewegungen eintreten und dergl.[3]

Aber was spricht für diese Annahme? Warum sollten die Sätze
(1) und (2) dieselbe Bedeutung haben? Für Carnap ergibt sich die
Antwort auf diese Frage aus seiner Theorie der Satzbedeutung:

> „Die *Nachprüfung* (Verifikation) von Systemsätzen durch ein Subjekt *S* ge-
> schieht dadurch, daß aus diesen Sätzen Sätze der Protokollsprache des *S*
> abgeleitet und mit den Sätzen des Protokolls des *S* verglichen werden. Die
> Möglichkeit derartiger Ableitungen von Sätzen der Protokollsprache macht
> den *Gehalt* eines Satzes aus; besteht für einen Satz kein derartiger Ablei-
> tungszusammenhang, so besitzt er keinen Gehalt, ist sinnlos; ist aus zwei
> Sätzen dasselbe ableitbar, so sind sie gehaltgleich, besagen dasselbe, sind
> ineinander übersetzbar." (1932b, 108)

Carnaps Auffassung, daß sich der Gehalt eines Satzes aus den
Protokollsätzen ergibt, die aus ihm ableitbar sind, ist Teil der so-
genannten *verifikationistischen Theorie der Sprachbedeutung* des
Wiener Kreises, die sich in aller Kürze so zusammenfassen läßt:

Verifikationistische Theorie der Bedeutung

(1)   Es gibt zwei Arten von bedeutungsvollen Sätzen:
analytische und empirische Sätze.

(2)   Analytische Sätze sind wahr oder falsch allein aufgrund der Bedeutung der in ihnen vorkommenden
Ausdrücke. Ihre Wahrheit oder Falschheit ist also
völlig unabhängig davon, wie die Welt beschaffen
ist bzw. welche Erfahrungen wir machen. (Bsp.:
„Alle Junggesellen sind unverheiratet.")

⇒

---

[3]   Carnap (1932b, 112-115).

(3) Der Gehalt (die Bedeutung) empirischer Aussagen ergibt sich aus den Protokollsätzen, die aus ihnen ableitbar sind.

(4) Lassen sich aus zwei Sätzen dieselben Protokollsätze ableiten, sind sie gehaltgleich.

(5) Läßt sich aus einem nicht-analytischen Satz kein Protokollsatz ableiten, ist er sinnlos.

Daß die Sätze (1) und (2) dieselbe Bedeutung haben, ergibt sich für Carnap also daraus, daß aus ihnen dieselben Protokollsätze ableitbar sind. Doch damit scheint das Problem nur verschoben. Jetzt stehen wir nämlich vor der Frage, was denn für *diese* Annahme ins Feld geführt werden kann. Doch diese Frage ist letzten Endes irrelevant. Denn entscheidend ist hier nur die Annahme, daß ein „Satz ... nicht mehr [besagt] als das, was an ihm nachprüfbar ist" (Carnap 1932b, 116).

Carnaps Gedankengang ist offenbar folgender: Der Gehalt eines Satzes besteht aus der Menge der Protokollsätze, die aus ihm abgeleitet werden können; Protokollsätze geben aber Beobachtungen wieder, und beobachtbar sind letzten Endes nur physikalische Gegenstände bzw. physikalische Eigenschaften;[4] also gibt es zu jedem Satz S einen gehaltgleichen Satz der physikalischen Sprache, nämlich den Satz, der sozusagen aus der *Zusammenfassung* aller Protokollsätze besteht, die aus S abgeleitet werden können. Der Satz (2) hat daher *genau deshalb* dieselbe Bedeutung wie der Satz (1), weil – und insofern – er die Zusammenfassung aller Protokollsätze ist, die aus (1) abgeleitet werden können.

Auf genau diese Weise hat jedenfalls auch Carl Gustav Hempel die Argumentation des Wiener Kreises in seinem Aufsatz „The Logical Analysis of Psychology" (1935) zusammengefaßt. Dabei geht auch Hempel von einer verifikationistischen Bedeutungstheorie aus.

---

[4] Genauer sollte man vielleicht sagen: Ein Satz ist nur dann *intersubjektiv* überprüfbar, wenn sich die Protokollsätze, die aus ihm abgeleitet werden können, auf öffentlich Zugängliches, d.h. auf physikalische Gegenstände bzw. physikalische Eigenschaften beziehen. Vgl. Kim (1996, 29ff.).

1. Ein Satz wie „Am 13.4.1935 um 13.00 Uhr beträgt die Temperatur an einer bestimmten Stelle des Physiklabors 23,4° C" besagt nichts anderes, als daß all die Testsätze wahr sind, mit deren Hilfe wir diesen Satz überprüfen können. Er ist sozusagen nichts anderes als eine Abkürzung für die Zusammenfassung all dieser Testsätze.

2. Zwei Sätze haben genau dann dieselbe Bedeutung, wenn sie durch dieselben Testsätze überprüft werden können.

> „Die vorstehenden Überlegungen zeigen in der Tat …, daß *die Bedeutung einer Aussage in ihren Verifikationsbedingungen besteht*. Im besonderen haben zwei verschieden formulierte Aussagen dann und nur dann dieselbe Bedeutung oder denselben faktischen Inhalt, wenn sie unter denselben Bedingungen beide wahr bzw. beide falsch sind."[5] (1935, 17)

Wenn es um die Bedeutung eines psychologischen Satzes wie

(3)   Paul hat Zahnschmerzen

geht, müssen wir also nur fragen: Wie kann man diesen Satz überprüfen? Welche Testsätze müssen wahr sein, damit (3) selbst wahr ist? Zu diesen Testsätzen gehören etwa Sätze wie

(3a)   Paul jammert und hält sich die Wange.

(3b)   Auf die Frage „Was hast Du denn?" antwortet Paul „Ich habe Zahnschmerzen".

(3c)   Bei genauerer Untersuchung zeigt sich, daß einer von Pauls Zähnen kariös und der Nerv angegriffen ist.

(3d)   Pauls Blutdruck und Reaktionsfähigkeit sind in bestimmter Weise verändert.

(3e)   In Pauls Zentralnervensystem spielen sich bestimmte charakteristische Prozesse ab.

Diese Liste ist, so Hempel, sicher alles andere als vollständig. Dennoch wird auch an ihr das Entscheidende schon überdeutlich: Die Sätze, in denen die Bedingungen formuliert werden, unter

---

[5]   Offensichtlich müßte es im zweiten Satz des Zitats eher heißen: „… wenn sie beide durch dieselben beobachtbaren Bedingungen verifiziert bzw. falsifiziert werden". Dieses Schwanken zwischen Wahrheits- und Verifizierbarkeitsbedingungen ist für Vertreter des Wiener Kreises jedoch nicht untypisch.

denen der Satz (3) als verifiziert gelten kann, sind alle *physikalische Testsätze*.[6]

> „Diese Liste könnte noch erheblich erweitert werden; aber sie reicht schon aus, um den grundlegenden und wesentlichen Punkt deutlich werden zu lassen, daß alle Umstände, die diese psychologische Aussage verifizieren, durch physikalische Testsätze ausgedrückt werden. ... Die Aussage, um die es geht, – eine Aussage über die 'Schmerzen' einer Person – ist daher, ebenso wie die Aussage über die Temperatur, nur ein abkürzender Ausdruck der Tatsache, daß alle ihre Testsätze verifiziert sind. ... Sie kann ohne Inhaltsverlust in eine Aussage zurückübersetzt werden, die den Ausdruck 'Schmerz' nicht mehr enthält, sondern nur noch physikalische Begriffe. Unsere Analyse zeigt folglich, daß jede psychologische Aussage denselben Inhalt hat wie eine physikalische Aussage ...“. (1935, 17f.)

Offenbar hängt die Plausibilität dieser Schlußfolgerung insbesondere von zwei Dingen ab. Erstens von der Plausibilität der verifikationistischen Bedeutungstheorie, von der Carnap und Hempel ausgehen, und zweitens von der Plausibilität der Annahme, daß sich tatsächlich *alle* Testsätze, die für die Überprüfung eines psychologischen Satzes relevant sind, ausschließlich in physikalischem Vokabular formulieren lassen. Besonders auf diesen zweiten Punkt werden wir noch ausführlich zurückkommen.

4.1.2 Mentale Zustände und Verhalten – Wittgensteins Privatsprachenargument

Auch unabhängig von den speziellen sprachphilosophischen Thesen des Wiener Kreises hat die Annahme, daß es zwischen mentalen und physischen Zuständen und insbesondere zwischen mentalen Zuständen und Verhalten einen *begrifflichen Zusammenhang* gibt, eine starke *prima facie* Plausibilität. Denken wir noch einmal an den mentalen Zustand *Zahnschmerz*. Wer Zahnschmerzen hat, zeigt in der Regel *typische Verhaltensweisen*: er ist abgelenkt und unkonzentriert; er hält sich die Wange; er schreit auf oder stöhnt zumindest, wenn er unsanft an der schmerzenden Stelle berührt wird; er meidet kalte und heiße Speisen; er

---

[6] Im Hinblick auf den Testsatz (3b) betont Hempel ausdrücklich, daß hier das Aussprechen bestimmter Sätze nur physikalisch, d.h. nur als Erzeugen bestimmter Schallwellen aufgefaßt werden soll.

versucht, den Schmerz z.B. durch die Einnahme von Tabletten zu bekämpfen; und wenn es nicht besser wird, geht er zum Zahnarzt. Das Gegenteil scheint kaum denkbar. Wenn sich jemand verhält wie sonst auch, wenn er keine Tabletten nimmt und nicht zum Zahnarzt geht, nicht zumindest aufstöhnt, wenn man die angeblich schmerzende Stelle berührt, wenn er dasselbe ißt wie bisher ohne jedes Anzeichen von Problemen, wenn er lacht und alle Anzeichen von Freude zeigt, wenn er voll konzentriert seiner Arbeit nachgeht und dabei auch noch scherzt und fröhlich ist, dann liegt zumindest der dringende Verdacht nahe, daß er keine Zahnschmerzen hat – auch dann, wenn er selbst dies behaupten sollte.

Ähnlich steht es mit Wünschen und Überzeugungen. Wer behauptet, er wolle abnehmen, aber keinerlei Anstrengungen in diese Richtung unternimmt, sondern genau so kalorienreich weiter ißt wie bisher, der ist ebenso unglaubwürdig wie der, der sagt, er wolle seine langjährige Freundin wirklich heiraten, aber immer wieder einen Rückzieher macht, wenn es zum Schwur kommt. Und wer sagt, er sei fest davon überzeugt, daß die Roulettekugel beim nächsten Wurf auf Rot liegenbleiben wird, sich aber mit Händen und Füßen wehrt, wenn man ihn dazu bringen will, hundert Mark auf Rot zu wetten, ist genau so unglaubwürdig wie der, der sagt, er sei ganz sicher, daß morgen die Sonne scheint, aber trotzdem einen Regenschirm mitnimmt.

Diese Alltagsintuition, daß es einen engen Zusammenhang zwischen mentalen Zuständen und beobachtbarem Verhalten gibt, hat Ludwig Wittgenstein in seinen *Philosophischen Untersuchungen* mit seinem *Argument gegen die Möglichkeit einer Privatsprache* theoretisch untermauert, das in der Diskussion des Körper-Geist-Problems einen großen Einfluß gehabt hat, auch wenn dieser Einfluß in den letzten Jahren ein wenig verblaßt ist.[7] Unter einer Privatsprache versteht Wittgenstein nicht einfach eine Art Geheimsprache oder Geheimschrift bzw. eine Sprache, die *de facto* nur von einer Person (etwa Robinson) gesprochen wird. Eine Privatsprache ist vielmehr eine Sprache, die nur der Sprecher selbst verstehen und die keine andere Person lernen *kann*, da sich die Ausdrücke dieser Sprache auf Dinge beziehen, die nur dieser

---

[7]   Vgl. zum folgenden besonders Glock (1996, 309-315).

Sprecher kennen und von denen nur dieser Sprecher wissen kann, ob sie vorliegen oder nicht.

Es liegt nahe, in diesem Zusammenhang an die Sprache zu denken, mit der wir über unsere mentalen Zustände und insbesondere über unsere Empfindungen reden. Denn in der Geschichte der Philosophie ist immer wieder die Auffassung vertreten worden, daß nur jede Person selbst weiß, was sie z.B. mit dem Ausdruck 'Rotempfindung' meint, und daß nur jede Person selbst weiß, ob sie im Augenblick Schmerzen empfindet oder nicht. Wittgensteins Frage ist daher „Ist unsere Empfindungssprache eine Privatsprache?" bzw. genauer „Kann unsere Empfindungssprache eine Privatsprache sein?". Und seine Antwort auf diese Frage ist ein entschiedenes 'Nein'; denn seiner Meinung nach sind Privatsprachen grundsätzlich unmöglich. Warum?

Die Antwort auf diese Frage ergibt sich, wenn man darüber nachdenkt, wie die Ausdrücke einer Privatsprache eine Bedeutung bekommen können. Im § 258 der *Philosophischen Untersuchungen* schreibt Wittgenstein:

> „Stellen wir uns diesen Fall vor. Ich will über das Wiederkehren einer gewissen Empfindung ein Tagebuch führen. Dazu assoziiere ich sie mit dem Zeichen 'E' und schreibe in einem Kalender zu jedem Tag, an dem ich die Empfindung habe, dieses Zeichen. – Ich will zuerst bemerken, daß sich eine Definition des Zeichens nicht aussprechen läßt. – Aber ich kann sie doch mir selbst als eine Art hinweisende Definition geben! – Wie? kann ich auf die Empfindung zeigen? – Nicht im gewöhnlichen Sinne. Aber ich spreche, oder schreibe das Zeichen, und dabei konzentriere ich meine Aufmerksamkeit auf die Empfindung – zeige also gleichsam im Innern auf sie. – Aber wozu diese Zeremonie? denn nur eine solche scheint es zu sein! Eine Definition dient doch dazu, die Bedeutung eines Zeichens festzulegen. – Nun, das geschieht eben durch das Konzentrieren der Aufmerksamkeit; denn dadurch präge ich mir die Verbindung des Zeichens mit der Empfindung ein. – 'Ich präge sie mir ein' kann doch nur heißen: dieser Vorgang bewirkt, daß ich mich in Zukunft *richtig* an die Verbindung erinnere. Aber in unserm Falle habe ich ja kein Kriterium für die Richtigkeit. Man möchte hier sagen: richtig ist, was immer mir als richtig erscheinen wird. Und das heißt nur, daß hier von 'richtig' nicht geredet werden kann."

Der entscheidende Punkt ist offenbar, daß nach Wittgenstein das Zeichen 'E' dadurch, daß ich mich auf eine bestimmte Empfindung konzentriere und mir vornehme, dieses Zeichen in Zukunft immer und nur für Empfindungen dieser Art zu verwenden, keine Bedeutung bekommen kann. Wieder stellt sich die Frage: Warum? Bzw. besser: Warum nicht?

Wichtig ist zunächst ein sehr allgemeiner Punkt: Wenn ein Zeichen eine Bedeutung hat, dann folgt daraus, daß es für seine Anwendung Regeln bzw. Korrektheitsstandards gibt, die uns sagen, wann wir das Zeichen richtig verwenden und wann nicht. Den Ausdruck 'rot' auf rote Dinge anzuwenden, ist richtig; ihn auf grüne oder blaue Dinge anzuwenden, dagegen falsch. Die Strategie Wittgensteins ist deshalb, dafür zu argumentieren, daß sich aus der Tatsache, daß ich mich auf eine bestimmte Empfindung konzentriere und mir vornehme, das Zeichen 'E' immer und nur für Empfindungen dieser Art zu verwenden, keine Anwendungsregel, kein Korrektheitsstandard für dieses Zeichen ergibt. Aufgrund des Zusammenhangs 'Kein Korrektheitsstandard, keine Bedeutung' folgt dann, daß diese Tatsache auch nicht ausreichen kann, um eine Bedeutung für das Zeichen 'E' festzulegen.

Wenn man die zitierte Passage genauer analysiert, dann sieht es so aus, als sei Wittgensteins Hauptargument gegen die Möglichkeit einer Privatsprache, daß ich mir nie sicher sein kann, mich richtig an die ursprüngliche Empfindung zu *erinnern*, wenn ich das Zeichen 'E' zu einem späteren Zeitpunkt auf eine neue Empfindung anwende. Doch das ist nicht der entscheidende Punkt. Entscheidend ist vielmehr, daß man in diesem Fall gar nicht zwischen richtiger und falscher Erinnerung unterscheiden kann; denn diese Unterscheidung würde voraussetzen, daß es eine Regel gibt, aus der hervorgeht, wann eine neue Empfindung der ursprünglichen Empfindung ähnlich genug ist, um auf sie zu Recht das Zeichen 'E' anzuwenden. Und daraus, daß ich mich auf eine bestimmte Empfindung konzentriere und mir vornehme, das Zeichen 'E' immer und nur für Empfindungen dieser Art zu verwenden, ergibt sich Wittgenstein zufolge eben keine solche Regel.

Das Hauptargument für diese These beruht auf Wittgensteins Überzeugung, daß es Regeln nur da geben kann, wo die Anwendung dieser Regeln *unabhängig überprüfbar* ist. Bei den Farbprädikaten 'rot', 'grün', 'blau' usw. können wir uns z.B. vorstellen, daß wir kleine Farbtäfelchen mit uns führen, mit denen wir die Gegenstände, die uns begegnen, vergleichen, um festzustellen, welche Farbprädikate auf sie angewendet werden können. Der direkte Vergleich mit einer Farbtafel ermöglicht hier also eine unabhängige Prüfung, ob ein Farbprädikat korrekt angewendet wurde. Genauso ermöglicht das Anlegen eines Zollstocks eine unabhängige Prüfung, wenn jemand z.B. behauptet, ein bestimmter Stab sei genau 75 cm lang.

Im Fall einer privaten Empfindungssprache gibt es jedoch keinen entsprechenden unabhängigen Maßstab. Denn die Rolle der Farbtäfelchen oder des Zollstocks kann nicht von einem Erinnerungsbild der ursprünglichen Empfindung übernommen werden. Dies wird deutlich, wenn man ein solches Erinnerungsbild mit der Erinnerung an ein Farbtäfelchen vergleicht. Diese letzte Erinnerung kann jederzeit durch das Hervorholen des realen Farbtäfelchens überprüft werden. Wenn dagegen der Sprecher einer privaten Empfindungssprache herausfinden möchte, ob sein Erinnerungsbild tatsächlich der ursprünglichen Empfindung entspricht, dann kann er dies nur tun, indem er versucht, sich an diese ursprüngliche Empfindung zu erinnern. D.h., er kann seine Erinnerung nur an seiner Erinnerung überprüfen. Und das hat nicht mehr Sinn, als die Länge eines Zollstocks dadurch zu überprüfen, daß man ihn an sich selbst anlegt, oder die Richtigkeit einer Aussage in der Morgenzeitung dadurch zu überprüfen, daß man in anderen Exemplaren derselben Zeitung nachsieht, ob sie dasselbe behaupten.[8] Der entscheidende Punkt ist also, daß sich aus der Tatsache, daß ich mich auf eine bestimmte Empfindung konzentriere und mir vornehme, das Zeichen 'E' immer und nur für Empfindungen dieser Art zu verwenden, kein *unabhängiges* Kriterium für die Verwendung von 'E' ergibt. Wo es keine unabhängige Prüfung für die Anwendung einer Regel gibt, gibt es überhaupt keine Regel, sondern bestenfalls den '*Eindruck* einer Regel' (PU § 259).

Diese Schlußfolgerung läßt sich durch die folgende Überlegung noch weiter stützen. Angenommen, die Empfindung, auf die ich mich konzentriere und die ich in Zukunft mit dem Zeichen 'E' bezeichnen möchte, ist ein bohrender Zahnschmerz. Was genau soll denn nun mit 'E' bezeichnet werden? Alle Fälle von *bohrendem Zahnschmerz* oder alle Fälle von *Zahnschmerz* oder sogar, noch allgemeiner, alle Fälle von *Schmerz*? Wenn ich 'E' später

---

[8] „Als kaufte Einer mehrere Exemplare der heutigen Morgenzeitung, um sich zu vergewissern, daß sie die Wahrheit schreibt." (PU § 265)

einmal auf einen Schmerz anwende, der kein Zahnschmerz ist, ist diese Anwendung korrekt oder nicht? Offenbar gibt es zwei Möglichkeiten: 1. 'E' bedeutet *bohrender Zahnschmerz* oder *Zahnschmerz*, dann ist die Anwendung von 'E' auf einen Schmerz, der kein Zahnschmerz ist, nicht korrekt; oder 2. 'E' bedeutet ganz allgemein *Schmerz*, dann ist diese Anwendung von 'E' korrekt. Das Problem ist jedoch, daß uns die Situation, so wie sie von Wittgenstein geschildert wird, keinerlei Mittel an die Hand gibt, um zwischen diesen beiden Alternativen zu entscheiden. Und eben deshalb ist die Schlußfolgerung unausweichlich, daß diese Situation nicht ausreicht, um die Bedeutung von 'E' festzulegen.

Privatsprachen im erläuterten Sinn kann es also nicht geben. Aber was bedeutet das für unsere Empfindungswörter? Folgt aus Wittgensteins Argumenten, daß diese Wörter überhaupt keine Bedeutung haben? Keineswegs. Zunächst folgt aus diesen Argumenten nur, daß private Entitäten*, Dinge, von denen nur jede Person selbst wissen kann, ob sie vorliegen oder nicht, *für die Bedeutung von Empfindungswörtern* keine Rolle spielen können. Dies ist die Pointe einer anderen berühmten Passage in den *Philosophischen Untersuchungen*.

„Angenommen, es hätte Jeder eine Schachtel, darin wäre etwas, was wir 'Käfer' nennen. Niemand kann je in die Schachtel des Andern schaun; und Jeder sagt, er wisse nur vom Anblick *seines* Käfers, was ein Käfer ist. – Da könnte es ja sein, daß Jeder ein anderes Ding in seiner Schachtel hätte. Ja, man könnte sich vorstellen, daß sich ein solches Ding fortwährend veränderte. – Aber wenn nun das Wort 'Käfer' dieser Leute doch einen Gebrauch hätte? – So wäre er nicht der Bezeichnung eines Dings. Das Ding in der Schachtel gehört überhaupt nicht zum Sprachspiel; auch nicht einmal als ein *Etwas*: denn die Schachtel könnte auch leer sein. – Nein, durch dieses Ding in der Schachtel kann 'gekürzt werden'; es hebt sich weg, was immer es ist." (PU § 293)

Wenn Empfindungswörter eine Bedeutung haben – und offenbar haben sie eine Bedeutung –, dann müssen die Verwendungsregeln, auf denen diese Bedeutung beruht, also unabhängig von allem sein, von dem nur jede Person selbst wissen kann, ob es vorliegt oder nicht. Oder anders ausgedrückt: Empfindungswörter können keine *privaten* Zustände bezeichnen.

Das ist die erste Pointe der Überlegungen Wittgensteins. Die zweite ergibt sich aus seiner These, daß ein Ausdruck nur dann eine Bedeutung hat, wenn es für seine Verwendung Regeln gibt, und daß es Regeln nur da gibt, wo ihre Anwendung unabhängig überprüfbar ist. Denn aus dieser These folgt, daß Empfindungswörter nur dann eine Bedeutung haben, wenn es für ihre korrekte Anwendung unabhängige, nicht private Kriterien gibt. Mit anderen Worten: Die Bedeutung mentaler Prädikate ist unlösbar mit den *öffentlichen* Kriterien verknüpft, aufgrund deren wir beurteilen, ob diese Prädikate korrekt angewendet werden.[9] D.h. einerseits mit beobachtbaren physischen Anzeichen wie Erröten, Zittern, unkoordinierten Bewegungen etc. und andererseits mit dem beobachtbaren Verhalten von Personen. Die Grundidee des Semantischen Physikalismus, daß es einen *begrifflichen* Zusammenhang zwischen mentalen Zuständen und beobachtbaren physischen Phänomenen gibt, scheint also durch Wittgensteins Überlegungen vollständig bestätigt zu werden.

Wittgenstein über den Geist

- Mentale Ausdrücke können sich *nicht* auf *private innere Phänomene* beziehen, von denen nur die jeweilige Person selbst wissen kann, ob sie vorliegen oder nicht.

- Für die Anwendung mentaler Ausdrücke muß es – wie für die Anwendung aller anderen Ausdrücke – *öffentlich zugängliche Kriterien* geben; nur wenn das so ist, kann es eine Regel geben, aus der hervorgeht, wann ein Ausdruck richtig bzw. falsch angewendet wird.

4.1.3 Ryles Kritik an der 'offiziellen Lehre'

Gilbert Ryle, der in seinen Überlegungen stark von Wittgenstein beeinflußt war, gilt bei vielen als der Hauptvertreter des *Logi-*

---

[9] „Ein 'innerer Vorgang' bedarf äußerer Kriterien." (PU § 580)

schen Behaviorismus. Und das ist sicher nicht unberechtigt. Denn Ryle hat wie wenige andere für die These gestritten, daß es sich bei mentalen Zuständen um Verhaltensdispositionen handelt. Auf der anderen Seite geht man jedoch an der eigentlichen Pointe der Ryleschen Überlegungen vorbei, wenn man ihn schlicht als Logischen Behavioristen bezeichnet.[10] Ähnlich wie Wittgenstein geht es ihm nämlich in erster Linie darum zu zeigen, daß die traditionelle Diskussion des Körper-Geist-Problems in die Irre geht, da sie auf einem völlig falschen Bild beruht. Das Bild, gegen das er kämpft, ist das des *Gespenstes in der Maschine,* d.h. das Bild des Mentalen als einer Sphäre von öffentlich nicht beobachtbaren inneren Vorgängen, die, obwohl sie nur dem Geist selbst zugänglich sind, die eigentlichen Ursachen des äußeren Verhaltens darstellen.

Die Grundannahmen der Position, die Ryle als *Die offizielle Lehre* oder auch als *Descartes' Mythos* bezeichnet, lauten:

• Jeder Mensch besteht aus einem Körper und einem Geist. Diese sind während des Lebens zusammengespannt; aber nach dem Tode kann der Geist möglicherweise allein fortbestehen und seine Funktionen ausüben.[11]

• Körper existieren in Raum und Zeit; der Geist nur in der Zeit.

• Körper sind den mechanischen Kausalgesetzen unterworfen; das Verhalten des Geistes dagegen beruht auf mysteriösen para-mechanischen Gesetzen.

• Das Verhalten von Körpern ist grundsätzlich intersubjektiv beobachtbar, während „[a]ndere Beobachter ... nicht Zeugen dessen sein [können], was in jemandes Geist vorgeht" (Ryle 1949, 8).

• Körper sind öffentlich. Die Vorgänge des Geistes sind privat. Nur der Geist selbst kann von ihnen direkte Kenntnis haben.

Das Bild des Geistes, das sich aus diesen Annahmen ergibt, ist Ryle zufolge jedoch mit erheblichen Problemen konfrontiert:

---

[10] Vgl. zu Ryle auch Kemmerling (1975) und von Savigny (1993, Kap. 2).
[11] Das ist offenbar die traditionelle Grundannahme des Substanz-Dualismus (vgl. oben Kapitel 2).

- Der offiziellen Lehre zufolge soll der Geist in gewisser Weise im Körper sein; aber die Bedeutung dieses 'in' bleibt völlig unklar, da Geister nicht räumlich sind.
- Der offiziellen Lehre zufolge soll der Geist auf den Körper und der Körper auf den Geist kausal einwirken. Die Möglichkeit dieser Kausalbeziehung bleibt jedoch völlig im Dunkeln, da sie weder zum Bereich des Geistigen noch zum Bereich des Körperlichen gehören kann.
- Wenn nur der Geist selbst wissen kann, 'was in ihm vorgeht', bleibt unklar, wie man jemals wissen kann, was andere denken und fühlen bzw. ob sie überhaupt einen Geist haben.

Man muß daher Ryle zufolge davon ausgehen, daß mit der offiziellen Lehre grundsätzlich etwas nicht stimmt. Und seine eigene Diagnose lautet:

> „Ich hoffe zu zeigen, daß [die offizielle Lehre] ganz und gar falsch ist, nicht nur in Einzelheiten, sondern grundsätzlich. Sie ist nicht nur eine Ansammlung einzelner Fehler. Sie besteht aus einem einzigen großen Irrtum, einem Irrtum von ganz besonderer Art, nämlich einer Kategorienverwechslung. Sie stellt die Tatsachen des Geisteslebens so dar, als gehörten sie zu einem bestimmten logischen Typ oder einer Kategorie (oder zu einer Reihe von Typen oder Kategorien), während sie in Wirklichkeit zu einer andern gehören. Das Dogma [vom Gespenst in der Maschine] ist daher ein philosophischer Mythos." (Ryle 1949, 13f.)

Den für seine Argumentation zentralen Begriff der Kategorienverwechslung bzw. des *Kategorienfehlers* erläutert Ryle zunächst mit Hilfe einiger Beispiele:

- Einen Kategorienfehler begeht, wer meint, daß man auf dem Fußballfeld außer den Aktionen der Spieler (Köpfen, Einwerfen, Flanken, usw.) auch noch den Mannschaftsgeist sehen könne.
- Einen Kategorienfehler begeht, wer die Verfassung eines Landes für ein schattenhaftes Wesen hält, das ebenso existiert wie das Kabinett, das Parlament oder das Verfassungsgericht.
- Und einen Kategorienfehler begeht auch, wer den durchschnittlichen Steuerzahler ebenso für eine Person hält wie den Nachbarn von nebenan.

Kategorienfehler nach Ryle

- Zwei Ausdrücke *a* und *b* gehören genau dann zu derselben Kategorie, wenn man *a* in allen Kontexten, in denen die Verwendung von *a* sinnvoll ist, durch *b* ersetzen kann, ohne daß Unsinn entsteht, und umgekehrt.
- Einen Kategorienfehler begeht, wer einen Ausdruck *a* so behandelt, als gehöre er zur Kategorie *A*, während er in Wirklichkeit zur Kategorie *B* gehört.

Allgemein läßt sich über die Begriffe *logischer Typ* oder *Kategorie* folgendes sagen: Der logische Typ oder die Kategorie, zu der ein sprachlicher Ausdruck gehört, ist bestimmt durch die Klasse der sprachlogisch richtigen Verwendungen dieses Ausdrucks. Mit anderen Worten: Wenn man einen Ausdruck *a* in allen Kontexten, in denen die Verwendung von *a* sinnvoll ist, durch einen Ausdruck *b* ersetzen kann, *ohne daß Unsinn entsteht*, und umgekehrt, dann gehört *b* zu derselben Kategorie wie *a*.

Die Ausdrücke 'ist eine Primzahl' und 'ist dreieckig' gehören also zu verschiedenen Kategorien. Denn während der Satz „Die Zahl 7 ist eine Primzahl" sinnvoll ist, ist der Satz „Die Zahl 7 ist dreieckig" schlichter Unsinn. Und ebenso gehören auch die Ausdrücke 'schrill' und 'blau' zu verschiedenen Kategorien, da der Satz „Er wurde durch den schrillen Klang der Klingel geweckt" durchaus sinnvoll, der Satz „Er wurde durch den blauen Klang der Klingel geweckt" dagegen offenbar sinnlos ist.[12]

Neben diesem Merkmal der Ersetzbarkeit gibt es für Ryle noch ein zweites charakteristisches Merkmal: Wenn zwei Ausdrücke zu derselben Kategorie gehören, dann kann man sie in Und-Sätzen miteinander verbinden. Offenbar gilt dies nicht in dem Fall: „Sie kam heim in einer Flut von Tränen und in einer Sänfte." Also gehören auch die Ausdrücke 'in einer Flut von Tränen' und 'in einer Sänfte' nicht zu derselben Kategorie.

---

[12] Dabei bleibt der metaphorische oder poetische Gebrauch von Wörtern unberücksichtigt.

Einen *Kategorienfehler* begeht nach Ryle nun der, der einen
Ausdruck *a* so behandelt, als gehöre er zur Kategorie *A*, während
er in Wirklichkeit zur Kategorie *B* gehört. Einen Kategorienfehler
begeht also (möglicherweise), wer die Auffassung vertritt, daß
Zahlen raumzeitliche Gegenstände sind, daß Gott eine Person ist
oder daß die Zeit fließt.[13]
Der entscheidende Kategorienfehler, der der offiziellen Lehre
zugrunde liegt, besteht nach Ryle in der Annahme, daß sich
mentale Ausdrücke wie 'sich erinnern', 'denken', 'wahrnehmen',
'glauben' und 'wollen' auf (verborgene) *Ereignisse im Innern
oder im Geist* eines Menschen beziehen, die sein äußeres Verhalten *verursachen*.[14] Tatsächlich beziehen wir uns Ryle zufolge mit
diesen Ausdrücken jedoch nicht auf irgendwelche 'Schattenhand-
lungen', die den offenen Handlungen im Verborgenen vorange-
hen, sondern wir verwenden sie, um die öffentlich beobachtbaren
Handlungen anders zu charakterisieren. Der Mentalist denkt, Geistiges bestünde in geheimnisvollen Vorgängen hinter den beobachtbaren Handlungen, in Wirklichkeit ist es aber nichts anderes
als die Art und Weise der Organisation dieser Handlungen.
   Die Auffassung, daß sich mentale Ausdrücke nicht auf verborgene innere Vorgänge beziehen, untermauert Ryle mit einer
Analyse intelligenter und willentlicher Handlungen. Sein Gegner,
der Mentalist, analysiert intelligentes bzw. willentliches Verhalten so:

• Eine Handlung ist intelligent genau dann, wenn sie durch eine
  entsprechende Überlegung verursacht wurde.
• Eine Handlung ist willentlich ('voluntary') genau dann, wenn
  sie durch einen entsprechenden Willensakt verursacht wurde.

Diese Analysen entsprechen genau dem mentalistischen
Grundmuster, demzufolge beobachtbaren Handlungen in der Regel verborgene Ereignisse im Geist einer Person vorausgehen,
durch die diese Handlungen verursacht werden.
   Die mentalistische Analyse intelligenter Handlungen ist Ryle
zufolge jedoch aus mehreren Gründen problematisch. Die beiden
wichtigsten sind:

---

[13]   Vgl. Blackburn (1994, 58).
[14]   Ryle (1949, 26).

- Es gibt viele Handlungen, die Intelligenz zeigen, für deren Ausführung es aber keine formulierbaren Regeln oder Kriterien gibt (z.B.: Witze machen; aber auch: argumentieren, Reden halten, usw.). Diesen Handlungen können daher keine entsprechenden Überlegungen vorausgehen.
- Überlegen ist selbst etwas, was man mehr oder weniger intelligent tun kann. Und eine Handlung ist offenbar nur dann intelligent, wenn sie auf einer intelligenten Überlegung beruht. Diese Überlegung muß deshalb selbst durch eine andere intelligente Überlegung verursacht sein; diese ebenfalls durch eine andere intelligente Überlegung usw. bis ins Unendliche. D.h., die mentalistische Analyse führt in einen unendlichen Regreß.

Ryle zufolge zeigen schon diese Probleme, daß die mentalistische Analyse nicht richtig sein kann. Aber, was noch wichtiger ist: Wenn wir einmal genauer darauf achten, unter welchen Umständen wir eine Handlung tatsächlich intelligent nennen, dann ergibt sich plötzlich ein ganz anderes Bild. Denn normalerweise sagen wir, daß jemand dann intelligent handelt, wenn

- er das, was er tut, im allgemeinen richtig, gut und erfolgreich macht und wenn
- er fähig ist, in seinem Vorgehen Fehler zu entdecken und auszumerzen, Erfolge zu wiederholen und zu vergrößern, aus den Beispielen anderer zu lernen, usw.

D.h., die genauere Betrachtung unseres tatsächlichen Sprachgebrauchs zeigt, daß wir eine Handlung nicht dann intelligent nennen, wenn wir sie auf einen verborgenen inneren Vorgang zurückführen können, sondern dann, wenn sie nicht isoliert steht, sondern Teil eines Musters von ähnlichen und verwandten Handlungen ist.

Auch was die mentalistische Analyse willentlicher Handlungen angeht, verweist Ryle zuerst auf die Probleme, die sich für diese Analyse ergeben.

- In alltäglichen Beschreibungen unseres eigenen Verhaltens und des Verhaltens unserer Mitmenschen kommen Willensakte einfach nicht vor.

„Nie sagt jemand, er sei um zehn Uhr vormittags damit beschäftigt gewesen, dieses oder jenes zu wollen, oder er habe fünf schnelle und leichte und zwei langsame und schwere Willensakte zwischen Frühstück und Mittagessen ausgeführt. Ein Angeklagter mag zugeben oder ableugnen, er hätte etwas getan oder absichtlich getan, aber er wird nie zugeben oder ableugnen, einen Willensakt ausgeübt zu haben. Ebensowenig verlangen Richter und Geschworene hinlängliches Beweismaterial, das der Natur der Sache nach ohnehin nie beigebracht werden könnte, daß nämlich dem Abdrücken der Pistole ein Willensakt vorangegangen sei." (Ryle 1949, 81)

Außerdem: Welche Eigenschaften könnten Willensakte haben? Kann man sie schnell oder langsam tun? Kann man mehrere gleichzeitig ausführen? Kann man einen Willensakt unterbrechen und später wieder aufnehmen? Daß es auf alle diese Fragen keine Antworten gibt, zeigt nur zu deutlich, daß in unserem Alltagsverständnis Willensakte überhaupt keine Rolle spielen.

- Wenn Willensakte verborgene Vorgänge im Geist einer Person wären, könnte kein Richter, Lehrer oder Vater je wissen, ob das Verhalten eines Angeklagten, Schülers oder Kindes willentlich war oder nicht.

- Der angebliche kausale Zusammenhang zwischen Willensakten und beobachtbaren Handlungen ist völlig unverständlich. Denn der offiziellen Lehre zufolge befinden sich alle geistigen Phänomene außerhalb des Kausalsystems, zu dem physische Körper gehören.

- Wenn Willensakte innere Handlungen sind, müssen sie selbst entweder willentlich oder unwillentlich sein. Aber beide Annahmen sind absurd. Wenn ich nicht umhin kann, meinen Nachbarn hänseln zu *wollen*, kann dieses Hänseln selbst kaum als willentliche Handlung gelten. Wenn Willensakte jedoch selbst willentlich sind, ergibt sich aus der mentalistischen Analyse wieder ein unendlicher Regreß.

Auch in diesem Fall sind die Probleme also so groß, daß man die mentalistische Analyse kaum als zutreffend ansehen kann. Aber wie kann eine alternative Analyse aussehen?

Wichtig ist nach Ryle wieder die genaue Beobachtung unseres normalen Sprachgebrauchs. Denn diese zeigt, daß wir die Adjektive 'willentlich' und 'unwillentlich' in der Regel dann verwenden, wenn es um die Frage geht, ob eine fehlerhafte Handlung tadelnswert ist.[15] Ein Matrose wird aufgefordert, einen Kreuzknoten zu machen, aber er macht einen Webeleinstek. Ein Schüler kommt zu spät zur Schule. Dies sind typische Fälle, in denen wir fragen, ob die jeweiligen Handlungen willentlich waren oder nicht. Von der Antwort auf diese Frage hängt es ab, ob wir den Matrosen oder den Schüler tadeln oder gar bestrafen dürfen. Entscheidend ist dabei, ob die Person, die einen Fehler begangen hat, diesen hätte vermeiden können. Und dies wiederum hängt davon ab, ob sie überhaupt die Kenntnisse und Fähigkeiten hatte, die Handlung richtig auszuführen, und ob äußere Umstände sie von der richtigen Ausführung abgehalten haben. Beides können wir aber feststellen, ohne irgendwelche mysteriösen Willensakte zu bemühen.

Anders als die offizielle Lehre es will, sind willentliche Handlungen also eher so zu analysieren:

• Eine (fehlerhafte) Handlung ist willentlich ('voluntary') genau dann, wenn der Handelnde die Kenntnisse und Fähigkeiten besitzt, die Handlung richtig auszuführen, und wenn er nicht durch äußere Umstände von der richtigen Ausführung abgehalten wird.

Sowohl die Analyse intelligenter als auch die Analyse willentlicher Handlungen zeigt also, daß die offizielle Lehre in die Irre geht. Beide Arten von Handlungen sind *nicht* dadurch charakterisiert, daß sie durch verborgene innere Ereignisse im Geist der Handelnden verursacht werden.

Wenn das so ist, stellt sich jedoch die Frage, wie dieser falsche Eindruck überhaupt entstehen konnte. Warum begehen wir so leicht einen Kategorienfehler, wenn wir über Geist nachdenken? Warum nehmen wir an, daß mentale Ausdrücke sich auf Ereignisse beziehen, die im Innern des Menschen stattfinden? Ein zentraler Grund für die irrigen Auffassungen der offiziellen Lehre liegt

---

[15] Es gibt auch andere Fälle, in denen wir dieses Begriffspaar verwenden. Manche Segler fahren freiwillig auf die See hinaus, andere werden durch Wind und Strömung 'gegen ihren Willen' hinausgetrieben. In diesen Fällen geht es eher darum, Handlungen von Personen von Dingen zu unterscheiden, die ihnen nur zustoßen. (Vgl. Ryle 1949, 71f.)

Ryle zufolge darin, daß sie mentale Erklärungen, d.h. Erklärungen, in denen wir das Verhalten von Personen auf ihre Überzeugungen, Motive, Charakterzüge oder Emotionen zurückführen, als *Kausalerklärungen* und demzufolge mentale Phänomene als (verborgene) Ursachen auffaßt. Tatsächlich sind mentale Zustände seiner Meinung nach aber Dispositionen und mentale Erklärungen daher keine kausalen, sondern *dispositionelle Erklärungen.*

Dieser Unterschied läßt sich an einem einfachen Beispiel erläutern. Wenn eine Scheibe zerbricht, können wir auf die Frage 'Warum?' zwei ganz verschiedene Antworten geben. Eine Antwort kann lauten „Weil sie von einem Stein getroffen wurde". Damit wird das *Ereignis* angegeben, das das Zerbrechen der Scheibe *verursachte.* Diese Antwort ist also eine Kausalerklärung. Die Antwort kann aber auch lauten „Weil sie zerbrechlich war". Diese Antwort ist keine Kausalerklärung. Denn die Zerbrechlichkeit der Scheibe ist kein Ereignis, sie kann daher Ryle zufolge auch keine Ursache sein. Die Zerbrechlichkeit der Scheibe ist vielmehr eine *Disposition.* D.h., die zweite Antwort liefert eine dispositionelle Erklärung für das Zerbrechen der Scheibe.

Grundsätzlich gilt: Wenn man einem Gegenstand eine Disposition zuschreibt, dann sagt man damit, daß sich dieser Gegenstand unter bestimmten Bedingungen auf eine bestimmte Weise verhalten wird. Wenn man sagt „Zucker ist wasserlöslich", dann sagt man damit, daß sich Zucker auflöst, wenn man ihn in Wasser gibt, oder genauer, daß es einen gesetzmäßigen Zusammenhang gibt zwischen der Tatsache, daß man Zucker in Wasser gibt, und der Tatsache, daß sich dieser Zucker auflöst. Und wenn man sagt „Diese Scheibe ist zerbrechlich", dann sagt man damit, daß diese Scheibe zerbricht, wenn sie von einem schweren Gegenstand mit hinreichender Wucht getroffen wird, oder genauer, daß es einen gesetzmäßigen Zusammenhang gibt zwischen der Tatsache, daß diese Scheibe von einem schweren Gegenstand mit hinreichender Wucht getroffen wird, und der Tatsache, daß sie zerbricht. Jeder Disposition entspricht daher ein *gesetzesartiger** Wenn-Dann-Satz „Wenn x in die Situation S kommt, reagiert x auf die Weise R". Aus diesem Grund gibt es nach Ryle zu jeder dispositionellen Erklärung immer auch eine parallele Kausalerklärung. Denn wenn man sagt „Dieses Stück Zucker hat sich aufgelöst, weil es die

Disposition hatte, sich aufzulösen, wenn man es in Wasser gibt",
dann ist diese Erklärung in einem gewissen Sinne erst
'vollständig', wenn man auch die Ursache für das Sich-Auflösen
angibt, nämlich die Tatsache, daß das Stück Zucker in Wasser
gegeben wurde.

Nach Ryle haben nun auch mentale Erklärungen in den aller-
meisten Fällen den Charakter von dispositionellen Erklärungen.
Erklärungen, in denen eine Handlung auf das Motiv des Handelnden zurückgeführt wird, gehören seiner Meinung nach eindeutig
in diese Gruppe. Deutlich wird dies, wenn man sich einzelne Beispiele genauer ansieht, etwa die Erklärung „Er prahlte aus Eitelkeit".

> „... die Behauptung: 'Er prahlte aus Eitelkeit' soll nach der einen Ansicht
> so ausgelegt werden: 'Er prahlte, und die Ursache seines Prahlens war das
> Vorkommnis eines besonderen Eitelkeitsimpulses oder eines besondern
> Eitelkeitsgefühls in ihm.' Nach der anderen Ansicht soll sie so ausgelegt
> werden: 'Er prahlte beim Zusammentreffen mit dem Fremden, und dieses
> Benehmen genügt dem gesetzesartigen Satz, daß er immer, wenn er eine
> Gelegenheit sieht, die Bewunderung und den Neid anderer zu erregen, alles
> tut, was seiner Meinung nach diese Bewunderung und diesen Neid auslösen
> wird.'" (Ryle 1949, 116)

Ryle zufolge ist es gar keine Frage, daß die erste Analyse völlig
absurd ist. Auch wenn wir fragen, zu welchem Typ von Erklärung
die Aussage „Er reichte seinem Tischnachbarn das Salz aus Höflichkeit" gehört, zeigt sich seiner Meinung nach sofort die Un-
haltbarkeit einer kausalen Analyse. Denn höflich ist der, der die
Disposition hat, sich selbst nicht vorzudrängen; anderen den
Vortritt zu lassen; unaufgefordert zu helfen; Dinge, die andere
verletzen könnten, nicht unnötig auszuplaudern; Gastgeber nicht
durch unpassende Kleidung oder unpassendes Auftreten in Verle-
genheit zu bringen; usw. Außerdem zeigt sich der dispositionelle
Charakter dieser Erklärung daran, daß sie nach der Ergänzung
durch eine Kausalerklärung verlangt.

> „... die allgemeine Tatsache, daß jemand unter diesen und jenen Umstän-
> den in dieser und jener Art zu handeln geneigt ist, erklärt allein noch nicht,
> warum er in einem bestimmten Augenblick etwas Bestimmtes getan hat;
> genauso wenig wie die Tatsache, daß das Glas spröde war, erklärt, warum
> es um zehn Uhr zersprang. Wie der Anprall des Steins um zehn Uhr das
> Glas zum Zerspringen brachte, so bringt oder veranlaßt irgend etwas der
> Tat Vorausgehendes den Täter, sie dann und dort zu begehen, wann und wo

er sie tut. Jemand reicht z. B. seinem Tischnachbarn das Salz aus Höflichkeit; aber seine Höflichkeit ist eben bloß seine Neigung, das Salz zu reichen, wenn es verlangt wird, und auch noch eine Unzahl anderer Artigkei-
ten derselben allgemeinen Art. Es gibt also neben der Frage: 'Aus welchem
Grunde reichte er das Salz?' noch die ganz andere Frage: 'Was veranlaßte
ihn, das Salz in diesem Augenblick jenem Nachbarn zu reichen?' Diese
Frage hat wahrscheinlich zur Antwort: 'Er hörte, wie sein Nachbar darum
bat' oder: 'Er bemerkte, wie das Auge seines Nachbarn über den Tisch
wanderte' oder etwas dergleichen." (Ryle 1949, 149f.)

Es kann daher Ryle zufolge gar kein Zweifel daran bestehen,
daß es sich bei der Erklärung „Er reichte seinem Tischnachbarn
das Salz aus Höflichkeit" ebenso wie bei der Erklärung „Er
prahlte aus Eitelkeit" nicht um Kausal-, sondern um dispositionelle Erklärungen handelt. Und hieraus folgt für ihn, daß die
mentalen Phänomene, auf die in diesen Erklärungen die jeweiligen Verhaltensweisen zurückgeführt werden, keine mysteriösen
inneren Vorgänge im Geiste der Handelnden sind, sondern Dispositionseigenschaften, die der öffentlichen Beobachtung ebenso zugänglich sind wie die Dispositionen der Zerbrechlichkeit und der
Wasserlöslichkeit.

Mit der dispositionalen Analyse mentaler Zustände verfolgt
Ryle also denselben Zweck wie mit seinen alternativen Analysen
intelligenten und willentlichen Handelns: Sein Ziel ist, zu zeigen,
daß sich mentale Ausdrücke nicht auf verborgene innere Vorgänge im Geist einer Person beziehen, sondern auf Handlungs-
muster oder Dispositionseigenschaften, an deren öffentlicher Be-
obachtbarkeit kein Zweifel bestehen kann.

Ryle über den Geist

- Mentale Ausdrücke bezeichnen *keine mysteriösen privaten Vorgänge*, die irgendwo im Innern einer Person
  ablaufen.

- Mentale Ausdrücke bezeichnen vielmehr *Dispositionen* von Personen, sich unter bestimmten Umständen
  auf bestimmte Weise zu verhalten.

- Mentale Erklärungen sind *dispositionelle* und *keine
  kausalen Erklärungen*.

4.2   Argumente gegen den Semantischen Physikalismus

4.2.1   Mentale Prädikate können nicht in physikalischer Sprache definiert werden

Auch wenn man zugibt, daß es einen engen – vielleicht begrifflichen – Zusammenhang zwischen mentalen Zuständen und Verhalten gibt, stellt sich jedoch die Frage, ob dieser Zusammenhang eng genug ist, um die beiden Grundthesen des Semantischen Physikalismus zu stützen:

(SP)   Zu jedem psychologischen Satz S gibt es einen bedeutungsgleichen Satz S' der physikalischen Sprache.

(SP′) Jedes mentale Prädikat läßt sich mit Hilfe von Ausdrücken der physikalischen Sprache definieren.

Gerade an der These (SP′) sind nämlich berechtigte Zweifel erlaubt – Zweifel, die sich am besten anhand eines Beispiels begründen lassen.

Wie könnte etwa eine plausible Definition des Prädikats 'x möchte ein Bier trinken' in physikalischer Sprache aussehen? Auf den ersten Blick scheint der folgende Versuch ganz erfolgversprechend.

(1) x möchte genau dann ein Bier trinken, wenn gilt:
          wenn x zu Hause ist und sich ein Bier im Kühlschrank befindet, holt x sich das Bier aus dem Kühlschrank, und wenn x in der Kneipe ist, bestellt x sich ein Bier, und wenn man x ein Bier anbietet, nimmt x es sofort an, usw.

Der zweite Blick zeigt jedoch, daß dieser Definitionsversuch gleich eine ganze Reihe von schwachen Stellen hat.

Problem 1

Der *erste* wunde Punkt ist das 'usw.' am Ende. Es ist zwar richtig, daß der Wunsch, ein Bier zu trinken, mit einer ganzen Reihe von typischen Verhaltensweisen einhergeht; aber welche dieser Verhaltensweisen sind für die Bedeutung des zu definierenden

Prädikats relevant? Wie steht es z.B. mit der Bedingung 'wenn man x fragt, ob er ein Bier möchte, antwortet x bejahend'? Zwingend scheint diese Bedingung nicht zu sein, denn offenbar ist es durchaus möglich, daß eine Person ein Bier möchte, alle Bedingungen der Definition (1) erfüllt, aber auf die Frage, ob sie ein Bier möchte, trotzdem nicht mit 'Ja' antwortet – z.B. weil sie diesen Wunsch gern verheimlichen würde. Das generelle Problem ist jedoch, daß diese Überlegung in analoger Weise auch für alle anderen Bedingungen gilt. Nehmen wir etwa die erste der in der Definition (1) angeführten Bedingungen. Auch hier scheint es durchaus möglich, daß jemand ein Bier möchte, der alle Bedingungen der Definition (1) erfüllt, nur diese nicht – etwa weil er nicht gern zu Hause trinkt.

Allgemein scheint also zu gelten: Wer ein Bier möchte, zeigt in der Regel eine ganze Reihe von typischen Verhaltensweisen; aber keine einzige dieser Verhaltensweisen ist eine *notwendige* Bedingung dafür, daß er ein Bier möchte. Jede dieser Bedingungen ist verzichtbar. Technisch redet man in einem solchen Fall von einem *Cluster-Begriff*, einem Begriff, für dessen Zutreffen eine ganze Menge von Kriterien relevant sind, wobei jedoch keines dieser Kriterien notwendig ist. Man sagt, daß dieser Begriff zutrifft, wenn hinreichend viele der Kriterien erfüllt sind. Aber es gibt keine Antwort auf die Frage, welche Kriterien genau erfüllt sein müssen. Aus diesem Grunde ist es prinzipiell unmöglich, Cluster-Begriffe durch die Angabe von notwendigen und hinreichenden Bedingungen explizit zu definieren.

Problem 2

Ebenso gravierend ist ein *zweiter* schwacher Punkt der Definition (1). Sie ist nämlich nur dann adäquat, wenn jeder, der ein Bier möchte, auch die im Definiens* angegebenen Bedingungen erfüllt, d.h. wenn es zu dieser Definition keine *Gegenbeispiele* gibt. Genau dies ist jedoch bei der Definition (1) der Fall. Denn natürlich gilt nicht *generell*, daß jeder, der ein Bier trinken möchte,

- ein Bier aus dem Kühlschrank holt, wenn er zu Hause ist und sich ein Bier im Kühlschrank befindet,
- ein Bier bestellt, wenn er in der Kneipe ist, und

• ein angebotenes Bier sofort annimmt.

Selbst wenn ihm der Sinn eindeutig nach einem Bier steht, wird er

• das erste nämlich *nicht* tun, wenn er glaubt, daß im Kühlschrank gar kein Bier ist;

• das zweite *nicht* tun, wenn ihm etwas anderes wichtiger ist, wenn er etwa sofort nach Hause will;

• und das dritte *nicht* tun, wenn er einen Grund hat, das Bier nicht anzunehmen, etwa daß er gerade erzählt hat, er werde ein Jahr lang keinen Tropfen Alkohol mehr anrühren.

Zumindest wird man also versuchen müssen, die Definition (1) zu verbessern, indem man diese Umstände mit berücksichtigt:

(1′)   *x* möchte genau dann ein Bier trinken, wenn gilt:
wenn *x* zu Hause ist und sich ein Bier im Kühlschrank befindet, holt *x* sich das Bier aus dem Kühlschrank, *falls x glaubt, daß sich im Kühlschrank ein Bier befindet*, und
wenn *x* in der Kneipe ist, bestellt *x* sich ein Bier, *falls x keinen wichtigeren Wunsch hat, der damit unvereinbar ist*, und
wenn man *x* ein Bier anbietet, nimmt *x* es sofort an, *falls x keinen Grund hat, das Bier abzulehnen*, usw.

Doch auch zu dieser verbesserten Definition gibt es immer noch Gegenbeispiele. Denn natürlich gibt es Fälle, in denen jemand, der nichts sehnlicher möchte als ein Bier, trotzdem kein Bier aus dem Kühlschrank holt – obwohl er zu Hause ist, sich ein Bier im Kühlschrank befindet und er auch glaubt, daß sich im Kühlschrank ein Bier befindet. Dies ist etwa der Fall, wenn er nicht dazu in der Lage ist, zum Kühlschrank zu gehen und sich ein Bier zu holen – z.B. weil er im Wohnzimmer eingeschlossen ist.

Die Bedingungen des Definiens von (1′) müßten also durch eine ganze Reihe zusätzlicher Qualifikationen noch weiter verbessert werden. Und es ist nicht klar, ob sich auch nur *die* Zusatzbedingungen *vollständig* aufzählen lassen, die erfüllt sein müssen, damit jemand, der ein Bier möchte, in die Küche geht und sich das Bier aus dem Kühlschrank holt. Allgemein ist es also zumindest zweifelhaft, daß sich die Bedingungen im Definiens von (1′) so vervollständigen lassen, daß es zu dieser Definition wenigstens keine Gegenbeispiele mehr gibt.

Problem 3

Noch problematischer ist allerdings, daß schon die Bedingungen des Definiens von (1′) doch wieder eine ganze Reihe von *mentalen* Ausdrücken enthalten. Das Definiens von (1′) ist also gar nicht mehr in physikalischer Sprache formuliert. Und darüber hinaus ist nicht zu sehen, wie die notwendigen Qualifikationen, die zur Definition (1′) führten, *ohne* die Verwendung mentaler Ausdrücke formuliert werden könnten. Denn diese Ausdrücke lassen sich ihrerseits ebenfalls nicht in rein physikalischer Sprache definieren.

Dies läßt sich an dem Prädikat 'x glaubt, daß sich im Kühlschrank ein Bier befindet' veranschaulichen. Denn wie könnte eine physikalische Definition dieses Prädikats aussehen? Offenbar nicht so:

(2)   x glaubt genau dann, daß sich im Kühlschrank ein Bier befindet, wenn gilt:
       wenn x zu Hause und ein Bier im Kühlschrank ist, holt sich x dieses Bier aus dem Kühlschrank.

Denn natürlich holt sich nicht jeder ein Bier aus dem Kühlschrank, der glaubt, daß da eines sei. Dazu ist offenbar mehr als nur diese Überzeugung notwendig – z.B. auch der Wunsch nach einem Bier. Doch damit kämen wir zu einer Formulierung wie

(2′)   x glaubt genau dann, daß sich im Kühlschrank ein Bier befindet, wenn gilt:
       wenn x zu Hause und ein Bier im Kühlschrank ist, holt er sich das Bier aus dem Kühlschrank, *falls er ein Bier möchte.*

Und durch diese Formulierung würde die Sache sicher nicht besser. Denn erstens kommen im Definiens von (2′) ebenfalls wieder mentale Ausdrücke vor – d.h. auch das Definiens von (2′) ist nicht in rein physikalischer Sprache formuliert. Zweitens ging es uns aber doch darum, in der Definition (1′) den Ausdruck 'x glaubt, daß sich im Kühlschrank ein Bier befindet' mit Hilfe einer geeigneten Definition zu ersetzen. Und nun sehen wir, daß in der Definition dieses Ausdrucks wieder der Ausdruck 'x möchte ein Bier trinken' auftaucht. Wenn wir in der Definition (1′) den Ausdruck 'x glaubt, daß sich im Kühlschrank ein Bier befindet' durch das Definiens von (2′) ersetzen, wird die erste Definition also hoffnungslos zirkulär*. Denn in diesem Fall kommt der zu definierende Ausdruck ja auch im Definiens wieder vor – und das ist mit das Schlimmste, was bei einer Definition passieren kann.

Noch wichtiger ist allerdings, daß es sich hier nicht um einen Einzelfall handelt, den man vielleicht ignorieren könnte. Vielmehr zeigt sich bei jedem Versuch, mentale Ausdrücke zu definieren: (1) Mentale Ausdrücke lassen sich nicht in rein physikalischer Sprache definieren; jede einigermaßen adäquate Definition enthält im Definiens auch mentale Ausdrücke. (2) Wenn man versucht, diese Ausdrücke ihrerseits zu definieren, erhält man in der Regel Definitionen, in deren Definiens der mentale Ausruck wieder vorkommt, den man ursprünglich definieren wollte. Offenbar kommt man also an der Schlußfolgerung nicht vorbei: *Es ist unmöglich, mentale Ausdrücke zirkelfrei in physikalischer Sprache zu definieren.*

Probleme des Semantischen Physikalismus

- Mentale Prädikate sind in der Regel *Cluster-Begriffe*, die sich nicht ohne weiteres durch die Angabe notwendiger und hinreichender (physikalischer) Bedingungen definieren lassen.

- Es scheint zumindest schwierig zu sein, die Bedingungen möglicher Definitionen so *vollständig* zu formulieren, daß diese Definitionen nicht mit Gegenbeispielen konfrontiert sind.

- Mentale Ausdrücke lassen sich *nicht zirkelfrei in physikalischer Sprache* definieren.

Anmerkung 1

Die Überlegungen dieses Kapitels haben bisher zu Ergebnissen geführt, die sich auf den ersten Blick zu widersprechen scheinen:

1. Zwischen mentalen Zuständen und physischen Phänomenen, und d.h. insbesondere zwischen mentalen Zuständen und beobachtbarem Verhalten scheint es tatsächlich einen begrifflichen Zusammenhang zu geben.

2. Es ist unmöglich, mentale Prädikate in rein physikalischer Sprache zu definieren.

Tatsächlich liegt hier jedoch nur ein scheinbarer Widerspruch vor. Denn die Tatsache, daß es zwischen mentalen Zuständen und beobachtbarem Verhalten einen begrifflichen Zusammenhang gibt, ist durchaus mit der Tatsache vereinbar, daß mentale Begriffe Cluster-Begriffe sind, die sich nicht explizit durch die Angabe von notwendigen und hinreichenden Bedingungen definieren lassen. Und sie ist auch mit der Tatsache vereinbar, daß dieser begriffliche Zusammenhang weniger zwischen *einzelnen* mentalen Zuständen und bestimmten Verhaltensweisen, sondern vielmehr zwischen *Gruppen* mentaler Zustände und diesen Verhaltensweisen besteht.

Daß es möglich ist, dem Zusammenhang zwischen den mentalen Zuständen einer Person und ihrem Verhalten Rechnung zu tragen, ohne anzunehmen, daß sich mentale Begriffe in physikalischer Sprache definieren lassen, werden wir im übernächsten Kapitel sehen.

Anmerkung 2

In diesem Abschnitt haben wir uns auf die Argumente gegen den Semantischen Physikalismus konzentriert, aus denen hervorgeht, daß mentale Ausdrücke nicht in physikalischer Sprache definiert werden können. Aber es gibt natürlich noch eine Reihe von weiteren Argumenten – z.B. das Argument, daß der Semantische Physikalismus dem phänomenalen Charakter von Empfindungen nicht gerecht wird, und das Argument, daß der Semantische Physikalismus mit dem privilegierten Zugang, den jeder zu seinen eigenen mentalen Zuständen hat, nicht vereinbar ist. Doch diese Argumente richten sich nicht nur gegen den Semantischen Physikalismus, sondern z.t. auch gegen die Identitätstheorie und den Funktionalismus. Sie sollen daher erst in den nächsten beiden Kapiteln besprochen werden.

4.2.2 Kritik an Wittgenstein und Ryle

Obwohl die Analysen Wittgensteins und Ryles im Detail häufig außerordentlich fruchtbar und anregend sind, hat sich ihr genereller Ansatz nicht durchsetzen können.

Dabei geht es allerdings nicht so sehr um ihre Kritik an der Auffassung, mentale Phänomene seien private Vorgänge im Geist einer Person, d.h. in einer nicht-physischen Substanz, von denen nur jede Person selbst wissen könne, ob sie vorliegen oder nicht. Diese Kritik wird auch von den Gegnern Wittgensteins und Ryles weitgehend geteilt.[16] Problematisch ist vielmehr erstens Ryles These, mentale Eigenschaften ließen sich als Handlungsdispositionen analysieren (gegen diese Analyse sprechen die schon im letzten Abschnitt vorgetragenen Gründe); problematisch ist zweitens die Annahme Wittgensteins und Ryles, mentale Eigenschaften seien Eigenschaften eigener Art, für die sich die Frage, wie sie sich zu den physischen Eigenschaften der Körper von Personen verhalten, gar nicht sinnvoll stellen läßt, und problematisch ist schließlich auch die Auffassung, mentale Erklärungen seien keine Kausalerklärungen und könnten daher mit den Kausalerklärungen, die z.B. die Physiologie für unser Handeln gibt, niemals in Konflikt stehen.

Insbesondere, was den dritten Punkt angeht, hat sich Ryle mit seiner Unterscheidung zwischen kausalen und dispositionellen Erklärungen nicht durchsetzen können. Man kann sogar sagen, daß Ryles Kritiker seinen sprachanalytischen Ansatz hier gegen ihn selbst gewendet haben. Denn während Ryle behauptet, daß nur Ereignisse Ursachen sein können, weisen seine Kritiker dar-

---

[16] Weiterhin diskutiert wird allerdings die Frage, inwieweit Personen nicht doch einen privilegierten Zugang zu ihren mentalen Zuständen haben. Und in der neueren 'Qualia'-Debatte (s.u. Kapitel 13) wird auch wieder diskutiert, ob Empfindungen nicht in dem Sinne privat sind, daß nur der wissen kann, wie es ist, in diesen Zuständen zu sein, der über eine spezifische Erfahrungsperspektive verfügt.

auf hin, daß es im Rahmen der normalen Sprache durchaus üblich ist zu sagen „Die Hauptursache für den Unfall war die Trunkenheit des Fahrers" oder „Die Hauptursache für den Unfall war die Tatsache, daß die Fahrbahn vereist war". In diesen Erklärungen wird jedoch jeweils eine Eigenschaft als Ursache angeführt bzw. die Tatsache, daß der Fahrer bzw. die Straße eine bestimmte Eigenschaft hatte. Und, was noch mehr ist: Trunkenheit ist eine spezielle Art von Dispositionseigenschaft. D.h., in der ersten Erklärung wird eine Disposition als Ursache angeführt. Die Dinge scheinen also keineswegs so klar zu sein, wie Ryle dachte. So argumentiert etwa James O. Urmson:

> „... es ist bloßer Aberglaube anzunehmen, daß nur Ereignisse zu Recht als Ursachen bezeichnet werden können. Es ist zwar unter normalen Umständen absurd, die Tatsache, daß ein Stück Glas die (normale) Zerbrechlichkeit von Glas besitzt, als die Ursache für sein Zerbrechen anzuführen. Doch es wäre unter normalen Umständen sehr wohl angemessen, die (ungewöhnliche) Zerbrechlichkeit der Tragfläche eines Flugzeugs als die Ursache dafür anzuführen, daß diese Tragfläche abbrach, und es wäre ganz lächerlich, bei der Untersuchung der Ursache des Unglücks die Tatsache zu erwähnen, daß der Wind einen ganz normalen Druck auf diese Tragfläche ausübte." (Urmson 1968, 163f.)

Auch William D. Gean kritisiert Ryles Versuch, den Begriff der Ursache auf Ereignisse zu beschränken:

> „Tatsächlich ist aber schon die Annahme falsch, daß nur Ereignisse zu Recht als Ursache bezeichnet werden können; denn wir bezeichnen oft auch Zustände, dispositionale Eigenschaften und sogar das Nichteintreffen von Ereignissen als Ursachen. Unter entsprechenden Umständen können wir beispielsweise eine verbogene Schiene, vereiste Geleise oder die Tatsache, daß der Bremser kein Zeichen gab, als die Ursache eines bestimmten Eisenbahnunglücks anführen." (Gean 1965/66, 206)

Am schärfsten aber geht Charles Landesman mit Ryles Auffassung ins Gericht:

> „Seit Humes Analyse der Kausalität galt es immer als ausgemacht, daß Ursachen Ereignisse sein müssen. Und daher wurde auch die These vertreten, daß das Haben einer Absicht keine Ursache sein könne, da es kein durch Introspektion beobachtbares geistiges Ereignis sei. Die Humesche Analyse ist jedoch nichts anderes als ein Stück willkürlicher Sprachnormierung. Denn wenn wir versuchen, die Ursachen von etwas herauszufinden, dann ziehen wir nicht nur auslösende Ereignisse in Betracht, sondern auch die Zustände, Dispositionen, Bedingungen und Umstände, in deren Abwesen-

heit das auslösende Ereignis zu seiner Hervorbringung nicht hingereicht hätte." (Landesman 1965/66, 339f.)

Der normale Sprachgebrauch spricht scheint also deutlich gegen Ryle. Denn in der Alltagssprache umfaßt das Wort 'Ursache' in der Tat auch Zustände, Dispositionen und noch eine ganze Reihe von anderen Bedingungen. Und wenn wir uns Ryles eigenes Beispiel ins Gedächtnis zurückrufen, dann scheint seine Annahme, für das Zerbrechen der Glasscheibe gebe es zwei Erklärungen – die kausale Erklärung „Weil sie von einem Stein getroffen wurde" und die dispositionelle Erklärung „Weil sie zerbrechlich war" –, doch recht willkürlich. Natürlicher ist es, hier nur von einer Erklärung zu sprechen („Die Scheibe zerbrach, weil sie zerbrechlich war *und* von einem Stein getroffen wurde") – einer Erklärung, in der *zwei* Kausalfaktoren angeführt werden: ein Ereignis und eine (Dispositions-)Eigenschaft. Wenn das so ist, können aber auch mentale Erklärungen wie „Er prahlte aus Eitelkeit" oder „Er ging in die Küche, weil er den Wunsch hatte, ein Bier zu trinken" als ganz normale Kausalerklärungen aufgefaßt werden.[17]

Einige Philosophen[18] haben versucht, Ryle mit dem Argument zu verteidigen, daß Dispositionen auf jeden Fall nicht die Ursachen ihrer *Manifestationen*[19] sein können, da zwischen Disposition und Manifestation eine 'logische' Beziehung besteht, die zwischen Ursache und Wirkung nicht bestehen kann. Diese Auffassung beruht jedoch auf der Annahme, daß die Sätze, die Dispositionen mit ihren Manifestationen verbinden, analytischen Charakter haben, d.h. allein aufgrund der Bedeutung der in ihnen vorkommenden Ausdrücke wahr sind. Und diese Annahme hat

---

[17] Für die These, daß mentale und insbesondere intentionale Erklärungen ihrer Natur nach ganz normale Kausalerklärungen sind, habe ich ausführlich in Beckermann (1977) und Beckermann (1979) argumentiert.

[18] Vgl. besonders Melden (1961).

[19] Daß ein Stück Zucker die Disposition hat, wasserlöslich zu sein, bedeutet, daß es sich auflöst, wenn man es in Wasser gibt. Diese Disposition muß sich jedoch nicht manifestieren; d.h. es kann sein, daß sich das Stück Zukker nie auflöst, da es nie in Wasser gegeben wird. Falls es jedoch in Wasser gegeben wird und sich daraufhin auflöst, sagt man, daß sich seine Disposition *manifestiert*. Das Sich-Auflösen, wenn man es in Wasser gibt, ist also die Manifestation der Disposition, wasserlöslich zu sein.

sich in der Zwischenzeit eindeutig als falsch erwiesen – zumindest für sogenannte 'Mehrspur-Dispositionen'.

Eine Mehrspur-Disposition ist eine Disposition, die sich auf verschiedene Weisen manifestieren kann. Nehmen wir z.B. die Eigenschaft, magnetisch zu sein. Auch diese Eigenschaft ist eine Dispositionseigenschaft. Man kann es einem Ding nicht ansehen, ob es magnetisch ist. Sein Magnetischsein zeigt sich vielmehr daran, daß es sich unter verschiedenen Umständen auf jeweils charakteristische Weise verhält: Magnetische Dinge ziehen Eisenfeilspäne in ihrer Nähe an; sie induzieren einen Strom in Spulen, durch die sie geführt werden; Eisenstücke, die sich in einer Spule befinden, durch die ein Strom fließt, werden magnetisch; usw.

Wir hatten schon gesehen, daß es unmöglich ist, Prädikate, die Mehrspur-Dispositionen bezeichnen, explizit zu definieren. Denn die Probleme, die sich dabei ergeben, sind im Prinzip genau dieselben, die wir bei dem Versuch kennengelernt haben, eine Definition für den Ausdruck 'x möchte ein Bier trinken' zu finden: Erstens ist es unmöglich zu entscheiden, welche der für die zu definierende Disposition charakteristischen Verhaltensweisen in eine solche Definition aufgenommen werden sollen; und zweitens tauchen im Definiens möglicher Definitionen in der Regel Ausdrücke auf, die ihrerseits nur unter Rückgriff auf die zu definierende Disposition definiert werden können.

Aus diesem Grunde ist man auf die Idee gekommen, Dispositionsprädikate nicht durch explizite Definitionen, sondern durch sogenannte Bedeutungspostulate – Sätze, in denen die Bedeutung dieser Prädikate zumindest partiell festgelegt wird – in die Wissenschaftssprache einzuführen.[20] Solche Bedeutungspostulate könnten für das Prädikat 'x ist magnetisch' z.B. so aussehen:

(1) Wenn x magnetisch ist, zieht x Eisenfeilspäne in seiner Nähe an.

(2) Wenn x magnetisch ist und durch eine Spule geführt wird, dann wird in dieser Spule ein Strom induziert.

(3) Wenn sich ein Eisenstück in einer Spule befindet, durch die ein Strom fließt, wird es magnetisch.

Usw.

---

[20] Siehe bes. Carnap (1936/7) und Carnap (1952).

Doch auch diese Methode, Dispositionsprädikate in die Wissenschaftssprache einzuführen, ist nicht ohne Probleme. Denn Bedeutungspostulate sind *per definitionem* analytisch, d.h. wahr allein aufgrund der Bedeutung der in ihnen vorkommenden Ausdrücke. Und es ist durchaus fraglich, ob man die Sätze (1) - (3) – sowie mögliche weitere Bedeutungspostulate für das Prädikat 'x ist magnetisch' – tatsächlich *alle* als analytisch betrachten kann. Gegen diese Annahme sprechen zumindest zwei Gründe.

Erstens folgt aus den beiden Sätzen (1) und (3) der Satz

(4)   Wenn sich ein Eisenstück in einer Spule befindet, durch die ein Strom fließt, dann zieht es Eisenfeilspäne in seiner Nähe an.

Und dieser Satz hat, wie es scheint, eindeutig synthetischen Charakter. Wir können nur aufgrund von Erfahrung wissen, ob er wahr ist oder nicht. Aus analytischen Sätzen können jedoch keine synthetischen Sätze folgen. Also können die Sätze (1) und (3) nicht beide analytisch sein.

Zweitens sind analytische Sätze wahr unabhängig von allen Erfahrungen, die wir gemacht haben und die wir machen können. Sie sind also nicht aufgrund von Erfahrung revidierbar. Es ist jedoch durchaus denkbar, daß wir in der Zukunft Erfahrungen machen werden, aufgrund deren es sinnvoll ist, das eine oder andere der vermeintlichen Bedeutungspostulate für den Ausdruck 'x ist magnetisch' aufzugeben. Auch dies spricht dafür, diese Postulate nicht für analytisch zu halten.[21]

Aus diesen Gründen ist man in der Wissenschaftstheorie völlig davon abgekommen, Dispositionsprädikate durch explizite Definitionen oder durch Bedeutungspostulate in die Wissenschaftssprache einführen zu wollen. Stattdessen werden Dispositionsprädikate heute allgemein als *theoretische Begriffe* betrachtet – Begriffe, die den Status von Grundbegriffen haben und daher keiner expliziten Definition bedürfen.

Daß man heute bereit ist, neben den Beobachtungsbegriffen auch theoretische Begriffe als Grundbegriffe zu akzeptieren, hat im wesentlichen folgenden Grund. Neben den beobachtbaren Eigenschaften sind wir geneigt, auch solche Eigenschaften für real

---

[21]   Vgl. zu diesem Punkt besonders Quine (1951).

zu halten, die besonders einfache und systematisch befriedigende Erklärungen ermöglichen – und dies auch dann, wenn wir die entsprechenden Prädikate nicht durch Definitionen oder Bedeutungspostulate auf Beobachtungsprädikate zurückführen können.

Nehmen wir noch einmal die Eigenschaft, magnetisch zu sein, als Beispiel. Wenn wir verschiedene Eisenstücke beobachten, stellen wir fest, daß manche Eisenfeilspäne anziehen, andere aber nicht, daß die, die Eisenfeilspäne anziehen, in Spulen, durch die sie geführt werden, einen Strom induzieren, während die anderen dies nicht tun, usw. Offenbar ist die einfachste Erklärung für diese Phänomene, daß die erste Gruppe von Eisenstücken eine Eigenschaft gemeinsam hat, die dafür verantwortlich ist, daß sie Eisenfeilspäne anziehen, in Spulen, durch die sie geführt werden, einen Strom induzieren, usw. – eine Eigenschaft, die den anderen Eisenstücken fehlt. Diese Eigenschaft nennen wir Magnetismus. Wir nehmen also an, daß es die Eigenschaft, magnetisch zu sein, gibt, weil wir mit ihrer Hilfe eine ganze Reihe von Phänomenen befriedigend erklären können. Und genauso ist es mit den Eigenschaften der elektrischen Ladung, der schweren und trägen Masse. Sogar die Eigenschaft, eine bestimmte Länge zu haben, läßt sich am besten als theoretische Eigenschaft in diesem Sinne auffassen.

Wir hatten schon gesehen, daß sich theoretische Begriffe weder durch explizite Definitionen noch durch Bedeutungspostulate in die Wissenschaftssprache einführen lassen. Dennoch gibt es natürlich einen Zusammenhang zwischen den durch diese Begriffe bezeichneten Phänomenen und dem, was sich beobachten läßt. Aber dieser Zusammenhang ist viel indirekter, als z.B. Ryle geglaubt hat. Theoretische Begriffe sind zunächst untereinander durch die Grundgesetze der jeweiligen Wissenschaften verbunden. Einige theoretische Begriffe sind darüber hinaus durch sogenannte *Korrespondenzregeln* – direkt oder indirekt über definierte Begriffe – mit Beobachtungsbegriffen verbunden. Für die übrigen theoretischen Begriffe ist die Beziehung zu Beobachtungsbegriffen noch indirekter. Sie sind mit diesen nur auf dem Wege über andere theoretische Begriffe verbunden, die ihrerseits über Korrespondenzregeln mit Beobachtungsbegriffen in Verbindung stehen.

Wichtig ist für uns hier aber nur, daß sowohl die theoretischen Gesetze als auch die Korrespondenzregeln synthetisch, d.h. aufgrund von Erfahrung revidierbar sind. Es gibt keine wie auch immer geartete 'logische Beziehung' zwischen theoretischen und Beobachtungsbegriffen. Und deshalb spricht auch nichts dagegen, theoretische Sachverhalte – wie etwa die Tatsache, daß in einem Stromkreis ein Strom einer bestimmten Stärke fließt – als *Ursachen* für beobachtbare Phänomene – wie die Tatsache, daß in dem angeschlossenen Amperemeter der Zeiger auf die Zahl 3 zeigt – anzusehen.

Sehr viele Philosophen sind heute der Meinung, daß durch die Annahme, daß auch mentale Ausdrücke den Status theoretischer Begriffe oder zumindest einen verwandten Status haben, einigen zentralen Argumenten Wittgensteins und Ryles Rechnung getragen wird. Denn theoretische Begriffe beziehen sich nicht auf irgendwelche mysteriösen inneren Entitäten, und sie gehören offensichtlich auch keiner Privatsprache an – d.h. es ist durchaus klar, daß und wie diese Begriffe erlernt werden können. Auf der anderen Seite folgt aus dieser Annahme aber weder, daß mentale Eigenschaften Eigenschaften eigener Art sind, für die sich die Frage, wie sie sich zu den physischen Eigenschaften der Körper von Personen verhalten, gar nicht sinnvoll stellen läßt, noch daß es sich bei mentalen Erklärungen nicht um Kausalerklärungen handelt – ganz im Gegenteil. Denn erstens stellt sich die Frage, ob mentale Eigenschaften auf die physischen Eigenschaften von Körpern zurückgeführt werden können, mit derselben Schärfe auch dann, wenn es sich bei diesen Eigenschaften um theoretische Eigenschaften handelt. Und zweitens spricht, wie wir schon gesehen hatten, die theoretische Deutung mentaler Eigenschaften eher für als gegen den kausalen Charakter mentaler Erklärungen.

5 Identitätstheorie

Wir haben gesehen, daß der Versuch, mentale Ausdrücke in physikalischer Sprache zu definieren, scheitert und scheitern muß. Wenn das so ist, folgt dann aber nicht zwingend, daß mentale Eigenschaften nicht mit physischen Eigenschaften identisch sind?

Natürlich folgt das, *wenn* man Carnaps Auffassung über die Identität von Eigenschaften teilt. Aber diese Auffassung ist – trotz ihrer *prima facie* Plausibilität – keineswegs unproblematisch. Schon mit einfachen Beispielen kann man dies zeigen. Wenn etwa Blau Klaras Lieblingsfarbe ist, dann drücken die Prädikate 'ist blau' und 'hat Klaras Lieblingsfarbe' dieselbe Eigenschaft aus, obwohl sie nicht synonym sind. Und wenn Gutsein die von Platon am meisten geschätzte Eigenschaft ist, dann drücken die Prädikate 'ist gut' und 'hat die von Platon am meisten geschätzte Eigenschaft' dieselbe Eigenschaft aus, obwohl sie nicht synonym sind. Wichtiger als diese Beispiele ist jedoch, daß auch die Entwicklung der modernen Naturwissenschaft Zweifel an Carnaps Auffassung nährt. Heute wird allgemein akzeptiert, daß die Temperatur eines Gases identisch ist mit der mittleren kinetischen Energie seiner Moleküle, daß Blitze identisch sind mit bestimmten elektrischen Entladungen und daß Wasser identisch ist mit H_2O. Auch in diesen Fällen sind die jeweiligen Prädikate aber keineswegs synonym. Es ist also durchaus möglich, daß nicht synonyme Prädikate dieselbe Eigenschaft ausdrücken.

Auf dieser Einsicht beruht eine Ende der 50er Jahre besonders von Ullin T. Place und John J. C. Smart entwickelte Theorie.[1] Diese Theorie ist unter dem Namen 'Identitätstheorie' bekannt geworden, obwohl sie diesen Namen eigentlich nicht allein beanspruchen kann. Denn wie wir schon gesehen haben, kann auch der Semantische Physikalismus als eine Art Identitätstheorie verstanden werden.

Die Grundidee der Identitätstheorie von Place und Smart lautet jedenfalls: Auch wenn mentale Prädikate nicht in physikalischer Sprache definierbar sind, können Empfindungen mit Gehirnprozessen identisch sein – und zwar genau in dem Sinne, in dem die Temperatur eines Gases identisch ist mit der mittleren kinetischen Energie seiner Moleküle, Wasser identisch ist mit H_2O und Blitze identisch sind mit elektrischen Entladungen.

---

[1] Vgl. bes. Place (1956) und Smart (1959). Fast zeitgleich entwickelte H. Feigl in seinem langen Aufsatz „The 'Mental' and the 'Physical'" (1958) eine sehr ähnliche Überlegung. Als eine Version der Identitätstheorie gilt auch die Theorie, die Armstrong in (1968) vertritt.

Allerdings: Wenn Empfindungen in diesem Sinne mit Gehirn-prozessen identisch sein sollen, dann muß es sich dabei um eine nicht-analytische, d.h. um eine *Identität a posteriori*[2] handeln, da sich die Wahrheit der entsprechenden Identitätsaussagen in diesem Fall nicht schon aus der Bedeutung der jeweiligen Prädikate ergibt. Als erste Formulierung der Identitätstheorie von Place und Smart ergibt sich somit:

(IT)   Empfindungen ('sensations') sind *a posteriori* identisch mit Gehirnprozessen, so wie Temperatur *a posteriori* identisch ist mit der mittleren kinetischen Energie der Moleküle eines Gases, Wasser *a posteriori* identisch ist mit H_2O und Blitze *a posteriori* identisch sind mit elektrischen Entladungen.

Diese Formulierung ist jedoch aus zwei Gründen verbesserungsbedürftig. Erstens haben Place und Smart ihre Identitätstheorie zunächst bewußt auf Empfindungen beschränkt, da sie der Meinung waren, daß intentionale Zustände wohl doch in Verhaltensbegriffen definiert werden können. Wir haben jedoch gesehen, daß auch dieser eingeschränkte Optimismus verfehlt ist. Also sollte die Identitätstheorie auf alle mentalen Zustände ausgedehnt werden.

Zweitens sollen nach der Formulierung (IT) Empfindungen bzw. mentale Zustände mit Gehirn*prozessen* identisch sein; und dies ist sicher nicht möglich. Denn mentale Zustände gehören ontologisch gesehen zur Kategorie der Eigenschaften, Gehirnprozesse dagegen zur Kategorie der *Ereignisse*. Der Versuch, Eigenschaften mit Ereignissen zu identifizieren, muß jedoch in einem Kategorienfehler[3] enden. Oder mit anderen Worten: Wenn überhaupt, dann können mentale Eigenschaften und Zustände nur mit physischen Eigenschaften und Zuständen identisch sein.

In der folgenden endgültigen Formulierung der Identitätstheorie werden diese beiden Punkte berücksichtigt. Zuvor jedoch noch eine weitere kurze Vorbemerkung. Generell gilt offenbar: *a* ist gcnau dann mit *b* identisch bzw. die Identitätsaussage „*a = b*" ist genau dann wahr, wenn die Ausdrücke '*a*' und '*b*' dieselbe Enti-

---

[2]   Zu den Begriffen '*a priori*' und '*a posteriori*' vgl. unten S. 132f.
[3]   Zum Begriff des Kategorienfehlers vgl. oben Abschnitt 4.1.3.

tät* bezeichnen bzw. ausdrücken. Aus diesem Grund gibt es zumindest drei Möglichkeiten, die Identitätstheorie zu formulieren:

(1)   Mentale Zustände sind mit Gehirnzuständen (bzw. generell mit physischen Zuständen) identisch.

(2)   Die Prädikate, mit denen wir mentale Zustände zuschreiben, drücken physische Zustände aus.

(3)   Zu jedem mentalen Prädikat 'M' gibt es ein physisches Prädikat 'P', so daß 'M' und 'P' dieselbe Eigenschaft bzw. denselben Zustand ausdrücken.

Es scheint mir deshalb sinnvoll, zumindest zwei Versionen der Identitätstheorie anzuführen, die allerdings äquivalent sind.

Identitätstheorie (Version 1)

Jede mentale Eigenschaft bzw. jeder mentale Zustand ist *a posteriori identisch* mit einer physischen Eigenschaft bzw. einem physischen Zustand.

Identitätstheorie (Version 2)

Jedes mentale Prädikat drückt *de facto* eine physische Eigenschaft aus. Oder: Zu jedem mentalen Prädikat 'M' gibt es ein physisches Prädikat 'P', so daß 'M' und 'P' dieselbe Eigenschaft ausdrücken, obwohl sie *nicht synonym* sind.

5.1   Aussagen über die Identität von Eigenschaften

Nachdem jetzt klar ist, was die Identitätstheorie behauptet, stellt sich sofort eine neue Frage: Unter welchen Bedingungen sind wir eigentlich berechtigt zu sagen, daß die Eigenschaften F und G identisch sind bzw. daß die beiden Prädikate 'F' und 'G' dieselbe Eigenschaft ausdrücken? Bevor wir auf diese Frage zurückkommen, sind jedoch einige allgemeine Anmerkungen zu wahren Identitätsaussagen *a posteriori* nützlich.

Seinen berühmten Aufsatz „Über Sinn und Bedeutung" (1892) beginnt Gottlob Frege mit der Feststellung, daß sich die beiden Identitätsaussagen

(1)   Der Morgenstern = der Morgenstern

und

(2)   Der Morgenstern = der Abendstern

deutlich voneinander unterscheiden. Ein Satz der Form „$a = a$ gilt *a priori* und ist nach Kant analytisch zu nennen, während Sätze von der Form $a = b$ oft sehr wertvolle Erweiterungen unserer Erkenntnis enthalten und *a priori* nicht immer zu begründen sind" (Frege 1892, 40).

Worin liegt der Grund für diesen Unterschied? An dem, *was* die beiden Ausdrücke 'der Morgenstern' und 'der Abendstern' bezeichnen, d.h. am *Bezug* dieser Ausdrücke, kann es nicht liegen. Denn da jeder Gegenstand zu sich und nur zu sich selbst in der Relation der Identität steht, ist eine Identitätsaussage genau dann wahr, wenn die beiden Ausdrücke links und rechts vom Gleichheitszeichen denselben Gegenstand bezeichnen. Also, schließt Frege, muß es neben dem Bezug noch einen anderen Aspekt der Bedeutung der Ausdrücke 'der Morgenstern' und 'der Abendstern' geben, der für den Unterschied im Erkenntniswert der beiden Aussagen (1) und (2) verantwortlich ist. Und diesen Aspekt nennt Frege den *Sinn* dieser Ausdrücke – die Art, wie der Gegenstand, den die beiden Ausdrücke bezeichnen, 'gegeben' ist. Die Ausdrücke 'der Morgenstern' und 'der Abendstern' bezeichnen also denselben Gegenstand, aber sie bezeichnen ihn auf verschiedene Weise, ihnen entspricht eine jeweils andere Art des Gegebenseins dieses Gegenstandes. Und daher haben sie einen anderen Sinn.[4] Grundsätzlich gilt somit:

---

[4]   Frege benutzt statt des hier verwendeten Ausdrucks 'Bezug' den Ausdruck 'Bedeutung', er unterscheidet also nicht Sinn und Bezug, sondern Sinn und Bedeutung. Im Deutschen hat sich jedoch inzwischen für den Fregeschen Terminus 'Bedeutung' der Terminus 'Bezug' durchgesetzt bzw., in Anlehnung an das englische 'reference', der weniger schöne Terminus 'Referenz'. Außerdem ist es angenehm, mit dem nun von Fregeschen Konnotationen befreiten Wort 'Bedeutung' einen Terminus zur Hand zu haben, mit

• „$a = b$" ist genau dann eine wahre Identitätsaussage *a posteriori*, wenn die Ausdrücke 'a' und 'b' dasselbe bezeichnen, obwohl ihr Sinn verschieden ist.

Beispiele für solche Aussagen lassen sich leicht finden:

(3)   Mount Everest = Tschomolungma

(4)   Benjamin Franklin = der Erfinder des Blitzableiters

(5)   Sir Walter Scott = der Autor des 'Waverley'

(6)   der Morgenstern = der Abendstern

(7)   der Erfinder des Blitzableiters = der Erfinder der Zwei-Stärken-Brille

Wenn wir diese Überlegungen, die Frege zunächst nur für Ausdrücke formuliert hat, die Einzeldinge bezeichnen, auf Prädikate und Eigenschaften ausweiten, ergibt sich also:

• Die Aussage „Die Eigenschaft F ist identisch mit der Eigenschaft G" ist genau dann *a posteriori* wahr, wenn die Prädikate 'F' und 'G' dieselbe Eigenschaft ausdrücken, obwohl ihr Sinn verschieden ist.

Doch damit stehen wir wieder vor der Frage, wann wir gerechtfertigterweise sagen dürfen, daß die Aussage „Die Eigenschaft F ist identisch mit der Eigenschaft G" wahr ist. Versuchen wir, uns einer Antwort auf diese Frage anhand eines Beispiels zu nähern.

Das klassische Beispiel für eine wahre Eigenschaftsidentitätsaussage *a posteriori* ist die schon erwähnte Aussage:

(8)   Die Eigenschaft eines Gases, eine Temperatur von T Kelvin zu haben, ist identisch mit seiner Eigenschaft, daß die mittlere kinetische Energie seiner Moleküle $\dfrac{2}{3k} \cdot \dfrac{\overline{mv^2}}{2}$ Joule beträgt.[5]

---

dem man sich auf alle semantischen Aspekte eines Ausdrucks beziehen kann.

[5]   Genau genommen bezeichnet der Ausdruck '$\dfrac{2}{3k} \cdot \dfrac{\overline{mv^2}}{2}$' natürlich nicht die mittlere kinetische Energie, sondern $2/3k$ · die mittlere kinetische Energie der Moleküle eines Gases. Die Proportionalitätskonstante $2/3k$ enthält die Boltzmann-Konstante k.

Was ist der Grund dafür, daß diese Aussage allgemein für wahr gehalten wird? In der Literatur findet man häufig die Antwort: Die Aussage (8) ist wahr, weil sich die klassische Thermodynamik auf die statistische Mechanik *reduzieren* läßt. Was ist damit gemeint? Und was hat Theorienreduktion mit Eigenschaftsidentität zu tun?

Der *klassische* Begriff der Theorienreduktion geht zurück auf Ernest Nagel, der diesen Begriff in *The Structure of Science* (1961) folgendermaßen definiert:

Theorienreduktion nach Nagel

Eine Theorie T_1 läßt sich genau dann auf eine Theorie T_2 reduzieren, wenn alle Gesetze von T_1 – evtl. mit Hilfe geeigneter Brückengesetze – aus den Gesetzen von T_2 abgeleitet werden können.

Brückengesetze werden dann benötigt, wenn die zu reduzierende Theorie T_1 Begriffe enthält, die in der reduzierenden Theorie T_2 nicht vorkommen. Sie haben für jedes Prädikat 'F' von T_1, das in T_2 nicht vorkommt, die Form

Für alle x: x hat F genau dann, wenn x G hat

und für jeden Funktionsausdruck 'f' von T_1, der in T_2 nicht vorkommt, die Form

$f(x) = g(x)$.

Dabei sind 'g' und 'G' Ausdrücke, die sich in der Sprache von T_2 formulieren lassen.

Damit die trockene Definition Nagels mit etwas mehr Leben erfüllt wird, soll hier wenigstens ein Beispiel angeführt werden: die Reduktion des Galileischen Fallgesetzes auf die Newtonsche Mechanik und Gravitationstheorie.

Beispiel

Daß das *Galileische Fallgesetz*

(G) $s = \frac{1}{2} \cdot g \cdot t^2$ $\left(g = 9{,}81 \cdot \frac{m}{s^2} \right)$

auf das zweite Gesetz der *Newtonschen Mechanik*

(N1) $F = m \cdot a$ (*Kraft = Masse · Beschleunigung*)

und das *Newtonsche Gravitationsgesetz*

(N2) $F = f \cdot \dfrac{m_1 \cdot m_2}{r^2}$ ($f = 6{,}67 \cdot 10^{-11} \, \text{Nm}^2 \text{kg}^{-2}$)

reduziert werden kann, zeigt die folgende Ableitung.

(1)   Erdmasse: $m_E = 5{,}97 \cdot 10^{24} \, \text{kg}$

(2)   Erdradius: $r = 6.370.000 \, \text{m}$

Aus (1) und (2) ergibt sich aufgrund von (N2) die Kraft, die auf einen Körper mit der Masse m_1 an der Erdoberfläche wirkt:

(3) $F = \dfrac{6{,}67}{10^{11}} \cdot \dfrac{m_1 \cdot 5{,}97 \cdot 10^{24}}{6.370.000^2} = 9{,}81 \cdot m_1$

Und aus dieser Kraft resultiert nach (N1) die Beschleunigung eines Körpers mit der Masse m_1 an der Erdoberfläche:

(4) $a = \dfrac{F}{m_1} = 9{,}81 \dfrac{m}{s^2}$

Aus dieser Beschleunigung läßt sich die Geschwindigkeit, die dieser Körper nach t Sekunden erreicht (bei Anfangsgeschwindigkeit 0), folgendermaßen berechnen:

$\Rightarrow$

(5) $\qquad v = \int 9{,}81\frac{m}{s^2}\,dt = 9{,}81 \cdot t\,\frac{m}{s}$

Und hieraus wiederum ergibt sich die Strecke s, die er nach t Sekunden zurückgelegt hat:

(6) $\qquad s = \int 9{,}81 \cdot t\,\frac{m}{s}\,dt = \frac{1}{2} \cdot 9{,}81 \cdot t^2\,m$

Doch so elegant und überzeugend die Ergebnisse der Anwendung des Nagelschen Reduktionsbegriffs auf den ersten Blick auch wirken, im Detail gibt es doch zumindest zwei erhebliche Probleme:

- Schon bei der Ableitung des Galileischen Fallgesetzes aus der Newtonschen Mechanik und dem Newtonschen Gravitationsgesetz wird ein bißchen 'geschummelt'. Denn in der angeführten Form gelingt sie ja nur, wenn man unberücksichtigt läßt, daß sich die Gravitationskraft, die die Erde auf den fallenden Körper ausübt, während des Falls – wenn auch nur geringfügig – verändert. Streng genommen läßt sich aus der Newtonschen Mechanik und dem Newtonschen Gravitationsgesetz also nur ein Gesetz ableiten, das mit dem Galileischen Fallgesetz *fast* identisch ist und das für fast alle praktischen Zwecke mit Galileis Gesetz gleichgesetzt werden kann.

- Der Status der Brückengesetze bleibt bei Nagel völlig unklar. Offenbar sind sie mehr als bloße empirische Gesetzmäßigkeiten. Wenn sie aber selbst als Identitätsaussagen zu deuten sind, dann wäre die Rückführung von Eigenschaftsidentitätsbehauptungen auf die Reduzierbarkeit von Theorien zirkulär*.

Aus diesen und anderen Gründen sind in den letzten Jahren einige Alternativen zur klassischen Nagelschen Theorie entwickelt worden. Aus den Überlegungen von C.A. Hooker[6] z.B. ergibt sich die folgende Variante zum Nagelschen Begriff der Theorienreduktion:

---

[6]   Vgl. Hooker (1981).

> **Theorienreduktion nach Hooker**
>
> Eine Theorie T_1 läßt sich genau dann auf eine Theorie T_2 reduzieren, wenn jeder Begriff von T_1 in der Weise einem Begriff von T_2 zugeordnet werden kann, daß zu jedem Gesetz L von T_1 aus den Gesetzen von T_2 ein Bildgesetz L' abgeleitet werden kann.
>
> *(L'* ist ein Bildgesetz von *L,* wenn es dem Gesetz hinreichend ähnlich ist, das aus *L* dadurch entsteht, daß man jeden in ihm vorkommenden Begriff von T_1 durch den ihm zugeordneten Begriff von T_2 ersetzt.)

Nach Hooker läßt sich die klassische Thermodynamik deshalb auf die statistische Mechanik reduzieren, weil dem Begriff der Temperatur T der klassischen Thermodynamik der Begriff der mittleren kinetischen Energie $\frac{2}{3k} \cdot \frac{\overline{mv^2}}{2}$ so zugeordnet werden kann, daß z.B. für das Gesetz von Boyle und Charles der klassischen Thermodynamik

(BC) $P \cdot V = N \cdot k \cdot T$

aus der statistischen Mechanik das *Bildgesetz*

(BC′) $P \cdot V = N \cdot k \cdot \frac{\overline{mv^2}}{3k}$

abgeleitet werden kann. Brückengesetze spielen nach dieser Definition überhaupt keine Rolle mehr.[7]

Auch die Reduktion des Galileischen Fallgesetzes auf die Newtonsche Mechanik und Gravitationstheorie ist nach Hookers Definition kein Problem mehr, da sich das Gesetz, das sich aus der Newtonschen Mechanik und Gravitationstheorie tatsächlich

---

[7] Zum Ausdruck '$\frac{2}{3k} \cdot \frac{\overline{mv^2}}{2}$', vgl. oben Anm. 5. In den Gleichungen (BC) und (BC′) ist N die Anzahl der Gasmoleküle im Volumen V und k die Boltzmann-Konstante.

ableiten läßt, vom Galileischen Fallgesetz nur geringfügig unterscheidet.

Damit können wir zu der Frage zurückkehren, was die Tatsache, daß sich die klassische Thermodynamik auf die statistische Mechanik reduzieren läßt, mit der Frage zu tun hat, ob die Temperatur eines Gases mit der mittleren kinetischen Energie seiner Moleküle identisch ist. Offenbar ist es plausibel anzunehmen, daß sich die kausale Rolle einer Eigenschaft in den Gesetzen ausdrückt, die für Gegenstände mit dieser Eigenschaft gelten. D.h., in den Gesetzen der klassischen Thermodynamik wird unter anderem die kausale Rolle der Eigenschaft Temperatur ausgedrückt und in den Gesetzen der statistischen Mechanik die kausale Rolle der Eigenschaft eines Gases, die darin besteht, daß seine Moleküle eine bestimmte mittlere kinetische Energie besitzen. Wenn wir dem Begriff der Temperatur T der klassischen Thermodynamik den Begriff der mittleren kinetischen Energie $\frac{2}{3k} \cdot \frac{\overline{mv^2}}{2}$ so zuordnen können, daß es möglich ist, für jedes Gesetz der klassischen Thermodynamik aus der statistischen Mechanik ein Bildgesetz abzuleiten, ist damit also zugleich gezeigt, daß die beiden durch diese Begriffe ausgedrückten Eigenschaften (fast) *dieselbe* kausale Rolle besitzen.

Wenn man auf die Frage, warum die Temperatur eines Gases mit der mittleren kinetischen Energie seiner Moleküle identisch ist, die Antwort gibt: weil sich die klassische Thermodynamik auf die statistische Mechanik reduzieren läßt, dann also offenbar deshalb, weil man der Meinung ist, daß kausale Rollen für die Identität von Eigenschaften von entscheidender Bedeutung sind. Vertreter dieser Begründungsstrategie gehen also von folgendem Identitätskriterium aus:

(EI)   Die Eigenschaften F und G sind genau dann identisch, wenn sie die *dieselbe kausale Rolle* haben, d.h. wenn alles, was durch das Haben von F verursacht wird, auch durch das Haben von G verursacht wird (und umgekehrt), und wenn alles, was das Haben von F verursacht, auch das Haben von G verursacht (und umgekehrt).

Läßt sich dieses Kriterium plausibel begründen? Dazu müssen wir etwas ausholen.[8]

Eine notwendige Bedingung dafür, daß die Eigenschaften F und G identisch sind, ist sicher, daß die Prädikate 'F' und 'G' *koextensional* sind, d.h. daß sie auf dieselben Dinge zutreffen. Als notwendige Bedingung dafür, daß F und G identisch sind, muß also gelten:

(*)   Für alle x: x hat F genau dann, wenn x G hat.
       (Symbolisch: $\forall x(Fx \leftrightarrow Gx)$)

Denn F und G können nicht dieselbe Eigenschaft sein, wenn es auch nur einen Gegenstand gibt, der die Eigenschaft F, aber nicht die Eigenschaft G hat. D.h., wir können festhalten: Eine *notwendige* Bedingung dafür, daß die Eigenschaften F und G identisch sind, ist die Bedingung:

(i)   'F' und 'G' sind *koextensional*, d.h. die Aussage (*) ist wahr.

Aber so notwendig die Bedingung (i) auch sein mag, sie ist sicher nicht hinreichend. Wenn z.B. alle und nur die Münzen in meiner Tasche einen roten Farbfleck hätten, wäre nämlich die Aussage wahr:

(9)   Für alle x: x ist eine Münze in meiner Tasche genau dann, wenn x eine Münze mit einem roten Farbfleck ist.

Aber trotzdem käme niemand auf die Idee, die Eigenschaft, eine Münze in meiner Tasche zu sein, und die Eigenschaft, eine Münze mit einem roten Farbfleck zu sein, für identisch zu halten.

Die Bedingung (i) ist also eine notwendige, aber sicher keine hinreichende Bedingung für Eigenschaftsidentität. Und dasselbe gilt auch für die Bedingung

(ii)   'F' und 'G' sind *nomologisch* koextensional*, d.h. die Aussage (*) ist *naturgesetzlich* wahr.

Daß auch diese Bedingung nicht hinreichend ist, ergibt sich aus der folgenden Überlegung. Betrachten wir die beiden Eigen-

---

[8]   Vgl. zum folgenden Achinstein (1974).

schaften, ein Pendel mit der Länge l zu sein und ein Pendel mit der Schwingungsdauer $2\pi\sqrt{l/g}$ zu sein, dann ist die Aussage

(10) Für alle x: x ist ein Pendel mit der Länge l genau dann, wenn x ein Pendel mit der Schwingungsdauer $2\pi\sqrt{l/g}$ ist

ein wahres Naturgesetz. Und trotzdem sind diese beiden Eigenschaften offenbar verschieden. Genauso wie auch die Eigenschaften, ungehindert eine Zeit von t Sekunden zu fallen und ungehindert eine Strecke von $\frac{1}{2} \cdot g \cdot t^2$ m zu fallen, verschieden sind, obwohl die Aussage

(11) Für alle x: x fällt ungehindert eine Zeit von t Sekunden genau dann, wenn x ungehindert eine Strecke von $\frac{1}{2} \cdot g \cdot t^2$ m fällt

ebenfalls ein wahres Naturgesetz ist.

Gibt es eine Bedingung, die zugleich notwendig und hinreichend für Eigenschaftsidentität ist? In Betracht käme natürlich die Bedingung:

(iii) Die Aussage (*) ist *analytisch wahr*, d.h. sie ist wahr aufgrund der Synonymie der Prädikate 'F' und 'G'.

Doch diese Bedingung ist zwar hinreichend, aber nicht notwendig. Denn wir hatten schon gesehen, daß zwei Prädikate auch dann dieselbe Eigenschaft ausdrücken können, wenn sie nicht synonym sind.

Genau an dieser Stelle der Argumentation hat Peter Achinstein in seinem Aufsatz „The Identity of Properties" (1974) das Kriterium (EI) ins Spiel gebracht. Für diesen Vorschlag spricht zunächst, daß er plausibel macht, warum die Frage nach der Identität von Eigenschaften über das Bestehen naturgesetzlicher Äquivalenz hinaus überhaupt interessant ist. Wenn wir zwei naturgesetzlich äquivalente Eigenschaften F und G haben, die die Bedingung (EI) erfüllen, entsteht nämlich in jedem Fall, in dem ein Ereignis e kausal sowohl darauf zurückgeführt werden kann, daß ein Gegenstand a die Eigenschaft F hat, als auch darauf, daß dieser Gegenstand die Eigenschaft G hat, zunächst ein Eindruck von Überdetermination, d.h. dann sieht es so aus, als hätte e zwei Ursachen, die jede für sich zur Hervorbringung dieses Ereignisses ausgereicht hätten. Doch dieser irritierende Eindruck verschwindet, wenn wir erfahren, daß die beiden Eigenschaften F und G nicht nur naturgesetzlich äquivalent, sondern tatsächlich identisch sind. Eigenschaftsidentitätsbehauptungen sind also nicht in erster Linie durch Überlegungen zur ontologischen Sparsamkeit begründet; offenbar ergeben sie sich vielmehr notwendigerweise bei dem Versuch, bestimmte Kausalverhältnisse angemessen zu analysieren.

Systematisch wichtiger ist jedoch die Tatsache, daß die Bedingung (EI) eine plausible Grundlage für den intuitiven Unterschied zwischen den (unzutreffenden) Identitätsaussagen

(12) Die Eigenschaft, ein Pendel mit der Länge l zu sein, ist identisch mit der Eigenschaft, ein Pendel mit der Schwingungsdauer $2\pi\sqrt{l/g}$ zu sein

(13) Die Eigenschaft, ungehindert eine Zeit von t Sekunden zu fallen, ist identisch mit der Eigenschaft, ungehindert eine Strecke von $\frac{1}{2} \cdot g \cdot t^2$ m zu fallen

auf der einen und der zutreffenden Identitätsaussage (8) auf der anderen Seite liefert.

Denn was die in der Aussage (8) angeführten Eigenschaften angeht, so kann offenbar alles, was z.B. dadurch verursacht wird, daß ein Gas H eine absolute Temperatur von 300 Kelvin hat, ebensogut darauf zurückgeführt werden, daß die Moleküle von H eine mittlere Energie von $6{,}21 \cdot 10^{-21}$ Joule besitzen. D.h., wenn die Kausalaussage „H hat sich entzündet, weil seine Temperatur auf 300 Kelvin gestiegen ist" richtig ist, dann ist auch die Kausalaussage „H hat sich entzündet, weil die mittlere Energie der Moleküle von H auf $6{,}21 \cdot 10^{-21}$ Joule gestiegen ist" richtig. Und umgekehrt gilt, daß alles, was dazu führt, daß die Temperatur von H auf 300 Kelvin steigt, auch dazu führt, daß die Moleküle von H eine mittlere Energie von $6{,}21 \cdot 10^{-21}$ Joule haben. Die in der Aussage (8) angeführten Eigenschaften erfüllen daher nicht nur die Bedingung (i) und (ii), sondern auch die Bedingung (EI). Diese Eigenschaften können nach Achinstein daher zu Recht als identisch betrachtet werden.

Daß dies im Hinblick auf die in den Aussagen (12) und (13) angeführten Eigenschaften nicht gilt, zeigt Achinstein am Beispiel

der in der Aussage (13) angeführten Eigenschaften, ungehindert
eine Zeit von t Sekunden zu fallen und ungehindert eine Strecke
von ½ · g · t^2 m zu fallen.

Nehmen wir an, x ist eine Zeitbombe, die t Sekunden, nachdem
sie aktiviert wurde, explodiert und die so aufgehängt ist, daß sie
in dem Moment aktiviert wird, in dem sie losgelassen wird, d.h.
in dem Moment, in dem der ungehinderte Fall beginnt. Die Zeitbombe wird losgelassen und aktiviert – mit dem Effekt, daß die
Bombe nach t Sekunden explodiert:

> „Wenn diese Bedingungen erfüllt waren und die Bombe tatsächlich explo-
> dierte, dann war [ihre] Eigenschaft, frei aufgehängt gewesen zu sein, für die
> Explosion kausal relevant; denn es war die freie Aufhängung, die die Siche-
> rung löste und dadurch die Uhr startete. Ebenso war [die Eigenschaft der
> Bombe], t Sekunden lang zu fallen, kausal relevant für ihre Explosion; denn
> ihr Zeitzünder war auf eine Zeit von t Sekunden eingestellt. ... Da die
> Bombe jedoch nicht so konstruiert war, daß sie durch Entfernung ausgelöst
> wurde, war [ihre] Eigenschaft, [½ · g · t^2 m] zu fallen nicht kausal relevant
> für ihre Explosion. " (Achinstein 1974, 271)

Anders wäre die Situation jedoch, wenn der Auslösemechanis-
mus der Bombe nicht an eine Uhr, sondern an einen Höhenmesser
gekoppelt gewesen wäre. Denn in diesem Fall wäre die im unge-
hinderten Fall zurückgelegte Strecke und nicht die entsprechende
Zeit der kausal relevante Faktor gewesen. Im ursprünglichen Fall
dagegen war die zurückgelegte Strecke irrelevant. Für die in (13)
genannten Eigenschaften ist die Bedingung (EI) daher nicht erfüllt. Diese Eigenschaften sind also nicht identisch.

So plausibel diese Argumentation auch wirkt, in den letzten
Jahren sind *alle* Versuche, *Kriterien* für die Identität von Eigenschaften zu formulieren, einer grundsätzlichen Kritik unterzogen
worden.[9] Identität, so der Kern dieser Kritik, ist eine nicht weiter
analysierbare Relation. Eigenschaften sind entweder identisch
oder sie sind es nicht. Auf die Frage „*Warum* sind x und y identisch?" gibt es keine informative Antwort. Und deshalb gibt es
auch keine *Kriterien*, die Eigenschaften erfüllen müßten, um
identisch zu sein. Fragen kann man sich nur, wie man *feststellt*,
ob Eigenschaften identisch sind. Und bei der Beantwortung dieser
Frage kann man sich durchaus daran orientieren, wie man fest-

---

[9]   Siehe z.B. Papineau (1998) und Block/Stalnaker (1999).

stellt, ob *Gegenstände* identisch sind. Nehmen wir etwa den folgenden Fall.[10] Im Jahre 2070 trifft sich eine Gruppe von Historikern. Zufällig nehmen zwei Kollegen nebeneinander Platz, von denen der eine, *A*, seit Jahren das Leben von Mark Twain erforscht, während der andere, *B*, eine Arbeit über das Leben von Samuel Clemens schreibt. Durch eine Ungeschicklichkeit fällt die Mappe zu Boden, in der *A* seine Unterlagen über Mark Twain gesammelt hat; *B* hebt die Mappe auf und bemerkt plötzlich: Das ist ja merkwürdig, Mark Twain ist im selben Jahr in derselben Stadt geboren wie Samuel Clemens, sie sind beide zur selben Zeit auf dieselbe Schule gegangen, beide waren zuerst Setzerlehrlinge, dann Lotsen auf dem Mississippi, dann Goldgräber und dann Journalisten. Eigentlich ist das nur möglich, wenn es sich bei Mark Twain und Samuel Clemens um dieselbe Person handelt. *B* vollzieht hier also einen Schluß auf die beste Erklärung; aber er wendet keine Identitäts*kriterien* an. Sicher, so wie gerade geschildert, muß es nicht immer zugehen; die Entdeckung, dass der Morgenstern und der Abendstern identisch sind, ist auf ganz andere Weise vor sich gegangen. Wichtig ist nur, daß man die Frage, wie man feststellt, daß *a* und *b* identisch sind, nicht mit der Frage nach Identitätskriterien verwechselt.

Damit rückt auch die Rolle, die Theorienreduktionen für Eigenschaftsidentitäten spielt, in ein neues Licht. Auch den Kritikern der Suche nach Identitätskriterien zufolge zeigen Theorienreduktionen, daß zwei Eigenschaften dieselbe kausale Rolle spielen. Aber dies ist ebenso wie die Tatsache, daß diese Eigenschaften immer zur selben Zeit an denselben Dingen auftreten, nur ein *Anhaltspunkt*, auf den wir uns bei einer entsprechenden Identitätsbehauptung stützen können. Genauso wie wir uns bei der Behauptung, daß Mark Twain mit Samuel Clemens identisch ist, darauf gestützt haben, daß beide im selben Jahr in derselben Stadt geboren wurden, daß beide zur selben Zeit auf dieselbe Schule gegangen sind, usw. Die Identität kausaler Rollen ist also – neben anderem – ein Anhaltspunkt für die Wahrheit entsprechender Identitätsbehauptungen; aber das bedeutet eben nicht, daß es sich bei kausalen Rollen um Identitätskriterien im Sinne von (EI) handelt.

---

[10] Vgl. zu diesem Beispiel Block/Stalnaker (1999, sec. 6).

Die bisherigen Überlegungen zur Identität von Eigenschaften
wären sicher unvollständig, wenn wir nicht auch noch auf die
Frage eingingen, welche Rolle Leibniz' Gesetz in diesem Zusammenhang spielt. Leibniz' Gesetz ist eigentlich die Zusammenfassung zweier durchaus verschiedener Gesetze: dem Gesetz der
Ununterscheidbarkeit des Identischen, bei dem es darum geht,
was aus der Identität zweier Gegenstände folgt, und dem Gesetz
der *Identität des Ununterscheidbaren*, das mit der Frage zu tun
hat, unter welchen Bedingungen zwei Gegenstände als identisch
gelten können.

LEIBNIZ' GESETZ

Ununterscheidbarkeit des Identischen

> Wenn a und b identisch sind, haben sie alle Eigen-
> schaften gemeinsam.
>
> Symbolisch: $a = b \rightarrow \forall F(Fa \leftrightarrow Fb)$

Identität des Ununterscheidbaren

> Wenn a und b alle Eigenschaften gemeinsam haben,
> sind sie identisch.
>
> Symbolisch: $\forall F(Fa \leftrightarrow Fb) \rightarrow a = b$

Das erste dieser beiden Gesetze hat bei der *Kritik* der Identitätstheorie eine große Rolle gespielt. Denn aus ihm ergibt sich ein
einfacher Identitätstest:

(**)   Wenn a eine Eigenschaft hat, die b nicht hat, dann können a
und b nicht identisch sein.

Das zweite Leibnizsche Gesetz kann man dagegen, ganz im Sinne
der Kritiker von Identitätskriterien, auch in einem epistemischen
Sinne lesen: Je mehr Eigenschaften a und b gemeinsam haben,
umso mehr Anhaltspunkte haben wir für die Annahme, dass a
und b identisch sind.

5.2 Argumente für die Identitätstheorie

Ein wichtiges Argument für die Identitätstheorie ist sicher, daß diese Theorie eine physikalistische Antwort auf das Problem mentaler Eigenschaften ermöglicht, die nicht voraussetzt, daß jeder mentale Ausdruck in physikalischer Sprache definiert werden kann.

Das zentrale Argument für die Identitätstheorie liegt jedoch darin, daß sie eine besonders elegante Lösung für das *Problem der mentalen Verursachung* liefert. Dieses Problem, das uns schon im Abschnitt 3.1 begegnet war, ist nämlich nicht nur ein Problem für den Substanz-, sondern auch ein Problem für den Eigenschafts-Dualismus.

Wir hatten schon gesehen, daß vieles zugunsten der folgenden These spricht:

These 1: Es gibt eine *kausale Interaktion* zwischen mentalen Phänomenen und Gehirnprozessen.

Auf der einen Seite wissen wir nämlich alle, daß Alkohol die Konzentrationsfähigkeit vermindert und daß die Einnahme bestimmter Drogen zu ungewöhnlichen Erlebnissen führt. Aus der Forschung ist bekannt, daß kleine Infarkte im Gehirn zu eng umschriebenen mentalen Ausfällen führen können – z.B. zur Prosopagnosie, der Unfähigkeit, Gesichter wiederzuerkennen, zum Verlust der Hälfte unseres Sehfeldes oder zur Unfähigkeit, Gegenstände zu benennen. Am eindrucksvollsten wurde dieser Zusammenhang zwischen mentalen Phänomenen und Gehirnprozessen aber durch die Experimente von Wilder Penfield[11] demonstriert, der durch Elektrostimulationen am offenen Gehirn ganz gezielt bestimmte Erlebnisse hervorrufen konnte.

Auf der anderen Seite scheinen jedoch auch mentale Phänomene auf unseren Körper kausal einzuwirken. Scham verursacht ein Erröten der Gesichtshaut, Angst das Gefühl der Kälte und eine Gänsehaut, Zorn das Steigen des Blutdrucks. Und wenn ich den Wunsch habe, jemanden auf der gegenüberliegenden Straßenseite zu grüßen, dann bewirkt dieser Wunsch unter anderem, daß sich mein Arm hebt.

---

[11] Vgl. Penfield/Rasmussen (1950) und Penfield/Roberts (1959).

Besonders die zweite Richtung vom Mentalen hin zum Physischen ist es jedoch, die alles andere als unproblematisch ist. Wenn wir die Ursachen zurückverfolgen, die letzten Endes tatsächlich dazu führen, daß sich mein Arm hebt, ergibt sich nämlich eher dieses Bild: Die Bewegung meines Arms wird unmittelbar verursacht durch die Kontraktionen und Relaxationen bestimmter Muskeln, diese wiederum gehen zurück auf das 'Feuern' bestimmter Motoneuronen. Diese Motoneuronen werden durch Impulse aus den motorischen Vorderhornganglienzellen des Rückenmarks aktiviert, und diese Vorderhornganglienzellen werden in der Hauptsache aktiviert durch Neuronen der motorischen Hirnrinde. Soweit können wir die Kausalkette – zumindest im großen und ganzen – heute schon zurückverfolgen. Nach allem, was wir wissen, bricht die physiologische Kausalkette aber auch an dieser Stelle nicht ab. Vielmehr spricht alles dafür, daß auch das Feuern der Neuronen der motorischen Hirnrinde durch die Aktivität anderer Neuronenverbände und zum Schluß vielleicht zumindest teilweise durch die Aktivität bestimmter Rezeptorzellen verursacht wird. D.h., nach allem, was wir wissen, ist die Bewegung meines Arms letzten Endes einzig und allein durch neuronale und andere physische Prozesse verursacht. Wenn wir dieses Ergebnis verallgemeinern, kommen wir zur

These 2:   Der Bereich des Physischen ist *kausal geschlossen*. D.h., jedes physische Phänomen hat, wenn überhaupt, eine physische Ursache.

Die Frage ist nun: Wie können die Thesen 1 und 2 zugleich wahr sein? Wie können mentale Zustände (z.B. mein Wunsch, jemanden auf der gegenüberliegenden Straßenseite zu grüßen, oder mein Zahnschmerz) überhaupt etwas Physisches (die Bewegungen meines Arms oder meiner Stimmbänder) verursachen, wenn die These 2 wahr ist? Dies ist die Kernfrage des Problems der mentalen Verursachung: Wie können mentale Zustände im Bereich des Physischen kausal wirksam sein, wenn der Bereich des Physischen kausal geschlossen ist?

Die Identitätstheorie hat nun auf diese Frage eine ganz einfache Antwort: Mentales kann Physisches verursachen, *weil es selbst etwas Physisches ist*. D.h., selbst wenn der Bereich des Physischen kausal geschlossen ist, kann z.B. mein Wunsch, jemanden zu grüßen, die Ursache der Bewegungen meines Arms sein, da dieser Wunsch *identisch* ist mit einem bestimmten physiologischen Zustand meines Gehirns. Für den Identitätstheoretiker verschwindet das Problem der mentalen Verursachung also einfach, da ihm zufolge der Bereich des Mentalen nichts anderes ist als ein Teilbereich des Physischen.

5.3 Argumente gegen die Identitätstheorie

5.3.1 Frühe Argumente gegen die Identitätstheorie

Smarts bahnbrechender Aufsatz „Sensations and Brain Processes" (1959) ist weniger eine Darstellung der Identitätstheorie als der Versuch, diese Theorie gegen Einwände zu verteidigen, die schon Ende der 50er Jahre gegen sie erhoben worden waren.[12] Es lohnt sich allerdings auch heute noch, auf einige dieser Einwände genauer einzugehen.

Den *ersten* dieser Einwände formuliert Smart selbst so:

> „Jeder, so ungebildet er auch sein mag, kann völlig problemlos über seine Nachbilder oder Schmerzen reden oder darüber, wie Dinge für ihn aussehen oder sich anfühlen; trotzdem weiß er vielleicht nicht das geringste über Neurophysiologie. Jemand mag wie Aristoteles glauben, daß das Gehirn dazu da sei, den Körper zu kühlen, ohne dadurch in seiner Fähigkeit wahre Aussagen über seine Empfindungen zu machen eingeschränkt zu sein. Also können die Dinge, über die wir sprechen, wenn wir unsere Empfindungen beschreiben, keine Gehirnprozesse sein." (Smart 1959, 57)

Daß dies kein gutes Argument sein kann, zeigt Smart zunächst mit dem Hinweis auf analoge Fälle in anderen Bereichen. Genauso gut könne man schließlich auch argumentieren: Hans (ein notorischer Langschläfer), der noch nie den Morgenstern gesehen hat, der nichts über den Morgenstern weiß und der vielleicht nicht einmal den Ausdruck 'Morgenstern' kennt, weiß auf der anderen Seite ziemlich viel über den Abendstern und hat auch keinerlei Probleme bei der Verwendung des Ausdrucks 'Abendstern'; also

---

[12] Die Diskussion der 50er und 60er Jahre ist hervorragend dokumentiert in Borst (1970).

kann der Morgenstern nicht mit dem Abendstern identisch sein. Oder: In der Antike wußte man eine ganze Menge über Wasser, hatte aber keine Ahnung von H_2O; also kann Wasser nicht mit H_2O identisch sein.

Diese Hinweise machen schon deutlich, daß mit dem ersten Einwand irgend etwas nicht stimmt; aber sie helfen uns noch nicht, den wunden Punkt genau zu benennen. Dieser wird erst klar, wenn man sich die Struktur dieses Einwands verdeutlicht.

(1) a weiß alles (eine Menge) über F.
          a weiß nichts über G.
          Also: F ist nicht identisch mit G.

Auf den ersten Blick sieht dieses Argument ganz plausibel aus. Denn offenbar beruht es auf Leibniz' Gesetz der Ununterscheidbarkeit des Identischen. Doch dies gilt auch für das Parallelargument:

(2)   Georg IV. weiß, daß Scott Scott ist.
          Georg IV. weiß nicht, daß Scott der Autor des 'Waverley' ist.
          Also: Scott ist nicht der Autor des 'Waverley'.

Und dieses Argument muß ungültig* sein. Denn tatsächlich *ist* Scott der Autor des 'Waverley'. Der kritische Punkt, der dafür verantwortlich ist, daß die beiden Argumente (1) und (2) ungültig sind, ist für den Ungeübten jedoch nicht leicht zu finden. Denn er besteht darin, daß Verben wie 'wissen' und 'glauben' sogenannte *intensionale Kontexte* erzeugen und daß in solchen Kontexten Leibniz' Gesetz der Ununterscheidbarkeit des Identischen nicht anwendbar ist.

Mit anderen Worten: Der erste Einwand gegen die Identitätstheorie stellt ebenso wie das Argument (2) einen *intensionalen Fehlschluß* dar (siehe unten). Aus ihm folgt nur, daß mentale Ausdrücke nicht denselben *Sinn* haben wie neurobiologische Prädikate. Diese Sinnverschiedenheit wird von der Identitätstheorie jedoch gar nicht bestritten.

Intensionale Fehlschlüsse

Eine natürliche Erweiterung des Leibnizschen Gesetzes der Ununterscheidbarkeit des Identischen ist das *Fregesche Substitutionsprinzip*:

(SP) Wenn man in einem Satz *A* einen Ausdruck *a* durch einen bezugsgleichen Ausdruck *b* ersetzt, kann sich der Wahrheitswert dieses Satzes nicht ändern.

Auch dieses Prinzip liefert einen Test dafür, ob zwei Ausdrücke *a* und *b* tatsächlich bezugsgleich sind:

(**) Wenn man in einem Satz *A* den Ausdruck *a* durch den Ausdruck *b* ersetzt und dabei ein Satz entsteht, der zumindest einen anderen Wahrheitswert haben *kann* als *A*, dann sind *a* und *b* nicht bezugsgleich.

Nun gilt das Fregesche Substitutionsprinzip zwar im allgemeinen, aber leider nicht immer. Es kann sein, daß Franz weiß, daß Benjamin Franklin den Blitzableiter erfunden hat, ohne zu wissen, daß er auch der Erfinder der Zwei-Stärken-Brille ist. Und daher kann es auch sein, daß von den beiden Sätzen

(1) Franz glaubt, daß Benjamin Franklin den Blitzableiter erfunden hat, und

(2) Franz glaubt, daß der Erfinder der Zwei-Stärken-Brille den Blitzableiter erfunden hat,

der erste wahr und der zweite falsch ist, *obwohl* die Ausdrücke 'Benjamin Franklin' und 'der Erfinder der Zwei-Stärken-Brille' dieselbe Person bezeichnen.

Diesem Umstand wird terminologisch durch die Unterscheidung zwischen *extensionalen* und *intensionalen Kontexten* Rechnung getragen. Wenn in einem Satz *A* der Ausdruck *a* jederzeit *salva veritate* – d.h. ohne daß sich der Wahrheitswert von *A* ändern kann – durch einen bezugsgleichen Ausdruck ersetzt werden kann, dann erzeugt *A* für *a* einen *extensionalen Kontext*. Wenn dagegen *a* in *A* *salva veritate* nur durch einen *sinngleichen* Aus-

⇒

druck ersetzt werden kann, dann erzeugt *A* für *a* einen *intensionalen Kontext*.

Offenbar führt der Test (**) nur in extensionalen Kontexten zu verläßlichen Ergebnissen. Wer aus der Tatsache, daß ein Ausdruck *a* in einem *intensionalen Kontext* nicht *salva veritate* durch einen bezugsgleichen Ausdruck *b* ersetzt werden kann, schließt, daß *a* und *b* nicht denselben Bezug haben, der begeht daher einen *intensionalen Fehlschluß*.

Auch den *zweiten* Einwand lassen wir Smart selbst formulieren:

„Es ist nur eine kontingente Tatsache (falls es überhaupt eine Tatsache ist), daß in unserem Gehirn eine bestimmte Art von Prozeß abläuft, wenn wir eine bestimmte Art von Empfindung haben. Ja, es ist sogar möglich, wenn auch vielleicht höchst unwahrscheinlich, daß unsere gegenwärtigen physiologischen Theorien so veralten werden wie die antike Theorie, die mentale Prozesse mit Vorgängen im Herzen in Verbindung brachte. Hieraus folgt, daß wir, wenn wir über eine Empfindung berichten, nicht über einen Gehirnprozeß berichten." (Smart 1959, 58)

Smart antwortet darauf, daß dieser Einwand nur zeige, daß die Ausdrücke '*x* ist im mentalen Zustand *M*' und '*x* ist im Gehirnzustand *N*' nicht denselben Sinn haben; trotzdem könnten sie natürlich dieselbe Eigenschaft bezeichnen.

Wie sich noch zeigen wird, ist das jedoch keine gute Erwiderung. Sie setzt voraus, daß es nicht nur Identitäten *a posteriori* gibt, sondern daß diese Identitäten auch nur *kontingent*, d.h. nicht notwendig gelten. Das ist aber, wie die Überlegungen im nächsten Abschnitt zeigen werden, höchst umstritten.

Der *dritte* Einwand ist für Smart der interessanteste Einwand gegen die Identitätstheorie, und seine Erwiderung ist ebenfalls auf großes Interesse gestoßen. In Smarts Worten lautet der Einwand:

„Selbst wenn die Einwände 1 und 2 nicht zeigen, daß Empfindungen mehr sind als Gehirnprozesse, so zeigen sie doch, daß die Eigenschaften von Empfindungen über die Eigenschaften von Gehirnprozessen hinausgehen. D.h., auch wenn es möglich sein sollte, um die Annahme der Existenz von irreduzibel psychischen Prozessen herumzukommen, kommt man doch nicht darum herum, zuzugestehen, daß es irreduzibel psychische *Eigen-*

schaften gibt. Denn angenommen, wir identifizieren den Morgenstern mit dem Abendstern. Dann muß es einige Eigenschaften geben, die logisch implizieren, der Morgenstern zu sein, und einige, ganz andere Eigenschaften, die implizieren, der Abendstern zu sein. Ebenso muß es einige Eigenschaften geben (z.B. die, ein gelber Blitz zu sein), die sich logisch von jenen der physikalistischen Beschreibung unterscheiden." (Smart 1959, 59)

Was genau ist die Pointe dieses Einwandes? Es geht wohl um folgendes. Der Identitätstheorie zufolge bezeichnet zwar jedes mentale Prädikat eine physische Eigenschaft. Dennoch haben mentale und physikalische Prädikate nie denselben Sinn. Worin besteht nun der Sinn eines Prädikats? Einer möglichen Lesart zufolge besteht der Sinn eines Prädikats in den Merkmalen, die ein Gegenstand haben muß, damit das Prädikat auf ihn zutrifft. Und genau dieser Lesart scheint Smart anzuhängen, wenn er schreibt: „Denn angenommen, wir identifizieren den Morgenstern mit dem Abendstern. Dann muß es einige Eigenschaften geben, die logisch implizieren, der Morgenstern zu sein, und einige, ganz andere Eigenschaften, die implizieren, der Abendstern zu sein."

Auf Eigenschaften übertragen bedeutet das: Wenn das mentale Prädikat 'M' und das physikalische Prädikat 'P' sinnverschieden sind, dann muß es eine bestimmte Menge von Eigenschaften (Merkmalen) geben, die das Vorliegen der Eigenschaft M implizieren, und eine *andere* Menge von Eigenschaften (Merkmalen), die das Vorliegen der Eigenschaft P implizieren. Da aber 'M' nicht in physikalischer Sprache definierbar ist, können die Eigenschaften, die das Vorliegen von M implizieren, keine physischen Eigenschaften sein. Also muß es außer physischen auch noch nicht-physische, mentale Eigenschaften geben.

Smarts Erwiderung auf diesen Einwand ist nun wirklich bewundernswert. Sozusagen aus dem Stand erfindet er einen Mittelweg. Denn Smart zufolge müssen die Merkmale, die das Vorliegen von M implizieren, nicht entweder physische oder nicht-physische Merkmale sein; es gibt auch noch die dritte Möglichkeit, daß es sich um *ontologisch neutrale* ('*topic-neutral*') Merkmale handelt. Und tatsächlich sind es seiner Meinung nach solche ontologisch neutralen Merkmale, die den Sinn mentaler Prädikate ausmachen. Für ihn läßt sich nämlich der Sinn des Satzes

(3)   Ich sehe ein gelb-oranges Nachbild

am besten durch den Satz wiedergeben

(4)   *Es geht etwas vor, das genau so ist, wie das, was vorgeht,
       wenn* meine Augen geöffnet sind, ich wach bin und bei gu-
       ter Beleuchtung eine Orange vor mir liegt, d.h. wenn ich
       tatsächlich eine Orange sehe. (Smart 1959, 60)

Und die Merkmale, die in diesem Satz (4) angegeben werden,
sind in der Tat ontologisch neutral.

Der *vierte* und *fünfte* Einwand sollen hier zusammen behandelt
werden. Smart formuliert sie so:

> „Das Nachbild befindet sich nicht im physikalischen Raum. Der Gehirnpro-
> zeß befindet sich im physikalischen Raum. Also ist das Nachbild kein Ge-
> hirnprozeß." (Smart 1959, 61)

> „Man kann sinnvollerweise von einer molekularen Bewegung im Gehirn
> sagen, sie sei langsam oder schnell, gerade oder kreisförmig, aber es ist
> nicht sinnvoll, dies von der Erfahrung, etwas Gelbes zu sehen, zu sagen."
> (Smart 1959, 62)

Seine Antwort auf den ersten dieser beiden Einwände ist kurz
und bündig:

> „Dies ist eine *ignoratio elenchi**. Mir geht es nicht darum, zu zeigen, daß
> das Nachbild ein Gehirnprozeß ist, sondern daß die Erfahrung, ein Nach-
> bild zu haben, ein Gehirnprozeß ist." (Smart 1959, 61)

Damit hat Smart natürlich recht. Selbst wenn der Einwand
stichhaltig wäre, würde er nur zeigen, daß *Nachbilder* nicht mit
Gehirnprozessen identisch sind; aber nicht, daß Smarts These
falsch ist, daß die *mentalen Zustände*, die im *Haben* von Nachbil-
dern bestehen, Gehirnprozesse sind. Allerdings: Smart übersieht
hier, daß es ein leichtes ist, den vierten Einwand entsprechend zu
modifizieren:

> Die mentalen Zustände, die im Haben von Nachbildern bestehen, befinden
> sich nicht im physikalischen Raum. Gehirnprozesse befinden sich im phy-
> sikalischen Raum. Also sind die mentalen Zustände, die im Haben von
> Nachbildern bestehen, keine Gehirnprozesse.

Und in dieser Form ist der vierte dem fünften Einwand nun sehr
ähnlich. Beide sind wieder Anwendungen des Gesetzes der Ununterscheidbarkeit des Identischen, d.h. sie gehen davon aus, daß
Gehirnprozesse Eigenschaften haben, die mentale Zustände nicht
haben, und schließen daraus, daß mentale Zustände keine Gehirn-

prozesse sind. Der fünfte Einwand geht dabei sogar noch einen Schritt weiter. Er besagt nicht nur, daß Gehirnprozesse Eigenschaften haben, die mentale Zustände nicht haben, sondern daß sie Eigenschaften haben, die mentale Zustände nicht haben *können*. Deshalb ist die Schlußfolgerung hier auch schärfer: Die These, mentale Zustände seien mit Gehirnprozessen identisch, ist nicht nur falsch, sie stellt vielmehr sogar einen *Kategorienfehler*[13] dar.

Smarts Erwiderung auf diesen Einwand ist eigenartig und trotzdem nicht uninteressant. Hinter ihr steht die Überzeugung, daß es nicht ein für allemal feststeht, was als sinnvolle Äußerung zu gelten hat. Schließlich kann sich unser Sprachgebrauch ändern.

> „Bisher haben wir der Redeweise, Erfahrungen seien schnell oder langsam, gerade oder kreisförmig, noch keinen Sinn verliehen. … Ich sage lediglich, daß es sein kann, daß sich 'Erfahrung' und 'Gehirnprozeß' *de facto* auf dasselbe beziehen. Und wenn das so ist, dann können wir leicht eine Kon-

---

[13] Vgl. hierzu auch die folgende Passage aus Cornman (1962):
„… wir können über intensive, unerträgliche, bohrende oder klopfende Schmerzen sprechen. Und über gelbe, dunkle, verblassende oder runde Nachbilder. Und über dogmatische, falsche, tiefsinnige oder unbewußte Überzeugungen. Auf der anderen Seite können wir auch über öffentlich beobachtbare, räumlich lokalisierte, schnelle, irreversible physikalische Prozesse diskutieren. Falls die Identitätstheorie richtig ist, scheint es also, daß wir manchmal in der Lage sein sollten, wahrheitsgemäß zu sagen, daß physikalische Prozesse wie etwa Gehirnprozesse dunkel oder verblassend oder bohrend oder falsch sind und daß mentale Phänomene wie etwa Nachbilder öffentlich beobachtbar oder physikalisch oder räumlich lokalisiert oder schnell sind.
Aber es ist ganz sicher zweifelhaft, daß man diese Ausdrücke tatsächlich wahrheitsgemäß benutzen kann. Sie scheinen in einem bestimmten Sinne bedeutungslos zu sein. Wenn wir G. Ryle's Begriff eines Kategorienfehlers aufgreifen, können wir sagen, daß die angeführten Ausdrücke in dem Sinne bedeutungslos sind, daß sie einen Kategorienfehler beinhalten; d.h., wenn wir diese Ausdrücke verwenden, wenden wir Prädikate, die einer bestimmten logischen Kategorie angemessen sind, auf Ausdrücke an, die zu einer anderen logischen Kategorie gehören. Dies ist mit Sicherheit ein begrifflicher Fehler. Da das, was eine notwendige Bedingung für die Wahrheit der Identitätstheorie darzustellen scheint, einen Kategorienfehler beinhaltet, scheint sich die Identitätstheorie folglich – anders als konkurrierende dualistische Theorien – in ernsthaften begrifflichen Schwierigkeiten zu befinden." (Cornman 1962, 127f.)
Zum Begriff des Kategorienfehlers vgl. auch oben Abschnitt 4.1.3.

vention akzeptieren (die keine Veränderung, sondern eine Ergänzung unserer augenblicklich für Erfahrungsworte geltenden Verwendungsregeln wäre), derzufolge es sinnvoll wäre, über Erfahrungen in der für physikalische Prozesse angemessenen Weise zu sprechen." (Smart 1959, 62)

Dies mag nun allerdings nicht jedem einleuchten; denn es scheint tatsächlich keinen Sinn zu haben, von langsamen oder kreisförmigen Erfahrungen zu reden. Und es ist sicher auch nicht klar, ob dieser Rede durch geeignete neue Konventionen vielleicht doch noch ein Sinn verliehen werden kann. (Dabei sollte man Smarts Hinweis darauf, daß die gegenwärtig geltenden Sprachregeln keineswegs sakrosankt sind, jedoch durchaus ernst nehmen.) Smart hätte aber den vierten und fünften Einwand auch auf eine andere, viel einfachere Weise entkräften können. Das Problem liegt nämlich einfach darin, daß Place und Smart so unvorsichtig waren, zu behaupten, mentale Zustände seien mit Gehirn*prozessen* identisch, und daß sie damit den Vorwurf eines Kategorienfehlers selbst geradezu provozierten. Denn Zustände und Prozesse gehören nun einmal zu verschiedenen ontologischen Kategorien. Diese Unachtsamkeit ist jedoch, wie schon Thomas Nagel in seinem Aufsatz „Physicalism" (1965) bemerkt hat, schnell behoben. Man braucht nur – wie wir das ja auch schon zu Beginn des Kapitels getan hatten – die ursprüngliche Formulierung durch die These zu ersetzen: Mentale Zustände sind mit Gehirn*zuständen* identisch bzw. allgemeiner: mit physischen Zuständen des Körpers eines Menschen.

„Statt Gedanken, Empfindungen, Nachbilder und dergleichen mit Gehirnprozessen zu identifizieren, schlage ich vor, das Haben einer Empfindung durch eine Person damit zu identifizieren, daß sich der Körper dieser Person in einem bestimmten physikalischen Zustand befindet oder daß in ihrem Körper ein bestimmter physikalischer Prozeß abläuft. Man beachte, daß beide Ausdrücke in dieser Identitätsaussage zum selben logischen Typ gehören, nämlich (um es terminologisch neutral auszudrücken) daß ein Subjekt ein bestimmtes Attribut besitzt. Die Subjekte sind die Person und ihr Körper (nicht ihr Gehirn), und die Attribute sind psychologische und physikalische Zustände, Ereignisse, etc." (T. Nagel 1965, 216)

Dieser Schachzug liefert eine ebenso einfache wie elegante Erwiderung auf den vierten und fünften Einwand: Gehirn*zustände* sind ebensoviel oder ebensowenig im Raum wie mentale *Zustände*. Und es hat ebensowenig Sinn, zu sagen, daß der mentale Zustand, der darin besteht, daß ich einen stechenden oder bohrenden Schmerz empfinde, selbst stechend oder bohrend ist, wie es Sinn hat, davon zu sprechen, daß ein Gehirnzustand langsam oder schnell, gerade oder kreisförmig ist.

Bleibt noch der letzte, der *sechste* Einwand zu erwähnen, den Smart ausmacht:

> „Empfindungen sind privat, Gehirnprozesse sind *öffentlich*. Wenn ich aufrichtig sage 'Ich sehe ein gelb-oranges Nachbild' und keinen sprachlichen Fehler mache, dann kann ich mich nicht irren. Aber ich kann mich in bezug auf einen Gehirnprozeß irren. Der Wissenschaftler, der mein Gehirn betrachtet, kann einer Illusion unterliegen. Darüber hinaus ist es sogar sinnvoll, zu sagen, daß zwei oder mehr Leute denselben Gehirnprozeß beobachten, aber nicht, daß zwei oder mehr Leute über dieselbe innere Erfahrung berichten." (Smart 1959, 62)

Dieser Einwand betont eine epistemische Differenz zwischen dem Mentalen und dem Physischen. Erstens, so wird gesagt, haben wir einen besonderen, privilegierten Zugang zu unseren eigenen mentalen Zuständen; niemand anders kann diese Zustände in dem Sinne direkt 'beobachten', wie wir dies können. Und, zweitens, können wir uns in unseren introspektiv gewonnenen Urteilen über unsere eigenen mentalen Zustände auch nicht irren. Dieses Wissen über uns und unsere mentalen Zustände ist unkorrigierbar.

Smart geht in seiner Erwiderung nur auf die zweite Behauptung ein, Urteile über eigene mentale Zustände seien gewissermaßen unfehlbar:

> „Dies zeigt, daß die Sprache introspektiver Berichte einer anderen Logik folgt als die Sprache materieller Prozesse. Solange die Theorie der Gehirnprozesse nicht stark verbessert und allgemein akzeptiert ist, gibt es offensichtlich *außer* Smiths introspektivem Bericht keine *Kriterien* dafür zu sagen 'Smith hat eine Erfahrung dieser oder jener Art'. Deshalb folgen wir der Sprachregel, die besagt, daß (normalerweise) gilt, was Smith sagt." (Smart 1959, 63)

Aber, so Smart, diese Sprachregel könnte im Laufe weiterer wissenschaftlicher Entwicklung aufgegeben werden. Und mit dieser Erwiderung nimmt Smart ein Argument vorweg, das später auch zur Verteidigung des Eliminativismus eingesetzt wurde.

Damit haben wir jedoch noch keine Erwiderung auf den ersten Teil des Einwandes, den man so formulieren könnte: „Wir haben zu unseren mentalen Zuständen einen anderen *epistemischen Zugang* als zu unseren Gehirnprozessen. Unsere mentalen Zustände sind uns *introspektiv* zugänglich, unsere Gehirnzustände nicht. Also können mentale Zustände nicht mit Gehirnzuständen identisch sein."

Dieser Einwand ist von Paul Churchland gründlich analysiert worden.[14] Churchland zufolge gibt es zumindest zwei Lesarten für das diesem Einwand zugrunde liegende Argument. Angewandt auf das Standardbeispiel

(5)   Schmerz ist identisch mit dem Feuern von C-Fasern[15]

beruht die erste Lesart auf der Tatsache, daß ich aufgrund von Introspektion zwar häufig weiß, daß ich Schmerzen habe, daß dies aber nicht unbedingt dazu führt, daß ich auch weiß, daß meine C-Fasern feuern. Formal sieht das Argument in der ersten Lesart also so aus:

(6)   Ich weiß (introspektiv), daß ich Schmerzen habe.
       Ich weiß nicht (introspektiv), daß meine C-Fasern feuern.
       Also: Meine Schmerzen sind nicht identisch mit dem Feuern meiner C-Fasern.

Das Problem dieses Arguments ist jedoch offensichtlich; denn wie wir schon wissen, erzeugt das Verb 'wissen' einen intensionalen Kontext, und das gilt auch, wenn wir den Zusatz 'introspektiv' hinzufügen. Das Argument (6) stellt also einen intensionalen Fehlschluß dar.

Dies gilt allerdings nicht für die zweite Lesart des genannten Einwandes, deren argumentative Form so aussieht:

(7)   Ich *kann* aufgrund von Introspektion wissen, daß ich Schmerzen habe.
       Ich *kann* aufgrund von Introspektion nicht wissen, daß meine C-Fasern feuern.

---

[14] P.M. Churchland (1988, 31ff.).

[15] Dieses Beispiel wird in der Diskussion um die Identitätstheorie immer wieder angeführt, obwohl aus empirischen Gründen völlig klar ist, daß diese Identitätsaussage nicht wahr sein kann. Aber so ist es in der Philosophie häufig. Auch mit unzutreffenden Beispielen kann man in der Regel das klar machen, was man mit ihnen exemplifizieren will.

Also: Meine Schmerzen sind nicht identisch mit dem Feuern meiner C-Fasern.

Doch dieses Argument hat ebenfalls eine Schwäche, die deutlich wird, wenn man es mit dem Argument vergleicht

(8)   Ich *kann* fühlen, daß das Gas eine Temperatur von ca. 27° C hat.
       Ich *kann* nicht fühlen, daß die mittlere kinetische Energie der Moleküle des Gases ca. $6{,}21 \cdot 10^{-21}$ Joule beträgt.
       Also: Die Temperatur eines Gases ist nicht identisch mit der mittleren kinetischen Energie seiner Moleküle.

Offenbar kann hier wieder etwas nicht stimmen. Denn wir wissen, daß die Konklusion von (8) falsch ist. Also ist das Argument nicht gültig oder eine seiner Prämissen ist falsch. In der Tat ist es dieses Mal die zweite Prämisse, die als zweifelhaft gelten muß. Denn grundsätzlich gilt: Wenn *M* ein Mittel ist, um herauszufinden, ob ein Gegenstand die Eigenschaft *F* hat, und wenn *F* und *G* identisch sind, dann ist *M* auch ein Mittel, um herauszufinden, ob ein Gegenstand die Eigenschaft *G* hat. Wenn ich fühlen kann, daß ein Gas eine Temperatur von ca. 27° C hat, kann ich – da die Temperatur eines Gases identisch ist mit der mittleren kinetischen Energie seiner Moleküle – daher auch fühlen, daß die mittlere kinetische Energie der Moleküle des Gases ca. $6{,}21 \cdot 10^{-21}$ Joule beträgt.

Damit ist unsere Diskussion der frühen Einwände gegen die Identitätstheorie abgeschlossen. Wir kommen jetzt zu zwei (späteren) Einwänden, die in der Tat zu ernsthaften Zweifeln an dieser Theorie berechtigen.

5.3.2 Kripkes Argument gegen die Identitätstheorie und das Argument der Multirealisierbarkeit mentaler Zustände

Bei der Darstellung der Kritik von Saul Kripke an der Identitätstheorie[16] können wir direkt an den zweiten der gerade behandelten frühen Einwände anknüpfen. Denn dieser Einwand lautete: Selbst wenn *de facto* oder aufgrund der in unserer Welt geltenden Na-

---

[16]   Besonders in Kripke (1971, 1972).

turgesetze jedem mentalen Zustand *M* genau ein Gehirnzustand *P*
entspricht, ist dies eine *kontingente* Tatsache. Metaphysisch gesehen bleibt es immer noch möglich, daß jemand im Zustand *M*,
aber nicht im Zustand *P* ist, oder umgekehrt. Und diese metaphysische Möglichkeit reicht aus, um zu zeigen, daß *M* und *P* nicht
identisch sind.

Smart hatte gegen diesen Einwand noch einmal den *a posteriori*-Charakter dieser Identität betont, sozusagen mit dem Unterton:
Es ist doch klar, daß *a posteriori*-Identitäten *kontingent* sind, und
Freges Überlegungen zeigen doch, daß es Identitätsaussagen gibt,
die nur *a posteriori* wahr und folglich kontingent sind. Diese Erwiderung schien 1959 auch völlig korrekt. Denn lange Zeit war
völlig unbestritten, daß auf der einen Seite die *notwendigen*
Wahrheiten mit den Wahrheiten *a priori* und auf der anderen
Seite die *kontingenten* Wahrheiten mit den Wahrheiten *a posteriori* gleichgesetzt werden können.

Erst in der epochemachenden Vorlesung *Naming and Necessity*,
die Kripke Anfang 1970 an der Princeton University hielt, wurde
plötzlich klar, daß es nicht nur zwei, sondern vier Arten von
Wahrheiten gibt:

- *notwendige* Wahrheiten *a priori*
- *kontingente* Wahrheiten *a posteriori*
- *notwendige* Wahrheiten *a posteriori*
- *kontingente* Wahrheiten *a priori*

Dies ist für die Identitätstheorie deshalb von größter Bedeutung,
weil nach Kripkes Überlegungen die *a posteriori* wahren Aussagen nicht mehr einfach mit den *kontingenterweise* wahren Aussagen gleichgesetzt werden können. Ganz im Gegenteil: Kripke ist
der Überzeugung, daß *alle* wahren Identitätsaussagen – also auch
alle *a posteriori* wahren Identitätsaussagen – *notwendig* wahr
sind. Wenn das so ist, ist die Identitätstheorie jedoch in einer
schwierigen Lage. Denn wenn Kripke recht hat, würde der Nachweis, daß es für jeden mentalen Zustand *M* und jeden physischen
Zustand *P* zumindest metaphysisch möglich ist, daß jemand in *M*,
aber nicht in *P* ist (oder umgekehrt), diese Theorie tatsächlich zu
Fall bringen. Aber bleiben wir zunächst noch bei Kripkes Überlegungen. Was heißt es nach Kripke, daß eine Aussage *notwendig*

wahr ist? Und wie ist ihm zufolge das Begriffspaar *a priori* – *a posteriori* zu verstehen?

Die einfache Antwort auf die erste Frage lautet:

- Eine Aussage ist genau dann *notwendig* wahr, wenn sie in allen möglichen Welten wahr ist, d.h. wenn es keine denkbare Situation gibt, in der sie falsch wäre.

Aber was ist hier unter einer möglichen Welt zu verstehen? Auch hierauf gibt es eine einfache Antwort:

- Eine *mögliche Welt* ist eine *vollständige Art und Weise*, wie sich die Dinge verhalten *können*.[17]

Daß eine mögliche Welt eine *vollständige* Art und Weise ist, wie sich die Dinge verhalten können, heißt, daß jede mögliche Welt für jeden Satz festlegen muß, ob dieser Satz in ihr wahr ist.

Nehmen wir zur Veranschaulichung an, daß die (aktuelle) Welt aus einem Zimmer mit vier Wänden, einer Decke und einem Boden besteht; daß sich in einer Wand eine Tür befindet; daß sich in der Mitte des Zimmers auf dem Boden ein Tisch befindet, an dem zwei rote Stühle stehen; daß ein weiterer, allerdings blauer Stuhl links neben der Tür steht; und daß sich auf dem Tisch eine Vase befindet. Zur vollständigen Beschreibung dieser Welt reichen diese Sätze jedoch noch nicht aus. Vollständig wäre eine solche Beschreibung nämlich erst, wenn aus ihr auch hervorginge, wo genau sich die Tür befindet, welche Form sie hat und ob sie geöffnet oder geschlossen ist; welche Farbe Decke, Boden, Wände, der Tisch und die Vase haben; wo genau die Stühle stehen und aus welchem Material sie sind; wo genau die Vase steht; usw. usw.

Bezogen auf diese 'Zimmerwelt' ist jede mögliche Welt nun ein – geringfügig oder auch erheblich – anderes mögliches Arrangement[18] der gerade genannten Gegenstände, wobei natürlich auch noch andere Gegenstände hinzukommen oder vorhandene fehlen können. In *einer* möglichen Welt steht vielleicht nur der blaue

---

[17] Siehe u.a. Forbes (1995).

[18] Dieser Ausdruck ist hier nicht nur räumlich zu verstehen; vielmehr soll er auch alle nicht-räumlichen Relationen und Eigenschaften der Dinge beinhalten, die zu unserer Zimmerwelt gehören.

Stuhl ebenfalls am Tisch, in einer *anderen* dagegen fehlen einige
Gegenstände, während die übrigen eine andere Farbe haben und
gänzlich anders verteilt sind. Es könnte z.b. sein, daß die Tür und
der Tisch fehlen, daß die jetzt grünen Stühle in der Luft schweben
und die Vase, die vorher blau war, jetzt aber gelb ist, in der Mitte
des Raumes rotiert. Wichtig ist, daß durch diese Sätze die beiden
möglichen Welten wiederum noch nicht vollständig beschrieben
sind. Denn jede mögliche Welt ist, wie gesagt, eine vollständige
Art und Weise, wie sich die Dinge verhalten können. Sie ist daher
erst dann erschöpfend charakterisiert, wenn wir nicht nur wissen,
welche Gegenstände überhaupt in ihr vorkommen, sondern wir
von jedem Gegenstand, der in ihr vorkommt, alles wissen, was
man von ihm wissen kann: Welche Form, Größe und Farbe er hat,
aus welchem Material er besteht, wo er sich genau befindet, usw.

Kommen wir zurück zu Kripkes These, die sich präzise so formulieren läßt:

(1)   Alle wahren Identitätsaussagen der Form „*a = b*" sind not-
      wendig wahr, wenn die Ausdrücke *a* und *b starre Bezeich-
      ner* (*'rigid designators'*) sind.

Was spricht für diese These? Nehmen wir an, wir geben den drei
Stühlen in unserer Zimmerwelt die Namen 'Ah', 'Beh' und 'Ceh',
wobei 'Ah' den blauen Stuhl links neben der Tür bezeichnen soll.
Offenbar kann mit diesem Stuhl vielerlei passieren: Er kann von
der Tür an den Tisch gerückt werden; er kann grün angestrichen
werden; seine Beine können gekürzt und seine Sitzfläche gepol-
stert werden; usw. Aber solange der Stuhl nicht verbrannt oder
auf andere Weise vernichtet wird, bleibt er derselbe Stuhl, auf den
wir uns mit demselben Namen beziehen können. D.h., der Name
'Ah' *bezeichnet in jeder möglichen Welt denselben Stuhl* – nämlich eben den Stuhl, der in der aktuellen Welt neben der Tür steht.
In der Terminologie Kripkes: 'Ah' ist ein starrer Bezeichner.

Natürlich können wir uns auf Ah auch auf andere Weise beziehen – z.B. mit der Kennzeichnung* 'der Stuhl links neben der
Tür'. Doch diese Kennzeichnung bezeichnet nicht in jeder möglichen Welt denselben Gegenstand. Wir können uns z.B. ohne
weiteres eine mögliche Welt vorstellen, in der Ah an den Tisch
gerückt wurde, während einer der beiden roten Stühle, die zunächst am Tisch standen, – sagen wir Beh – den ursprünglichen

Platz von Ah einnimmt. In dieser Welt würde der Ausdruck 'der Stuhl links neben der Tür' Beh bezeichnen. Dieser Ausdruck ist somit kein starrer Bezeichner. Starre Bezeichner sind Ausdrücke, die in allen möglichen Welten dasselbe bezeichnen, während nicht starre Bezeichner dies nicht tun. Und deshalb kann die Identitätsaussage

(2)   Ah = der Stuhl links neben der Tür

wahr sein, obwohl sie nicht notwendig wahr ist. Denn nach Kripke sind Identitätsaussagen dann notwendig wahr, wenn links und rechts vom Identitätszeichen '=' jeweils starre Bezeichner stehen. Und dies ist in der Aussage (2) nicht der Fall.

Man kann sich jedoch leicht vorstellen, daß es für denselben Gegenstand zwei starre Bezeichner (z.B. zwei Namen) gibt – so wie z.B. Cicero sowohl durch 'Cicero' als auch durch 'Tullius' bezeichnet wird. Nehmen wir also an, daß es auch für Ah noch einen anderen Namen – sagen wir 'Zet' – gibt. Dann ist nach Kripke die Identitätsaussage

(2′)   Ah = Zet

nicht nur wahr, sondern notwendig wahr. Denn auch 'Zet' ist als Name ein starrer Bezeichner. Folglich bezeichnet 'Zet' ebenso wie 'Ah' in jeder möglichen Welt denselben Gegenstand, und zwar genau den Gegenstand, den auch 'Ah' bezeichnet. Wir sehen also, daß Kripkes These (1) nicht nur wahr, sondern trivialerweise wahr ist – so wie er den Ausdruck 'starrer Bezeichner' verwendet. Denn wenn *a* und *b* in allen möglichen Welt dasselbe bezeichnen, dann ist die Aussage „*a* = *b*" auch in allen möglichen Welten, also notwendig wahr. Denn natürlich ist jeder Gegenstand in jeder möglichen Welt mit sich identisch.

Wie steht es nun mit den Begriffen '*a priori*' und '*a posteriori*'? Klar ist zunächst, daß diese Begriffe eine epistemische Unterscheidung betreffen, die damit zu tun hat, wie wir die Wahrheit eines Satzes feststellen oder begründen können. Traditionell wird ein Satz '*a priori* wahr' genannt, wenn seine Wahrheit ohne Rückgriff auf Erfahrung eingesehen werden kann; '*a posteriori* wahr' dagegen heißt ein Satz, wenn er nur unter Bezug auf Erfahrung gerechtfertigt werden kann. Diese Erläuterung leidet zwar daran, daß nicht klar ist, was hier unter 'Erfahrung' verstanden werden soll. (Nur Sinneserfahrung oder auch Introspektion oder vielleicht sogar das, was manchmal 'Intuition' genannt wird?) Aber dieses Problem braucht uns hier nicht weiter zu beschäftigen. Denn schon die traditionelle Auffassung reicht aus, um einzusehen, daß z.B. der Satz

(3)   Alle Junggesellen sind unverheiratet

a priori wahr ist. Denn um die Wahrheit dieses Satzes festzustellen, benötigt man nur das linguistische Wissen, daß der Ausdruck 'Junggeselle' auf (und nur auf) unverheiratete männliche Erwachsene zutrifft. Wer der deutschen Sprache mächtig ist, weiß also schon allein aufgrund seiner Sprachkompetenz, daß der Satz (3) wahr ist. Entsprechendes gilt auch für den Satz

(4)   Ich bin jetzt hier.

Die Regeln der deutschen Sprache besagen: Wenn jemand einen Satz äußert, in dem die Ausdrücke 'ich', 'jetzt' oder 'hier' vorkommen, dann bezeichnet der Ausdruck 'ich' denjenigen, der diese Äußerung macht, der Ausdruck 'jetzt' den Zeitpunkt der Äußerung und der Ausdruck 'hier' den Ort der Äußerung. Wer auch immer den Satz (4) äußert, sagt damit also etwas Wahres. Denn jeder kann eine Äußerung nur da machen, wo er sich gerade befindet. Und auch das kann man ohne Rückgriff auf Erfahrung wissen.[19] Der Begriff des *a priori* wahren Satzes soll hier daher ganz im Sinne der Tradition erläutert werden:

- Ein Satz ist genau dann *a priori* wahr, wenn man ohne Rückgriff auf Erfahrung einsehen kann, daß jeder etwas Wahres sagt, der diesen Satz äußert.

---

[19] Etwas Ähnliches gilt für den von Kripke verwendeten Beispielsatz „Das Urmeter in Paris ist zum Zeitpunkt t_0 einen Meter lang". Unter der Voraussetzung, daß der Ausdruck 'ist ein Meter lang' durch die Festlegung 'hat die Länge, die das Urmeter in Paris zum Zeitpunkt t_0 (tatsächlich) hat' in die Sprache eingeführt ist, ist dieser Satz *a priori* wahr. Allein aufgrund der Kenntnis dieser Festlegung kann jeder wissen, daß man mit diesem Satz nur Wahres sagen kann. Aber er ist nicht notwendig wahr; denn wenn man das Urmeter zum Zeitpunkt t_0 erhitzt hätte, hätte es nicht die Länge gehabt, die es zu diesem Zeitpunkt tatsächlich hatte. In diesem Fall wäre es also nicht einen Meter lang gewesen. Mit anderen Worten: Es gibt mindestens eine mögliche Welt, in der der Beispielsatz falsch ist.

Ein Satz ist

notwendig wahr genau dann,
    wenn er in allen möglichen Welten wahr ist.

kontingent wahr genau dann,
    wenn er wahr, aber nicht in allen möglichen Welten
    wahr ist.

a priori wahr genau dann,
    wenn man ohne Rückgriff auf Erfahrung einsehen
    kann, daß jeder etwas Wahres sagt, der diesen Satz
    äußert.

a posteriori wahr genau dann,
    wenn er wahr, aber nicht *a priori* wahr ist.

Nach diesen Begriffsklärungen ist jetzt relativ leicht zu sehen, warum es neben den notwendigen Wahrheiten *a priori* und den kontingenten (d.h. nicht notwendigen) Wahrheiten *a posteriori* auch notwendige Wahrheiten *a posteriori* und kontingente Wahrheiten *a priori* gibt. Beispiele für die Gruppe der notwendigen Wahrheiten *a posteriori* sind alle Identitätsaussagen, in denen links und rechts vom Identitätszeichen starre, aber nicht sinngleiche Bezeichner stehen – also Aussagen wie

(5)   Cicero = Tullius

und

(6)   Der Morgenstern = der Abendstern,

aber auch die Aussage

(7)   Wasser = H_2O.

Diese Aussagen sind notwendig wahr, weil alle ihn ihnen vorkommenden Bezeichner starr sind.[20] Aber sie sind nur *a posteriori* wahr, weil sie zwar wahr sind, wegen der Sinnverschiedenheit

---

[20] Daß Ausdrücke wie 'Wasser' und 'H_2O' ebenfalls starre Bezeichner sind, ist eine der zentralen Thesen Kripkes, auf deren Begründung hier jedoch nicht weiter eingegangen werden kann.

dieser Bezeichner linguistisches Wissen allein aber nicht ausreicht, um zu erkennen, daß jeder etwas Wahres sagt, der einen
dieser Sätze äußert. Nur aufgrund von Erfahrung können wir wissen, daß die Bezeichner, die links und rechts vom Gleichheitszeichen stehen, dieselbe Person, denselben Gegenstand bzw. denselben Stoff bezeichnen. Und das heißt: Nur aufgrund von Erfahrung
können wir einsehen, daß die Sätze (5) - (7) wahr sind.

Ein einfaches, aber sinnfälliges Beispiel für die Gruppe der
kontingenten Wahrheiten *a priori* ist der Satz (4). Denn wie wir
schon gesehen hatten, ist dieser Satz *a priori* wahr. Aber keine
seiner Äußerungen ist notwendig wahr. Denn natürlich könnte
jeder, der diesen Satz äußert, zu dem Zeitpunkt, an dem er ihn
äußert, auch woanders sein. D.h., natürlich gibt es viele mögliche
Welten, in denen sich derjenige, der diesen Satz äußert, zum
Zeitpunkt seiner Äußerung an einem anderen Ort aufhält als dem,
an dem er sich zu diesem Zeitpunkt in der wirklichen Welt befindet.

Was folgt aus all dem für die Identitätstheorie? Zunächst einmal, daß z.B. die Identitätsaussage

(8)   Schmerz ist identisch mit dem Feuern von C-Fasern

nur dann wahr sein kann, wenn sie notwendig wahr ist – vorausgesetzt, daß auch die Ausdrücke 'Schmerz' und 'das Feuern von
C-Fasern' starre Bezeichner sind.

Kripke will nun zeigen, daß die Aussage (8) nicht notwendig
wahr ist und daß wir daher – da die Ausdrücke 'Schmerz' und
'das Feuern von C-Fasern' starre Bezeichner sind – um die
Schlußfolgerung nicht herumkommen, daß (8) sogar falsch ist.

Der erste Teil dieser Behauptung ergibt sich für ihn aus der Tatsache, *daß sich herausstellen könnte*, daß Schmerz nicht mit dem
Feuern von C-Fasern identisch ist. Denn es gilt:

(9)   Wenn sich herausstellen kann, daß *p*, dann ist es auch mög-
        lich, daß *p*.

Dieses Argument scheint jedoch eine Schwäche zu haben.
Kripke selbst schreibt nämlich häufig, *daß sich herausstellen
könnte*, daß Wasser nicht H_2O ist, daß Wärme nicht die Bewegung von Molekülen ist oder daß Blitze keine elektrischen Entladungen sind. Auf der anderen Seite ist er jedoch zugleich von der

notwendigen Wahrheit dieser Aussagen überzeugt. Also scheint
Kripke selbst an der Richtigkeit des Prinzips (9) zu zweifeln.
    Kripkes Erwiderung auf diesen Einwand lautet, daß z.B. die
Aussage

(10') Es könnte sich herausstellen, daß Wasser nicht H_2O ist

genau genommen falsch ist. Wahr ist nur die verwandte Aussage:

(10'') Es könnte sein, daß sich überall dort, wo in unserer Welt
       tatsächlich Wasser ist (in Seen und Flüssen, im Meer, im
       Schwimmbecken, usw.) ein anderer Stoff befindet, der ge-
       nauso aussieht, schmeckt und riecht wie Wasser, der ge-
       nauso unseren Durst löscht wie Wasser, usw.

Aus der Wahrheit *dieser* Aussage folgt aber nicht, daß die Aussage

(10) Wasser ist H_2O

nur kontingent und eben deshalb falsch ist.
    Der entscheidende Punkt dieser Erwiderung läßt sich noch prä-
ziser formulieren. Häufig benutzen wir zur *Festlegung* des Be-
zugs eines starren Bezeichners Eigenschaften, die das Bezeich-
nete nur kontingenterweise besitzt: z.B. daß es an einem bestimmten Ort vorkommt, bestimmte beobachtbare Merkmale besitzt, bestimmte Empfindungen verursacht oder ähnliches.
'Wasser' etwa soll sich auf *den* Stoff beziehen, der in unserer
Welt in Seen und Flüssen vorkommt, durchsichtig und fast ge-
schmacklos ist, Durst löscht usw., 'Wärme' dagegen auf *die* Eigenschaft von Stoffen, die in unserer Welt unter anderem in uns
eine bestimmte Empfindung verursacht.
    Wenn wir sagen

(11') Es könnte sich herausstellen, daß Wärme nicht die Bewe-
      gung von Molekülen ist,

meinen wir deshalb nur

(11'') Es könnte sich herausstellen, daß die Eigenschaft, die in uns
       eine bestimmte Empfindung verursacht, nicht die Bewe-
       gung von Molekülen ist.

Aber aus der Wahrheit dieser Aussage folgt ebenfalls nicht die Wahrheit von (11′) und damit auch nicht die Falschheit von

(11) Wärme ist die Bewegung von Molekülen.

Mit anderen Worten: Die Aussagen (10) und (11) sind nur scheinbar kontingent. Denn wahr sind nicht die Aussagen (10′) und (11′), sondern nur die Aussagen (10″) und (11″).

Mit der Aussage (8) ist das aber anders. Denn die Eigenschaft, durch die der Bezug des Ausdrucks 'Schmerz' festgelegt wird, d.h. die Eigenschaft, sich genau auf diese bestimmte Weise anzufühlen, ist keine kontingente, sondern eine notwendige Eigenschaft dieses Zustands. Jeder Zustand, der diese Eigenschaft hat, *ist* ein Schmerzzustand.

Wenn die Aussage

(8″) Es könnte sich herausstellen, daß der Zustand, der diese ganz bestimmte Empfindungsqualität hat, nicht das Feuern von C-Fasern ist

wahr ist, ist daher auch die Aussage wahr:

(8′) Es könnte sich herausstellen, daß Schmerz nicht das Feuern von C-Fasern ist.

Die Aussage (8) ist also nicht bloß scheinbar, sie ist wirklich kontingent. Und daher muß sie falsch sein. Denn wahr kann sie nur sein, wenn sie notwendig wahr ist.

Allerdings: Diese Schlußfolgerung gilt natürlich nur unter der Voraussetzung, daß es sich bei den Ausdrücken 'Schmerz' und 'das Feuern von C-Fasern' tatsächlich um starre Bezeichner handelt. Daran kann Kripke zufolge aber kein Zweifel bestehen. Zwei Personen haben die gleichen Schmerzen, wenn sie in mentalen Zuständen sind, die sich auf die gleiche Weise, nämlich schmerzhaft, anfühlen. Und dies gilt natürlich nicht nur in dieser Welt. Zu sagen, es könnte sein, daß Hans Schmerzen hat, daß sich dieser Zustand für ihn aber gar nicht schmerzhaft, sondern eher wie eine Übelkeit anfühlt, ist einfach Unsinn. Schmerz ist *wesentlich* durch eine bestimmte Empfindungsqualität charakterisiert. Und eben deshalb ist 'Schmerz' ein starrer Bezeichner; er bezeichnet in jeder möglichen Welt den Zustand, der diese Empfindungsqualität besitzt. Und Entsprechendes gilt für das Feuern von C-Fasern.

„Tatsächlich scheint es, daß beide Ausdrücke 'mein Schmerz' und 'mein sich-in-dem-und-dem-Gehirnzustand-Befinden' ... starre Bezeichner sind. Das heißt, wann immer etwas der und der Schmerz ist, dann ist es wesentlich genau dies, nämlich der und der Schmerz, und wann immer etwas der und der Gehirnzustand ist, dann ist es wesentlich genau dies, nämlich der und der Gehirnzustand. Somit sind beide Ausdrücke starre Bezeichner. Man kann nicht sagen, dieser Schmerz hätte etwas anderes sein können, ein anderer Zustand. Beide Ausdrücke sind starre Bezeichner." (Kripke 1971, 213f. – die Übersetzung weicht teilweise von der der deutschen Ausgabe ab)

Schmerz kann also nicht mit dem Feuern von C-Fasern identisch sein, da die Aussage (8) kontingent ist, obwohl die Ausdrücke 'Schmerz' und 'das Feuern von C-Fasern' starre Bezeichner sind.

Das von Kripke formulierte Argument gegen die Identität von mentalen und physischen Zuständen hat zwar eine umfangreiche und äußerst kontroverse Debatte ausgelöst; entscheidender für den Niedergang der Identitätstheorie war jedoch die Einsicht in die Multirealisierbarkeit mentaler Zustände, die der Identitätstheorie sozusagen den empirischen Boden unter den Füßen wegzog.

Wir wissen heute, daß ein bestimmter mentaler Zustand bei verschiedenen Personen mit durchaus unterschiedlichen neuronalen Zuständen korreliert sein kann. Wenn man verschiedenen Personen eine bestimmte Aufgabe vorlegt und zugleich z.B. mit Hilfe der Positronen-Emissions-Tomographie* beobachtet, welche Bereiche der Gehirne dieser Personen bei der Lösung dieser Aufgabe besonders aktiv sind, dann ergeben sich in der Regel zwar sehr ähnliche, aber kaum je dieselben Muster. Es gilt sogar als ziemlich sicher, daß sich bei der Anwendung dieser Methode statistisch signifikante Unterschiede z.B. zwischen Männern und Frauen feststellen lassen.

Wir wissen weiter, daß sich sogar bei ein und derselben Person die Korrelation zwischen mentalen und Gehirnzuständen im Laufe ihres Lebens dramatisch verändern kann. Nach Gehirnverletzungen z.B. können andere Teile des Gehirns die Funktionen des geschädigten Gewebes übernehmen. Nur aufgrund dieser außerordentlichen Plastizität des Gehirns sind wir überhaupt in der Lage, im Laufe unseres Lebens unsere geistigen Fähigkeiten trotz des täglichen Zugrundegehens tausender von Nervenzellen (zumindest einigermaßen) zu erhalten.

Wir wissen schließlich, daß sich die Neurophysiologie der meisten Tiere mehr oder weniger stark von der unsrigen unterscheidet. Soll allein daraus schon folgen, daß diese Tiere nicht dieselben mentalen Zustände haben wie wir?

Und wie steht es schließlich mit Marsmenschen[21] und Robotern? Sollen diese Wesen schon deshalb kein dem unseren vergleichbares mentales Leben haben, weil ihr 'Gehirn' nicht aus Nervenzellen, sondern z.B. aus Silizium-Chips[22] besteht?

Offensichtlich machen es alle diese Überlegungen ziemlich unwahrscheinlich, daß tatsächlich jedem mentalen Zustand genau ein neurophysiologischer Zustand entspricht. Und eben deshalb steht die Identitätstheorie auf einer äußerst schwachen empirischen Grundlage. Denn wie wir schon gesehen hatten, setzt Identität zumindest das Bestehen einer eindeutigen naturgesetzlichen Korrelation voraus. Mit anderen Worten: Aufgrund der bekannten empirischen Fakten, aber auch aufgrund von theoretischen Überlegungen ist es mehr als unwahrscheinlich, daß mentale und physische Zustände auch nur die im Abschnitt 5.1 angeführten Bedingungen (i) und (ii) erfüllen.

Jerry Fodor hat in seinem Aufsatz „Special Sciences" (1974) dieses Ergebnis generalisiert und die These vertreten, daß grundsätzlich nicht davon ausgegangen werden kann, daß den Artbegriffen, die in Einzelwissenschaften[23] wie der Geologie, Psychologie, Soziologie oder der Wirtschaftswissenschaft eine entscheidende Rolle spielen, in eindeutiger Weise Artbegriffe der Physik

---

[21] Marsmenschen stehen hier und im folgenden für alle möglichen nichtkünstlichen mentalen Wesen, die vielleicht irgendwo im Weltall existieren, sich in ihrer Struktur aber deutlich von den Lebewesen auf unserer Erde unterscheiden.

[22] Nicht 'Silikon-Chips'! Es ist kaum zu glauben, wie häufig das englische 'silicon' völlig unzutreffend mit 'Silikon' übersetzt wird.

[23] Der Ausdruck 'Einzelwissenschaften' ist keine völlig angemessene Übersetzung für Fodors Ausdruck 'special sciences'. Denn natürlich ist auch die Physik eine Einzelwissenschaft. Fodor verwendet den Terminus 'special sciences' aber gerade dazu, die spezielleren Wissenschaften wie die Geologie, Psychologie, Soziologie und die Wirtschaftswissenschaft mit ihren je eigenen Gegenstandsbereichen von der allgemeinen Grundwissenschaft, der Physik, abzugrenzen.

entsprechen. Seiner Meinung nach kann man daher auch grundsätzlich nicht davon ausgehen, daß diese Wissenschaften auf die Physik reduzierbar sind.

„Die Gründe dafür, daß es unwahrscheinlich ist, daß jede Art einer physikalischen Art entspricht, sind: (a) Häufig kann man interessante Generalisierungen (z.B. Generalisierungen, die kontrafaktische Aussagen stützen) über Ereignisse formulieren, deren physikalische Beschreibungen keine Gemeinsamkeiten aufweisen. (b) Oft ist die Frage, *ob* die physikalischen Beschreibungen der unter solche Generalisierungen subsumierten Ereignisse etwas gemeinsam haben, offensichtlich vollkommen irrelevant für die Wahrheit dieser Generalisierungen oder für ihre Interessantheit oder für den Grad ihrer Bestätigung oder überhaupt für irgendeine ihrer epistemologisch wichtigen Eigenschaften. (c) Die Einzelwissenschaften beschäftigen sich vorwiegend mit der Formulierung von Generalisierungen dieser Art. Ich gehe davon aus, daß diese Bemerkungen offensichtlich sind bis hin zur Selbstbestätigung; sie springen ins Auge, sobald man den (anscheinend radikalen) Schritt macht, die Existenz der Einzelwissenschaften überhaupt ernst zu nehmen." (Fodor 1974, 141 – die Übersetzung weicht teilweise von der der deutschen Ausgabe ab)

Nehmen wir als Beispiel Greshams Gesetz: „Existieren in einem Gebiet zwei Währungen – etwa Gold und Silber –, deren Wertverhältnis gesetzlich festgelegt ist, dann verdrängt die schlechtere die bessere aus dem Umlauf; diese wird gehortet". Fodor zufolge kann es zwar durchaus sein, daß jeder einzelne Austausch von Zahlungsmitteln ein physikalisches Ereignis in dem Sinne ist, daß es für dieses Ereignis eine wahre Beschreibung im Vokabular der Physik gibt. Unwahrscheinlich ist jedoch, daß alle diese Ereignisse unter einen physikalischen Artbegriff fallen. Denn der eine Geldaustausch mag darin bestehen, daß auf Schnüre aufgereihte Schnecken- und Muschelscheiben (Wampums) den Besitzer wechseln; der andere im Austausch von 10 Mark-Scheinen; der dritte im Unterschreiben und Überreichen eines Schecks; usw. Es wäre daher schon recht merkwürdig, wenn allen diesen verschiedenen Tätigkeiten etwas physikalisch Interessantes gemeinsam wäre. Entscheidend ist jedoch noch etwas anderes:

„Der Punkt ist, daß verschiedene Arten des Zahlungsverkehrs interessante Gemeinsamkeiten haben; wenn das Greshamsche Gesetz wahr ist, dann drückt es eine dieser interessanten Gemeinsamkeiten aus. Was jedoch an verschiedenen Arten des Zahlungsverkehrs interessant ist, ist sicher nicht, was ihren *physikalischen* Beschreibungen gemeinsam ist. Eine Art wie Zahlungsverkehr *könnte* sich als koextensiv mit einer physikalischen Art herausstellen; doch wenn dies so wäre, dann wäre dies ein Zufall kosmischen Ausmaßes." (Fodor 1974, 142 – die Übersetzung weicht teilweise von der der deutschen Ausgabe ab)

Das Bild, das reduktionistisch eingestellte Wissenschaftler vom Verhältnis der Einzelwissenschaften zur Physik haben, muß Fodor zufolge daher grundlegend revidiert werden. Es ist nicht vernünftig, anzunehmen, daß jedem einzelwissenschaftlichen Artbegriff '*F*' genau ein physikalischer Artbegriff '*P*' derart zugeordnet werden kann, daß sich zu jedem einzelwissenschaftlichen Gesetz

(12) Für alle *x*: Wenn *x F* hat, hat *x* auch *F′*
      (Symbolisch: $\forall x(Fx \rightarrow F'x)$)

aus der Physik das Bildgesetz

(12′) Für alle *x*: Wenn *x P* hat, hat *x* auch *P′*
       (Symbolisch: $\forall x(Px \rightarrow P'x)$)

ableiten läßt. Vielmehr ist davon auszugehen, daß die verschiedenen Ereignisse, die unter einen einzelwissenschaftlichen Artbegriff *F* fallen (also z.B. die Ereignisse, die einen Austausch von Zahlungsmitteln darstellen), auf sehr unterschiedliche Weise physikalisch realisiert sind. D.h., dem Artbegriff '*F*' werden viele verschiedene physikalische Begriffe 'P_1', ..., 'P_n', ... entsprechen. Und das Verhältnis zwischen einzelwissenschaftlichen und physikalischen Gesetzen wird sich eher so darstellen[24]:

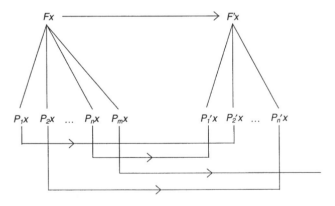

---

[24] Vgl. Fodor (1974, 139).

Wenn auf der einzelwissenschaftlichen Ebene das Ereignis Fa das Ereignis $F'a$ verursacht und wenn Fa durch das physikalische Ereignis $P_j a$ realisiert ist, dann wird es in der Regel ein physikalisches Ereignis $P'_j a$ geben, das durch $P_j a$ verursacht wird und das zugleich eine Realisierung von $F'a$ ist. Allerdings sind da auch Ausnahmen möglich; d.h., es kann Realisierungen von Fa geben, die keine Realisierungen von $F'a$ verursachen. Und dies ist der systematische Grund dafür, daß einzelwissenschaftliche Gesetze im allgemeinen nicht ausnahmslos gelten.

Es ist klar, daß die Identitätstheorie auf völlig hoffnungslosem Posten steht, wenn Fodor mit diesen Überlegungen recht hat. Und alles spricht dafür, daß er damit recht hat. Die Multirealisierbarkeit mentaler Zustände und Eigenschaften gilt daher heute als das entscheidende Argument gegen die Identitätstheorie.

6   Funktionalismus

Anders als der Semantische Physikalismus und die Identitätstheorie hat der Funktionalismus auch heute noch viele Anhänger. Der Grund dafür liegt sicher darin, daß diese Position die Vorzüge des Semantischen Physikalismus und der Identitätstheorie bewahrt, ihre Nachteile jedoch vermeidet. Zumindest wird das von ihren Anhängern so gesehen. Die Grundzüge des Funktionalismus wurden in den 60er Jahren von Putnam und Fodor entwickelt.[1] In der Zwischenzeit wurde diese Theorie jedoch in so vielfältiger Weise weiterentwickelt, daß es heute eine kaum noch überschaubare Zahl von Versionen des Funktionalismus gibt, die zum Teil nur noch von Spezialisten unterschieden werden können. Auf diese Feinheiten kann hier natürlich nicht eingegangen werden.[2] Das Ziel dieses Kapitels ist vielmehr, die Grundzüge des Funktionalismus darzustellen und einen Überblick über die Hauptvarianten

---

[1]   Vgl. besonders Putnam (1960; 1967a; 1967b) und Fodor (1968) sowie zur genaueren Charakterisierung Block (1980c).

[2]   Eine Einführung in die Philosophie des Geistes, in der fast alle Spielarten des Funktionalismus ausführlich diskutiert werden, bietet Braddon-Mitchell/Jackson (1996).

dieser Position mit ihren jeweiligen Vorzügen und Schwächen zu geben.

6.1   Grundsätzliches zum Funktionalismus

Die Grundthese des Funktionalismus kann man so zusammenfassen:

Funktionalismus

- Mentale Zustände sind ihrer Natur nach *funktionale Zustände.*
- Funktionale Zustände sind Zustände eines Systems, die allein durch ihre *kausale Rolle* charakterisiert sind – d.h. durch die Ereignisse außerhalb des Systems, durch die sie verursacht werden (*inputs*), durch das, was sie selbst außerhalb des Systems verursachen (*outputs*), und durch ihre *kausalen Relationen* zu anderen Systemzuständen* derselben Art.

Schmerzen z.B. haben typische Ursachen und Wirkungen, also eine typische kausale Rolle: Schmerzen werden (im allgemeinen) durch eine Verletzung oder Schädigung von Körpergewebe verursacht; sie selbst verursachen (häufig) Jammern oder Schreien, Erbleichen sowie Handlungen zur Versorgung des verletzten Gewebes; und sie verursachen (häufig) eine Ablenkung der Aufmerksamkeit und den Wunsch, den Schmerz zu beseitigen.

Die These des Funktionalismus besagt nun: *Schmerz* ist *der Zustand eines Wesens, der durch diese kausale Rolle charakterisiert ist* – oder auch anders herum: *ein Wesen hat genau dann Schmerzen, wenn es in einem Zustand ist, der diese kausale Rolle innehat.*[3]

---

[3]   An dieser Stelle kann man einen feinen Unterschied machen zwischen Funktionalisten, die Schmerzen mit einer kausalen *Rolle* gleichsetzen, und Funktionalisten, die Schmerzen mit dem *Träger* dieser Rolle identifizieren. Wir werden uns hier nur mit der ersten Spielart des Funktionalismus befas-

Ein einfaches und sehr anschauliches Beispiel für ein System, dessen Zustände rein funktional durch ihre kausale Rolle charakterisiert sind, stammt von Ned Block[4]. Stellen wir uns einen Getränkeautomaten vor, der beim Einwurf von einer Mark eine Coca-Cola-Dose auswirft. Allerdings nimmt dieser Automat nicht nur Markstücke, sondern auch Fünfzigpfennigstücke an. Wie kann man unter diesen Umständen erreichen, daß der Automat eine Coca-Cola-Dose genau dann auswirft, wenn mindestens eine Mark eingeworfen wurde, und daß er eventuell zuviel gezahltes Geld wieder zurückgibt? Die Antwort ist, daß man dafür sorgen muß, daß der Automat zwei Zustände X_1 und X_2 annehmen kann, die folgendermaßen charakterisiert sind.

Wenn der Automat im Zustand X_1 ist, passiert folgendes:

Wenn ein Markstück eingeworfen wird, wirft er eine Coca-Cola-Dose aus und bleibt im Zustand X_1.

Wenn ein Fünfzigpfennigstück eingeworfen wird, geht er in den Zustand X_2 über.

Wenn der Automat im Zustand X_2 ist, gilt dagegen:

Wenn ein Markstück eingeworfen wird, wirft er eine Cola-Dose und ein Fünfzigpfennigstück aus und geht zurück in den Zustand X_1.

Wenn ein Fünfzigpfennigstück eingeworfen wird, wirft er eine Coca-Cola-Dose aus und geht zurück in den Zustand X_1.

Übersichtlicher kann man das für die beiden Zustände X_1 und X_2 charakteristische Verhalten mit Hilfe der folgenden Matrix darstellen, in der die Spalten für die beiden Zustände X_1 und X_2 und die Zeilen für die möglichen Münzen stehen, die man in den Automaten einwerfen kann. In den einzelnen Feldern steht, was die Maschine jeweils tut (was sie auswirft) und in welchen Folgezustand sie danach übergeht.

---

sen. Für eine ausführliche Diskussion vgl. Braddon-Mitchell/Jackson (1996).

[4] Block (1978; 1980c).

	X_1	X_2
Markstück	Coca-Cola-Dose X_1	Coca-Cola-Dose Fünfzigpfennigstück X_1
Fünfzig-pfennigstück	– X_2	Coca-Cola-Dose X_1

Jedes Feld in dieser Matrix steht für ein *Verhaltensgesetz*, aus dem hervorgeht, was der Automat bei gegebenem Münzeinwurf (*input*) tut (*output*), wenn er in einem der beiden Zustände ist, die er annehmen kann. Den vier Feldern entsprechen also die folgenden vier Gesetze:

(1) Wenn der Automat im Zustand X_1 ist und ein Markstück eingeworfen wird, dann wirft er eine Coca-Cola-Dose aus und bleibt im Zustand X_1.

(2) Wenn der Automat im Zustand X_1 ist und ein Fünfzigpfennigstück eingeworfen wird, dann geht er in den Zustand X_2 über.

(3) Wenn der Automat im Zustand X_2 ist und ein Markstück eingeworfen wird, dann wirft er eine Coca-Cola-Dose und ein Fünfzigpfennigstück aus und geht in den Zustand X_1 zurück.

(4) Wenn der Automat im Zustand X_2 ist und ein Fünfzigpfennigstück eingeworfen wird, dann wirft er eine Coca-Cola-Dose aus und geht in den Zustand X_1 zurück.

Das Entscheidende ist nun, daß die Zustände X_1 und X_2 *allein* durch ihre in diesen Verhaltensgesetzen beschriebenen kausalen Rollen charakterisiert sind – d.h. erstens dadurch, wie der Automat in diese Zustände kommt, zweitens durch das Verhalten, das durch diese Zustände hervorgerufen wird, und drittens durch die Beziehungen, die zwischen diesen Zuständen bestehen. Die Zustände X_1 und X_2 sind also Paradebeispiele für funktionale Zustände, so wie der Funktionalismus diesen Begriff versteht.[5]

---

[5] Ich denke, schon diese Formulierung macht völlig klar, daß der so definierte Ausdruck 'funktionaler Zustand' so gut wie nichts mit dem Begriff

Funktionalisten erklären jedoch nicht nur, was funktionale Zustände sind. Sie haben auch eine klare Vorstellung davon entwikkelt, was es heißen kann, daß funktionale Zustände durch physische Zustände *realisiert* sind. Dieser Aspekt soll durch ein zweites Beispiel veranschaulicht werden. Nehmen wir an, wir finden auf der Straße ein kleines Gerät, das von oben so aussieht:

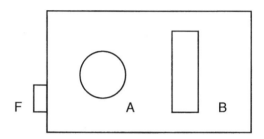

Wir untersuchen dieses Gerät – nennen wir es U – eine Zeitlang und stellen folgendes fest: Bauteil A ist offenbar ein Lämpchen, das manchmal ununterbrochen leuchtet; manchmal leuchtet es aber dann und nur dann, wenn sich U in einer dunklen Umgebung befindet – z.B. wenn wir U in einen dunklen Raum bringen oder die Fläche B mit der Hand abdecken. Außerdem zeigt sich, daß U genau dann von dem einen in den anderen Zustand wechselt, wenn der Druckknopf F gedrückt wird.

Wenn wir versuchen, das, was wir über das Verhalten von U herausgefunden haben, in einer Theorie zusammenzufassen, ist also auch in diesem Fall die Annahme unumgänglich, daß U zwei verschiedene Zustände Y_1 und Y_2 annehmen kann – zwei Zustände, für die offenbar die folgenden Verhaltensgesetze gelten:

(5)   Wenn U im Zustand Y_1 ist, leuchtet A ständig.

(6)   Wenn U im Zustand Y_2 ist, leuchtet A genau dann, wenn auf die Fläche B nur wenig Licht fällt.

(7)   Wenn U im Zustand Y_1 ist, dann geht U in den Zustand Y_2 über, wenn der Druckknopf F betätigt wird, und umgekehrt.

der Funktion zu tun hat, wie er in der Biologie oder der Soziologie verwendet wird.

(8) U ist immer entweder im Zustand Y_1 oder im Zustand Y_2.

Wir stehen hier also vor derselben Situation wie bei dem zuvor geschilderten Getränkeautomaten. Auf der einen Seite müssen wir, um das Verhalten von U erklären zu können, annehmen, daß dieses Gerät zwei verschiedene Zustände Y_1 und Y_2 annehmen kann; auf der anderen Seite sind jedoch diese beiden Zustände wieder nur implizit durch die Verhaltensgesetze (5) - (8) charakterisiert. D.h., auch die Zustände Y_1 und Y_2 des Geräts U sind *funktionale Zustände*, die allein durch ihre – in den Gesetzen (5) - (8) eingefangene – *kausale Rolle* charakterisiert sind.

Ein wichtiger Punkt in diesem Beispiel ist, daß wir zu der Annahme, daß U die beiden funktionalen Zustände Y_1 und Y_2 annehmen kann, nur aufgrund von Verhaltensbeobachtung gekommen sind. Was passiert aber, wenn wir mehr über die innere Struktur von U erfahren? Nehmen wir an, daß wir uns eines Tages entschließen, das Gerät zu öffnen, und daß wir dabei feststellen, daß es einige elektronische Bauteile enthält, die gemäß dem folgenden Plan verschaltet sind:

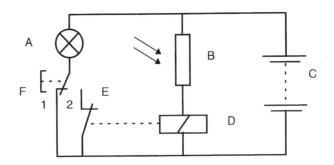

A   Lämpchen
B   lichtempfindlicher Widerstand
C   Batterie
D   Relais
E   Schalter
F   Umschalter

Die Entdeckung der durch diesen Schaltplan beschriebenen inneren Struktur ermöglicht uns eine neue, 'interne' Erklärung für das Verhalten von U: Wenn der Umschalter F in der Stellung 1 ist, leuchtet das Lämpchen A durchgehend; wenn sich dieser Umschalter allerdings in der Stellung 2 befindet, leuchtet A genau dann, wenn der Schalter E geschlossen ist; und dies ist genau dann der Fall, wenn nur wenig Licht auf den lichtempfindlichen Widerstand B fällt; denn wenn viel Licht auf B fällt, wird der Schalter E durch das Relais D geöffnet.

In diesem Zusammenhang ist nun entscheidend, daß es eine interessante Beziehung zwischen der internen und der externen Erklärung für das Verhalten von U gibt. Denn offenbar gibt es zwei *physische* Zustände in U, die genau die für die funktionalen Zustände Y_1 und Y_2 charakteristische kausale Rolle innehaben, nämlich die beiden Zustände

> *Umschalter F ist in Position 1*

und

> *Umschalter F ist in Position 2.*

Dies zeigt sich daran, daß für diese beiden physischen Zustände genau die Gesetze (5) - (8) gelten bzw. genauer: daß die folgenden Analoga dieser Gesetze wahr sind:

(5′)   Wenn der *Umschalter F in Position 1* ist, leuchtet A ständig.

(6′)   Wenn der *Umschalter F in Position 2* ist, leuchtet A genau dann, wenn auf das Bauteil B nur wenig Licht fällt.

(7′)   Wenn der *Umschalter F in Position 1* ist, dann geht er *in die Position 2* über, wenn der Druckknopf F betätigt wird, und umgekehrt.

(8′)   Der *Umschalter F* ist immer *in Position 1* oder *in Position 2.*

Und weil das so ist, sagt man, daß in U die beiden funktionalen Zustände Y_1 und Y_2 durch die physischen Zustände *Umschalter F in Position 1* und *Umschalter F in Position 2 realisiert* sind.

Grundsätzlich gilt also:

Realisierung funktionaler Zustände (1)

Wenn ein System S die funktionalen Zustände Z_1, ..., Z_n annehmen kann, dann werden diese Zustände genau dann durch die physischen Zustände P_1, ..., P_n von S realisiert, wenn diese physischen Zustände genau die kausalen Rollen innehaben, durch die die funktionalen Zustände Z_1, ..., Z_n charakterisiert sind.

6.2   Die formale Definition funktionaler Zustände

In seinem Aufsatz „Psychophysical and Theoretical Identifications" (1972) hat David Lewis die Diskussion um den Funktionalismus ein gutes Stück vorangebracht, indem er gezeigt hat, wie funktionale Zustände formal korrekt explizit definiert werden können. Da das von ihm vorgeschlagene Verfahren den Begriff des *Ramsey-Satzes** einer Theorie voraussetzt, scheint es auf den ersten Blick recht kompliziert zu sein. Tatsächlich läßt sich dieses Verfahren aber recht gut verstehen, was hier wieder an den beiden im letzten Abschnitt diskutierten Beispielen demonstriert werden soll.

Was den Blockschen Getränkeautomaten angeht, so hatten wir gesehen, daß die Gesetze (1) - (4) eine *vollständige Theorie des Verhaltens* dieses Geräts darstellen. Um auf der Grundlage dieser Theorie mit Hilfe des Lewisschen Verfahrens die beiden funktionalen Zustände X_1 und X_2 explizit definieren zu können, müssen wir diese Gesetze im ersten Schritt in einem einzigen Satz zusammenfassen, indem wir sie jeweils mit einem 'und' verbinden. Auf diese Weise erhalten wir den Satz:

Wenn der Automat CC im Zustand Z_1 ist und ein Markstück eingeworfen wird, dann wirft CC eine Coca-Cola-Dose aus und bleibt im Zustand Z_1; und
wenn CC im Zustand Z_1 ist und ein Fünfzigpfennigstück eingeworfen wird, dann geht CC in den Zustand Z_2 über; und

wenn CC im Zustand Z_2 ist und ein Markstück eingeworfen wird, dann wirft CC eine Coca-Cola-Dose und ein Fünfzigpfennigstück aus und geht in den Zustand Z_1 zurück; und wenn CC im Zustand Z_2 ist und ein Fünfzigpfennigstück eingeworfen wird, dann wirft CC eine Coca-Cola-Dose aus und geht in den Zustand Z_1 zurück.

Dieser Satz soll im folgenden abkürzend durch den Ausdruck '$T_{CC}(CC, X_1, X_2)$' repräsentiert werden, wobei durch die Buchstaben in der Klammer angedeutet wird, daß in diesem Satz die Ausdrücke 'CC', 'X_1' und 'X_2' vorkommen, die den Getränkeautomaten bzw. seine beiden funktionalen Zustände bezeichnen.

Im zweiten Schritt ersetzen wir in $T_{CC}(CC, X_1, X_2)$ die Ausdrükke 'CC', 'X_1' und 'X_2' durch die Variablen 'x', 'x_1' und 'x_2', wodurch – in der gerade eingeführten abkürzenden Schreibweise – der offene Satz[6]

$$T_{CC}(x, x_1, x_2)$$

entsteht. '$T_{CC}(x, x_1, x_2)$' steht also für den Satz, der aus $T_{CC}(CC, X_1, X_2)$ entsteht, wenn wir in diesem den Ausdruck 'CC' überall durch die Variable 'x', den Ausdruck 'X_1' überall durch die Variable 'x_1' und den Ausdruck 'X_2' überall durch die Variable 'x_2' ersetzen.

Den Ramsey-Satz von $T_{CC}(CC, X_1, X_2)$ erhalten wir schließlich, indem wir im dritten Schritt in $T_{CC}(x, x_1, x_2)$ die Variablen 'x_1' und 'x_2' durch die Existenzquantoren '$\exists x_1$' und '$\exists x_2$' binden.[7] Auf diese Weise entsteht schließlich der Satz

$$\exists x_1 \exists x_2 T_{CC}(x, x_1, x_2).^{[8]}$$

---

[6] Offene Sätze sind die sprachlichen Ausdrücke, die aus vollständigen Sätzen entstehen, wenn man in ihnen einen (oder mehrere) Ausdrücke durch Variablen ($x, y, z, \ldots; x_1, x_2, \ldots$) ersetzt. Der Ausdruck 'x ist blond' ist also ein offener Satz, der aus dem vollständigen Satz 'Paul ist blond' hervorgeht, indem man in diesem den Namen 'Paul' durch die Variable 'x' ersetzt.

[7] Der Ausdruck '$\exists x$' ist eine Abkürzung für 'Es gibt ein x'.

[8] Explizit formuliert besagt dieser Ramsey-Satz also:
Es gibt zwei Zustände x_1 und x_2, für die gilt:
Wenn x im Zustand x_1 ist und ein Markstück eingeworfen wird, dann wirft x eine Coca-Cola-Dose aus und bleibt im Zustand x_1; und
wenn x im Zustand x_1 ist und ein Fünfzigpfennigstück eingeworfen wird,

Und dieser Satz besagt offenbar nichts anderes, als daß es zwei Zustände x_1 und x_2 gibt, die genau die kausalen Rollen der Zustände X_1 und X_2 innehaben.

Entscheidend ist nun, daß der Ramsey-Satz $\exists x_1 \exists x_2 T_{CC}(x, x_1, x_2)$ – der noch die freie Variable 'x' enthält und daher selbst ein offener Satz ist – dazu verwendet werden kann, in eleganter Form sowohl den Begriff des Coca-Cola-Automaten als auch die funktionalen Zustände X_1 und X_2 zu definieren. Dies geschieht auf die folgende Weise:

(CC) Ein System x ist genau dann ein Getränkeautomat vom Typ *CC*, wenn gilt:
$$\exists x_1 \exists x_2 T_{CC}(x, x_1, x_2).$$

(X_1) Ein System x ist genau dann im funktionalen Zustand X_1, wenn gilt:
$$\exists x_1 \exists x_2 (T_{CC}(x, x_1, x_2) \text{ und } x \text{ ist im Zustand } x_1).$$

(X_2) Ein System x ist genau dann im funktionalen Zustand X_2, wenn gilt:
$$\exists x_1 \exists x_2 (T_{CC}(x, x_1, x_2) \text{ und } x \text{ ist im Zustand } x_2).$$

Dabei laufen die letzten beiden Definitionen auf das folgende hinaus:

Ein System x ist genau dann im funktionalen Zustand X_1 (bzw. X_2), wenn es in diesem System zwei Zustände gibt, die die durch den offenen Satz $T_{CC}(x, x_1, x_2)$ beschriebenen kausalen Rollen innehaben, und wenn x im ersten (bzw. zweiten) dieser beiden Zustände ist.

Genauso wie gerade geschildert funktioniert das Lewissche Verfahren auch bei dem Gerät *U*. Wir fassen zuerst die vier Gesetze (5) - (8) in dem Satz $T_U(U, Y_1, Y_2)$ zusammen und bilden dann den Ramsey-Satz $\exists x_1 \exists x_2 T_U(x, x_1, x_2)$, mit dessen Hilfe wir sowohl

---

dann geht x in den Zustand x_2 über; und
wenn x im Zustand x_2 ist und ein Markstück eingeworfen wird, dann wirft x eine Coca-Cola-Dose und ein Fünfzigpfennigstück aus und geht in den Zustand x_1 zurück; und
wenn x im Zustand x_2 ist und ein Fünfzigpfennigstück eingeworfen wird, dann wirft x eine Coca-Cola-Dose aus und geht in den Zustand x_1 zurück.

den Systemtyp als auch die funktionalen Zustände Y_1 und Y_2 definieren können:

(U) Ein System x ist genau dann ein System vom Typ U, wenn gilt:
$$\exists x_1 \exists x_2 T_U(x, x_1, x_2).$$

(Y_1) Ein System x ist genau dann im funktionalen Zustand Y_1, wenn gilt:
$$\exists x_1 \exists x_2 (T_U(x, x_1, x_2) \text{ und } x \text{ ist im Zustand } x_1).$$

(Y_2) Ein System x ist genau dann im funktionalen Zustand Y_2, wenn gilt:
$$\exists x_1 \exists x_2 (T_U(x, x_1, x_2) \text{ und } x \text{ ist im Zustand } x_2).$$

Wichtig ist an dieser Stelle, daß man, um die funktionalen Zustände eines Systems x definieren zu können, in jedem Fall eine Theorie benötigt, in der die kausalen Rollen dieser Zustände exakt formuliert sind. In unseren Beispielfällen war die Theorie jeweils sehr einfach – schlicht die Zusammenfassung der Gesetze (1) - (4) bzw. der Gesetze (5) - (8). Aber prinzipiell hindert uns nichts daran, die Zustände eines Systems auch im Rahmen einer umfassenden, komplizierten Theorie zu definieren.

Ein weiterer Vorteil des Lewisschen Verfahrens ist, daß es auch erlaubt, den Begriff der Realisierung noch einmal präziser zu fassen. Denn nach den bisherigen Überlegungen gilt offenbar:

Realisierung funktionaler Zustände (2)

Wenn die funktionalen Zustände Z_1, ..., Z_n eines Systems S durch die Verhaltenstheorie $T_S(S, Z_1, ..., Z_n)$ charakterisiert sind, dann werden diese Zustände genau dann durch die physischen Zustände P_1, ..., P_n von S realisiert, wenn P_1, ..., P_n den offenen Satz $T_S(S, x_1, ..., x_n)$ erfüllen, d.h. wenn der Satz $T_S(S, P_1, ..., P_n)$ wahr ist.[9]

---

[9] Eine kurze Erläuterung zum Erfüllungsbegriff: Paul erfüllt den offenen Satz „x ist blond" genau dann, wenn Paul blond ist, d.h. wenn der Satz „Paul ist blond" wahr ist.

Den Grund dafür, daß die beiden physischen Zustände *Umschalter F ist in Position 1* und *Umschalter F ist in Position 2* in *U* die beiden funktionalen Zustände Y_1 und Y_2 realisieren, kann man daher auch so formulieren: Die physischen Zustände *Umschalter F ist in Position 1* und *Umschalter F ist in Position 2* erfüllen den Satz $T_U(U, x_1, x_2)$.

Aus diesen Überlegungen ergibt sich ein weiterer sehr wichtiger Punkt. Aufgrund des bisher Gesagten stellt das Gerät, dessen physische Struktur durch den im letzten Abschnitt angeführten Schaltplan beschrieben wird, offenbar nur *eine mögliche Realisierung* des Systems *U* dar. Denn prinzipiell gilt: Jedes physische System *S*, das über zwei physische Zustände P_1 und P_2 verfügt, die zusammen mit *S* den offenen Satz $T_U(x, x_1, x_2)$ erfüllen, ist ein System vom Typ *U*, in dem die physischen Zustände P_1 und P_2 die funktionalen Zustände Y_1 und Y_2 realisieren. Und entsprechend gilt auch für den Getränkeautomaten *CC*: Jedes physische System *S*, das über zwei physische Zustände P_1 und P_2 verfügt, die zusammen mit *S* den offenen Satz $T_{CC}(x, x_1, x_2)$ erfüllen, ist ein Getränkeautomat vom Typ *CC*, in dem die physischen Zustände P_1 und P_2 die funktionalen Zustände X_1 und X_2 realisieren. Mit anderen Worten:

• Alle Systeme, die wie die Systeme *CC* und *U* funktional, d.h. durch Definitionen wie (*CC*) und (*U*), charakterisiert sind, sind ebenso multirealisierbar wie die funktionalen Zustände, die sie annehmen können.

Aus all diesem ergibt sich offenbar, daß für den *Funktionalismus in der Philosophie des Geistes* folgende Thesen zentral sind:[10]

• Mentale Zustände sind – ebenso wie die funktionalen Zustände des Getränkeautomaten *CC* oder die Zustände des Systems *U* – funktionale Zustände, d.h. Zustände, die allein durch ihre kausale Rolle charakterisiert sind.

• Ausgehend von einer geeigneten Theorie lassen sich mentale Zustände mit Hilfe des Lewisschen Verfahrens explizit definieren.[11]

---

[10]   Vgl. Block (1994b, 324).

- Mentale Zustände können – wie alle funktionalen Zustände – auf die unterschiedlichste Weise realisiert sein.[12]
- Dasselbe gilt auch für mentale Systeme, d.h. Systeme, die mentale Zustände annehmen können. Auch mentale Systeme können auf die unterschiedlichste Weise realisiert sein.

Dieses Bild bleibt aber unvollständig, solange offen gelassen wird, wie die kausalen Rollen der einzelnen mentalen Zustände im Detail aussehen sollen, d.h. durch welche Theorie diese kausalen Rollen ausgedrückt werden. Die am meisten genannten Kandidaten sind einerseits die sogenannte *Alltagspsychologie* ('folk psychology') und andererseits bestimmte Teile der *wissenschaftlichen Psychologie*. Entsprechend unterscheidet man den *Common Sense-Funktionalismus*, der von der Alltagspsychologie ausgeht, vom *wissenschaftlichen* oder *Psychofunktionalismus*, der die wissenschaftliche Psychologie für die grundlegende Theorie hält. Wie die Alltagspsychologie, die hier angesprochen ist, aussehen könnte, kann man ganz gut mit Hilfe der folgenden sechs Gesetze aus dem Aufsatz „Wants as Explanations of Actions" (1963) von Richard Brandt und Jaegwon Kim veranschaulichen, durch die diesen beiden Autoren zufolge der Zustand des Wünschens zumindest teilweise charakterisiert ist.[13]

---

[11] Der Funktionalismus erfüllt damit eines der Ziele des Semantischen Physikalismus, nämlich die Bedeutung mentaler Ausdrücke ohne jeden Rückgriff auf mentales Vokabular zu spezifizieren.

[12] Dies impliziert im übrigen auch, daß derselbe physische Zustand – eingebettet in jeweils andere physische Strukturen – ganz unterschiedliche mentale Zustände realisieren kann.

[13] Die von Brandt und Kim angeführten Gesetze sind allerdings höchstens *Teil* der Theorie, durch die für den Funktionalisten mentale Zustände charakterisiert sind. Denn sie enthalten nur Gesetze, die kausale Relationen zwischen mentalen Zuständen wiedergeben; d.h., es fehlen Gesetze, in denen mentale Zustände mit möglichen *inputs* und *outputs* in kausale Beziehungen gesetzt werden. Solche Gesetze könnten in etwa die Form haben:

(g) Wenn p der Fall ist, dann wird x unter geeigneten Umständen zu der Überzeugung kommen, daß p.

(h) Wenn x bemerkt, daß p, und wenn x glaubt, daß p gefährlich ist, dann wird x seine Augen auf p richten.

(a)   Wenn x Freude empfindet, falls sie p nicht erwartet hat, aber nun plötzlich zu der Überzeugung gelangt, daß p der Fall sein werde, dann wünscht $x\,p$.

(b)   Wenn x Enttäuschung empfindet, falls sie p erwartet hat, aber dann plötzlich zu der Überzeugung gelangt, daß p nicht der Fall sein werde, dann wünscht $x\,p$.

(c)   Wenn es für x angenehm ist, Tagträume über p zu haben, dann wünscht $x\,p$.

(d)   Wenn $x\,p$ wünscht, dann gilt unter günstigen Bedingungen: Falls x annimmt, daß der Vollzug von H vermutlich zu p führen wird und daß die Unterlassung von H vermutlich zu nicht-p führen wird, so wird x eine Regung verspüren, H zu tun.

(e)   Wenn $x\,p$ wünscht, dann gilt unter günstigen Bedingungen: Falls x glaubt, daß ein gewisses Mittel M eine Methode darstellt, um p zustandezubringen, so wird es wahrscheinlicher sein als sonst, daß sie ein M bemerkt.

(f)   Wenn $x\,p$ wünscht, dann gilt unter günstigen Bedingungen: Falls p auftritt, ohne daß gleichzeitig Ereignisse stattfinden, die x nicht will, so wird x erfreut sein.

Die Probleme, die sich aus der Frage ergeben, welche Theorie letzten Endes für die Festlegung der kausalen Rollen mentaler Zustände herangezogen werden kann, werden uns im letzten Abschnitt dieses Kapitels noch ausführlich beschäftigen.

6.3   Funktionalismus und Physikalismus

Obwohl viele Autoren den Funktionalismus als eine Position begrüßt haben, die – im Gegensatz zum Semantischen Physikalismus und zur Identitätstheorie – endlich eine haltbare Version des Physikalismus darstellt, ist das Verhältnis des Funktionalismus zum Physikalismus keineswegs so klar, wie es vielleicht scheinen

---

Eine ausführliche Diskussion der Gesetze, die in diesem Zusammenhang eine Rolle spielen können, findet sich in Loar (1981). Schiffer (1986) bietet eine übersichtliche Zusammenfassung dieser Überlegungen.

könnte. Ja, es ist nicht einmal klar, ob uns der Funktionalismus überhaupt etwas über den ontologischen Status mentaler Eigenschaften sagt.

Der Grund dafür ist, daß die Auskunft „Mentale Zustände sind ihrer Natur nach funktionale Zustände" *ontologisch gesehen* ziemlich inhaltsleer ist. Dies wird deutlich, wenn man sich noch einmal klar macht, was das im Einzelfall eigentlich bedeutet. Nehmen wir den mentalen Zustand *Zorn*. Dem Funktionalismus zufolge ist dieser Zustand – wie alle mentalen Zustände – durch seine kausale Rolle charakterisiert. Wenn wir uns die Überlegungen der letzten beiden Abschnitte noch einmal vergegenwärtigen, heißt das in etwa folgendes: Eine Person ist genau dann zornig, wenn sie in *einem Zustand* ist, der durch bestimmte äußere Ereignisse verursacht wird, der seinerseits bestimmte physische Reaktionen und ein bestimmtes Verhalten verursacht und der in bestimmten kausalen Relationen zu anderen Zuständen dieser Person steht. Über die *Art* des Zustands ist damit nichts gesagt. Es kann sich um einen Gehirnzustand handeln, aber ebensogut auch um einen nicht-physischen Zustand dieser Person oder vielleicht sogar um einen Zustand einer immateriellen Seele; denn auch ein solcher Zustand könnte genau die für Zorn charakteristische kausale Rolle spielen. Selbst Putnam schreibt:

> „... die Hypothese funktionaler Zustände [ist] mit dem Dualismus *nicht* inkompatibel! Obwohl es sich von selbst versteht, daß die Hypothese ihrer Inspiration nach 'mechanistisch' ist, ist es eine bemerkenswerte Tatsache, daß ein System, das aus einem Leib und einer 'Seele' besteht, wenn es solche Dinge gibt, ohne weiteres [die Gesetze der Alltagspsychologie erfüllen] kann." (Putnam 1967b, 130)

Die Auskunft, mentale Zustände seien funktionale Zustände, ist also *ontologisch neutral*. Sie sagt nichts über die Natur der Zustände, die jeweils tatsächlich die entsprechenden kausalen Rollen innehaben. Zu einer Version des Physikalismus wird der Funktionalismus daher erst durch die *zusätzliche* These:

(PR)   Alle mentalen Zustände sind durch physische Zustände realisiert.

Auf diese These werden wir im übernächsten Kapitel ausführlich eingehen.

6.4   Computerfunktionalismus

Die bisher diskutierten Beispiele machen mehr als deutlich, daß funktionale Zustände keineswegs auf Computer beschränkt sind, daß sie vielmehr in allen natürlichen und künstlichen Systemen auftauchen, in denen es Zustände gibt, die allein durch ihre kausale Rolle charakterisiert sind. Dennoch ist der Funktionalismus immer wieder so verstanden worden, als liefe er auf die eine oder andere Version des Computermodells des Geistes hinaus. Häufig findet man z.B. die Auffassung, die Hauptthese des Funktionalismus sei, der menschliche Geist sei eine Turing-Maschine[14] oder der Geist verhalte sich zum Gehirn wie die *software* eines Computers zu seiner *hardware*.

Ein Grund für diese Auffassung ist sicher, daß Hilary Putnam in seinem Aufsatz „Minds and Machines" (1960) die Grundideen des Funktionalismus zuerst am Beispiel der funktionalen Zustände einer Turing-Maschine veranschaulicht hat. Dennoch wäre es falsch, den Funktionalismus mit dem Computermodell des Geistes gleichzusetzen. Denn die These, daß es sich bei mentalen Zuständen um funktionale Zustände handelt, impliziert, wie wir schon gesehen haben, eben nicht, daß sie auf die eine oder andere Weise mit den Zuständen eines Computers identifiziert werden können. Funktional definierte Zustände und funktional definierte Teile lassen sich nicht nur in Computern, sondern in fast allen komplexen Systemen finden. So ist etwa der Begriff des Vergasers ebenso ein funktional definierter Begriff wie der Begriff der Niere, und der Begriff des Verstärkers ebenso ein funktional definierter Begriff wie der Begriff des Ventils. Um sie vom allgemeinen Funktionalismus abzugrenzen, werden die genannten Thesen von vorsichtigen Autoren deshalb als *Computerfunktionalismus* bezeichnet. Aber auch wenn der Computerfunktionalismus mit dem Funktionalismus im allgemeinen nicht identisch ist, lohnt es sich, diese Spielart des Funktionalismus etwas genauer zu untersuchen.

Fragen wir also zuerst: Was ist das eigentlich, ein Computer? Die einfache und trotzdem richtige Antwort lautet:

---

[14] Was eine Turing-Maschine ist und wie sie arbeitet, wird auf den nächsten Seiten genauer erläutert.

- *Ein Computer ist ein Gerät, in dem Zeichenketten aufgrund von formalen*[15] *Algorithmen* erzeugt und verändert werden.*

Damit ist jedoch mehr gesagt, als auf den ersten Blick ersichtlich ist:

1. Die Hauptaufgabe von Computern ist die Erzeugung und Veränderung von *Zeichenketten.* (Computer sind *Symbolverarbeitungsmaschinen.*)
2. Diese Erzeugung und Veränderung erfolgt *schrittweise.*[16]
3. Jeder Computer verfügt über eine endliche Menge von *einfachen Grundoperationen*, die, erst wenn man sie in geschickter Weise nacheinander ausführt, das gewünschte Ergebnis liefern.
4. Die Reihenfolge, in der die Grundoperationen ausgeführt werden, wird durch den zugrundeliegenden *Algorithmus* bzw. durch das *Programm* des Computers bestimmt.

Historisch gesehen stand am Anfang der heutigen Computerwissenschaften das Konzept der Turing-Maschine, das 1936 von Alan Turing mit dem Ziel entwickelt wurde, den Begriff der berechenbaren Funktion präziser zu fassen. Dabei orientierte sich Turing am ganz normalen Rechnen mit Papier und Bleistift, bei dem wir Zahlzeichen schrittweise nach formalen Regeln in andere Zahlzeichen überführen. Turing konnte zeigen, daß alles, was sich auf diese Weise berechnen läßt, auch von einer Maschine berechnet werden kann, die nur über einige minimale Grundoperationen verfügt.[17]

---

[15] Der Ausdruck 'formal' heißt hier, daß bei der Erzeugung und Verarbeitung von Zeichenketten nicht ihre Bedeutung, sondern nur ihre Struktur eine Rolle spielt.

[16] Ein Gerät, das ohne jeden Zwischenschritt für jedes eingegebene Argument den entsprechenden Wert ausgibt, 'berechnet' zwar in gewisser Weise auch eine Funktion; aber man würde es trotzdem kaum einen Computer nennen.

[17] Genauer gesagt hatten die Arbeiten Turings zwei bahnbrechende Resultate, die man so zusammenfassen kann:

(a) Zu jeder berechenbaren Funktion f gibt es eine Turing-Maschine, die diese Funktion berechnet, d.h. die, angesetzt auf das Zeichen für das Argument n, das Zeichen für den Wert $f(n)$ liefert.

(b) Es gibt eine *universelle Turing-Maschine UTM.* Wenn man jeder Turing-Maschine in geeigneter Weise eine natürliche Zahl c als Code-

Jede Turing-Maschine besteht aus

- einer *Kontrolleinheit*, die eine endliche Zahl von Zuständen annehmen kann,
- einem beidseitig unendlichen, eindimensionalen *Rechenband* und
- einem *Schreib-Lese-Kopf.*

Das Rechenband ist in einzelne, nebeneinander liegende Felder unterteilt. Jedes dieser Felder kann ein Zeichen aus einem vorgegebenen Alphabet enthalten oder leer sein.

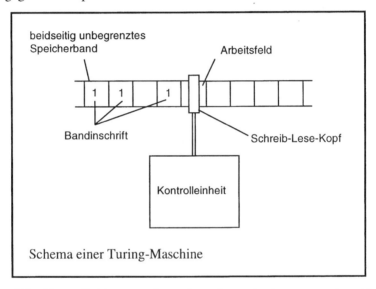

Schema einer Turing-Maschine

Die Kontrolleinheit verfügt über eine sehr begrenzte Anzahl von Operationen:

- sie kann den Schreib-Lese-Kopf um ein Feld nach rechts (*r*) oder links (*l*) verschieben,

---

nummer zuordnet, dann liefert *UTM*, angesetzt auf die Codenummer *c* und ein beliebiges Argument *n*, genau den Wert als Ergebnis, den die Turing-Maschine mit der Codenummer *c* für dieses Argument als Ergebnis liefern würde.

- sie kann ein Zeichen x aus einem vorgegebenen Alphabet auf das Arbeitsfeld (das Feld, über dem sich der Schreib-Lese-Kopf befindet) schreiben (d_x),
- sie kann das Zeichen, das auf diesem Feld steht, löschen ($d*$) und
- sie kann stoppen (s).

Die Arbeitsweise einer Turing-Maschine wird durch ihre *Maschinentafel* bestimmt. Eine solche Maschinentafel ist eine Matrix, die für jeden (logischen) Zustand X, den die Maschine annehmen kann, und für jede Bandinschrift i eine Anweisung enthält, die besagt, was die Maschine tut, wenn sie sich im Zustand X befindet und auf dem Arbeitsfeld die Inschrift i steht, und in welchen Folgezustand Y sie danach übergeht.

Der Begriff und das Funktionieren einer Turing-Maschine läßt sich sicher besser verstehen, wenn er mit Hilfe eines Beispiels veranschaulicht wird. Aus diesem Grund wollen wir uns hier eine spezielle Turing-Maschine – die *Nachfolgermaschine N* – etwas genauer ansehen. Diese Maschine berechnet, wie ihr Name schon sagt, die Nachfolgerfunktion, d.h. die Funktion, die jeder natürlichen Zahl n ihren Nachfolger $n+1$ zuordnet.[18]

Die Maschine N arbeitet über dem Alphabet, das nur das Zeichen '1' enthält, und verfügt dementsprechend über die fünf Operationen r, l, d_1, $d*$, s.[19] Die Maschinentafel von N ist ganz einfach:

---

[18] Konkret heißt das: Läßt man die Maschine N auf dem ersten leeren Feld beginnen, das sich rechts neben einer Zeichenfolge befindet, in der die natürliche Zahl n unär kodiert ist, so bleibt sie auf dem ersten leeren Feld stehen, das sich rechts neben der unären Kodierung der Zahl $n+1$ befindet. Die unäre Kodierung einer natürlichen Zahl n besteht aus der Aneinanderreihung von $n+1$ Einsen; die unäre Kodierung der Zahl Drei ist also die Zeichenfolge '1111'. (Man benutzt zur unären Kodierung $n+1$ und nicht einfach nur n Einsen, um auch für die Zahl Null eine angemessene Kodierung zu besitzen.)

[19] Das Zeichen '*' besagt, daß das Arbeitsfeld leer ist, und 'd*' entsprechend, daß die Maschine das Arbeitsfeld mit dem leeren Zeichen beschreibt, d.h. das Arbeitsfeld löscht.

(MN)	Z_1	Z_2
*	$d_1\,Z_1$	$s\,Z_1$
1	$r\,Z_2$	$d^*\,Z_2$

N kann also die beiden logischen Zustände Z_1 und Z_2 annehmen, und die einzelnen Felder der Maschinentafel besagen, daß die Maschine folgendermaßen arbeitet: Wenn sie im Zustand Z_1 und das Arbeitsfeld leer ist, druckt sie auf das Arbeitsfeld eine '1' und bleibt im Zustand Z_1; wenn sie im Zustand Z_1 ist und auf dem Arbeitsfeld eine '1' steht, geht sie ein Feld nach rechts und geht in den Zustand Z_2 über; wenn sie im Zustand Z_2 und das Arbeitsfeld leer ist, stoppt sie und geht in den Zustand Z_1 über; und wenn sie im Zustand Z_2 ist und auf dem Arbeitsfeld eine '1' steht, löscht sie das Arbeitsfeld und bleibt im Zustand Z_2.[20]

Letzten Endes sind also auch die Felder der Maschinentafel (MN) nichts anderes als 'kondensierte' Verhaltensgesetze, die explizit ausformuliert so lauten:

(9)   Wenn N im Zustand Z_1 und das Arbeitsfeld leer ist, dann druckt N auf das Arbeitsfeld das Zeichen '1' und bleibt im Zustand Z_1.

(10)   Wenn N im Zustand Z_1 ist und auf dem Arbeitsfeld das Zeichen '1' steht, dann geht N ein Feld nach rechts und geht in den Zustand Z_2 über.

(11)   Wenn N im Zustand Z_2 und das Arbeitsfeld leer ist, dann stoppt N und geht in den Zustand Z_1 über.

---

[20]   Die Maschine N arbeitet also so: Sie beginnt im Zustand Z_1 auf dem ersten leeren Feld rechts neben einer Folge von Einsen, in der das Argument n unär kodiert ist; da zu Beginn das Arbeitsfeld leer ist, druckt N im ersten Schritt auf das Arbeitsfeld eine '1' und bleibt im Zustand Z_1; jetzt steht auf dem Arbeitsfeld eine '1', also geht die Maschine mit ihrem Schreib-Lese-Kopf im zweiten Schritt ein Feld nach rechts und wechselt in den Zustand Z_2; wenn das Arbeitsfeld jetzt leer ist, stoppt N und geht in den Zustand Z_1 zurück, womit ihre Arbeit erledigt ist (sie steht auf dem ersten leeren Feld rechts neben einer Folge von Einsen, in der der Funktionswert $n+1$ unär kodiert ist); wenn auf dem Arbeitsfeld dagegen eine '1' steht, löscht sie zuerst diese '1' und stoppt dann.

(12) Wenn N im Zustand Z_2 ist und auf dem Arbeitsfeld das Zeichen '1' steht, dann löscht N das Arbeitsfeld und bleibt im Zustand Z_2.

Mit anderen Worten: Auch die logischen Zustände Z_1 und Z_2 der Maschine N sind funktionale Zustände, die implizit durch die Maschinentafel (MN) bzw. die Verhaltensgesetze (9) - (12) charakterisiert sind. Und dies läßt sich verallgemeinern: Die logischen Zustände von Turing-Maschinen sind ihrem Status nach alle funktionale Zustände. Insofern war Putnams Beispiel zur Veranschaulichung des Begriffs des funktionalen Zustands also gut gewählt.[21]

Daß Turing-Maschinen Computer in dem oben erläuterten Sinne sind, erkennt man sofort, wenn man sich klar macht, daß jeder Maschinentafel ein Programm entspricht. Der Maschinentafel der Maschine N z.B. entspricht das Programm:

(PN) 1. Wenn das Arbeitsfeld leer ist, drucke eine '1'.
2. Wenn auf dem Arbeitsfeld eine '1' steht, gehe ein Feld nach rechts.
3. Wenn das Arbeitsfeld leer ist, gehe zur Anweisung 5.
4. Wenn auf dem Arbeitsfeld eine '1' steht, lösche das Arbeitsfeld.
5. Stoppe.[22]

---

[21] Allerdings läßt sich, wie wir gesehen haben, dieser Begriff ebensogut an Geräten veranschaulichen, die mit Symbolverarbeitung nicht das geringste zu tun haben.

[22] Offenbar kann man dieses Programm noch erheblich vereinfachen:
(PN') 1. Drucke eine '1'.
2. Gehe ein Feld nach rechts.
3. Wenn auf dem Arbeitsfeld eine '1' steht, lösche das Arbeitsfeld.
4. Stoppe.
Man sieht hier zweierlei: (a) Die Maschinentafeln von Turing-Maschinen sind in der Regel überkomplex, da jeder Zeile ein *bedingter* Befehl entspricht, auch wenn die Überprüfung einer Bedingung im Einzelfall gar nicht nötig ist; (b) auf die Angabe von Folgezuständen kann in der Regel verzichtet werden, da Programmzeilen grundsätzlich nacheinander abgearbeitet werden; (bedingte) Sprungbefehle müssen nur eingesetzt werden, falls von dieser Reihenfolge abgewichen werden soll.

Damit ist folgendes gemeint: Jede Turing-Maschine, deren Verhalten durch die Maschinentafel (MN) bestimmt wird, verhält sich so, als würde sie den Anweisungen des Programms (PN) folgen. Und dies kann man auch umkehren: Wenn man erreichen möchte, daß eine Turing-Maschine dieses Programm ausführt, reicht es, sie so zu bauen, daß sie zwei Zustände annehmen kann, die die Gesetze (9) - (12) erfüllen. Jedes physikalische System mit einem in einzelne Felder unterteilten Speicherband und einem Schreib-Lese-Kopf, dessen Verhalten von einer Kontrolleinheit bestimmt wird, die zwei Zustände annehmen kann, die die Gesetze (9) - (12) erfüllen, *ist* eine Turing-Maschine vom Typ N – eine Turing-Maschine, die Zeichenketten gemäß dem Programm (PN) in andere Zeichenketten überführt.

Es gibt also einen klaren Zusammenhang zwischen Programmen und funktionalen Zuständen. Zu jedem Programm P gibt es eine Menge von durch entsprechende Verhaltensgesetze charakterisierten funktionalen Zuständen, für die gilt: Jede Maschine, die diese funktionalen Zustände annehmen kann, arbeitet genau das Programm P ab.[23] D.h., wir können festhalten:

- Auch Computer sind funktional definierte Systeme und daher multirealisierbar.

Aber was hat dieses Ergebnis mit der Frage nach der Natur mentaler Zustände zu tun? Wenn mit der These, der Geist verhalte sich zum Gehirn wie die *software* eines Computers zu seiner *hardware*, nicht mehr gemeint sein soll, als daß mentale Zustände ebenso funktionale Zustände sind wie die Zustände, auf denen die Programme von Computern beruhen, dann sagt uns das wenig Neues. Offenbar soll hier jedoch mehr gemeint sein. Aber was?

Eigentlich gibt es nur eine plausible Antwort. Der *Computerfunktionalist* muß die These vertreten:

- Der Geist (bzw. besser: das Gehirn) ist im Wortsinn ein Computer (eine Turing-Maschine oder irgendein Computer oder sogar ein universeller Von-Neumann-Computer*); d.h. der Geist (bzw. besser: das Gehirn) ist im Wortsinn eine Symbolverarbeitungsmaschine, so wie sie oben charakterisiert wurde.

---

[23] Aber das Umgekehrte gilt eben nicht. Und genau deshalb ist nicht jedes System, das funktionale Zustände annehmen kann, ein Computer.

Tatsächlich wird diese These von manchen Philosophen in der Philosophie des Geistes vertreten – allerdings aus Gründen, die mit den Gründen für den allgemeinen Funktionalismus nur wenig zu tun haben. Es ist daher nicht ganz gerechtfertigt, den Computerfunktionalismus überhaupt als eine Spielart des Funktionalismus anzusehen, obwohl natürlich auch der Computerfunktionalismus die Multirealisierbarkeit geistiger Fähigkeiten und Prozesse impliziert. Wir werden jedenfalls auf den Computerfunktionalismus erst im Kapitel 10 über *Fodors Repräsentationale Theorie des Geistes* zurückkommen.

An dieser Stelle soll nur noch einmal festgehalten werden, daß ein Vertreter des allgemeinen Funktionalismus keineswegs auf das Computermodell des Geistes festgelegt ist. Das einzige, worauf er festgelegt ist, ist die Auffassung, daß mentale Zustände funktionale Zustände sind und daß es daher für mentale Phänomene eine eigene funktionale Beschreibungsebene gibt, die von der Ebene der physischen Realisierungen in gewisser Weise unabhängig ist. Hieraus wird – wohl zu Recht – häufig geschlossen, daß die Wissenschaften, die sich mit der Erforschung mentaler Phänomene befassen, (also z.B. die Psychologie) eigenständige Wissenschaften sind, die von den Wissenschaften, die sich mit den Realisierungen mentaler Phänomene beschäftigen, (also z.B. den Neurowissenschaften) weitgehend unabhängig sind.[24] Wieweit diese Unabhängigkeit genau geht, kann hier jedoch nicht diskutiert werden.

6.5 Argumente für und gegen den Funktionalismus

Bei den Argumenten für den Funktionalismus können wir uns kurz fassen; denn das meiste ist schon gesagt oder zumindest angedeutet worden.

- Für den Funktionalismus spricht, daß er eine ontologisch neutrale Analyse für die Bedeutung mentaler Ausdrücke liefert ohne jede Bezugnahme auf mentales Vokabular.

---

[24] Dieselbe Konsequenz ergibt sich auch aus dem Fodorschen Konzept der Einzelwissenschaften (vgl. oben Abschnitt 5.3.2).

- Für den Funktionalismus spricht, daß er dem begrifflichen Zusammenhang zwischen mentalen Zuständen und Verhalten auf eine Weise Rechnung trägt, die auch die kausalen Interaktionen zwischen verschiedenen mentalen Zuständen berücksichtigt.

- Für den Funktionalismus spricht, daß er – anders als die Identitätstheorie – mit der Multirealisierbarkeit mentaler Zustände und damit auch mit der Möglichkeit von Einzelwissenschaften vereinbar ist. (Damit vermeidet der Funktionalismus zugleich einen unangemessenen Speziesismus*, demzufolge nur Menschen oder Lebewesen mit dem gleichen Zentralnervensystem mentale Zustände haben können.)

- Für den Funktionalismus spricht schließlich, daß er – wenn man ihn um die These ergänzt, daß alle mentalen Zustände physisch realisiert sind – eine akzeptable Version des Physikalismus darstellt.

Trotz all dieser unbestrittenen Vorzüge gibt es jedoch auch eine ganze Reihe von Einwänden gegen den Funktionalismus.

6.5.1 Seltsame Realisierungen

Eine erste Gruppe von Einwänden geht auf Ned Block zurück, der in seinem Aufsatz „Troubles with Functionalism" (1978) für die These argumentiert, daß es Systeme geben kann, die zu uns funktional äquivalent sind, d.h. die dieselben funktionalen Zustände aufweisen wie wir, denen wir aber trotzdem keine mentalen Zustände zuschreiben würden. Also, so Block, kann die Annahme nicht richtig sein, daß mentale Zustände allein durch eine kausale Rolle charakterisiert sind.

Denken wir zunächst noch einmal an eine Turing-Maschine, deren Verhalten durch eine Maschinentafel bestimmt ist. Diese Maschinentafel könnte doch auch folgendermaßen realisiert sein: In einem großen Raum befindet sich an einer Wand eine für alle im Raum befindlichen Personen sichtbare Anzeigetafel. Für jedes Feld der Maschinentafel ist eine Person zuständig, die vor einem Pult sitzt, auf dem sich für jeden möglichen Input ein Lämpchen und für jeden möglichen Output ein Druckknopf befindet. Diese

Lämpchen und Knöpfe sind so mit dem Schreib-Lese-Kopf einer Turing-Maschine verbunden, daß das Lämpchen für den Input i genau dann aufleuchtet, wenn auf dem Arbeitsfeld das Zeichen i steht, und daß der Schreib-Lese-Kopf genau dann die Operation o ausführt, wenn eine Person auf den o-Knopf drückt.

Wenn nun auf der Anzeigetafel der Buchstabe für einen logischen Zustand – sagen wir Z_{12} – erscheint, wird die Gruppe der Z_{12}-Personen aktiv. (Das ist die Gruppe aller, die für ein Feld in der Z_{12}-Spalte der Maschinentafel zuständig sind.) Jede Person beobachtet ihr Pult, und wenn das für sie einschlägige Lämpchen aufleuchtet, drückt sie ihren Output-Knopf und sorgt dafür, daß auf der Anzeigetafel der Buchstabe des richtigen Folgezustands erscheint.

Ist das ganze System (Speicherband + Schreib-Lese-Kopf + Kontrolleinheit, die aus einem Raum voller Menschen besteht) die Realisation einer Turing-Maschine? Die Antwort wird wohl lauten müssen: Warum nicht? Eine Turing-Maschine ist nichts anderes als ein System mit einer bestimmten funktionalen Organisation.

Aber, so Block, die Sache sieht doch anders aus, wenn wir uns überlegen, ob auch ein System mit mentalen Zuständen so organisiert sein könnte. Nehmen wir an, der Raum mit den Personen bleibt wie er ist; doch die Input-Lämpchen sind jetzt mit den Sensoren eines künstlichen Körpers und die Output-Knöpfe mit den Gliedern dieses Körpers verbunden, und zwar so, daß jede Person für eines der Verhaltensgesetze zuständig ist, durch die unsere mentalen Zustände charakterisiert sind. Wie würden wir angesichts dieser Situation auf die Frage reagieren: Hat das ganze System (künstlicher Körper + einem großen Raum voller Menschen) tatsächlich mentale Zustände? Hier würde die Antwort doch wohl eher 'Nein' lauten, vermutet zumindest Block. Und diese Antwort wird seiner Meinung nach noch plausibler, wenn wir das Beispiel ein wenig anschaulicher machen.

Angenommen, wir überreden die Regierung Chinas mit dem Versprechen, daß ihr internationales Ansehen dadurch erheblich steigen wird, zu einem großen Funktionalismus-Experiment. Jede der eine Milliarde Personen Chinas bekommt ein spezielles Funkgerät, das über die gleichen Lämpchen und Tasten verfügt wie die Pulte im letzten Beispiel. Die Rolle der Anzeigetafel übernimmt ein System von Satelliten, mit denen große Buchstaben am Himmel geformt werden, die für alle Chinesen sichtbar sind. Ansonsten soll alles so ablaufen wie im letzten Beispiel. Jeder Chinese ist für ein Verhaltensgesetz zuständig und drückt bei entsprechendem Input seinen Output-Knopf.

> „Es ist keineswegs ausgemacht, daß dieses System aus der Bevölkerung Chinas und einem künstlichen Körper physikalisch unmöglich ist. Es könnte für eine kurze Zeit, sagen wir für eine Stunde, funktional äquivalent zu Dir sein." (Block 1978, 276 – diese Passage fehlt in der deutschen Übersetzung)[25]

Trotzdem, so Block, ist es völlig unplausibel anzunehmen, daß dieses System über mentale Zustände verfügt. Und dies ist in der Tat eine Intuition, die von vielen geteilt wird. Aber worauf beruht diese Intuition? Gibt es klare nachvollziehbare Gründe, die dafür sprechen, daß das China-Körper-System tatsächlich keine mentalen Zustände hat?

Auf den ersten Blick scheint ein wichtiger Punkt zu sein, daß das ganze System zu groß, zu diffus, zu unübersichtlich und damit einem Menschen zu unähnlich ist, als daß man ihm mentale Zustände zuschreiben könnte. Doch dies ist sicherlich nicht entscheidend. Dennett z.B. hat darauf hingewiesen, daß wir diesem Umstand schon dadurch abhelfen können, daß wir das System aus größerer Entfernung betrachten, und er hat auch die Auffassung vertreten, daß sich unsere Intuitionen im Hinblick auf das mentale Leben des Systems dadurch erheblich verändern würden. Außerdem: Warum sollen nicht auch sehr große, sehr amorphe Gebilde mentale Zustände haben?

Wenn wir die Details des Blockschen Beispiels noch einmal genau betrachten, zeigt sich jedoch ohnehin, daß die Dinge ein wenig anders liegen. Denn den künstlichen *Körper* des Blockschen Systems können wir uns dem Körper eines Menschen so ähnlich

---

[25]   Man sollte sich durch den ausgesprochen fiktiven Charakter des von Block gewählten Beispiels nicht irritieren lassen. Um bestimmte Auffassungen argumentativ zu überprüfen, ist zuweilen erheblicher Einfallsreichtum bei der Konstruktion geeigneter Beispiele erforderlich. 'Seltsame' Gedankenexperimente sind deshalb durchaus ein Merkmal des Analytischen Zugangs zur Philosophie.

wie möglich vorstellen. Dieser Körper zeigt dieselben Bewegungen und er produziert die gleichen Laute wie unser Körper. Soweit es sein verbales und nicht verbales Verhalten angeht, ist er vom Körper eines normalen Mitmenschen also nicht zu unterscheiden.[26] Der Grund dafür, daß wir trotzdem zögern würden, diesem Körper (bzw. dem ganzen System) mentale Zustände zuzusprechen, kann daher nur darin liegen, daß wir meinen, daß das Verhalten dieses Körpers nicht auf 'normale' Weise zustande kommt.

Mir scheint, daß Block hier an die Intuitionen anknüpft, die wir bei der Begegnung mit ferngesteuerten Maschinen haben. Nehmen wir etwa an, wir treffen vor einem Kaufhaus auf einen kleinen Roboter, der sich scheinbar zielgerichtet in seiner Umgebung bewegt, der ganz normal mit uns redet und der offenbar auch etwas erkennen kann, da er uns z.B. sagt, wie wir angezogen sind. Zunächst könnten wir durchaus den Eindruck haben, einem wirklichen Wunderwerk der Technik gegenüberzustehen – einem künstlichen Wesen, das wahrnehmen, sprechen und sich intelligent verhalten kann. Dies würde sich jedoch sofort ändern, wenn wir erfahren, daß das ganze so funktioniert: In den Kopf des Roboters ist eine Fernsehkamera eingebaut, deren Bilder auf dem Schirm eines Fernsehapparats in einem Büro des Kaufhauses erscheinen, vor dem ein Angestellter sitzt; dieser hat ein Mikrofon vor sich, das mit einem Lautsprecher im Kopf des Roboters verbunden ist, und außerdem einige Hebel und Knöpfe, mit denen er die Bewegungen des Roboters steuern kann; der Angestellte sieht also, was vor dem Roboter vor sich geht, er hört auch, was in dessen Umgebung gesprochen wird, und er ist es, der durch den Lautsprecher des Roboters spricht und dessen Bewegungen steu-

---

[26] Dies ist eine unmittelbare Konsequenz aus der Annahme der funktionalen Äquivalenz. Funktional äquivalente Systeme liefern unter denselben Bedingungen denselben Output, verhalten sich also auf dieselbe Weise. Allerdings könnte es sein, daß das China-Körper-System so langsam und schwerfällig ist, daß es sich durch seine extrem verlangsamten Bewegungen eindeutig von einem wirklichen Menschen unterscheiden würde. Diesem Einwand könnte man jedoch dadurch begegnen, daß man um des Arguments willen annimmt, daß die Chinesen so schnell arbeiten, daß in diesem Punkt keine merkbaren Unterschiede auftreten.

ert. In diesem Fall ist es offenbar nicht der Roboter, sondern nur der Angestellte, der mentale Zustände hat.

Aber ähnelt Blocks 'China-Körper' tatsächlich diesem kleinen Kaufhaus-Roboter? Ähnelt die von Block geschilderte Situation nicht vielmehr der, in der Wissenschaftler das Gehirn eines Menschen, um es zu schützen, aus seinem Schädel entfernen und dann dafür sorgen, daß es auf elektronischem Wege so mit den afferenten und efferenten Nerven* in seinem Körper verbunden wird, daß es von den Sinnesorganen genau dieselben Impulse empfängt und daß es die Muskeln des Körpers genauso steuern kann wie vorher? In einer solchen Situation würden wir wohl kaum daran zweifeln, daß der ganze Mensch nach wie vor mentale Zustände hat, daß er wahrnehmen, sich erinnern und Empfindungen haben kann – auch wenn es uns vielleicht schwerfallen würde, hier von einem 'ganzen' Menschen zu reden.[27] Aber wenn das so ist, warum sollten wir nicht auch Blocks 'China-Körper' mentale Zustände zuschreiben? Block könnte dies nur mit einem Argument ablehnen, aus dem hervorgeht, daß sich unser Gehirn in einem wesentlichen Punkt von dem funktionalen System unterscheidet, das den künstlichen Körper des China-Systems steuert. Und das heißt: Sein Gedankenexperiment funktioniert nur, wenn er voraussetzt, was mit dem Experiment erst gezeigt werden soll.

6.5.2 Funktionalismus und phänomenale Zustände

An dieser Stelle wird von Kritikern des Funktionalismus im allgemeinen eine Gruppe von Argumenten ins Spiel gebracht, die als das *Argument der vertauschten Qualia* ('inverted qualia argument') und das *Argument der fehlenden Qualia*[28] ('absent qualia argument') bekannt geworden sind. Diese Argumente sollen zeigen, daß mentale Zustände nicht einfach funktionale Zustände

---

[27] Diese Situation wird von Dennett in seinem Aufsatz „Where Am I?" (1978c) ausführlich auf ihre philosophischen Implikationen hin untersucht.

[28] Ein *Quale* ist der qualitative Eindruck, der mit einer Empfindung verbunden ist; die Art und Weise, wie es ist, diese Empfindung zu haben; die Art und Weise, wie sich diese Empfindung 'anfühlt'. Rot- und Grünempfindungen haben einen unterschiedlichen qualitativen Charakter, also sind mit ihnen unterschiedliche Qualia verbunden.

sein können, da sie Aspekte haben, die sich nicht auf kausale Rollen zurückführen lassen. Ausgangspunkt dieser Argumente ist die Überlegung, daß es für die *kausale Rolle* einer Empfindung letzten Endes keine Bedeutung haben kann, wie es sich 'anfühlt', diese Empfindung zu haben, ob sie mit dem einen oder anderen qualitativen Eindruck verbunden ist.[29]

Wir können uns z.B. vorstellen, so lautet das *Argument der vertauschten Qualia*, daß bei einer Person, nennen wir sie Martine, aufgrund einer angeborenen Farbanomalie rote Dinge wie Tomaten, Feuerwehrautos und Mohnblumen Empfindungen auslösen, die nicht mit einem Rot-, sondern mit einem Grüneindruck verbunden sind – d.h. Empfindungen, die sich so 'anfühlen' wie die Empfindungen, die bei uns durch Gurken, Gras und Laubfrösche ausgelöst werden; und daß umgekehrt Gurken, Gras und Laubfrösche bei Martine Empfindungen hervorrufen, die nicht mit einem Grün-, sondern mit einem Roteindruck verbunden sind. Da diese Farbanomalie seit ihrer Geburt besteht, hat Martine natürlich gelernt, die Empfindungen, die bei ihr durch Tomaten, Feuerwehrautos und Mohnblumen hervorgerufen werden, mit dem *Wort* 'rot' und die Empfindungen, die bei ihr durch Gurken, Gras und Laubfrösche verursacht werden, mit dem *Wort* 'grün' zu assoziieren. Auf die Frage „Welche Farbe haben Tomaten?" antwortet sie also ohne zu zögern mit „Rot" und auf die Frage „Wie sehen Laubfrösche aus?" ebenso problemlos mit „Grün".

Offenbar haben also bei Martine die Empfindungen, die bei ihr mit einem Grüneindruck verbunden sind, *dieselbe kausale Rolle* wie bei uns die Empfindungen, die mit einem Roteindruck verbunden sind (und umgekehrt). Denn sie werden durch dieselben Dinge verursacht (Tomaten, Feuerwehrautos, Mohnblumen), die bei uns Rotempfindungen verursachen; und sie verursachen unter anderem dieselben verbalen Reaktionen, die bei uns von Rotempfindungen hervorgerufen werden. Also gehören Martines 'Grünempfindungen' und unsere Rotempfindungen dem Funktionalismus zufolge *zu demselben Typ* mentaler Zustände. Doch damit noch nicht genug: Martines 'Grünempfindungen', d.h. die Empfindungen, die bei Martine mit einem Grüneindruck verbunden

---

[29] Auch diese Argumente gehen im wesentlichen auf Block/Fodor (1972) und Block (1978) zurück.

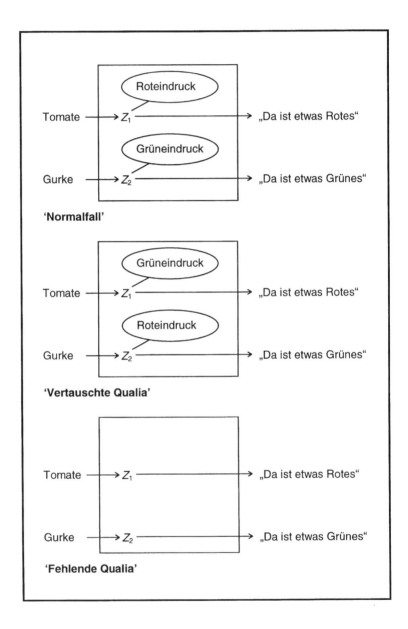

sind, sind dem Funktionalismus zufolge gar keine Grün-, sondern Rotempfindungen. Denn für einen Funktionalisten ist eine Rotempfindung eben der mentale Zustand, der durch Tomaten, Feuerwehrautos und Mohnblumen verursacht wird und der seinerseits z.B. die sprachliche Reaktion „Tomaten sind rot" hervorruft – ganz unabhängig davon, welcher Eindruck mit diesem Zustand verbunden ist. Konsequenterweise ist es für den Funktionalisten daher letzten Endes sogar belanglos, ob ein mentaler Zustand *überhaupt* mit irgendeinem Eindruck verbunden ist, ob es sich überhaupt 'irgendwie anfühlt', in diesem Zustand zu sein. Jeder Zustand, der die richtige kausale Rolle innehat, *ist* eine Rot- bzw. Grünempfindung – völlig unabhängig davon, welcher Eindruck mit ihm verbunden ist und ob überhaupt ein Eindruck mit ihm verbunden ist.

Diese Konsequenz, so die Vertreter der *Argumente der vertauschten Qualia*, ist aber völlig absurd. Das Entscheidende an jeder Empfindung ist doch, wie sie sich anfühlt. Was einen mentalen Zustand zu einer Rotempfindung macht, ist also nicht seine kausale Rolle, sondern der mit ihm verbundene qualitative Eindruck, die Art und Weise, wie es sich anfühlt, in diesem Zustand zu sein. Martines 'Grünempfindungen' sind daher tatsächlich Grünempfindungen und nicht etwa Rotempfindungen, auch wenn diese Empfindungen bei Martine die kausale Rolle innehaben, die normalerweise Rotempfindungen spielen. Kausale Rollen können deshalb nicht das entscheidende Merkmal mentaler Zustände sein. Der Funktionalist verfehlt genau das, was wirklich zählt.

Trotz seiner großen *prima facie*-Plausibilität ist jedoch auch dieser Einwand mit einigen Problemen konfrontiert. Erstens ist es keineswegs selbstverständlich, daß zwei mentale Zustände exakt dieselbe kausale Rolle innehaben können, obwohl sie mit verschiedenen Qualia verbunden sind. Es ist doch intuitiv sehr unplausibel, anzunehmen, daß sich eine Person genauso verhält wie jemand, der starke Schmerzen hat, obwohl sich ihr Zustand gar nicht schmerzhaft, sondern eher wie eine leichte Übelkeit anfühlt. Der qualitative Eindruck von Empfindungen ist in der Regel verhaltensrelevant. Jemand, der in einem Zustand ist, der mit dem spezifischen qualitativen Eindruck von Hunger verbunden ist, verhält sich anders als jemand, der den Eindruck von Durst hat.

Und jemand, der den Geruchseindruck einer Rose hat, verhält sich anders als jemand, dem der Geruch fauler Eier in die Nase sticht. Mit anderen Worten: Empfindungen, die mit unterschiedlichen Eindrücken verbunden sind, besitzen in der Regel auch verschiedene kausale Rollen. Dieser Umstand wird durch die – die Diskussion beherrschenden – Beispiele von Farbeindrücken nur verdeckt, da man sich bei Farbeindrücken eine verhaltensirrelevante Vertauschung offenbar am ehesten vorstellen kann. Aber möglicherweise ist auch das nur scheinbar so. Denn alle Farbeindrücke besitzen eine emotionale Komponente, die sich letzten Endes im Verhalten ausdrückt. Rote Eindrücke stimulieren, grüne Eindrücke beruhigen, usw.

Zweitens führt die Annahme, daß es mentale Zustände geben kann, die exakt dieselbe kausale Rolle innehaben, obwohl sie mit verschiedenen Qualia verbunden sind, zu ernsthaften epistemischen Problemen. Denn wie sollen wir feststellen können, daß jemand eine Grün- und keine Rotempfindung hat, wenn er sich in allen Dingen genauso verhält wie jemand, der tatsächlich eine Rotempfindung hat? Auch für die Person selbst scheint es unmöglich, dies festzustellen; denn sie kann ja ihre Empfindungen nicht mit denen anderer vergleichen.[30]

---

[30] Allerdings muß man hier noch an folgende Möglichkeit denken. Nehmen wir an, daß in normalen Personen die neuronalen Zustände N_1 und N_2 die kausalen Rollen von Rot- bzw. Grünempfindungen innehaben: Rote Gegenstände verursachen N_1, grüne Gegenstände N_2 usw. Dann könnte es doch sein, daß aufgrund bestimmter Umstände in manchen Personen diese Rollen vertauscht sind. (Martine Nida-Rümelin hat in (1996) argumentiert, daß es empirische Anhaltspunkte dafür gibt, daß ein solcher neuronaler Rollentausch tatsächlich vorkommt.) Bei diesen Personen verursachen also grüne Gegenstände N_1, während rote Gegenstände N_2 hervorrufen. Und auch die übrigen kausalen Beziehungen sind vertauscht. Wäre dies nicht eine Situation, in der es plausibel wäre, anzunehmen, daß bei diesen Personen auch eine Qualia-Vertauschung vorliegt? Nun, ein einfaches 'Ja' oder 'Nein' auf diese Frage ist sicher nicht möglich.
Immerhin haben aber Überlegungen wie diese Paul und Patricia Churchland sowie David Lewis dazu geführt, Qualia nicht mit kausalen Rollen, sondern mit bestimmten (physikalischen) Merkmalen der jeweiligen Rollenträger zu identifizieren. (Vgl. bes. P.M. Churchland/P.S.Churchland (1981) und Lewis (1980)). Dennoch sind die Churchlands Funktionalisten geblieben. Ihre Position ist nämlich, daß vertauschte Qualia zwar möglich sind, daß für die

Noch unplausibler als die Annahme vertauschter Qualia ist jedoch die These, daß es *philosophische Zombies* geben könne – Wesen, die über genau dieselben funktionalen Zustände verfügen wie wir, die sich daher genauso verhalten und auch genauso reden wie wir, die aber trotzdem überhaupt nichts fühlen, weil keiner ihrer Zustände einen qualitativen Charakter aufweist. Gegen die Möglichkeit solcher Zombies hat Sydney Shoemaker schon 1975 ein interessantes Argument ins Feld geführt, das an das eben genannte epistemische Problem anknüpft. Sicher, so Shoemaker, ist die These nicht völlig von der Hand zu weisen, daß die Beobachtung von Verhalten allein nicht ausreicht, wenn es darum geht, herauszufinden, was jemand fühlt. Man denke nur an das Problem des perfekten Schauspielers, der sich genau so verhält, wie jemand, der starke Schmerzen hat, obwohl ihm tatsächlich gar nichts weh tut. Wenn jedoch Anhaltspunkte im Verhalten nicht ausreichen, was dann? Die traditionelle Antwort auf diese Frage lautet: Introspektion. Zumindest der Schauspieler selbst weiß aufgrund von Introspektion, daß er keine Schmerzen hat. Introspektion, so argumentiert Shoemaker weiter, beruht aber auf den Überzeugungen, die wir in bezug auf uns selbst haben. Und deshalb entsteht folgendes Problem.

Wenn sich zwei Wesen nicht nur genauso verhalten, wie es für Wesen typisch ist, die Schmerzen empfinden, wenn sie vielmehr auch beide in der gleichen Weise davon überzeugt sind, daß sie Schmerzen empfinden, dann spricht nicht nur ihr Verhalten, sondern auch ihre Introspektion dafür, daß sie tatsächlich Schmerzen empfinden. Und was könnte dann noch dafür sprechen, daß dies nicht so ist? Was könnte es in diesem Fall überhaupt heißen, daß dies nicht so ist?

„Man kann unsere Frage also auch so formulieren: Vorausgesetzt, daß aus den Zuständen, in denen sich eine Person befindet, folgt, daß die Gesamtheit aller Anhaltspunkte im Verhalten dieser Person *und* die Gesamtheit aller introspektiven Anhaltspunkte unzweideutig zu dem Schluß führt, daß sie

---

Frage, ob zwei Empfindungen zu demselben Typ von Empfindungen gehören, jedoch nicht ihr qualitativer Charakter, sondern ihre kausale Rolle entscheidend ist. Den Churchlands zufolge sind Martines 'Grünempfindungen' also tatsächlich Rotempfindungen, obwohl sie mit Grüneindrücken einhergehen.

Schmerzen hat, kann es dann noch irgendeinen Anhaltspunkt (für irgend jemanden) dafür geben, daß diese Person keine Schmerzen fühlt? Ich sehe nicht, wie dies möglich sein soll." (Shoemaker 1975, 189-190)

Wenn zwei Wesen nicht nur in ihrem Verhalten übereinstimmen, sondern auch in allen Überzeugungen, die ihre eigenen mentalen Zustände und insbesondere ihre eigenen Empfindungen betreffen, gibt es also – zumindest epistemisch gesehen – keine Möglichkeit mehr, zwischen ihnen im Hinblick auf den qualitativen Charakter ihrer mentalen Zustände zu unterscheiden.

Wenn in einem Wesen A der Zustand X die kausale Rolle innehat, die für Rotempfindungen charakteristisch ist, dann bedeutet das aber nicht nur, daß dieser Zustand durch rote Dinge verursacht wird und daß er selbst z.B. Äußerungen wie „Da ist etwas Rotes" hervorruft. Es bedeutet auch, daß X in A zu der Überzeugung führt *Ich sehe etwas Rotes* bzw. *Ich habe eine Rotempfindung*. Jeder, der in einem Zustand ist, der die kausale Rolle von Rotempfindungen innehat, verhält sich also nicht nur so wie jemand, der eine Rotempfindung hat, *er glaubt auch von sich selbst, daß er eine Rotempfindung hat*. Wenn es philosophische Zombies gäbe, wären also nicht nur wir nicht in der Lage, zu erkennen, daß es sich bei diesen Wesen um Zombies handelt, *sie selbst* könnten dies nicht herausfinden. Denn die Zustände, die in ihnen die Rolle von Empfindungen spielen, bringen sie dazu, von sich selbst zu glauben, sie hätten echte Empfindungen. Ist es wirklich sinnvoll, anzunehmen, daß es Wesen geben kann, die nicht über wirkliche, sondern nur über 'Ersatzempfindungen' verfügen, die mit keinerlei qualitativen Eindrücken verbunden sind, von denen aber niemand – nicht einmal sie selbst – herausfinden kann, daß das so ist? Wer meint, dies sei trotz aller Probleme möglich, sollte sich klar machen, daß er dann möglicherweise selbst nur ein Zombie ist, der von sich nur glaubt, er hätte wirkliche Empfindungen.[31]

---

[31]   Die in diesem Abschnitt angesprochenen Probleme werden im Kapitel 13 noch einmal ausführlich aufgenommen werden.

6.5.3 Inputs und outputs, Speziesismus und Schiffers Einwand

Wir hatten schon gesehen, daß Funktionalisten ihre Position oft auf die kurze Formel bringen, daß mentale Zustände durch ihre kausale Rolle charakterisiert sind – d.h. durch die Ereignisse außerhalb des Systems, durch die sie verursacht werden (*inputs*), durch das, was sie selbst außerhalb des Systems verursachen (*outputs*), und durch ihre kausalen Relationen zu anderen mentalen Zuständen. Allerdings wird über die Frage, was mit der Wendung 'außerhalb des Systems' gemeint bzw. wo eigentlich die Grenze des Systems zu ziehen ist, nur sehr selten gesprochen. Und entsprechend wenig hört man zu der eigentlich zentralen Frage, was genau unter *inputs* und *outputs* zu verstehen ist. Hier gibt es mindestens drei Möglichkeiten:

1. *Inputs* sind die elektrochemischen Signale, die das Gehirn von den Sinnesorganen erhält, und *outputs* die elektrochemischen Signale, die das Gehirn an die Muskeln schickt.

2. *Inputs* sind die physikalischen Reize, die von unseren Sinnesorganen verarbeitet werden (das in unsere Augen fallende Licht, die auf unsere Ohren treffenden Schallwellen, die Geruchsmoleküle, die unsere Nase erreichen, usw.), und *outputs* sind die Bewegungen unserer Gliedmaßen.

3. *Inputs* sind die verschiedenen Umweltsituationen, in denen wir uns befinden, und *outputs* sind die Veränderungen in unserer Umwelt, die wir durch unsere Handlungen hervorrufen.

Das Problem für den Funktionalisten ist nun: Für welche dieser Möglichkeiten er sich auch entscheidet, er ist auf jeden Fall mit unliebsamen Konsequenzen konfrontiert. Die erste Möglichkeit bringt gleich eine ganze Reihe von Problemen mit sich. Erstens impliziert sie, daß eigentlich das Gehirn das logische Subjekt mentaler Zustände ist. Das entspricht jedoch nicht unserer alltäglichen Sichtweise des Mentalen. Normalerweise sprechen wir mentale Zustände Personen und nicht den Gehirnen von Personen zu. *Hans* denkt nach, freut sich, fühlt Schmerzen, nicht sein Gehirn. Zweitens führt diese Auffassung von *inputs* und *outputs* zu einem unplausiblen *Speziesismus*. Denn ihr zufolge können überhaupt nur solche Wesen mentale Zustände haben, deren Sinnesorgane die gleichen elektrochemischen Signale erzeugen wie unsere und deren Effektoren* durch die gleichen elektrochemischen Signale gesteuert werden wie unsere Muskeln. Wesen mit anders funktionierenden Sinnesorganen oder Effektoren werden damit von vornherein aus dem Kreis der mentalen Wesen ausgeschlossen. Drittens steht diese Auffassung aber auch vor dem konversen Problem. Denn wenn *inputs* und *outputs* einfach mit bestimmten elektrochemischen Signalen identifiziert werden, dann ist es offenbar egal, wie diese Signale zustande kommen bzw. was sie bewirken. Auch das ist aber völlig unplausibel. Stellen wir uns z.B. ein Wesen vor, dessen Gehirn meinem völlig gleicht, das sich von mir aber folgendermaßen unterscheidet: Seine Augen arbeiten sozusagen farbinvers, sie senden das Signal, das bei mir durch rote Dinge ausgelöst wird, genau dann an sein Gehirn, wenn sie auf etwas Grünes gerichtet sind; und seine motorischen Signale sind ebenfalls invertiert – Signale, die bei mir zu einer Greifbewegung führen, lösen bei ihm ein Zurückziehen der Hand aus. Von diesem Wesen müßten wir der Möglichkeit 1 zufolge sagen, daß es genau dann glaubt, etwas Rotes zu sehen, wenn etwas Grünes vor ihm liegt, und daß es immer, wenn es etwas greifen möchte, seine Hand zurückzieht. So hatte sich der Funktionalist die typischen *inputs* und *outputs* jedoch sicher nicht vorgestellt. Viertens schließlich gestattet Möglichkeit 1 nicht, Wesen mit eingeschränkter Wahrnehmung mentale Zustände zuzuschreiben. Schon Blinde oder Taube müßten ihr zufolge aus dem Kreis mentaler Wesen ausgeschlossen werden. Möglichkeit 1 impliziert also nicht nur einen unplausiblen Speziesismus, sondern – wenn man es so nennen will – sogar einen völlig unvertretbaren *Normalismus*.

Obwohl die Möglichkeit 2 auf den ersten Blick manchem durchaus plausibel erscheinen mag, ist auch sie mit dem Problem des Speziesismus konfrontiert. Wenn wir *inputs* mit den physikalischen Reizen, die von unseren Sinnesorganen verarbeitet werden, und *outputs* mit den Bewegungen unserer Gliedmaßen identifizieren, dann kann kein Wesen zu uns funktional äquivalent sein, das über andere Sinnesorgane oder andere Gliedmaßen verfügt als wir.[32] Schon viele Tiere könnten daher der Möglichkeit 2 zufolge keine mentalen Zustände haben, da ihre Sinnesorgane zumindest etwas anders arbeiten als unsere. Alle Tiere, die sich mit Hilfe von Flügeln oder Flossen fortbewegen, wären schon deshalb aus dem Kreis der mentalen Wesen ausgeschlossen. An Marsmenschen oder Roboter brauchen wir dabei noch gar nicht zu denken.

Es scheint also nur Möglichkeit 3 zu bleiben. Aber auch mit dieser Möglichkeit steht es nicht viel besser. Bei dieser Möglichkeit müssen wir uns z.B. fragen, unter welchen Bedingungen eine bestimmte Umweltsituation, in der wir uns befinden, in uns einen bestimmten mentalen Zustand, sagen wir eine bestimmte Überzeugung, hervorruft. Offensichtlich nicht unter beliebigen Bedingungen. Denn wenn vor uns ein rotes Buch auf dem Tisch liegt, dann glauben wir das häufig erst dann, wenn wir dieses Buch auch wahrnehmen – wenn es also hell genug ist, unsere Augen nicht geschlossen sind, usw. Auch hier bekommen wir also Probleme mit Wesen, deren Sinnesorgane anders funktionieren als unsere. Denn diese Wesen werden sehr häufig einen Gegenstand unter anderen Umständen wahrnehmen als wir. Also haben ihre 'Überzeugungen' nicht exakt dieselbe kausale Rolle wie unsere Überzeugungen; also haben sie dem Funktionalismus zufolge gar keine Überzeugungen – zumindest nicht dieselben Überzeugungen wie wir.

Die verschiedenen Probleme, die sich bei der Möglichkeit ergeben haben, *inputs* und *outputs* plausibel zu charakterisieren, hängen eng zusammen mit einem Problem, auf das besonders Stephen Schiffer aufmerksam gemacht hat.[33] Die kausalen Rollen, durch die funktionale Zustände charakterisiert sind, werden durch Verhaltensgesetze ausgedrückt, die sich in einer Theorie zusammenfassen lassen. Zu jeder Gruppe von funktionalen Zuständen gibt es also eine Theorie, durch die sie bestimmt sind und mit Bezug auf die sie explizit definiert werden können. Wenn der

---

[32] Vielleicht ist es sinnvoll, an dieser Stelle noch einmal daran zu erinnern, daß – so wie der Funktionalismus in den Abschnitten 6.1 und 6.2 definiert wurde – kein System zu uns funktional äquivalent sein kann, das über andere *inputs* und *outputs* verfügt als wir.

[33] Bes. in Schiffer (1986).

Funktionalismus recht hat, muß es daher genau *eine* Theorie geben, durch die alle mentalen Zustände funktional charakterisiert sind. Aber welche Theorie sollte dies sein?

Wenn wir diese Theorie *T* nennen, dann ist klar, daß *T* zumindest drei Arten von Gesetzen enthalten muß: Gesetze, die *inputs* mit mentalen Zuständen verbinden, Gesetze, die mentale Zustände untereinander verbinden, und Gesetze, die mentale Zustände mit *outputs* verbinden. Beispiele für solche Gesetze könnten in etwa sein:

(1) Wenn sich eine rote Tasse direkt vor *S* befindet, wenn *S* normalsichtig ist, seine Augen geöffnet sind und sich die Tasse in gerader Linie vor seinen Augen befindet, wenn *S* aufmerksam ist und Erfahrung mit roten Tassen hat, dann glaubt *S*, daß sich eine rote Tasse vor ihm befindet.

(2) Wenn *S* *p* wünscht und glaubt, daß *q* eine notwendige Bedingung für *p* ist, dann wünscht *S* auch *q*.

(3) Wenn *S* seine Hand heben möchte, es nichts gibt, was der Ausführung dieser Handlung entgegensteht und was *S* mehr will, und *S* in der Lage ist, seine Hand zu heben, dann hebt *S* seine Hand.

Schon an diesen einfachen Beispielen werden die Probleme deutlich, die mit der Annahme verbunden sind, daß es *eine* spezifische Theorie *T* gibt, durch die alle mentalen Zustände funktional charakterisiert sind.

Das *erste* Problem ergibt sich aus der Frage, wie die Gesetze dieser Theorie genau formuliert sind. Offensichtlich sind die Gesetze (1) - (3) in der angegebenen Form auf keinen Fall akzeptabel. Denn: Natürlich sind Umstände denkbar, unter denen ein Wesen auch dann nicht glaubt, daß eine rote Tasse vor ihm steht, wenn die Bedingungen des Gesetzes (1) alle erfüllt sind – z.B. wenn die Tasse unter einer Zeitung versteckt ist. (Über das Problem, das durch Wesen mit unterschiedlichen Sinnesorganen entsteht, hatten wir gerade schon gesprochen.) Natürlich gibt es Situationen, in denen jemand, der *p* wünscht und glaubt, daß *q* eine notwendige Bedingung für *p* ist, trotzdem *q* nicht wünscht – z.B. weil *q* ein Verbrechen darstellt. Und natürlich ist es möglich, daß jemand auch dann seine Hand nicht hebt, wenn die Bedingungen

des Gesetzes (3) alle erfüllt sind – z.B. wenn er durch etwas so
abgelenkt wird, daß er vergißt, seine Hand zu heben. Sicher
könnte man versuchen, die Formulierungen der Gesetze (1) - (3)
durch die Berücksichtigung zusätzlicher Bedingungen gegen solche Gegenbeispiele zu immunisieren. Aber wir hatten schon im
Abschnitt 4.2.1 gesehen, daß es mehr als unwahrscheinlich ist,
daß sich diese Formulierungen so verbessern lassen, daß sie mit
allen denkbaren Gegenbeispielen fertig werden.

Das *zweite* Problem hat mit der Frage zu tun, welche Gesetze
zur Theorie T gehören und welche nicht. Es gibt unüberschaubar
viele Arten, zu einer Überzeugung zu kommen. Müssen alle diese
Arten mit einem eigenen Gesetz in T vertreten sein? Und wenn
nicht, welche sollten in T vertreten sein? Viele gehen davon aus,
daß sogenannte Rationalitätsstandards wie

(4) Wenn S p glaubt und <wenn p, dann q>[34] glaubt, dann glaubt
     S auch q

(5) Wenn S <p und q> glaubt, dann glaubt S auch p

(6) Wenn S p glaubt, dann glaubt S nicht nicht-p

auf jeden Fall zu T gehören sollten. Aber wie steht es z.B. mit

(7) Wenn S <p oder q> glaubt und nicht-q glaubt, dann glaubt S
     p?

Sollte auch dieses Gesetz zu T gehören? Und falls ja, wie steht es
mit weiteren Gesetzen dieser Art, die auf einfachen logischen
Beziehungen beruhen? Schon diese wenigen Fälle zeigen, daß es
zumindest recht schwer sein dürfte, zu sagen, welche Gesetze zu
T gehören und welche nicht.

Das *dritte* ist jedoch das wirklich entscheidende Problem. Aus
den Überlegungen des Abschnitts 6.2 ergibt sich nämlich, daß ein
Wesen nur dann mentale Zustände haben kann, wenn es die Theorie T erfüllt. Wenn der Funktionalismus recht hätte, müßte es also
eine Theorie T geben, für die gilt: T trifft auf *alle* mentalen We-

---

[34] Die spitzen Klammern '<' und '>' dienen demselben Zweck wie das um-
      gangssprachliche 'daß': Wenn man sie auf einen Satz anwendet, entsteht
      ein Ausdruck, der die durch den Satz ausgedrückte Proposition bezeichnet.
      Der Ausdruck '<wenn p, dann q>' bedeutet also dasselbe wie der Ausdruck
      'daß wenn p der Fall ist, auch q der Fall ist'.

sen in gleicher Weise zu – d.h. auf alle Wesen, die überhaupt mentale Zustände annehmen können. Wenn der Funktionalismus recht hätte, müßte also gelten: In allen mentalen Wesen entstehen mentale Zustände auf genau dieselbe Weise; in allen mentalen Wesen sind alle mentalen Zustände auf dieselbe Art und Weise miteinander verbunden; und das Verhalten aller mentalen Wesen wird auf genau dieselbe Weise durch ihre mentalen Zustände verursacht. Oder noch einmal mit anderen Worten: Wenn der Funktionalismus recht hätte, müßte für alle mentalen Wesen exakt dieselbe psychologische Theorie T gelten. Dies ist jedoch nicht nur unwahrscheinlich; es ist ganz sicher falsch. Offensichtlich gibt es schon zwischen verschiedenen Menschen kleine, aber relevante psychologische Unterschiede. Ärzte kommen auf andere Weise zu Überzeugungen über die Krankheiten ihrer Patienten als medizinisch ungebildete Laien. Manche Menschen erfüllen das Gesetz (7), andere nicht. Blinde verfügen über sensorische Fähigkeiten, die Normalsichtigen weitgehend fehlen. Manche sind in ihren Handlungen eher vorsichtig, andere handeln spontan und unüberlegt. Deshalb scheint – wie immer T auch aussehen mag – die folgende Annahme nicht besonders riskant zu sein: Für jedes Gesetz von T gibt es mindestens ein mentales Wesen, auf das dieses Gesetz nicht zutrifft. Und diese Annahme gewinnt natürlich noch erheblich an Plausibilität, wenn wir daran denken, daß nicht nur Menschen zu den mentalen Wesen gehören, sondern höchstwahrscheinlich auch eine Vielzahl von Tieren und vielleicht auch Marsmenschen und Roboter. Wir kommen daher nicht um die Schlußfolgerung herum: Es ist einfach nicht so, daß z.B. die Überzeugung, daß die Summe von 2 und 3 5 ist, in allen mentalen Wesen dieselbe kausale Rolle spielt. Und weil das nicht so ist, ist es unmöglich, diese Überzeugung durch eine ganz bestimmte kausale Rolle zu definieren. Was für die Überzeugung, daß die Summe von 2 und 3 5 ist, gilt, gilt in analoger Weise jedoch auch für alle anderen mentalen Zustände. Keiner dieser Zustände kann plausiblerweise mit genau einer kausalen Rolle identifiziert werden. Offenbar gibt es keine Theorie T, die auf alle mentalen Wesen zutrifft.

7   Token-Identität und Anomaler Monismus

In den letzten Kapiteln haben wir zwei Antworten auf die Frage kennengelernt, was es heißen kann, daß mentale Eigenschaften oder Zustände auf physische Eigenschaften oder Zustände zurückgeführt werden können: den Semantischen Physikalismus und die Identitätstheorie. Der Funktionalismus für sich allein genommen liefert keine Antwort auf diese Frage; mit dem Stichwort 'Realisierung' verweist er jedoch auf eine mögliche Antwort, die im nächsten Kapitel ausführlich behandelt werden soll.

In diesem Kapitel soll zuvor jedoch eine viel diskutierte Position dargestellt werden, die Anfang der 70er von Donald Davidson entwickelt wurde und der er selbst den Namen 'Anomaler Monismus' gegeben hat.[1] Diese Position wird zwar allgemein auch als eine Variante des Physikalismus verstanden; aber sie unterscheidet sich von den anderen in diesem Teil diskutierten Varianten dadurch, daß sie glaubt, ohne eine Antwort auf die Frage auskommen zu können, wie sich mentale Eigenschaften zu physischen Eigenschaften verhalten. Davidson zufolge muß ein Physikalist nämlich nur behaupten, daß mentale *Ereignisse* mit physischen *Ereignissen* identisch sind. Insgesamt ist sein Anomaler Monismus durch zwei Thesen charakterisiert:

Anomaler Monismus

These von der Anomalität des Mentalen

(AM)   Es gibt keine strikten psychologischen oder psychophysischen Gesetze*.

Monismus-These

(MT)   Jedes einzelne mentale Ereignis ist identisch mit einem einzelnen physischen Ereignis.

---

[1]   Vgl. bes. Davidson (1970; 1973; 1974); zur Darstellung und Kritik des Anomalen Monismus vgl. z.B. Honderich (1982), Kim (1985), Lanz (1987) und McLaughlin (1985).

Was spricht für diese Thesen? Und was spricht insbesondere für die zweite These, die in der Literatur häufig als *Token*-Identitätsthese* bezeichnet wird?

7.1   Davidsons Argument für die Token-Identitätsthese

Davidson geht in seiner Argumentation von der Annahme aus, daß mentale Ereignisse mit physischen Ereignissen kausal verbunden sind. Diese Annahme ist zwar zuweilen bestritten worden; aber wir hatten schon gesehen, daß zumindest sehr viel für sie spricht.[2] Es scheint daher nicht unplausibel anzunehmen:

(1)   Zumindest einige mentale Ereignisse interagieren kausal mit physischen Ereignissen.

Wenn dieses Prinzip zutrifft, scheint es aber ein Problem zu geben. Denn, so Davidson weiter, zwei Ereignisse können nur dann in der Relation* von Ursache und Wirkung zueinander stehen, wenn es ein *striktes deterministisches Gesetz* gibt, unter das beide Ereignisse fallen. Davidson zufolge gilt also auch das Prinzip:

(2)   Wenn ein Ereignis *a* Ursache eines anderen Ereignisses *b* ist, dann gibt es ein striktes deterministisches Gesetz, unter das *a* und *b* fallen.

Die These von der Anomalität des Mentalen besagt aber gerade, daß es keine strikten psychologischen oder psychophysischen Gesetze gibt. Aus dieser These folgt also das Prinzip:

(3)   Es gibt keine strikten deterministischen Gesetze, mit Bezug auf die man mentale Ereignisse voraussagen und erklären könnte.

Wie kann aber das Prinzip (1) wahr sein, wenn die Prinzipien (2) und (3) wahr sind? Aus (1) ergibt sich doch, daß es mindestens ein mentales Ereignis *m* und ein physisches Ereignis *p* gibt, für die gilt:

(4)   *m* wird durch *p* verursacht, bzw. *m* verursacht *p*.

---

[2]   Vgl. Abschnitte 3.1 und 5.2.

Wenn (2) wahr ist, muß es also ein striktes deterministisches Gesetz geben, das *p* und *m* miteinander verbindet. Aufgrund des Prinzips (3) gibt es aber kein solches Gesetz. Mindestens eines der Prinzipien (1) - (3) muß also falsch sein.

Davidson zufolge besteht die Unvereinbarkeit von (1) - (3) jedoch nur scheinbar. Das Prinzip (3) besagt nämlich nur, daß es kein Gesetz gibt, das das mentale Ereignis *m als mentales Ereignis* mit dem Ereignis *p* verbindet. Es besagt *nicht*, daß es überhaupt kein striktes Gesetz gibt, das *m* mit *p* verbindet. (4) kann also wahr sein – aber nur unter der Bedingung, daß es ein striktes (weder psychologisches noch psychophysisches) Gesetz gibt, unter das sowohl *m* also auch *p* fallen. Nach Davidson sind die einzigen strikten deterministischen Gesetze die Gesetze der Physik. Ihm zufolge kann (4) daher nur wahr sein, wenn es ein *physikalisches Gesetz* gibt, das *m* und *p* miteinander verbindet.

Aber wie soll das möglich sein, wenn *m* ein mentales Ereignis ist? Die Antwort auf diese Frage ergibt sich für Davidson aus der Tatsache, daß jedes Ereignis auf sehr verschiedene Weise beschrieben werden kann. Die Ereignisse *m* und *p* können also durch ein physikalisches Gesetz miteinander verbunden sein, wenn es für *m* eine physikalische Beschreibung gibt, unter der *m* in dieses Gesetz eingeht. Davidson zufolge ist aber jedes Ereignis, für das es eine physikalische Beschreibung gibt, ein physisches Ereignis. Wenn es ein physikalisches Gesetz gibt, das *m* und *p* miteinander verbindet, ist *m* also mit einem physikalischen Ereignis identisch. Für Davidson steht daher fest: (4) kann nur wahr sein, wenn es ein striktes (physikalisches) Gesetz gibt, das *m* und *p* miteinander verbindet; ein solches Gesetz kann es nur geben, wenn es für *m* eine physikalische Beschreibung gibt; und wenn es für *m* eine physikalische Beschreibung gibt, dann ist *m* mit einem physikalischen Ereignis identisch. Also kann (4) nur wahr sein, wenn *m* mit einem physikalischen Ereignis identisch ist.

Letzten Endes beruht Davidsons Argument also – außer auf den Prinzipien (1) und (2) – auf der Prämisse:

(5)   Die einzigen strikten deterministischen Gesetze sind die Gesetze der Physik.

Aus dieser Prämisse ergibt sich sofort die These der Anomalität des Mentalen. Und aus der Prämisse (5) und den Prinzipien (1) und (2) ergibt sich die Monismus-These, allerdings nur in der schwächeren Form:

(MT′) Jedes mentale Ereignis, das in einer Kausalrelation zu einem anderen Ereignis steht, ist identisch mit einem physischen Ereignis.

Jedes einzelne mentale Ereignis – zumindest jedes einzelne mentale Ereignis, das in einer Kausalrelation zu einem anderen Ereignis steht – *muß* nach Davidson mit einem physischen Ereignis identisch sein. Denn das Bestehen jeder Kausalrelation setzt ein striktes deterministisches Gesetz voraus, und die einzigen strikten deterministischen Gesetze sind die Gesetze der Physik.

Für Vertreter der klassischen Identitätstheorie besteht jedoch eine Spannung zwischen der These (MT′) und Davidsons These der Anomalität des Mentalen – also der These, daß es keine strikten psychophysischen Gesetze gibt. Schließlich hatten wir im Kapitel 5 gesehen, daß der klassischen Identitätstheorie zufolge ein mentales Phänomen *M* nur dann mit einem physischen Phänomen *P* identisch sein kann, wenn es ein entsprechendes Brückengesetz gibt, d.h. wenn der Satz „*M* genau dann, wenn *P*" zumindest ein wahres Naturgesetz darstellt. Davidson zufolge gibt es solche Gesetze jedoch nicht – jedenfalls nicht in strikter Form. Wie kann er da die Identität von mentalen und physischen Ereignissen behaupten?

Die Antwort ist einfach, daß sich Davidsons These (MT′) grundsätzlich von der klassischen Identitätstheorie unterscheidet. Während in dieser die Identität mentaler und physischer *Eigenschaften* oder Ereignis-*Typen* behauptet wird, wird in (MT′) nur die Identität *einzelner* mentaler *Ereignisse* mit *einzelnen* physischen *Ereignissen* behauptet. So erklärt sich auch die terminologische Unterscheidung zwischen Token- und Typ-Identität: Vertreter einer *Typ-Identitätstheorie* behaupten die Identität mentaler und physischer Eigenschaften oder Ereignis-Typen, Vertreter einer *Token-Identitätstheorie* dagegen nur die Identität mentaler und physischer Einzelereignisse. Wichtig ist diese Unterscheidung unter anderem, weil Davidson zufolge die Identität von Ereignissen *nicht* die Identität von Eigenschaften oder Ereignis-

Typen und daher auch nicht die Existenz von Brückengesetzen voraussetzt. Aus diesem Grunde wird die Position Davidsons in der Literatur häufig als *nicht-reduktiver Physikalismus* (oder *nicht-reduktiver Materialismus*) bezeichnet.

7.2   Zwei Ereignisbegriffe

Da Ereignisse in Davidsons Theorie eine zentrale Rolle spielen, läßt sich diese Theorie erst dann richtig verstehen, wenn man etwas mehr über den Ereignisbegriff erfährt, von dem Davidson ausgeht.

Davidson zufolge haben Eigenschaften keinen genuinen ontologischen Status. Daß ein Gegenstand eine Eigenschaft hat, heißt seiner Meinung nach nichts anderes, als daß ein bestimmtes Prädikat auf diesen Gegenstand zutrifft.[3] Außerdem ist für ihn die Rede von der Identität von Eigenschaften von vornherein suspekt. Sinnvolle Identitätsaussagen lassen sich seiner Meinung nach nur über Einzeldinge ('particulars') machen. Und entsprechend hält er auch Ereignisse für eine bestimmte Art von ontologisch basalen Einzeldingen.[4] Davidson präsentiert seine Auffassung von Ereignissen selber so:

„Als Ereignisse gelten unwiederholbare, datierte Einzeldinge wie etwa dieser spezifische Ausbruch eines Vulkans, die (erste) Geburt oder der Tod einer Person, die Austragung der Weltmeisterschaft von 1954 oder die historische Äußerung der Worte 'Hunde, wollt ihr ewig leben?'. Identitätsaussagen über Einzelereignisse lassen sich ohne weiteres formulieren; als (sei's wahre oder falsche) Beispiele mögen die folgenden dienen:

Der Tod von Walter Scott = der Tod des Verfassers von *Waverley*;

die Ermordung des Erzherzogs Ferdinand = das Ereignis, das den Ersten Weltkrieg auslöste;

der Ausbruch des Vesuvs im Jahre 79 n. Chr. = die Ursache der Zerstörung von Pompeji." (Davidson 1970, 294f.)

Diese Identitätsbehauptungen sind nach Davidson ähnlich aufzufassen wie die Aussagen

---

[3]   Das letztere kann man nach Davidson also nicht durch das erstere erklären.

[4]   Daß Ereignisse ontologisch basal sind, soll heißen, daß sie nicht auf andere, ontologisch grundlegendere Dinge zurückgeführt werden können.

Scott = der Autor des *Waverley*
Cicero = Tullius
der Erfinder der Bifokalgläser = der Erfinder des Blitzableiters.

Die Wahrheit der Aussage „Die Ermordung des Erzherzogs Ferdinand = das Ereignis, das den Ersten Weltkrieg auslöste" setzt Davidson zufolge nicht voraus, daß die Eigenschaft *eine Handlung zu sein, die den Tatbestand der Ermordung des Erzherzogs Ferdinand erfüllt* und die Eigenschaft *den ersten Weltkrieg auszulösen* identisch sind – ebensowenig wie die Wahrheit der Aussage „Der Erfinder der Bifokalgläser = der Erfinder des Blitzableiters" die Identität der Eigenschaften *Erfinder der Bifokalgläser zu sein* und *Erfinder des Blitzableiters zu sein* voraussetzt.

Davidsons Ereignisbegriff ist allerdings nicht der einzige, der in der philosophischen Diskussion der letzten Jahre vorgeschlagen wurde. Ein alternativer Begriff stammt von Jaegwon Kim.[5] Nach Kim sind Ereignisse nicht ontologisch basal, sondern sozusagen aus anderen Entitäten* zusammengesetzt. Ihm zufolge besteht jedes Ereignis darin, daß ein bestimmter *Gegenstand* zu einem bestimmten *Zeitpunkt* eine bestimmte *Eigenschaft* hat (bzw. daß mehrere Gegenstände zu einem bestimmten Zeitpunkt in einer bestimmten Relation zueinander stehen). Jedes Ereignis kann man nach Kim also als ein Tripel* aus einem Gegenstand o, einer Eigenschaft F und einem Zeitpunkt t auffassen – d.h. jedes Ereignis hat die Form $<o, F, t>$.[6] Grundsätzlich gilt, daß zwei Tripel $<a, b, c>$ und $<a', b', c'>$ genau dann identisch sind, wenn ihre ersten, zweiten und dritten Komponenten paarweise identisch sind – wenn also gilt: $a = a'$ und $b = b'$ und $c = c'$. Kims Ereignisbegriff hat daher zur Folge, daß Ereignisidentität Eigenschaftsidentität voraussetzt. Denn aufgrund der allgemeinen Identitätsbedingungen für Tripel sind auch zwei Kim-Ereignisse $<o, F, t>$

---

[5] Bes. Kim (1976).

[6] Diese Auffassung leidet sicher darunter, daß ihr zufolge Ereignisse punktuell und daher statisch sind, während der Alltagsintuition zufolge Ereignisse durchaus eine Zeitlang dauern können und in der Regel mit Veränderungen einhergehen. Diesem Problem kann aber dadurch abgeholfen werden, daß man mit Lewis (1986) Ereignisse als Funktionen auffaßt, die jedem Zeitpunkt in einem Zeitintervall eine Menge von Sachverhalten zuordnen.

und $<o', F', t'>$ dann und nur dann identisch, wenn $o = o'$ und $F = F'$ und $t = t'$.

Zwei Ereignisbegriffe

Davidson-Ereignisse

Ereignisse sind nicht wiederholbare, datierte basale Einzeldinge, die in ihrem ontologischen Status Gegenständen ähneln.

Kim-Ereignisse

Jedes Ereignis besteht darin, daß ein Gegenstand zu einem Zeitpunkt eine Eigenschaft hat. Ereignisse können daher als Tripel $<o, F, t>$ aus einem Gegenstand o, einer Eigenschaft F und einem Zeitpunkt t aufgefaßt werden.

Beide Konzeptionen von Ereignissen stammen aus der Handlungstheorie*. Handlungen sind nämlich – da sind sich eigentlich alle einig – eine Unterart der Ereignisse. Fragen, die sich im Hinblick auf Handlungen stellen lassen, kann man daher häufig auf Ereignisse im allgemeinen übertragen. Eine dieser Fragen läßt sich so erläutern. Vera betätigt den Lichtschalter, macht damit das Licht an und vertreibt so einen Einbrecher. Hat Vera drei oder nur eine Handlung ausgeführt? Für beide Antworten gibt es gute Gründe. Dafür daß es sich um drei verschiedene Handlungen handelt, kann man z.B. so argumentieren.

Offenbar ist es plausibel, zu sagen, daß Veras Betätigen des Lichtschalters die Ursache dafür ist, daß das Licht angeht. Für ihr Vertreiben des Einbrechers gilt dies aber offenbar nicht. Denn das Licht geht nicht deshalb an, weil Vera den Einbrecher vertreibt. Und wie steht es mit dem Anmachen des Lichts? Viele bezweifeln, daß es sinnvoll ist, zu sagen, daß das Anmachen des Lichts die *Ursache* dafür ist, daß das Licht angeht. Die Beziehung zwischen dem Anmachen des Lichts und dem Angehen des Lichts erscheint zu eng, als daß man hier von Ursache und Wirkung reden könnte.[7] Wenn das so ist, ist aber auch Veras Vertreiben des Einbrechers nicht die Ursache dafür, daß der Einbrecher vertrieben wird, während man dies von ihrem Anmachen des Lichts durchaus sagen kann. Mit anderen Worten:

• Das Betätigen des Lichtschalters ist die Ursache dafür, daß das Licht angeht; das Anmachen des Lichts und das Vertreiben des Einbrechers dagegen sind nicht die Ursachen dafür, daß das Licht angeht.

• Das Anmachen des Lichts ist die Ursache dafür, daß der Einbrecher vertrieben wird; das Vertreiben des Einbrechers dagegen ist nicht die Ursache dafür, daß der Einbrecher vertrieben wird.

Das Betätigen des Schalters, das Anmachen des Lichts und das Vertreiben des Einbrechers haben also verschiedene Wirkungen. Und daher scheint die Schlußfolgerung unausweichlich, daß wir es mit drei verschiedenen und nicht mit nur einer Handlung zu tun haben.[8] Unterschiedlichen *Handlungsbeschreibungen* scheinen immer auch unterschiedliche *Handlungen* zu entsprechen.

Diese Auffassung führt jedoch, wie Davidson zeigt, ebenfalls zu Problemen.[9] Nehmen wir an, daß Sebastian durch die Straßen schlendert, daß er langsam durch die Straßen schlendert und daß er um Mitternacht durch die Straßen schlendert. Wenn unterschiedlichen Handlungsbeschreibungen immer unterschiedliche Handlungen entsprechen, führt auch Sebastian drei verschiedene Handlungen aus und nicht nur eine. Aber das ist intuitiv unplausibel. Wenn wir sagen, daß Sebastian *langsam* durch die Straßen schlendert, dann sagen wir damit nicht, daß er außer durch die Straßen zu schlendern noch etwas anderes tut, sondern daß er genau diese Handlung auf eine bestimmte Weise ausführt – näm-

---

[7] So unterscheidet z.B. von Wright (1971) zwischen dem *Resultat* und den *Wirkungen* einer Handlung. Daß das Licht angeht, ist ein Resultat davon, daß Vera das Licht anmacht. Es ist wesentlich mit dieser Handlung verbunden. Man könnte sie nicht als Lichtanmachen beschreiben, wenn das Licht nicht anginge. Daß der Einbrecher vertrieben wird, ist demgegenüber eine Wirkung dieser Handlung. Sie wäre auch dann ein Lichtanmachen, wenn der Einbrecher nicht vertrieben würde.

[8] Vgl. zu dieser Argumentation auch Goldman (1970).

[9] Vgl. zum folgenden bes. Davidson (1967).

lich langsam. Und wenn wir sagen, daß Sebastian *um Mitternacht* durch die Straßen schlendert, dann sagen wir damit nicht, daß Sebastian außer seinem Schlendern noch eine andere Handlung ausführt, sondern daß er diese Handlung zu einer bestimmten Zeit ausführt – um Mitternacht. Der Satz

(1) Sebastian schlendert langsam um Mitternacht durch die Straßen

scheint also dasselbe zu besagen wie der Satz

(2) Sebastian schlendert durch die Straßen, und das tut er langsam und um Mitternacht.

So gesehen liegt aber die Vermutung nahe, daß sich die logische Form von (1) am besten so wiedergeben läßt:

(1′) $\exists x(x$ ist ein Durch-die-Straßen-Schlendern von Sebastian und x passiert langsam und x passiert um Mitternacht)

Diese Vermutung wird auch durch die Tatsache bestätigt, daß der Satz (1) die folgenden drei Sätze logisch impliziert*:

(3) Sebastian schlendert langsam durch die Straßen.

(4) Sebastian schlendert um Mitternacht durch die Straßen.

(5) Sebastian schlendert durch die Straßen.

Wenn (1′) die logische Form von (1) angibt, lassen sich diese logischen Implikationen leicht erklären. Sie beruhen einfach darauf, daß man in (1′) eines der beiden letzten (bzw. die beiden letzten) Und-Glieder wegläßt – d.h., sie beruhen letzten Endes also auf der gültigen Regel „Wenn 'p und q' wahr ist, dann ist auch 'p' wahr".

Aus dieser Überlegung zieht Davidson zwei Schlußfolgerungen. *Erstens*: Wenn man über Ereignisse quantifizieren kann, dann haben Ereignisse offenbar einen ähnlichen Status wie Gegenstände. Und *zweitens*: Wenn (1′) tatsächlich die logische Form von (1) wiedergibt, dann wird in den Sätzen (1), (3), (4) und (5) nicht über verschiedene Handlungen geredet; vielmehr wird in diesen Sätzen dieselbe Handlung nur unterschiedlich beschrieben.

Dies gilt jedoch nicht nur bei Handlungsbeschreibungen, in denen eine Handlung durch adverbiale Bestimmungen weiter qualifiziert wird; es gilt Davidson zufolge auch in Veras Fall. Wenn wir sagen, daß Vera den Lichtschalter betätigt, damit das Licht anmacht und so einen Einbrecher erschreckt, reden wir ebenfalls nicht von drei verschiedenen Handlungen, sondern beschreiben dieselbe Handlung nur auf unterschiedliche Weise. Vera betätigt den Schalter, und dies ist *identisch* damit, daß sie das Licht anmacht. Denn Veras Anmachen des Lichts *besteht darin*, daß sie eine Handlung ausführt, die zur Folge hat, daß das Licht angeht. Und diese Handlung *ist* das Betätigen des Schalters. Analog *besteht* ihr Vertreiben des Einbrechers *darin*, daß sie eine Handlung ausführt, die zur Folge hat, daß der Einbrecher vertrieben wird. Und diese Handlung *ist* ihr Anmachen des Lichts.

Wenn wir diesen Gedankengang zu Ende denken, kommen wir nach Davidson im übrigen nicht um die Schlußfolgerung herum, daß jede Handlung mit einem physischen Ereignis identisch ist. Denn auch bei Veras Betätigen des Lichtschalter kann man weiter fragen, worin diese Handlung besteht. Die Antwort wird in diesem Fall lauten: darin, daß sie ihre Finger auf bestimmte Weise bewegt. Daß Vera ihre Finger auf bestimmte Weise bewegt, heißt aber nach Davidson selbst nichts anderes, als daß sich Veras Finger auf bestimmte Weise bewegen und daß diese Bewegung in geeigneter Weise durch Veras Wünsche und Überzeugungen verursacht wird.[10]

Denken wir noch einmal an Fodors Beispiel des Geldaustausches bzw., um es etwas konkreter zu machen, an das Bezahlen einer Rechnung.[11] Jedes Bezahlen einer Rechnung ist identisch mit einem physischen Einzelereignis – mit einem Ereignis, das darin besteht, daß bestimmte bedruckte Papierstücke von einer Hand in eine andere wandern, oder mit einem Ereignis, das darin besteht, daß auf einer anderen Art von Papier eine Linie von Tintenpartikeln entsteht, oder mit einem Ereignis, das darin besteht, daß bestimmte elektronische Vorgänge in einem Computer ablaufen. Was diese physischen Ereignisse zum Bezahlen einer Rechnung macht, hat etwas mit ihren Ursachen zu tun und mit den Umständen, unter denen sie stattfinden. Aber das ändert

---

[10]   Davidson (1971).
[11]   Vgl. oben S. 138ff.

nichts an der Tatsache, daß letzten Endes jedes Bezahlen einer Rechnung mit einem physischen Ereignis identisch ist.

Damit haben wir zugleich ein Modell dafür, wie sich Davidson die Identität von mentalen und physischen Ereignissen vorstellt. Genauso wie jedes Bezahlen einer Rechnung mit einem physischen Ereignis identisch ist, ist nach Davidson auch jedes Nachdenken, jedes Sich-Ärgern und jeder Schmerzanfall identisch mit einem physischen Ereignis – z.B. mit einem neuronalen Ereignis in unserem Gehirn.

7.3 Davidsons Argument für die Anomalität des Mentalen

Im vorletzten Abschnitt haben wir gesehen, daß Davidsons Argument für die Token-Identitätsthese ganz wesentlich von der Prämisse abhängt, daß es keine strikten deterministischen psychologischen und psychophysischen Gesetze gibt. Auf den ersten Blick scheint diese Prämisse aber eher unplausibel; denn wir kennen doch eine ganze Menge gesetzesartiger* Beziehungen, die mentale Phänomene untereinander und mit physischen Phänomenen verbinden. Dies wird von Davidson jedoch auch gar nicht bestritten. Seine These ist nur, daß es sich bei all diesen gesetzesartigen Beziehungen nicht um *strikte* Gesetze handelt. Alle seine Argumente machen ganz wesentlich von dieser Qualifikation Gebrauch. Also müssen wir zuerst fragen: *Was sind strikte Gesetze im Sinne Davidsons?*

Im Alltag gebrauchen wir zur Vorhersage von Ereignissen nur selten Gesetze, die unter allen Umständen gelten, wie etwa die Newtonschen Gesetze:

(1) Wenn auf einen Körper mit der Masse m eine Nettokraft F wirkt, erfährt er die Beschleunigung F/m.

(2) Die Gravitationskraft, die zwei Körper aufeinander ausüben, beträgt $f \cdot \dfrac{m_1 \cdot m_2}{r^2}$ Newton.

Häufiger verwenden wir Verallgemeinerungen, die nur den Charakter von *ceteris paribus*-Gesetzen haben – also Gesetze, die nur unter bestimmten Einschränkungen und Randbedingungen gelten. Zu dieser Gruppe zählen Verallgemeinerungen wie

(3)   Wenn man einen Stein losläßt, fällt er zu Boden.

(4)   Wenn jemand ein Bier möchte und weiß, daß sich im Kühlschrank ein Bier befindet, holt er sich das Bier aus dem Kühlschrank.

Manche Verallgemeinerungen dieser Art können zu ausnahmslos geltenden Gesetzen präzisiert werden, indem man die Bedingungen, unter denen sie gelten, explizit formuliert und in die Formulierung der Gesetze mit aufnimmt. Dabei muß man jedoch wieder zwei Arten von Verallgemeinerungen unterscheiden:

- Verallgemeinerungen, die präzisiert werden können durch das Hinzufügen weiterer Bedingungen, die in demselben Vokabular formuliert sind wie die ursprüngliche Verallgemeinerung. Solche Verallgemeinerungen nennt Davidson 'homonom'.
- Verallgemeinerungen, die man nur präzisieren kann, indem man Bedingungen hinzufügt, die in einem anderen Vokabular formuliert sind. Diese Verallgemeinerungen nennt Davidson 'heteronom'.

Nach diesen Überlegungen läßt sich Davidsons Unterscheidung zwischen strikten und nichtstrikten Gesetzen so formulieren:

- Strikte Gesetze sind in einem einheitlichen Vokabular formulierte Gesetze, die ausnahmslos und unter allen Bedingungen gelten.
- Zu den strikten Gesetzen kann man auch die homonomen Gesetze zählen, da sich diese in einem einheitlichen Vokabular zu ausnahmslosen und unter allen Bedingungen geltenden Gesetzen präzisieren lassen.

Davidson ist nun der Auffassung, daß es strikte Gesetze nur im Bereich der Physik gibt. Das hat seinen Grund darin, daß sich seiner Meinung nach solche Gesetze nur in einer *umfassenden und geschlossenen Theorie*[12] formulieren lassen und daß, soweit wir wissen, nur die Physik eine solche Theorie darstellt.

Nach dem bisher Gesagten ist klar, daß Davidson durchaus der Meinung ist, daß es psychophysische Gesetze gibt. Nur sind sie nicht strikt. Und zwar deshalb nicht, weil es sich bei diesen Gesetzen um heteronome *ceteris paribus*-Gesetze handelt, die sich – wenn überhaupt – nicht in einem einheitlichen Vokabular präzisieren lassen.

Davidsons Hauptargument für diese Auffassung ist, daß die Ausdrücke des mentalen Vokabulars einfach nicht zu denen der physikalischen Sprache 'passen'. Um verstehen zu können, was Davidson damit meint, müssen wir uns zunächst Klarheit darüber verschaffen, was hier mit 'passen' gemeint sein soll. Davidsons eigene Überlegungen helfen uns dabei aber nur bedingt weiter. Sie sind in diesem Punkt eher dunkel und haben in der Sekundärliteratur zu vielen, sich zum Teil widersprechenden Interpretationen geführt. Es ist deshalb nicht ganz sicher, daß die folgenden Überlegungen Davidsons Position tatsächlich in allen Punkten korrekt und vollständig wiedergeben.

Einen Aspekt seiner Überlegungen erläutert Davidson am Beispiel des Prädikats 'x ist länger als y' (im folgenden abgekürzt mit '$L(x, y)$'). Auf der einen Seite wird die Anwendung dieses Prädikats durch einige theoretische Prinzipien bestimmt, zu denen unter anderem das Prinzip gehört:

(G)   Wenn $L(x, y)$ und $L(y, z)$, dann auch $L(x, z)$.

Eine Relation, die nicht transitiv ist,[13] würden wir nicht als 'länger als'-Relation bezeichnen. Die Bedeutung von '$L(x, y)$' wird also z.T. durch das Gesetz (G) festgelegt.

Allerdings reichen theoretische Gesetze wie (G) nicht aus, um festzulegen, in welchen Fällen wir sagen dürfen, daß ein Gegenstand x länger ist als ein anderer Gegenstand y. Es muß auch em-

---

[12]   Ein Theorie ist *umfassend*, wenn sie alle Phänomene eines Bereichs erklärt, und sie ist *geschlossen*, wenn sie dabei nur auf Phänomene dieses Bereichs zurückgreift.

[13]   Eine Relation R heißt *transitiv*, wenn für beliebige Gegenstände x, y und z gilt: Falls x in der Relation R zu y steht und y in der Relation R zu z steht, dann steht auch x in der Relation R zu z.

pirische Mittel geben, mit denen wir dies feststellen können. Eines dieser Mittel ist, daß wir die Gegenstände x und y aneinander legen und schauen, welcher Gegenstand den anderen überragt (im folgenden abgekürzt mit '$O(x, y)$'). Außer durch Gesetze wie (G) wird die Bedeutung von '$L(x, y)$' also auch durch Gesetze der folgenden Art bestimmt:

(B)   Wenn $O(x, y)$, dann $L(x, y)$.

Ein Problem ist jedoch, daß die beiden Gesetze (G) und (B) empirische Konsequenzen haben, die sich im Einzelfall durchaus als falsch erweisen können. Nehmen wir z.b. an, daß wir bei einer Untersuchung auf drei Gegenstände a, b und c stoßen, für die gilt: a überragt b, b überragt c, aber a überragt nicht c. Was sollen wir in diesem Fall sagen? Offenbar gibt es mindestens drei Möglichkeiten:

• Wir können das Gesetz (G) verwerfen. Dann würden wir aber nicht mehr wissen, was wir mit 'ist länger als' meinen.

• Wir können sagen, daß im Gesetz (B) kein adäquater Test für die 'länger als'-Relation formuliert wird; aber dann hat das Prädikat keinen empirischen Gehalt mehr.

• Wir können sagen, daß wenigstens einer der Gegenstände a, b und c kein starrer Körper ist.

Gibt es einen Grund, aus dem zwingend folgt, welche dieser Alternativen wir zu wählen haben? Davidson zufolge ist das nicht so.

„Es ist ein Irrtum, anzunehmen, wir seien gezwungen, die eine oder andere dieser Antworten zu akzeptieren. Begriffe wie der der Länge werden durch eine Vielzahl begrifflicher Zwänge im Gleichgewicht gehalten, und Theorien über die Grundlagen des Messens werden verzerrt, wenn wir bei solchen Prinzipien wie (G) und (B) eine Entscheidung darüber herbeizwingen, ob sie analytisch oder synthetisch seien. Es ist besser zu sagen, die gesamte Menge der Axiome, Gesetze oder Postulate der Längenmessung sei teilkonstitutiv für die Vorstellung eines Systems makroskopischer, starrer, physischer Gegenstände. Mein Vorschlag ist, daß die Existenz gesetzesähnlicher Aussagen in der Physik davon abhängt, daß es innerhalb desselben Begriffsbereichs konstitutive Gesetze (bzw. synthetische Gesetze a priori) gibt von der Art derjenigen über die Längenmessung." (Davidson 1970, 310f.)

Mit anderen Worten: 1. Die Prinzipien (G) und (B) sowie andere Prinzipien der gleichen Art haben alle denselben Status, und keines dieser Prinzipien ist sakrosankt. 2. In ihrer Gesamtheit sind diese Prinzipien konstitutiv für unsere Auffassung von makroskopischen, starren, physischen Gegenständen. Wenn diese Prinzipien andauernd verletzt würden, müßten wir diese Auffassung aufgeben – der Begriff eines makroskopischen, starren, physischen Gegenstands verlöre seinen Sinn.

Entscheidend ist nun, daß es auch für mentale und insbesondere für intentionale Begriffe konstitutive Prinzipien dieser Art gibt – *Prinzipien der Rationalität*:

(5) Wir können einer Person (in der Regel) nicht beliebig falsche Überzeugungen zuschreiben.

(6) Wir können einer Person (in der Regel) nicht Überzeugungen zuschreiben, die im Hinblick auf ihre anderen Überzeugungen völlig irrational sind.

(7) Wir können einer Person (in der Regel) nicht Überzeugungen und Wünsche zuschreiben, im Hinblick auf die ihre Handlungen völlig irrational sind.

Warum können wir das nicht? Weil diese Prinzipien für unsere Begriffe von Wünschen und Überzeugungen insofern *konstitutiv* sind, als wir jemandem eher gar keine Wünsche und Überzeugungen zuschreiben würden als solche, die die Prinzipien (5) - (7) verletzen.

Dies hat jedoch eine bemerkenswerte Konsequenz. Wenn z.B. für die Zuschreibung von Überzeugungen Prinzipien wie (5) und (6) eine entscheidende Rolle spielen, dann bedeutet das auch, daß alle Überzeugungszuschreibungen in dem Sinne vorläufig sind, daß sie aufgrund späterer Anhaltspunkte revidiert werden können. Nehmen wir z.B. an, daß Holger – offenbar ohne die Absicht, uns zu täuschen – sagt: „Helga ist älter als Paul". Dann ist das vorderhand ein guter Grund, ihm auch die entsprechende Überzeugung zuzuschreiben. Später stellt sich jedoch heraus, daß Holger durchaus weiß, daß Paul der Vater von Helga ist, und daß er auch weiß, daß Kinder nicht älter sind als ihre Väter. Was sollen wir in dieser Situation tun? Offenbar gibt es wieder mehrere Möglichkeiten:

- Wir können zu dem Schluß kommen, daß Holger zumindest eine der Überzeugungen, die wir ihm zugeschrieben hatten, tatsächlich nicht hat.
- Wir können aber auch zu dem Schluß kommen, daß Holger in gewissem Sinne irrationale Überzeugungen hat.

Und wie in der zuvor geschilderten Situation gibt es auch hier keine festen Regeln, die uns sagen, welche dieser Optionen wir zu wählen haben. In diesem Zusammenhang ist allerdings nur entscheidend, daß wir immer auch die Option haben, zu sagen, daß Holger tatsächlich gar nicht glaubte, daß Helga älter als Paul ist (vielleicht hat er einfach die Namen verwechselt) – daß wir also immer auch die Option haben, eine frühere Überzeugungszuschreibung aufgrund späterer Überzeugungszuschreibungen zurückzunehmen. Und in manchen Fällen mag sogar gelten, daß wir diese Option nicht nur haben, sondern aufgrund der Rationalitätsprinzipien (5) und (6) sogar fast gezwungen sind, so zu verfahren.

Generell gilt jedenfalls: Wenn wir einer Person A die Überzeugung, daß p, oder den Wunsch, daß q, zuschreiben, dann ist eine solche Zuschreibung immer im Lichte späterer Erkenntnisse *revidierbar*. Wenn wir später bessere Gründe haben, A Überzeugungen und Wünsche zuzuschreiben, im Hinblick auf die es irrational wäre, p zu glauben oder q zu wünschen, kann es durchaus sinnvoll sein, die früheren Zuschreibungen zurückzunehmen.

Aus dieser Tatsache ergibt sich jedoch sofort ein Argument gegen die Möglichkeit bestimmter strikter psychophysischer Gesetze. Denn angenommen, das Gesetz

(8)   Immer wenn die neuronale Bedingung N_1 vorliegt, hat eine Person A die Überzeugung, daß Helga älter als Paul ist

wäre ein striktes Gesetz. Dann wären wir *gezwungen*, beim Vorliegen der Bedingung N_1 A die Überzeugung, daß Helga älter als Paul ist, zuzuschreiben – wie sinnvoll es auch sein mag, diese Zuschreibung im Lichte späterer Erkenntnisse zu revidieren.

Wenn es neuronale Bedingungen gäbe, deren Vorliegen hinreichend dafür wäre, daß eine Person eine bestimmte Überzeugung hat, dann wäre das also unvereinbar mit der prinzipiellen Revidierbarkeit aller Überzeugungszuschreibungen. Also können Gesetze wie (8) keine strikten Gesetze sein, sondern bestenfalls den Charakter von heteronomen *ceteris paribus*-Gesetzen haben. Die Tatsache, daß die neuronale Bedingung N_1 vorliegt, kann immer nur ein *widerlegbares Anzeichen* dafür sein, daß A glaubt, daß Helga älter als Paul ist. Wenn wir Grund haben, A weitere Überzeugungen zuzuschreiben, auf deren Basis es völlig irrational wäre, dies zu glauben, würden wir A diese Überzeugung auch dann nicht zuschreiben, wenn die Bedingung N_1 vorliegt.

Gegen dieses Argument könnte man versucht sein, einzuwenden, daß auch der Satz

(8a)   In A liegt die neuronale Bedingung N_1 vor

aufgrund neuer Erkenntnisse revidiert werden kann. Also könnte es doch sein, daß wir immer dann, wenn wir Grund haben, an der Richtigkeit des Satzes

(8b) A glaubt, daß Helga älter als Paul ist

zu zweifeln, auch Grund haben, die Richtigkeit von (8a) in Zweifel zu ziehen. Auf diesen Einwand hat Davidson jedoch eine schlagkräftige Erwiderung: Die Umstände, die uns veranlassen, den Satz (8a) für falsch zu halten, sind von ganz anderer Art als die, die uns dazu bringen, die Richtigkeit von (8b) zu bezweifeln. Wenn alle neurobiologischen Beobachtungen dafür sprechen, daß in A die neuronale Bedingung N_1 vorliegt, werden wir dies sicher nicht deshalb für unzutreffend halten, weil wir feststellen, daß A glaubt, daß Paul der Vater von Helga ist und daß Kinder nicht älter sind als ihre Väter. Für die Zuschreibung der Überzeugung, daß A glaubt, daß Helga älter als Paul ist, ist jedoch gerade dieser Umstand entscheidend. Denn die Rationalitätsprinzipien (5) - (7) hindern uns in der Regel, A diese Überzeugung zuzuschreiben, wenn wir sicher sind, daß A außerdem glaubt, daß Paul der Vater von Helga ist und daß Kinder nicht älter sind als ihre Väter. Der entscheidende Grund für das Nichtzueinanderpassen mentaler und physikalischer Ausdrücke ist also, daß bei der Zuschreibung von Überzeugungen und Wünschen Rationalitätsprinzipien eine entscheidende Rolle spielen, die bei der Zuschreibung neuronaler Prädikate völlig irrelevant sind.

Ein ähnliches Argument für die These, daß mentales und physikalisches Vokabular nicht zusammenpassen, ergibt sich aus Davidsons Annahme eines *Holismus* des Mentalen*.[14] Dieser Holismus zeigt sich seiner Meinung nach in zwei Punkten: 1. Eine Überzeugung kann nur haben, wer auch viele andere Überzeugungen hat. 2. Der Inhalt jeder Überzeugung hängt in erheblichem Ausmaß von dem ab, was die betreffende Person sonst noch glaubt.

Den ersten Punkt kann man sich an folgendem Beispiel klar machen. Würden wir jemandem die Überzeugung zuschreiben, daß dort drüben eine Ulme steht, der nicht weiß, daß Ulmen Bäume sind, und der darüber hinaus überhaupt keine Überzeugungen über Bäume hat, der also nicht einmal weiß, daß Bäume Pflanzen sind? Davidson zufolge ist das nicht möglich. Denn die Überzeugung, daß dort drüben eine Ulme steht, kann nur haben, wer über den Begriff der Ulme verfügt, und dieser Begriff ist unter anderem durch seine Beziehungen zu anderen Begriffen – z.B. dem Begriff des Baums – bestimmt. Jemand, der nicht weiß, daß Ulmen Bäume sind, verfügt nicht über den Begriff der Ulme und kann daher auch keine Überzeugungen über Ulmen haben.

Der zweite Punkt sei hier an einem sehr schönen Beispiel von Stephen Stich veranschaulicht.[15] Nehmen wir an, wir hören bei einer Party zufällig, wie Gisbert sagt:

(9)   Hans und Paul haben eine homosexuelle Beziehung.

Auch hier scheint zunächst nichts gegen die Annahme zu sprechen, daß Gisbert dies auch glaubt, d.h. daß er genau *das* glaubt, was wir glauben würden, wenn wir unserer Überzeugung mit diesem Satz Ausdruck verleihen würden.

Mit einiger Überraschung hören wir jedoch, daß Gisbert im weiteren Verlauf des Gesprächs unter anderem sagt:

(10)   Hans hat auch eine homosexuelle Beziehung mit Tina.

Wir werden stutzig. Glaubt Gisbert auch das? Oder haben wir uns vielleicht verhört? Nun, wir wollen uns vergewissern, schalten uns selbst in das Gespräch ein und fragen Gisbert, was er denn unter Homosexualität versteht. Seine Antwort lautet:

---

[14]   Vgl. hierzu etwa Davidson (1994).
[15]   Stich (1983), 138ff.

(11)   Eine homosexuelle Beziehung ist eine sexuelle Beziehung
        zwischen Menschen desselben Geschlechts.

So weit, so gut. Aber wieso glaubt Gisbert dann, daß auch zwischen Hans und Tina eine homosexuelle Beziehung besteht? Auf
die entsprechende Frage antwortet er verblüffenderweise:

(12)   Nun, Hans und Tina *haben* dasselbe Geschlecht.

Jetzt sind wir wirklich irritiert und haken deshalb noch einmal
nach, indem wir fragen, wie er das denn meine. Gisberts Antwort:

(13)   Geschlecht ist keine biologische Eigenschaft, sondern eine
        grundlegende und irreduzible Eigenschaft von Menschen.
        Diese Eigenschaft ist häufig mit bestimmten anatomischen
        Eigenschaften korreliert, aber sie ist mit ihnen nicht iden-
        tisch. Wenn man herausbekommen will, welches Ge-
        schlecht eine Person hat (und das ist häufig gar nicht so ein-
        fach), muß man viel über ihre Persönlichkeit, ihre Motive
        und ihren Charakter wissen.

Spätestens nach dieser Antwort ist klar, daß Gisbert unter
'Geschlecht' und damit auch unter 'Homosexualität' nicht dasselbe versteht wie wir. Und zwar deshalb nicht, weil er grundlegend andere Dinge für wahr hält als wir. Weil das so ist, ist jedoch auch die Überzeugung, die er durch den Satz „Hans und
Paul haben eine homosexuelle Beziehung" ausdrückt, eine andere
als die, die wir mit diesem Satz ausdrücken würden. Mit anderen
Worten: Was jemand glaubt, hängt entscheidend von dem ab, was
er sonst noch glaubt.
   Auch der Holismus des Mentalen führt zu Problemen für die
Annahme, es könne strikte psychophysische Gesetze geben. Denn
angenommen, das Gesetz

(14)   Immer wenn die neuronale Bedingung N_2 vorliegt, hat eine
        Person A die Überzeugung, daß dort drüben eine Ulme steht

wäre ein striktes Gesetz. Dann müßten wir jeder Person, in der
die neuronale Bedingung N_2 vorliegt, die Überzeugung zuschreiben, daß dort drüben eine Ulme steht – auch wenn es möglicherweise keinen Grund gibt, ihr außerdem die Überzeugungen zuzuschreiben, daß Ulmen Bäume sind, daß Bäume Pflanzen sind,

usw. Ja, wir müßten ihr diese Überzeugung sogar dann zuschreiben, wenn es keinerlei Grund gibt, ihr überhaupt irgendwelche weiteren Überzeugungen zuzuschreiben.

Und wenn das Gesetz

(15) Immer wenn die neuronale Bedingung N_3 vorliegt, hat eine Person A die Überzeugung, daß Hans und Paul eine homosexuelle Beziehung haben

ein striktes Gesetz wäre, dann müßten wir jeder Person, in deren Gehirn die neuronale Bedingung N_3 realisiert ist, die Überzeugung zuschreiben, daß Hans und Paul eine homosexuelle Beziehung haben – unabhängig davon, ob diese Person ansonsten sagen wir eher normale Überzeugungen im Hinblick auf Homosexualität und im Hinblick auf Geschlecht im allgemeinen hegt oder ob sie den etwas ungewöhnlichen Theorien Gisberts anhängt.

Letztlich ist jedoch auch hier der entscheidende Punkt, daß sich aus dem Holismus des Mentalen Prinzipien für die Zuschreibung intentionaler Zustände ergeben, die für die Zuschreibung neuronaler Zustände gänzlich irrelevant sind. Wenn alle neurobiologischen Beobachtungen dafür sprechen, daß in A die neuronale Bedingung N_2 vorliegt, werden wir dies auch dann für zutreffend halten, wenn sich herausstellt, daß es Gründe dafür gibt, anzunehmen, daß A weder glaubt, daß Ulmen Bäume sind, noch daß Bäume Pflanzen sind. Und wenn alle neurobiologischen Beobachtungen dafür sprechen, daß in A die neuronale Bedingung N_3 vorliegt, werden wir dies auch dann nicht in Zweifel ziehen, wenn sich herausstellt, daß A Gisberts Theorien über Geschlecht und Homosexualität teilt. Aus dem Holismus des Mentalen ergibt sich also ebenfalls: Es gibt Umstände, die uns auf der einen Seite veranlassen können, eine bestimmte Überzeugung nicht zuzuschreiben, die auf der anderen Seite jedoch mit der Wahrheit bestimmter neurobiologischer Aussagen nicht das Geringste zu tun haben. Es kann also keine strikten psychophysischen Gesetze geben, da die Zuschreibungsbedingungen mentaler und physikalischer Begriffe nicht zueinander passen.

Versuchen wir, uns dies noch einmal ganz klar zu machen. Kann der Satz

(8) Immer wenn in A die neuronale Bedingung N_1 vorliegt, hat A die Überzeugung, daß Helga älter als Paul ist

ein striktes Gesetz sein? Nun, offenbar scheint es zumindest *möglich*, daß in A die neuronale Bedingung N_1 vorliegt *und* daß A trotzdem glaubt, daß Paul der Vater von Helga ist und daß Kinder nicht älter sind als ihre Väter. In diesem Fall würden wir jedoch nicht sagen, daß A glaubt, daß Helga älter als Paul ist. Also ist der Satz (8) nicht in allen möglichen Situationen wahr. Also ist er kein striktes Gesetz.

7.4 Fazit

Wenn es darum geht, die Argumente Davidsons für den Anomalen Monismus zu bewerten, steht man zunächst vor dem Problem, daß viele dieser Argumente nicht klar ausformuliert sind. (In jeder Darstellung sehen sie klarer aus, als sie tatsächlich sind.) Dennoch liegt zumindest ein kritischer Punkt auf der Hand:

• Ein Teil der Plausibilität der Überlegungen des letzten Abschnitts beruht darauf, daß man geneigt ist, die neuronalen Zustände N_1, N_2 und N_3 als isolierte *Teilzustände* des gesamten Nervensystems einer Person aufzufassen. Die Dinge liegen jedoch anders, wenn man den neuronalen *Gesamtzustand* – nennen wir ihn N – einer Person A betrachtet. Denn dieser Gesamtzustand, so kann man argumentieren, determiniert nicht nur einzelne, sondern alle Überzeugungen von A. Zumindest determiniert N, welche Antworten A auf beliebige Fragen geben und was A in beliebigen Situationen tun würde. Wenn N vorliegt, sind damit also zugleich alle Umstände determiniert, die dafür oder dagegen sprechen können, daß A bestimmte Überzeugungen hat.[16] In diesem Fall kann es also nicht vor-

---

[16] In neueren Aufsätzen (vgl. z.B. Davidson 1997) hat Davidson jedoch die Auffassung vertreten, daß das, was jemand glaubt, nicht nur dadurch bestimmt ist, was er sagt und tut, sondern auch dadurch, wie er die ihm zur Verfügung stehenden Begriffe erlernt hat und in welcher natürlichen und sozialen Umgebung er lebt. Es ist klar, daß diese Faktoren auch durch neuronale Gesamtzustände nicht determiniert werden. Mit dieser neuen Wendung seiner Argumentation vollzieht Davidson jedoch im wesentlichen die

kommen, daß sich im *nachhinein* herausstellt, daß *A* Überzeugungen hat, die dagegen sprechen, ihm eine andere Überzeugung zuzuschreiben.

Außerdem beruht Davidsons Argumentation auf einigen sehr allgemeinen Prämissen, deren Plausibilität ebenfalls in Zweifel gezogen werden kann:

- In seinem Argument für die Token-Identitätsthese geht Davidson von dem Prinzip aus, daß ein Ereignis *a* nur dann die Ursache eines anderen Ereignisses *b* sein kann, wenn es ein striktes deterministisches Gesetz gibt, unter das *a* und *b* fallen. Für dieses Prinzip liefert er jedoch keine überzeugende Begründung.[17]
- Für Davidsons Theorie ist entscheidend, daß die Relata* der Ursache-Wirkungs-Relation Ereignisse sind. Auch das ist umstritten.
- Davidsons Argumentation beruht auf einem Ereignisbegriff, der zumindest nicht konkurrenzlos ist.

In unserem Zusammenhang ist jedoch ein anderer Punkt von viel größerer Bedeutung. Davidson versucht mit seiner Theorie nicht einmal, eine Antwort auf die Frage zu geben, wie sich mentale Eigenschaften zu physischen Eigenschaften verhalten. Dies ist auch nicht verwunderlich, da Davidson Eigenschaften nicht für ontologisch respektable Entitäten hält. Trotzdem kann er dieser Frage nicht ausweichen. Denn die Token-Identitätsthese besagt, daß jedes mentale Einzelereignis mit einem physischen Einzelereignis identisch ist. Dies setzt jedoch voraus, daß manche physischen Einzelereignisse unter mentale Ereignistypen fallen.

„Angenommen, ein bestimmtes physisches Einzelereignis *x* fällt unter den mentalen Ereignistyp *M* ..., während ein anderes physisches Einzelereignis *y* nicht unter *M* fällt. Dann scheint es einen Unterschied zwischen *x* und *y*

Argumente für einen intentionalen Anti-Individualismus nach, auf die wir im Abschnitt 12.3.1 ausführlicher eingehen werden.

[17] Jerry Fodor etwa hat in Fodor (1989) für die Annahme argumentiert, daß auch *ceteris paribus*-Gesetze ausreichen, um kausale Beziehungen zu begründen. Außerdem gibt es eine ganze Reihe von Analysen der Kausalrelation, die gänzlich ohne den Bezug auf Gesetze auskommen. Vgl. zu diesem Punkt neuerdings jedoch Davidson (1995).

geben zu müssen, der dafür verantwortlich ist, daß *x* unter *M* fällt, *y* aber nicht. Andernfalls wäre dies ein *factum brutum*, eine Tatsache, die keine Erklärung zuläßt. Dies erscheint jedoch völlig unplausibel. ... Wenn es aber kein *factum brutum* ist, dann gibt es eine Erklärung dafür, daß ein bestimmtes physisches Ereignis unter einen bestimmten mentalen Ereignistyp fällt. Der Vertreter des nichtreduktiven Materialismus schuldet uns dafür eine Erklärung, die nicht auf eine psychophysische Reduktion hinausläuft." (McLaughlin 1995b, 603)

Man kann der Frage, wie sich mentale zu physischen Eigenschaften verhalten, also nicht ausweichen. Wenn es mentale Ereignisse gibt, bedeutet das, daß manche Ereignisse unter mentale Ereignistypen fallen. Doch damit stellt sich die Frage, welche Merkmale dafür verantwortlich sind. Was z.B. ist dafür verantwortlich, daß ein bestimmtes neuronales Ereignis *n* unter den Ereignistyp *Zahnschmerzen* fällt? Sind die physischen Merkmale von *n* in diesem Zusammenhang entscheidend, oder muß *n* bestimmte nichtphysische Merkmale besitzen, um unter diesen Ereignistyp zu fallen? Dies ist genau die Frage nach der Beziehung zwischen mentalen und physischen Eigenschaften.[18]

8 Supervenienz, Emergenz und Realisierung

8.1 *Nichtreduktiver Physikalismus und Supervenienz*

Kommen wir zurück zu der Frage:

Was kann es heißen, daß mentale Eigenschaften oder Zustände auf physische Eigenschaften oder Zustände zurückgeführt werden können?

In den Kapiteln 4 und 5 hatten wir uns mit der Antwort auseinandergesetzt:

---

[18] Eine überzeugende Kritik der Annahme, daß es sich bei Davidsons These (MT) überhaupt um eine Spielart des Physikalismus handelt, findet sich auch in Kim (1996, 58-62).

(I) Mentale Eigenschaften sind genau dann auf physische Eigenschaften zurückführbar, wenn sie mit physischen Eigenschaften *identisch* sind.

Dabei hatten wir gesehen, daß beide Versionen dieser Antwort – der Semantische Physikalismus und die Identitätstheorie – als gescheitert angesehen werden müssen oder zumindest daß sie mit schwerwiegenden Problemen konfrontiert sind. In diesem Zusammenhang wird häufig vom Scheitern des *reduktiven* Physikalismus gesprochen – wahrscheinlich wegen des engen Zusammenhangs zwischen Identitätstheorie und Theorienreduktion. Jedenfalls wird die Diskussion um den Eigenschafts-Physikalismus heute vielfach durch die Frage bestimmt, ob es so etwas wie einen *nichtreduktiven* Physikalismus[1] geben kann – eine plausible Alternative zur Antwort (I). In der Diskussion um diese Frage spielt seit längerem ein Begriff eine herausragende Rolle, der schon in Davidsons Überlegungen zum Anomalen Monismus auftaucht – der Begriff der *Supervenienz.*

„Die hier beschriebene Position [scl. Davidsons Anomaler Monismus] bestreitet zwar die Existenz psychophysischer Gesetze, doch sie läßt sich mit der Auffassung vereinbaren, daß geistige Merkmale in gewissem Sinne von physischen Merkmalen abhängig sind oder über diesen supervenieren. Eine derartige Supervenienz ließe sich in dem Sinne auffassen, daß es keine zwei Ereignisse geben kann, die in allen physischen Hinsichten gleich, aber in einer geistigen Hinsicht verschieden sind, oder daß sich kein Gegenstand in einer geistigen Hinsicht ändern kann, ohne sich auch in einer physischen

---

[1] Der Ausdruck 'nichtreduktiver Physikalismus' wird in der Literatur häufig benutzt, aber selten einleuchtend erklärt. Wenn man ihn wörtlich nimmt, scheint er eine Position zu bezeichnen, derzufolge zwischen mentalen und physischen Eigenschaften eine Abhängigkeitsbeziehung besteht, die als physikalistisch gelten kann, obwohl sie *nicht* impliziert, daß mentale auf physische Eigenschaften reduzierbar sind. So verstanden beinhaltet die Bezeichnung 'nichtreduktiver Physikalismus' eine *contradictio in adjecto**, da es zu den Kernthesen des Physikalismus gehört, daß mentale Eigenschaften nicht eigenständig sind, sondern auf die eine oder andere Weise auf physische Eigenschaften zurückgeführt werden können. Tatsächlich wird der Ausdruck 'nichtreduktiver Physikalismus' jedoch häufig in einem schwächeren Sinne verstanden, nämlich so, daß zwischen mentalen und physischen Eigenschaften eine physikalistisch akzeptable Abhängigkeitsbeziehung besteht, die nicht die Existenz von Brückengesetzen impliziert und die daher mit der Multirealisierbarkeit mentaler Eigenschaften vereinbar ist.

Hinsicht zu ändern." (Davidson 1970, 301 – die Übersetzung weicht teilweise von der der deutschen Ausgabe ab)

Eigentlich stammt der Supervenienz-Gedanke jedoch aus der
Praktischen Philosophie. Dort ist man sich auf der einen Seite
nämlich weitgehend einig, daß normative und wertende Eigenschaften (Gebotensein, Erlaubtsein, Gutsein, Schlechtsein) nicht
auf physische Eigenschaften reduziert werden können; auf der
anderen Seite scheint es aber doch eine klare Abhängigkeit des
Normativen vom Physischen zu geben. Denn mit unseren moralischen Intuitionen scheint die Annahme unvereinbar, daß es zwei
physisch völlig gleiche Gegenstände – also z.B. zwei gleich große, gleich rote, gleich schmeckende Äpfel mit der gleichen chemischen Zusammensetzung und der gleichen physischen Geschichte – geben kann, von denen der eine gut und der andere
schlecht ist, oder daß, wenn zwei Personen in der gleichen Situation das Gleiche tun, das Tun des einen moralisch erlaubt, das
Tun des anderen dagegen moralisch verboten ist. Offenbar können sich zwei Dinge oder Ereignisse also nur dann in ihren moralischen oder Werteigenschaften unterscheiden, wenn es zwischen
ihnen *auch* einen physischen Unterschied gibt.

Auf der Grundlage dieser Idee hat besonders Jaegwon Kim[2] eine Version des nichtreduktiven Physikalismus formuliert, die von
der folgenden Antwort auf unsere Ausgangsfrage ausgeht:

(II)   Mentale Eigenschaften sind genau dann auf physische
         Eigenschaften zurückführbar, wenn sie über den physi-
         schen Eigenschaften *supervenieren.*

Bevor wir uns den Argumenten für und gegen diese Antwort
zuwenden können, muß zunächst der Begriff der Supervenienz
noch weiter erläutert werden. Die angeführten Beispiele zeigen
schon, daß es sich bei der Supervenienzrelation um eine Relation
zwischen Gruppen von Eigenschaften oder, wie man auch sagt,
Eigenschaftsfamilien handelt. Grundsätzlich gilt:

---

[2]   Die wichtigsten Aufsätze Kims zum Begriff der Supervenienz finden sich
      inzwischen in dem Band Kim (1993a). Eine gute Übersicht bietet Kim
      (1994). Kim stützt sich in seinen Überlegungen unter anderem auf Hell-
      mann/Thomson (1975). Ausführlich werden die verschiedenen Spielarten
      der Supervenienz in McLaughlin (1995a) diskutiert.

(SV) Sind **A** und **B** zwei Eigenschaftsfamilien, dann sagt man, daß **B** über **A** *superveniert*, wenn sich zwei Gegenstände, die sich in ihren **B**-Eigenschaften unterscheiden, auch in mindestens einer **A**-Eigenschaft unterscheiden bzw. wenn es keine zwei Gegenstände gibt, die genau dieselben **A**-Eigenschaften besitzen, die sich aber in ihren **B**-Eigenschaften unterscheiden. (Mit anderen Worten: **B**-Unterscheidbarkeit impliziert **A**-Unterscheidbarkeit.)[3]

Wie diese Definition zu verstehen ist, wird an einem Beispiel deutlicher. Stellen wir uns eine Welt vor, in der es nur Kugeln, Zylinder, Pyramiden und Würfel gibt, und nehmen wir an, daß in dieser Welt alle Kugeln und Pyramiden rot, alle Zylinder gelb und alle Würfel grün sind. Dann supervenieren nach der Definition (SV) die Farbeigenschaften der Gegenstände in dieser Welt über ihren Formeigenschaften. Denn es gibt keine zwei Gegenstände, die *dieselbe Form*, aber *unterschiedliche Farben* besitzen: es gibt keine Kugel und keine Pyramide, die nicht rot, keinen Zylinder, der nicht gelb, und keinen Würfel, der nicht grün wäre. (Daß es Gegenstände verschiedener Form – Kugeln und Pyramiden – gibt, die dieselbe Farbe haben, ist dabei irrelevant.)

Nun könnte es allerdings sein, daß es zwar *tatsächlich* so ist, daß in der betrachteten Welt die Kugeln und Pyramiden rot, die Zylinder gelb und die Würfel grün sind, daß dies aber durchaus *nicht so sein muß*. Vielleicht *könnte* es in dieser Welt auch rote Würfel und gelbe Kugeln geben, obwohl dies *de facto* nicht so ist. Vielleicht werden alle Gegenstände in dieser Welt von einer Firma hergestellt, deren Chef rote Kugeln und grüne Würfel am liebsten mag, obwohl die Firma durchaus in der Lage wäre, andersfarbige Kugeln und Würfel zu produzieren. In diesem Fall würde es – um die Terminologie aus Abschnitt 5.3.2 wieder aufzunehmen – *mögliche Welten* geben, in denen manche Würfel rot oder einige Kugeln gelb sind, obwohl in der *wirklichen Welt* alle Würfel grün und alle Kugeln rot sind.

Wenn ein solcher Fall vorliegt, wenn es also *de facto* so ist, daß es keine zwei Gegenstände gibt, die sich in ihren **B**-, aber nicht in

---

[3] Wenn eine Eigenschaftsfamilie **B** über einer Eigenschaftsfamilie **A** superveniert, nennt man **A** die *subvenierende* Eigenschaftsfamilie.

ihren **A**-Eigenschaften unterscheiden, obwohl es solche Gegenstände durchaus geben *könnte*, spricht man davon, daß die Eigenschaftsfamilie **B** *schwach* über der Eigenschaftsfamilie **A** superveniert. Von *starker* Supervenienz spricht man dagegen, wenn nicht nur für die wirkliche, sondern über alle möglichen Welten hinweg gilt: Wenn sich zwei Gegenstände in ihren **B**-Eigenschaften unterscheiden, unterscheiden sie sich auch in ihren **A**-Eigenschaften. Die Begriffe der schwachen und der starken Supervenienz kann man deshalb so definieren:

(SwS) Sind **A** und **B** zwei Eigenschaftsfamilien, dann sagt man, daß **B** *schwach* über **A** *superveniert*, wenn es in der wirklichen Welt keine zwei Gegenstände gibt, die genau dieselben **A**-Eigenschaften besitzen, die sich aber in ihren **B**-Eigenschaften unterscheiden.[4]

(StS) Sind **A** und **B** zwei Eigenschaftsfamilien, dann sagt man, daß **B** *stark* über **A** *superveniert*, wenn für alle Gegenstände x_1 und x_2 und für alle möglichen Welten w_1 und w_2 gilt: Besitzt der Gegenstand x_1 in der Welt w_1 dieselben **A**-Eigenschaften wie der Gegenstand x_2 in der Welt w_2, dann besitzt x_1 in w_1 auch dieselben **B**-Eigenschaften wie x_2 in w_2.

Neben diesen beiden Begriffen ist in den letzten Jahren auch der Begriff der *globalen* Supervenienz diskutiert worden, der sich so definieren läßt:

(GlS) Sind **A** und **B** zwei Eigenschaftsfamilien, dann sagt man, daß **B** *global* über **A** *superveniert*, wenn in jeder möglichen Welt w_1, in der die **A**-Eigenschaften insgesamt genauso verteilt sind[5] wie in der möglichen Welt w_2, auch

---

[4] Diese Definition der schwachen Supervenienz unterscheidet sich von den Definitionen, die sich bei Kim finden. Kim fordert schon für schwache Supervenienz, daß für alle möglichen Welten *w* gilt: wenn zwei Gegenstände in *w* dieselben **A**-Eigenschaften besitzen, dann besitzen sie in *w* auch dieselben **B**-Eigenschaften. Bei schwacher Supervenienz wird nach Kim also nur der Vergleich zwischen *verschiedenen* möglichen Welten ausgeschlossen.

[5] Daß die **A**-Eigenschaften in der Welt w_1 genauso verteilt sind wie in der Welt w_2, bedeutet, daß (1) die Welten w_1 und w_2 die gleiche Anzahl von

die **B**-Eigenschaften genauso verteilt sind wie in der möglichen Welt w_2.

Insgesamt gibt es – was das Verhältnis von mentalen und physischen Eigenschaften betrifft – also drei verschiedene Lesarten der Supervenienztheorie:

Supervenienztheorie

Schwache Supervenienz

Für alle Wesen x_1 und x_2 gilt (in der wirklichen Welt): Wenn x_1 und x_2 dieselben physischen Eigenschaften besitzen, dann haben sie auch dieselben mentalen Eigenschaften.

Starke Supervenienz

Für alle Wesen x_1 und x_2 und alle möglichen Welten w_1 und w_2 gilt: Wenn x_1 in der Welt w_1 dieselben physischen Eigenschaften besitzt wie x_2 in der Welt w_2, dann hat x_1 in w_1 auch dieselben mentalen Eigenschaften wie x_2 in w_2.

Globale Supervenienz

Für alle möglichen Welten w_1 und w_2 gilt: Wenn in w_1 die physischen Eigenschaften genau so verteilt sind wie in w_2, dann sind in w_1 auch die mentalen Eigenschaften genau so verteilt wie in w_2.

Wenn man die Begriffe der schwachen und der starken Supervenienz weiter analysiert, zeigt sich, daß es interessante Beziehungen zwischen diesen Relationen und der Wahrheit bestimmter Allsätze gibt. Wir hatten schon gesehen, daß in unserer Beispielswelt die folgenden Sätze wahr sind:

(1) Alle Kugeln sind rot.

Gegenständen enthalten und daß (2) jedem Gegenstand x von w_1 in eindeutiger Weise ein Gegenstand y von w_2 zugeordnet ist, der in w_2 dieselben A-Eigenschaften besitzt wie x in w_1.

(2) Alle Pyramiden sind rot.

(3) Alle Zylinder sind gelb.

(4) Alle Würfel sind grün.

Dies ist kein Zufall. Denn in dieser Welt supervenieren die Farbeigenschaften über den Formeigenschaften. Wenn *eine* Kugel rot ist, müssen daher *alle* Kugeln rot sein. Wenn es nämlich eine andersfarbige Kugel gäbe, würde es zwei formgleiche Gegenstände geben, die sich im Hinblick auf ihre Farbeigenschaften unterscheiden. Und das ist aufgrund der Supervenienzbeziehung ausgeschlossen.

Wenn es sich dabei nur um schwache Supervenienz handelt, gilt allerdings, daß die Sätze (1) - (4) zwar wahr sind, daß sie aber keinen Gesetzescharakter* haben, daß sie nicht notwendig wahr sind. Wenn die Farbeigenschaften über den Formeigenschaften nur schwach supervenieren, ist es durchaus *möglich*, daß es gelbe Kugeln und rote Würfel gibt, obwohl *tatsächlich* alle Kugeln rot und alle Würfel grün sind. Wenn dagegen die Farbeigenschaften stark über den Formeigenschaften supervenieren, dann sind die Sätze (1) - (4) nicht nur wahr, sondern auch notwendig wahr. Dann kann es keine nicht-roten Kugeln und keine nicht-grünen Würfel geben.

Wenn wir davon ausgehen, daß jeder Gegenstand, der eine **B**-Eigenschaft hat, auch zumindest eine **A**-Eigenschaft besitzt, gilt somit generell:[6]

(SwA) Wenn **B** schwach über **A** superveniert, dann gilt für jede **B**-Eigenschaft G: Wenn ein Gegenstand x G hat, dann gibt es eine **A**-Eigenschaft F, so daß gilt: x hat F und der Satz „Für alle x: wenn x F hat, hat x auch G" ist wahr, aber nicht unbedingt notwendig wahr.[7]

---

[6] Tatsächlich ist die Begründung von (SwA) und (StA) etwas voraussetzungsreicher und komplizierter. Vgl. etwa Kim (1984) und Beckermann (1992b).

[7] Der Satz „Für alle x: wenn x F hat, hat x auch G" *kann* notwendig wahr sein; denn daß **B** schwach über **A** superveniert, ist durchaus damit vereinbar, daß **B** stark über **A** superveniert.

(StA) Wenn **B** stark über **A** superveniert, dann gilt für jede **B**-Eigenschaft *G* und jede mögliche Welt *w*: Wenn ein Gegenstand *x* in *w G* hat, dann gibt es eine **A**-Eigenschaft *F*, so daß gilt: *x* hat in *w F* und der Satz „Für alle *x*: wenn *x F* hat, hat *x* auch *G*" ist in allen möglichen Welten, d.h. notwendig wahr.

In gewisser Weise sind diese Formulierungen aufschlußreicher als die Definitionen (SwS) und (StS). Denn erst an ihnen wird deutlich, warum die Supervenienztheorie eine mögliche Antwort auf die Frage darstellt, wie ein nichtreduktiver *Physikalismus* aussehen könnte. Inhaltlich laufen die beiden Formulierungen (SwA) und (StA) nämlich darauf hinaus, daß alle mentalen Eigenschaften ein *physisches Korrelat* besitzen, von dem sie in gewisser Weise abhängen. Den Kerngedanken der Kimschen Supervenienztheorie kann man daher auch so fassen:

Supervenienztheorie (Version 2)

Jede mentale Eigenschaft *M* hat ein *physisches Korrelat*. D.h., für jede mentale Eigenschaft *M* gibt es eine Menge $P_1, ..., P_n, ...$ von physischen Eigenschaften, für die in dieser bzw. in allen möglichen Welten gilt:

(a) Ein Gegenstand *x* hat *M* nur dann, wenn er eine der Eigenschaften P_i hat;

(b) für alle Eigenschaften P_i gilt: Wenn *x* P_i hat, dann hat *x* auch *M*.

Offenbar hat die so verstandene Supervenienztheorie durchaus ihre Vorzüge:

- Sie beinhaltet, daß es einen klaren Zusammenhang zwischen mentalen und physischen Eigenschaften gibt, und

- dieser Zusammenhang impliziert nicht die Existenz von Brückengesetzen; er ist also mit der Multirealisierbarkeit mentaler Eigenschaften vereinbar.

Ist der Supervenienzbegriff aber wirklich geeignet, um eine Position zu begründen, die zu Recht '*physikalistisch*' genannt werden kann?

In den 80er Jahren wurde zunächst einhellig festgestellt, daß die Beziehungen der schwachen und der globalen Supervenienz in der Tat zu schwach sind, um als physikalistisch gelten zu können.[8] Nehmen wir z.b. an, daß ich jetzt starke Schmerzen fühle. Wenn man Supervenienz im Sinne schwacher Supervenienz auffaßt, dann ist die Supervenienztheorie – wie Kim selbst betont – mit den folgenden Annahmen vereinbar:[9]

(a) Es gibt eine mögliche Welt, in der es einen Menschen gibt, der exakt dieselben physischen Eigenschaften besitzt, die ich im Augenblick habe, der aber keinerlei Schmerzen fühlt.

(b) Es gibt eine mögliche Welt, in der es Wesen gibt, die uns Menschen in allen physischen Hinsichten gleichen, die jedoch überhaupt keine mentalen Eigenschaften besitzen.

(c) Es gibt eine mögliche Welt, in der nicht nur Wesen, die eine ähnliche physische Struktur haben wie wir, sondern auch Bäume, Steine und Seen Schmerzen empfinden.

Wenn der Zusammenhang zwischen mentalen und physischen Eigenschaften derart schwach ist, wird man aber kaum davon sprechen wollen, daß mentale Eigenschaften in einem physikalistisch akzeptablen Sinne von physischen Eigenschaften abhängen.

Eine ähnliche Überlegung gilt auch für den Fall, daß man Supervenienz im Sinne globaler Supervenienz auffaßt. Allerdings gibt es auch gute Gründe für diese Auffassung, die hier ebenfalls nicht verschwiegen werden sollen. Vieles spricht nämlich dafür, daß insbesondere die Inhalte intentionaler Zustände nicht nur von dem abhängen, was im Kopf bzw. im Zentralnervensystem einer Person vorgeht, sondern auch davon, wie diese Person aufgewachsen ist, in welcher Umgebung sie lebt und welcher Sprachgemeinschaft sie angehört.[10] Insofern scheint es durchaus mög-

---

[8] Zur Diskussion um die Supervenienztheorie vgl. besonders Haugeland (1982) und Horgan (1982).

[9] Vgl. Kim (1984, 60; 1990, 143).

[10] Dieser Punkt wird im Abschnitt 12.3.1 noch ausführlich zur Sprache kommen.

lich, daß zwei physisch gleiche Personen unterschiedliche Wünsche und Überzeugungen haben – wenn sie nur unterschiedlich aufgewachsen sind bzw. in unterschiedlichen Umgebungen oder Sprachgemeinschaften leben. Die Idee der globalen Supervenienz trägt dem Rechnung. Wenn mentale Eigenschaften nur global über physischen Eigenschaften supervenieren, dann müssen zwei Individuen nämlich erst dann die gleichen mentalen Eigenschaften haben, wenn sie nicht nur selbst physisch völlig gleich sind, sondern wenn sie darüber hinaus auch in physisch völlig gleichen Welten leben.

Außerdem scheint globale Supervenienz eine überzeugende Explikation des für den nichtreduktiven Physikalismus kennzeichnenden Grundsatzes „Abhängigkeit ohne Reduktion" zu liefern. Wenn mentale Eigenschaften nur global über physischen Eigenschaften supervenieren, dann scheinen die mentalen Eigenschaften in der Tat in gewisser Weise von den physischen Eigenschaften abzuhängen. Denn globale Supervenienz impliziert: Wenn in einer Welt alle physischen Eigenschaften festliegen, dann sind dadurch in dieser Welt auch alle mentalen Eigenschaften festgelegt. Auf der anderen Seite impliziert globale Supervenienz jedoch *keinerlei* eindeutige Beziehung zwischen einzelnen mentalen und einzelnen physischen Eigenschaften. Denn globale Supervenienz ist durchaus damit vereinbar, daß es zwei physisch völlig gleiche Individuen gibt, die sich in ihren mentalen Eigenschaften deutlich unterscheiden.

Genau daran zeigt sich jedoch auch die große Schwäche der These, daß mentale Eigenschaften nur global über physischen Eigenschaften supervenieren. Denn wenn globale Supervenienz damit vereinbar ist, daß sich zwei physisch völlig gleiche Individuen in ihren mentalen Eigenschaften deutlich unterscheiden, dann kann auch diese Beziehung kaum als physikalistisch akzeptable Abhängigkeitsbeziehung gelten. Kim selbst hat diesen Einwand so formuliert:

„Mit dieser Version des Materialismus ist vereinbar, daß es eine Welt gibt, die sich physisch von unserer Welt nur in einem absolut unbedeutenden Detail unterscheidet (z.B. dadurch, daß die Ringe des Saturn in dieser Welt ein Ammoniakmolekül mehr enthalten), in der es aber überhaupt kein Bewußtsein gibt oder in der mentale Eigenschaften völlig anders – und vielleicht völlig unregelmäßig – auf ihre Einwohner verteilt sind (z.B. da Wesen mit einem Gehirn keine mentalen Eigenschaften besitzen, während Steine über Bewußtsein verfügen)." (Kim 1987, 321)

Wenn sich eine mögliche Welt nur in einem winzigen physischen Detail von unserer Welt unterscheidet, kann sich bei nur globaler Supervenienz die Verteilung mentaler Eigenschaften in dieser Welt also so radikal von der Verteilung mentaler Eigenschaften in unserer Welt unterscheiden, wie man sich dies nur vorstellen kann. Und:

„Es ist zweifelhaft, ob viele Materialisten der Auffassung wären, daß diese Konsequenzen mit ihren materialistischen Grundannahmen vereinbar sind; klar scheint, daß sie nicht mit der These vereinbar sind, daß das Mentale vollständig durch das Physikalische determiniert ist." (Kim 1987, 321)

Wenn der Zusammenhang zwischen mentalen und physischen Eigenschaften so locker ist, daß sich auch zwei physisch völlig gleiche Individuen, die in physisch identischen Umwelten leben, in ihren mentalen Eigenschaften radikal voneinander unterscheiden können, nur weil in einer fernen Galaxie ein Stern ein Wasserstoffatom weniger enthält, kann man offenbar nicht sinnvoll davon sprechen, daß das Mentale in einem physikalistisch akzeptablen Sinn vom Physischen abhängt.

Wenn überhaupt, scheint also nur die Relation der starken Supervenienz eine plausible Abhängigkeitsbeziehung darzustellen. Doch auch das kann mit guten Gründen bezweifelt werden. So hat z.B. Thomas Grimes in seinem Aufsatz „The Myth of Supervenience" (1988) folgendes Argument entwickelt.[11] Der Physikalismus geht offenbar davon aus, daß es sich bei der Beziehung zwischen Mentalem und Physischem um eine *asymmetrische Abhängigkeitsbeziehung* handelt.[12] D.h., er nimmt an, daß das Physische *grundlegender* ist als das Mentale, daß also das Mentale vom Physischen abhängt, nicht aber (zumindest nicht auf dieselbe Weise) das Physische vom Mentalen. Jede 'Abhängigkeitsbeziehung', der zufolge es zumindest möglich ist, daß das Physische in

---

[11] Kim hat sich die Argumente Grimes' später selbst zu eigen gemacht (vgl. etwa Kim (1989) und Kim (1990)). Ähnliche Argumente wie bei Grimes finden sich in Kutschera (1992).

[12] Eine Relation R heißt *asymmetrisch*, wenn für beliebige Gegenstände x und y gilt: Wenn x in der Relation R zu y steht, steht y *nicht* in der Relation R zu x.

derselben Weise vom Mentalen abhängt wie das Mentale vom Physischen, ist daher zu schwach, um den Ansprüchen des Physikalismus gerecht zu werden.

Nun hat allerdings selbst die Beziehung der starken Supervenienz genau diese Schwäche. Daß **B** stark über **A** superveniert, schließt keineswegs aus, daß auch **A** stark über **B** superveniert. Dies kann man sich leicht klar machen, wenn man die zuvor behandelte Beispielswelt ein wenig modifiziert. Nehmen wir an, daß nur die Kugeln alle rot, die Pyramiden jedoch alle blau sind. (Die Zylinder sollen nach wie vor alle gelb und die Würfel alle grün sein.) Dann gilt offenbar, daß in dieser Welt nicht nur die Farbeigenschaften über den Formeigenschaften, sondern auch die Formeigenschaften über den Farbeigenschaften supervenieren. Wenn sich zwei Gegenstände in ihren Formeigenschaften unterscheiden, unterscheiden sie sich auch in ihren Farbeigenschaften. Der Grund dafür liegt darin, daß in der modifizierten Beispielswelt nicht nur die Allsätze

(5) Alle Kugeln sind rot.

(6) Alle Pyramiden sind blau.

(7) Alle Zylinder sind gelb.

(8) Alle Würfel sind grün.

wahr sind, sondern auch die Allsätze:

(5′) Alle roten Dinge sind Kugeln.

(6′) Alle blauen Dinge sind Pyramiden.

(7′) Alle gelben Dinge sind Zylinder.

(8′) Alle grünen Dinge sind Würfel.

Und wenn diese Sätze nicht nur wahr, sondern notwendig wahr sind, dann gilt sogar: In dieser Welt supervenieren sowohl die Farbeigenschaften *stark* über den Formeigenschaften als auch die Formeigenschaften *stark* über den Farbeigenschaften.[13]

---

[13] Neben dem Argument der fehlenden Asymmetrie ist in der Literatur auch das folgende Argument gegen die Supervenienzthese ins Feld geführt worden: Falls **B** über **A** superveniert, dann kann dies auch daran liegen, daß **B**

Spätestens an dieser Stelle stellt sich jedoch die Frage, was uns überhaupt auf die Idee bringen kann, daß die angeführten Sätze nicht nur wahr, sondern *notwendig* wahr sind. Offenbar gibt es hier eine wichtige Unterscheidung, die wir bisher noch nicht berücksichtigt haben: Wenn diese Sätze notwendig wahr wären, könnte das nämlich daran liegen, daß es sich bei ihnen um wahre *Naturgesetze* handelt; es könnte aber auch daran liegen, daß sie aus *begrifflichen Gründen* wahr sind. Mit anderen Worten: Bei starker Supervenienz müssen wir weiter zwischen *nomologischer* und *logischer* Supervenienz differenzieren.[14]

Starke Supervenienz – eine weitere Unterscheidung

Nomologische Supervenienz

Für alle Wesen x_1 und x_2 und alle *naturgesetzlich* möglichen Welten w_1 und w_2 gilt: Wenn x_1 in der Welt w_1 dieselben physischen Eigenschaften besitzt wie x_2 in der Welt w_2, dann hat x_1 in w_1 auch dieselben mentalen Eigenschaften wie x_2 in w_2.

Logische Supervenienz

Für alle Wesen x_1 und x_2 und alle *begrifflich* möglichen Welten w_1 und w_2 gilt: Wenn x_1 in der Welt w_1 dieselben physischen Eigenschaften besitzt wie x_2 in der Welt w_2, dann hat x_1 in w_1 auch dieselben mentalen Eigenschaften wie x_2 in w_2.

---

und **A** *beide* auf eine substantiellere Weise von einer dritten Eigenschaftsfamilie **C** abhängen.

[14] Manche werden versucht sein einzuwenden, diese Unterscheidung sei unvollständig, da die dritte Möglichkeit der metaphysischen Supervenienz nicht berücksichtigt sei. Mir scheint jedoch, daß es sich auch bei metaphysischer Supervenienz um Supervenienz aus *begrifflichen* Gründen handelt. Denn daß Wasser über H_2O superveniert, liegt allein daran, daß wir den Ausdruck 'Wasser' als Ausdruck für natürliche Arten (*natural kind term*) verwenden, durch den genau der chemische Stoff bezeichnet wird, der bei uns in Flüssen und Seen vorkommt, den wir trinken, der als Regen vom Himmel fällt usw. Denn dieser Stoff ist H_2O.

Aus dieser Unterscheidung ergibt sich jedoch ein grundsätzliches Problem für die Supervenienztheorie. Denn die Frage lautet jetzt natürlich, was die Vertreter dieser Theorie eigentlich behaupten wollen. Wollen sie behaupten, daß mentale Eigenschaften *logisch* über den physischen Eigenschaften supervenieren, oder wollen sie nur behaupten, daß mentale Eigenschaften *nomologisch* über den physischen Eigenschaften supervenieren? Und diese Frage führt die Vertreter der Supervenienztheorie direkt in ein unangenehmes Dilemma.

Auf der einen Seite scheint es nämlich völlig unplausibel, daß mentale Eigenschaften *logisch* über den physischen Eigenschaften supervenieren; es gibt einfach keinen *begrifflichen* Zusammenhang zwischen den Hirnzuständen einer Person und ihren Überzeugungen, Wünschen und Empfindungen. Auf der anderen Seite ist die These, es bestünde hier eine *nomologische* Supervenienz, aber zu schwach, um physikalistisch akzeptabel zu sein. Dies zeigt sich schon daran, daß selbst dualistische Positionen wie der Parallelismus und der Epiphänomenalismus das Bestehen einer nomologischen Supervenienzbeziehung zwischen mentalen und physischen Eigenschaften implizieren. Offenbar kann man also Eigenschafts-Dualist und zugleich Anhänger einer nomologisch verstandenen Supervenienztheorie sein.

Folgt daraus, daß auch die Antwort (II) keine tragfähige Antwort auf unsere Ausgangsfrage darstellt? Vielleicht gibt es noch einen Ausweg. David Chalmers hat nämlich die These vertreten, daß die Position des Physikalismus mit Hilfe eines Supervenienzbegriffs formuliert werden sollte, der *zwischen* logischer und nomologischer Supervenienz liegt.[15]

---

[15] Vgl. besonders Chalmers (1996, ch. 2). Chalmers selbst spricht zwar von (globaler) logischer Supervenienz. Er rechnet jedoch die grundlegenden Gesetze der Physik mit zur Supervenienzbasis (1996, 33). Das ist aber unglücklich, da Supervenienz, wie gesagt, im allgemeinen als Beziehung zwischen Eigenschaftsfamilien aufgefaßt wird. Mir scheint es daher besser, Chalmers Supervenienzbegriff auf die hier angegebene Weise zu formulieren.

Chalmers-Supervenienz

Für alle Wesen x_1 und x_2 und alle möglichen Welten w_1 und w_2, in denen es nur physische Gegenstände gibt und in denen *dieselben grundlegenden physikalischen Naturgesetze* gelten wie in unserer Welt, gilt aus begrifflichen Gründen: Wenn x_1 in der Welt w_1 dieselben physischen Eigenschaften besitzt wie x_2 in der Welt w_2, dann hat x_1 in w_1 auch dieselben mentalen Eigenschaften wie x_2 in w_2.

Mir scheint, daß Chalmers hier den richtigen Weg eingeschlagen hat. Allerdings läßt sich das, was Chalmers im Sinn hat, besser mit Hilfe des Begriffs der *reduktiven Erklärung* formulieren.

8.2 Reduktiv erklärbare und emergente Eigenschaften – eine vierte Version des Eigenschafts-Physikalismus

In diesem Abschnitt soll eine vierte Variante des Physikalismus diskutiert werden, die von der folgenden Antwort auf die Ausgangsfrage ausgeht:

(III)   Mentale Eigenschaften sind genau dann auf physische Eigenschaften zurückführbar, wenn sie allein unter Rückgriff auf physische Eigenschaften *reduktiv erklärt* werden können oder – was auf dasselbe hinausläuft – wenn sie durch physische Eigenschaften *realisiert* sind.

Der für diese Antwort zentrale Begriff der reduktiven Erklärung soll hier anhand der Überlegungen zum Emergenzbegriff erläutert werden, die Charles D. Broad in seinem Buch *The Mind and Its Place in Nature* entwickelt hat.[16] Diese Überlegungen entstanden

---

[16] Diese Überlegungen sind Teil einer umfangreichen Emergenzdiskussion, zu deren Meilensteinen außer Broad (1925), Lewes (1875), Alexander (1920) und Morgan (1923) gehören. Kurze, aber informative Übersichten über diese Diskussion bieten Stephan (1992) und McLaughlin (1992). Eine ausführliche Darstellung findet sich in Stephan (1998). Eine kurze systemati-

im Rahmen der *Vitalismusdebatte*, die zu Beginn des 20. Jahrhunderts die Gemüter vieler Wissenschaftler genauso erregte wie heute die Debatte um das Leib-Seele-Problem. Zwei Positionen standen sich gegenüber:

- auf der einen Seite der *Mechanismus* mit der Annahme, daß sich die für Lebewesen charakteristischen Eigenschaften (Ernährung, Wachstum, Wahrnehmung, zielgerichtetes Verhalten, Fortpflanzung, Morphogenese) *genauso* reduktiv auf die Eigenschaften ihrer Organe zurückführen lassen, wie das Verhalten einer Uhr auf das Zusammenwirken der Zahnräder, Gewichte und all der anderen Teile zurückgeführt werden kann, aus denen sie besteht;

- auf der anderen Seite der *Vitalismus* mit der Annahme, daß genau dies völlig unmöglich sei, daß man zur Erklärung des Phänomens Leben vielmehr eine besondere Substanz oder einen besonderen Stoff annehmen müsse – eine Entelechie oder einen *élan vital*.

Broad versuchte, mit seiner Theorie zwischen diesen beiden Polen Platz für eine dritte, vermittelnde Position zu schaffen.

Sein erster Schritt war, darauf hinzuweisen, daß das Vitalismusproblem nur der Spezialfall eines sehr allgemeinen Problems ist – des Problems, wie sich die *Makroeigenschaften* eines Systems zu seiner *Mikrostruktur* verhalten, d.h. zu den *Eigenschaften* der Teile, aus denen das System besteht, und der *Anordnung* dieser Teile. Was diese Frage betrifft, so sind im Prinzip genau zwei Antworten möglich: Man kann die Auffassung vertreten, daß eine Makroeigenschaft *F nicht* durch die physischen Teile des Systems und deren Anordnung, sondern nur durch eine weitere nichtphysische Substanz erklärt werden kann (wer diese Auffassung vertritt, ist nach Broad Vertreter einer *Komponententheorie*); man kann aber auch der entgegengesetzten Auffassung sein, daß die Eigenschaft *F* sehr wohl durch die physischen Teile des Systems und deren Anordnung erklärbar ist. Im letzteren Fall muß man Broad zufolge jedoch zwei weitere Möglichkeiten unter-

---

sche Einführung in die Diskussion um den Emergenzbegriff bietet Stephan/Beckermann (1994). Ein Versuch zur genauen Rekonstruktion der Überlegungen Broads findet sich in Beckermann (2000b).

scheiden. Denn wenn *F* durch die physischen Teile des Systems und deren Anordnung erklärbar ist, kann *F* immer noch *reduktiv erklärbar*[17] oder aber *emergent* sein. Von den Komponententheorien unterscheiden sich die Theorie der reduktiven Erklärbarkeit und die Emergenztheorie also beide durch ihre Ablehnung der These,

> „daß es eine besondere Komponente geben muß, die in allen Dinge vorhanden ist, die sich auf eine bestimmte Weise verhalten, und die in allen Dingen fehlt, die sich nicht so verhalten. [Beide sind der Meinung,] daß die Komponenten in beiden Fällen genau gleich sein können, und [beide versuchen,] den Verhaltensunterschied vollständig durch einen Unterschied in der Struktur zu erklären" (Broad 1925, 58f.).

Die Theorie der reduktiven Erklärbarkeit und die Emergenztheorie unterscheiden sich jedoch grundsätzlich in ihrer Einschätzung der Gesetze, die das Verhalten der Komponenten komplexer Gegenstände mit dem charakteristischen Verhalten dieser Gegenstände selbst verbinden. Dem Emergentismus zufolge

> „kann das charakteristische Verhalten des Ganzen nicht einmal im Prinzip aus der vollständigen Kenntnis des Verhaltens abgeleitet werden, das die Komponenten für sich genommen oder in anderen Verbindungen an den Tag legen, und auch nicht [aus der vollständigen Kenntnis] des Verhältnisses und der Anordnung [der Komponenten] in diesem Ganzen." (Broad 1925, 59)

Der Theorie der reduktiven Erklärbarkeit zufolge ist dagegen

> „das charakteristische Verhalten eines komplexen Gegenstandes nicht nur vollständig durch die Natur und die Anordnung seiner Komponenten determiniert; [sie behauptet auch,] daß das Verhalten des komplexen Gegenstandes zumindest im Prinzip aus der hinreichenden Kenntnis darüber abgeleitet werden kann, wie sich die Komponenten isoliert oder in anderen komplexen Gegenständen einfacherer Art verhalten." (Broad 1925, 59)

Maschinen sind Broad zufolge die besten Beispiele für komplexe Gegenstände, deren Verhalten vollständig reduktiv erklärbar ist. Wenn wir etwa an eine Uhr denken, dann gibt es sicher keinen Grund für die Annahme, daß ihr Verhalten auf einer besonderen nichtphysischen Komponente beruht, die in Uhren und nur in

---

[17] Broad spricht nicht von reduktiver, sondern von *mechanischer* Erklärbarkeit. Da es jedoch auch Broad nicht um mechanische Erklärungen im Wortsinn geht, scheint mir der erste Ausdruck angemessener.

Uhren vorkommt. Komponententheorien sind für die Erklärung des Verhaltens von Uhren absolut unangemessen. Aber es gibt auch keinen Grund für die Annahme, daß das Verhalten von Uhren emergent wäre. Denn offenbar kann man dieses Verhalten vollständig aus der spezifischen Anordnung der Federn, Zahnräder, Gewichte, usw. sowie aus den allgemeinen Gesetzen der Mechanik ableiten, die für alle materiellen Gegenstände in beliebigen Anordnungen gelten.

Grundsätzlich kann man den Unterschied zwischen der Emergenztheorie und der Theorie der reduktiven Erklärbarkeit nach Broad deshalb so erläutern:

„Abstrakt gesprochen behauptet die Emergenztheorie, daß es bestimmte komplexe Gegenstände gibt, die, sagen wir, aus den Komponenten A, B und C bestehen, die in der Relation R zueinander stehen; daß alle komplexen Gegenstände, die aus Komponenten der gleichen Art A, B und C bestehen, die zueinander in der gleichen Art von Relation R stehen, bestimmte charakteristische Eigenschaften besitzen; daß A, B und C in anderen Arten von komplexen Gegenständen vorkommen können, in denen die Relation nicht von der gleichen Art wie R ist; und daß die charakteristischen Eigenschaften des Ganzen R(A, B, C) nicht einmal im Prinzip aus der vollständigen Kenntnis der Eigenschaften abgeleitet werden können, die A, B und C isoliert oder in anderen komplexen Gegenständen haben, die nicht die Form R(A, B, C) besitzen. Der Mechanismus [d.h. die Theorie der reduktiven Erklärbarkeit] bestreitet den letzten Teil dieser Behauptung." (Broad 1925, 61)

Nach Broad gilt also:

1. Sowohl reduktiv erklärbare als auch emergente Makroeigenschaften hängen in gesetzmäßiger Weise von den Mikrostrukturen der entsprechenden Systeme ab. Wenn wir die Makroeigenschaft F eines Systems S betrachten, das über die Mikrostruktur $[C_1, ..., C_n; R]$ verfügt, d.h. das aus den Teilen $C_1, ..., C_n$ besteht, die in der Weise R angeordnet sind, ist nach Broad der Satz

„Für alle x: wenn x die Mikrostruktur $[C_1, ..., C_n; R]$ hat, dann hat x die Makroeigenschaft F"

also ein *wahres Naturgesetz* – unabhängig davon, ob F reduktiv erklärbar oder emergent ist.[18] Sowohl reduktiv erklärbare als auch emergente Makroeigenschaften supervenieren also *nomologisch* über Mikrostrukturen.[19]

2. Reduktiv erklärbare unterscheiden sich von emergenten Eigenschaften jedoch darin, daß die ersteren (wenigstens im Prinzip) aus der vollständigen Kenntnis all der Eigenschaften abgeleitet werden können, die die Komponenten isoliert oder in anderen Anordnungen haben, während dies für die letzteren nicht gilt.

Emergente Eigenschaften sind also dadurch gekennzeichnet, daß sie (a) ebenso wie reduktiv erklärbare Eigenschaften in gesetzmäßiger Weise von den Mikrostrukturen der Systeme abhängen, deren Eigenschaften sie sind; daß sie (b) im Gegensatz zu reduktiv erklärbaren Eigenschaften aber nicht einmal im Prinzip aus der vollständigen Kenntnis all der Eigenschaften abgeleitet werden können, die die Komponenten dieser Systeme isoliert oder in anderen Anordnungen haben.

Broads Begriffe der reduktiven Erklärbarkeit und der Emergenz kann man daher folgendermaßen zusammenfassen:

(RE) Eine Makroeigenschaft F eines komplexen Systems mit der Mikrostruktur $[C_1, ..., C_n; R]$ ist genau dann *reduktiv erklärbar*, wenn F wenigstens im Prinzip aus der vollständigen Kenntnis all der Eigenschaften abgeleitet werden kann, die die Komponenten $C_1, ..., C_n$ isoliert oder in anderen Anordnungen besitzen.[20]

---

[18] Dies ist offenbar der Grund dafür, daß Broad zufolge emergente ebenso wie reduktiv erklärbare Eigenschaften durch Bezugnahme auf die Mikrostruktur der betreffenden Systeme erklärt werden können. Allerdings geht Broad hier von einem recht schwachen Erklärungsbegriff aus.

[19] Daran zeigt sich noch einmal mit aller Deutlichkeit, daß die These, daß mentale Eigenschaften nomologisch über die physischen Eigenschaften supervenieren, keine akzeptable Formulierung des Physikalismus darstellt. Denn der Physikalist muß, wie wir noch sehen werden, mindestens die These vertreten, daß mentale Eigenschaften nicht emergent sind.

[20] Daß der Satz „Für alle x: wenn x die Mikrostruktur $[C_1, ..., C_n; R]$ hat, dann hat x die Eigenschaft F" ein wahres Naturgesetz ist, ergibt sich in diesem Fall von selbst.

(E) Eine Makroeigenschaft F eines komplexen Systems mit der Mikrostruktur $[C_1, \ldots, C_n; R]$ ist genau dann *emergent*, wenn

    (a) auf der einen Seite der Satz „Für alle x: wenn x die Mikrostruktur $[C_1, \ldots, C_n; R]$ hat, dann hat x die Eigenschaft F" ein wahres Naturgesetz ist, wenn aber

    (b) F nicht einmal im Prinzip aus der vollständigen Kenntis all der Eigenschaften abgeleitet werden kann, die die Komponenten $C_1, \ldots, C_n$ isoliert oder in anderen Anordnungen besitzen.

Angesichts dieser Formulierungen bleiben jedoch zwei Fragen. Warum wählt Broad in diesem Zusammenhang für die relevanten Eigenschaften der Komponenten die komplizierte Formel „Eigenschaften, die die Komponenten $C_1, \ldots, C_n$ isoliert oder in anderen Anordnungen besitzen"? Und was heißt es, daß man eine Makroeigenschaft F aus bestimmten Eigenschaften der Komponenten *ableiten* kann?

Was die erste Frage betrifft, ging es Broad wohl darum sicherzustellen, daß der Begriff der emergenten Eigenschaft nicht aus trivialen Gründen leer ist. Denn auch wenn F emergent ist, ist Broad zufolge der Satz „Für alle x: wenn x die Mikrostruktur $[C_1, \ldots, C_n; R]$ hat, dann hat x die Eigenschaft F" ein wahres Naturgesetz. Und daraus folgt, daß es zu den Eigenschaften der Teile $C_1, \ldots, C_n$ gehört, daß jeder Gegenstand, der aus Teilen der Art $C_1, \ldots, C_n$ besteht, die auf die Weise R angeordnet sind, die Eigenschaft F hat. Wenn man bei dem Versuch, F aus den Eigenschaften der Teile abzuleiten, auf diese *ad hoc*-Eigenschaft* oder auf das gerade angeführte Gesetz zurückgreifen dürfte, wäre daher jede vermutlich emergente Eigenschaft tatsächlich reduktiv erklärbar. Die Klausel „Eigenschaften, die die Komponenten $C_1, \ldots, C_n$ isoliert oder in anderen Anordnungen besitzen" hat keinen anderen Zweck als den, dies zu verhindern, d.h. sicherzustellen, daß bei dem Versuch zu zeigen, daß eine Eigenschaft F reduktiv erklärbar ist, nur auf die *grundlegenden* Eigenschaften der Teile $C_1, \ldots, C_n$ zurückgegriffen wird. Das läßt sich jedoch genauso gut erreichen, indem man fordert, daß bei dem Versuch F aus den Eigenschaften der Teile $C_1, \ldots, C_n$ und ihrer Anordnung abzuleiten, nur die allgemeinen für diese Teile geltenden Naturgesetze verwandt werden dürfen.

Es bleibt die Frage, was in diesem Zusammenhang mit 'ableiten' gemeint sein kann. Darauf findet sich bei Broad keine explizite Antwort. Allerdings ist er grundsätzlich der Meinung, daß nur solche Makroeigenschaften reduktiv erklärt werden können, die sich in Verhaltenstermini analysieren lassen, d.h. die dadurch charakterisiert sind, daß sich Gegenstände, die diese Eigenschaften besitzen, auf eine bestimmte Weise verhalten.[21] Solche Makroeigenschaften reduktiv zu erklären, heißt deshalb für ihn, zu zeigen, daß sich Gegenstände mit der Mikrostruktur $[C_1, ..., C_n; R]$ auf genau diese Weise verhalten. Mir scheint jedoch, daß man diese Antwort verallgemeinern kann. Eigenschaften sind in der Regel durch eine Reihe von Merkmalen charakterisiert:

• etwas hat genau dann die Eigenschaft, ein Schimmel zu sein, wenn es weiß und ein Pferd ist;

• etwas hat genau dann die Eigenschaft, magnetisch zu sein, wenn es Eisenfeilspäne anzieht, wenn es in Kreisleitern, durch die es geführt wird, einen Strom induziert und wenn es all die anderen Verhaltensweisen zeigt, die für das Magnetischsein charakteristisch sind;

• etwas hat genau dann eine Temperatur von 300 K, wenn es bei Berührung eine bestimmte Wärmeempfindung auslöst, wenn bei einem Thermometer, mit dem es ins thermische Gleichgewicht gebracht wird, die Quecksilbersäule auf die Marke 26,85° C steigt und wenn es all die anderen Ursachen und Wirkungen hat, die für diese Temperatur kennzeichnend sind.

Wenn man eine Makroeigenschaft F eines Systems S aus seiner Mikrostruktur ableiten will, ist daher entscheidend, daß es gelingt, zu zeigen, daß jedes System mit dieser Mikrostruktur alle Merkmale besitzt, die für F charakteristisch sind. Allerdings reicht es nicht aus, zu zeigen, daß dies *de facto* so ist; vielmehr gilt, daß man F dann und nur dann aus der Mikrostruktur von S *ableiten* kann, wenn *aus den allgemeinen Naturgesetzen folgt*, daß jedes System mit dieser Mikrostruktur alle für F charakteri-

---

[21] Vgl. Beckermann (2000b, Fn. 2).

stischen Merkmale besitzt. Broads Definitionen lassen sich daher so präzisieren:

(RE′) Eine Makroeigenschaft F eines komplexen Systems mit der Mikrostruktur $[C_1, \ldots, C_n; R]$ ist genau dann *reduktiv erklärbar*, wenn aus den *allgemeinen* für die Komponenten $C_1, \ldots, C_n$ geltenden Naturgesetzen folgt, daß Systeme mit der Mikrostruktur $[C_1, \ldots, C_n; R]$ alle für die Eigenschaft F charakteristischen Merkmale besitzen.

(E′) Eine Makroeigenschaft F eines komplexen Systems mit der Mikrostruktur $[C_1, \ldots, C_n; R]$ ist genau dann *emergent*, wenn

(a) auf der einen Seite der Satz „Für alle x: wenn x die Mikrostruktur $[C_1, \ldots, C_n; R]$ hat, dann hat x die Eigenschaft F" ein wahres Naturgesetz ist, wenn aber

(b) aus den *allgemeinen* für die Komponenten $C_1, \ldots, C_n$ geltenden Naturgesetzen *nicht* folgt, daß Systeme mit der Mikrostruktur $[C_1, \ldots, C_n; R]$ alle für die Eigenschaft F charakteristischen Merkmale besitzen.[22]

Diese Definitionen sind aus zwei Gründen von großer Bedeutung. Erstens ergibt sich aus ihnen ein überzeugender *Realisierungsbegriff*. Denn offenbar scheint es vernünftig, zu sagen, daß eine Eigenschaft F durch die Eigenschaft G realisiert wird, wenn aus den allgemeinen Naturgesetzen folgt, daß jeder Gegenstand, der G hat, alle für die Eigenschaft F charakteristischen Merkmale besitzt. D.h., die Definition (RE′) läßt sich so verallgemeinern:

(R) Eine Eigenschaft F wird genau dann zur Zeit t in S durch die Eigenschaft G *realisiert*, wenn S zu t die Eigenschaft G hat und wenn aus den allgemeinen Naturgesetzen folgt, daß alle Gegenstände, die zu t die Eigenschaft G haben, zu t alle für F charakteristischen Merkmale besitzen.

Auf jeden Fall paßt diese Definition sehr gut zu den Überlegungen des Kapitels 6. Denn dem Funktionalismus zufolge sind mentale Zustände allein durch ihre kausalen Rollen charakteri-

---

[22] Weitere Erläuterungen und Beispiele dafür, wie diese Definition angewendet werden kann, finden sich unten am Ende des Abschnitts 13.2.2.

siert. Die mentalen Zustände M_1, ..., M_n werden daher genau dann durch die physischen Zustände P_1, ..., P_n realisiert, wenn diese die für die mentalen Zustände M_1, ..., M_n charakteristischen kausalen Rollen innehaben. Welche kausale Rolle ein Zustand hat, ergibt sich aber aus den allgemeinen Naturgesetzen. Also ist es sogar präziser, den Realisierungsbegriff des Funktionalismus so zu formulieren: Die mentalen Zustände M_1, ..., M_n werden genau dann durch die physischen Zustände P_1, ..., P_n realisiert, wenn sich aus den allgemeinen Naturgesetzen ergibt, daß die physischen Zustände P_1, ..., P_n die für die mentalen Zustände M_1, ..., M_n charakteristischen kausalen Rollen innehaben.

Der zweite äußerst interessante Aspekt der Broadschen Definitionen ist, daß mit ihnen genau die Grenzlinie zwischen physikalistisch akzeptierbaren und physikalistisch nicht akzeptierbaren Eigenschaften markiert ist. Eigenschaften, die durch physische Eigenschaften realisiert sind, sind physikalistisch akzeptierbar. Denn sie sind in einem bestimmten Sinn *nicht* eigenständig. Mit ihnen werden den physischen Eigenschaften sozusagen keine weiteren Eigenschaften hinzugefügt.

Nehmen wir noch einmal das Beispiel der Temperatur. Wir wissen heute, daß Temperatur *nicht identisch* ist mit der mittleren kinetischen Energie der Moleküle eines Stoffes; vielmehr gilt nur, daß Temperatur *in Gasen* durch die mittlere kinetische Energie ihrer Moleküle *realisiert* ist. In *festen Körpern* dagegen ist sie durch die Schwingungen von Molekülen realisiert; im *Plasma* auf noch andere Weise, da Plasma weder Moleküle noch vollständige Atome enthält; und im Vakuum schließlich durch die Verteilung elektromagnetischer Strahlung. Dennoch käme niemand auf die Idee, anzunehmen, daß es neben der mittleren kinetischen Energie von Molekülen oder neben der Verteilung elektromagnetischer Strahlung noch eine weitere eigenständige Eigenschaft, die Eigenschaft der Temperatur, gibt – eine Eigenschaft mit eigenen Ursachen und Wirkungen. In gewisser Weise ist Temperatur tatsächlich in Gasen *nichts anderes* als die mittlere kinetische Energie ihrer Moleküle und im Vakuum *nichts anderes* als die Verteilung elektromagnetischer Strahlung.

Emergente Eigenschaften sind demgegenüber eigenständig. Sie beeinflussen den Gang der Dinge in einer Weise, wie es die physischen Eigenschaften allein nicht tun würden. Sie sind *zusätzli-che* Eigenschaften, die über die physischen Eigenschaften hinaus-gehen. Mit Hilfe einer theologischen Metapher läßt sich dies noch anschaulicher formulieren.[23] Wenn die grundlegenden Eigen-schaften aller Dinge festliegen, ergeben sich die realisierten Ei-genschaften von selbst. Nachdem Gott die physikalische Welt erschaffen und die grundlegenden Gesetze dieser Welt in Kraft gesetzt hatte, brauchte er sich um diese Eigenschaften nicht mehr zu kümmern. Sie ergaben sich von allein. Die emergenten Eigen-schaften bedurften jedoch eines eigenen Schöpfungsaktes. Gott mußte erstens diese Eigenschaften erschaffen und er mußte zwei-tens all die Gesetze eigens in Kraft setzen, die physikalische Mi-krostrukturen mit emergenten Eigenschaften verbinden.[24]

Neben dem Semantischen Physikalismus, der Identitätstheorie und der Supervenienztheorie ergibt sich somit eine vierte Version des Physikalismus:

Realisierungstheorie

Alle mentalen Eigenschaften sind durch physische Ei-genschaften realisiert.

Wahrscheinlich ist es diese Position, die vernünftigerweise mit dem Ausdruck 'nichtreduktiver Physikalismus' bezeichnet wer-den sollte. Denn auf der einen Seite impliziert sie, daß es über den Bereich der physischen Eigenschaften hinaus keine eigenständi-gen mentalen Eigenschaften gibt. Auf der anderen Seite impliziert sie jedoch nicht, daß alles, was sich überhaupt sagen läßt, in phy-sikalischer Sprache gesagt werden kann; d.h., sie impliziert nicht, daß bei der Beschreibung und Erklärung der Welt auf mentales *Vokabular* völlig verzichtet werden kann. Ganz im Gegenteil: Wenn mentale Eigenschaften *vielfältig* realisiert sind, dann müs-sen wir mentale Prädikate verwenden, um die Dinge zusammen-zufassen, in denen dieselben mentalen Eigenschaften realisiert sind und die sich aus diesem Grunde z.B. auf dieselbe Weise ver-

---

[23] Vgl. zum folgenden z.B. Kripke (1972) und Chalmers (1996, 38, 41).
[24] Offensichtlich sind diese beiden Dinge aber nicht unabhängig voneinander.

halten. Multirealisierbarkeit impliziert geradezu, daß es Gesetze gibt, die sich *nicht* in physikalischer Sprache formulieren lassen; denn sie impliziert, daß sich Dinge auf die gleiche Weise verhalten, die im Hinblick auf ihre physische Struktur keinerlei Gemeinsamkeiten aufweisen. Wenn die Realisierungstheorie zutrifft, bedeutet das also nicht, daß mentale Prädikate überflüssig sind, sondern nur, daß wir mit diesen Prädikaten keine eigenständigen Eigenschaften bezeichnen.

Zum Schluß dieses Abschnitts muß noch ein wichtiger *epistemischer* Unterschied zwischen emergenten und reduktiv erklärbaren, d.h. physisch realisierten Eigenschaften angesprochen werden. Broad selbst betont an verschiedenen Stellen, daß das Gesetz "Alle Systeme mit der Mikrostruktur $[C_1, ..., C_n; R]$ haben die Makroeigenschaft F" bei reduktiv erklärbaren Eigenschaften einen ganz anderen Status hat als bei emergenten. Wenn F emergent ist, ist dieses Gesetz, wie Broad sagt, ein nicht weiter ableitbares Gesetz ('a *unique* and *ultimate* law'). D.h., dieses Gesetz ist (a) kein Spezialfall, der aus einem allgemeinen Gesetz durch Einsetzung bestimmter Werte für bestimmbare Variablen gewonnen werden kann. Es ist (b) kein Gesetz, das durch Kombination zweier oder mehrerer allgemeiner Gesetze gewonnen werden kann. Und was vielleicht am wichtigsten ist: Wenn F emergent ist, dann kann dieses Gesetz (c) *nur* dadurch *entdeckt* werden, daß man eine Reihe von Systemen mit der Mikrostruktur $[C_1, ..., C_n; R]$ untersucht, daß man dabei feststellt, daß alle diese Systeme die Eigenschaft F haben, und daß man dieses Ergebnis induktiv auf alle Systeme mit dieser Mikrostruktur überträgt.[25] Bei reduktiv erklärbaren Eigenschaften liegen die Dinge dagegen ganz anders.

> "Um das Verhalten einer Uhr voraussagen zu können, muß man noch nie in seinem Leben eine Uhr gesehen haben. Wenn einer Person erklärt wurde, wie die Uhr konstruiert ist, und wenn sie durch das Studium *anderer* materieller Systeme die allgemeinen Regeln über die Bewegung und die mechanischen Eigenschaften von Federn und starren Körpern gelernt hat, kann sie genau vorhersagen, wie sich ein System, das wie eine Uhr konstruiert ist, verhalten muß." (Broad 1925, 65)

Wenn die Makroeigenschaft F eines Systems S mit der Mikrostruktur $[C_1, ..., C_n; R]$ reduktiv erklärbar ist, kann man also

---

[25]   Vgl. Broad (1925, 64f.).

ohne je ein System mit dieser Mikrostruktur untersucht zu haben wissen, daß *S* – genauso wie alle Systeme mit dieser Mikrostruktur – *F* besitzt. In diesem Fall folgt das einfach aus den allgemeinen für die Komponenten C_1, ..., C_n geltenden Naturgesetzen. Bei reduktiv erklärbaren Eigenschaften ist es daher in diesem Sinne *undenkbar*, daß ein System zwar die Mikrostruktur [C_1, ..., C_n; *R*], aber nicht die Eigenschaft *F* besitzt. Wenn aus den allgemeinen Naturgesetzen folgt, daß alle Systeme mit dieser Mikrostruktur *F* besitzen, ist es – zumindest *relativ zu diesen Naturgesetzen* – unmöglich, daß ein System die Mikrostruktur [C_1, ..., C_n; *R*] hat, die Eigenschaft *F* aber nicht besitzt. Es gibt also einen eindeutigen *Test*, um herauszufinden, ob die Makroeigenschaft *F* eines Systems reduktiv erklärbar ist. Man muß nur fragen, ob diese Eigenschaft *vor dem ersten Auftreten* von Systemen mit der Mikrostruktur [C_1, ..., C_n; *R*] hätte prognostiziert werden können bzw. ob es – relativ zu den grundlegenden Naturgesetzen – undenkbar ist, daß ein System mit der Mikrostruktur [C_1, ..., C_n; *R*] die Eigenschaft *F* nicht besitzt.

8.3   Zwei Beispiele

Gibt es Beispiele für emergente und für reduktiv erklärbare Eigenschaften? Broad selbst war der Auffassung, daß das Verhalten fast aller chemischen Verbindungen in dem von ihm erläuterten Sinne emergent ist. Zumindest war er der Meinung,

> „daß das charakteristische Verhalten von Kochsalz – zumindest soweit wir bis jetzt wissen – nicht aus der vollständigen Kenntnis der Eigenschaften abgeleitet werden kann, die isoliertes Natrium oder isoliertes Chlor zeigen, oder der Eigenschaften, die Natrium in anderen Verbindungen (z.B. Natriumsulfat) oder Chlor in anderen Verbindungen (z.B. Silberchlorid) zeigen" (Broad 1925, 59).

Allerdings war er auch der Meinung, daß diese Auffassung durch den Fortschritt der Wissenschaft überholt werden könne. Und in der Tat sehen die meisten Wissenschaftler dies heute anders. Nehmen wir als Beispiel die *Festigkeit* und die *Wasserlöslichkeit* von Kochsalz.[26]

---

[26]   Vgl. auch die Analyse der Eigenschaft, flüssig zu sein, unten S. 406-409.

Kochsalz ist bekannterweise Natriumchlorid, d.h. es besteht aus Natrium- und Chloratomen, d.h. genauer aus Natrium- und Chlorionen. Natriumatome besitzen in ihrer äußersten Schale nur ein einziges Elektron, das leicht abgespalten werden kann. Chloratome dagegen besitzen in ihrer äußersten Schale sieben Elektronen; diese Atome sind daher 'bestrebt', ihre äußerste Schale mit einem weiteren Elektron aufzufüllen, um so auf die Idealzahl von acht Elektronen zu kommen. Wenn Natrium- und Chloratome miteinander reagieren, geschieht deshalb folgendes. Das Natriumatom gibt sein äußerstes Elektron ab, und dieses Elektron wird vom Chloratom aufgenommen. So entstehen positiv geladene Natrium- und negativ geladene Chlorionen, die sich aufgrund der zwischen ihnen bestehenden elektromagnetischen Anziehungskräfte in einer Gitterstruktur anordnen. Entscheidend sind hier zunächst diese Anziehungskräfte. Sie erklären, warum Kochsalz unter normalen Bedingungen fest ist. Diese Kräfte sind nämlich so groß, daß die einzelnen Ionen an ihren relativen Positionen 'festgezurrt' sind. Wenn sich ein Stück Kochsalz bewegt, bewegt sich daher immer das ganze Stück. Seine Teile verändern ihre relativen Positionen nicht, und deshalb behält das Stück Kochsalz seine Form. Die starken Anziehungskräfte sind auch dafür verantwortlich, daß es immer einen gewissen Kraftaufwand braucht, um ein Stück Kochsalz zu zerteilen. Und warum ist Kochsalz wasserlöslich? Das liegt zum einen daran, daß Kochsalz aus einem Gitter von positiv und negativ geladenen Ionen besteht. Zum anderen liegt es an der Dipolstruktur der H_2O-Moleküle. Denn aufgrund dieser Struktur können H_2O-Moleküle die einzelnen Ionen aus ihrer Position im Gitter herauslösen.

Gibt es auch Beispiele für emergente Eigenschaften? Diese Frage ist nicht so leicht zu beantworten. Denn die wenigen Beispiele von Eigenschaften, bei denen man vermuten könnte, sie seien emergent, erweisen sich bei näherem Hinsehen in aller Regel doch als reduktiv erklärbar.[27] Deshalb muß an dieser Stelle ein fiktives Beispiel genügen – ein Beispiel, das auf das äußerst anregende Buch *Vehicles* (1984) von Valentin Braitenberg zurück-

---

[27] Dies könnte ein Hinweis darauf sein, daß es – außer vielleicht dem Fall phänomenalen Bewußtseins (vgl. unten Kapitel 13) – in unserer Welt *de facto* einfach keine emergenten Eigenschaften gibt.

geht. Braitenbergs Grundidee ist, daß schon sehr einfach konstruierte künstliche Wesen ein Verhalten zeigen, das man versucht ist, mit psychologischen Begriffen zu beschreiben. Nehmen
wir zwei Wesen a) und b), die im wesentlichen aus je zwei Sensoren und Motoren bestehen. Der einzige Unterschied ist, daß die
Sensoren beim Wesen a) mit den Motoren auf der gleichen Seite,
beim Wesen b) mit den Motoren auf der gegenüberliegenden
Seite verbunden sind. Dies führt dazu, daß sich das Wesen a) von
einer Lichtquelle, auf die es zufährt, abwendet, während das Wesen b) sich dieser Lichtquelle annähert. Das Wesen b) 'mag'
Licht, während das Wesen a) Licht 'meidet'.

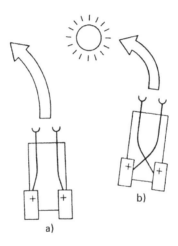

Diese Art, das Verhalten der Wesen a) und b) zu beschreiben,
soll uns jedoch nicht weiter interessieren. Denn hier geht es nur
um die Frage, wann das Verhalten eines künstlichen Wesens à la
Braitenberg emergent wäre. Stellen wir uns folgendes vor: Im
allgemeinen verhalten sich Wesen des Typs a) genau wie gerade
beschrieben – sie wenden sich von einer Lichtquelle ab, auf die
sie zufahren. Aber unter ganz bestimmten Umständen, nämlich
dann, wenn die Sensoren mit den Motoren durch eine bestimmte
Art von Draht – sagen wir Silberdraht – verbunden sind, verhalten sich diese Wesen ganz anders. Sie fahren wie Wesen des Typs

b) auf die Lichtquelle zu, ohne daß dies aufgrund der normalen Materialeigenschaften zu erwarten wäre. Dieses Verhalten wäre emergent. Denn so, wie das Beispiel konstruiert ist, ist es auf der einen Seite ein Naturgesetz, daß jedes Wesen auf eine Lichtquelle zufährt, in dem Sensoren und Motoren wie beim Wesen a), aber mit Silberdraht verbunden sind; auf der anderen Seite ergibt sich dieses Verhalten jedoch *nicht* aus den allgemeinen für Sensoren, Silberdrähte und Motoren geltenden Naturgesetzen.

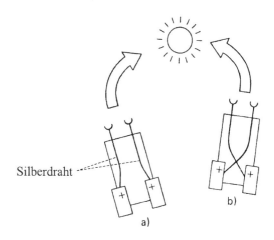

Viele reagieren auf solche Beispiele mit ungläubigem Staunen oder zumindest mit Unbehagen. Und das ist nur zu verständlich. Denn einerseits scheint es einfach undenkbar, daß sich ein Wesen vom Typ a) nur deshalb wie ein Wesen vom Typ b) verhalten soll, weil in ihm Sensoren und Motoren durch Silberdrähte verbunden sind. Silberdrähte erweisen sich schließlich in allen anderen Zusammenhängen als ganz normale Leiter. Und was passiert in diesen Drähten – oder in den durch sie verbundenen Sensoren und Motoren – eigentlich, wenn sich Wesen vom Typ a) auf eine Lichtquelle zu bewegen. Falls der geschilderte Fall allerdings trotzdem eintreten sollte, neigen wir auf der anderen Seite dazu anzunehmen, daß Silberdraht eine grundlegende, für das beobachtete Verhalten verantwortliche Eigenschaft hat, die uns bisher nur entgangen ist. D.h., auf die eine oder andere Weise versuchen wir zu zeigen, daß das vermeintlich emergente Verhalten letzten Endes doch reduktiv erklärbar ist. Wir können uns einfach nicht vorstellen, daß auf der grundlegenden physikalischen Ebene etwas nicht mit rechten Dingen zugeht. Und genau deshalb haben viele eine intuitive Abneigung gegen emergente Eigenschaften. Am Ende des nächsten Abschnitts wird sich nämlich zeigen, daß die Existenz dieser Eigenschaften mit der allgemeinen Geltung der grundlegenden Naturgesetze unvereinbar ist. Und wenn überhaupt etwas, sind es doch offenbar diese grundlegenden Naturgesetze, die allgemein und ausnahmslos gelten. Trotzdem ist es natürlich *möglich*, daß die grundlegenden Naturgesetze nicht allgemein gelten. Und dementsprechend ist es auch durchaus möglich, daß es emergente Eigenschaften gibt. Selbst wenn dies in einem gewissen Sinne sehr unschön wäre.

8.4   Das Verhältnis von Realisierung, Supervenienz und Identität

Wie verhält sich die Realisierungstheorie zur Identitätstheorie? Das ist eine äußerst interessante Frage, zumal nicht bei allen Autoren wirklich klar ist, welche dieser beiden Theorien sie eigentlich vertreten wollen. Viele scheinen Identität und reduktive Erklärbarkeit sogar für zwei Seiten derselben Medaille zu halten.

Im Kapitel 5 hatten wir gesehen, daß viele Vertreter der Identitätstheorie einen engen Zusammenhang zwischen Eigenschaftsidentität und Theorienreduktion sehen. Und wir hatten uns auch schon gefragt, worauf dieser Zusammenhang beruhen könnte. Die Antwort lautete: Wenn wir dem Begriff der Temperatur T der klassischen Thermodynamik den Begriff der mittleren kinetischen Energie $\frac{2}{3k} \cdot \frac{mv^2}{2}$ so zuordnen können, daß es möglich ist, für jedes Gesetz der klassischen Thermodynamik aus der statistischen Mechanik ein Bildgesetz abzuleiten, dann ist damit gezeigt, daß die beiden durch diese Begriffe ausgedrückten Eigenschaften *dieselbe* (oder doch zumindest fast dieselbe) kausale Rolle besitzen. Tatsächlich ist damit aber noch viel mehr gezeigt. Denn wenn wir

die klassische Thermodynamik im Sinne Hookers auf die statistische Mechanik reduzieren können, dann zeigt das nicht nur, daß
die Temperatur eines Gases und die mittlere kinetische Energie
seiner Moleküle *de facto* dieselbe kausale Rolle besitzen. Es zeigt
vielmehr, *daß* – zumindest was die mittlere kinetische Energie der
Moleküle eines Gases betrifft – *aus den Gesetzen der statistischen Mechanik folgt*, daß dies so ist. Wenn wir annehmen, daß
der Begriff der Temperatur implizit durch die Gesetze der klassischen Thermodynamik bzw. durch die in diesen Gesetzen ausgedrückte kausale Rolle charakterisiert ist, ergibt sich aus der Tatsache, daß die klassische Thermodynamik auf die statistische Mechanik reduziert werden kann, also, daß die Eigenschaft der Temperatur idealer Gase reduktiv erklärt werden kann bzw. daß diese
Eigenschaft in idealen Gasen durch die mittlere kinetische Energie ihrer Moleküle realisiert ist. Die Betonung der Bedeutung von
Theorienreduktionen für die Identität von Eigenschaften kann
man daher auch als ein Indiz dafür ansehen, daß es vielen Vertretern der Identitätstheorie gar nicht so sehr um die Identität von
mentalen und physischen Eigenschaften geht als vielmehr um die
Frage, ob mentale Eigenschaften reduktiv erklärt werden können
bzw. ob sie durch physische Eigenschaften realisiert sind.

Auch bei Joseph Levine, auf dessen Argument der Erklärungslücke wir im Kapitel 13 noch ausführlich eingehen werden, finden sich Überlegungen, die eine ähnliche Ambivalenz aufweisen.
Den Ausgangspunkt dieser Überlegungen bildet Kripkes Kritik an
der Identitätstheorie, die Levine so rekonstruiert:[28]

Die Aussage

(1)   Schmerz ist identisch mit dem Feuern von C-Fasern

muß falsch sein, da die Aussage

(1′)   Es ist denkbar, daß Schmerz nicht das Feuern von C-Fasern
        ist

wahr ist. Wenn die Aussage (1) wahr ist, muß sie nämlich notwendigerweise wahr sein. Wenn (1′) wahr ist, ist (1) jedoch mög-

---

[28] Vgl. die etwas abweichende Darstellung der Argumentation Kripkes im
      Abschnitt 5.3.2.

licherweise falsch. Also folgt aus der Wahrheit von (1′) die Falschheit von (1).

Levine ist von dieser Argumentation nicht überzeugt. Seiner Meinung nach zeigt die Wahrheit von (1′) nur, daß es *epistemisch möglich* ist, daß Schmerzen nicht mit dem Feuern von C-Fasern identisch sind; nicht aber, daß dies auch *objektiv* oder *metaphysisch möglich* ist. Was wir uns *denken* können, ist für Levine eine rein epistemische Angelegenheit, aus der allein noch nicht sehr viel darüber folgt, was objektiv möglich ist und was nicht.

Trotzdem ist für Levine die Wahrheit der Aussage (1′) nicht bedeutungslos. Denn in seinen Augen markiert sie einen wichtigen Unterschied zwischen der Aussage (1) und z.B. der Aussage

(2)   Temperatur ist identisch mit der mittleren kinetischen Energie der Moleküle eines Gases.

Anders als bei der Aussage (1) ist es nämlich bei dieser Aussage in einem gewissen Sinn *nicht denkbar*, daß in einem Gas die mittlere kinetische Energie der Moleküle einen bestimmten Wert (sagen wir, $6.21 \cdot 10^{-21}$ Joule) hat, daß dieses Gas aber nicht die entsprechende Temperatur von 300 K besitzt. Nach Levine liegt dies daran, daß die Aussage (2) *vollständig explanatorisch* ist, die Aussage (1) dagegen nicht. Was ist damit gemeint?

Auf diese Frage gibt Levine folgende Antwort. Wenn man uns fragen würde, was wir mit dem Ausdruck 'Temperatur' meinen, dann würden wir antworten:

(2′)   Temperatur ist die Eigenschaft von Körpern, die in uns bestimmte Wärme- bzw. Kälteempfindungen hervorruft, die dazu führt, daß die Quecksilbersäule in Thermometern, die mit diesen Körpern in Berührung kommen, steigt oder fällt, die bestimmte chemische Reaktionen auslöst, und so weiter.

Wir würden Temperatur also allein durch ihre *kausale Rolle* charakterisieren. Dies würde als Antwort auf die gestellte Frage jedoch nicht ausreichen, wenn nicht noch ein zweiter Punkt hinzukäme:

„… unsere Kenntnis der Physik und Chemie [macht] verständlich …, wie es dazu kommt, daß etwas wie die Bewegung von Molekülen die kausale Rolle spielen kann, die wir mit Temperatur verbinden." (Levine 1983, 357)

Der explanatorische Charakter der Aussage (2) beruht also auf zwei Tatsachen:[29]

1. Unser Begriff von Temperatur erschöpft sich vollständig in ihrer kausalen Rolle.

2. Die Physik kann verständlich machen, daß die mittlere kinetische Energie der Moleküle eines Gases genau diese kausale Rolle spielt.

Mit anderen Worten: Levine zufolge ist die Aussage (2) vollständig explanatorisch, weil aus den Gesetzen der Physik folgt, daß die mittlere kinetische Energie der Moleküle eines Gases genau die kausale Rolle spielt, durch die die Eigenschaft Temperatur charakterisiert ist. Dies zeigt nach den Überlegungen des vorletzten Abschnitts aber weniger, daß die Temperatur von Gasen mit der mittleren kinetischen Energie ihrer Moleküle *identisch* ist; es zeigt vielmehr, daß die Eigenschaft der Temperatur in idealen Gasen durch die mittlere kinetische Energie ihrer Moleküle *realisiert* ist. Auch Levine scheint also, wenn er 'Identität' sagt, 'Realisierung' zu meinen.

In seinem Aufsatz „On Leaving Out What It's Like" (1993) spricht Levine sogar ausdrücklich von *'explanatorischer Reduktion'*. In seinen Augen muß jede Reduktion zu einer Erklärung des reduzierten Phänomens führen. Und daß eine solche Erklärung gelungen ist, zeigt sich in seinen Augen daran, daß es nach der Erklärung in einem epistemischen Sinn *undenkbar* ist, daß das Explanans* ohne das Explanandum vorliegt.

> „Die grundlegende Idee ist, daß eine Reduktion das, was reduziert wird, erklären sollte. Und ob dies gelungen ist, sehen wir daran, ob das Phänomen, das reduziert werden soll, durch das reduzierende Phänomen in einem epistemischen Sinn notwendig gemacht wird, d.h. ob wir sehen können, warum die Dinge aufgrund der Tatsachen, die in der Reduktion angeführt werden, so sein müssen, wie sie an der Oberfläche aussehen." (Levine 1993, 129)

Levine geht also wie Broad davon aus, daß sich reduzierbare Eigenschaften – epistemisch gesehen – notwendig aus den Eigenschaften ergeben, auf die sie zurückgeführt werden können. Man kann sie daher vorhersagen, bevor man Dinge mit diesen (d.h. den reduzierbaren) Eigenschaften beobachtet hat. Obwohl Levine

---

[29] Vgl. zu dieser Zweistufen-Antwort auch Levine (1993, 132).

häufig selbst sagt, jeder Physikalist sei auf die These festgelegt, daß mentale mit physischen Eigenschaften identisch sind, scheint es ihm der Sache nach also tatsächlich nicht um Identität, sondern um reduktive Erklärbarkeit bzw. Realisierung zu gehen. Offenbar geht es Levine wie den frühen Vertretern der Identitätstheorie – er hält Identität und Reduzierbarkeit für zwei Seiten derselben Medaille, obwohl es sich tatsächlich um sehr verschiedene Dinge handelt, die man streng auseinander halten sollte.

Bei David Chalmers ist das anders; denn Chalmers vermeidet in seinen Überlegungen zum Physikalismus den Begriff der Identität und konzentriert sich ganz auf den Begriff der Supervenienz. Seiner Meinung nach muß jeder Physikalist behaupten, daß mentale Eigenschaften – in dem am Ende des vorletzten Abschnitts erläuterten Sinn – über den physischen Eigenschaften supervenieren.[30] Auch er sieht aber eine enge Verbindung zum Begriff der reduktiven Erklärbarkeit und damit zum Begriff der Realisierung. Letzten Endes hält er beide Auffassungen sogar für äquivalent:

> „Ein Phänomen ist [in physikalischen Begriffen] reduktiv erklärbar, wenn die Eigenschaft, dieses Phänomen zu instantiieren, global logisch über den physikalischen Eigenschaften superveniert." (Chalmers 1996, 48)[31]

Den Begriff der reduktiven Erklärung selbst erläutert Chalmers genau so, wie wir ihn schon kennen.[32] Jede reduktive Erklärung geht in zwei Schritten vor sich. Um zu zeigen, daß die Eigenschaft *F* mit Bezug auf die Eigenschaft *G* reduktiv erklärt werden kann, muß man erstens eine *Analyse* dieser Eigenschaft geben und zweitens nachweisen, daß aus den grundlegenden Naturgesetzen folgt, daß alle Gegenstände, die die Eigenschaft *G* haben, diese Analyse *erfüllen*. Dies entspricht bis in den Wortlaut hinein der Broadschen Definition (E'). Grundsätzlich können wir uns reduktive Erklärungen daher so veranschaulichen:

---

[30] Chalmers (1996, 41f.). Ein vergleichbarer Physikalismusbegriff findet sich auch in Jackson (1994; 1998a).
[31] Zur abweichenden Terminologie vgl. oben Fußnote 14.
[32] Chalmers (1996, 42ff.).

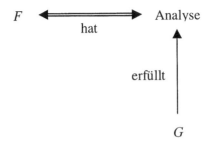

Dabei steht der waagerechte Doppelpfeil für eine Relation, die aus begrifflichen Gründen besteht, und der senkrechte einfache Pfeil für eine Relation, die sich aus den grundlegenden physikalischen Gesetzen ergibt. Diese Grafik verdeutlicht zugleich den Zusammenhang zwischen reduktiver Erklärbarkeit und Chalmers-Supervenienz. Wenn F reduktiv erklärbar ist, dann haben offensichtlich in allen möglichen Welten, in denen dieselben grundlegenden physikalischen Gesetze gelten wie in unserer Welt, alle Gegenstände, die die Eigenschaft G haben, auch die Eigenschaft F. Denn in diesen Welten erfüllt jeder Gegenstand, der die Eigenschaft G hat, die Analyse von F; und was die Analyse von F erfüllt, muß aus begrifflichen Gründen die Eigenschaft F haben. Auf der anderen Seite ist nicht zu sehen, was sonst außer der Tatsache, daß F reduktiv erklärbar ist, dafür sorgen könnte, daß in allen möglichen Welten, in denen dieselben grundlegenden physikalischen Gesetze gelten wie in unserer Welt, alle Gegenstände, die die Eigenschaft G haben, auch die Eigenschaft F haben.

Ohne Zweifel spricht viel für den Physikalismusbegriff, der sich aus den Überlegungen von Broad, Levine, Chalmers und Jackson ergibt. Allerdings hat dieser Physikalismusbegriff Konsequenzen, die manche Autoren nicht zu akzeptieren bereit sind. Unter anderem führt er zum Argument der Erklärungslücke – einem Argument, das es – zumindest auf den ersten Blick – äußerst unwahrscheinlich macht, daß phänomenales Bewußtsein reduktiv erklärt werden kann.[33] Nicht zuletzt deshalb hat es in den letzten Jahren

---

[33] Das Argument der Erklärungslücke wird im Abschnitt 13.2.2 ausführlich behandelt.

viel Kritik an den Überlegungen von Levine, Chalmers und Jackson gegeben – eine Kritik, die man zugleich als Renaissance der Identitätstheorie bezeichnen könnte.

David Papineau, der in seinem Aufsatz „Mind the Gap" (1998) diese Kritik meines Wissens als erster formuliert hat, bekennt sich explizit zur Identitätstheorie.

> „Mein erstes Ziel ist zu zeigen, daß der Physikalismus am besten als eine These über Eigenschaftsidentität verstanden wird." (Papineau 1998, 374)

Eine mentale Eigenschaft M, so Papineau, kann aber sehr wohl auch dann mit einer physikalischen (oder funktionalen) Eigenschaft P identisch sein, wenn *nicht* aus den grundlegenden Gesetzen der Physik folgt, daß alle Gegenstände, die die Eigenschaft P besitzen, die Analyse von M erfüllen. Identitäten bestehen oder sie bestehen nicht. Es hat keinen Sinn zu fragen, warum zwei Dinge oder Eigenschaften identisch sind. Und deshalb spielt es für die Frage, ob M und P identisch sind, auch keine Rolle, ob wir verstehen, wie P M hervorbringt. Identische Eigenschaften bringen einander nicht hervor, sie sind einfach identisch. Fragen kann man nur, was dafür spricht, daß M und P identisch sind. Und auf diese Frage ist nach Papineau die beste Antwort, daß M und P dieselben Ursachen und Wirkungen haben.[34]

Wie Papineau kritisieren auch Block und Stalnaker die Annahme, Physikalisten seien auf die These festgelegt, daß mentale Eigenschaften reduktiv erklärbar sind. In ihrem Aufsatz „Conceptual Analysis, Dualism, and the Explanatory Gap" (1999) vertreten sie die Auffassung, dies könne gar nicht so sein. Denn reduktive Erklärbarkeit setze voraus, daß das zu erklärende Phänomen F – genau wie es Chalmers beschreibt – so analysiert werden könne, daß in dieser Analyse nur Begriffe verwendet werden, die auch in den allgemeinen Naturgesetzen vorkommen. Genau dies

---

[34] Wohlgemerkt, Papineau versteht die Identität der kausalen Rollen nicht als Identitäts*kriterium*, sondern als einen Anhaltspunkt, aus dem wir auf die Identität von Eigenschaften schließen können (vgl. oben Abschnitt 5.1). Wenn wir wissen, daß das Haben von M, sagen wir, w verursacht und daß das Haben von P ebenfalls w verursacht, dann können wir, falls wir außerdem gute Gründe für die Annahme haben, daß w nicht überdeterminiert ist, d.h. daß w nicht mehr als eine Ursache hat, darauf schließen, daß M und P identisch sind.

sei im allgemeinen aber nicht möglich, und schon gar nicht bei mentalen Phänomenen. Reduktive Erklärungen müßten daher in der Regel fehlschlagen. Daraus ergebe sich jedoch kein Argument gegen den Physikalismus. Denn der Physikalist sei nur auf eine Identitätsbehauptung festgelegt; und mentale Eigenschaften könnten auch dann mit physikalischen Eigenschaften identisch sein, wenn sie nicht reduktiv erklärt werden können.

Genau an diesem Zusammenhang führen Block und Stalnaker das schon am Ende von Abschnitt 5.1 erwähnte Beispiel der beiden Historiker an, von denen der eine, A, seit Jahren das Leben von Mark Twain erforscht, während der andere, B, eine Arbeit über das Leben von Samuel Clemens schreibt. Durch eine Ungeschicklichkeit fällt die Mappe zu Boden, in der A seine Unterlagen über Mark Twain gesammelt hat; B hebt die Mappe auf und bemerkt plötzlich: Das ist ja merkwürdig, Mark Twain ist im selben Jahr in derselben Stadt geboren wie Samuel Clemens, sie sind beide zur selben Zeit auf dieselbe Schule gegangen, beide waren zuerst Setzerlehrlinge, dann Lotsen auf dem Mississippi, dann Goldgräber und dann Journalisten. Eigentlich ist das nur möglich, wenn es sich bei Mark Twain und Samuel Clemens um dieselbe Person handelt. An diesem Beispiel wird nach Block und Stalnaker zunächst einmal folgendes deutlich: Identität ist keine analysierbare Relation; sie besteht oder besteht nicht; Dinge müssen nicht bestimmte Kriterien erfüllen, um identisch zu sein. Und deshalb müssen mentale Eigenschaften auch nicht reduktiv erklärbar sein, um mit physischen Eigenschaften identisch zu sein. Das Beispiel zeigt aber noch mehr; es macht zugleich deutlich, wie wir Identitätsannahmen begründen: Wir nehmen an, daß x und y identisch sind, wenn dies die *beste Erklärung* für die von uns beobachteten Phänomene ist.

Ebenso wie Papineau vertreten Block und Stalnaker also folgende Position: 1. Identität und reduktive Erklärbarkeit sind zwei verschiedene Paar Stiefel; Eigenschaften können auch dann identisch sein, wenn die eine nicht reduktiv auf die andere zurückgeführt werden kann. 2. Physikalisten sind nur auf die These festgelegt, daß mentale Eigenschaften mit physischen Eigenschaften identisch sind, und nicht auf die These, daß mentale Eigenschaften reduktiv erklärbar bzw. durch physische Eigenschaften realisiert sind. Meiner Meinung nach haben Papineau, Block und Stalnaker mit der ersten These völlig recht; ihre zweite These halte ich dagegen für falsch. Warum?

Meiner Meinung nach sind ohne weiteres Fälle denkbar, in denen wir gute Gründe haben, bestimmte Makroeigenschaften mit mikrostrukturellen Eigenschaften zu identifizieren, *obwohl die Makroeigenschaften nachweislich emergent sind.* Wenn das so ist, könnten mentale Eigenschaften aber auch dann emergent sein, wenn sie mit physikalischen Eigenschaften identisch sind. Mit Broad gehe ich jedoch davon aus, daß die für den Physikalisten entscheidende Frage lautet: Sind mentale Eigenschaften emergent oder nicht? Denn wenn sie emergent sind, lassen sie sich eben nicht in ein physikalisches Weltbild integrieren, das unter anderem davon ausgeht, daß die grundlegenden Gesetze der Physik allgemein und ausnahmslos gültig sind.

Kommen wir noch einmal zurück auf Broads Begriff der emergenten Eigenschaft. Die Makroeigenschaft F eines Systems S ist Broad zufolge genau dann emergent, wenn sie nomologisch von der Mikrostruktur $[C_1, ..., C_n; R]$ von S abhängt, obwohl sie nicht aus den Eigenschaften der Teile $C_1, ..., C_n$ von S und deren Anordnung R abgeleitet werden kann. Auch wenn F emergent ist, gilt also: Systeme mit der Mikrostruktur $[C_1, ..., C_n; R]$ verhalten sich genau so, wie dies für F charakteristisch ist. Daß dies so ist, folgt jedoch nicht aus den allgemeinen für die Teile $C_1, ..., C_n$ geltenden Naturgesetzen; es ist einfach so. Trotzdem: Wenn sich Systeme mit der Mikrostruktur $[C_1, ..., C_n; R]$ genau so verhalten, wie dies für F charakteristisch ist, dann spricht alles dafür, daß die Eigenschaft, die Mikrostruktur $[C_1, ..., C_n; R]$ zu besitzen, dieselben *Ursachen* und *Wirkungen* hat wie F. Und dies wäre z.B. für Papineau ein wesentlicher Grund, um diese beiden Eigenschaften für identisch zu halten. Allerdings: Auch wenn F und die Eigenschaft, die Mikrostruktur $[C_1, ..., C_n; R]$ zu besitzen, identisch sind, ändert dies offenbar nichts daran, daß F emergent ist. Mit anderen Worten: *Emergente Eigenschaften können mit physischen Eigenschaften identisch sein.*

Trotzdem lassen sich emergente Eigenschaften nicht in ein physikalisches Weltbild integrieren. Denn wenn die Eigenschaft F von S emergent ist, heißt das, daß S Merkmale besitzt, die sich nicht aus den allgemeinen für seine Teile geltenden Naturgesetzen ergeben. In diesem Fall gibt es also Tatsachen, die insofern keine physikalischen Tatsachen sind, als sie nicht aus den allgemeinen Gesetzen der Physik folgen. Und mit der Existenz solcher Tatsachen kann sich ein Physikalist nicht abfinden. Der Physikalist ist nicht nur auf die Annahme festgelegt, daß alle Eigenschaften auf physische Eigenschaften zurückgeführt werden können, sondern auch auf die beiden Annahmen:

1. Es gibt ein System von *allgemeinen grundlegenden* Naturgesetzen, das ausreicht, das gesamte Verhalten der physischen Teile komplexer Systeme zu erklären (soweit es überhaupt erklärbar ist).

2. Dieses System *enthält keine Ausnahmegesetze*, die besagen, daß sich manche physischen Teile, wenn sie auf bestimmte Weise räumlich angeordnet sind, anders verhalten, als dies aufgrund der allgemeinen grundlegenden Naturgesetze zu erwarten wäre.

Der Physikalist muß also emergente Eigenschaften ablehnen. Denn die Existenz solcher Eigenschaften ist mit diesen beiden Annahmen unvereinbar. Warum?[35]
Nehmen wir als Beispiel die Eigenschaft, magnetisch zu sein. Was würde es bedeuten, wenn diese Eigenschaft emergent wäre? Zu den charakteristischen Merkmalen der Eigenschaft, magnetisch zu sein, gehört, wie wir schon gesehen haben, daß sich magnetische Gegenstände (bzw. Objekte in der Umgebung magnetischer Gegenstände) auf spezifische Weise verhalten:

- Magnetische Gegenstände ziehen Eisenfeilspäne in ihrer Umgebung an;
- eine Kompaßnadel in der Nähe eines Magneten zeigt in dessen Richtung;
- magnetische Gegenstände induzieren einen Strom in Kreisleitern, durch die sie geführt werden;
- magnetische Objekte magnetisieren nichtmagnetische Eisenstücke in ihrer Umgebung; etc.

---

[35] Vgl. zum folgenden Beckermann (2000a).

Bei näherer Betrachtung zeigt sich jedoch noch ein zweiter wichtiger Punkt: Die spezifischen Verhaltensweisen, die für magnetische Gegenstände charakteristisch sind, betreffen nicht nur *makroskopische* Gegenstände, sondern auch deren *mikroskopische* Teile.

- Wenn sich eine Kompaßnadel in der Nähe eines Magneten in dessen Richtung dreht, dann deshalb, weil *alle Moleküle und Atome*, aus denen die Kompaßnadel besteht, entsprechende Bewegungen ausführen;
- und wenn in einer Spule, durch die ein magnetischer Gegenstand geführt wird, ein Strom fließt, dann deshalb, weil sich *die Elektronen* in dieser Spule auf spezifische Weise bewegen.

Magnetische Gegenstände bewirken makroskopische Verhaltensweisen also dadurch, daß sie ein entsprechendes Verhalten der mikroskopischen Teile der jeweiligen Gegenstände hervorrufen.

Aus diesen beiden Punkten ergibt sich aber folgendes: Wenn die Eigenschaft, magnetisch zu sein, emergent wäre, dann würde das nicht nur bedeuten, daß die für magnetische Gegenstände charakteristischen Verhaltensweisen nicht aus den allgemeinen Naturgesetzen folgen, die für die physischen Teile dieser Gegenstände gelten. Es würde auch bedeuten, daß sich nicht einmal die Bewegungen dieser Teile selbst – d.h. die Bewegungen der Elektronen in der Spule bzw. die Bewegungen der Atome und Moleküle, aus denen die Kompaßnadel besteht – aus den für diese Komponenten geltenden allgemeinen Naturgesetzen ergeben.

Die äußerst unliebsame Konsequenz wäre also: Wenn die Eigenschaft, magnetisch zu sein, emergent wäre, wären die grundlegenden Gesetze der Physik *unvollständig*. In jedem Fall, in dem die Bewegungen der Elektronen in einer Spule dadurch bewirkt werden, daß ein magnetischer Gegenstand durch diese Spule geführt wird, und in jedem Fall, in dem sich die Atome und Moleküle, aus denen eine Kompaßnadel besteht, deshalb in Bewegung setzen, weil sich diese Nadel auf einen in der Nähe befindlichen Magneten hin ausrichtet, ließen sich diese Bewegungen *nicht* auf diese grundlegenden Gesetze zurückführen. Da alle Bewegungsveränderungen letzten Endes durch entsprechende Kräfte hervorgerufen werden, kann man dies auch so ausdrücken: Wenn die

Eigenschaft, magnetisch zu sein, emergent wäre, würde das Verhalten der Elektronen in einer Spule und das Verhalten der Atome und Moleküle einer Kompaßnadel zumindest in manchen Fällen durch Kräfte bestimmt, die sich *nicht* aus den grundlegenden Gesetzen der Physik ergeben.

Und dieses Ergebnis läßt sich offenbar verallgemeinern. Jede emergente Eigenschaft *F*, die zumindest zum Teil dadurch charakterisiert ist, daß sich Gegenstände, die diese Eigenschaft besitzen, auf eine bestimmte Art und Weise verhalten bzw. daß Gegenstände mit dieser Eigenschaft das Verhalten anderer Gegenstände kausal beeinflussen, führt zu einer Lücke in den grundlegenden Gesetzen der Physik. Denn daß *F* emergent ist, impliziert, daß das Verhalten der physischen Komponenten der Gegenstände, die *F* besitzen, bzw. der Gegenstände, die mit solchen Gegenständen interagieren, zumindest in manchen Fällen durch Kräfte bestimmt wird, die sich nicht aus diesen grundlegenden Gesetzen ergeben. Zumindest gilt dies dann, wenn das Makroverhalten, das durch *F* verursacht wird, unmittelbar auf dem Verhalten der physischen Komponenten der beteiligten Gegenstände beruht. Falls es emergente Eigenschaften gibt, sind die grundlegenden Gesetze der Physik also unvollständig. In diesem Fall läßt sich nicht alles, was auf der Ebene der physischen Teile eines komplexen Systems passiert, mit diesen Gesetzen erklären.

Gegen diese Schlußfolgerung könnte man allerdings folgendes einwenden. Aufgrund der Broadschen Definitionen haben doch alle emergenten Eigenschaften eine mikrostrukturelle Basis. D.h., nach Broad gibt es für jede emergente Eigenschaft *F* eine Menge $Q_1, ..., Q_n, ...$ von Mikrostrukturen, für die gilt:

1. Ein System *x* hat *F* nur dann, wenn es eine der Mikrostrukturen Q_i besitzt;

2. für alle Mikrostrukturen Q_i gilt: Wenn *x* die Mikrostruktur Q_i besitzt, dann hat *x* *F*.

Auch wenn die Eigenschaft, magnetisch zu sein, emergent ist, kann das System *S* diese Eigenschaft daher nur besitzen, wenn es eine entsprechende Mikrostruktur Q_i aufweist.

Wenn das so ist, ist es jedoch nicht nötig, die Mikroebene zu verlassen, um die Bewegung der Elektronen in der Spule, durch die S geführt wird, oder die Bewegungen der Atome und Moleküle der Kompaßnadel in der Nähe von S zu erklären. Denn alles, was man darauf zurückführen kann, daß S magnetisch ist, kann man offenbar ebensogut erklären, indem man darauf verweist, daß S die Mikrostruktur Q_i besitzt. Mit anderen Worten: Wenn Broad recht hat, gibt es für alles, was dadurch bewirkt wird, daß ein Gegenstand eine emergente Eigenschaft hat, auch eine Erklärung auf der Mikroebene. Impliziert die Existenz emergenter Eigenschaften also wirklich die Unvollständigkeit der grundlegenden Gesetze der Physik?

Doch dieser Einwand geht am entscheidenden Punkt vorbei. Denn das beunruhigende Ergebnis der bisherigen Überlegungen ist *nicht*, daß die Existenz emergenter Eigenschaften die Existenz von Wirkungen auf der Mikroebene impliziert, für die es auf dieser Ebene selbst keine Erklärungen gibt. Die Pointe dieser Überlegungen liegt vielmehr darin, daß die Existenz emergenter Eigenschaften die Existenz von Wirkungen auf der Mikroebene impliziert, die nicht auf die *grundlegenden* Gesetze der Physik, sondern nur auf *Spezialgesetze* zurückgeführt werden können.

Natürlich kann man dem Broadschen Ansatz zufolge die Bewegungen der Elektronen in der Spule und die Bewegungen der Atome und Moleküle der Kompaßnadel darauf zurückführen, daß S die Mikrostruktur Q_i hat. Der entscheidende Punkt ist jedoch: Wenn die Eigenschaft, magnetisch zu sein, emergent ist, ergibt sich das Spezialgesetz, demzufolge Mikrostrukturen dieser Art eben diese Wirkungen haben, seinerseits *nicht* aus den grundlegenden Gesetzen der Physik. Wenn die Eigenschaft, magnetisch zu sein, emergent ist, kann die Tatsache, daß Mikrostrukturen der Art Q_i die genannten Wirkungen haben, also selbst nicht weiter erklärt werden. In diesem Fall ist es zwar so, daß Mikrostrukturen der Art Q_i diese Wirkungen haben; aber daß das so ist, ergibt sich nicht aus einer allgemeinen Theorie. Aus diesem Grunde können wir auch nur aufgrund von unmittelbarer Beobachtung wissen, daß es so ist. In diesem Fall ist z.B. das Spezialgesetz „Gegenstände mit der Mikrostruktur Q_i bewirken bestimmte Bewegungen der Elektronen in Spulen, durch die sie geführt werden" ein letztes, selbst nicht weiter ableitbares Gesetz.

Vielleicht läßt sich der entscheidende Punkt daher besser so ausdrücken: Wenn es emergente Eigenschaften gäbe, dann wäre die *Homogenität* der grundlegenden Gesetze der Physik zerstört. Dann bestünden diese Gesetze aus einer kleinen Zahl von Grundgesetzen und einer beträchtlichen Zahl von Ausnahmeregeln. Das wäre in etwa so, als würde die Gravitationskraft, die zwei Körper aufeinander ausüben, zwar in den meisten Fällen dem Gesetz

$$F = \frac{m_1 \cdot m_2}{r^2}$$

entsprechen, aber eben nicht immer – z.B. weil im Fall $m_1 = 1$, $m_2 = 10$ und $r = 1$ diese Kraft nicht 10, sondern nur 7 Newton beträgt; weil im Fall $m_1 = 45$, $m_2 = 10$ und $r = 15$ diese Kraft nicht 2, sondern 212 Newton beträgt; usw.

Die Existenz emergenter Eigenschaften stellt uns also vor eine unangenehme Alternative: Entweder wir akzeptieren, daß manche Makroeigenschaften eines komplexen Systems das Verhalten der Teile dieses Systems direkt kausal beeinflussen ('*downward causation*'), oder wir gestehen zumindest zu, daß das System der grundlegenden Gesetze der Physik lückenhaft ist. Mir scheint, daß ein Physikalist beides nicht akzeptieren kann. Denn zu den Grundüberzeugungen jedes Physikalisten gehört, daß zumindest in der physischen Welt alles mit rechten Dingen zugeht. Und genau deshalb muß er die Existenz emergenter Eigenschaften bestreiten.

9   Eliminativer Materialismus

Wir beenden die Überlegungen dieses Teils mit einem Kapitel über den Eliminativen Materialismus, obwohl dieser streng genommen gar nicht hierher gehört.[1] Denn die Vertreter dieser Po-

---

[1]   Mehr noch als bei der Identitätstheorie kann man bei der Entwicklung des Eliminativen Materialismus zwei Phasen unterscheiden. In der ersten Phase wurde diese Position besonders von W.v.O. Quine, Paul Feyerabend und Richard Rorty vertreten (vgl. bes. Quine (1952), Feyerabend (1963a; 1963b) und Rorty (1965; 1970; 1979, ch. 2.)). In der zweiten, bis in die jet-

sition versuchen nicht einmal, eine Antwort auf die Frage zu geben, was es heißen kann, mentale Eigenschaften oder Zustände
auf physische Eigenschaften oder Zustände zurückzuführen. Für
sie stellt sich diese Frage überhaupt nicht, da sie die Existenz des
Mentalen schlichtweg leugnen. Sie bestreiten nicht nur die Existenz nichtphysischer, immaterieller Substanzen, sondern die Existenz *alles* Mentalen – die Existenz mentaler Substanzen ebenso
wie die Existenz mentaler Eigenschaften und die Existenz mentaler Ereignisse. Welche Gründe kann es für eine solch extreme
Position geben?

9.1   Allgemeines über den Eliminativen Materialismus

In den letzten Jahrhunderten und Jahrtausenden hat sich die Welt-
sicht der Menschen immer wieder – zum Teil sehr grundlegend –
geändert. Ptolemäus glaubte, die Erde bilde den Mittelpunkt des
Kosmos; seit Kopernikus wissen wir (oder glauben wir zu wissen), daß sich die Erde – wie die anderen Planeten – um die Sonne dreht und daß die Sonne nur einer von fast unzählig vielen
Fixsternen im Weltall ist. Der christlichen Lehre zufolge wurden
die Menschen – aber auch alle anderen Lebewesen – von Gott zu
einem bestimmten Zeitpunkt erschaffen; seit Darwin wissen wir
(oder glauben wir zu wissen), daß sich alle Lebewesen und auch
der Mensch in einem langen Prozeß der Evolution aus Makro-
molekülen entwickelt haben, die in der 'Ursuppe' unter dem Einfluß starker Gewitter entstanden waren.
   Diese beiden Beispiele zeigen, daß auch große Veränderungen
unseres Weltbildes ontologisch konservativ sein können, da sie
nicht mit einer Änderung unserer Annahmen darüber einhergehen, was es gibt und was es nicht gibt.[2] Aber natürlich waren
nicht alle Änderungen dessen, was wir über die Welt glauben, in
diesem Sinne konservativ. Wir (d.h. die meisten von uns) glauben
nicht mehr an Hexen und Dämonen; wir glauben nicht, daß es so
etwas wie Besessenheit gibt; wir wissen, daß es keinen Wär-

---

[2] zige Debatte hinreichenden Phase stehen dagegen die Thesen von Paul und
     Patricia Churchland im Brennpunkt der Auseinandersetzung.
     Zumindest gilt dies im großen und ganzen.

mestoff gibt, daß Wärme vielmehr etwas mit der Bewegung von Atomen und Molekülen zu tun hat; und wir wissen, daß Verbrennung ein Vorgang der Oxidation (also der Sauerstoffaufnahme) ist und daß sie nicht darin besteht, daß Körper, die verbrannt werden, einen 'Phlogiston' genannten Stoff abgeben.

Damit stellt sich aber die Frage, welche Gründe uns dazu bringen können, zu glauben, daß es Dinge, von deren Existenz wir eine Zeitlang fest überzeugt waren, gar nicht gibt. Was spricht dafür, daß es keine Hexen und Dämonen gibt? Und warum sind wir heute sicher, daß es weder einen Wärmestoff noch Phlogiston gibt? Diese Fragen bringen uns wieder zurück zum Thema Theorienreduktion. Die Antwort auf die Frage, warum wir berechtigt sind, zu sagen, daß es keine Hexen, kein Phlogiston und keinen Wärmestoff gibt, lautet nämlich allgemein: Alle diese Entitäten wurden früher zur Erklärung bestimmter Phänomene herangezogen, für die wir heute bessere Erklärungen haben, die ohne diese Entitäten auskommen. Alle diese Entitäten gehören zu Theorien, die im Laufe der Entwicklung der Wissenschaften durch bessere Theorien abgelöst wurden.

Nehmen wir als Beispiel das Phlogiston.[3] 1669 entwickelte Johann Joachim Becher die Theorie, daß alle natürlichen Substanzen in jeweils verschiedenen Zusammensetzungen aus drei Komponenten bestehen, nämlich aus *terra lapida*, *terra mercurialis* und *terra pinguis*. Der Vorgang der Verbrennung war seiner Meinung nach im wesentlichen ein Vorgang der Freisetzung der dritten Komponente, also der Freisetzung von *terra pinguis*. Diese Idee wurde von Georg Ernst Stahl aufgenommen, der Anfang des 18. Jahrhunderts ein gewichtsloses Element postulierte, das in allen brennbaren Materialien vorhanden sei und im Verbrennungsprozeß freigesetzt werde. Dieses Element nannte er *'Phlogiston'*. Leicht brennbaren Substanzen schrieb Stahl einen hohen Phlogistongehalt zu; und wenn Stoffe nicht entzündlich waren, so führte er dies darauf zurück, daß sie kein Phlogiston enthielten. Auf die gleiche Weise erklärte Stahl den Vorgang des Rostens: Je größer der Phlogistongehalt in einem Metall, desto

---

[3] Das folgende beruht im wesentlichen auf dem Eintrag 'heat' in der *Encyclopedia Britannica*.

schneller reagiert es und bildet Metallkalk (das, was wir heute 'Metalloxid' nennen).

Die Phlogiston-Theorie hielt sich bis in die 80er Jahre des 18. Jahrhunderts, bis durch Untersuchungen von David Rutherford, Joseph Priestley und Antoine Laurent de Lavoisier klar wurde, daß beim Verbrennungsvorgang der Luft ein Bestandteil entzogen wird, den Lavoisier 'oxygène' nannte. Auf der Grundlage dieser Untersuchungen entwickelte Lavoisier 1783 eine neue Theorie der Verbrennung, die im wesentlichen bis heute Bestand hat und deren Kerngedanke ist, daß Verbrennung nicht in der Abgabe von Phlogiston, sondern in der Aufnahme von Sauerstoff besteht.

Allgemein gesprochen haben wir es hier also damit zu tun, daß eine ältere Theorie T_a durch eine neuere Theorie T_n abgelöst wird, weil T_n T_a insofern überlegen ist, als sie dieselben Phänomene wie T_a erklärt, zugleich aber Erklärungen und Prognosen liefert, die auf der Grundlage von T_a nicht möglich waren. Dies allein erklärt aber noch nicht vollständig, warum wir den Schluß ziehen, daß zumindest einigen Grundbegriffen von T_a – in diesem Fall dem Begriff 'Phlogiston' – nichts in der Wirklichkeit entspricht; oder schlicht gesagt, warum wir den Schluß ziehen, daß es Phlogiston gar nicht gibt. Um das zu verstehen, ist es nötig, noch einmal auf den Begriff der Theorienreduktion zurückzukommen.

Wenn im Laufe der wissenschaftlichen Entwicklung eine Theorie T_a durch eine überlegene Theorie T_n abgelöst wird, dann gibt es – wie sonst natürlich auch – die beiden Möglichkeiten, daß T_a auf T_n reduzierbar ist und daß T_a auf T_n nicht reduzierbar ist. Nur der zweite Fall ist hier interessant; denn genau dann, wenn es zumindest zu manchen Begriffen von T_a keine Entsprechungen in T_n gibt, sind wir geneigt, anzunehmen, daß diesen Begriffen nichts in der Wirklichkeit entspricht. Auf den Phlogistonfall angewendet heißt das: Unsere Überzeugung, daß es kein Phlogiston gibt, beruht darauf, daß 1. die Verbrennungstheorie Stahls durch die bessere Theorie Lavoisiers ersetzt wurde *und* daß es 2. in der Theorie Lavoisiers keinen Begriff gibt, der dem des Phlogistons entspricht. In Lavoisiers Theorie ist kein Platz für Entitäten, deren kausale Rolle der des Phlogistons in der Theorie Stahls entspricht. Oder anders ausgedrückt: Aus der Theorie Lavoisiers lassen sich keine Bildgesetze[4] für die Gesetze der Theorie Stahls ableiten, in denen der Begriff 'Phlogiston' eine wesentliche Rolle spielt.

Damit ist jetzt auch klar, wie die argumentative Strategie aussieht, mit der ein Eliminativer Materialist glaubt, seine ungewöhnliche These begründen zu können. Der Eliminative Materialist geht davon aus, daß wir nur deshalb glauben, daß es mentale Zustände gibt, weil diese Zustände in der Alltagspsychologie – der Theorie, von der wir im Augenblick bei der Erklärung und Vorhersage des Verhaltens unserer Mitmenschen ausgehen – eine zentrale Rolle spielen. Er glaubt zweitens, daß diese Theorie in absehbarer Zeit durch eine bessere, z.B. neurobiologische Theorie ersetzt werden wird. Und er glaubt drittens, daß die Alltagspsychologie nicht auf diese neue Theorie reduziert werden kann. In der neuen Theorie wird es seiner Meinung nach keine Zustände geben, die auch nur annähernd den herkömmlichen mentalen Zuständen entsprechen. Die Grundzüge des Eliminativen Materialismus lassen sich daher so zusammenfassen:

Eliminativer Materialismus

These

> Mentale Zustände gibt es ebensowenig wie es Dämonen und Hexen oder einen Wärmestoff oder Phlogiston gibt.

Hintergrundannahmen

(1) Wir glauben nur deshalb an die Existenz mentaler Zustände, weil sie in der Alltagspsychologie eine entscheidende Rolle spielen.

(2) Die Alltagspsychologie wird in absehbarer Zeit durch eine bessere Theorie ersetzt werden.

(3) Die Alltagspsychologie wird sich nicht auf diese neue Theorie reduzieren lassen.

---

[4] Zum Begriff des Bildgesetzes vgl. oben S. 107.

9.2   Churchlands Argumente für den Eliminativen Materialismus

Ganz im Sinne der gerade geschilderten Strategie geht es Paul Churchland in seinem zentralen Aufsatz „Eliminative Materialism and the Propositional Attitudes" (1981) darum, zu zeigen, daß die Alltagspsychologie unter so gravierenden Schwächen leidet, daß ihre Ablösung durch die sich ständig weiter entwickelnden Neurowissenschaften schon heute absehbar ist. [5]

Entsprechend beginnt Churchland seine Argumentation mit der These:

> „Eliminativer Materialismus ist die These, daß unsere alltägliche Theorie psychologischer Phänomene radikal falsch ist – eine Theorie, die so fundamentale Defekte aufweist, daß sich ihre Prinzipien und ihre Ontologie nicht reibungslos auf eine vollständige Neurowissenschaft reduzieren lassen werden. Die Neurowissenschaft wird die Alltagspsychologie daher schließlich verdrängen." (P.M. Churchland 1981, 67)

Diese These scheint zunächst im eklatanten Widerspruch dazu zu stehen, daß wir auf der Grundlage der Alltagspsychologie das Verhalten unserer Mitmenschen im allgemeinen doch recht problemlos erklären und vorhersagen können. Wenn dies nicht so wäre, wäre Zusammenarbeit und Verständigung ja auch kaum möglich. Sogar Churchland selbst gibt zu:

> „Immerhin ist die Alltagspsychologie durchaus erfolgreich im Hinblick auf Erklärung und Vorhersage. Und welchen besseren Grund könnten wir dafür haben, auf die Integrität ihrer Grundbegriffe zu vertrauen?" (P.M. Churchland 1981, 73)

Nun, der entscheidende Punkt ist Churchland zufolge, daß diese Einschätzung nur auf einer sehr vordergründigen Bewertung der Tatsachen beruht und daß eine genauere Analyse zu ganz anderen Ergebnissen führt. Erstens, so Churchland, muß man nicht nur die explanatorischen Erfolge, sondern auch die Mißerfolge der Alltagspsychologie berücksichtigen, und d.h. besonders das Ausmaß

---

[5]   Außer in diesem Aufsatz haben Paul und Patricia Churchland ihre Überlegungen zum Eliminativen Materialismus hauptsächlich in den folgenden Arbeiten entwickelt: P.M. Churchland (1989; 1995), P.S. Churchland (1986), P.S. Churchland/Sejnowski (1992), P.M. Churchland/P.S. Churchland (1998).

und die Tragweite dieser Mißerfolge. Zweitens ist es wichtig, die
Geschichte der Alltagspsychologie mitzuberücksichtigen, ihre
Fähigkeit, sich weiterzuentwickeln, ihre Fruchtbarkeit und die
von ihr zu erwartenden zukünftigen Erfolge. Und drittens muß
man schließlich fragen, wie sich die Alltagspsychologie in den
Rahmen der anderen Wissenschaften einpaßt, wie sie sich zu
fruchtbaren und gut etablierten Theorien in Nachbarbereichen
verhält, wie etwa der Evolutionstheorie oder der Neurobiologie.

Im Hinblick auf alle drei Punkte schneidet nach Churchland die
Alltagspsychologie schlecht ab. Explanatorische Mißerfolge z.B.
gibt es seiner Meinung nach in Hülle und Fülle. Um nur einige zu
nennen: Die Alltagspsychologie trägt nichts bei zum Verständnis
der Natur und der Dynamik von Geisteskrankheiten; sie hat keine
Erklärung für Kreativität und für den Grund von individuellen
Intelligenzunterschieden; sie sagt nichts über die Natur und die
psychologische Funktion des Schlafens; die Fähigkeit, im Laufen
einen fliegenden Ball zu fangen oder ein fahrendes Auto mit einem Schneeball zu treffen, ist ihr unbegreiflich; sie hat keine Erklärung für die Vielzahl bekannter Wahrnehmungstäuschungen;
und unsere Fähigkeit, in Bruchteilen von Sekunden eine relevante
Information aus dem Gedächtnis abzurufen, ist ihr völlig rätselhaft. Eine sicher bemerkenswerte Liste. Aber das ist noch nicht
alles. Auch die zentrale Fähigkeit zu lernen wird von der Alltagspsychologie nicht erklärt, und dies gilt besonders, wenn es
sich um vorsprachliches oder um völlig nichtsprachliches Lernen
handelt.

Alle diese Mängel zeigen Churchland zufolge zwar noch nicht,
daß die Alltagspsychologie falsch ist, aber sie zeigen doch, daß es
sich bei dieser Theorie bestenfalls um eine sehr oberflächliche
Theorie handelt, einen bruchstückhaften und nicht sehr tiefgehen-
den Blick auf eine sehr viel komplexere Realität. Durch einen
Blick auf die Geschichte der Alltagspsychologie wird dieser Eindruck noch verstärkt. Denn diese Geschichte ist laut Churchland
eine Geschichte des Rückzugs, der Unfruchtbarkeit und des Ver-
falls. In primitiveren Kulturen wurden fast alle Ereignisse intentional erklärt. Der Wind war zornig, der Mond eifersüchtig und
das Meer wütend. Und trotz der Unfruchtbarkeit dieser Erklärungen ist es noch gar nicht so lange her, daß das intentionale

Vokabular auf den eigentlichen Bereich der Alltagspsychologie – das Verhalten von höheren Tieren – eingeschränkt wurde. Allerdings: Auch in diesem eingeschränkten Bereich hat es kaum Fortschritte gegeben. Die Alltagspsychologie der Griechen unterscheidet sich von unserer Alltagspsychologie bestenfalls in Nuancen; mit Hilfe dieser Theorie können wir menschliches Verhalten heute nur unwesentlich besser erklären als Sophokles. Das ist eine lange Zeit der Stagnation und Unfruchtbarkeit, besonders, wenn man die vielen Anomalien und Rätsel im eigentlichen Bereich der Theorie bedenkt.

Im Hinblick auf den dritten Punkt schließlich sieht es, wenn man Churchland folgt, auch nicht besser aus. Wenn wir den *homo sapiens* aus der Perspektive der Naturgeschichte und der Naturwissenschaften betrachten, dann können wir eine kohärente Geschichte über seinen Aufbau, seine Entwicklung und seine Verhaltensfähigkeiten erzählen, eine Geschichte, zu der die Physik, die anorganische und die organische Chemie, die Biologie, die Physiologie und die Neurowissenschaften alle einen wichtigen Beitrag leisten. Diese Geschichte ist natürlich weit davon entfernt, vollständig zu sein. Aber sie ist schon heute sehr erklärungskräftig und in vielen Punkten der herkömmlichen Alltagspsychologie überlegen. Und sie steht in einem kohärenten Zusammenhang mit dem Bild, das uns die Wissenschaften von der übrigen Welt vermitteln. Die Alltagspsychologie dagegen ist kein Teil dieses sich entwickelnden umfassenden Weltbildes. Ihre intentionalen Kategorien stehen unverbunden neben den Grundbegriffen der übrigen Wissenschaften, und es gibt auch kaum eine Aussicht auf eine erfolgreiche Integration. Churchlands Diagnose ist deshalb vernichtend:

> „Wir sind gezwungen, zuzugestehen, daß die Alltagspsychologie explanatorisch in großem Stil versagt, daß sie wenigstens seit 2500 Jahren stagniert und daß ihre Grundbegriffe (soweit wir bisher wissen) mit den Grundbegriffen der physikalischen Hintergrundwissenschaft unvereinbar zu sein scheinen, deren langfristiger Anspruch, menschliches Verhalten zu erklären, kaum geleugnet werden kann. Jede Theorie, auf die diese Beschreibung zutrifft, sollte als ernsthafter Kandidat für eine vollständige Eliminierung gelten." (P.M. Churchland 1981, 76).

> **Churchlands Argumente gegen die Alltagspsychologie**
>
> (1) Es gibt eine Unzahl von Phänomenen, zu deren Erklärung die Alltagspsychologie nichts beiträgt.
>
> (2) Die Alltagspsychologie ist eine stagnierende Wissenschaft, die seit 2500 Jahren keinen Schritt vorangekommen ist.
>
> (3) Die Begriffe der Alltagspsychologie sind mit den Begriffen der grundlegenden Naturwissenschaften unvereinbar.

9.3 Was wäre, wenn der Eliminative Materialismus wahr wäre?

Jeder, der ein wenig über den Eliminativen Materialismus nachdenkt, wird spüren, daß es hier um mehr geht als z.B. beim Wechsel von der Newtonschen zur Einsteinschen Physik. Entsprechend stark sind die Emotionen, die mit dem Eliminativen Materialismus verbunden sind. Churchland etwa begrüßt den Eliminativen Materialismus geradezu emphatisch:

„Das Ausmaß der hier vorgeschlagenen begrifflichen Revolution sollte nicht unterschätzt werden: es wäre immens. Und der Nutzen für die Menschheit könnte ebenso groß sein. Wenn jeder von uns über ein genaues neurowissenschaftliches Verständnis der ... verschiedenen Arten psychischer Krankheiten und ihrer Ursachen, der Faktoren, die beim Lernen eine Rolle spielen, sowie der neuronalen Basis von Gefühlen, Intelligenz und Sozialisierung verfügen würde, dann könnte die Gesamtsumme menschlichen Leidens möglicherweise stark reduziert werden. Bereits der einfache Zuwachs an gegenseitigem Verständnis, den der neue Rahmen ermöglichen würde, könnte wesentlich zu einer friedlicheren und humaneren Gesellschaft beitragen. Natürlich gäbe es auch Gefahren: mehr Wissen bedeutet mehr Macht, und Macht kann immer mißbraucht werden." (P.M. Churchland 1988, 45)

Ganz anders dagegen sieht Jerry Fodor die Dinge:

„... wenn unsere intentionale Alltagspsychologie tatsächlich zusammenbrechen würde, wäre dies die unvergleichlich größte intellektuelle Katastrophe in der Geschichte unserer Gattung. Wenn wir uns im Hinblick auf das Mentale derartig irren würden, dann wäre das der größte Irrtum, den wir je im Hinblick auf irgendeine Sache begangen hätten. Der Zusammenbruch des Übernatürlichen ist damit nicht vergleichbar; der Theismus war niemals so direkt in unser Denken und unsere Praxis - besonders unsere Praxis - verwoben wie die Erklärung [von Verhalten] durch Wünsche und Überzeugungen. Nichts außer vielleicht unsere Alltagsphysik – d.h. unsere intuitive Festlegung auf eine Welt beobachterunabhängiger, mittelgroßer Objekte – kommt dem Kern unserer Weltauffassung so nahe wie die intentionale Erklärung. Wir wären in sehr, sehr ernsthaften Schwierigkeiten, wenn wir sie aufgeben müßten." (Fodor 1987, xii)

Wie groß die Probleme wären, schildert Lynne Rudder Baker ausführlich und mit aller gebotenen Dramatik.[6] Wenn der Eliminative Materialismus wahr wäre, dann, so Baker, hätte dies in vier Bereichen einschneidende Konsequenzen.

Erstens: Der soziale Umgang mit unseren Mitmenschen, der auf intentionalen Erklärungen und Voraussagen beruht, würde völlig unverständlich.

• Nehmen wir an, jemand sagt: „Ich werde Dich morgen um 10 Uhr besuchen." Welche Beziehung besteht zwischen dieser Äußerung und seinem Erscheinen zum angegebenen Termin, wenn er keine Überzeugungen und Absichten hat? Was berechtigt mich, aus seiner Äußerung zu 'schließen', daß er tatsächlich kommt?

• Wenn der Eliminative Materialismus wahr wäre, wären auch Sätze wie „Ich hatte erwartet, daß er nach dem Überholen auf die rechte Spur zurückwechseln würde" falsch. Niemand hätte mehr irgendwelche Erwartungen; und dies hätte nur den Vorteil, daß auch niemand mehr enttäuscht werden könnte.

• Wenn der Eliminative Materialismus wahr wäre, gäbe es keinen Unterschied mehr zwischen absichtlichen und unabsichtlichen Handlungen.

Zweitens: Unserer Praxis des Lobens und Tadelns, des Verurteilens und Bestrafens würde der Boden entzogen.

• Wenn es keine Überzeugungen und Absichten gäbe, wären Begriffe wie 'Notwehr' und 'niedrige Motive' sinnlos. Jeder

---

[6]   Vgl. bes. (1987, 130ff.).

moralische oder juristische Unterschied, bei dem es nicht nur auf die Tat, sondern auch auf die Absichten und Motive des Täters ankommt, wäre hinfällig.

- Ebenso gäbe es keinen Unterschied mehr zwischen Lüge und unwissentlich falscher Aussage.
- Niemand wäre mehr an irgend etwas interessiert. Einen Wert kann etwas nur bezüglich der Präferenzen einer Person haben, und auch Präferenzen würde es nicht mehr geben, wenn der Eliminative Materialismus wahr wäre. Positiv daran wäre höchstens, daß wir in diesem Fall auch nichts mehr befürchten oder bedauern würden.

Drittens: Vieles an unserem Sprachverhalten würde völlig rätselhaft.

- Warum sagen wir, was wir sagen, wenn wir damit nicht unsere Überzeugungen ausdrücken? Und warum erklären wir unser Verhalten so, wie wir es tun? Wenn es keine Überzeugungen gibt, dann glaubt auch niemand, daß er oder andere Überzeugungen haben. Aber warum sollte er dann sich oder anderen Überzeugungen zuschreiben?
- Alle Äußerungen, die sich auf Prozesse des Überlegens und Entscheidens beziehen, wären falsch. Wenn der Eliminative Materialismus wahr wäre, würde nie jemand aufgrund von Nachdenken und Überlegen handeln, weil in diese Prozesse notwendig intentionale Zustände involviert sind.
- Aus diesem Grund würde auch jeder etwas Falsches sagen, der sein Handeln begründet, indem er auf seine Überzeugungen und Absichten verweist.

Viertens: Psychologie und Sozialwissenschaften würden zumindest problematisch.

- Die meisten Bereiche der angewandten Psychologie – von der Marktforschung bis zur Psychotherapie – wären auf Sand gebaut; die Grundannahmen, auf denen sie aufbauen, wären allesamt falsch. Und dasselbe gälte auch für weite Bereiche der Sozial- und der Wirtschaftswissenschaften. Denn welchen Sinn sollten Modelle haben, die auf der Annahme vollständiger Information beruhen, die voraussetzen, daß Personen eine bestimmte Präferenzstruktur haben, oder die das Handeln von

Menschen in sozialen Gruppen unter anderem auf die Erwartungen zurückführen, die andere Gruppenmitglieder an sie haben, wenn es Präferenzen, Zustände des Informiertseins und Erwartungen gar nicht gibt?

- Sogar die Explananda* dieser Wissenschaften kämen in Gefahr. Denn in ihnen allen geht es um menschliche Handlungen und nicht einfach nur um Körperbewegungen. Der Unterschied zwischen Handlungen und Körperbewegungen läßt sich aber überhaupt nur unter Bezugnahme auf intentionale Zustände treffen.

Diese Liste von in der Tat un*glaub*lichen Konsequenzen hat Baker zu der Diagnose veranlaßt, der Eliminative Materialismus sei letzten Endes nichts anderes als '*kognitiver Selbstmord*'. Die Fairneß gebietet es jedoch, anzumerken, daß der Eliminative Materialist keineswegs gezwungen ist, mit allen diesen Konsequenzen zu leben. Wenn er aber nicht mit ihnen leben will, dann muß er ein plausibles *Alternativprogramm* anbieten. Dann muß er z.B. den Unterschied zwischen Lügen und dem einfachen Sagen der Unwahrheit oder den Unterschied zwischen absichtlichem und zufälligem Töten auf eine Weise begründen, die erstens ohne Bezug auf intentionale Zustände auskommt und die zweitens unseren Intuitionen jedenfalls weitgehend gerecht wird. Und dies ist, um das mindeste zu sagen, sicher keine ganz leichte Aufgabe.

9.4   *Argumente gegen den Eliminativen Materialismus*

Es ist kaum verwunderlich, daß der Eliminative Materialismus von vielen als ein Angriff auf unser Selbstbild verstanden worden ist – ein Angriff auf die Annahme, wir seien Personen, die rational und verantwortlich handeln. Und daher hat es um diese Theorie auch besonders vehemente Auseinandersetzungen gegeben. Allerdings sind die argumentativen Strategien der Gegner sehr verschieden.

Erstens gibt es eine Gruppe von Autoren, die dezidierte Kritik an den einzelnen Argumenten Churchlands anmelden und die insbesondere nachzuweisen versuchen, daß die intentionale Alltagspsychologie keineswegs so schlecht dasteht, wie Churchland behauptet.

Zweitens gibt es Autoren, die eine zentrale Grundvoraussetzung aller Argumente für den Eliminativen Materialismus angreifen – die Voraussetzung, daß wir mentale Zustände nur deshalb annehmen, weil sie zum ontologischen Inventar der Alltagspsychologie gehören, einer erfolgreichen Theorie zur Erklärung und Prognose unseres eigenen und des Verhaltens anderer Personen. Diese Autoren bezweifeln, daß die Alltagspsychologie den Status einer ganz normalen empirischen Theorie besitzt, die wir aufgeben werden, wenn es eine überlegene Alternative gibt.

Drittens schließlich vertritt eine ganze Gruppe von Autoren die Auffassung, der Eliminative Materialismus sei schlichtweg inkohärent.

9.4.1 *Einwände gegen Churchlands Kritik an der Alltagspsychologie*

Jerry Fodor gehört zu den Autoren, die ganz entschieden bestreiten, daß die Alltagspsychologie eine Theorie mit großen Mängeln ist, die bald durch andere, bessere Theorien ersetzt werden wird.[7] Ganz im Gegenteil. Schon mit ganz einfachen Beispielen kann man belegen, daß diese Theorie eine äußerst erfolgreiche und keineswegs oberflächliche Theorie zur Erklärung und Voraussage menschlichen Verhaltens ist.

Jemand ruft an und fragt, ob ich am nächsten Dienstag in Berlin einen Vortrag halten könne. Alles, was ich darauf antworte, besteht in der Äußerung der Wörter: „Ja, vielen Dank. Ich werde um 12.15 Uhr am Bahnhof Zoo sein". Diese Äußerung ist also das einzige Verhalten, das mein Gesprächspartner beobachten kann. Aber das genügt auch. Den ganzen restlichen Teil der Aufgabe, mein weiteres Verhalten vorherzusagen, d.h. die Lücke zwischen Äußerung und zukünftigem Verhalten zu schließen, erledigt die Alltagspsychologie. Und diese Theorie funktioniert so gut, daß sich mein Gesprächspartner mit ziemlicher Sicherheit darauf verlassen kann, daß ich am nächsten Dienstag um 12.15 Uhr am

---

[7] Vgl. bes. Fodor (1987, ch. 1).

Bahnhof Zoo sein werde. Wenn ich nicht dasein sollte, wird das jedenfalls eher an einer Verspätung des Zuges liegen als an einem generellen Fehler der Alltagspsychologie, auf die er sich bei seiner Voraussage stützt.

Voraussagen dieser Art sind möglich, weil die Alltagspsychologie uns zum Beispiel sagt, wie wir aus den Wörtern, die jemand äußert, auf seine Absichten schließen können (wenn jemand, der der deutschen Sprache mächtig ist, die Wörter „Ich werde um 12.15 Uhr am Bahnhof Zoo sein" äußert, dann beabsichtigt er in der Regel, um 12.15 Uhr am Bahnhof Zoo zu sein) und wie wir aus seinen Absichten auf sein Verhalten schließen können (wenn jemand beabsichtigt, um 12.15 Uhr am Bahnhof Zoo zu sein, dann wird er in der Regel etwas tun, das – sofern nicht unvorhergesehene Zwischenfälle eintreten – zur Folge haben wird, daß er um 12.15 Uhr am Bahnhof Zoo ist). Und dies alles funktioniert nicht nur bei uns bekannten Menschen, mit deren Psychologie wir sehr gut vertraut sind. Es funktioniert auch bei wildfremden Menschen, die wir noch nie gesehen haben. Und es funktioniert nicht nur unter Laborbedingungen, sondern auch unter den kaum je vollständig überschaubaren Bedingungen des normalen Lebens. Dies ist ein sehr bemerkenswerter Erfolg, der Fodor zu dem Kommentar veranlaßt: Wenn wir das Wetter auch nur halb so gut voraussagen könnten, würde niemand von uns je nasse Füße bekommen.

Auch Terence Horgan und James Woodward stehen Churchlands Argumenten gegen die Alltagspsychologie sehr skeptisch gegenüber.[8] Dessen erstes Argument lautete, die Alltagspsychologie versage fast auf der ganze Linie, es gebe eine Unzahl von Phänomenen, zu deren Erklärung sie nichts oder fast nichts beizutragen habe: die Natur und der Verlauf mentaler Krankheiten, die Fähigkeit kreativer Einbildungskraft, die Natur und die biologische Funktion des Schlafens, die Fähigkeit, im Laufen einen Ball zu fangen, die große Vielfalt von Wahrnehmungsillusionen, das Wunder der Erinnerung und die Natur des Lernens.

Dieses Argument, so Horgan und Woodward, sei gleich in zweifacher Hinsicht irreführend. Erstens treffe zwar für die Alltagspsychologie selbst zu, daß sie zu den angeführten Problemen

---

[8]   Vgl. Horgan/Woodward (1985).

kaum etwas zu sagen habe; aber für einige Wissenschaften, zwischen denen und der Alltagspsychologie eine beträchtliche begriffliche Kontinuität bestehe, gelte dies überhaupt nicht. In der Kognitionspsychologie etwa gebe es umfangreiche und ausgearbeitete Theorien zu den Themen Wahrnehmung, Erinnerung und Lernen, in denen Begriffe vorkommen, die den alltagspsychologischen Begriffen des Überzeugtseins, Wünschens, Urteilens etc. zumindest sehr ähnlich seien. Diese Theorien seien sicher noch keineswegs optimal. Aber das Urteil, alle diese Theorien seien (wegen des von ihnen verwendeten Vokabulars) von vornherein zum Scheitern verurteilt, bedürfte zumindest einer ausführlichen empirischen Begründung.

Zweitens, so Horgan und Woodward, gehe Churchland offenbar davon aus, daß es einen vorher (gewissermaßen *a priori*) bestimmten Bereich von Phänomenen gebe, die *jede* psychologische Theorie erklären können müsse, und dies möglichst auch noch auf einheitliche Weise. Gerade die von Churchland immer wieder herangezogene Geschichte der Wissenschaften lehre aber, daß dies eine Annahme sei, bei der man größte Vorsicht walten lassen müsse. Früher sei man z.B. davon ausgegangen, daß es zu den Aufgaben der physikalischen Optik gehöre, Phänomene zu erklären, von denen wir heute wissen, daß sie nur von Wahrnehmungsphysiologie oder -psychologie erfolgreich behandelt werden können. Und ähnliche Fälle gebe es auch in anderen Bereichen, etwa der Chemie. Es sei also gar nicht ausgemacht, daß die Alltagspsychologie, bei der es in erster Linie um die Erklärung von *Verhalten* gehe, etwas zur Aufklärung der von Churchland angeführten Phänomene beizutragen habe; denn vielleicht seien die Mechanismen in den verschiedenen Bereichen so verschieden, daß sie sinnvollerweise von verschiedenen Wissenschaften (oder zumindest Teilwissenschaften) behandelt würden.

Die zweite These Churchlands, die Alltagspsychologie sei in 2500 Jahren keinen Schritt vorangekommen, sei, so Horgan und Woodward, ebenfalls alles andere als evident. Immerhin habe man vor noch nicht allzu langer Zeit menschliches Verhalten häufig allein auf den Einfluß bestimmter unveränderlicher Charakterzüge zurückgeführt; heute dagegen neige man vielmehr dazu, Umwelteinflüsse und insbesondere Faktoren der Erziehung mit in

Rechnung zu stellen. Außerdem gebe es auch einen deutlich erkennbaren Einfluß der wissenschaftlichen Psychologie auf die Alltagspsychologie, was z.B. die Neigung belege, unbewußte Wünsche und Überzeugungen viel stärker zu berücksichtigen. Zudem müsse man außer der Alltagspsychologie auch hier wieder die mit ihr verwandten Gebiete der wissenschaftlichen Psychologie miteinbeziehen. Und daß etwa die Kognitionspsychologie seit mehr als 2000 Jahren keinen Schritt vorangekommen sei, könne ja wohl niemand im Ernst behaupten.

Mit seiner dritten Behauptung, es bestünde kaum Aussicht, daß sich die Alltagspsychologie etwa auf die sich entwickelnde Neurobiologie reduzieren lasse, habe Churchland Horgan und Woodward zufolge wohl am ehesten recht. Allerdings folge daraus allein sicher noch nicht, daß die Alltagspsychologie aufgegeben werden müsse. Denn es gebe auch andere Möglichkeiten, die Alltagspsychologie mit den Naturwissenschaften vom Menschen zu vereinbaren. Horgan und Woodward verweisen in diesem Zusammenhang auf Davidsons Theorie der Token-Identität.[9] Aber man könnte hier wohl noch eher Fodors Überlegungen zum Status der Einzelwissenschaften anführen.[10] Denn diesen Überlegungen zufolge ist gar nicht zu erwarten, daß die Alltagspsychologie als Einzelwissenschaft auf eine grundlegende Wissenschaft wie die Neurobiologie reduziert werden kann. Ganz im Gegenteil; was man erwarten darf, ist nur, daß jedes einzelne mentale Ereignis und jeder einzelne mentale Zustand neurobiologisch realisiert ist. Und daß dies nicht der Fall ist, das folgt auf jeden Fall nicht allein aus der Tatsache, daß die Alltagspsychologie nicht auf die Neurobiologie reduziert werden kann.

9.4.2 Einwände gegen die These, die Alltagspsychologie sei eine ganz normale empirische Theorie

Wie wir schon gesehen haben, beruhen Churchlands Argumente für den Eliminativen Materialismus auf der Auffassung, daß die Alltagspsychologie eine normale empirische Theorie ist, die den-

---

[9] Vgl. oben Kapitel 7.
[10] Vgl. oben Abschnitt 5.3.2.

selben Status hat wie die Ptolemäische Astronomie, die antike Medizin oder die Phlogiston-Theorie der Verbrennung. Churchland zufolge hat diese Theorie die Aufgabe, Verhalten zu erklären und vorauszusagen. Und wenn es eine (mit der Alltagspsychologie nicht zu vereinbarende) Theorie geben sollte, die diese Aufgabe besser erledigt als sie, dann werden wir die Alltagspsychologie aufgeben (müssen) und mit ihr auch die Annahme, daß es intentionale Zustände wie Überzeugungen, Wünsche und Erwartungen gibt.

Eine Reihe von Kritikern und Kritikerinnen hat nun eingewandt, genau diese Auffassung der Alltagspsychologie sei völlig verfehlt.[11] In erster Linie bilde die Alltagspsychologie den Bezugsrahmen, in dem wir uns und andere als Personen, als rationale Wesen verstehen können, als Wesen, die Verantwortung übernehmen und daher auch verantwortlich gemacht werden können, sowie als Wesen, die auf rationale Weise, durch Argument und Überzeugung, in ihrem Verhalten und in ihren Einstellungen beeinflußt werden können. Die Alltagspsychologie habe also einen ausgeprägt *normativen* Charakter; ihr Kernbegriff sei der Begriff der *Rationalität*; und aus diesem Grund sei sie durch empirische Befunde zumindest nicht ohne weiteres widerlegbar. Und darüber hinaus sei sie so eng mit unserem Selbstbild verwoben, daß es für uns geradezu unmöglich sei, sie aufzugeben.

An dieser Auffassung ist sicher vieles richtig. Insbesondere ist nicht zu bestreiten, daß die Alltagspsychologie einer ganzen Reihe von Zwecken dient, die mit der bloßen Vorhersage und Erklärung von Verhalten nicht sehr viel zu tun haben. Die entscheidende Frage ist jedoch, ob all dies wirklich zur Folge hat, daß die Alltagspsychologie überhaupt keinen empirischen Charakter hat, d.h. daß es *keinerlei* empirische Befunde gibt, die uns dazu bewegen könnten, diese Theorie aufzugeben.

Kim Sterelny[12] hat dies mit Verweis auf das Beispiel der Alltagsmedizin der Australischen Ureinwohner wohl zu Recht bezweifelt. Diese Alltagsmedizin hat Sterelny zufolge auch kaum den Status einer Wissenschaft in unserem Sinne. Sie besteht we-

---

[11] Vgl. z.B. Dennett (1981b), Wilkes (1984), Bieri (1987), Hannan (1993) und Rudder-Baker (1995).

[12] Sterelny (1993); vgl. zu diesem Argument auch P.M. Churchland (1993).

niger in theoretischem als in praktischem Wissen, und sie ist im
Kern auf die heilende Praxis der Medizinmänner bezogen. Doch
all dies macht sie nicht immun gegen empirische Befunde. Es
könnte sich herausstellen, daß ihren zentralen Begriffen nichts in
der Realität entspricht, da ihr völlig falsche Vorstellungen von
den Ursachen von Krankheiten zugrunde liegen. Die Beziehung
zwischen dieser Alltagsmedizin und der Empirie ist also nur
schwach; aber sie ist doch stark genug, um die *Möglichkeit* zu
eröffnen, daß sie eines Tages aufgrund der Ergebnisse empirischer Forschung verworfen wird. Und eine solche schwache
Beziehung scheint auch zwischen Alltagspsychologie und Empirie zu bestehen. Wenn die Empirie zeigen sollte, daß unsere
Überzeugungen im allgemeinen auf eine Weise zustande kommen, die nichts mit rationalem Überlegen oder rationalen Argumenten zu tun hat, oder daß die Überzeugungen und Wünsche,
die wir uns selbst zuschreiben, nichts mit den wirklichen Ursachen unseres Verhaltens zu tun haben und daß insofern unserer
Auffassung, wir seien rationale Wesen, in der Wirklichkeit nichts
oder nur sehr wenig entspricht, geriete unser mit der Alltagspsychologie verbundenes Weltbild wohl doch in erhebliche Schwierigkeiten.[13]

9.4.3   Der Einwand, der Eliminative Materialismus
sei inkohärent

Der Einwand, eine Theorie sei inkohärent, ist sicher der stärkste
Einwand, der gegen sie erhoben werden kann. Und gegen den
Eliminativen Materialismus ist dieser Einwand gleich in drei Ver-
sionen erhoben worden.

Version 1

(1) (a) Der Eliminative Materialist behauptet: Es gibt keine in-
         tentionalen Zustände.

     (b) Wenn es keine intentionalen Zustände gibt, haben aber
         die Laute, die er von sich gibt, bzw. die Schriftzeichen,
         die er aufs Papier bringt, keine Bedeutung.

---

[13] Vgl. die analoge Argumentation in Sterelny (1993, 309).

(c) Also: Wenn der Eliminative Materialist recht hat, hat das, was er sagt, keine Bedeutung.

(d) Also hebt sich der Eliminative Materialismus selbst auf.

So attraktiv dieser Einwand auf den ersten Blick auch scheinen mag, er setzt doch mehr voraus, als er voraussetzen darf. Denn daß Sätze nur Bedeutung haben können, wenn sie von Wesen mit intentionalen Zuständen geäußert werden, müßte natürlich zunächst unabhängig begründet werden.

Churchland ist darauf schon in „Eliminative Materialism and the Propositional Attitudes" eingegangen, wo er den Einwand selbst so formuliert:

> „Die *reductio** ... beginnt mit dem Hinweis darauf, daß die Äußerung des eliminativen Materialismus lediglich eine bedeutungslose Folge von Zeichen oder Geräuschen ist, es sei denn, diese Folge ist der Ausdruck einer bestimmten Überzeugung, einer bestimmten Kommunikationsabsicht, der Kenntnis der Grammatik der Sprache, und so weiter. Aber wenn die Äußerung des eliminativen Materialismus wahr ist, dann gibt es keine derartigen Zustände, die ausgedrückt werden könnten. Die betreffende Äußerung wäre lediglich eine Folge von Zeichen oder Geräuschen ohne Bedeutung. Deshalb wäre sie *nicht* wahr. Also ist sie nicht wahr. Q.E.D." (P.M. Churchland 1981, 89)

Und er erwidert darauf, daß dieses Argument nicht besser sei als das folgende, das heute bestenfalls als intellektueller Witz gelten könne:

> „Die Gegner des Vitalismus sagen, daß es keinen Lebensgeist gibt. Aber diese Behauptung widerlegt sich selbst. Der Sprecher kann nur dann erwarten, ernst genommen zu werden, wenn dies für seine Behauptung nicht gilt. Denn wenn die Behauptung wahr ist, dann hat der Sprecher keinen Lebensgeist und muß *tot* sein. Aber wenn er tot ist, dann ist diese Aussage eine bedeutungslose Folge von Geräuschen, die der Vernunft und Wahrheit ermangelt." (P.M. Churchland 1981, 89f.)

Tatsächlich legt Churchland den Finger hier genau auf den wunden Punkt. Der Vitalist darf in seinem Argument gegen den Anti-Vitalisten nicht *voraussetzen*, daß Leben auf einem *élan vital* beruht; vielmehr muß er diese Behauptung *unabhängig* begründen. Und genausowenig darf der Anti-Eliminativist voraussetzen, daß Bedeutung nur auf der Grundlage intentionaler Zustände möglich ist. Allerdings: Auch wenn das Argument (1) eine *petitio prin-*

*cipii** darstellt, macht es doch wieder klar, wie hoch die Hürden
für den Eliminativisten sind. Denn dessen These hat in der Tat
nur Sinn, wenn er eine Bedeutungstheorie vorlegen kann, die völlig ohne Bezug auf intentionale Zustände auskommt. Und daß das
keine leichte Sache ist, wird schon daran deutlich, daß dieser
Theorie zufolge Sätze eine Bedeutung haben sollen, *obwohl nie
jemand etwas mit ihnen meint.*[14]

Version 2

(2) (a) Der Eliminative Materialist sagt: „Es gibt keine intentio-
         nalen Zustände".

     (b) Also glaubt der Eliminative Materialist, daß es keine in-
         tentionalen Zustände gibt.

     (c) Wenn er aber glaubt, daß es keine intentionalen Zustände
         gibt, dann gibt es intentionale Zustände.

     (d) Also ist der Eliminative Materialismus inkohärent.[15]

Dieses Mal ist der Charakter einer *petitio* noch offenkundiger;
denn natürlich würde der Eliminativist mit Vehemenz leugnen,
daß der Satz (b) aus dem Satz (a) folgt; er würde sogar sagen, daß
der Satz (b) sicher falsch ist, weil es ja gar keine Überzeugungen
gibt. Und wenn (b) falsch ist, fällt das ganze Argument in sich
zusammen.

Aber auch hier bleiben Fragen offen, die der Eliminativist beantworten muß. Warum äußert er seine Behauptung eigentlich,
wenn er sie nicht glaubt? Und was 'will' er mit seiner Äußerung
eigentlich erreichen? Sein 'Ziel' kann ja nicht sein, jemanden
davon zu überzeugen, daß er recht hat. Für den Eliminativisten
stellen sich also zwei sehr grundsätzliche Fragen: 1. Welche
Gründe, oder besser: Ursachen hat es, daß jemand etwas äußert?
2. Welche Wirkung hat diese Äußerung bei den Hörern?
(Offenbar wäre diese Frage in der Form „Welche Wirkung soll
diese Äußerung bei den Hörern haben?" für den Eliminativisten
falsch gestellt.)

Es sieht so aus, als könne der Eliminative Materialist diese Fragen nur beantworten, wenn es ihm gelänge, intuitiv plausible

---

[14] Vgl. Baker 1987, 140f.
[15] Vgl. zu dieser Formulierung und zu ihrer Kritik Devitt (1990, 248).

Nachfolgebegriffe für die Begriffe 'Wunsch' und 'Überzeugung' zu definieren. Aber wie soll das gelingen, wenn die entsprechenden Zustände *auf keinen Fall* Zustände mit einem *semantischen Inhalt* sein dürfen?

Version 3

(3) (a) Der Eliminative Materialist behauptet nicht nur, daß es keine intentionalen Zustände gibt. Er behauptet auch, daß es für diese Auffassung *gute Gründe* gibt.

   (b) Gute Gründe für eine Behauptung sind aber Überzeugungen, die es rational machen, diese Behauptung für wahr zu halten.

   (c) Wenn es gute Gründe für die Behauptung gibt, daß es keine intentionalen Zustände gibt, dann gibt es also intentionale Zustände.

   (d) Also ist der Eliminative Materialismus inkohärent.[16]

Inzwischen kennen wir die Strategie der Erwiderung schon. Der Eliminativist bestreitet wieder die Prämisse (b), d.h. er akzeptiert die Definition nicht, die sein Gegner in diesem Fall für den Begriff 'gute Gründe' voraussetzt. Und wieder steht er damit vor demselben Problem. Den Begriff des guten Grundes bzw. der Rechtfertigung möchte er nicht aufgeben. Also muß er eine alternative Definition anbieten. Aber wie könnte die aussehen? Vielleicht so: „Der Sachverhalt *x* ist ein guter Grund für *p*, wenn das Bestehen von *x* die Wahrheit von *p* wahrscheinlicher macht". Hier steckt das Problem jetzt aber im Begriff der Wahrscheinlichkeit. Denn der Begriff der objektiven Wahrscheinlichkeit* ist auf die Wahrheit einzelner Aussagen nicht anwendbar. Und der Begriff der subjektiven Wahrscheinlichkeit* läßt sich ohne den Begriff des Glaubens oder Fürwahrhaltens kaum explizieren.

Grundsätzlich liegen die Dinge also so: Der Eliminative Materialist kann den gegen ihn erhobenen Einwänden entgehen; aber er kann das nur, wenn er auf eine ganze Reihe von schwierigen Fragen eine befriedigende Antwort findet. Wie kann man erklären, daß Äußerungen eine bestimmte Bedeutung haben, ohne dabei auf die Überzeugungen, Wünsche und Erwartungen von Spre-

---

[16] In anderer Form findet sich dieses Argument in Baker (1987, 135ff.).

chern und Hörern Bezug zu nehmen? Wie kann man das sprachliche Verhalten von Menschen erklären und wie kann man das nichtsprachliche Verhalten erklären, das durch sprachliche Äußerungen hervorgerufen wird, wenn es keine mentalen Zustände gibt? Was heißt es überhaupt, ein Eliminativer Materialist zu sein, wenn es nicht heißt, an die Wahrheit einer bestimmten These zu glauben? Angesichts dieser Fragen liegt zumindest der Verdacht nahe, daß sich der Eliminative Materialist mehr vorgenommen hat, als er leisten kann.

III Können mentale Zustände physisch realisiert sein?

10 Fodors Repräsentationale Theorie des Geistes

Physikalisten behaupten zumindest, daß mentale Eigenschaften oder Zustände durch physische Eigenschaften oder Zustände realisiert sind. Aber ist das überhaupt möglich? Sprechen nicht die im Kapitel 1 angeführten kritischen Merkmale mentaler Zustände – ihre Intentionalität und ihr phänomenaler Charakter – gerade gegen diese Möglichkeit? Um diese Fragen soll es im letzten Teil dieses Buches gehen. Beginnen wollen wir dabei mit dem Problem der Intentionalität.

10.1 Die charakteristischen Merkmale intentionaler Zustände

Die Auffassung, daß Intentionalität zu den Merkmalen gehört, die das Mentale eindeutig vom Physischen abgrenzen, geht zurück auf Franz Brentano. In seinem 1874 erschienenen dreibändigen Werk *Psychologie vom empirischen Standpunkt* schreibt er:

> „Jedes psychische Phänomen ist durch das charakterisiert, was die Scholastiker des Mittelalters die intentionale … Inexistenz[1] eines Gegenstandes genannt haben, und was wir, obwohl mit nicht ganz unzweideutigen Ausdrücken, die Beziehung auf einen Inhalt, die Richtung auf ein Objekt …, oder die immanente Gegenständlichkeit nennen würden. In der Vorstellung ist etwas vorgestellt, in dem Urteile etwas anerkannt oder verworfen, in der Liebe geliebt, in dem Hasse gehaßt, in dem Begehren begehrt usw. Diese intentionale Inexistenz ist den psychischen Phänomenen ausschließlich eigentümlich. Kein physisches Phänomen zeigt etwas Ähnliches. Und somit können wir die psychischen Phänomene definieren, indem wir sagen, sie seien solche Phänomene, welche intentional einen Gegenstand in sich enthalten." (Brentano 1924, 124f.)

Brentanos Thesen zur Intentionalität kann man also so zusammenfassen:

---

[1] Der Ausdruck 'Inexistenz' bedeutet hier in etwa dasselbe wie 'Enthaltensein'; er ist also nicht im Sinne von 'Nichtexistenz' zu verstehen.

Brentanos Thesen zur Intentionalität

- Für mentale Phänomene ist charakteristisch, daß sie sich auf einen Inhalt beziehen, daß sie auf ein Objekt gerichtet sind: man glaubt *etwas*, wünscht *etwas*, liebt *etwas*, befürchtet *etwas*, usw. In diesem auf einen Inhalt oder Gegenstand Gerichtetsein besteht die *Intentionalität* mentaler Phänomene.[2]
- *Alle* mentalen Phänomene sind in diesem Sinne intentional.
- Durch das Merkmal der Intentionalität sind mentale Phänomene *eindeutig von physischen Phänomenen unterschieden*; kein physisches Phänomen kann im erforderlichen Sinn auf einen Inhalt oder Gegenstand bezogen sein.

Von diesen drei Thesen scheint die zweite These am problematischsten zu sein. Denn auch wenn eine ganze Reihe von mentalen Zuständen in Brentanos Sinn intentional sind, scheint es doch viele mentale Phänomene zu geben, für die das nicht gilt.[3] Wenn man sich unwohl fühlt, wenn man nervös, erfreut oder deprimiert ist, dann haben diese Zustände in der Regel zwar einen Grund oder Anlaß, aber sie sind nicht auf diesen Grund gerichtet, sie haben ihn nicht als intentionales Objekt. Man fühlt sich *wegen* etwas unwohl oder ist *wegen* etwas deprimiert. Aber dies ist eine andere Beziehung als die des intentionalen Gerichtetseins. Intentionalität scheint also keineswegs für alle mentalen Phänomene charakteristisch zu sein, sondern nur für eine bestimmte Gruppe

---

[2] Brentanos Begriff der Intentionalität ist also deutlich vom umgangssprachlichen Begriff der Intention – im Sinne von Absicht – unterschieden. Intentionen (Absichten) im umgangssprachlichen Sinne sind zwar auch intentional im Sinne Brentanos – auch sie sind auf einen Inhalt gerichtet (man beabsichtigt *etwas*). Aber auf einen Inhalt gerichtet sind eben nicht nur Absichten, sondern auch Überzeugungen, Befürchtungen, Erwartungen, usw. Brentanos Begriff von Intentionalität umfaßt daher außer Absichten auch noch viele andere mentale Zustände.

[3] Vgl. jedoch Brentanos Argumentation (1924, 126-128).

von mentalen Zuständen, die aus eben diesem Grund 'intentionale Zustände' genannt werden.

Dies ist allerdings kein besonders folgenreicher Punkt. Auch wenn nur intentionale Zustände wie Überzeugungen, Wünsche, Hoffnungen, Befürchtungen, usw. im Brentanoschen Sinne intentional sind, bleiben seine Thesen brisant genug. Denn wenn die dritte These zutrifft, dann könnten zumindest intentionale Zustände nicht durch physische Zustände realisiert sein.

Es gibt allerdings noch einen zweiten unklaren Punkt, der sich auf die Formulierung der ersten These bezieht. Brentano faßt Intentionalität als Gerichtetsein auf einen *Gegenstand* oder ein *Objekt* auf. Auf den ersten Blick scheint das auch ganz plausibel; man sagt ja durchaus, daß Fritz *einen Lottogewinn* erhofft oder daß sich Edeltraud *einen Ferrari* wünscht. Aber nicht alle Verben, mit denen wir intentionale Zustände zuschreiben, lassen eine solche Konstruktion zu. Nehmen wir etwa die Verben 'glauben' und 'befürchten'. Man glaubt oder befürchtet nicht einen bestimmten *Gegenstand*, sondern, *daß etwas Bestimmtes der Fall ist* (bzw. der Fall sein wird). Und deshalb ist es am natürlichsten, die Inhalte von Überzeugungen und Befürchtungen – also das, *was* man glaubt oder befürchtet – nicht mit Gegenstandsbezeichnern, sondern mit Hilfe von daß-Sätzen auszudrücken: Hans glaubt, *daß 2+2 gleich 4 ist*, und Martin befürchtet, *daß das Wetter umschlägt*.

In der Sprachphilosophie unterscheidet man den *Wortlaut* eines Satzes, den jemand äußert, von dem, *was* er mit der Äußerung dieses Satzes sagt. Denn mit verschiedenen Sätzen (Sätzen, die sich im Wortlaut unterscheiden) kann man durchaus dasselbe sagen. Wenn Hans den Satz „Es regnet" äußert und John den Satz „It's raining", dann sagen sie damit dasselbe – nämlich, daß es regnet. Daß-Sätze verwenden wir also, um den *Inhalt* von Äußerungen zu bezeichnen – das, *was* gesagt wird. Und da viele den Inhalt einer Äußerung die durch diese Äußerung ausgedrückte *Proposition* nennen, kann man auch sagen: Daß-Sätze bezeichnen Propositionen. Wenn man diesen Sprachgebrauch übernimmt, muß man also sagen, daß Überzeugungen und Befürchtungen nicht auf Gegenstände, sondern auf Propositionen gerichtet sind.

Gibt es also zwei Arten von intentionalen Inhalten: Gegenstände und Propositionen? Das scheint nicht zwingend. Wenn wir uns die ersten beiden Beispiele – Fritz erhofft *einen Lottogewinn* und Edeltraud wünscht sich *einen Ferrari* – noch einmal ansehen, wird klar, daß es auch hier nicht einfach um Gegenstände, sondern ebenfalls darum geht, daß etwas Bestimmtes der Fall ist. Wenn Fritz einen Lottogewinn erhofft, bedeutet das, daß Fritz hofft, *daß er im Lotto gewinnt*, und wenn Edeltraud sich einen Ferrari wünscht, bedeutet das, daß sie sich wünscht, einen Ferrari zu besitzen – oder anders ausgedrückt: daß sie sich wünscht, *daß sie einen Ferrari besitzt*. Auch Hoffnungen und Wünsche sind also nicht einfach auf Gegenstände gerichtet, sondern auf Propositionen, in denen diese Gegenstände eine prominente Rolle spielen. Insgesamt scheint es daher sinnvoll, intentionale Inhalte – also das, worauf intentionale Zustände gerichtet sind – nicht als Gegenstände, sondern als Propositionen aufzufassen.[4]

Daß intentionale Zustände Propositionen als Inhalte haben, wird in der Literatur häufig auch so ausgedrückt, daß diese Zustände *semantisch bewertbar* sind bzw. daß sie *Wahrheits-* bzw. *Erfüllungsbedingungen* besitzen. Jede Proposition – alles, was man sagt, indem man einen bestimmten Satz äußert[5] – kann wahr oder falsch sein. Es kann wahr sein, daß das Wetter umschlägt, es kann aber auch falsch sein. Wenn Martin glaubt, daß das Wetter umschlägt, hat er im ersten Fall eine wahre, im zweiten Fall dagegen eine falsche Überzeugung. Überzeugungen nennt man wahr oder falsch, je nachdem ob das, wovon man überzeugt ist – die Proposition, die ihren Inhalt ausmacht – wahr oder falsch ist. Überzeugungen sind also genau deshalb semantisch bewertbar, weil sie einen propositionalen Inhalt haben.

Allerdings kann man diese Redeweise nicht ohne weiteres auf intentionale Zustände wie Wünsche und Hoffnungen übertragen. Denn solche Zustände können offenbar weder wahr noch falsch sein. Aber Wünsche und Hoffnungen können erfüllt oder enttäuscht werden. Entweder trifft das ein, was man sich wünscht

---

[4] Aus diesem Grunde werden intentionale Zustände häufig auch als propositionale Einstellungen – Einstellungen zu Propositionen – bezeichnet.
[5] Natürlich geht es in diesem Zusammenhang nur um Äußerungen, die den Charakter von Behauptungen, Mitteilungen o.ä. haben.

oder erhofft, oder es trifft nicht ein. Wünsche und Hoffnungen haben daher zwar keine Wahrheits-, wohl aber Erfüllungsbedingungen. Und diese Erfüllungsbedingungen hängen ebenfalls aufs engste mit den Propositionen zusammen, auf die diese Zustände gerichtet sind. Ein Wunsch oder eine Hoffnung ist genau dann erfüllt, wenn das, was man sich wünscht oder erhofft – die Proposition, die den Inhalt dieser intentionalen Zustände ausmacht – wahr ist oder wahr wird.

Das erste charakteristische Merkmal intentionaler Zustände ist also:

- Intentionale Zustände haben einen *propositionalen Inhalt*; aus diesem Grunde sind sie *semantisch bewertbar*, d.h. sie haben *Wahrheits- bzw. Erfüllungsbedingungen*: sie sind genau dann wahr bzw. erfüllt, wenn die Proposition, die ihren Inhalt ausmacht, wahr ist.

Ein zweites charakteristisches Merkmal hängt eng damit zusammen, daß die Ausdrücke, mit denen wir intentionale Zustände zuschreiben, in der Regel intensionale Kontexte erzeugen.[6] Im Abschnitt 5.3.1 hatten wir schon gesehen, daß Sätze wie

(1)   Michael glaubt, daß sein Zimmernachbar eine laute Fete feiert

und

(2)   Michael glaubt, daß Gerdas Verlobter eine laute Fete feiert

auch dann verschiedene Wahrheitswerte haben können, wenn Michaels Zimmernachbar tatsächlich Gerdas Verlobter ist. Allgemein gilt daher, daß sich Überzeugungen, die mit extensionsgleichen, aber sinnverschiedenen[7] daß-Sätzen zugeschrieben wer-

---

[6]   Zur Erinnerung: Wenn in einem Satz A der Ausdruck a jederzeit *salva veritate* – d.h. ohne daß sich der Wahrheitswert von A ändern kann – durch einen bezugsgleichen Ausdruck ersetzt werden kann, dann erzeugt A für a einen *extensionalen* Kontext. Wenn dagegen a in A *salva veritate* nur durch einen *singleichen* Ausdruck ersetzt werden kann, dann erzeugt A für a einen *intensionalen Kontext*. Vgl. oben S. 119.

[7]   Frege unterscheidet nicht nur bei Namen und Prädikaten, sondern auch bei Sätzen zwischen Sinn und Bezug. Der Sinn eines Satzes ist der Gedanke, den er ausdrückt; der Bezug eines Satzes sein Wahrheitswert. Statt vom

den, im Hinblick auf ihren Wahrheitswert unterscheiden können. Aber das ist es nicht allein. Die Überzeugungen, die Michael mit den Sätzen (1) und (2) zugeschrieben werden, beeinflussen sein Verhalten auch auf ganz verschiedene Weise. Die erste Überzeugung wird ihn, sofern er sich durch den Lärm gestört fühlt, dazu veranlassen, an die Wand zu pochen, bei dem Nachbarn zu schellen und ihn zu bitten, etwas leiser zu sein, oder notfalls sogar die Polizei zu rufen. Die zweite Überzeugung dagegen wird in der Regel keine dieser Handlungen verursachen – zumindest dann nicht, wenn Michael nicht *außerdem* die Überzeugung hat, daß sein Zimmernachbar Gerdas Verlobter ist.

Dasselbe gilt natürlich auch für Wünsche. Wenn jemand in die Parfümerie auf der anderen Straßenseite gehen möchte, dann wird er nach links und rechts schauen, warten bis kein Auto kommt und dann die Straße überqueren. Wenn es ihm aber darum geht, in die preiswerteste Parfümerie in der Stadt zu gehen, wird er – zumindest solange er nicht weiß, daß die Parfümerie auf der anderen Straßenseite die preiswerteste Parfümerie in der Stadt ist – ganz andere Dinge tun: Er wird z.B. seinen Nachbarn fragen, welches die preiswerteste Parfümerie ist, in der Zeitung nach Sonderangeboten suchen, oder ähnliches.

Allgemein gilt daher: Wenn *A* und *B* zwei intentionale Zustände derselben Art sind, die mit extensionsgleichen, aber sinnverschiedenen daß-Sätzen zugeschrieben werden, dann ist es immer mög-

---

Sinn eines Satzes kann man auch von seiner Intension und statt von seinem Bezug von seiner Extension reden, da in der Literatur häufig Sinn und Intension sowie Bezug und Extension gleichgesetzt werden. Wenn hier davon die Rede ist, daß zwei Sätze extensionsgleich sind, soll das aber nicht nur heißen, daß diese Sätze denselben Wahrheitswert besitzen, sondern daß sie dieselbe Russellsche Proposition ausdrücken. Russellsche Propositionen sind geordnete Paare* aus einer Eigenschaft und einem Gegenstand oder $n+1$-Tupel* aus einer n-stelligen Relation und n Gegenständen. Die beiden Sätze

(i)   Bill Clinton ist ein Schürzenjäger

und

(ii)   Der 42. Präsident der USA ist ein Schürzenjäger

haben daher nicht nur denselben Wahrheitswert, sie drücken auch dieselbe Russellsche Proposition aus. In beiden Sätzen wird einer Person eine Eigenschaft zugesprochen, und zwar *derselben* Person *dieselbe* Eigenschaft.

lich, daß eine Person A, aber nicht B hat, und dann hat A in der Regel andere Ursachen und Wirkungen als B. Daher ist die Schlußfolgerung unvermeidlich, daß in diesem Fall A und B typverschieden sind, d.h. daß zwei Personen, von denen die eine im Zustand A und die andere im Zustand B ist, nicht in demselben intentionalen Zustand oder – anders ausgedrückt – nicht in intentionalen Zuständen desselben Typs sind. Das zweite charakteristische Merkmal intentionaler Zustände ist daher:

- Intentionale Zustände sind *opak.* D.h., Zustände, die mit extensionsgleichen, aber sinnverschiedenen daß-Sätzen zugeschrieben werden, sind typverschieden.[8]

Auf die folgenden drei charakteristischen Merkmale intentionaler Zustände hat insbesondere Jerry Fodor in vielen seiner Veröffentlichungen hingewiesen.[9] Das erste dieser Merkmale beruht auf einer Analyse der Gesetze der Alltagspsychologie und der wissenschaftlichen Psychologie, die intentionale Zustände mit Handlungen oder anderen intentionalen Zuständen verbinden. Auf der einen Seite gibt es nämlich eine ganze Reihe von Gesetzen, in denen der konkrete Inhalt der jeweiligen intentionalen Zustände eine wesentliche Rolle spielt. Zu diesen gehören Sätze wie

(3)   70% aller Deutschen, die davon überzeugt sind, daß bei der Erziehung von Kindern Härte besser ist als Nachsicht, befürworten eine Erhöhung des Etats für die Bundeswehr

und

---

[8] Diese Formulierung könnte zu der Auffassung verführen, daß auch das Umgekehrte gilt: Wenn intentionale Zustände (derselben Art) mit Hilfe sinngleicher daß-Sätze zugeschrieben werden, gehören sie zu demselben Zustandstyp. Das ist aber nicht so. Denn intentionale Zustände sind nicht nur intensional, sie sind *hyperintensional.* Das soll folgendes heißen: Einer von vielen geteilten Auffassung zufolge haben die beiden Ausdrücke '16' und '$\sqrt{256}$' nicht nur denselben Bezug (sie bezeichnen dieselbe Zahl), sondern auch denselben Sinn. Wenn das so ist, sind aber auch die beiden Sätze '$4\cdot4=16$' und '$4\cdot4=\sqrt{256}$' sinngleich. Trotzdem ist es natürlich möglich, daß Michael glaubt, daß $4\cdot4$ gleich 16 ist, ohne zugleich zu glauben, daß $4\cdot4$ gleich $\sqrt{256}$ ist. Mit anderen Worten: Selbst wenn zwei Überzeugungen mit sinngleichen daß-Sätzen zugeschrieben werden, können sie zu verschiedenen Zustandstypen gehören. Vgl. hierzu z.B. Carnap (1956, § 13ff.).

[9] Vgl. besonders Fodor (1978).

(4)   Wer den Kapitalismus für das größte Übel der Menschheit
       hält, neigt dazu, die Verbrechen, die unter kommunistischen
       Regimen verübt wurden, zu beschönigen.

Auf der anderen Seite gibt es aber auch viele psychologische
Gesetze, in denen es nicht auf den konkreten Inhalt der intentionalen Zustände ankommt, sondern nur auf die *logische Form* dieses Inhalts. Zu diesen gehören alltagspsychologische Gesetze wie

(5)   Wer Fa glaubt, der glaubt auch $\exists x Fx$[10]

und

(6)   Wenn jemand p glaubt und <wenn p, dann q>[11] glaubt, dann
       glaubt er auch q.

Das dritte Merkmal intentionaler Zustände kann man daher so
fassen:

- In einer ganzen Reihe von psychologischen Gesetzen wird
  nicht auf den konkreten Inhalt intentionaler Zustände Bezug
  genommen, sondern nur auf die *logische Form* dieses Inhalts.

Mit diesem Merkmal hängt ein viertes eng zusammen, das häufig so formuliert wird:

- Kausalbeziehungen zwischen intentionalen Zuständen respektieren häufig *semantische Beziehungen* zwischen ihren Inhalten bzw. *Rationalitätsprinzipien*.

Was ist damit gemeint? Wenn wir uns die Gesetze (5) und (6)
noch einmal ansehen und dabei auf die Inhalte der Überzeugungen achten, auf die in diesen Gesetzen Bezug genommen wird,
dann zeigt sich, daß zwischen diesen Inhalten eine logische Beziehung besteht: Wenn Fa wahr ist, muß auch $\exists x Fx$ wahr sein,
und wenn p und 'wenn p, dann q' wahr sind, dann muß auch q
wahr sein. Zumindest in *einigen* Fällen ist es also so, daß gilt:
Wenn p aus p_1, ..., p_n logisch folgt, dann verursachen die Über-

---

[10]   Dies ist eine Kurzform für: Wer glaubt, daß der Gegenstand a die Eigen-
       schaft F hat, der glaubt auch, daß es einen Gegenstand gibt, der die Eigen-
       schaft F hat.
[11]   Zur Verwendung der spitzen Klammern '<' und '>' vgl. oben S. 179 Fn.
       34.

zeugungen, daß p_1, daß p_2, ... und daß p_n, zusammen die Überzeugung, daß p. In diesen Fällen sagt man, daß die Kausalbeziehungen zwischen den Überzeugungen die semantische Beziehung der logischen Folgerung zwischen ihren Inhalten respektieren.

Daß Kausalbeziehungen zwischen intentionalen Zuständen in manchen Fällen Rationalitätsprinzipien respektieren, kann man sich am einfachsten anhand des folgenden alltagspsychologischen Gesetzes klar machen:

(7)   Wenn jemand p erreichen will, glaubt, daß die Ausführung von h ein geeignetes Mittel zur Erreichung von p ist, und nicht glaubt, daß die Ausführung von h Folgen hat, die er nicht will, dann wird er normalerweise daran gehen, h auszuführen.

Denn dieses Gesetz besagt unter anderem, daß zumindest in manchen Fällen Wünsche und Überzeugungen die Handlungen verursachen, die im Hinblick auf diese Wünsche und Überzeugungen rational sind. Es kann ja kein Zweifel daran bestehen, daß sich jeder rational verhält, der die Handlung ausführt, die in seinen Augen das geeignete Mittel zu Erreichung seiner Ziele ist, sofern diese Handlung nicht Nebenfolgen hat, die er nicht will. Zumindest ist das in der Regel so. Ebenso wie dem Gesetz (7) entsprechen aber auch den Gesetzen (5) und (6) Rationalitätsprinzipien. Denn natürlich ist es – in einem subjektiven Sinn – rational, p zu glauben, wenn p logisch aus dem folgt, wovon man außerdem überzeugt ist.

Das fünfte und letzte Merkmal, das in der Diskussion der letzten Jahre eine große Rolle gespielt hat, lautet:

•   Intentionale Zustände sind *produktiv* und *systematisch*.

Produktiv sind intentionale Zustände insofern, als dem, was man z.B. glauben kann, in gewissem Sinne keinerlei Grenzen gesetzt sind. Es gibt (potentiell) unendlich viele Typen von Überzeugungen, die alle mit einer eigenen kausalen Rolle verbunden sind.[12] Damit ist zunächst nicht gemeint, daß es möglich ist, daß man zu einem bestimmten Zeitpunkt (oder innerhalb einer bestimmten Zeitspanne) tatsächlich unendlich viele verschiedene

---

[12]   Fodor (1987, 147).

Überzeugungen hat,[13] sondern nur, daß gilt: Was auch immer man zu einem bestimmten Zeitpunkt glaubt, es gibt immer unendlich viele andere Dinge, die man auch glauben *könnte*. Insofern ist die Menge dessen, was wir glauben können, unbegrenzt groß.

Daß intentionale Zustände systematisch sind, soll heißen, daß z.B. die Fähigkeit, bestimmte Überzeugungen zu haben, *zwangsläufig* mit der Fähigkeit verbunden ist, bestimmte andere Überzeugungen zu haben. Wer glauben kann, daß Hardy kommt, wenn Marianne kommt, kann auch glauben, daß Marianne kommt, wenn Hardy kommt. Und wer glauben kann, daß Hans Helmut anbrüllt, kann auch glauben, daß Helmut Hans anbrüllt. Generell scheint also die Tatsache, daß man in einem intentionalen Zustand ist, dessen Inhalt eine bestimmte Struktur hat, zu implizieren, daß man zumindest die Fähigkeit besitzt, intentionale Zustände anzunehmen, deren Inhalte eine analoge Struktur besitzen.

Damit ist unsere Liste der charakteristischen Merkmale intentionaler Zustände abgeschlossen.

Die charakteristischen Merkmale intentionaler Zustände

- Intentionale Zustände haben einen *propositionalen Inhalt*; sie sind semantisch bewertbar, sie haben Wahrheits- bzw. Erfüllungsbedingungen.

- Intentionale Zustände sind *opak*. Zustände, die mit extensionsgleichen, aber sinnverschiedenen daß-Sätzen zugeschrieben werden, sind typverschieden.

- In einer ganzen Reihe von psychologischen Gesetzen wird nicht auf den Inhalt intentionaler Zustände Bezug genommen, sondern nur auf die *logische Form* dieses Inhalts.

- Kausalbeziehungen zwischen intentionalen Zuständen respektieren häufig *semantische Beziehungen* zwischen ihren Inhalten bzw. *Rationalitätsprinzipien*.

- Intentionale Zustände sind *produktiv* und *systematisch*.

---

[13] Vgl. hierzu jedoch unten S. 295, Fußnote 35.

10.2 Die Grundzüge der Repräsentationalen Theorie des Geistes

Fodors Repräsentationale Theorie des Geistes (RTG) läßt sich am besten als der Versuch begreifen, eine Antwort auf die Frage zu finden, wie mentale Zustände physisch realisiert sein können, die die im letzten Abschnitt aufgelisteten charakteristischen Merkmale besitzen.[14] Allerdings wird dies erst deutlich, wenn man sich klar macht, daß Fodor von einem Drei-Ebenen-Modell ausgeht, das in der Computerwissenschaft und auch in den Kognitionswissenschaften weit verbreitet ist.

Computer sind, wie wir schon gesehen haben, Geräte, in denen Symbole schrittweise umgeformt werden; die einzelnen Schritte beruhen auf den Grundoperationen, über die der Computer verfügt; und ein Algorithmus oder Programm bestimmt, in welcher Reihenfolge diese Grundoperationen ausgeführt werden. Wenn man einen Computer bauen möchte, der eine bestimmte Funktion – etwa die Funktion $f(m, n) = m \cdot n$ – berechnet, muß man also als erstes einen *Algorithmus* finden, der dafür sorgt, daß Symbole für die Zahlen m und n so umgeformt werden, daß zum Schluß ein Symbol für die Zahl $m \cdot n$ entsteht.[15] Doch damit ist die Aufgabe

---

[14] Erste Versionen der RTG hat Fodor in (1975; 1978; 1981b) entwickelt; ihre kanonische Form hat sie jedoch erst in Fodor (1987) gefunden. Kurze Darstellungen der Theorie geben Kemmerling (1991), Loewer/Rey (1991b) und Fodor (1994).

Daß der Wunsch zu zeigen, daß intentionale Zustände physikalistisch akzeptabel sind, das zentrale Motiv für Fodors RTG darstellt, wird in seinen Schriften häufig nur zwischen den Zeilen deutlich. In der Sekundärliteratur wird dieser Punkt inzwischen aber häufig betont. Vgl. z.B. Loewer/Rey (1991b) und Sterelny (1990, 23).

[15] Wenn wir annehmen, daß der Computer, mit dem wir es zu tun haben, den Inhalt eines Registers um 1 vermindern und den Inhalt eines Registers zu dem eines anderen addieren kann, kann dieser Algorithmus z.B. so aussehen:

1. Prüfe, ob der Inhalt des Registers 2 gleich Null ist; falls ja stoppe.
2. Vermindere den Inhalt des Registers 2 um 1.
3. Addiere den Inhalt des Registers 1 zum Register 3.
4. Gehe zu 1.

Wenn am Anfang Symbole für die Zahlen m und n in den Registern 1 und 2 stehen und das Register 3 ein Symbol für die Zahl Null enthält, sorgt dieser

nur zum Teil gelöst; denn der gefundene Algorithmus allein berechnet die Funktion *f* noch nicht. Dafür benötigen wir ein physisches Gerät, das diesen Algorithmus ausführt. Mit anderen Worten: Im zweiten Schritt geht es darum, den gefundenen Algorithmus zu implementieren, d.h. ein *physisches Gerät* zu konstruieren, das genau so funktioniert, wie es der Algorithmus vorschreibt. Grundsätzlich gibt es also drei Ebenen[16]: Die *computationale Ebene*, d.h. die Ebene der Funktion, die berechnet werden soll; die *algorithmische Ebene*, auf der angegeben wird, mit Hilfe welchen Algorithmus' diese Funktion berechnet werden kann; und die *Implementationsebene*, auf der eine physische Realisierung für diesen Algorithmus gefunden werden muß.

Von einem analogen Drei-Ebenen-Modell geht auch Fodor aus: Die oberste Ebene ist die der intentionalen Zustände eines Systems und der Kausalbeziehungen zwischen diesen Zuständen; die zweite Ebene ist die Ebene, auf der diese Zustände und die zwischen ihnen bestehenden Kausalbeziehungen durch Symbolverarbeitungsprozesse realisiert werden; und die dritte Ebene ist schließlich die Implementationsebene, auf der die Symbolverarbeitungsprozesse der zweiten Ebene physisch realisiert sind.

Fodor beschränkt sich in seiner Theorie allerdings auf die Frage, wie intentionale Zustände und die zwischen ihnen bestehenden Kausalbeziehungen durch Symbolverarbeitungsprozesse realisiert werden können. Denn die Frage, wie diese Symbolverarbeitungsprozesse ihrerseits physisch implementiert werden können, hält er prinzipiell für gelöst. Seit den elektromechanischen Rechnern von Stibitz, Zuse und Aiken und insbesondere seit dem ersten elektronischen Rechner ENIAC von Eckert und Mauchley ist es kein Geheimnis mehr, wie man die Register, die den Speicher eines Computers ausmachen, physisch realisieren kann, mit welchen Verschaltungen man einfache arithmetische und logische Operationen implementieren kann und mit Hilfe welcher elektronischer

---

Algorithmus dafür, daß am Ende ein Symbol für die Zahl $m \cdot n$ im Register 3 steht.

[16] Vgl. zu der folgenden Unterscheidung besonders Marr (1982). Newell (1982) unterscheidet in nicht ganz analoger Weise die Wissensebene, die symbolische Ebene der höheren Programmiersprachen und die Ebene der Maschinensprache.

Strukturen man dafür sorgen kann, daß diese Operationen in der gewünschten Reihenfolge ausgeführt werden. Insofern ist Fodors Konzentration auf die Beziehungen zwischen der ersten und der zweiten Ebene völlig berechtigt. Und, was noch wichtiger ist: Wenn Fodor zeigen kann, wie intentionale Zustände und die Kausalbeziehungen zwischen diesen Zuständen durch Symbolverarbeitungsprozesse realisiert sein können, dann hat er damit – eben weil die Implementationsbeziehung zwischen der zweiten und der dritten Ebene grundsätzlich geklärt ist – zugleich gezeigt, wie intentionale Zustände und die Kausalbeziehungen zwischen diesen Zuständen physisch realisiert sein können.

Damit sind jetzt die Voraussetzungen geschaffen, um die Grundthesen der RTG Fodors genauer zu analysieren.

10.2.1 Fodors Thesen

Die erste dieser Grundthesen ist die *Repräsentationalismus-These*:

(RT)   Für jedes Wesen *O* und jede Art *A* intentionaler Zustände gibt es eine (funktionale/computationale) Relation R_A, so daß gilt:

O ist genau dann in einem intentionalen Zustand des Typs *A* mit dem Inhalt *p*, wenn sich *O* in der Relation R_A zu einer mentalen Repräsentation *r* befindet, die die Bedeutung *p* hat.[17]

Obwohl diese These auf den ersten Blick recht kompliziert aussieht, ist sie gar nicht so schwer zu verstehen. Am besten ist, zuerst zu klären, was mentale Repräsentationen sind. Denn das Adjektiv 'mental' ist in diesem Zusammenhang eher irreführend. Tatsächlich sind mentale Repräsentationen nämlich *physische* Entitäten. D.h. präziser:

---

[17]   Vgl. Fodor (1987, 17).

- Mentale Repräsentationen sind – ebenso wie die Sätze[18] einer natürlichen Sprache – *physische Strukturen*, die einen *propositionalen Inhalt* haben, d.h. einen Inhalt, der durch einen daß-Satz ausgedrückt werden kann.

Während es sich bei den einzelnen Vorkommnissen der Sätze einer natürlichen Sprache um Tintenspuren auf einem Papier, Kreideanhäufungen auf einer Tafel oder Muster von Schallwellen handelt, kann man sich mentale Repräsentationen am besten als Bitmuster in einem Computer oder als die Feuerungsmuster von Neuronen vorstellen.

Damit sind wir bei der zweiten Frage: Was soll es heißen, daß sich ein Wesen *O* in einer bestimmten funktionalen/computationalen Relation zu einer mentalen Repräsentation *r* befindet? Auch hier ist die Antwort einfach:

- Daß sich ein Wesen *O* in einer bestimmten funktionalen/computationalen Relation zu einer mentalen Repräsentation *r* befindet, heißt, daß sich in *O* ein Vorkommnis von *r* befindet, das *auf eine spezifische Weise verarbeitet* wird.

Am einfachsten ist es, sich die Sache so vorzustellen, daß jeder funktionalen/computationalen Relation ein eigener Bereich im Speicher von *O* entspricht, wobei Repräsentationen, die sich in verschiedenen Speicherbereichen befinden, unterschiedlich verarbeitet werden. *O*'s Wunsch, daß Arminia Bielefeld nicht absteigt, wäre der These (RT) zufolge also dadurch realisiert, daß sich in *O*'s *Wunschspeicher* eine Repräsentation r_1 befindet, die die Bedeutung hat, daß Arminia Bielefeld nicht absteigt; und *O*'s Überzeugung, daß Hamburg die schönste Stadt Deutschlands ist, wäre dadurch realisiert, daß sich in *O*'s *Überzeugungsspeicher* eine Repräsentation r_2 befindet, die die Bedeutung hat, daß Hamburg die schönste Stadt Deutschlands ist. Wie Repräsentationen zu ihren Bedeutungen kommen, ist eine Frage, die wir im Kapitel 12 ausführlich behandeln werden.

---

[18]   'Sätze' ist hier im Sinne von 'Satzvorkommnisse' ('Token*') zu verstehen, nicht im Sinne von 'Satztypen'.

Die zweite These der RTG ist die *Computationalismus-These.* Diese These zerfällt in zwei Teilthesen. Die erste Teilthese ist die *These einer Sprache des Geistes ('Language of Thought')*:

(LOT) (1) Mentale Repräsentationen sind *strukturiert.*

(2) Die Teile dieser Strukturen sind 'transportierbar'; dieselben Teile (d.h. typidentische Teile) können in verschiedenen Repräsentationen auftreten.

(3) Mentale Repräsentationen haben eine *kompositionale Semantik*; die Bedeutung komplexer Repräsentationen ergibt sich in regelhafter Weise aus der Bedeutung ihrer Teile.[19]

Die zweite Teilthese ist die *These vom computationalen Charakter mentaler Prozesse*:

(CMP) Die Kausalbeziehungen zwischen intentionalen Zuständen beruhen auf struktursensitiven Symbolverarbeitungsprozessen.[20]

Die These (LOT) besagt, daß man sich mentale Repräsentationen tatsächlich so vorstellen muß wie die Sätze einer Sprache: Sie enthalten Teile, die selbst eine Bedeutung haben, und die Bedeutung der gesamten Repräsentation ergibt sich in regelhafter Weise aus den Bedeutungen ihrer Teile. Eine Repräsentation des Sach-

---

[19] Vgl. Fodor (1987, 135-137).

[20] In (1987, 17) formuliert Fodor selbst diese These so:

„Mentale Prozesse sind kausale Abfolgen von einzelnen Vorkommnissen mentaler Repräsentationen."

Dies scheint mir aus zwei Gründen nicht sehr glücklich. Erstens geht es nicht nur um mentale Prozesse (also Ketten von Kausalbeziehungen zwischen intentionalen Zuständen), sondern auch um einzelne Kausalbeziehungen dieser Art. Und zweitens reicht es, wie an vielen Stellen in Fodors Argumentation deutlich wird, nicht aus, zu sagen, daß mentale Prozesse kausale Abfolgen von einzelnen Vorkommnissen mentaler Repräsentationen sind; das Entscheidende ist gerade, daß diese kausalen Abfolgen ihrerseits auf struktursensitiven Symbolverarbeitungsprozessen beruhen. Nur so kann Fodor den charakteristischen Merkmalen 4 und 5 intentionaler Zustände Rechnung tragen (siehe Abschnitt 10.2.2). Und nur so hat die These (LOT) überhaupt eine Pointe. Ohne struktursensitive Prozesse hätte die Strukturiertheit mentaler Repräsentationen keinerlei Relevanz.

verhalts, daß Othello auf Jago eifersüchtig ist, könnte also die Form *Rab* haben, wobei die Teilrepräsentationen *a* und *b* für Othello bzw. Jago stehen und *R* die Relation repräsentiert, in der zwei Menschen zueinander stehen, wenn der erste auf den zweiten eifersüchtig ist.

Die These, daß mentale Repräsentationen strukturiert sind, hat allerdings nur dann eine Pointe, wenn diese Struktur für ihre Verarbeitung relevant ist, d.h. wenn die Prozesse, mit denen sie erzeugt und umgeformt werden, *struktursensitiv* sind. Wie hat man sich solche Prozesse vorzustellen? Wie könnte z.B. ein Prozeß aussehen, der dafür sorgt, daß eine Person das im letzten Abschnitt angeführte Gesetz (5) erfüllt, der also dafür sorgt, daß gilt: Immer wenn diese Person glaubt, daß ein Gegenstand *a* die Eigenschaft *F* hat, glaubt sie auch, daß es einen Gegenstand mit der Eigenschaft *F* gibt.

Offenbar würde der folgende Prozeß dieses Ergebnis liefern:

(P5) 1. Suche im Überzeugungsspeicher Repräsentationen der Form *Fa*;

2. wenn eine solche Repräsentation gefunden ist, prüfe, ob sich die Repräsentation $\exists x Fx$ im Überzeugungsspeicher befindet;

3. falls nein, schreibe die Repräsentation $\exists x Fx$ in den Überzeugungsspeicher.

(P5) ist ein Paradebeispiel für einen struktursensitiven Prozeß, da er nicht nach einer bestimmten Repräsentation, sondern nach allen Repräsentationen einer bestimmten Form sucht und, falls er fündig wird, nach rein formalen Gesichtspunkten neue Repräsentationen erzeugt und im Überzeugungsspeicher ablegt.

Aufgrund der Thesen (LOT) und (CMP) ist klar, daß Fodor einer der Hauptvertreter des sogenannten Computermodells des Geistes ist. Fodor zufolge kann ein Wesen tatsächlich nur dann über Wünsche, Überzeugungen und alle anderen intentionalen Zustände verfügen, wenn es die Struktur eines symbolverarbeitenden Systems besitzt, d.h. wenn in ihm strukturierte Repräsentationen nach formalen, struktursensitiven Regeln erzeugt und umgeformt werden. Damit ist Fodor allerdings nicht auf die Annahme festgelegt, daß die Symbolverarbeitungsprozesse – wie in einem herkömmlichen Computer – schrittweise erfolgen und daß jeder einzelne Schritt von einem Zentralprozessor ausgeführt wird. Und er ist er auch nicht auf die Annahme festgelegt, daß jedes System mit intentionalen Zuständen die Struktur einer programmierbaren *universalen* Rechenmaschine besitzt. Die den Kausalbeziehungen zwischen intentionalen Zuständen zugrunde liegenden Prozesse können durchaus fest verdrahtet sein. Fodors Position darf man daher nicht so verstehen, als würde er behaupten, daß nur solche Systeme über mentale Zustände verfügen können, die die Struktur einer universellen Turing-Maschine[21] oder eines Von-Neumann-Computers* besitzen.

Wir hatten schon gesehen, daß auch Fodors RTG auf einem Drei-Ebenen-Modell beruht: Die oberste Ebene bilden die intentionalen Zustände eines Systems und die Kausalbeziehungen, die zwischen diesen Zuständen bestehen; diese werden eine Ebene tiefer mit Hilfe von mentalen Repräsentationen und formalen struktursensitiven Prozessen realisiert; die Strukturen und Prozesse auf der zweiten Ebene müssen aber – wie die Programme eines Computers – ebenfalls implementiert sein; unter der zweiten Ebene gibt es daher als dritte noch die physische Ebene, auf der Repräsentationen durch physische Strukturen und formale Prozesse durch physische Prozesse realisiert sind. Wichtig ist nun unter anderem, daß zwischen den verschiedenen Ebenen jeweils eine Beziehung der *Multirealisierbarkeit* besteht. Ebenso wie die mentalen Repräsentationen und formalen Prozesse der zweiten Ebene auf die unterschiedlichste Weise physisch implementiert (bzw. realisiert) sein können, können auch intentionale Zustände durch ganz unterschiedliche mentale Repräsentationen und die kausalen Beziehungen zwischen intentionalen Zuständen durch ganz unterschiedliche formale Prozesse realisiert werden. Insofern gibt es eine deutliche Verwandtschaft zwischen der RTG und dem Funktionalismus, die aber – wie im Abschnitt 6.4 schon betont wurde – nicht dazu verführen darf, diese beiden Positionen einfach gleichzusetzen.

---

[21] Zum Begriff der universellen Turing-Maschine vgl. oben S. 157 Fn. 17.

Die Grundthesen der Fodorschen Repräsentationalen Theorie des Geistes

Repräsentationalismus-These

(RT)   Für jedes Wesen O und jede Art A intentionaler Zustände gibt es eine (funktionale/computationale) Relation R_A, so daß gilt:

O ist genau dann in einem intentionalen Zustand des Typs A mit dem Inhalt p, wenn sich O in der Relation R_A zu einer mentalen Repräsentation r befindet, die die Bedeutung p hat.

Computationalismus-These

These einer Sprache des Geistes

(LOT)   (1) Mentale Repräsentationen sind *strukturiert*.

        (2) Die Teile dieser Strukturen sind 'transportierbar'; dieselben Teile (d.h. typidentische Teile) können in verschiedenen Repräsentationen auftreten.

        (3) Mentale Repräsentationen haben eine *kompositionale Semantik*; die Bedeutung komplexer Repräsentationen ergibt sich in regelhafter Weise aus der Bedeutung ihrer Teile.

These vom computationalen Charakter mentaler Prozesse

(CMP) Die Kausalbeziehungen zwischen intentionalen Zuständen beruhen auf struktursensitiven Symbolverarbeitungsprozessen.

10.2.2 Fodors Repräsentationale Theorie des Geistes und die charakteristischen Merkmale intentionaler Zustände

Der Hauptvorzug der RTG Fodors liegt sicher darin, daß sie tatsächlich eine einfache und überzeugende Antwort auf die Frage liefert, wie intentionale Zustände realisiert sein können. Daß dies so ist, kann man am besten sehen, wenn man die im Abschnitt 10.1 erläuterten charakteristischen Merkmale intentionaler Zustände einzeln durchgeht.

1. Intentionale Zustände haben einen *propositionalen Inhalt*.

Dieses Merkmal intentionaler Zustände kann die RTG einfach mit dem Hinweis darauf erklären, daß die mentalen Repräsentationen, mit deren Hilfe intentionale Zustände realisiert sind, ebenfalls einen propositionalen Inhalt besitzen. Intentionale Zustände *erben* ihren Inhalt von den ihnen entsprechenden mentalen Repräsentationen. Damit ist, wie schon gesagt, natürlich noch nicht geklärt, woher mentale Repräsentationen ihrerseits ihren Inhalt erhalten.

2. Intentionale Zustände sind *opak*; Zustände, die mit extensionsgleichen, aber sinnverschiedenen daß-Sätzen zugeschrieben werden, sind typverschieden.

Auch für dieses Merkmal liefert die RTG eine Erklärung. Man muß nur zusätzlich annehmen, daß intentionale Zustände, die mit extensionsgleichen, aber sinnverschiedenen daß-Sätzen zugeschrieben werden, mit Hilfe von *syntaktisch** – und d.h. auch physisch – *verschiedenen* mentalen Repräsentationen realisiert werden. Da für formale Prozesse nur die formalen Eigenschaften, nicht aber die Bedeutungen mentaler Repräsentationen relevant sind, werden syntaktisch verschiedene mentale Repräsentationen von diesen Prozessen in der Regel unterschiedlich verarbeitet. Es macht für das Verhalten eines Systems also einen Unterschied, ob sich in seinem Überzeugungsspeicher die mentale Repräsentation r_1 oder die syntaktisch verschiedene mentale Repräsentation r_2 befindet. Wenn im Überzeugungsspeicher eines Systems S die mentale Repräsentation r_1 steht, ist S also *in einem anderen Zustand*, als wenn in seinem Überzeugungsspeicher die mentale Repräsentation r_2 steht.

3. In einer ganzen Reihe von psychologischen Gesetzen wird nicht auf den Inhalt intentionaler Zustände Bezug genommen, sondern nur auf die *logische Form* dieses Inhalts.

Im letzten Abschnitt hatten wir schon gesehen, wie ein formaler Prozeß aussehen kann, durch den die im Gesetz (5) ausgedrückte Kausalbeziehung realisiert wird. Die Erklärung dieses Merkmals ergibt sich also insbesondere aus den Thesen (LOT) und (CMP). Wenn mentale Repräsentationen strukturiert sind und mit Hilfe von struktursensitiven Prozessen erzeugt und umgeformt werden, dann ist es kein Problem, zu verstehen, warum strukturgleiche Repräsentationen auf die gleiche Weise umgeformt werden. Struktursensitiven Prozessen entsprechen in natürlicher Weise Gesetze, in denen nur auf die logische Form des Inhalts intentionaler Zustände Bezug genommen wird.

Daran zeigt sich noch ein weiterer großer Vorzug der Thesen (LOT) und (CMP). Wenn man – im Gegensatz zu (LOT) – annimmt, daß mentale Repräsentationen unstrukturiert sind, dann entsprechen den vier Überzeugungen, daß Fido ein Hund ist, daß es Hunde gibt, daß Greycat eine Katze ist und daß es Katzen gibt, vier unstrukturierte atomare Repräsentationen r_1, r_2, r_3 und r_4. Wenn sich im Überzeugungsspeicher eines Systems S die Repräsentationen r_1 und r_3 befinden, muß es in diesem Fall also zwei *verschiedene* Prozesse geben, die dafür sorgen, daß auch die Repräsentationen r_2 und r_4 in den Überzeugungsspeicher von S gelangen. Denn r_1 und r_3 haben als atomare Repräsentationen keine formalen Gemeinsamkeiten, auf die ein einziger Prozeß zurückgreifen könnte. Die Annahme, daß Repräsentationen strukturiert sind, hat also zur Folge, daß man mit einer viel geringeren Anzahl von Symbolverarbeitungsprozessen auskommt. Und dies ist natürlich besonders nützlich, wenn ein System neue Informationen aufnimmt. Denn diese Informationen können, falls sie strukturiert sind, mit Hilfe der schon vorhandenen Prozesse verarbeitet werden. Für jede unstrukturierte neue Repräsentation müssen dagegen auch neue Prozesse geschaffen werden, damit diese Repräsentation für das System überhaupt relevant werden kann.[22]

---

[22] Vgl. Pylyshyn (1984, ch. 3).

4. Kausalbeziehungen zwischen intentionalen Zuständen respektieren häufig *semantische Beziehungen* zwischen ihren Inhalten bzw. *Rationalitätsprinzipien*.

Zur Erklärung dieses Merkmals hat Fodor des öfteren auf die Ergebnisse der Beweistheorie* verwiesen. Das hat folgenden Hintergrund. Die Beziehung der logischen Folgerung ist eine *semantische Beziehung*: Ein Satz A folgt genau dann logisch aus den Sätzen $A_1, ..., A_n$, wenn A wahr sein muß, falls die Sätze $A_1, ..., A_n$ wahr sind.[23] Im Rahmen der Entwicklung der modernen Logik hat sich nun gezeigt, daß sich diese Beziehung auch rein *syntaktisch* charakterisieren läßt, d.h. genauer: daß es rein syntaktische Kalküle K gibt, für die gilt: Ein Satz A folgt genau dann logisch aus den Sätzen $A_1, ..., A_n$, wenn sich A in K aus den Sätzen $A_1, ..., A_n$ *ableiten* läßt. Mit anderen Worten: Es gibt rein formal charakterisierte Regeln, die bei Anwendung auf wahre Sätze wieder wahre Sätze erzeugen. Und solche Regeln können wegen ihres rein formalen Charakters natürlich auch in einem Symbolverarbeitungssystem implementiert werden. Als Beispiel kann hier unter anderem auch der Prozeß (P5) dienen, den wir gerade beschrieben hatten.

Was für semantische Beziehungen wie die Beziehung der logischen Folgerung gilt, gilt in analoger Weise auch für Rationalitätsprinzipien. Das kann man beispielsweise daran sehen, daß die durch das Gesetz (7)[24] ausgedrückte Kausalbeziehung durch den folgenden formalen Prozeß realisiert werden kann:

(P7) 1. Bilde eine Liste W aller mentalen Repräsentationen, die sich im Wunschspeicher befinden;

2. falls W leer ist, stoppe; falls nicht, wähle aus W eine Repräsentation r und streiche diese aus W;

3. bilde eine Liste L aller in der gegebenen Situation möglichen Handlungen;

4. falls L leer ist, gehe zu 2.; falls nicht, wähle aus der Liste L eine Handlung h und streiche diese aus L;

---

23 Vgl. hierzu Beckermann (1997a, Kap. 6-8).
24 Siehe oben Abschnitt 10.1, S. 275.

5. prüfe, ob sich die mentale Repräsentation $h \rightarrow r$ im Überzeugungsspeicher befindet;

6. falls nein, gehe zu 4. zurück; falls ja, prüfe für jede mentale Repräsentation $h \rightarrow r'$, die sich ebenfalls im Überzeugungsspeicher befindet, ob sich die mentale Repräsentation $\neg r'$ im Wunschspeicher befindet;

7. falls ja, gehe zu 4. zurück; falls nein, führe die Handlung h aus.

Die Thesen (LOT) und (CMP) ermöglichen also auch eine Erklärung der Tatsache, daß Kausalbeziehungen zwischen intentionalen Zuständen bzw. zwischen intentionalen Zuständen und Handlungen zumindest in manchen Fällen *Rationalitätsprinzipien* respektieren. Denn der Prozeß (P7) zeigt, daß es, falls die Repräsentationen im Überzeugungs- und Wunschspeicher eines Systems strukturiert sind, rein formale Prozesse gibt, die dafür sorgen, daß das System in einer gegebenen Situation genau das tut, was angesichts seiner Überzeugungen und Wünsche zu tun rational ist.

5. Intentionale Zustände sind *produktiv* und *systematisch*.

Die Produktivität und Systematizität intentionaler Zustände läßt sich im wesentlichen mit Hilfe der These (LOT) erklären. Für die Erklärung der Produktivität sind jedoch zwei zusätzliche Annahmen erforderlich. Erstens sollten die Regeln zur Erzeugung strukturierter Repräsentationen *rekursiv* sein; d.h., Repräsentationen sollten selbst Teil komplexerer Repräsentationen sein können – so wie etwa die Repräsentation r Teil der Repräsentation $h \rightarrow r$ ist. Denn in diesem Fall können durch immer weitergehende Verschachtelung immer neue, immer komplexere Repräsentationen erzeugt werden. Zweitens ist es hilfreich, wenn das jeweilige System dazu in der Lage ist, in neuen Situationen neue Grundzeichen zu generieren – also neue Namen für Gegenstände, mit denen es bisher noch nichts zu tun hatte, und neue Prädikate für Eigenschaften und Relationen, die es bisher noch nicht repräsentieren mußte. Es ist klar, daß auch dies das System dazu befähigen würde, unbegrenzt viele neue Repräsentationen zu erzeugen. Die Systematizität intentionaler Zustände ergibt sich ohne weitere Zusatzannahmen direkt aus der These (LOT). Wenn ein System dazu in der Lage ist, die Repräsentation *Rab* zu bilden, dann kann es auch die Repräsentation *Rba* bilden. Und wenn ein System die Repräsentation $p \rightarrow q$ erzeugen kann, dann auch die Repräsentation $q \rightarrow p$.

Es zeigt sich also, daß die RTG tatsächlich in der Lage ist, allen charakteristischen Merkmalen intentionaler Zustände in überzeugender Weise Rechnung zu tragen. Und das ist bei aller Kritik, die man an dieser Theorie üben kann, ein Vorzug, den man nicht unterschätzen sollte.

10.2.3 Kritik an Fodors Repräsentationaler Theorie des Geistes[25]

Bei den Kritiken an der RTG Fodors lassen sich zwei Gruppen unterscheiden: Solche, die argumentieren, daß mentale Repräsentationen im Sinne Fodors zur Realisierung intentionaler Zustände *nicht ausreichen*, und solche, die im Gegenteil davon ausgehen, daß Repräsentationen dieser Art zur Realisierung intentionaler Zustände *nicht notwendig* sind.

Zu den Kritikern der ersten Gruppe gehört insbesondere John Searle, der seit seinem Aufsatz „Minds, Brains, and Programs" (1980a) hartnäckig die These vertritt:

(S) Syntaktische* Repräsentationen, die allein aufgrund von formalen, syntaktischen Regeln verarbeitet werden, reichen nicht aus, um Intentionalität hervorzubringen.[26]

Genauer richtet sich Searle gegen eine These, die er 'die These der starken KI'[27] nennt und die er selbst so charakterisiert:

---

[25] Eine ausführliche kritische Auseinandersetzung mit Fodors RTG findet sich neuerdings in Saporiti (1997).
[26] Vgl. bes. Searle (1980a; 1984; 1987; 1992a).
[27] 'KI' ist ein Kürzel für 'Künstliche Intelligenz'. Von der These der starken KI unterscheidet Searle die These der schwachen KI, über die er schreibt: „Nach der schwachen KI liegt die Bedeutung des Computers für die Erforschung des Geistes vor allem darin, daß er ein außerordentlich leistungsfähiges Werkzeug ist. Er ermöglicht uns etwa, Hypothesen in einer strengeren und genaueren Form zu formulieren und zu testen, als es bisher möglich war." (Searle 1980a, 225)

„Nach der starken KI ist der Computer … nicht nur ein Werkzeug zur Erforschung des Geistes; vielmehr ist der entsprechend programmierte Computer tatsächlich ein Geist in dem Sinne, daß von Computern mit den richtigen Programmen im wörtlichen Sinne gesagt werden kann, daß sie verstehen und andere kognitive Zustände haben." (Searle 1980a, 225)

In dem schon genannten Aufsatz argumentiert Searle allerdings zunächst nur für die eingeschränktere These:

(S′)   Keine Maschine, deren Verhalten allein durch formale Veränderungen formal definierter Elemente bestimmt ist, d.h. keine Maschine, deren Verhalten allein dadurch bestimmt ist, daß in ihr ein bestimmtes Computerprogramm implementiert ist, ist im Wortsinn imstande, Sprache zu verstehen.

Searles Argument für diese These ist ganz einfach. Nehmen wir an, *M* sei eine beliebige Maschine, die formale Zeichen aufgrund von formalen Regeln verarbeitet, dann gilt: Jeder Mensch kann dasselbe tun wie diese Maschine; er kann dieselben formalen Zeichen aufgrund derselben formalen Regeln erzeugen und verändern. Dadurch allein wird er aber *nicht* in die Lage versetzt, irgendeine Sprache – z.B. Chinesisch – zu verstehen. Also wird auch die Maschine selbst *nicht allein dadurch*, daß sie formale Zeichen aufgrund von formalen Regeln verändert, dazu befähigt, Chinesisch zu verstehen.

Searle veranschaulicht dieses Argument mit dem inzwischen berühmten Gedankenexperiment des Chinesischen Zimmers:

„… stellen Sie sich vor, Sie wären in ein Zimmer eingesperrt, in dem mehrere Körbe mit Chinesischen Symbolen stehen. Und stellen Sie sich vor, daß Sie (wie ich) kein Wort Chinesisch verstehen, daß Ihnen allerdings ein auf Deutsch verfaßtes Regelwerk für die Handhabung dieser Chinesischen Symbole gegeben worden wäre. Die Regeln geben rein formal – nur mit Rückgriff auf die Syntax und nicht auf die Semantik der Symbole – an, was mit den Symbolen gemacht werden soll. Eine solche Regel mag lauten: 'Nimm ein Kritzel-Kratzel-Zeichen aus Korb 1 und lege es neben ein Schnörkel-Schnarkel-Zeichen aus Korb 2'. Nehmen wir nun an, daß irgendwelche anderen Chinesischen Symbole in das Zimmer gereicht werden, und daß Ihnen noch zusätzliche Regeln dafür gegeben werden, welche Chinesischen Symbole jeweils aus dem Zimmer herauszureichen sind. Die hereingereichten Symbole werden von den Leuten draußen 'Fragen' genannt, und die Symbole, die Sie dann aus dem Zimmer herausreichen, 'Antworten' – aber dies geschieht ohne ihr Wissen. Nehmen wir außerdem an, daß die

Programme so trefflich und Ihre Ausführung so brav sind, daß Ihre Antworten sich schon bald nicht mehr von denen eines chinesischen Muttersprachlers unterscheiden lassen." (1984, 31)

Würde das bedeuten, daß die Person im Zimmer plötzlich anfängt, Chinesisch zu verstehen? Offenbar nicht. Sie hantiert zwar mit Chinesischen Zeichen, weiß aber deshalb nicht mehr als vorher, was sie bedeuten. So jedenfalls sieht es Searle. Wenn aber die Person im Zimmer kein Chinesisch versteht, dann versteht auch kein Computer Chinesisch, der chinesische Schriftzeichen aufgrund derselben formalen Regeln erzeugt und verändert.[28]

In den Reith Lectures *Minds, Brains, and Science* (1984) hat Searle sein Argument verallgemeinert und ihm dabei zugleich eine formalere Gestalt gegeben:[29]

Searles Argument gegen die These der starken KI

1. Computerprogramme sind vollständig durch ihre formale (oder syntaktische) Struktur definiert.

2. Intentionale Zustände haben einen semantischen Inhalt.

3. Syntax reicht für Semantik nicht aus.

4. Also: Kein System hat allein deshalb intentionale Zustände, weil es formale Symbole aufgrund eines formalen Programms verarbeitet.

Es kann kein Zweifel bestehen, daß dieses Argument Fodors RTG einfach nicht trifft. Denn Fodor zufolge werden intentionale Zustände nicht dadurch realisiert, daß ein Organismus in einer computationalen Relation zu einer formalen Repräsentation steht, die aufgrund von formalen Regeln verarbeitet wird, sondern dar-

---

[28]   Zur Kritik dieses Arguments vgl. die Erwiderungen auf Searle in *Behavioral and Brain Sciences* 3, 424-450 sowie Beckermann (1988; 1990), Boden (1990), Gregory (1987), Rapaport (1988), Rheinwald (1991) und Tetens (1994, Kap. V).

[29]   Ich habe Searles Argument hier ein bißchen der zur Debatte stehenden RTG angepaßt. In dieser und ähnlichen Formen hat Searle sein Argument aber wieder und wieder vorgetragen. Vgl. zuletzt Searle (1997, 11).

in, daß dieser Organismus in einer computationalen Relation zu einer mentalen Repräsentation steht, *die einen bestimmten semantischen Inhalt hat.* Bei Fodor ist also gar keine Rede davon, daß syntaktische Verarbeitungsprozesse allein für einen semantischen Inhalt sorgen. Dafür sind, wie sich im übernächsten Kapitel zeigen wird, ganz andere Faktoren verantwortlich.

Möglicherweise auch aus diesem Grund hat Searle seinen Argumenten in neueren Arbeiten eine ganz andere Richtung gegeben. Diesen neuen Ansatz kann man knapp so zusammenfassen:

Das Argument von der Aspektgestalt intentionaler Inhalte

1. Die Inhalte intentionaler Zustände haben eine Aspektgestalt.

2. Die Inhalte der Zustände eines Wesen können nur dann eine Aspektgestalt haben, wenn dieses Wesen über phänomenales Bewußtsein[30] verfügt.

3. Um in einem intentionalen Zustand zu sein, reicht es daher nicht aus, in einer computationalen Relation zu einer mentalen Repräsentation zu stehen; man muß auch über phänomenales Bewußtsein verfügen.

In seinem Buch *The Rediscovery of the Mind* (1992a) schreibt Searle zum Ausdruck 'Aspektgestalt' unter anderem:

„Und zweitens muß [jede Theorie des Unbewußten] erklären können, daß intentionale Zustände ihre Erfüllungsbedingungen nur unter gewissen Aspekten repräsentieren und daß diese Aspekte für die betreffende Person wichtig sind. ... die Überzeugung, daß der Eiffelturm in Paris steht, repräsentiert ihre Erfüllungsbedingungen unter ganz bestimmten Aspekten und keinen anderen. Sie ist eine andere Überzeugung als beispielsweise die, daß der größte Eisenbau Frankreichs vor dem Jahre 1900 in der französischen Hauptstadt steht, und zwar sind diese Überzeugungen auch dann verschie-

---

[30] Searle spricht in der Regel zwar nur von Bewußtsein und nicht von phänomenalem Bewußtsein. Aus seinen Formulierungen geht aber deutlich hervor, daß er unter Bewußtsein eigentlich immer phänomenales Bewußtsein versteht. Zur Erläuterung des Ausdrucks 'phänomenales Bewußtsein' vgl. unten Abschnitt 13.1.

den, wenn wir einmal annehmen, daß der Eiffelturm in der Tat der größte Eisenbau Frankreichs vor dem Jahre 1900 ist und daß Paris die französische Hauptstadt ist. Wir könnten sagen, daß jeder intentionale Zustand eine gewisse *Aspektgestalt* hat, die Teil seiner Identität ist, Teil dessen, was ihn zu dem Zustand macht, der er ist." (Searle 1992a, 178)

Offenbar meint Searle mit 'Aspektgestalt' also nichts anderes als die *Opakheit* intentionaler Zustände, die wir schon im Abschnitt 10.1 kennengelernt hatten. Die These, daß jeder intentionale Zustand eine Aspektgestalt hat, bringt damit zunächst gar nichts Neues. Neu ist allerdings Searles These, daß die Aspektgestalt bzw. die Opakheit intentionaler Zustände nur durch die Existenz phänomenalen Bewußtseins erklärt werden. Searle vertritt die Auffassung, daß keine objektive Tatsache, die aus der Perspektive der dritten Person zugänglich ist, den genauen Inhalt eines intentionalen Zustands festlegen kann, daß dieser Inhalt vielmehr stets durch Tatsachen festgelegt wird, die nur aus der Perspektive der ersten Person zugänglich sind – Tatsachen, die wesentlich mit Zuständen phänomenalen Bewußtseins zu tun haben.[31] Auf diese These kann hier nicht ausführlich eingegangen werden. Deshalb müssen zwei kurze Anmerkungen genügen. Erstens hat Searle natürlich recht, wenn er darauf hinweist, daß jede Theorie des Inhalts intentionaler Zustände[32] dem Phänomen der Opakheit dieser Zustände Rechnung tragen muß. Zweitens hat er allerdings bis jetzt nicht überzeugend zeigen können, daß dies nur unter Bezugnahme auf bewußte phänomenale Zustände möglich ist; mit dieser These steht er vielmehr weitgehend allein da.

Kommen wir also zu den Kritikern Fodors, die die Auffassung vertreten, daß es, um in einem intentionalen Zustand zu sein, *nicht notwendig* ist, sich in einer computationalen Relation zu einer mentalen Repräsentationen zu befinden, oder mit anderen Worten: daß intentionale Zustände auch anders realisiert sein können, als Fodor glaubt. In seinem Aufsatz „A Cure for the Common Code" (1978b) hat Daniel Dennett folgenden Einwand gegen Fodors Theorie erhoben:[33]

---

[31] Searle (1992a, 181f.). Auf den Unterschied zwischen objektiven und subjektiven Tatsachen werden wir unten im Abschnitt 13.2.1 noch einmal zurückkommen.

[32] Zu diesen Theorien kommen wir im Kapitel 12.

[33] Vgl. zur folgenden Kritik auch Matthews (1988; 1991).

„In einem Gespräch mit dem Entwickler von Schachprogrammen hörte ich kürzlich die folgende Kritik an einem Konkurrenzprogramm: 'Es glaubt, daß es seine Dame früh ins Spiel bringen muß'. Damit wird dem Programm auf sehr nützliche und Vorhersagen ermöglichende Weise eine propositionale Einstellung zugeschrieben ... Aber auf keiner der vielen Ebenen, auf denen in diesem Programm etwas explizit repräsentiert wird, gibt es ein explizites Vorkommnis einer Repräsentation, die auch nur annähernd die gleiche Bedeutung hätte wie der Satz 'Ich sollte meine Dame früh ins Spiel bringen'. Auf der Analyseebene, zu der die Bemerkung des Programmentwicklers gehört, werden Merkmale des Programms beschrieben, bei denen es sich um – in einem völlig unschuldigen Sinne – emergente Eigenschaften handelt, die sich aus den Symbolverarbeitungsprozessen ergeben, die 'ingenieurwissenschaftlich real' sind." (Dennett 1978b, 107)

Dieses Beispiel zeigt Dennett zufolge zunächst, daß es zumindest einige Fälle gibt, in denen es legitim ist, einem System eine bestimmte Überzeugung zuzuschreiben, obwohl in ihm keine entsprechende mentale Repräsentation vorkommt. Aber er hält es auch für möglich, daß dies in den meisten oder sogar in allen Fällen so ist.[34] Fodor allerdings ist der Meinung, daß Dennetts Beispiel nicht mehr zeigt, als daß man zwischen aktualen und bloß dispositionellen Überzeugungen unterscheiden muß. Wenn man mich fragt, ob auf dem Rücken von Kamelen Gras wächst, werde ich – angesichts der reichlich ungewöhnlichen Frage – im ersten Augenblick vielleicht etwas stutzen; aber dann werde ich doch ohne Zögern 'Nein' antworten. Also habe ich auch vorher schon geglaubt, daß auf dem Rücken von Kamelen kein Gras wächst; nur war mir das bisher nicht bewußt. Bisher hatte ich bloß eine dispositionelle Überzeugung; erst durch die gestellte Frage wurde daraus eine aktuale Überzeugung – die Überzeugung, die dann zu meiner Antwort führte.

Die Unterscheidung zwischen aktualen und dispositionellen Überzeugungen läßt sich nach Fodor aber leicht in die RTG integrieren.

„Natürlich ist es wahr, daß bloß dispositionellen Überzeugungen keine *aktualen* Vorkommnisse von Relationen zu mentalen Repräsentationen entsprechen können; die These [(RT)] muß daher reformuliert werden. Aber ... die notwendige Reformulierung liegt völlig auf der Hand: jeder *aktualen* Überzeugung entspricht ein *aktuales* Vorkommnis einer mentalen Reprä-

---

[34]   Zur Theorie Dennetts vgl. unten Kapitel 11.

sentation; und jeder *dispositionellen* Überzeugung entspricht eine Disposition, das Vorkommnis einer mentalen Repräsentation hervorzubringen." (Fodor 1987, 22)[35]

Doch damit sind noch nicht alle Probleme gelöst. Denn der These (CMP) zufolge beruhen Kausalbeziehungen zwischen intentionalen Zuständen auf struktursensitiven Symbolverarbeitungsprozessen, also auf Prozessen, in denen mentale Repräsentationen ihrer Struktur entsprechend verarbeitet werden. Solche Prozesse setzen also strukturierte und damit auch explizite Repräsentationen voraus.[36] Fodor ist also auf die These festgelegt, daß zumindest alle *kausal wirksamen* intentionalen Zustände mit Hilfe von expliziten Repräsentationen realisiert sind.

„Der These [(CMP)] zufolge sind mentale Prozesse kausale Abfolgen von Transformationen mentaler Repräsentationen. Daher *müssen* Vorkommnissen propositionaler Einstellungen Vorkommnisse mentaler Repräsentationen entsprechen wenn sie – die Vorkommnisse propositionaler Einstellungen – Episoden in einem mentalen Prozeß sind. Wenn die intentionalen Objekte solcher kausal wirksamen Vorkommnisse von Einstellungen *nicht* explizit repräsentiert sind, dann ist die RTG schlicht falsch. Um es noch einmal ganz deutlich zu machen: Wenn das Vorkommnis eines Gedankens eine Episode in einem mentalen Prozeß ist, dann ist die RTG darauf festgelegt, daß sein Inhalt explizit repräsentiert ist. Das Motto lautet also: Keine Intentionale Verursachung ohne Explizite Repräsentation." (Fodor 1987, 24f.)

Dennetts Argument lief aber gerade darauf hinaus, daß wir auch bei Überzeugungen, deren Inhalte wahrscheinlich nicht explizit repräsentiert sind, davon sprechen, daß sie das Verhalten des jeweiligen Systems kausal beeinflussen. Wir sagen, daß der Schachcomputer bestimmte Züge macht, *weil* er glaubt, seine Dame früh ins Spiel bringen zu müssen. Und wir sagen, daß jemand den Satz „Hans Helga gibt die Wurst" für ungrammatisch

---

[35] Mit diesem Schachzug kann Fodor auch dem Einwand begegnen, daß schon deshalb nicht alle Überzeugungen mit Hilfe expliziter Repräsentationen realisiert sein können, weil jeder unendlich viele verschiedene Überzeugungen hat. Ich glaube z.B., daß 2 größer als 1 ist, daß 3 größer als 1 ist, ... daß 146789 größer als 1 ist, usw. Fodors Antwort auf diesen Einwand lautet natürlich: Alle oder fast alle dieser Überzeugungen sind nur dispositionelle Überzeugungen.

[36] Ich habe Fodors Argumentation hier meiner etwas abweichenden Formulierung der These (CMP) angepaßt. Vgl. oben Anm. 20.

hält, *weil* er die Regeln der deutschen Syntax* kennt. Robert
Matthews schreibt dazu:

> „Fälle wie diese sind in der computationalen Psychologie allgegenwärtig.
> Man kann praktisch jedes computationale Modell eines beliebigen kogniti-
> ven Prozesses oder einer menschlichen Fähigkeit nehmen; immer wird sich
> zeigen, daß von den propositionalen Einstellungen, die wir im Alltag dem
> jeweiligen System als Teil einer Erklärung seines Verhaltens zuschreiben,
> einige prozedural* implementiert sind." (Matthews 1991, 139f.)

Aufgrund seiner These „Keine intentionale Verursachung ohne
explizite Repräsentation" kann Fodor auf diesen Einwand eigentlich nur erwidern: Bei allen Fällen dieser Art handelt es sich tatsächlich nicht um echte Fälle von Verursachung durch intentionale Zustände. Doch das bedeutet, daß er eine Antwort auf die
Frage geben müßte, mit Hilfe welcher Kriterien wir echte Fälle
intentionaler Verursachung von unechten unterscheiden können.
Und diese Antwort bleibt er uns nicht nur schuldig; es gibt auch
gute Gründe, daran zu zweifeln, daß eine solche Antwort überhaupt möglich ist. Denn es kann ja durchaus sein, daß das identische Verhalten zweier Systeme auf genau dieselben Überzeugungen zurückgeführt werden kann, daß diese Überzeugungen aber in
einem der beiden Systeme deklarativ* und in dem anderen prozedural implementiert sind. Auch Fodors Rückzugsposition, daß
zumindest kausal wirksame intentionale Zustände mit Hilfe von
expliziten Repräsentationen realisiert sein müssen, ist also kaum
haltbar.

10.3   Der Konnektionismus als Alternative[37]

Ein Hauptargument, das Fodor immer wieder für die RTG angeführt hat, lautet: Es gibt keine Alternative.[38] Wenn uns die Alltagspsychologie erlaubt, Verhalten verläßlich vorherzusagen und
zu erklären, dann müssen intentionale Zustände real sein; real
können intentionale Zustände aber nur sein, wenn sie physisch

---

[37] Vgl. zu diesem Abschnitt besonders Bechtel (1994).
[38] In (1975, 27) illustriert Fodor dieses Argument mit dem Ausspruch des
früheren amerikanischen Präsidenten Lyndon B. Johnson: „I am the only
President you've got".

realisiert sind; und die RTG ist die einzige Theorie, die uns sagt, wie sie realisiert sein können. Dieses Argument hat für viele sehr an Überzeugungskraft eingebüßt, seit es mit dem Konnektionismus eine Alternative gibt, die zudem eine ganze Reihe von Vorzügen zu haben scheint. Die Grundthese des Konnektionismus kann man in etwa so formulieren:

(Kon) Das intelligente Verhalten von Menschen und höheren Tieren beruht nicht auf computerähnlichen Symbolverarbeitungsprozessen, sondern auf den flexiblen Strukturen neuronaler Netze.

10.3.1 Die Grundstruktur neuronaler Netze

Neuronale Netze sind auf den ersten Blick recht einfache Systeme. Sie bestehen aus einer Reihe von *Einheiten*, die unterschiedlich aktiviert sein können. (In der Regel wird der Grad der Aktivation durch eine reelle Zahl zwischen -1 und 1 dargestellt.) Einige dieser Einheiten sind mit anderen verbunden, wobei gilt: wenn *a* mit *b* verbunden ist, wird die Aktivation von *b* durch die Aktivation von *a* beeinflußt. Die Stärke dieses Einflusses erhält man, indem man den Aktivationsgrad von *a* mit dem *Gewicht* der Verbindung multipliziert. Wenn die Aktivation von *a* zum Zeitpunkt *t* 0,5 beträgt und die Verbindung zwischen *a* und *b* das Gewicht 1,5 hat, ist der Einfluß, den *a* zu *t* auf die Aktivation von *b* hat, also $0,5 \cdot 1,5 = 0,75$. Der Aktivationsgrad von *b* zum Zeitpunkt t_2 ergibt sich aus dem Aktivationsgrad von *b* zum Zeitpunkt t_1 sowie aus dem Einfluß, den die mit *b* verbundenen Einheiten zum Zeitpunkt t_1 auf *b* ausüben. (Die Summe dieser Einflüsse wird als *Nettoinput* bezeichnet.) Dabei geht man im einfachsten Fall von der Formel aus:

$\text{Aktivation}_2(b) = \text{Aktivation}_1(b) + \text{Nettoinput}_1(b)$
    falls $-1 \leq \text{Aktivation}_1(b) + \text{Nettoinput}_1(b) \leq 1$

$\text{Aktivation}_2(b) = -1$
    falls $\text{Aktivation}_1(b) + \text{Nettoinput}_1(b) < -1$

$\text{Aktivation}_2(b) = 1$
    falls $1 < \text{Aktivation}_1(b) + \text{Nettoinput}_1(b)$

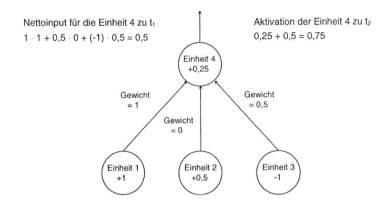

Die meisten neuronalen Netze, die im Konnektionismus behandelt werden, haben die Struktur von 'feedforward'-Netzen, d.h. von Netzen, in denen der Aktivationsfluß nur in eine Richtung läuft. Dabei werden häufig drei Arten von Einheiten unterschieden: Input-Einheiten, versteckte Einheiten und Output-Einheiten. Die Input-Einheiten beeinflussen nur die versteckten Einheiten und die versteckten Einheiten nur die Output-Einheiten.

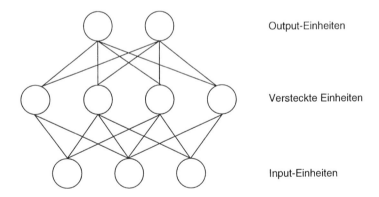

Eine zentrale Eigenschaft neuronaler Netze ist ihre Lernfähigkeit. Mit Hilfe geeigneter Lernalgorithmen können sie dazu gebracht werden, auf bestimmte Input-Muster mit bestimmten Out-

put-Mustern zu reagieren. Dabei werden die Gewichte der Verbindungen zwischen den Einheiten schrittweise solange verändert, bis das gewünschte Ergebnis erreicht ist.

Trotz ihrer im Grunde einfachen Struktur sind neuronale Netze
imstande, erstaunliche Dinge zu leisten.

• Das 1986 von Sejnowski und Rosenberg entwickelte Netz
  NETtalk wandelt ASCII-Text in eine Lautschrift um, die direkt
  an eine Sprachausgabeeinheit geschickt werden kann. Das
  Netz liest also gewissermaßen geschriebenen Text vor und er-
  zielt dabei nach nicht allzu langer Trainingszeit eine Genauig-
  keit von 98%.[39]

• Anfang der 90er Jahre stellten Plunkett und Marchman ein
  Netz vor, das für 500 (allerdings künstliche) aus jeweils drei
  Phonemen* bestehende Verben die korrekten Vergangenheits-
  formen bildet.[40]

• 1996 berichten Zhao und Bao von einem Netz, mit dessen Hilfe drei verschiedene Flugzeugtypen unabhängig vom Erfas-
  sungswinkel und anderen variablen Parametern allein aufgrund
  von Radardaten zuverlässig voneinander unterschieden werden
  können.[41]

• Auch in der medizinischen Diagnose werden neuronale Netze
  eingesetzt. Ein von Galicki und seinen Kollegen entwickeltes
  Netz analysiert z.B. EEG-Ableitungen von Neugeborenen und
  kann inzwischen besser als die bisher bekannten Standardver-
  fahren zwischen kritischen und unkritischen Fällen unterscheiden.[42]

Angesichts dieser Leistungen scheint die Annahme zumindest
nicht völlig aus der Luft gegriffen, daß auch andere und vielleicht
sogar alle kognitiven Fähigkeiten nicht auf Symbolverarbeitungsprozessen, sondern auf den Verschaltungen neuronaler Netze beruhen.

---

[39] Siehe Sejnowski/Rosenberg (1986).
[40] Siehe Plunkett/Marchman (1991).
[41] Siehe Zhao/Bao (1996).
[42] Siehe Galicki et al. (1997).

10.3.2 Konnektionismus und Repräsentationalismus im Vergleich

Wir hatten schon gesehen, daß mentale Repräsentationen der RTG zufolge satzartigen Charakter besitzen und daß die formalen Regeln, nach denen diese Repräsentationen erzeugt und umgeformt werden, häufig durch die Regeln der formalen Logik inspiriert sind. Es ist daher kein Wunder, daß es sich bei den kognitiven Leistungen, die der Repräsentationalismus am besten erklären kann, um Leistungen handelt, bei denen logisches oder quasilogisches Schließen eine zentrale Rolle spielt. Die 'feedforward'-Netze, die im Konnektionismus untersucht werden, arbeiten dagegen nach ganz anderen Prinzipien. Ihre Hauptaufgabe ist, auf bestimmte Input-Muster mit bestimmten Output-Mustern zu reagieren. Neuronale Netze sind deshalb besonders erfolgreich, wenn es um kognitive Leistungen geht, für die die Fähigkeit der Mustererkennung und der Kategorisierung entscheidend ist.

Dies ist auch einer der Gründe dafür, daß viele Kognitionswissenschaftler und Philosophen dem Konnektionismus kritisch gegenüberstehen. Für sie haben kognitive Prozesse, die diesen Namen wirklich verdienen, nur wenig mit Mustererkennung, dafür aber um so mehr mit Überlegen und Schließen zu tun.[43] Auf diesen Einwand gibt es zwei Entgegnungen. Erstens kann man versuchen, zu zeigen, daß es durchaus möglich ist, neuronale Netze so zu trainieren, daß sie ihre Fähigkeit zur Mustererkennung nutzen, um logische Schlüsse zu ziehen. Zweitens kann man aber auch die Prämisse des Einwands angreifen und argumentieren, daß die Fähigkeit zur Mustererkennung in vielen Fällen für kognitive Prozesse viel wichtiger ist als die Fähigkeit zum logischen und quasi-logischen Schließen.[44]

In der Diskussion der letzten Jahre hat jedoch noch ein weiterer Einwand gegen den Konnektionismus eine entscheidende Rolle gespielt – der Einwand, daß der Konnektionismus nicht in der

---

[43] Vgl. z.B. Rosenberg (1990).
[44] Zur ersten Strategie vgl. Bechtel/Abrahamsen (1991) und Touretzky (1990), zur zweiten Margolis (1987), Dreyfus/Dreyfus (1986) und P.M. Churchland (1989). Zur Kritik der zweiten Strategie siehe Van Gelder (1995).

Lage sei, die Produktivität und insbesondere die Systematizität unseres Denkens zu erklären.[45] Gegen diesen Einwand ist geltend gemacht worden, daß keineswegs klar ist, daß tatsächlich *alles* Denken das Merkmal der Systematizität aufweist. Sicher ist es plausibel, anzunehmen, daß intentionale Zustände bei erwachsenen Menschen im Sinne Fodors systematisch sind. Daß dies aber auch schon für kleine Kinder oder gar für höhere Tiere wie etwa Schimpansen gilt, ist zumindest weit weniger klar. Doch damit wird das Problem nur verschoben. Denn es bleibt ja zu erklären, warum intentionale Zustände zumindest bei erwachsenen Menschen systematisch sind.

Fodor erklärt die Systematizität unseres Denkens im wesentlichen mit dem Hinweis auf seine These (LOT), also mit dem Hinweis darauf, daß mentale Repräsentationen eine Komponentenstruktur besitzen. Einige Vertreter des Konnektionismus haben deshalb versucht, zu zeigen, daß es auch in neuronalen Netzen kompositionale Repräsentationen geben kann, Repräsentationen, die auf eine bestimmte Weise ebenfalls andere Repräsentationen als Teile enthalten.[46] Diese Strategie dient jedoch eher dazu, den Gegensatz zwischen Konnektionismus und Repräsentationalismus zu nivellieren. Denn wenn man jetzt noch die Annahme hinzufügt, daß in den neuronalen Netzen, auf denen unsere kognitiven Leistungen beruhen, strukturierte Repräsentationen aufgrund von struktursensitiven Prozessen verarbeitet werden, dann liegt die Schlußfolgerung zumindest nahe, daß es sich bei diesen neuronalen Netzen nur um Implementationen repräsentationaler Systeme handelt. Eine andere Antwort auf den Systematizitätseinwand ist deshalb interessanter. Einige Autoren[47] haben die These vertreten, daß sich die Systematizität intentionaler Zustände bei erwachsenen Menschen nicht aus der Struktur ihres kognitiven Systems, sondern einfach aus der Tatsache ergibt, daß sie eine Sprache erlernt haben, die ihrerseits eine kompositionale Syntax und Semantik besitzt. Denn wer einen *Satz* der Form *Rab*

---

[45] Dieser Einwand ist besonders ausführlich in Fodor/Pylyshyn (1988) formuliert worden. Vgl. aber auch Fodor/McLaughlin (1990).

[46] Vgl. z.B. Pollack (1988), Smolensky (1990) und Van Gelder (1990).

[47] Vgl. besonders Clark (1989), Bechtel/Abrahamsen (1991) und Dennett (1991c).

für wahr halten kann, kann wohl auch einen Satz der Form *Rba* für wahr halten. Dieser Auffassung zufolge müssen die neuronalen Netze, die den kognitiven Leistungen erwachsener Menschen zugrunde liegen, zwar in der Lage sein, Sätze einer natürlichen Sprache zu produzieren und zu interpretieren. Doch dafür ist es nicht erforderlich, daß sie selbst Strukturen enthalten, die zu den produzierten oder interpretierten Sätzen gewissermaßen isomorph* sind.

Wenn man – unabhängig von den gerade diskutierten Einwänden und Erwiderungen – versucht, Fodors RTG und den Konnektionismus systematisch miteinander zu vergleichen, dann ergibt sich folgendes Bild. Fodors Theorie besteht, wie wir gesehen haben, aus zwei Thesen: der Repräsentationalismus-These, derzufolge intentionale Zustände mit Hilfe mentaler Repräsentationen realisiert sind, und der Computationalismus-These, die besagt, daß diese Repräsentationen strukturiert sind und mit Hilfe von struktursensitiven Prozessen verarbeitet werden.[48] Im Hinblick auf die erste These gibt es zwischen Fodor und dem Konnektionismus keinen grundlegenden Dissens. Denn trotz aller Unterschiede zwischen den verschiedenen Vertretern des Konnektionismus sind sich die meisten von ihnen einig, daß auch in neuronalen Netzen Repräsentationen entstehen und verarbeitet werden.[49] Der Hauptstreitpunkt zwischen der RTG und dem Konnek-

---

[48] Terminologisch wird der Unterscheidung zwischen Repräsentationen im allgemeinen und strukturierten Repräsentationen häufig so Rechnung getragen, daß man strukturierte Repräsentationen 'Symbole' nennt.

[49] Allerdings unterscheiden sich diese Repräsentationen in einigen wichtigen Punkten von denen des klassischen Repräsentationalismus. Zum einen gibt es die innerkonnektionistische Diskussion darüber, ob die Aktivation einzelner Einheiten oder eher die Aktivationsmuster ganzer Gruppen von Einheiten als Repräsentationen angesehen werden sollen (lokale vs. verteilte Repräsentationen). Zum anderen – und das ist hier wichtiger – sind konnektionistische Repräsentationen, anders als die sprachartigen Repräsentationen der RTG, nicht diskret. Bei den Bitmustern in einem Computer ist immer zweifelsfrei entscheidbar, welches Muster vorliegt, da für jedes einzelne Bit klar ist, ob es sich um eine 1 oder eine 0 handelt. Die Aktivation der einzelnen Einheiten in einem neuronalen Netz kann jedoch jeden Wert zwischen -1 und 1 annehmen. Und daher gibt es kontinuierliche Übergänge zwischen den verschiedenen Aktivationsmustern mehrerer Einheiten. Aus diesem Grund geht man davon aus, daß Repräsentationen in neuronalen

tionismus betrifft also die Computationalismus-These. Wenn man einmal von den Versuchen absieht, zu zeigen, daß es auch in neuronalen Netzen so etwas wie strukturierte Repräsentationen geben kann, halten es viele Vertreter des Konnektionismus nämlich gerade für einen Vorteil ihrer Theorie, daß sie ohne diese These auskommt. Welche Gründe sprechen in dieser Debatte für die beiden Kontrahenten?

Auf der einen Seite stehen Fodor und seine Anhänger mit der folgenden Argumentation: Wenn wir annehmen, daß intentionale Zustände mit Hilfe strukturierter Repräsentationen realisiert sind, die auf der Grundlage von struktursensitiven Prozessen verarbeitet werden, dann können wir erklären,

- warum in einer Reihe von psychologischen Gesetzen nicht auf den spezifischen Inhalt intentionaler Zustände Bezug genommen wird, sondern nur auf die logische Form dieses Inhalts;

- warum Kausalbeziehungen zwischen intentionalen Zuständen häufig semantische Beziehungen zwischen ihren Inhalten bzw. Rationalitätsprinzipien respektieren und

- warum intentionale Zustände produktiv und systematisch sind.

Außerdem läßt sich, wie die Ergebnisse der Künstliche-Intelligenz-Forschung zeigen, auf der Grundlage unserer Theorie das gesamte kognitive Verhalten sowohl von Menschen als auch von höheren Tieren vollständig erklären.

Besonders, was diesen letzten Punkt betrifft, sind die Vertreter des Konnektionismus völlig anderer Meinung. Ihres Erachtens

---

Netzen nicht aus ganz bestimmten Aktivationsmustern, sondern aus allen Aktivationsmustern bestehen, die einem bestimmten Muster hinreichend ähnlich sind. Dies hat aber zur Folge, daß es bei Repräsentationen in neuronalen Netzen nicht um ein klares Entweder-Oder, sondern um ein Mehr-oder-Weniger geht. Viele Befürworter des Konnektionismus halten dies jedoch für einen Vorteil. Denn die Frage, ob ein bestimmter Gegenstand unter einen Begriff fällt, ist ebenfalls nicht immer mit einem klaren Ja oder Nein zu beantworten. Häufig gibt es neben den Gegenständen, die klarerweise unter den Begriff fallen, und denen, die das nicht tun, auch solche, von denen man zwar – manchmal nach einigem Zögern – sagt, daß sie unter den Begriff fallen, die man jedoch nicht als für diesen Begriff typisch ansieht. Ein über zwei Meter großer Holzlöffel, der zu Werbezwecken über einem Lokal hängt, ist z.B. ein weniger typischer Löffel als all die normalen Löffel, die sich in der Besteckschublade befinden.

sind bisher alle Versuche, basale kognitive Leistungen – wie die
Fähigkeiten beim Gehen nicht umzufallen, einen fliegenden Ball
zu fangen oder ein Gesicht wiederzuerkennen – mit Hilfe von
formalen Prozessen zu erklären, kläglich gescheitert. Zweitens
gibt es ihrer Meinung nach eine Reihe von empirischen Gründen
gegen die Computationalismus-These. Zum einen ist es nämlich
äußerst unplausibel, anzunehmen, daß unser Gehirn tatsächlich
wie ein Computer arbeitet. Und zum anderen ist nicht zu sehen,
wie die struktursensitiven Prozesse, auf denen der RTG zufolge
alle kognitiven Leistungen beruhen, evolutionär entstanden sein
sollen. Bei neuronalen Netzen haben wir demgegenüber wenigstens im Prinzip eine Vorstellung davon, wie diese Netze entstanden sein können und wie sie gelernt haben können, die Leistungen zu erbringen, die sie erbringen sollen. Drittens schließlich gilt
allgemein: Wenn man davon ausgeht, daß kognitive Prozesse als
Funktionen aufgefaßt werden können, die (Wahrnehmungs-)In-
puts auf (Verhaltens-)Outputs abbilden (und dies wird von der
RTG ja nicht anders gesehen), dann läßt sich zeigen, daß es zu
jeder Funktion dieser Art, die mit Hilfe eines formalen Algorithmus berechnet werden kann, ein neuronales Netz gibt, das dieselbe Funktion berechnet. Grundsätzlich läßt sich also alles Verhalten, das mit Hilfe struktursensitiver Prozesse erklärt werden kann,
auch durch neuronale Netze erklären.

Wenn man genau hinsieht, bemerkt man in diesen Argumenten
für und gegen die Computationalismus-These einen deutlichen
Unterschied im Hinblick auf die Frage, was mit den jeweiligen
Theorien eigentlich erklärt werden soll. Fodor geht es in erster
Linie darum, zu erklären, wie intentionale Zustände realisiert sein
können. Das Hauptziel der Konnektionisten dagegen ist, heraus-
zufinden, worauf die kognitiven Fähigkeiten und das kognitive
Verhalten von Menschen und Tieren beruhen. Deshalb ist es im
Grunde unfair, wenn Fodor dem Konnektionismus vorwirft, be-
stimmte Merkmale intentionaler Zustände nicht erklären zu kön-
nen. Denn dies ist gar nicht dessen Ziel. Ein Argument gegen den
Konnektionismus hätte Fodor nur, wenn er zeigen könnte, daß es
kognitive Fähigkeiten oder Verhaltensweisen gibt, die nicht mit
Hilfe neuronaler Netze erklärt werden können.

11   Dennetts Theorie intentionaler Systeme

11.1   Intentionaler Realismus

Fodor gehört zu den intentionalen Realisten. Das heißt, er hält die folgende These für wahr:

(IR) Es gibt mentale Zustände, die die folgenden Bedingungen erfüllen:

(a) sie sind semantisch bewertbar, d.h. sie haben Wahrheits- bzw. Erfüllungsbedingungen;

(b) sie sind kausal wirksam;

(c) die Kausalbeziehungen zwischen diesen Zuständen und dem durch sie verursachten Verhalten entsprechen – wenigstens im großen und ganzen – den Gesetzen der Alltagspsychologie.[1]

Auf den ersten Blick scheint diese These nicht mehr zu besagen, als daß Fodor im Hinblick auf intentionale Zustände kein Eliminativist ist. Aber ganz so einfach liegen die Dinge nicht. Denn die Brisanz der These (IR) steckt in der Bedingung (b). Der Grund dafür ist, daß Fodor zufolge diese Bedingung nur erfüllt sein kann, wenn intentionale Zustände physisch realisiert sind. Grundsätzlich gilt seiner Meinung nach nämlich: Falls *F* und *G* Eigenschaften sind, die nicht zu den grundlegenden physikalischen Eigenschaften Masse, Länge, Ladung, etc. gehören, kann die Tatsache, daß ein Gegenstand die Eigenschaft *F* hat, nur dann die Ursache dafür sein, daß er oder ein anderer Gegenstand die Eigenschaft *G* hat, wenn es einen *physischen Mechanismus* gibt, durch den diese Kausalbeziehung implementiert ist. Alles Verursachen beruht für Fodor auf physischen Kausalbeziehungen. Auch intentionale Zustände können daher nur dann kausal wirksam sein, wenn ihre physischen Realisierungen durch einen physischen Mechanismus mit ihren Wirkungen verknüpft sind.[2] Fodor ist daher der Meinung, daß die These (IR) nur wahr sein kann, wenn

---

[1] Vgl. hierzu Fodor (1985, 78; 1987, 10).

[2] Vgl. hierzu z.B. Fodor (1994).

die Alltagspsychologie durch die Neurobiologie *bestätigt*[3] wird. Das heißt, er vertritt die Auffassung, daß intentionale Zustände nur real sein können, wenn die folgenden beiden Bedingungen erfüllt sind: (a) Jedem intentionalen Zustand entspricht eindeutig ein neuronaler Zustand, durch den er realisiert ist; und (b) wenn ein intentionaler Zustand Z_1 einen anderen intentionalen Zustand Z_2 verursacht, dann folgt aus den Gesetzen der Neurobiologie, daß die Realisierung von Z_1 die Realisierung von Z_2 verursacht.

Viele Argumente von Vertretern des Eliminativen Materialismus kann man so verstehen, daß sie genau an dieser Stelle ihre Skepsis anmelden. Die Entwicklung der Neurowissenschaften verläuft ihres Erachtens schon heute erkennbar in eine Richtung, die es nicht sehr plausibel macht, anzunehmen, daß man irgendwann zu jedem intentionalen Zustand einen neuronalen Zustand finden wird, durch den er realisiert ist. Vielmehr sieht es so aus, daß die Neurowissenschaften die neuronalen Zustände, auf denen das Verhalten von Tieren und Menschen beruht, auf eine Weise klassifizieren werden, die eine eindeutige Zuordnung von neuronalen und intentionalen Zuständen nicht zuläßt. Damit, so die Eliminativen Materialisten, wird jedoch der Annahme, es gäbe intentionale Zustände, die Grundlage entzogen. Denn wenn wir alles Verhalten durch neuronale Zustände erklären können, für die es keine Entsprechungen auf der Ebene der Alltagspsychologie gibt, dann gibt es keine Rolle mehr, die intentionale Zustände überhaupt spielen könnten.

Dennett steht in dieser Auseinandersetzung genau zwischen den Fronten. Auf der einen Seite ist auch er davon überzeugt, daß sich alles Verhalten durch neuronale (oder auch funktionale[4]) Zustände erklären läßt, für die es auf der intentionalen Ebene keine Entsprechungen gibt. Auf der anderen Seite teilt er jedoch die Auffassung Fodors, daß auf die Annahme, daß es intentionale Zustände gibt, in gewisser Weise gar nicht verzichtet werden kann. Dennetts zentrale Frage lautet daher: Auf welche Weise kann man intentionaler Realist sein, wenn es keine eindeutige Entsprechung

---

[3]   Fodor verwendet in diesem Zusammenhang den englischen Ausdruck 'vindication'.

[4]   Der Begriff des funktionalen Zustands hat bei Dennett eine etwas andere Bedeutung als im Funktionalismus. Vgl. hierzu unten den Abschnitt 11.2.

zwischen intentionalen Zuständen auf der einen und neuronalen oder funktionalen Zuständen auf der anderen Seite gibt? Bevor wir uns der Antwort auf diese Frage zuwenden können, müssen zuvor jedoch die Grundzüge der von Dennett entwickelten Theorie intentionaler Systeme erläutert werden.

11.2 Die Grundannahmen der Dennettschen Theorie

Dennett zufolge kann man das Verhalten jedes komplexen Systems auf drei verschiedene Weisen erklären und voraussagen.[5]

- In *physikalischer Einstellung* überlegt man, aus welchen physischen Komponenten das System besteht, wie diese Komponenten aufgrund der für sie geltenden Naturgesetze interagieren und welches Systemverhalten aus diesen Interaktionen resultiert.

- Die *funktionale Einstellung* kann man besonders Maschinen, aber auch Lebewesen gegenüber einnehmen. Hier lauten die entscheidenden Fragen: Welche Funktionen haben die einzelnen Teile eines Systems? Und wie verhält sich das gesamte System, wenn alle seine Teile so funktionieren, wie sie funktionieren sollen?

- In *intentionaler Einstellung* schließlich erklärt man das Verhalten eines Systems, indem man annimmt, daß das System über bestimmte Informationen verfügt (bestimmte Überzeugungen hat), daß es bestimmte Ziele verfolgt und daß es sich angesichts dieser Informationen und Ziele rational verhält, d.h. daß es tut, was unter der Voraussetzung, daß seine Informationen zutreffen, tatsächlich zur Realisierung seiner Ziele führt.

Dennett selbst erläutert diese drei Einstellungen in seinem Aufsatz „Intentional Systems" (1971) am Beispiel eines Schachcomputers. Dabei schreibt er zur funktionalen Einstellung:

> „Zuerst gibt es die *funktionale Einstellung* (*design stance*). Wenn man die Konstruktion des Computers (einschließlich ihres austauschbaren Teils: des

---

5   Offensichtlich gibt es einen engen Zusammenhang zwischen diesen drei Arten der Erklärung und dem im Abschnitt 10.2 vorgestellten Drei-Ebenen-Modell.

Programms) genau kennt, kann man für jeden Zug, den man macht, den Gegenzug des Computers voraussagen, indem man die Rechenanweisungen des Programms befolgt. Die Voraussage, die man macht, wird sich als wahr erweisen unter der einzigen Voraussetzung, daß der Computer so funktioniert, wie er konstruiert wurde – d.h. störungsfrei. Man kann verschiedene Varianten von Voraussagen in funktionaler Einstellung unterscheiden, doch alle gleichen sich darin, daß sie auf den ... Begriff der *Funktion* vertrauen. ... Die schematischen Schaltpläne eines Funktechnikers enthalten beispielsweise Symbole für jeden Widerstand, Kondensator, Transistor, usw. – *jedes Element mit seiner zu verrichtenden Aufgabe* ... Den Gegenzug des Computers kann man somit in funktionaler Einstellung auf mehreren verschiedenen Abstraktionsebenen voraussagen, in Abhängigkeit davon, ob die Konstruktion Strategie-Erzeuger und Konsequenzen-Überprüfer, Multiplizierer und Dividierer oder Transistoren und Schalter als kleinste funktionale Elemente behandelt." (Dennett 1971, 162f.)

Als zweites charakterisiert er die physikalische Einstellung (*physical stance*):

„Bei dieser Einstellung stützen sich unsere Voraussagen auf den tatsächlichen physikalischen Zustand eines einzelnen Gegenstandes und werden unter Anwendung unseres gesamten Wissens über die Naturgesetze entwickelt, das uns zur Verfügung steht. ... Beispiele für Voraussagen aus der physikalischen Einstellung sind alltäglich genug: 'Wenn Du den Schalter einstellst, wirst Du einen gefährlichen Schlag erhalten' und 'Wenn die Schneefälle kommen, wird dieser Zweig sofort abbrechen'." (Dennett 1971, 163f.)

Einem Schachcomputer gegenüber können wir diese Einstellung aber kaum einnehmen, „weil die Zahl der kritischen Variablen in der physikalischen Beschaffenheit eines Computers auch den großartigsten Berechner überwältigen würde" (Dennett 1971, 164). Sogar die funktionale Einstellung ist bei einem solchen Gerät kaum praktikabel; denn wenn wir den Anweisungen seines Programms Schritt für Schritt folgen würden, würden Monate oder sogar Jahre vergehen, bis wir wüßten, welchen Zug der Computer als nächstes machen wird. Wenn man das Verhalten eines Schachcomputers voraussagen will, ist es daher häufig am besten, weder die physikalische noch die funktionale, sondern die intentionale Einstellung einzunehmen.

„Die beste Aussicht, für einen Menschen, eine solche Maschine in einem Schachspiel zu schlagen, besteht darin, ihre Gegenzüge dadurch vorauszusagen, daß er sich, so gut er kann, überlegt, welches unter den gegebenen [Umständen] der beste und vernünftigste Zug wäre. Das bedeutet, daß man nicht nur annimmt, (1) daß die Maschine funktionieren wird, wie sie konstruiert ist, sondern ebenfalls, (2) daß die Konstruktion optimal ist und daß der Computer den vernünftigsten Zug 'wählen' wird. ... Diese dritte Einstellung mit ihrer Annahme der Rationalität ist die *intentionale Einstellung* (*intentional stance*); ... man betrachtet den Computer als intentionales System. Man sagt in einem solchen Fall Verhalten voraus, indem man dem System den *Besitz gewisser Informationen* zuschreibt, von ihm annimmt, daß es von *gewissen Zielen* geleitet wird, und sich dann auf der Grundlage dieser Zuschreibungen und Annahmen die vernünftigste und angemessenste Handlung überlegt. Die Information, die der Computer besitzt, seine *Meinungen* und seine Ziele und Teilziele seine *Wünsche* zu nennen, ist nur ein kleiner Schritt." (Dennett 1971, 164ff.)

Dennett ist durchaus bereit, diesen Schritt zu machen. Denn seiner Meinung nach gilt:

„Tatsächlich Überzeugungen zu haben (to be a true believer) *heißt nichts anderes* als ein *intentionales System* zu sein, ein System, dessen Verhalten verläßlich und weitestgehend mit Hilfe der intentionalen Strategie vorausgesagt werden kann." (Dennett 1981a, 15)

Dennetts erste Erläuterung dessen, was es heißt, ein intentionales System zu sein, kann man daher so zusammenfassen:

(Den₁) Ein System ist genau dann ein intentionales System (ein System mit wirklichen Wünschen und Überzeugungen), wenn sich sein Verhalten verläßlich und umfassend in intentionaler Einstellung erklären und voraussagen läßt.

Auf diesen Punkt werden wir gleich zurückkommen. Zuvor soll aber noch einmal betont werden, daß Dennett zufolge für die intentionale Einstellung eine *starke Rationalitätsannahme* konstitutiv ist, die nicht nur die Frage, ob sich ein System im Hinblick auf seine Wünsche und Überzeugungen rational verhält, sondern auch diese Wünsche und Überzeugungen selbst betrifft. Denn nach Dennett müssen wir von folgenden Voraussetzungen ausgehen, wenn wir einem System gegenüber die intentionale Einstellung einnehmen:[6]

• Das System hat die *Überzeugungen*, die es haben sollte, wenn man von seinen Wahrnehmungsfähigkeiten, seinen epistemischen Bedürfnissen und seiner Biographie ausgeht. Die Über-

---

[6] Vgl. Dennett (1981b, 49).

zeugungen eines Systems sind daher im allgemeinen wahr und für das System relevant. Wenn wir einem System falsche Überzeugungen zuschreiben, bedarf es einer besonderen Erklärung, aus der hervorgeht, wie die falschen Überzeugungen aufgrund bestimmter Umgebungsmerkmale zustande kamen, die im Hinblick auf die sensorische Ausstattung des Systems Wahrnehmungstäuschungen wahrscheinlich machen.

- Das System hat die *Wünsche*, die es im Hinblick auf seine biologischen Bedürfnisse und auf die für es praktikabelsten Mittel zur Befriedigung dieser Bedürfnisse haben sollte. Für 'abnormale' Wünsche muß ebenfalls eine besondere Erklärung gegeben werden.
- Das System verhält sich *rational*, d.h. es tut das, was im Hinblick auf seine Wünsche und Überzeugungen zu tun rational ist.

Wenn man Dennetts Unterscheidung zwischen der physikalischen, der funktionalen und der intentionalen Einstellung akzeptiert, stellen sich sofort die beiden – eng miteinander zusammenhängenden – Fragen:

1. Unter welchen Bedingungen sollte man welche Art der Erklärung bzw. Voraussage des Verhaltens eines Systems wählen?
2. Unter welchen Bedingungen ist es wirklich *legitim*, das Verhalten eines Systems in intentionaler Einstellung zu erklären und es damit als ein System zu betrachten, das tatsächlich Wünsche und Überzeugungen hat?

Die erste Frage ist schon deshalb dringlich, weil auf Anhieb ja gar nicht zu sehen ist, warum man nicht alles Verhalten in physikalischer Einstellung erklären und voraussagen soll. Schließlich sind Voraussagen in dieser Einstellung die einzigen Voraussagen, auf die man sich wirklich verlassen kann. Denn Voraussagen in funktionaler Einstellung führen nur dann zu korrekten Ergebnissen, wenn das System tatsächlich so funktioniert, wie es konstruiert ist. Und Voraussagen in intentionaler Einstellung sind nur verläßlich, wenn das System darüber hinaus tatsächlich optimal konstruiert ist. Warum sollte man also überhaupt eine dieser beiden Einstellungen einnehmen?

In „Intentional Systems" vermittelt Dennett, wie wir schon gesehen haben, den Eindruck, daß für die Wahl der Erklärungsebene
ausschließlich praktische Gründe von Bedeutung sind. Wir wählen die funktionale Einstellung, wenn wir zu wenig über die physische Struktur eines Systems wissen oder wenn Erklärungen und
Voraussagen in physikalischer Einstellung zu komplex und unüberschaubar wären. Und auch die intentionale Einstellung nehmen wir Dennett zufolge insbesondere dann ein, wenn selbst auf
der funktionalen Ebene die Dinge zu kompliziert werden.

> „Die besten heutigen Schachcomputer sind für Voraussagen in funktionaler
> oder physikalischer Einstellung praktisch unzugänglich. Sie sind sogar für
> ihre eigenen Konstrukteure zu komplex geworden, um sie in funktionaler
> Einstellung zu betrachten." (Dennett 1971, 164)

Aber diese Antworten sind natürlich unbefriedigend. Denn
wenn sie zuträfen, läge es allein an unseren epistemischen Defi-
ziten, daß wir in einigen Fällen zur Erklärung oder Voraussage
eines Systems die funktionale oder gar die intentionale Einstellung einnehmen müssen. Wenn wir über die physische Struktur
der Dinge, die uns umgeben, besser informiert wären und wenn
wir besser rechnen könnten, würden wir die physikalische Ebene
nie verlassen. Und dann gäbe es daher auch keine intentionalen
Systeme. Denn nur die Systeme haben wirklich intentionale Zustände, bei denen es Gründe gibt, ihr Verhalten in intentionaler
Einstellung zu erklären. Dennett selbst hat deshalb in späteren
Aufsätzen versucht, eine bessere Antwort auf die Frage zu finden,
unter welchen Bedingungen es *legitim* oder sogar *zwingend* ist,
die intentionale Einstellung einzunehmen.[7]

Ausgangspunkt für diese Antwort ist die Beobachtung, daß es
wenig Sinn hat, zu sagen, daß alle Systeme intentionale Systeme
sind, deren Verhalten sich überhaupt in intentionaler Einstellung
erklären läßt. Denn ein wenig Nachdenken zeigt, daß solche Erklärungen immer möglich sind, d.h. daß es überhaupt kein System
gibt, dessen Verhalten sich nicht auf diese Weise erklären und
voraussagen läßt.

---

[7]   Die Frage, wann es legitim ist, statt der physikalischen die funktionale
Einstellung einzunehmen, wird von Dennett meines Wissens nicht disku-
tiert. Eine mögliche Antwort auf diese Frage ergibt sich aber aus den
Überlegungen am Ende des Abschnitts 12.2.

„Das Pult in diesem Hörsaal z.B. scheint man als ein intentionales System auffassen zu können – ein System, das völlig rational ist, das glaubt, daß es sich im Augenblick im Zentrum der zivilisierten Welt befindet[8] ..., und das nichts sehnlicher wünscht, als in diesem Zentrum zu bleiben. Was sollte solch ein rational Handelnder mit dieser Überzeugung und diesem Wunsch tun? Genau da stehen bleiben, wo er ist; und dies ist genau das, was das Pult tut. Ich sage das Verhalten des Pults korrekt in intentionaler Einstellung voraus. Ist es deshalb ein intentionales System? Wenn ja, dann sind alle Dinge, die es überhaupt gibt, intentionale Systeme." (Dennett 1981a, 23)

Diese Schlußfolgerung möchte auch Dennett vermeiden. Was also unterscheidet das Pult im Hörsaal von einem echten intentionalen System? Zunächst, so Dennett, daß die intentionale Strategie bei der Erklärung des Verhaltens des Pults keine Vorteile bringt. Denn dieses Verhalten läßt sich in physikalischer Einstellung genauso gut erklären. Bei Menschen und Tieren ist dies jedoch anders. Bei diesen Wesen ist die intentionale oft die einzig praktikable Strategie. Das könnte jedoch wieder an unseren epistemischen Beschränkungen liegen. Könnte nicht ein Superingenieur das Verhalten dieser Wesen ebensogut in physikalischer Einstellung vorhersagen wie wir das Verhalten des Pultes?

Dennetts Antwort auf diese Frage lautet: In gewisser Weise nein; denn Menschen und Tiere gehören zu den Wesen, bei denen man etwas Wesentliches außer acht läßt, wenn man ihnen gegenüber *nicht* die intentionale Einstellung einnimmt. Worum es dabei geht, erläutert er am Beispiel superintelligenter Marsmenschen, die unser Verhalten in physikalischer Einstellung ebensogut erklären können wie wir z.B. das Verhalten eines Thermostaten.

„Die Marsmenschen, die wir uns vorgestellt haben, könnten in der Lage sein, die Zukunft der gesamten Menschheit mit Hilfe der Methoden von Laplace* vorherzusagen. Aber wenn sie uns nicht als intentionale Systeme betrachten würden, würde ihnen etwas völlig Objektives entgehen: die *Muster* im menschlichen Verhalten, die von der intentionalen Einstellung aus – und nur von dieser Einstellung aus – beschrieben werden können und die Verallgemeinerungen und Voraussagen stützen." (Dennett 1981a, 25)

Dennett denkt etwa an das Verhalten eines Börsenmaklers, der telefonisch 100 Aktien von SAP kaufen möchte. Auf der Grund-

---

[8] Der Aufsatz „True Believers" geht auf einen Vortrag zurück, den Dennett 1979 in Oxford gehalten hat.

lage ihrer umfassenden mikrophysikalischen Kenntnisse könnten die Besucher vom Mars die Bewegungen seiner Finger beim Wählen der Telefonnummer ebenso präzise vorhersagen wie die Schwingungen seiner Stimmbänder beim Formulieren des Kaufauftrags. Aber sie würden dabei übersehen, daß unzählig viele andere Muster von Fingerbewegungen und Stimmbänderschwingungen für den Ablauf des Börsengeschehens genau denselben Effekt gehabt hätten. D.h., sie würden ein in der Welt real existierendes Muster nicht erkennen. So wie jemand die Funktionsweise eines Verbrennungsmotors nicht verstanden hat, wenn er nicht sieht, daß viele verschiedene Arten von Gegenständen die Funktion einer Zündkerze ausüben können, haben die Besucher vom Mars das Börsengeschehen nicht verstanden, wenn sie nicht sehen, daß es viele verschiedene Arten gibt, eine Kauforder für Aktien zu plazieren.

Worauf Dennett hier anspielt, ist offenbar die Unterscheidung zwischen Handlungen und Körperbewegungen. Auf der einen Seite kann man dieselbe Handlung mit Hilfe sehr unterschiedlicher Körperbewegungen ausführen. Man kann z.B. eine Rechnung bezahlen, indem man einen Scheck unterschreibt, indem man dem Verkäufer Bargeld über den Tresen reicht, indem man seiner Bank einen telefonischen Überweisungsauftrag erteilt, usw. Auf der anderen Seite kann man aber auch mit derselben Körperbewegung sehr unterschiedliche Handlungen ausführen. Eine bestimmte Handbewegung kann das Öffnen eines Fensters oder das Anstellen eines Herdes sein; eine bestimmte Fußbewegung kann ein Fußtritt oder ein Schuß auf dem Fußballfeld sein; ein bestimmtes Pfeifen kann eine Mißfallenskundgebung oder der Versuch sein, jemanden auf sich aufmerksam zu machen. Dennett geht es also offenbar um folgendes: Wer nur die physikalische Einstellung einnimmt, bekommt gar nicht das in den Blick, was in intentionaler Einstellung erklärt werden soll – nämlich Handlungen. Die Muster, die aus einer Körperbewegung eine Handlung machen, sind seiner Meinung nach nämlich nur von der intentionalen Einstellung aus sichtbar. Dennetts endgültige Antwort auf die zweite der oben gestellten Fragen lautet dementsprechend:

(Den₂) Ein System ist genau dann ein intentionales System, wenn
sich in seinem Verhalten Muster zeigen, die nur von der
intentionalen Einstellung aus sichtbar werden.

11.3   Dennett über das Verhältnis von funktionalen und intentionalen Verhaltenserklärungen

Die bisher referierten Überlegungen Dennetts könnte man als
zusätzliche Argumente für den intentionalen Realismus bzw. gegen den Eliminativen Materialismus verstehen. Denn ihre wesentliche Pointe lautet: In gewissem Sinne ist die Annahme, daß
es intentionale Zustände gibt, tatsächlich unverzichtbar. Auf der
anderen Seite hatten wir aber zu Beginn dieses Kapitels gesehen,
daß Philosophen wie Fodor der Meinung sind, daß intentionale
Zustände nur wirklich sein können, wenn sie physisch realisiert
sind. Und in diesem Punkt ist Dennett immer äußerst skeptisch
gewesen. Seiner Meinung nach gibt es schon zwischen der funktionalen und der intentionalen Ebene eine unüberbrückbare Kluft,
die eine funktionale und damit auch eine physische Realisierung
intentionaler Zustände völlig ausschließt. Welche Argumente
kann Dennett für diese doch sehr weitgehende These ins Feld
führen? Sein Hauptargument in diesem Zusammenhang lautet:

• Die intentionale Psychologie hat einen ähnlichen Status wie
  die *Entscheidungs*- oder die *Spieltheorie**. Sie arbeitet – wie
  sich besonders an der für sie konstitutiven starken Rationalitätsannahme zeigt – mit starken Idealisierungen. Ein physisches System kann jedoch niemals völlig rational sein.

Die intentionale Psychologie ähnelt diesem Argument zufolge
in ihrem Charakter z.B. einer ökonomischen Theorie, die das
Verhalten von Wirtschaftssubjekten voraussagt, indem sie annimmt, daß diese über vollständige Informationen verfügen und
sich auf der Grundlage dieser Informationen entscheidungstheo-
retisch rational verhalten. Jeder weiß, daß es solche Wirtschafts-
subjekte nicht gibt; trotzdem kann ein entsprechendes ökonomi-
sches Modell nützliche Prognosen ermöglichen.

Den Unterschied, um den es ihm hier geht, erläutert Dennett auch mit Hilfe der aus der Linguistik stammenden Unterscheidung von *Kompetenz* und *Performanz*.[9] Jeder von uns verfügt über die Fähigkeit, grammatisch korrekte Sätze zu produzieren und grammatische von ungrammatischen Sätzen zu unterscheiden. „Hans gibt Herta die Wurst" etwa ist grammatisch, „Hans Herta gibt die Wurst" dagegen ungrammatisch. Der zweite Satz entspricht nicht den Regeln der deutschen Sprache. Diese Fähigkeit läßt sich durch die Annahme erklären, daß wir alle über eine *Grammatik* des Deutschen verfügen – eine Theorie, aus der hervorgeht, mit Hilfe welcher Regeln im Deutschen syntaktisch* korrekte Sätze gebildet werden können. Wenn man beim Sprechen den Regeln dieser Theorie folgt, produziert man daher nur grammatische Sätze; und wenn man diese Regeln bei der Analyse gehörter oder gelesener Sätze anwendet, kann man zuverlässig zwischen grammatischen und ungrammatischen Sätze unterscheiden. Die Theorie erklärt insofern die grammatische *Kompetenz* eines Sprechers der deutschen Sprache. *De facto* machen wir beim Sprechen und auch beim Verstehen aber immer wieder Fehler, d.h. unser tatsächliches sprachliches Verhalten – unsere *Performanz* – weicht mehr oder weniger stark von der in der Grammatik festgehaltenen Kompetenz ab.

Auch wenn wir das Verhalten eines Taschenrechners beschreiben und erklären, tun wir dies Dennett zufolge sinnvollerweise

---

[9] In seinem Aufsatz „Three Kinds of Intentional Psychology" führt Dennett zur Erläuterung eine weitere Unterscheidung an – die Unterscheidung zwischen *semantischen* und *syntaktischen** *Maschinen*. Als intentionale Systeme sind Lebewesen semantische Maschinen. Was sie tun, hängt wesentlich vom *Inhalt* ihrer intentionalen Zustände ab. Gehirne (und Computer) sind ihrer Natur nach jedoch syntaktische Maschinen. Sie können Repräsentationen nur aufgrund ihrer *formalen Eigenschaften* verarbeiten; der Inhalt dieser Repräsentationen ist ihnen sozusagen unzugänglich. Auch für diese Unterscheidung gilt nach Dennett: Eine syntaktische Maschine kann eine semantische Maschine niemals realisieren; sie kann sie höchstens bis zu einem gewissen Grade 'nachahmen'. Gegen diese Annahme sprechen aber dieselben Argumente wie gegen die unten diskutierte Annahme, daß die formalen Algorithmen, auf denen das Verhalten eines Taschenrechners beruht, nicht die arithmetischen Gesetze realisieren können, mit denen wir das Verhalten eines solchen Rechners auf der computationalen Ebene (vgl. oben Abschnitt 10.2) erklären.

auf der Grundlage eines *Kompetenzmodells*. Wir unterstellen, daß
der Rechner im Hinblick auf einfache Funktionen wie die Addition, Subtraktion, Multiplikation usw. die Fähigkeit besitzt, für
alle Argumente die *richtigen* Funktionswerte zu errechnen. Wir
erklären und prognostizieren das Verhaltens des Rechners also
z.b. mit Gesetzen wie:

> Wenn man eine Zahl eingibt, die '+'-Taste drückt, eine zweite
> Zahl eingibt und dann die Enter- oder '='-Taste drückt, er-
> scheint im Display die *korrekte Summe* der beiden eingegebe-
> nen Zahlen.

Mit anderen Worten: Wenn wir das Verhalten eines Taschenrechners vorhersagen wollen, stützen wir uns dabei auf die Gesetze
der Arithmetik.

Tatsächlich kann jedoch kein physisches System diese Gesetze
uneingeschränkt realisieren. Denn in der Arithmetik spielt End-
lichkeit keine Rolle; physische Systeme sind jedoch immer Beschränkungen unterworfen, die mit ihrem endlichen Charakter zu
tun haben. Und dies führt dazu, daß kein physisches System für
alle möglichen Argumente das jeweils richtige Ergebnis angeben
kann. Dies zeigt sich schon bei einfachen Divisonsaufgaben:

- Bei der Division von 2 durch 3 erhalten wir z.B. nicht das Ergebnis 2/3, sondern z.B. das 'Ergebnis' 0,666666 bzw.
  0,666667.
- Wenn man 10 zuerst durch 3 teilt und dann das Ergebnis wieder mit 3 multipliziert, liefern viele Rechner nicht das Ergebnis 10, sondern das 'Ergebnis' 9,999999.

Im Inneren des Rechners laufen also Prozesse ab, die den Gesetzen der Arithmetik *nur annähernd* entsprechen.

Allem Anschein nach gibt es keine Möglichkeit, diese grundsätzliche Kluft zwischen Kompetenz und Performanz zu über-
brücken. Wenn wir das Verhalten eines Systems mit einem Kompetenzmodell erklären, können die Prozesse im Innern dieses Systems daher Dennett zufolge gar nicht den Gesetzen entsprechen,
von denen wir bei der Erklärung seines Verhaltens ausgehen.

Angesichts dieser Argumentation stellen sich jedoch wieder
zwei Fragen:

1. Wie plausibel ist die Annahme, daß die intentionale Psychologie den Status einer Kompetenz-Theorie hat? Ist die Rationalitätsannahme wirklich so stark, daß kein physisches System in diesem Sinne rational sein kann?

2. Falls die intentionale Psychologie tatsächlich den Status einer Kompetenz-Theorie hat, folgt daraus *zwingend*, daß die physischen bzw. funktionalen Zustände intentionaler Systeme nicht exakt den intentionalen Zuständen, die diese Theorie annimmt, entsprechen können?

Was die erste Frage betrifft, scheint Dennett die folgende Auffassung zu vertreten: Intentionale Zustände schreiben wir einem System nur dann zu, wenn wir ihm gegenüber die intentionale Einstellung annehmen; und die intentionale Einstellung können wir in der Tat nur annehmen, wenn wir voraussetzen, daß sich das System *vollständig rational* verhält.

Doch das ist alles andere als plausibel. Wir hatten zwar schon im Abschnitt 7.3 gesehen, daß es unmöglich ist, einem System, das sich völlig irrational verhält, intentionale Zustände zuzuschreiben. Aber das Gegenteil von 'völlig irrational' ist nicht 'völlig rational'. Systeme mit Wünschen und Überzeugungen können sich also nicht immer irren, immer unvernünftige Wünsche haben oder immer irrational handeln. Aber das schließt natürlich nicht aus, daß sie sich dann und wann irren, daß sie manchmal Wünsche haben, die nicht ihren biologischen Bedürfnissen entsprechen, und daß sie in einigen – wenn vielleicht auch nur wenigen – Fällen etwas tun, was im Hinblick auf ihre Wünsche und Überzeugungen irrational ist.

Was die wissenschaftliche Psychologie betrifft, kann man sogar sagen, daß es zu ihren interessantesten Aufgaben gehört, zu erkunden, wieweit der Bereich menschlicher Rationalität reicht und unter welchen Bedingungen Personen dazu neigen, falsche Überzeugungen zu erwerben, falsche Schlüsse zu ziehen oder irrational zu handeln. Aber auch für die Alltagspsychologie sind diese Fragen von großem Interesse. Denn wenn ich in einem Schachspiel gewinnen möchte, ist es für mich von großem Nutzen, zu wissen, welche Art von Fallen mein Gegner gewöhnlich übersieht. Und der Erfolg von Magiern beruht unter anderem darauf, daß sie genau wissen, wie man das Publikum am wirksamsten vom tatsächlichen Ort des Geschehens ablenkt. Es gibt also allen Grund für die Annahme, daß sich sowohl die wissenschaftliche Psychologie als auch die Alltagspsychologie nicht als Kompetenz-, sondern als Performanz-Theorien verstehen. Noch entscheidender ist aber, daß sie dies ganz offensichtlich tun können, *ohne das intentionale Begriffssystem verlassen zu müssen.* Dennett hat also einfach Unrecht, wenn er behauptet, daß wir einem System intentionale Zustände nur dann zuschreiben können, wenn wir voraussetzen, daß dieses System vollständig rational ist.

Kommen wir also zur zweiten Frage. Wie steht es mit Dennetts These, daß in dem Fall, daß wir das Verhalten eines Systems mit Hilfe einer Kompetenz-Theorie erklären, die physischen und funktionalen Strukturen im Innern dieses Systems nicht den Zuständen entsprechen können, die wir ihm auf der Kompetenzebene zuschreiben?

Auch diese These erweist sich bei näherem Hinsehen als nicht sehr plausibel. Schon sein eigenes Beispiel des Taschenrechners spricht in gewisser Weise gegen Dennett. Denn gerade bei Taschenrechnern ist das Kompetenzmodell ein recht guter Ausgangspunkt für die Analyse ihrer internen Strukturen. Die Arbeitsweise solcher Rechner beruht nämlich auf Algorithmen, die grundsätzlich tatsächlich zu den arithmetisch *richtigen* Resultaten führen. Falsche oder nur annähernd richtige Ergebnisse beruhen in diesem Zusammenhang allein darauf, daß wegen der endlichen Größe der Register des Rechners diese Algorithmen in vielen Fällen vorzeitig abgebrochen werden müssen. Wenn überhaupt, liegen die Probleme also auf der physikalischen und nicht auf der funktionalen Ebene. Dies ist auch kein Wunder; denn es war ja gerade eine der großen Entdeckungen Turings, daß es für eine große Menge von Funktionen *rein formale* Prozesse gibt, mit deren Hilfe man die Funktionswerte für beliebige Argumente *korrekt* berechnen kann.[10] Und spätestens seitdem es automatische Beweissysteme* gibt, ist klar, daß etwas Ähnliches auch im Bereich der Logik gilt. Auch hier gibt es rein formale Prozesse, die von wahren Sätzen immer zu wahren Sätzen führen. Systeme, deren Verhalten auf solchen Prozessen beruht, sind in einem gewissen Sinne also vollständig rational.

---

[10] Vgl. oben Abschnitt 6.4.

Die theoretischen Argumente Dennetts für eine unüberbrückbare Kluft zwischen der funktionalen und der intentionalen Ebene sind also nicht sehr überzeugend. Allerdings ist Dennett auf eine starke Lesart seiner These vielleicht auch gar nicht festgelegt. Manchmal drückt er sich nämlich sehr viel vorsichtiger aus und sagt nur, daß in den Fällen, in denen wir das Verhalten eines Systems mit Hilfe einer Kompetenz-Theorie erklären, die physischen und funktionalen Strukturen im Innern dieses Systems nicht den Zuständen entsprechen *müssen*, die wir ihm auf der Kompetenzebene zuschreiben.[11] Und mit dieser schwächeren These könnte er durchaus recht haben.

Fodor argumentiert, wie wir schon gesehen haben, oft nach dem Motto „Zur RTG gibt es keine Alternative". Wenn uns die Alltagspsychologie erlaubt, Verhalten verläßlich vorherzusagen und zu erklären, dann müssen intentionale Zustände real sein; real können intentionale Zustände aber nur sein, wenn sie physisch realisiert sind; und die RTG ist die einzige Theorie, die uns sagt, wie sie realisiert sein können. Gegen diese Argumentation hat Dennett einen schlagkräftigen Einwand: Es ist durchaus *möglich*, so Dennett, daß man das Verhalten eines Systems zuverlässig mit Hilfe einer bestimmten Theorie erklären und voraussagen kann, obwohl den von dieser Theorie angenommenen Zuständen keine internen Zustände des Systems entsprechen.

Schon bei einem Schachcomputer ist das der Fall. Es kann durchaus hilfreich sein zu sagen: Der Computer sieht, daß nach dem Schlagen des Läufers eine Springergabel droht, die ihn die Dame kosten könnte; deshalb wird er zuerst den König in Sicherheit bringen, um den Läufer danach schlagen zu können. Wenn man sich das Programm des Computers ansieht, wird man aber nichts finden, was dieser Überlegung entspricht. Schon bei einem solchen Gerät kann es also sinnvoll sein, sein Verhalten in intentionaler Einstellung vorauszusagen, obwohl es in seinem Innern keine Zustände gibt, die den angenommenen intentionalen Zuständen entsprechen.

---

[11] Vgl. z.B. Dennett (1987b, 75f.).

In seinem Aufsatz „Real Patterns" (1991) erläutert Dennett den
generellen Punkt, um den es ihm geht, an einem ganz anderen,
aber sehr anschaulichen Beispiel. Ausgangspunkt sind die in Abb.
1 gezeigten drei Verteilungen von schwarzen und weißen Punkten. In einem gewissen Sinn, so Dennett, stellen alle diese Verteilungen *verschiedene* Punktmuster dar. Es gibt keine zwei Verteilungen, die Punkt für Punkt identisch sind. Von einer anderen
Perspektive aus betrachtet, zeigen aber alle Verteilungen dasselbe
Muster. Denn alle beruhen auf demselben Grundprozeß – dem
Druck von zehn Zeilen von je neunzig Punkten, wobei zunächst
zehn schwarze Punkte gedruckt werden, dann zehn weiße, dann
wieder zehn schwarze, usw. Auf diese Weise entstehen im Prinzip fünf gleich große schwarze Quadrate, die durch ebenso große
weiße Quadrate voneinander getrennt sind. Der Unterschied zwischen den Verteilungen A-C besteht nur darin, daß bei ihrer Her-
stellung das Drucken des reinen Balkenmusters in unterschiedli-
chem Ausmaß durch zufallsbedingtes 'Rauschen' verzerrt wurde.
Der Rauschanteil variierte dabei folgendermaßen:

A: 1%   B: 10%   C: 25%

An diesem Beispiel kann man verschiedene Dinge erläutern.
Zuerst kommt Dennett noch einmal auf die Frage zurück, was ein

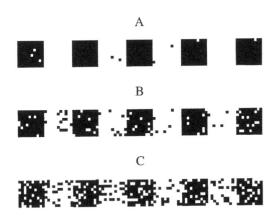

Abbildung 1

'objektives Muster' ist. Wenn wir uns nur auf unsere Augen verlassen, werden wir wahrscheinlich sagen, daß das Balkenmuster
in den Verteilungen A und B klar hervortritt und daß es auch in
der Verteilung C noch einigermaßen gut zu erkennen ist. Allerdings können wir uns bei der Frage, welche Muster real sind,
nicht immer auf unsere Sinnesorgane verlassen. Welche Muster
von diesen Sinnesorganen erkannt werden, hängt nämlich ebenso
von ihrer Konstruktion ab wie vom Training des Beobachters.

Auf der Grundlage informationstheoretischer Überlegungen
versucht Dennett deshalb ein objektives Kriterium für das Vorhandensein eines Musters zu formulieren: In einer Punkteverteilung ist ein Muster genau dann real, wenn man mit Hilfe dieses
Musters die Verteilung effizienter beschreiben kann als durch die
einfache Aufzählung aller Einzelpunkte. In diesem Sinne ist in
der Verteilung A das Balkenmuster real.

„Verteilung [A] ... kann so beschrieben werden 'Zehn Zeilen von je neunzig Punkten: zehn schwarze Punkte gefolgt von zehn weißen Punkten, usw.
mit den folgenden Ausnahmen: Punkte 57, 88, ...' Dieser Ausdruck ist,
wenn man ihn geschickt codiert viel kürzer als 900 bit." (Dennett 1991a,
32f.)

Etwas später kommt Dennett dann auf den Punkt zu sprechen,
der uns hier interessiert. Fodor, so Dennett, vertritt die Auffassung, daß intentionale Zustände nur real sein können, wenn das
Muster intentionaler Zustände, das wir einer Person zur Erklärung
ihres Verhaltens zuschreiben, durch ein korrespondierendes Muster von Gehirnzuständen realisiert ist. Wenn wir das Verhalten
einer Person (das uns aus der Perspektive der intentionalen Alltagspsychologie als ein Muster mit Rauschen erscheint) nur teilweise unter Bezugnahme auf die intentionalen Zustände dieser
Person erklären können, muß das Fodor zufolge daran liegen, daß
dieses Verhalten tatsächlich auf zwei sich überlagernden Prozessen beruht: einem Grundprozeß, in dem das Muster der intentionalen Psychologie unverfälscht realisiert ist, und einem Störpro-
zeß (der z.B. auf Wahrnehmungs- und Konzentrationsstörungen
beruht), der das Resultat des Grundprozesses nachträglich verzerrt.[12]

---

[12] Diese Position ist von Fodor (1979, 116ff.) in der Tat explizit vertreten
worden.

Wenn das so wäre, entspräche der Mechanismus, der dem Verhalten von Personen zugrunde liegt, offenbar genau dem Mechanismus, der zu den in der Abb. 1 gezeigten Verteilungen von schwarzen und weißen Punkten geführt hat. Auch bei diesem Mechanismus wird zunächst ein reines Balkenmuster erzeugt, das nachträglich durch Störeinflüsse verzerrt wird. Für Fodor ist dies die einzig plausible Annahme, mit der wir den Erfolg der intentionalen Alltagspsychologie erklären können. Aber er gesteht selbst zu, daß diese Argumentation sicher keinen *a priori* Beweis darstellt.

Abbildung 2

Dennett greift genau diesen letzten Punkt auf, indem er zu zeigen versucht, daß Muster, die wie Balkenmuster mit ein wenig Rauschen aussehen, auch durch Prozesse erzeugt werden können, die mit der Erzeugung von Balkenmustern so gut wie nichts zu tun haben. Zu diesem Zweck führt er die in Abb. 2 gezeigten Punkteverteilungen an, über deren Entstehung er folgendes schreibt.

„… die oberste Verteilung zeigt ein Muster, das auf Normalverteilungen von schwarzen Punkten um Mittelwerte bei $x = 10, 30, 50, 70$ und 90 beruht …; die mittlere und die untere Verteilung beruhen auf der wiederholten Anwendung eines sehr einfachen Kontrastverstärkers: ein vertikales, drei Punkte hohes 'Fenster' wird nach einem Zufallsprinzip auf die Verteilung gelegt, die Punkte im Fenster stimmen ab, und die Mehrheit gewinnt." (Dennett 1991a, 44)

Natürlich ist es möglich, die Punkteverteilungen in der Abb. 2 von den Punkteverteilungen in der Abb. 1 zu unterscheiden. Aber dies ist für Dennett nicht entscheidend.

> „Mein Kernpunkt ist, daß es *selbst dann*, wenn es genügend Anhaltspunkte dafür gibt, daß das erkennbare Muster durch den einen und nicht durch den anderen Prozeß entstanden ist, rational sein kann, diese Unterschiede zu ignorieren und die einfachste Musterbeschreibung ... zur Organisation dieser Daten zu verwenden." (Dennett 1991a, 44)

Selbst wenn wir wissen, daß es in dem Prozeß, auf den eine bestimmte Punkteverteilung zurückgeht, keinen Teilprozeß gibt, der direkt als ein Prozeß zur Erzeugung von Balkenmustern verstanden werden kann, kann es Dennett zufolge sinnvoll sein, das erzeugte Muster als Balkenmuster zu deuten und so zu tun, als ginge es doch auf einen solchen Prozeß zurück.

11.4   Dennetts Theorie eines schwachen intentionalen Realismus

Alles in allem vertritt Dennett also die folgende Position: Auf der einen Seite ist es theoretisch möglich und empirisch sogar wahrscheinlich, daß es weder in der neuronalen noch in der funktionalen Architektur unseres Gehirns Strukturen gibt, die den intentionalen Zuständen entsprechen, mit deren Hilfe wir auf der intentionalen Ebene unser Verhalten erklären und voraussagen; auf der anderen Seite ist es aber trotzdem sinnvoll und wahrscheinlich sogar unvermeidlich, an der intentionalen Strategie festzuhalten und intentionale Zustände für in einem gewissen Sinne real zu halten. Aber wie kann Dennett diesen Spagat durchhalten? Wie kann er die These aufrechterhalten, daß intentionale Zustände eine gewisse Realität besitzen, obwohl sie nicht physisch realisiert sind? Auch im Hinblick auf diese Fragen hat sich Dennetts Position in den letzten Jahren deutlich verändert.

In früheren Aufsätzen hat Dennett seine Theorie als *instrumentalistisch** bezeichnet. Wir verwenden die intentionale Strategie aus pragmatischen Gründen, wenn uns Verhaltenserklärungen und -vorhersagen auf der funktionalen und der physikalischen Ebene nicht zugänglich sind. Dabei nehmen wir mangels Alternative in Kauf, daß Prognosen in intentionaler Einstellung weniger verläßlich sind als Vorhersagen in funktionaler oder gar in physikalischer Einstellung. Und wir sind uns bewußt, daß die Annahme, daß das Verhalten eines Menschen durch seine intentionalen Zustände hervorgerufen wird, nichts weiter ist als eine nützliche Fiktion; denn wir wissen ja, daß die wirklichen Ursachen dieses Verhaltens auf der funktionalen und der physikalischen Ebene zu suchen sind.

Dieser Argumentation zufolge kann man den Status der intentionalen Psychologie also mit dem Status des Galileischen Fallgesetzes oder der klassischen Newtonschen Mechanik vergleichen.[13] Wenn wir z.B. wissen wollen, wie tief ein Brunnen ist, lassen wir am oberen Brunnenrand einen Stein fallen und messen die Zeit, bis er am Boden angekommen ist. Dann setzen wir den gewonnenen Wert in Galileis Fallgesetz ein und erhalten so die Strecke, die der Stein zurückgelegt hat. In ähnlicher Weise können wir vorhersagen, wo ein Ball die Erde wieder berühren wird, den wir mit einer bestimmten Geschwindigkeit in eine bestimmte Richtung werfen. Dabei ist uns allerdings völlig klar, daß das Galileische Fallgesetz die wirklichen Verhältnisse nur annäherungsweise richtig wiedergibt, unter anderem weil in beiden Fällen die Anziehungskraft der Erde nicht die ganze Zeit über konstant bleibt. Dies nehmen wir aber in Kauf, da die Abweichungen ohne praktische Bedeutung sind. Dasselbe gilt auch für viele Anwendungen der klassischen Mechanik. Wenn wir die Flugbahnen von Satelliten berechnen wollen, reichen diese Gesetze in den meisten Fällen aus, obwohl wir wissen, daß auch Newtons Gesetze die wirklichen Verhältnisse nicht richtig wiedergeben. Aber bei Geschwindigkeiten, die viel kleiner sind als die Lichtgeschwindigkeit, sind die Ergebnisse, die wir auf diese Weise erreichen, meistens gut genug. Um noch ein drittes Beispiel anzuführen: Viele Effekte der Atomphysik lassen sich mit Hilfe des Bohrschen Atommodells* hinreichend gut erklären, auch wenn wir inzwischen wissen, daß Elektronen nicht wie winzige Planeten um den Atomkern kreisen, sondern sozusagen wolkenartig 'verschmiert' sind.

---

[13] Zum Galileischen Fallgesetz vgl. oben Abschnitt 5.1.

Wenn man die Sache genau betrachtet, ist der Unterschied zwischen der instrumentalistischen Deutung der intentionalen Psychologie und dem Eliminativen Materialismus vernachlässigenswert klein. Beide Positionen sind sich darin einig, daß es intentionale Zustände in Wirklichkeit gar nicht gibt und daß Verhalten daher auch nicht von solchen Zuständen hervorgerufen wird. Der Instrumentalist fügt nur noch hinzu, daß es trotzdem in manchen Fällen nützlich sein kann, so zu tun, als wäre es doch so. Aber auch dies kann der Eliminative Materialist durchaus akzeptieren. Seine Grundthese wird dadurch ja in keiner Weise berührt.

Dennett selbst hat die instrumentalistische Deutung seiner Theorie daher inzwischen aufgegeben. In neueren Aufsätzen bezeichnet er sich als Vertreter eines – wenn man so will – schwachen Realismus. Dieser Position zufolge sind intentionale Zustände zwar real; aber sie sind nicht in dem handfesten Sinne real, in dem z.b. Neuronen und die elektro-chemischen Vorgänge im Gehirn real sind, sondern nur in einem schwächeren Sinne, in dem man z.b. auch davon sprechen kann, daß Gravitationszentren und der Äquator der Erde real sind. Diese Unterscheidung geht zurück auf die Unterscheidung zwischen *illata* und *abstracta*, die Hans Reichenbach in seinem Buch *Experience and Prediction* eingeführt hat.[14]

Abstracta im Sinne Reichenbachs sind z.B. Nationen, der Charakter eines Menschen, das deutsche Volk, die Höhe des Mount Blanc, Linkshändigkeit oder die Sterblichkeitsrate frühgeborener Kinder. *Illata* sind demgegenüber viele unbeobachtbare, aber trotzdem theoretisch respektable Entitäten wie Elektrizität, Radiowellen, Atome und die unsichtbaren Gase. Ein wesentlicher Unterschied zwischen *abstracta* und *illata* besteht nach Reichenbach darin, daß alle *abstracta* auf *concreta* (Häuser, Steine, Menschen, usw.) *reduzierbar* sind. Und das heißt für ihn, daß alle Sätze, in denen Ausdrücke für *abstracta* vorkommen, in Sätze übersetzt werden können, die nur Ausdrücke für *concreta* enthalten. Mit anderen Worten: *abstracta* sind für Reichenbach logische Konstrukte* aus *concreta*. *Illata* dagegen sind keine solchen Konstrukte; der Schluß von *concreta* auf *illata* ist nach Reichenbach immer ein Wahrscheinlichkeitsschluß.

---

14 Vgl. Reichenbach (1938; 93-100, 211f.).

Es ist kaum anzunehmen, daß Dennett tatsächlich die Auffassung vertreten will, daß es sich bei intentionalen Zuständen um logische Konstrukte etwa aus neuronalen Zuständen oder aus Verhaltensweisen handelt.[15] Aber wenn er das nicht will, ist nicht recht klar, was der Ausdruck 'abstractum' bei ihm genau bedeutet. Er führt zwar einige Beispiele an und spricht davon, daß abstracta Entitäten sind, die wir in bestimmten Berechnungen und Ableitungen benötigen, die aber nicht in demselben Sinne real sind wie illata. Dies reicht jedoch nicht aus, um klar zu machen, was abstracta wirklich sind und wie ihr ontologischer Status einzuschätzen ist.

Auch unabhängig von diesem Problem scheint Dennetts Version eines schwachen intentionalen Realismus aber instabil zu sein. Erinnern wir uns noch einmal an Dennetts Hauptargument dafür, daß wir auf die intentionale Einstellung nicht verzichten können: Es gibt bestimmte Muster und Verallgemeinerungen, so Dennett, die nur von der intentionalen Einstellung aus sichtbar werden. Im Abschnitt 11.2 hatten wir schon gesehen, daß Dennett mit diesem Argument offenbar auf die Unterscheidung zwischen Körperbewegungen und Handlungen anspielt. Nur wenn wir die intentionale Einstellung einnehmen, können wir Körperbewegungen als Handlungen interpretieren. Oder mit anderen Worten: Wenn wir die intentionale Einstellung nicht einnehmen, kommt das, was von der intentionalen Psychologie erklärt werden soll, erst gar nicht in den Blick.[16]

---

[15] Reichenbach selbst war der Meinung, daß einige mentale Zustände illata, andere dagegen (Freude, Trauer, Liebe, Haß) abstracta sind. Vgl. Reichenbach (1938; 227, 235).

[16] Dretske (im Erscheinen) hat mit Blick auf eine ganz ähnliche These Lynne Bakers erst kürzlich darauf hingewiesen, daß bei diesem Argument ein eigenartiger Zirkel droht. Was heißt es eigentlich, daß die Explananda der intentionalen Psychologie erst in den Blick kommen, wenn wir die intentionale Einstellung einnehmen? Die natürlichste Lesart scheint zu sein: Wir können Körperbewegungen nur dann als Handlungen auffassen, wenn wir davon ausgehen, daß sie durch intentionale Zustände hervorgerufen wurden. In diesem Fall sieht es aber so aus, daß wir annehmen, daß es intentionale Zustände gibt, um Dinge zu erklären, die es gar nicht gäbe, wenn wir diese Annahme nicht machen würden.

Damit stellt sich jedoch eine Frage, die Dennett meines Wissens nirgends ausdrücklich thematisiert: Ist es tatsächlich so, daß wir Handlungen *als Handlungen* nur in intentionaler Einstellung erklären können? Oder können wir Handlungen auch auf der funktionalen Ebene erklären? Die Beispiele, die Dennett diskutiert, sprechen eher für die zweite Alternative. Denn auch wenn man das Verhalten eines Schachcomputers in funktionaler Einstellung – unter Bezugnahme auf sein Programm – erklärt, erklärt man die *Züge*, die der Computer macht, und nicht etwa, welche Dioden in seinem Display aufleuchten.[17] Doch diese Frage muß hier gar nicht entschieden werden; denn für Dennett ergibt sich in jedem Fall ein Problem. Auf der einen Seite gilt nämlich: Falls Handlungen auch in funktionaler Einstellung erklärt werden können, scheint nur eine instrumentalistische – und damit eliminativistische – Deutung der intentionalen Psychologie möglich. Dies ergibt sich einfach aus Dennetts Auffassung, daß (a) Erklärungen in funktionaler Einstellung die besseren Erklärungen sind und daß sich (b) die funktionalen Zustände, auf die in diesen Erklärungen Bezug genommen wird, nicht auf die intentionalen Zustände der intentionalen Psychologie abbilden lassen. Falls jedoch Handlungen nur in intentionaler Einstellung erklärt werden können, scheint auf der anderen Seite nichts mehr gegen eine ganz normale realistische Deutung intentionaler Zustände zu sprechen. Denn dem wissenschaftlichen Realismus* zufolge ist alles real, dessen Existenz wir annehmen müssen, um die Phänomene, um die es uns geht, erklären zu können.

An dieser Stelle kommt jedoch ein weiteres Argument Dennetts ins Spiel, das hier kurz vorgestellt werden soll. Dennett ist nämlich der Meinung, daß jedes Verhalten *auf verschiedene Weise* intentional erklärt werden kann und daß es grundsätzlich keine Möglichkeit gibt, eine dieser verschiedenen Erklärungen als die richtige auszuzeichnen.[18] Dies liegt Dennett zufolge unter ande-

---

[17] In physikalischer Einstellung mag das anders sein. Offenbar führt die Unterscheidung zwischen Handlungen und Körperbewegungen also zu Problemen für Dennetts Ausgangsthese, daß wir das Verhalten jedes hinreichend komplexen Systems *sowohl* in physikalischer *als auch* in funktionaler *als auch* in intentionaler Einstellung erklären können.

[18] Vgl. zum folgenden besonders Dennett (1991a).

rem daran, daß sich keine Person jemals völlig rational verhält und daß es deshalb niemals möglich ist, ihr Verhalten restlos auf ein bestimmtes Muster von Wünschen, Präferenzen und Überzeugungen zurückzuführen. Es gibt immer Verhaltensweisen, die nicht zu diesem Muster passen und die daher nur durch die Bezugnahme auf (möglicherweise nicht systematisch vorhersagbare) Störfaktoren erklärt werden können. Selbst wenn zwei Personen, Hans und Paul, eine dritte, Angelika, lange Zeit beobachtet haben, kann es deshalb sein, daß sie Angelikas Verhalten auf unterschiedliche intentionale Zustände zurückführen, daß sie also zur Erklärung dieses Verhaltens intentionale Interpretationen entwikkeln, die sich zwar in den groben Umrissen gleichen, die aber im Detail so stark voneinander abweichen, daß Hans aufgrund seiner Interpretation zu ganz anderen Voraussagen kommt als Paul.

Aus der Tatsache, daß es für Angelikas Verhalten zwei unterschiedliche intentionale Interpretationen gibt, folgt allein natürlich noch nicht, daß diese Interpretationen auch gleich gut sind. Hans und Paul könnten deshalb versuchen, ihre Interpretationen zu vergleichen, indem sie sie am Erfolg ihrer Voraussagen messen. Sie könnten z.B. darauf wetten, was Angelika als nächstes tun wird. Wenn sie das tun, wird es auf der einen Seite sicher Situationen geben, bei denen sie übereinstimmen und beide recht haben, auf der anderen Seite aber auch Situationen, bei denen sie übereinstimmen, aber das Verhalten von Angelika falsch voraussagen. Schließlich wird es drittens Situationen geben, bei denen Hans und Paul verschiedener Meinung sind, d.h. bei denen sich die Voraussagen ihrer intentionalen Interpretationen unterscheiden, und in diesen Situationen wird mal der eine, mal der andere gewinnen. (Auch bei diesen Gelegenheiten können sie natürlich beide falsch liegen.) Wenn Hans richtig liegt und Paul verliert, scheint das zunächst dafür zu sprechen, daß die intentionale Interpretation von Hans besser, angemessener oder richtiger ist als die von Paul. Aber es ist durchaus möglich, daß beide mal gewinnen und mal verlieren, daß sich in den jeweiligen Gewinnen und Verlusten kein festes Muster abzeichnet und daß daher beide nicht sehen, wie sie ihre jeweilige Interpretation verbessern können. Daß Hans manchmal gewinnt, ist in diesem Fall also kein

Grund für die Annahme, daß seine Interpretation näher an der Wahrheit ist als die Pauls.

Sicher könnte man denken, daß letzten Endes doch eine der beiden Interpretationen die Oberhand gewinnen wird und daß es nur eine Frage der Zeit ist, wann sich herausstellt, welches die bessere Interpretation ist. Aber, so Dennett: Das muß nicht so sein. Es kann durchaus passieren, daß Hans' und Pauls intentionale Interpretationen dauerhaft nebeneinander bestehen und daß es auch 'in the long run' keinen Grund gibt, die eine der anderen vorzuziehen. Dennett zufolge ist es also durchaus möglich, daß es verschiedene intentionale Interpretationen einer Person gibt, die mit *allen* Verhaltensdispositionen dieser Person gleich gut in Einklang stehen. Zumindest in diesen Fällen kann man nicht sagen, welche Überzeugungen und Wünsche diese Person wirklich hat.[19] Also können intentionale Zustände nicht in demselben Sinne real sein wie, sagen wir, die Masse, das Gewicht oder die Temperatur von Körpern.

Damit sind wir jetzt an einem Punkt, an dem wir Dennetts Theorie intentionaler Systeme so zusammenfassen können:

---

[19]   Den Punkt, um den es ihm hier geht, erläutert Dennett in Dennett (1991a) auch am Beispiel der durch Rauschen verzerrten Balkenmuster:
„Wenn Hinz Muster α (mit $n\%$ Rauschen) und Kunz Muster β (mit $m\%$ Rauschen) sieht, dann kann es sein, daß es keinen Grund gibt, mit dessen Hilfe wir entscheiden könnten, daß der eine recht und der andere unrecht hat. Angenommen, beide verwenden ihre Muster, um auf den nächsten Fall in der Serie zu wetten. Hinz wettet auf das 'reine' Muster α, berücksichtigt bei seinem Wettquotienten aber einer Fehlerquote von $n\%$. Und Kunz tut – ausgehend von seinem Muster β – das gleiche. Wenn beide Muster real sind, werden beide reich. Das heißt, solange sie ihre Erwartungen, was die Abweichungen vom 'Ideal' betrifft, anwenden, um ihre Wahl der Wettquotienten zu zügeln, werden sie erfolgreicher sein als bei bloßen Zufallsvoraussagen – vielleicht sogar sehr viel erfolgreicher." (Dennett 1991a, 35)

Dennetts Theorie intentionaler Systeme

These 1

Das Verhalten jedes hinreichend komplexen Systems kann in drei verschiedenen Einstellungen erklärt und vorausgesagt werden: in *physikalischer*, in *funktionaler* und in *intentionaler* Einstellung.

These 2

Wenn wir das Verhalten eines Systems in intentionaler Einstellung erklären, stützen wir uns auf eine *starke Rationalitätsannahme*: Wir nehmen an, daß das System die Wünsche und Überzeugungen hat, die es haben sollte, und daß es das tut, was im Hinblick auf diese Wünsche rational ist.

These 3 (Version A)

Ein System ist genau dann ein *intentionales System*, wenn sich sein Verhalten verläßlich und umfassend in intentionaler Einstellung erklären und voraussagen läßt.

These 3 (Version B)

Ein System ist genau dann ein *intentionales System*, wenn sich in seinem Verhalten Muster zeigen, die nur von der intentionalen Einstellung aus sichtbar werden.

These 4

Auch wenn wir das Verhalten eines Systems verläßlich und umfassend in intentionaler Einstellung erklären und voraussagen können, ist es möglich und sogar wahrscheinlich, daß es auf der physikalischen und der funktionalen Ebene *keine Entsprechungen* zu den Wünschen und Überzeugungen gibt, die wir dem System in intentionaler Einstellung zuschreiben.

⇒

These 5

Dennoch sind intentionale Erklärungen zumindest dann *unverzichtbar*, wenn sich im Verhalten eines Systems Muster zeigen, die nur von der intentionalen Einstellung aus sichtbar werden.

These 6

Intentionale Zustände sind nur in einem schwachen Sinne real (sie sind nur *abstracta* und keine *illata*), weil es durchaus möglich ist, daß es verschiedene intentionale Interpretationen einer Person gibt, die mit *allen* Verhaltensdispositionen dieser Person gleich gut in Einklang stehen.

11.5 Anhang: Anmerkung zur Realisierung intentionaler Zustände

Unabhängig von den Details seiner Theorie sind Dennetts Überlegungen unter anderem deshalb von großer Bedeutung, weil sie implizit auf ein sehr interessantes allgemeines Problem verweisen – das Problem des Verhältnisses von *externen* und *internen* Verhaltenserklärungen. Erinnern wir uns noch einmal an das im Abschnitt 6.1 diskutierte System *U*. Dort war es so, daß wir zunächst *nur auf der Grundlage von Verhaltensbeobachtungen* eine Theorie entwickelten, derzufolge *U* zwei Zustände Y_1 und Y_2 annehmen kann, für die die folgenden Verhaltensgesetze gelten:

(5)   Wenn *U* im Zustand Y_1 ist, leuchtet A ständig.

(6)   Wenn *U* im Zustand Y_2 ist, leuchtet A genau dann, wenn auf die Fläche B nur wenig Licht fällt.

(7)   Wenn *U* im Zustand Y_1 ist, dann geht *U* in den Zustand Y_2 über, wenn der Druckknopf F betätigt wird, und umgekehrt.

(8)   *U* ist immer entweder im Zustand Y_1 oder im Zustand Y_2.

Theorien dieser Art sollen *externe Verhaltenstheorien* heißen, da
sie ohne jede Kenntnis der inneren Struktur des jeweiligen Systems entwickelt werden.

Eines Tages gelang es uns jedoch, das Gerät U zu öffnen, und
dabei konnten wir feststellen, aus welchen elektronischen Bauteilen es besteht und wie diese Bauteile verschaltet sind. Dies
ermöglichte eine *interne Verhaltenserklärung*, in der das Verhalten von U auf seine Teile und auf deren Zusammenwirken zurückgeführt wird. Die entscheidende Entdeckung, die wir dabei
machten, war: Es gibt zwei interne Zustände – die beiden möglichen Zustände des Umschalters F –, die exakt die kausale Rolle
innehaben, durch die die beiden theoretischen Zustände Y_1 und Y_2
charakterisiert sind. Und das führte zu dem Schluß, daß die theoretischen Zustände Y_1 und Y_2 in U durch die beiden Zustände des
Umschalters F realisiert sind.

Die Frage, die sich in diesem Zusammenhang aufdrängt, lautet
ganz einfach: Durften wir eigentlich von vornherein davon ausgehen, daß wir nach dem Öffnen von U zwei interne Zustände
finden würden, durch die die in der externen Verhaltenstheorie
eingeführten theoretischen Zustände realisiert sind? Oder allgemeiner: Wenn wir für ein System S über eine *erfolgreiche* externe
Verhaltenstheorie verfügen, die unter anderem auf der Annahme
beruht, daß S eine Reihe von theoretischen Zuständen $X_1, ..., X_n$
annehmen kann, dürfen wir dann davon ausgehen, daß jedem dieser Zustände ein spezifischer interner Systemzustand entspricht,
durch den er realisiert ist? Und was sollen wir tun, wenn sich herausstellt, daß dies nicht so ist?

Fodor scheint in diesem Punkt die Auffassung zu vertreten: Wir
dürfen an der externen Verhaltenstheorie (in diesem Fall: der intentionalen Psychologie) nur festhalten, wenn sich tatsächlich zu
jedem der von dieser Theorie postulierten Zustände ein eigener
interner Zustand finden läßt, durch den der theoretische Zustand
realisiert ist. Doch dies scheint nicht zwingend. Denn insbesondere in dem Fall, in dem ein System *verschiedene* theoretische Zustände *gleichzeitig* annehmen kann (so wie jeder von uns gleichzeitig viele verschiedene Wünsche und Überzeugungen haben
kann und hat), ist es durchaus denkbar, daß es keine eins-zu-eins
Entsprechung von theoretischen und internen Zuständen gibt.

Vielmehr kann es in diesem Fall auch sein, daß jeweils die *Gesamtheit* aller theoretischen Zustände, in denen *S* zu einem bestimmten Zeitpunkt *t* ist, durch den internen *Gesamtzustand* von *S* realisiert ist. Wenn wir zum Zeitpunkt *t* die Wünsche $W_1, \ldots, W_n$ und die Überzeugungen $\ddot{U}_1, \ldots, \ddot{U}_m$ haben, dann sind diese intentionalen Zustände auch dann physisch realisiert, wenn die Neuronen in unserem Gehirn *in ihrer Gesamtheit* dafür sorgen, daß wir uns zum Zeitpunkt *t* genau so verhalten, wie es für jemanden mit diesen Wünschen und Überzeugungen charakteristisch ist. Eine eins-zu-eins Entsprechung intentionaler Zustände und neuronaler Teilzustände ist dafür nicht erforderlich. Es mag schwierig sein, sich ein System vorzustellen, das genau dies leistet. Aber vielleicht sind es gerade konnektionistische Modelle, die uns zumindest einen Hinweis darauf geben, wie solche Systeme intern strukturiert sein können.

12   Die Naturalisierung des Inhalts mentaler Repräsentationen

Wir hatten gesehen, daß man die RTG Fodors am besten als den Versuch versteht, begreiflich zu machen, wie intentionale Zustände physisch realisiert sein können. Aber dieser Versuch bleibt natürlich unvollständig, solange nicht in physikalistisch akzeptabler Weise erklärt werden kann, wie mentale Repräsentationen ihrerseits zu ihren Inhalten kommen. Da dies auch unabhängig von Fodors spezieller Auslegung des Repräsentationalismus von größtem Interesse ist, gehört dieses Problem zu denen, die in den letzten Jahren am ausführlichsten diskutiert worden sind. Ausgangspunkt war dabei immer die Frage, ob und gegebenenfalls wie sich die Inhalte mentaler Repräsentationen naturalisieren lassen, d.h. ob bzw. wie die Eigenschaft, einen bestimmten Inhalt zu haben, selbst physisch realisiert sein kann.

12.1 Ansätze zur Naturalisierung des Inhalts mentaler Repräsentationen

Die wichtigsten Ansätze zur Naturalisierung des Inhalts intentionaler Zustände sind der informationstheoretische Ansatz Dretskes, die teleologischen* Ansätze von Millikan und Papineau sowie Fodors eigene kausale Theorie. Diese drei Theorien sollen im folgenden kurz dargestellt werden.[1]

12.1.1 Dretskes informationstheoretischer Ansatz

Fred Dretskes Buch *Knowledge and the Flow of Information* kann mit Fug und Recht als ein erster Meilenstein in der Diskussion um die Naturalisierung des Inhalts mentaler Repräsentationen bezeichnet werden. Die Grundidee dieses Buches lautet: Inhalte können naturalisiert werden, weil man sie auf den Informationsgehalt von Repräsentationen zurückführen kann und weil 'Information' selbst ein völlig objektiver Begriff ist, der sich vollständig in physikalischen Begriffen erläutern läßt.

Dretske beginnt daher mit der Frage, wann man von einem Signal r sagen kann, daß es die Information p trägt. Eine intuitiv einleuchtende Antwort lautet offenbar: Ein Signal r *trägt* genau dann *die Information p*, wenn man aus *r lernen kann*, daß p der Fall ist. Aber wann ist das der Fall? Wann kann man aus dem Vorkommen von r auf p schließen?

Bei dem Versuch, diese Frage zu beantworten, benutzt Dretske zunächst die statistische Terminologie der mathematischen Informationstheorie. Seine entsprechende Definition lautet daher:

---

[1] Einen guten kritischen Überblick über die meistdiskutierten Theorien in diesem Bereich bietet Cummins (1989). Große Teile der Abschnitte 12.1 und 12.2 beruhen auf Cummins Darstellung. Außerdem sollte sicher erwähnt werden, daß ich mit Absicht nicht auf die sogenannte 'Conceptual role'-Semantik eingehe. Denn in dieser Theorie geht es, wie mir scheint, zumindest zum Teil um andere Fragen als in den Theorien Dretskes, Millikans und Fodors. Einen Überblick über die 'Conceptual role'-Semantik bieten Cummins (1989, ch. 9), LePore (1994) und Block (1998).

(Inf) Ein Signal *r trägt* genau dann *die Information*, daß *p*, wenn
die bedingte Wahrscheinlichkeit, daß *p* der Fall ist, falls *r*
auftritt, 1 beträgt, d.h. wenn gilt: $P(p/r) = 1$.

Aus einer Reihe von Bemerkungen geht aber hervor, daß Dretske der Auffassung ist, daß ein Signal *r* die Information *p* nur dann tragen kann, wenn der Fall, daß *r* auftritt, ohne daß *p* der Fall ist, vollständig ausgeschlossen ist. Letzten Endes wird seine Grundidee daher durch die folgende Formulierung noch besser wiedergegeben:

(Inf′) Ein Signal *r trägt* genau dann die *Information p*, wenn *p*
eine notwendige Bedingung für das Vorkommen von *r* ist,
d.h. wenn der Satz 'Wenn *r*, dann *p*' ein wahrer nomologisch* gestützter Konditionalsatz ist.

Der so definierte Informationsbegriff hat jedoch einige Eigenschaften, die es unmöglich machen, den *Inhalt* einer Repräsentation einfach mit ihrem *Informationsgehalt* zu identifizieren. Insbesondere gilt:

• Der *Informationsgehalt* eines Signals *r* ist niemals eindeutig.

Wenn *r* z.B. die Information trägt, daß *a* ein Quadrat ist, dann trägt *r* auch die Information, daß *a* ein Rechteck ist, und wenn *r* die Information trägt, daß Fido ein Hund ist, dann trägt *r* auch die Information, daß Fido ein Tier ist. Der Inhalt einer Repräsentation sollte aber eindeutig sein. Denn die Überzeugung, daß Fido ein Hund ist, ist offenbar ein anderer intentionaler Zustand als die Überzeugung, daß Fido ein Tier ist.

Dretske schlägt deshalb vor, den *Inhalt* einer Repräsentation *r* als die *spezifischste* Information zu definieren, die *r* trägt, wobei er diesen Begriff so definiert.

(SInf) *p* ist die spezifischste Information, die eine Repräsentation
r trägt, wenn *r* die Information *p* trägt und wenn es keine
andere Information *p′* gibt mit: *r* trägt die Information *p′*
und *p′* trägt die Information *p*.

Dretskes erste Definition des Inhalts mentaler Repräsentationen lautet somit:

(D-I$_1$)   Eine Repräsentation *r* hat genau dann den *Inhalt p*, wenn *p* die spezifischste Information ist, die *r* trägt.

Wenn man den Begriff des Inhalts in dieser Weise auf den Begriff der Information zurückführt, ergibt sich, wie Dretske selbst gesehen hat, aber sofort ein schwerwiegendes Problem: das Problem der *Fehlrepräsentation*.

Wenn *r* den Inhalt *p* hat, dann trägt *r* – aufgrund der Definition (D-I$_1$) – auch die Information, daß *p*. Das bedeutet aber, daß *p* eine notwendige Bedingung für das Vorkommen von *r* ist. Mit anderen Worten: Wenn *r* den Inhalt *p* hat und *r* vorliegt, dann *muß p* der Fall sein. Die Definition (D-I$_1$) schließt Fehlrepräsentationen also aus; sie schließt die Möglichkeit aus, daß eine Repräsentation *r* mit dem Inhalt *p* vorkommt, *p* aber nicht der Fall ist. Aber natürlich kann man etwas Falsches glauben oder sich etwas wünschen, was nicht der Fall ist. Dretskes erste Definition ist also unbefriedigend, da sie diesen Möglichkeiten nicht Rechnung trägt.

In *Knowledge and the Flow of Information* hat Dretske versucht, dieses Problem zu lösen, indem er auf den Lernprozeß Bezug nimmt, durch den ein System einen bestimmten repräsentationalen Zustand erwirbt. Doch diese Lösung war mit so vielen Schwierigkeiten verbunden,[2] daß er in seinem Aufsatz „Misrepresentation" (1986) einen ganz neuen Ansatz gewählt hat – einen Ansatz, bei dem die *Funktion* repräsentationaler Zustände eine entscheidende Rolle spielt. Wenn man von der von Dretske selbst verwendeten Terminologie ein wenig abweicht, kann man seine neuen Überlegungen so zusammenfassen.

Tankuhren sind Instrumente, die anzeigen sollen, wieviel Benzin sich im Tank befindet. Aber sie tun dies nicht mit hundertprozentiger Sicherheit. D.h. es kommt durchaus vor, daß eine Tankuhr anzeigt, daß der Tank noch halbvoll ist, obwohl er tatsächlich schon fast leer ist. Insofern trägt der Zustand der Tankuhr, in dem ihr Zeiger auf die Marke '½' zeigt, nicht immer die *Information*, daß der Tank halbvoll ist. Aber man kann doch sagen, daß er diese Information *normalerweise*, also in den meisten Fällen trägt.

---

[2]   Analysen dieser Schwierigkeiten finden sich in Fodor (1987, 102ff.) und Cummins (1989, 67ff.).

Wenn das der Fall ist, wird man jedoch auch dann sagen, daß der Zustand, daß der Zeiger der Tankuhr auf die Marke '½' zeigt, *bedeutet*, daß der Tank halbvoll ist, wenn der Tank tatsächlich fast leer ist – und zwar offensichtlich deshalb, weil es die *Funktion* von Tankuhren ist, anzuzeigen, wieviel Benzin sich im Tank befindet. Aus diesem Grund muß man Dretske zufolge von dem Begriff (D-I$_1$) einen zweiten – funktionalen – Bedeutungsbegriff unterscheiden, den er so definiert:

(D-I$_2$)   Eine mentale Repräsentation *r* bedeutet$_f$, daß *p*, wenn *r* zu einem System von Repräsentationen gehört, das die Funktion hat, das Vorliegen bestimmter Sachverhalte anzuzeigen, und wenn dieses Repräsentationssystem diese Funktion unter anderem dadurch erfüllt, daß es das Vorliegen von *p* durch Repräsentationen vom Typ *r* anzeigt.[3]

Mit dieser Definition ist zwar das Problem der Fehlrepräsentation gelöst, aber nur um den Preis, daß wir sofort wieder mit neuen Problemen konfrontiert sind. Das erste dieser Probleme ergibt sich daraus, daß die Definition (D-I$_2$) nur dann physikalistisch akzeptabel ist, *wenn der Begriff der Funktion selbst physikalistisch akzeptabel definiert werden kann.* Und das scheint keine so leichte Aufgabe. Welche Funktion ein Gerät hat, das hängt in der Regel davon ab, was der Erbauer mit diesem Gerät bezweckt, welche Absicht er mit ihm verfolgt. Daß z.B. eine Tankuhr die Funktion hat, den Inhalt des Benzintanks anzuzeigen, liegt einfach daran, daß Tankuhren deshalb in Autos eingebaut werden, weil die Hersteller von Autos den Fahrern ein Gerät an die Hand geben möchten, das sie mehr oder weniger zuverlässig über den Tankinhalt informiert. Hier scheint daher ein enger Zirkel zu drohen. Um physikalistisch akzeptabel erklären zu können, wie Wünsche realisiert sind, benötigen wir den Begriff der mentalen Repräsentation. Die Frage nach dem Inhalt mentaler Repräsentationen scheinen wir aber nur beantworten zu können, wenn wir uns auf bestimmte Wünsche und Absichten beziehen.

---

[3]   Daß Repräsentationen vom Typ *r* das Vorliegen von *p* anzeigen, ist hier offensichtlich so zu verstehen, daß sie nicht immer, aber *normalerweise* die Information tragen, daß *p*.

Der Begriff der Funktion begegnet uns allerdings nicht nur im Zusammenhang mit Artefakten, sondern auch in der Biologie. Und hier scheint er – zumindest wenn man kein Kreationist[4] ist – mit Wünschen und Absichten nichts zu tun zu haben. Vielleicht läßt sich daher wenigstens für Lebewesen ein physikalistisch akzeptabler Funktionsbegriff definieren. Eine einfache Version dieses Begriffs könnte z.B. so aussehen:

(Fkt) Ein Prozeß in einem Lebewesen O hat die Funktion X, wenn die Tatsache, daß der Prozeß die Wirkung X hat, zum Überleben von O beiträgt.

Zur Erläuterung dieser Definition führt Dretske ein hübsches Beispiel an. Einige im Meer lebende Bakterien enthalten winzige interne Magnete (sog. Magnetosome), die wie kleine Kompasse dafür sorgen, daß sich die Bakterien parallel zum Magnetfeld der Erde ausrichten. Da die Feldlinien dieses Magnetfeldes in der nördlichen Hemisphäre nach unten – in Richtung des magnetischen Nordpols – zeigen, bewegen sich die Bakterien genau in diese Richtung, d.h. nach unten in die Richtung des magnetischen Nordpols. Der Überlebenswert dieses 'Magnetotaxis' genannten Vorgangs ist nicht ganz klar. Da es sich um anaerobe Bakterien[5] handelt, liegt aber die Vermutung nahe, daß er dazu dient, die Bakterien vom sauerstoffreichen Oberflächenwasser fernzuhalten und in tiefere sauerstoffarme Gefilde zu führen. In der südlichen Hemisphäre ist die Polung der Magnetosome umgekehrt, so daß Bakterien dort in Richtung des magnetischen Südpols gelenkt werden, was denselben überlebensfördernden Effekt hat. Wenn man ein südliches Bakterium in die nördliche Hemisphäre verpflanzt, schwimmt es allerdings nach oben in für es gefährliches sauerstoffreiches Wasser. Und wenn man einen Stabmagneten in die Nähe dieser Bakterien bringt, kann man sie ebenfalls in eine für sie lebensbedrohliche Umgebung führen.

Auf den ersten Blick, so Dretske, handelt es sich hier um Fehlrepräsentationen. Denn in ihrer normalen Umgebung ist die natür-

---

[4] 'Kreationistisch' ist jede Lehre, die davon ausgeht, daß die biblische Schöpfungsgeschichte buchstäblich wahr ist. Ein Kreationist lehnt deshalb jede wissenschaftliche Theorie über die Entstehung der Welt ab, soweit sie nicht mit der Schöpfungsgeschichte in Einklang zu bringen ist.

[5] Bakterien, die nur in sauerstoffarmer Umgebung überleben können.

liche Bedeutung der Orientierung der Magnetosome, daß sich in *dieser* Richtung sauerstoffarmes Wasser befindet. Und da die Bakterien solches Wasser zum Überleben benötigen, scheint es naheliegend, zu sagen, daß es auch die Funktion der Magnetosome ist, die Richtung sauerstoffarmen Wassers anzuzeigen. Wenn man einen Stabmagneten in ihre Nähe bringt, zeigen die Magnetosome die Richtung sauerstoffarmen Wassers also falsch an.

Doch so einfach liegen die Dinge nicht, und damit kommen wir zu einem zweiten Problem der Definition (D-I$_2$). Richtig ist sicher, daß in dem Fall, in dem ein Bakterium durch die Einwirkung eines Stabmagneten in sauerstoffreiches Wasser geführt wird und dort umkommt, etwas schiefgeht. Aber liegt das daran, daß sein magnetotaktisches System nicht richtig funktioniert? Was würden wir z.B. sagen, wenn der Tank eines Autos nicht mit Benzin, sondern mit Wasser gefüllt ist? Erfüllt dann die Tankanzeige ihre Funktion nicht? Dretske zufolge kann man das auch anders sehen:

> „Für das, was schiefgegangen ist, ist nicht das Instrument selbst verantwortlich; denn was schiefgegangen ist, beruht darauf, daß die normale Korrelation (zwischen der Menge an Flüssigkeit im Tank und der Menge an Benzin im Tank) in diesem Fall nicht besteht – die Korrelation, die dafür sorgt, daß das Instrument als *Benzin*anzeige dienen kann, die es ihm (unter normalen Umständen) ermöglicht, die natürliche Bedeutung[6] zu haben, daß Benzin im Tank ist. ... Dafür daß man sich über das, was man wissen muß, nicht irrt, sind oft verschiedene Faktoren *gemeinsam* verantwortlich. Man selbst darf sich nicht über *G* irren, und *G* muß im Hinblick auf *F* verläßlich sein. Selbst wenn *F* das ist, was man benötigt oder über was man informiert sein muß, kann es daher sein, daß die Funktion des Wahrnehmungssystems nur ist, über *G* zu informieren." (Dretske 1986, 29f.)

So gesehen könnte es aber sein, daß das magnetotaktische System der Bakterien nur die Funktion hat, die Richtung des Magnetfelds anzuzeigen. In die Richtung sauerstoffarmen Wassers zu weisen ist sozusagen die Aufgabe des Magnetfeldes. Wenn man ein Bakterium aus der nördlichen in die südliche Hemisphäre bringt, sind die tödlichen Folgen also nicht dem fehlerhaften Funktionieren seines sensorischen Systems zuzuschreiben. Höch-

---

[6] Nach Dretske hat ein Zustand *r* die *natürliche Bedeutung*, daß *p*, wenn *r* die Information trägt, daß *p*. In diesem Fall sagt Dretske auch kurz: *r* bedeutet$_n$, daß *p*. Vgl. Dretske (1986, 18ff.).

stens könnte man sagen, daß das Bakterium einen 'kognitiven Fehler' macht, indem es aus der Richtung des Magnetfeldes auf die Richtung sauerstoffarmen Wassers 'schließt'.

Allgemein kann man aus diesen Überlegungen folgende Lehre ziehen. Wir sagen häufig, daß ein Organ in einem Lebewesen die Funktion F hat, wenn F zum Überleben dieses Wesens beiträgt. Manchmal ist es aber gar nicht F selbst, sondern eine Wirkung von F, die überlebensförderlich ist. Denken wir etwa an unser Herz. Fast alle würden sagen, daß das Herz die Funktion hat, das Blut im Körper zirkulieren zu lassen. Tatsächlich ist die Blutzirkulation aber nur solange überlebensförderlich, wie sie dazu führt, daß die Zellen des Körpers mit Sauerstoff und Nährstoffen versorgen werden. Doch das bewegt uns offenbar nicht dazu, zu sagen: Nein, nein, die Funktion des Herzens ist gar nicht, das Blut im Körper zirkulieren zu lassen, sondern die Körperzellen mit Sauerstoff und Nährstoffen zu versorgen.

Somit ist auch die Funktion sensorischer Mechanismen in diesem Sinne unbestimmt. Angenommen, ein Organismus O benötigt einen bestimmten Stoff F und verfügt über einen Mechanismus, um F aufzuspüren – einen Mechanismus, der darauf beruht, daß F normalerweise die Eigenschaft G hat und daß Dinge mit der Eigenschaft G in O Repräsentationen vom Typ r hervorrufen. Muß man sagen, daß diese Repräsentationen die Funktion haben, die Anwesenheit von F anzuzeigen? Oder kann man nicht auch sagen, daß sie die Funktion haben, die Anwesenheit von Gegenständen mit der Eigenschaft G anzuzeigen, wobei sich O sozusagen darauf verläßt, daß es (in seiner natürlichen Umgebung) eine enge Korrelation zwischen G und F gibt? Offenbar läßt sich diese Frage selbst dann nicht eindeutig beantworten, wenn wir über die Bedürfnisse von O vollständig informiert sind. Das bedeutet aber, daß die Definition (D-I$_2$) keine klare Antwort auf die Frage erlaubt, welchen *genauen* Inhalt eine bestimmte Repräsentation hat. Und damit bleibt auch das Problem der Fehlrepräsentation ungelöst. Denn denken wir noch einmal an den Fall, daß der Tank im Auto zur Hälfte mit Wasser gefüllt ist, der Zeiger der Tankuhr aber auf die Marke '½' zeigt. Um eine Fehlrepräsentation handelt es sich hier nur, wenn die Funktion der Tankuhr tatsächlich darin besteht, die *Benzinmenge* im Tank anzuzeigen, und nicht etwa darin, die *Flüssigkeitsmenge* im Tank anzuzeigen. Doch genau dies können wir nach Dretske nicht entscheiden.

Gibt es eine Lösung für dieses Problem? Am Ende seines Aufsatzes „Misrepresentation" versucht Dretske zumindest, einen Ausweg zu formulieren. Vielleicht, so Dretske, tritt das Phänomen der Fehlrepräsentation überhaupt erst in relativ komplexen Systemen auf. Nehmen wir z.B. an, ein Organismus O verfügt über zwei Mechanismen, um einen für ihn schädlichen Stoff F zu entdecken. F könnte z.b. eine charakteristische Farbe f_1 und einen charakteristischen Geruch f_2 haben, und O könnte über zwei repräsentationale Zustände r_1 und r_2 verfügen, für die gilt:

r_1 bedeutet$_n$, daß f_1, und

r_2 bedeutet$_n$, daß f_2.[7]

Außerdem soll O über einen dritten Zustand r verfügen, der sowohl von r_1 als auch von r_2, aber auch nur von diesen beiden Zuständen hervorgerufen wird. Insgesamt kann man sich die Struktur von O also so veranschaulichen:

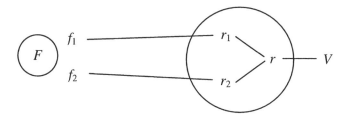

Wenn wir annehmen, daß normalerweise nur Fs über die Eigenschaften f_1 und f_2 verfügen, gilt offenbar: Die repräsentationalen Zustände r_1 und r_2 sind in der Regel verläßliche Indikatoren für den Stoff F. Und dasselbe gilt natürlich für r: Auch r ist in der Regel ein verläßlicher Indikator für F. Wenn r nun außerdem die Funktion hat, ein überlebenswichtiges Ausweichverhalten V hervorzurufen, gilt daher aufgrund der Definition (D-I$_2$):

r bedeutet$_f$, daß F.

Auf der anderen Seite gilt aber weder

---

[7]   Zur Bedeutung von 'bedeutet$_n$' siehe oben Fußnote 6.

r bedeutet$_f$, daß f_1, noch

r bedeutet$_f$, daß f_2.

Denn r wird sowohl durch r_1 als auch durch r_2 hervorgerufen. r ist also weder ein verläßlicher Indikator für r_1 noch ein verläßlicher Indikator für r_2.

Falls es nun doch einen von F verschiedenen Stoff gibt, der zwar die Eigenschaft f_1, aber nicht die Eigenschaft f_2 hat, dann wird dieser Stoff, wenn wir ihn in die Nähe von O bringen, den repräsentationalen Zustand r_1 und damit auch den Zustand r hervorrufen. In diesem Fall wird r also die Anwesenheit von F anzeigen, obwohl in der Umgebung von O gar kein F vorhanden ist. Also handelt es sich hier um eine echte Fehlrepräsentation.

„Wenn wir davon ausgehen, daß das gerade beschriebene sensorische System die Funktion hat, F zu entdecken, dann ergibt sich aus der Tatsache, daß dies auf verschiedenen Wegen geschehen kann, daß bestimmte interne Zustände (z.B. r) anzeigen (und daher bedeuten$_f$), daß F anwesend ist, ohne zugleich die Anwesenheit der dazwischen liegenden Bedingungen (d.h. f_1 ...) anzuzeigen, die dem System 'sagen', daß F anwesend ist. Das Problem bei den Bakterien war, einen Grund für die Annahme zu finden, daß die Ausrichtung ihrer Magnetosome bedeutet$_f$, daß sich in einer bestimmten Richtung sauerstofffreies Wasser befindet, ohne dabei *willkürlich* die Möglichkeit auszuschließen, daß sie nur bedeutet$_f$, daß das magnetische Feld in dieser Richtung ausgerichtet ist. Jetzt können wir sehen, wie es möglich ist, diese Möglichkeit in nicht-willkürlicher Weise auszuschließen, wenn das System auf ... verschiedenen Wegen zu einer Repräsentation kommen kann. ... Die drohende Inflation möglicher Bedeutungen$_f$, die sich daraus ergibt, daß man die natürliche Funktion eines Systems auf sehr unterschiedliche Weise beschreiben kann, ist blockiert." (Dretske 1986, 34)

Trotzdem bleibt ein Problem. Kann man nicht sagen, daß statt

r bedeutet$_f$, daß F

viel eher gilt:

r bedeutet$_f$, daß f_1 oder f_2?

Schließlich zeigt r das Vorliegen zumindest einer der beiden proximalen* Eigenschaften f_1 und f_2 mit viel größerer Verläßlichkeit an als die Anwesenheit von F. Und was die Funktion von r angeht, kann man genauso wie im Fall der Bakterien argumentieren. Die Funktion von r ist es, das Vorliegen zumindest einer der beiden Eigenschaften f_1 oder f_2 anzuzeigen. Im übrigen verläßt sich das System darauf, daß zwischen diesen Eigenschaften und *F* eine enge Korrelation besteht.

Dretske gibt auf diese Frage zwar eine vorsichtige, aber doch recht interessante Antwort. Wir sollten uns, so Dretske, das System *O* nicht zu statisch vorstellen. Vielmehr sollten wir annehmen, daß es in *O* einen Lernmechanismus gibt, der dafür sorgt, daß im Laufe der Zeit auch andere Umstände, die mit *F* eindeutig korreliert sind, auf dem Wege über entsprechende Repräsentationen dieser Umstände den internen Zustand *r* hervorrufen.

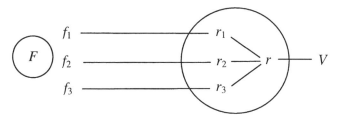

Wenn das so ist, ändert sich die Menge der proximalen Eigenschaften, die *r* hervorrufen, aber ständig, während die Tatsache, daß *r* *F* anzeigt, die ganze Zeit über gleich bleibt. Zumindest in diesem Fall ist es daher naheliegend, zu sagen, daß *r* tatsächlich die Funktion hat, *F* anzuzeigen.

„... während des ganzen Prozesses ändert sich nichts daran, daß *r* die Anwesenheit von *F* anzeigt. Und das ist so, weil – wie wir angenommen haben – jede neue Eigenschaft [*f_i*], auf die *r* konditioniert wird, ein natürliches Zeichen für *F* ist. Lernen ist ein Prozeß, bei dem Reize, die die Anwesenheit von *F* anzeigen, ihrerseits durch einen relevanten internen Zustand des Organismus (in diesem Falle *r*) angezeigt werden. Wenn wir davon ausgehen, daß diese kognitiven Mechanismen überhaupt eine zeitunabhängige Funktion haben ..., *müssen* wir daher davon ausgehen, daß ihre Funktion darin besteht, die Bedingung *F* anzuzeigen ... Die natürliche Funktion des gerade beschriebenen Mechanismus ist daher, die Anwesenheit von *F* anzuzeigen. Also gilt: Das Auftreten von *r* bedeutet_f, daß *F* anwesend ist." (Dretske 1986, 35f.)

Mit anderen Worten: Letztes Endes müssen wir uns doch auf einen *Lernmechanismus* beziehen, wenn wir die Frage beantworten wollen, welche Funktion – und damit auch welchen Inhalt – die repräsentationalen Zustände eines Systems haben.

12.1.2 Die teleologischen* Ansätze von Millikan und Papineau

In noch stärkerem Maße als Dretske beziehen sich Ruth Millikan und David Papineau bei der Bestimmung des Inhalts mentaler Repräsentationen auf die *biologische Funktion*, die diesen Repräsentationen in einem Organismus zukommt.[8] Da ihre Überlegungen recht komplex sind, sollen hier nur die Grundzüge der Theorie Millikans dargestellt werden.

Millikan zufolge kann man überhaupt nur dann davon sprechen, daß ein physischer Zustand *r* in einem System *S* ein repräsentationaler Zustand mit einem bestimmten Inhalt *p* ist, wenn *r* für das System *die Funktion eines Zeichens* hat – das heißt für Millikan: wenn es in *S* Teilsysteme gibt, die ihre biologische Funktion nur erfüllen können, wenn *r* ein Indikator für *p* ist. Die Tatsache, daß *r* im Sinne der Definitionen (Inf) oder (Inf') Dretskes eine Information trägt, reicht nach Millikan allein nicht aus, um aus *r* eine Repräsentation zu machen.

Die Voraussetzung, die nach Millikan erfüllt sein muß, damit der physische Zustand *r* in *S* ein repräsentationaler Zustand mit dem Inhalt *p* ist, lautet also:

(M-R) Ein Zustand *r* in einem System *S* ist ein *repräsentationaler Zustand* genau dann, wenn *S* ein Teilsystem *T* enthält, dessen Verhalten von *r* abhängt und dessen *biologische Funktion F* ist.

Dabei versteht Millikan den Begriff der biologischen Funktion folgendermaßen:

(M-F) Ein Teilsystem *T* eines Lebewesens *S* hat genau dann die *biologische Funktion F*, wenn gilt:

(a) *F* ist eine Wirkung von *T*, die für das Gesamtsystem positiv ist, und

(b) *T* ist genau deshalb als Teilsystem von *S* entstanden (oder wird genau deshalb als Teilsystem von *S* erhalten), weil es die Wirkung *F* hat.

---

[8] Vgl. z.B. Millikan (1984; 1989) und Papineau (1985; 1988; 1993).

Konkret kann das z.B. heißen, daß *T* in gefährlichen Situationen eine Fluchtreaktion auslöst und daß *T* im Laufe der Evolution genau aus diesem Grund in *S* entstanden ist – d.h. daß *T* in *S* entstanden ist, weil Lebewesen mit dieser Fluchtreaktion überlebensfähiger waren als andere.

Fliehen allein reicht jedoch häufig nicht aus, um zu überleben; in der Regel kommt es darauf an, in die richtige Richtung zu fliehen. Und außerdem sind Fluchtreaktionen natürlich nur dann überlebensförderlich, wenn tatsächlich eine Gefahr vorliegt. Damit *T* dafür sorgen kann, daß das Lebewesen zum richtigen Zeitpunkt in die richtige Richtung flieht, muß dieses Teilsystems daher darüber informiert sein, *wann* eine Gefahr vorliegt und *aus welcher Richtung* diese Gefahr kommt. Diese Information zu liefern, ist die Funktion von *r*.

Aus dieser Überlegung ergibt sich für Millikan die folgende Definition des Inhalts einer Repräsentation *r*:

(M-I) *r* hat im System *S* genau dann den Inhalt *p*, wenn es ein Teilsystem *T* von *S* gibt, dessen Verhalten von *r* abhängt, und wenn *p* im Normalfall ein Hauptfaktor dafür ist, daß *T* seine biologische Funktion erfüllt.

Die Grundidee dieser Definition ist nicht schwer zu verstehen. Nehmen wir z.B. an, daß *T* eine Fluchtbewegung nach links auslöst, wenn sich *S* im Zustand *r* befindet. Dann hat dies den gewünschten überlebensfördernden Effekt offenbar nur dann, wenn *r* ein Indikator dafür ist, daß sich eine Gefahr von rechts nähert. Insofern ist es die *Funktion* von *r*, anzuzeigen, daß sich eine Gefahr von rechts nähert, und daher hat *r* Millikan zufolge genau diesen *Inhalt*. Schwieriger ist allerdings zu verstehen, welche Funktion die Begriffe 'Normalfall' und 'Hauptfaktor' in der Definition (M-I) haben.

Die Aufnahme des Ausdrucks 'im Normalfall' in diese Definition läßt sich folgendermaßen erklären. Viele biologische Systeme zeigen häufig auch dann ein Fluchtverhalten, wenn sie gar nicht wirklich in Gefahr sind. Sie verhalten sich also nach dem Motto „Lieber einmal zu viel als einmal zu wenig weglaufen". Dies liegt in der Regel daran, daß die Indikatoren für Gefahren überempfindlich reagieren. Sie reagieren, könnte man sagen, nicht nur auf *wirkliche* Gefahren, sondern auch schon auf *Anzeichen* für *mögliche* Gefahren. Aus diesem Grund wird sich in dem System *S* der Zustand *r* möglicherweise schon dann ausbilden, wenn sich dem System von rechts ein dunkler Schatten nähert, auch wenn solch ein Schatten nur in einem Bruchteil aller Fälle von einer wirklichen Gefahr hervorgerufen wird.

Nach Millikan bedeutet dies jedoch nicht, daß *r* aus diesem Grunde statt des Inhalts <Gefahr von rechts>[9] den Inhalt <Schatten von rechts> hätte. Denn die biologische Funktion von *T* ist es, bei *Gefahr* ein Fluchtverhalten in die richtige Richtung auszulösen; weil es *diese* Wirkung hat, ist es im Laufe der Evolution in *S* entstanden und nicht, weil es bei jedem sich annähernden Schatten ein solches Fluchtverhalten auslöst. Der Normalfall ist also der, in dem sich wirklich eine Gefahr nähert; denn dies ist der Fall, für den *T* gedacht ist. Der Ausdruck 'Normalfall' ist also *normativ* und *nicht statistisch* zu verstehen. Es kann Millikan zufolge durchaus sein, daß die meisten Fluchtbewegungen, die *T* auslöst, auf einem Fehlalarm beruhen.[10]

Damit bleibt nur noch die Frage, welche Rolle der Ausdruck 'Hauptfaktor' in der Definition (M-I) spielt. Diese Rolle läßt sich so erläutern. Daß *T* im Normalfall seine biologische Funktion erfüllen kann, hängt in der Regel nicht nur von einem Faktor, sondern von einer Vielzahl von Faktoren ab. Wenn sich eine Gefahr von rechts nähert, ist eine Fluchtreaktion in die entgegengesetzte Richtung sicher in den meisten Fällen biologisch vorteilhaft; aber natürlich nicht immer. Eine Fluchtreaktion nach links ist z.B. keineswegs vorteilhaft, wenn sich links von *S* ein mit Wasser gefüllter Graben befindet, in dem *S* umkommen würde, oder wenn sich links von *S* ein Tier befindet, das nur darauf wartet, *S* zu verspeisen. Dennoch erschöpft sich nach Millikan die Funktion von *r* darin, anzuzeigen, daß sich eine Gefahr von rechts nähert; ihr zufolge gehört es nicht zu den Funktionen von *r*, außerdem anzuzeigen, daß sich links kein Graben und kein gefährli-

---

[9]   Zur Verwendung der spitzen Klammern '<' und '>' vgl. oben S. 179 Fn. 34.

[10] Millikan setzt sich damit bewußt von Dretskes Auffassung ab, daß eine Repräsentation nur dann den Inhalt *p* haben kann, wenn sie zumindest im allgemeinen ein verläßlicher Indikator für *p* ist.

ches Tier befindet und daß links von *S* auch sonst keine noch größeren Gefahren lauern.

Der Grund dafür ist, daß zwischen der Bedingung, daß sich von rechts eine Gefahr nähert, und den anderen Bedingungen eine Asymmetrie besteht. Die Frage zu stellen, ob diese anderen Bedingungen vorliegen, ist nämlich erst dann sinnvoll, wenn schon klar ist, daß sich von rechts eine Gefahr nähert. Denn erst wenn *S* eine Fluchtbewegung nach links 'ins Auge faßt', ist die Frage relevant, wie es links von *S* eigentlich aussieht.

Cummins hat diese Asymmetrie mit einem schönen Beispiel erläutert. Wenn man die Schwingungen eines Pendels erklären will, kann man zunächst die Wirkungen der Reibung und des Luftwiderstands vernachlässigen und sich ganz auf den Einfluß der Länge des Pendels und der Gravitationskraft konzentrieren. Man kann aber nicht umgekehrt vorgehen. Man kann nicht zuerst nur die Wirkung von Reibung und Luftwiderstand betrachten und dabei den Einfluß der Länge des Pendels und der Gravitation völlig außer acht lassen. Denn auf diese Weise kommt man überhaupt nicht zu einem Ergebnis, nicht einmal zu einem, das zumindest näherungsweise richtig ist.

Da die biologische Funktion des Teilsystems *T* – und damit auch die Funktion von *r* – entscheidend davon abhängt, aus welchen Gründen sich *T* in *S* entwickelt hat, ist Millikans Inhaltsbegriff ein wesentlich *historischer* Begriff. Welche Bedeutung *r* hat, hängt entscheidend davon ab, wie Wesen vom Typ *S* entstanden sind. Dies hat aber eine Konsequenz, die zumindest auf den ersten Blick kontraintuitiv erscheint. Wenn es jemandem gelänge, einen physischen Doppelgänger von mir anzufertigen, oder noch besser: wenn in diesem Augenblick in diesem Zimmer durch einen historischen Zufall sozusagen von selbst ein solcher Doppelgänger[11] entstünde, dann hätten dessen repräsentationale Zustände Millikan zufolge überhaupt keinen Inhalt, und dann hätte mein Doppelgänger daher gar keine intentionalen Zustände. Dies scheint aber wenig plausibel. Denn wenn ein Wesen exakt genauso aussieht, exakt genauso aufgebaut ist und sich exakt genauso verhält wie ich, wie kann ein solches Wesen überhaupt keine Wünsche

---

[11] Für einen solchen Doppelgänger hat sich in der Literatur der Ausdruck 'swampman' ('Sumpfmann') eingebürgert. Vgl. Davidson (1987).

und Überzeugungen haben? Im Abschnitt 12.3.1 werden wir allerdings sehen, daß man mit solchen Intuitionen vorsichtig sein
muß. Dort wird sich nämlich zeigen, daß es zumindest möglich
ist, daß ein Wesen, das genauso aussieht, genauso aufgebaut ist
und sich genauso verhält wie ich, *andere* Wünsche und Überzeugungen hat als ich. Denn die Inhalte der intentionalen Zustände
eines Wesens hängen unter anderem davon ab, in welcher Umgebung es lebt und zu welcher Sprachgemeinschaft es gehört. Physische Doppelgänger können sich daher durchaus in ihren intentionalen Zuständen unterscheiden. Wenn für die Inhalte der mentalen Repräsentationen eines Wesens unter anderem entscheidend
ist, in welcher Umwelt es lebt und welcher Sprachgemeinschaft
es angehört, dann scheint es aber durchaus möglich, daß auch die
Geschichte dieses Wesens für die Bestimmung dieser Inhalte relevant ist.

Ein anderer Einwand gegen Millikans Inhaltsbegriff ist jedoch
nicht so einfach zu entkräften. Wenn nämlich der Inhalt einer Repräsentation *r* von ihrer biologischen Funktion abhängt und wenn
diese biologische Funktion ihrerseits davon abhängt, wie Repräsentationen der Art *r* im Laufe der Evolution entstanden sind,
dann können wir erst dann *wissen*, welchen Inhalt *r* hat, wenn wir
auf diese letzte Frage eine Antwort geben können. Und dies wird
in vielen Fällen nicht ganz einfach sein. Wenn man von Millikans
Inhaltsbegriff ausgeht, ist es also häufig zumindest sehr schwierig, herauszufinden, welchen Inhalt eine bestimmte Repräsentation hat, und damit auch, was ein Wesen glaubt und wünscht.
Außerdem scheint Millikans Begriff nicht unbedingt dem Vorgehen zu entsprechen, das z.B. Neurobiologen anwenden, um herauszufinden, was bestimmte Signale im Gehirn bedeuten. Bestimmte Neuronen werden als Kantendetektoren bezeichnet, weil
sie in der Regel dann und nur dann feuern, wenn sich an einer
bestimmten Stelle des Sehfeldes eine Kante befindet. Es kann
durchaus sein, daß diese Neuronen auch die biologische Funktion
haben, Kanten anzuzeigen. Aber um diese Frage kümmern sich
Neurobiologen im allgemeinen nicht.

Cummins führt in diesem Zusammenhang ein anderes aussage-
kräftiges Beispiel an. Bekanntlich verständigen sich Bienen untereinander durch einen Schwänzeltanz über lohnende Futter-

quellen. Dabei entspricht der Winkel des Tanzes der Richtung, in der die Futterquelle liegt und die Frequenz des Schwänzelns der Entfernung. Außerdem liegt die Annahme nahe, daß es die biologische Funktion dieser beiden Aspekte des Bienentanzes ist, die Richtung und Entfernung von Futterquellen anzuzeigen. Daher scheint klar zu sein, daß durch den Winkel des Tanzes tatsächlich die Richtung und durch die Frequenz des Schwänzelns die Entfernung der Futterquelle angezeigt wird. Wenn wir, so Cummins, allerdings feststellen würden, daß die Bienen, nachdem sie den Tanz einer Artgenossin beobachtet haben, in die angezeigte Richtung fliegen, dort eine paar Felsen finden, auf denen sie sich eine Zeitlang aufhalten, um dann zurückzufliegen, dann würden wir eher annehmen, daß durch den Schwänzeltanz die Richtung und Entfernung dieser Felsen angezeigt wird, auch wenn wir nicht die geringste Ahnung hätten, welchem biologischen Zweck der Flug zu diesen Felsen dient.

Ein dritter Einwand gegen Millikans Inhaltsbegriff schließlich beruht auf der folgenden Überlegung. So plausibel Millikans Definition für Repräsentationen mit einfachen, biologisch relevanten Inhalten sind, so schwierig ist es sich vorzustellen, wie sie bei sehr abstrakten und theoretischen Inhalten anwendbar sein soll. Die Richtung, in der sich Futter, Gefahren oder mögliche Sexualpartner befinden, ist für das Überleben jedes Lebewesens von größter Bedeutung. Und daher kann man sich leicht vorstellen, daß es Repräsentationen gibt, deren biologische Funktion es ist, diese Richtungen anzuzeigen. Aber welche biologische Relevanz hat etwa die Überzeugung, daß das Weltall vor ca. 15 Milliarden Jahren in einem Urknall entstanden ist, oder die Überzeugung, daß die DDR vor allem an wirtschaftlichen Problemen zugrunde gegangen ist? Offenbar keine. Wie kann es dann aber ein Teilsystem in uns geben, das seine biologische Funktion nur erfüllen kann, wenn es über diese Tatsachen informiert ist?

12.1.3   Fodors kausale Theorie des Inhalts mentaler Repräsentationen

Während bei Dretske die Auffassung eine zentrale Rolle spielt, daß eine Repräsentation nur dann den Inhalt p haben kann, wenn sie normalerweise *ein verläßlicher Indikator* für *p* ist, und für Millikan und Papineau das Hauptgewicht auf der *biologischen Funktion* repräsentationaler Zustände liegt, steht für Fodor bei der Bestimmung des Inhalts mentaler Repräsentationen die *Kausalbeziehung* zwischen diesen Repräsentationen und ihren Ursachen im Vordergrund.

Fodors Theorie[12] beruht auf einer Grundidee, die man – stark vereinfacht – so formulieren kann:

(F-I$_1$) Ein Zustand *r* repräsentiert in einem System *S* genau dann die Eigenschaft *F*, wenn

   (a) alle *F*s *r*-Vorkommnisse* in *S* verursachen und

   (b) *r*-Vorkommnisse in *S* nur durch *F*s verursacht werden.[13]

Aber in dieser Form ist Fodors Theorie sicher nicht akzeptabel. Denn erstens ist auch die Definition (F-I$_1$) mit dem Problem der Möglichkeit von Fehlrepräsentationen konfrontiert. Und zweitens ist es intuitiv ganz unplausibel, anzunehmen, daß z.B. meine *Pferd*-Repräsentationen von *allen* Pferden und *nur* von Pferden verursacht werden. Natürlich verursacht nicht jedes Pferd, das es irgendwo auf der Welt gibt, in mir eine *Pferd*-Repräsentation, und natürlich täusche ich mich manchmal, bilde also eine *Pferd*-Repräsentation aus, obwohl gar kein Pferd da ist. Dies geschieht z.B., wenn ich in der Dämmerung eine Kuh für ein Pferd halte, meine *Pferd*-Repräsentation also durch eine Kuh in der Dämmerung verursacht wird. Fodor steht damit vor der Frage, ob und gegebenenfalls wie man die Bedingungen der Definition (F-I$_1$) so verbessern kann, daß insgesamt eine plausiblere Definition entsteht. Seine Antwort auf diese Frage hat zwei Teile, die sich auf die beiden Bedingungen der Definition (F-I$_1$) beziehen.

Was die Bedingung (a) betrifft, weiß natürlich auch Fodor, daß nicht alle Pferde in mir *Pferd*-Repräsentationen verursachen. Wenn sich ein Pferd hinter mir befindet, wenn es zu weit weg ist

---

[12] Vgl. besonders Fodor (1987; 1990).

[13] Fodor betrachtet nur Repräsentationen, die in der Sprache des Geistes die Rolle von Prädikaten spielen, und fragt, unter welchen Bedingungen diese Repräsentationen welche Eigenschaften repräsentieren. Fodor selbst nennt die Formulierung (F-I$_1$) 'crude causal theory of content'.

oder wenn es in einem abgeschlossenen Stall steht, kann es durchaus sein, daß sich in mir keine solchen Repräsentationen ausbilden. Aber die Wahrnehmungspsychologie ist seiner Meinung nach durchaus in der Lage, die Bedingungen anzugeben, unter denen alle Pferde als Pferde erkannt werden. Wenn sich z.B. ein Pferd einige Meter vor mir befindet, meine Augen in Ordnung sind, die Beleuchtungsverhältnisse gut genug sind, sich zwischen mir und dem Pferd keine undurchsichtige Wand befindet, usw., werde ich dieses Pferd als Pferd erkennen. D.h., genauer: Unter diesen Bedingungen wird jedes Pferd in mir eine *Pferd*-Repräsentation verursachen. Entscheidend ist für Fodor dabei, daß sich die *psychophysisch optimalen Bedingungen*, unter denen alle Pferde *Pferd*-Repräsentationen verursachen, ohne Benutzung intentionaler oder semantischer Ausdrücke allein in Begriffen der Psychophysik* formulieren lassen. Und dies gilt seiner Meinung nach auch, wenn wir im Augenblick *de facto* noch nicht alle Bedingungen angeben können, die in diesem Zusammenhang relevant sind. Die Bedingung (a) läßt sich nach Fodor daher folgendermaßen verbessern:

(a′)   unter *psychophysisch optimalen Bedingungen* verursachen alle *F*s *r*-Vorkommnisse in *S*.

Diese Verbesserung ist zwar auch noch nicht ganz ausreichend, da sie den Fall, daß *F*s für *S* nicht beobachtbar sind (wie dies etwa bei Neutrinos und anderen Elementarteilchen der Fall ist), nicht hinreichend berücksichtigt. Auf Fodors Versuch, mit dieser zusätzlichen Schwierigkeit fertig zu werden, soll hier aber nicht eingegangen werden, da seine Grundidee auch durch die Formulierung (a′) schon recht gut wiedergegeben wird.

Kommen wir also zur Bedingung (b). Wie läßt sich diese Bedingung verbessern? Das Problem war, daß ich manchmal auch Dinge für Pferde halte, die gar keine Pferde sind. In der Dämmerung kann es z.B. passieren, daß ich eine Kuh für ein Pferd halte. In diesem Fall wird also in mir eine *Pferd*-Repräsentation durch eine Kuh verursacht. Dies mag harmlos klingen. Tatsächlich ergibt sich aus dieser Tatsache aber ein schwerwiegendes Problem, das unter dem Namen 'Disjunktionsproblem' berühmt geworden ist. Auf einen kurzen Nenner gebracht beruht dieses Problem auf der Frage:

Wenn r-Vorkommnisse im allgemeinen durch Fs, unter bestimmten Bedingungen B aber auch durch Gs verursacht werden, wie kann man dann entscheiden, ob r die Eigenschaft, F zu sein, repräsentiert oder die Eigenschaft, F oder (unter der Bedingung B) G zu sein?

Auf unser Beispiel angewandt heißt das: Wenn r-Vorkommnisse im allgemeinen von Pferden, in der Dämmerung aber auch von Kühen verursacht werden, wie kann man dann entscheiden, ob r die Eigenschaft, ein Pferd zu sein, repräsentiert oder die Eigenschaft, ein Pferd oder eine Kuh in der Dämmerung zu sein?

Fodors Antwort auf diese Frage lautet: r repräsentiert die Eigenschaft, ein Pferd zu sein, und nicht die Eigenschaft, ein Pferd oder eine Kuh in der Dämmerung zu sein, wenn die Kausalbeziehung zwischen Kühen und r-Vorkommnissen *in asymmetrischer Weise* von der Kausalbeziehung zwischen Pferden und r-Vorkommnissen *abhängt*. Oder allgemein ausgedrückt:

- r repräsentiert die Eigenschaft F und nicht die Eigenschaft F oder G, wenn die Kausalbeziehung zwischen Gs und r-Vorkommnissen *in asymmetrischer Weise* von der Kausalbeziehung zwischen Fs und r-Vorkommnissen *abhängt*.

Dabei ist die Rede von der asymmetrischen Abhängigkeit einer Kausalrelation von einer anderen folgendermaßen zu verstehen:

- Die Kausalbeziehung zwischen Gs und r-Vorkommnissen *hängt* genau dann *asymmetrisch* von der Kausalbeziehung zwischen Fs und r-Vorkommnissen *ab*, wenn Fs auch dann r-Vorkommnisse verursachen würden, falls Gs dies nicht täten, wenn aber umgekehrt Gs r-Vorkommnisse nicht verursachen würden, falls Fs dies nicht täten.

Insgesamt ergibt sich damit die folgende verbesserte Version der Definition (F-I$_1$):

(F-I$_2$)   Ein Zustand r repräsentiert in einem System S genau dann die Eigenschaft F, wenn

    (a$'$) unter *psychophysisch optimalen Bedingungen* alle Fs r-Vorkommnisse in S verursachen und wenn, (b') falls in einigen Fällen r-Vorkommnisse in S nicht nur durch Fs, sondern auch durch Gs verursacht werden, die Kausalbeziehung zwischen Gs und r-Vorkommnissen in asymmetrischer Weise von der Kausalbeziehung zwischen Fs und r-Vorkommnissen abhängt.[14]

Auch gegen diese Definition sind jedoch einige schwerwiegende Einwände erhoben worden. Die beiden Haupteinwände lauten:

- Lassen sich die in der Bedingung (a') angeführten psychophysisch optimalen Bedingungen tatsächlich ohne Verwendung *semantischen* oder *intentionalen* Vokabulars formulieren?
- Läßt sich die Idee einer asymmetrischen Abhängigkeit kausaler Beziehungen konsistent explizieren?

Im folgenden soll nur der zweite Einwand kurz diskutiert werden.

Wir hatten schon gesehen, daß die Kausalbeziehung zwischen Kühen und r-Vorkommnissen genau dann asymmetrisch von der Kausalbeziehung zwischen Pferden und r-Vorkommnissen abhängt, wenn die folgenden beiden Konditionalsätze wahr sind:

(1) Wenn Pferde keine r-Vorkommnisse verursachen würden, würden auch Kühe keine r-Vorkommnisse verursachen.

(2) Wenn Kühe keine r-Vorkommnisse verursachen würden, würden Pferde trotzdem r-Vorkommnisse verursachen.

Wie kann man herausfinden, ob diese beiden Konditionalsätze wahr sind? Zunächst muß man offenbar die Frage beantworten, unter welchen Bedingungen kontrafaktische Konditionalsätze der Form

(3) Wenn p der Fall wäre, wäre auch q der Fall

im allgemeinen wahr sind.[15] Und schon die Antwort auf diese Frage ist alles andere als leicht. In den letzten Jahren hat sich allerdings die Auffassung durchgesetzt, daß Sätze der Form (3)

---

[14] Diese verbesserte Version (F-I$_2$) nennt Fodor selbst 'slightly less crude causal theory of content'.

[15] Sätze der Form (3) heißen 'kontrafaktische Konditionalsätze', weil das Vorglied dieser Sätze *de facto* (in der wirklichen Welt) falsch ist. Trotzdem kann man sich natürlich dafür interessieren, was der Fall wäre, wenn das Vorderglied nicht falsch, sondern wahr wäre.

genau dann wahr sind, wenn in allen möglichen Welten, die der wirklichen Welt am ähnlichsten sind und in denen p wahr ist, auch q wahr ist.[16] Die Frage ist also, ob Fodor folgendes plausibel machen kann:

(1′) In den möglichen Welten, die der wirklichen Welt am ähnlichsten sind und in denen Pferde keine r-Vorkommnisse verursachen, verursachen auch Kühe keine r-Vorkommnisse.

(2′) In den möglichen Welten, die der wirklichen Welt am ähnlichsten sind und in denen Kühe keine r-Vorkommnisse verursachen, verursachen Pferde trotzdem r-Vorkommnisse.

Daß Pferde in der wirklichen Welt r-Vorkommnisse verursachen, liegt – grob gesprochen – an drei Dingen: erstens daran, daß Pferde ein bestimmtes Aussehen haben; zweitens daran, daß Pferde aufgrund ihres Aussehens und aufgrund der allgemeinen Naturgesetze in unseren Augen Retinabilder eines bestimmten Typs – nennen wir sie P-Bilder – erzeugen; und drittens daran, daß P-Bilder aufgrund der neuronalen Verschaltungen in unseren Gehirnen r-Vorkommnisse hervorrufen. Daß auch Kühe in der Dämmerung in mir r-Vorkommnisse verursachen, liegt wohl daran, daß Kühe in der Dämmerung in unseren Augen ebenfalls P-Bilder erzeugen.

Wenn in einer möglichen Welt Pferde *keine* r-Vorkommnisse verursachen, kann es dafür somit drei Gründe geben:

(a) Pferde haben in dieser Welt ein anderes Aussehen und verursachen deshalb keine P-Bilder.

(b) Obwohl ihr Aussehen unverändert ist, verursachen Pferde in dieser Welt keine P-Bilder, da in ihr andere Naturgesetze herrschen.

(c) Aufgrund anderer neuronaler Verschaltungen rufen P-Bilder in dieser Welt in unseren Gehirnen keine r-Vorkommnisse hervor.

Was folgt hieraus für die Wahrheit der Sätze (1) bzw. (1′)? Offenbar sind folgende Annahmen plausibel:

---

[16] Diese Auffassung geht besonders auf Lewis (1973) zurück.

- In Welten vom Typ (a) verursachen Kühe r-Vorkommnisse; denn diese Welten unterscheiden sich von der wirklichen Welt weder im Hinblick auf das Aussehen von Kühen noch auf die geltenden Naturgesetze noch auf die neuronalen Verschaltungen in unseren Gehirnen.
- In Welten vom Typ (b) verursachen Kühe keine r-Vorkommnisse; denn aufgrund der veränderten Naturgesetze werden in diesen Welten wohl auch Kühe keine P-Bilder hervorrufen.
- In Welten vom Typ (c) verursachen Kühe keine r-Vorkommnisse; denn in diesen Welten erzeugen Kühe nach wie vor P-Bilder, aber diese P-Bilder rufen keine r-Vorkommnisse mehr hervor.

Mit anderen Worten: Der Satz (1) ist genau dann wahr, wenn Welten vom Typ (b) oder (c) der wirklichen Welt näher sind als Welten vom Typ (a).

Und wie sieht es mit der Wahrheit von (2) bzw. (2′) aus? Hier gilt ganz analog: Dafür daß in einer möglichen Welt Kühe *keine* r-Vorkommnisse verursachen, kann es drei Gründe geben:

(a′) Kühe haben in dieser Welt ein anderes Aussehen und verursachen deshalb keine P-Bilder.

(b′) Obwohl ihr Aussehen unverändert ist, verursachen Kühe in dieser Welt keine P-Bilder, da in ihr andere Naturgesetze herrschen.

(c′) Aufgrund anderer neuronaler Verschaltungen rufen P-Bilder in dieser Welt in unseren Gehirnen keine r-Vorkommnisse hervor.

Und auch hier sind die Annahmen plausibel:

- In Welten vom Typ (a′) verursachen Pferde r-Vorkommnisse.
- In Welten vom Typ (b′) und (c′) verursachen Pferde keine r-Vorkommnisse.

Der Satz (2) ist daher genau dann wahr, wenn Welten vom Typ (a′) der wirklichen Welt näher sind als Welten vom Typ (b′) oder (c′). Für Fodor ergibt sich somit die unangenehme Konsequenz: Die Sätze (1) und (2) können nur dann *beide* wahr sein, wenn man unterschiedliche Maßstäbe anlegt. Im ersten Fall müssen

Welten vom Typ (b) oder (c) der wirklichen Welt näher sein als
Welten vom Typ (a). Im zweiten Fall dagegen müssen Welten
vom Typ (a') der wirklichen Welt näher sein als Welten vom Typ
(b') oder (c'). Es ist kaum zu sehen, wie es möglich sein soll, diesen Unterschied plausibel zu machen.

Vielleicht läßt sich Fodors Idee allerdings retten, indem man einen *evolutionären* und damit *teleologischen* Aspekt ins Spiel
bringt.[17] Vielleicht ist die zentrale Frage nämlich, wie die neuronale Verschaltung (nennen wir sie N), die dafür sorgt, daß P-
Bilder in uns r-Vorkommnisse hervorrufen, überhaupt entstanden
ist. In diesem Fall könnte man nämlich so argumentieren. Neuronale Verschaltungen entstehen nicht grundlos, sondern weil sie
mit einem biologischen Vorteil verbunden sind. Der Vorteil der
Verschaltung N kann aber durchaus darin liegen, daß es für Wesen wie uns nützlich ist, über die Anwesenheit von Pferden informiert zu sein, während Informationen über Kühe für solche
Wesen eher irrelevant sind. Wenn das so ist, ist es aber plausibel
anzunehmen, daß sich die Verschaltung N entwickelt hat, weil –
aufgrund dieser Verschaltung – r-Vorkommnisse verläßliche Indikatoren für die Anwesenheit von Pferden sind. Und das bedeutet offenbar auch: N hätte sich auch entwickelt, wenn Kühe keine
P-Bilder und damit auch keine r-Vorkommnisse hervorrufen
würden; N hätte sich aber nicht entwickelt, wenn Pferde keine P-
Bilder und damit auch keine r-Vorkommnisse hervorrufen würden. So verstanden bedeutet Fodors Annahme, daß die Kausalbeziehung zwischen Kühen und r-Vorkommnissen asymmetrisch
von der Kausalbeziehung zwischen Pferden und r-Vorkommnis-
sen abhängt, nichts anderes als:

- Die neuronale Verschaltung N, die dazu führt, daß Pferde r-
  Vorkommnisse hervorrufen, wäre auch entstanden, wenn Kühe
  keine r-Vorkommnisse verursachen würden; sie wäre aber
  nicht entstanden, wenn Pferde keine r-Vorkommnisse verursachen würden.

---

[17]   Vgl. zu dieser Idee Beckermann (1991) und Loewer/Rey (1991b).

Und diese Annahme ist keineswegs inkohärent; sie kann sogar durchaus wahr sein.[18]

12.2   Die Grundzüge einer interpretationalen Semantik für mentale Repräsentationen

Dretske, Millikan und Fodor gehen alle davon aus, daß es eine *Frage der Tatsachen* ist, welchen Inhalt mentale Repräsentationen haben. Wenn man nach dem Inhalt der Repräsentation *r* fragt, ist von den beiden Antworten „*r* repräsentiert die Eigenschaft, ein Pferd zu sein" und „*r* repräsentiert die Eigenschaft, ein Pferd oder eine Kuh in der Dämmerung zu sein" höchstens eine richtig. Auf die Frage, welchen Inhalt *r* hat, gibt es eine und nur eine richtige Antwort. In seinem Buch *Meaning and Mental Representation* (1989) hat Robert Cummins versucht, eine Theorie zu entwikkeln, die mit dieser Grundannahme bricht – eine Theorie, der er selbst den Namen 'Interpretationale Semantik' gegeben hat. Der interpretationalen Semantik zufolge dürfen wir nicht davon ausgehen, daß mentale Repräsentationen einen ganz bestimmten Inhalt haben, den wir nur noch herausfinden müssen. Vielmehr sind wir es, die diesen Repräsentationen einen Inhalt *zuschreiben*. Dies tun wir natürlich nicht willkürlich, sondern mit guten Gründen. Trotzdem macht es einen großen Unterschied, ob man fragt, aufgrund welcher Tatsachen Repräsentationen den Inhalt haben, den sie haben, oder ob man fragt, welche Gründe uns dazu veranlassen, Repräsentationen diesen oder jenen Inhalt zuzuschreiben.

---

[18]   Loewer/Rey (1991b) veranschaulichen diese Überlegung an der Nachfolgeprägung von Gänseküken. Frischgeschlüpfte Gänseküken laufen dem ersten bewegten Gegenstand nach, der Töne von sich gibt, und sie folgen diesem Gegenstand während ihrer ganzen 'Kindheit'. Im allgemeinen ist dieser Gegenstand natürlich ihre Mutter. Die Nachfolgeprägung bei Gänsen hat also offenbar den biologischen Sinn, Gänseküken auf ihre Mutter zu fixieren. Aber sie können durch diesen Mechanismus auch auf Menschen und sogar auf künstliche Dinge fixiert werden. Dennoch ist es plausibel, anzunehmen, daß dieser Mechanismus nicht entstanden wäre, wenn er nicht in der Regel zu einer Fixierung auf die Mutter führen würde, daß er aber sehr wohl entstanden wäre, wenn er nur zu einer Fixierung auf die Mutter führen könnte.

Versuchen wir, uns dies an einem Beispiel zu verdeutlichen. Die Abbildung 1 zeigt das Schaltbild eines aus 'UND'-, 'ODER'- und 'XODER'-Gattern[19] aufgebauten Geräts, das in der Informatik ein '4-Bit Volladdierer' genannt wird. Welchen Grund gibt es dafür, so ein Gerät als 'Addierer' zu bezeichnen?

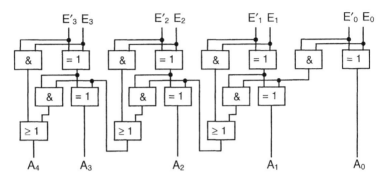

Abb. 1: Schaltbild eines 4-Bit Volladdierers

Nun, dieser Grund ist jedem bekannt, der sich in der Informatik ein bißchen auskennt. Wenn man an den Eingängen E_0, ..., E_3 und E'_0, ..., E'_3 niedrige bzw. hohe Spannungen anlegt und diese Spannungen als Bitmuster – also als Folgen von Nullen und Einsen – auffaßt, dann erhält man an den Ausgängen A_0, ..., A_4 Spannungen, die, wenn man sie ebenfalls als Bitmuster auffaßt, die Summe der an den Eingängen anliegenden Bitmuster repräsentieren. Wenn man z.B. an den Eingängen Spannungen anlegt, die den Bitmustern '0001' und '0011' entsprechen und die daher die

---

[19] 'UND'-Gatter werden durch das Zeichen '&', 'ODER'-Gatter durch das Zeichen '≥ 1'und 'XODER'-Gatter durch das Zeichen '= 1' gekennzeichnet. Das Verhalten dieser Gatter wird durch die folgenden 'Wahrheitstafeln' beschrieben:

E	E'	UND	E	E'	ODER	E	E'	XODER
1	1	1	1	1	1	1	1	0
1	0	0	1	0	1	1	0	1
0	1	0	0	1	1	0	1	1
0	0	0	0	0	0	0	0	0

Zahlen 1 und 3 repräsentieren, erhält man am Ausgang ein Spannungsmuster, das dem Bitmuster '00100' entspricht und daher die Zahl 4 repräsentiert.

Damit haben wir zugleich auch eine Antwort auf die Frage, aus welchem Grund wir die an den Ein- und Ausgängen anliegenden Spannungen als Bitmuster und damit als Repräsentationen von Zahlen auffassen. Denn die Antwort auf die Frage, was uns dazu berechtigt, das Gerät, dessen Struktur in der Abbildung 1 dargestellt ist, als Addierer aufzufassen, ist Cummins zufolge identisch mit der Antwort auf die Frage, was uns dazu berechtigt, die Muster der Spannungen, die an den Eingängen und Ausgängen dieses Geräts anliegen, als Repräsentationen natürlicher Zahlen aufzufassen:

- Wir dürfen die Spannungsmuster an den Ein- und Ausgängen als Repräsentationen natürlicher Zahlen auffassen, weil wir unter dieser Voraussetzung die *kausale Beziehung* zwischen den Spannungsmustern an den Eingängen und dem Spannungsmuster an den Ausgängen als *Implementierung* der Operation der Addition deuten können.

Wenn man eine physikalische Additionsmaschine bauen will, ist es nach Cummins daher entscheidend, daß man diese Maschine so konstruiert, daß die Repräsentationen der beiden Summanden *kausal* die Repräsentation der Summe hervorbringen.

„Das folgende ist ein nützliches Bild für diese ganze Auffassung von Additionsmaschinen. Ich nenne es das Tower Bridge Bild, da es mich an die Londoner Tower Bridge erinnert." (Cummins 1989, 90)

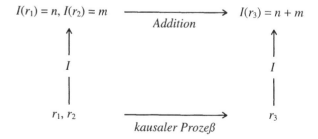

Wenn man diese Überlegung verallgemeinert, ergibt sich Cummins' Grundthese:

(C-I) Den physischen Zuständen r_1, ..., r_n eines Systems können wir genau dann die Inhalte $I(r_1)$, ..., $I(r_n)$ zuschreiben, wenn den kausalen Relationen zwischen diesen Zuständen eine (semantische) Relation R zwischen ihren Inhalten entspricht.

Allerdings gibt es hier ein Problem. Denn in der Regel gibt es weit mehr als eine Interpretation I und eine Relation R, die die Bedingungen von (C-I) erfüllen. Bei unserem Gerät z.B. können wir die an den Ein- und Ausgängen anliegenden Spannungsmuster auch so interpretieren:[20]

$$I'(nnnn) = 2^0$$
$$I'(nnnh) = 2^1$$
$$I'(nnhn) = 2^2$$
$$...$$
$$I'(hhhh) = 2^{15}$$
$$I'(hnnnn) = 2^{16}$$
$$...$$
$$I'(hhhhh) = 2^{31}$$

Und für diese Interpretation gilt: Wenn an den Eingängen E_0, ..., E_3 und E'_0, ..., E'_3 die Spannungsmuster r_1 und r_2 anliegen, dann entsteht an den Ausgängen A_0, ..., A_4 genau das Muster r_3, für das gilt:

$$I'(r_3) = I'(r_1) \cdot I'(r_2).[21]$$

Wenn das so ist, wie kann man dann aber entscheiden, ob es sinnvoller ist, z.B. das Muster 'nnhh' als Repräsentation der Zahl 3 oder als Repräsentation der Zahl 8 aufzufassen?

---

[20] Dabei sollen 'n' bzw. 'h' bedeuten, daß die am jeweiligen Eingang oder Ausgang anliegende Spannung niedrig bzw. hoch ist.

[21] Man kann Geräte, deren Struktur dem in der Abb. 1 gezeigten Schaltbild entspricht, also auch als Multiplizierer auffassen. Zwar lassen sich mit solchen Geräten nicht alle natürlichen Zahlen miteinander multiplizieren; aber bei den Zahlen, die sich multiplizieren lassen, ist das Ergebnis absolut korrekt.

Grundsätzlich ist auf diese Frage zunächst zu antworten, daß ein interpretationaler Ansatz durchaus damit leben kann, *demselben* Zustand unter unterschiedlichen Bedingungen *unterschiedliche* Inhalte zuzuschreiben. Denn der Interpretationalismus geht eben nicht davon aus, daß es auf die Frage, welchen Inhalt eine Repräsentation *r* hat, genau eine richtige Antwort gibt. Wenn es unter den Umständen *A* legitim ist, *r* den Inhalt *I* zuzuschreiben, kann es unter den Umständen *B* durchaus gerechtfertigt sein, *r* einen anderen Inhalt *I'* zuzuschreiben. Allerdings wäre es natürlich mehr als unschön, wenn sich die Bestimmung (C-I) als so schwach erweisen sollte, daß es mit ihr vereinbar wäre, einer Repräsentation unter beliebigen Bedingungen beliebige Inhalte zuzuschreiben. Was man benötigt, ist also eine Bestimmung, die die legitimen Inhaltszuschreibungen auf plausible Weise eingrenzt. Vielleicht kann die folgende Überlegung helfen, die Zahl möglicher Interpretationen zumindest einzuschränken.[22]

Wenn man erklären will, warum ein Schachcomputer einige Zeit, nachdem man über die Tastatur einen Zug eingegeben hat, im Display einen bestimmten Zug als Antwortzug ausgibt, muß man – das hatten wir schon im Abschnitt 11.2 gesehen – die physikalische Ebene nicht verlassen. Grundsätzlich reicht es aus, wenn man weiß

- wie die Zustände der Siliziumchips durch den Druck auf bestimmte Buchstaben- und Zahlentasten verändert werden;

- welche Abfolge von Zuständen diese Chips durchlaufen, nachdem die 'Enter'-Taste gedrückt wurde;

- und welche der Leuchtdioden, aus denen das Display besteht, aus diesem Grund am Ende aufleuchten.

Jeder einzelne Zug des Schachcomputers läßt sich also vollständig physikalisch erklären.

Wenn man herausfinden will, warum der Schachcomputer in der Regel *gute* Züge macht (also Züge, die ihn dem Gewinn der Partie näher bringen bzw. den Verlust verhindern), reicht die physikalische Ebene aber nicht mehr aus. Denn dies kann man nur

---

[22] Zum folgenden vgl. Beckermann (1995).

verstehen, wenn man die funktionale Einstellung[23] einnimmt, d.h. wenn man bestimmte Zustände der Siliziumchips als Repräsentationen möglicher Stellungen (bzw. als Repräsentationen von Bewertungen dieser Stellungen) und die Prozesse, die in diesen Chips ablaufen, als die Implementierung eines bestimmten Programms auffaßt. Denn erst dann kann man das, was zwischen dem Drücken der Tasten und dem Aufleuchten der Dioden im Display geschieht, so beschreiben: Der Computer erzeugt zuerst für die aktuelle Stellung die Repräsentationen aller Folgestellungen, die sich aus den für ihn selbst möglichen Zügen ergeben; dann zu jeder dieser Folgestellungen die Repräsentationen aller Folgestellungen, die sich aus den jeweils möglichen Zügen des Gegners ergeben; weiter zu jeder dieser Folgestellungen wieder die Repräsentationen aller Folgestellungen, die sich aus den eigenen möglichen Zügen ergeben, usw. bis zu einer bestimmten Anzahl von Zügen und Gegenzügen; die einzelnen Folgestellungen werden nach vorgegebenen Kriterien bewertet; und am Ende gibt der Computer den Zug aus, der bei (nach seinen Kriterien) optimalen Gegenzügen zu der Stellung mit der höchsten Bewertung führt.

Erst diese Art der Beschreibung ermöglicht ein Verständnis der Tatsache, daß der Schachcomputer in der Regel recht gute Züge macht. Denn es läßt sich zeigen, daß die Bewertungsfunktion, die der Zugauswahl zugrundeliegt, im allgemeinen tatsächlich zu guten Stellungen führt. Wenn das Gerät zum Schluß den Zug ausgibt, der bei 'optimalem' Gegenspiel zu der am höchsten bewerteten Stellung führt, müssen seine Züge daher in der Regel gute Züge sein.

Aus diesem Beispiel kann man zunächst folgendes lernen: Das *erfolgreiche* Verhalten eines Systems kann man im allgemeinen nur dann angemessen verstehen und erklären, wenn man bestimmte physische Strukturen im Inneren des Systems als *Repräsentationen* auffaßt und wenn man davon ausgeht, daß diese Repräsentationen bestimmte *Inhalte* haben. Wenn das so ist, kann man eine interpretationale Semantik für den Inhalt mentaler Repräsentationen aber auch so formulieren:

---

[23] Zu Dennetts Unterscheidung zwischen physikalischer und funktionaler Einstellung vgl. oben Abschnitt 11.2.

(B-I) Den physischen Zuständen r_1, ..., r_n eines Systems S kann man legitimerweise die Inhalte $I(r_1)$, ..., $I(r_n)$ zuschreiben, wenn man andernfalls nicht verstehen kann, warum sich S erfolgreich verhält.

Die Kategorien *Erfolg* und *Rationalität* haben bei der Zuschreibung von Inhalten offenbar eine zentrale Bedeutung. Es hat – wie Dennett, Davidson und viele andere immer wieder betont haben – einfach keinen Sinn, Wesen intentionale Zustände zuzuschreiben, deren Verhalten nicht zumindest Standards minimaler Rationalität genügt. Auch bei der Zuschreibung von Inhalten kommt es daher entscheidend darauf an, daß uns diese Zuschreibungen erlauben, zu verstehen, wie das rationale bzw. erfolgreiche Verhalten dieser Wesen zustande kommt.

12.3   Individualismus und Anti-Individualismus

Eine der verblüffendsten Entdeckungen, die in der Diskussion um die Naturalisierung des Inhalts mentaler Repräsentationen gemacht wurde, besteht in der Erkenntnis, daß das, was eine Person glaubt oder wünscht, nicht allein von dem abhängt, was in ihr selbst vorgeht. Vielmehr ist für die Inhalte ihrer mentalen Zustände auch die Umgebung entscheidend, in der die Person lebt, und ebenso die Sprachgemeinschaft, der sie angehört. Tyler Burge gebührt das Verdienst, dies in einer Reihe von sehr einflußreichen Aufsätzen nachgewiesen zu haben.[24] Da sich Burge seinerseits stark auf Überlegungen von Hilary Putnam stützt, sollen allerdings diese zuerst dargestellt werden.

12.3.1   Der Anti-Individualismus von Putnam und Burge

Putnam geht es in seinem Aufsatz „The Meaning of 'Meaning'" (1975b) darum, zu zeigen, daß sich „Bedeutungen nicht im Kopf befinden", d.h. genauer: daß die Bedeutung sprachlicher Ausdrücke nicht allein von dem abhängt, was in den Köpfen der Mit-

---

[24] Vgl. bes. Burge (1979; 1986).

glieder einer Sprachgemeinschaft vorgeht. Ausgangspunkt seiner Überlegungen sind zwei grundlegende Annahmen über den Sinn sprachlicher Ausdrücke, die auf Frege zurückgehen:

1. Der Sinn eines sprachlichen Ausdrucks bestimmt seinen Bezug; es kann keine zwei sprachlichen Ausdrücke geben, die denselben Sinn, aber verschiedenen Bezug haben.[25]

2. Der kompetente Sprecher einer Sprache kennt den Sinn aller Ausdrücke dieser Sprache.

Putnams Ziel ist es, zu zeigen, daß diese Annahmen nicht beide wahr sein können und daß man daher an der Annahme 1. nur festhalten kann, wenn man die Annahme 2. aufgibt.

Der Weg, mit dem Putnam dieses Ziel erreichen will, läßt sich so beschreiben. Stellen wir uns zwei Sprachgemeinschaften vor, deren Mitglieder – syntaktisch* gesehen – dieselbe Sprache sprechen; sie benutzen dieselben Ausdrücke, folgen denselben grammatischen Regeln, usw. Stellen wir uns weiter vor, daß sich die Mitglieder dieser Sprachgemeinschaften in keiner Weise in ihren intentionalen Zuständen unterscheiden; zu jedem Mitglied der einen Sprachgemeinschaft gibt es ein Mitglied der anderen Sprachgemeinschaft, das in exakt denselben intentionalen Zuständen ist, und umgekehrt. Dann folgt aus den Annahmen 1. und 2. offenbar: Die Mitglieder der beiden Sprachgemeinschaften sprechen nicht nur syntaktisch, sondern auch semantisch gesehen dieselbe Sprache; sie benutzen nicht nur dieselben Ausdrücke, diese Ausdrücke haben auch denselben Sinn und denselben Bezug. Denn da sie sich in ihren intentionalen Zuständen nicht unterscheiden, verbinden die Mitglieder der einen Sprachgemeinschaft mit den Ausdrücken ihrer Sprache genau denselben Sinn wie die Mitglieder der anderen Sprachgemeinschaft.

Tatsächlich, so Putnam, lassen sich jedoch Umstände angeben, unter denen gilt: Zumindest ein Ausdruck hat in der einen Sprache einen anderen Bezug als in der anderen. Also können die Annahmen 1. und 2. nicht beide richtig sein. Wie könnten solche Umstände aussehen? Putnam beantwortet diese Frage mit einem inzwischen berühmt gewordenen Gedankenexperiment. Ange-

---

[25] Zur Fregeschen Unterscheidung von Sinn und Bezug vgl. oben Abschnitt 5.1.

nommen, es gäbe einen Planeten – nennen wir ihn 'Zwerde'[26] –
auf dem alles genau so ist wie auf der Erde bis auf ein Detail:
Überall wo sich auf der Erde H_2O befindet, befindet sich auf der
Zwerde ein Stoff, der in seinen Oberflächeneigenschaften und
auch in seinen biologischen Funktionen von H_2O nicht zu unterscheiden ist, der jedoch eine völlig andere chemische Struktur –
nennen wir sie '*XYZ*' – besitzt. Da ansonsten auf der Zwerde alles
genauso ist wie auf der Erde, gibt es dort auch zu jedem Sprecher
der deutschen Sprache einen Doppelgänger, der physisch und in
seinen intentionalen Zuständen von seinem Urbild auf der Erde
nicht zu unterscheiden ist.[27] Und diese zwirdischen Doppelgänger
sprechen offenbar eine Sprache, die sich zumindest genauso anhört wie Deutsch. Trotzdem und obwohl es zwischen den intentionalen Zuständen der Sprecher der deutschen Sprache und ihrer
Doppelgänger keinen Unterschied gibt, behauptet Putnam, daß
das deutsche Wort 'Wasser' eine andere Bedeutung hat als das
zwirdische Wort 'Wasser'. Denn das deutsche 'Wasser' trifft laut
Putnam auf H_2O, das zwirdische 'Wasser' dagegen auf *XYZ* zu.

Der Grund dafür ist folgender: 'Wasser' gehört zu den Ausdrücken, die Sprachphilosophen 'Begriffe für natürliche Arten'
('*natural kind terms*') nennen. Und diese Ausdrücke erhalten ihre
Bedeutung auf eine ganz spezielle Weise – sozusagen direkt
durch Beispiele derjenigen Dinge, auf die sie zutreffen. Für den
Ausdruck 'Wasser' kann man sich das so vorstellen. H_2O findet
man auf der Erde an den unterschiedlichsten Stellen: Es befindet
sich im Meer und in Seen, es fließt in Bächen und Flüssen, und in
Form von Regen fällt es manchmal vom Himmel. Da das Regen-

---

[26] Kurz für 'Zwillingserde'.

[27] In der Annahme der *physischen* Ununterscheidbarkeit liegt natürlich eine
gewisse Schwäche der Argumentation Putnams, da Menschen auf der Erde
bekanntlich zu einem hohen Prozentsatz aus H_2O bestehen. Wir wollen hier
aber annehmen, daß dies für die intentionalen Zustände der Sprecher des
Deutschen und ihrer Doppelgänger ohne Bedeutung ist.
Im Hinblick auf ihre intentionalen Zustände können sich die Sprecher des
Deutschen und ihre Doppelgänger allerdings nur solange nicht voneinander
unterscheiden, wie ihnen nicht bekannt ist, daß der Stoff, der sich in Seen,
Flüssen usw. befindet, auf der Erde die chemische Struktur H_2O, auf der
Zwerde dagegen die chemische Struktur *XYZ* hat. Putnam betrachtet Erde
und Zwerde deshalb im Jahr 1750.

wasser in die Flüsse und diese ins Meer fließen, handelt es sich hier offensichtlich überall um denselben Stoff, dieselbe Art von Flüssigkeit. Irgendwann haben die Mitglieder der Sprachgemeinschaft des Deutschen 'beschlossen', diese Art von Flüssigkeit 'Wasser' zu nennen; d.h., sie haben die folgende 'Verabredung' getroffen: Der Ausdruck 'Wasser' soll auf alles zutreffen, was zu derselben Flüssigkeitsart gehört wie das, was sich in *unserer* Umwelt in Flüssen und Seen befindet und was manchmal als Regen vom Himmel fällt. Und da etwas, wie sich inzwischen herausgestellt hat, genau dann zu dieser Flüssigkeitsart gehört, wenn sich seine chemische Struktur durch die Formel 'H_2O' beschreiben läßt, haben sie damit zugleich die 'Verabredung' getroffen, daß der Ausdruck 'Wasser' auf H_2O und nur auf H_2O zutrifft.

Diese Geschichte ist natürlich nicht ganz wörtlich zu nehmen. Denn tatsächlich wurde kein 'Beschluß' gefaßt und keine 'Verabredung' getroffen. Gemeint ist nur folgendes: Im Deutschen wird das Wort 'Wasser' genauso *verwendet, als wenn* es eine solche Verabredung gegeben hätte. Im Deutschen ist es richtig, alles das 'Wasser' zu nennen, was zu derselben Flüssigkeitsart gehört wie das, was sich *in unserer Umwelt* in Flüssen und Seen befindet und was manchmal als Regen vom Himmel fällt, also auf alles, was die chemische Struktur H_2O besitzt; und im Deutschen ist es falsch, etwas 'Wasser' zu nennen, das eine andere chemische Zusammensetzung hat.[28]

Wie ist es nun auf der Zwerde? Da auf der Zwerde fast alles genauso ist wie auf der Erde, kann man die gerade erzählte Geschichte in denselben Worten wiederholen – mit einer Ausnahme natürlich: Die Seen, Flüsse und der Regen auf der Zwerde bestehen nicht aus H_2O, sondern aus *XYZ*. Aber dies hat eine bemerkenswerte Konsequenz: Als die Doppelgänger der Mitglieder der deutschen Sprachgemeinschaft die 'Verabredung' getroffen haben, alles das 'Wasser' zu nennen, was zu derselben Flüssigkeitsart gehört wie das, was sich in *ihrer* Umwelt[29] in Flüssen und

---

[28]   Dies zeigt sich ganz deutlich an folgendem: Falls jemand, der etwas für Wasser hält, darüber aufgeklärt wird, daß es sich hier nicht um H_2O, sondern einen anderen chemischen Stoff handelt, wird er ohne weiteres bereit sein, zuzugeben: „Oh, da habe ich mich wohl geirrt."

[29]   Sie selbst benutzten dabei natürlich die Worte 'in *unserer* Umwelt'!

Seen befindet und was manchmal als Regen vom Himmel fällt, haben sie damit zugleich die 'Verabredung' getroffen, daß der Ausdruck 'Wasser' auf *XYZ* und nur auf *XYZ* zutreffen soll. Genau dies ist der Grund dafür, daß das Wort 'Wasser' auf der Zwerde eine andere Bedeutung hat als auf der Erde. Wenn das so ist und wenn sich die Bewohner der Erde in ihren intentionalen Zuständen nicht von den Bewohnern der Zwerde unterscheiden, können die oben angeführten Annahmen 1. und 2. aber nicht beide wahr sein. Da Putnam an der Annahme 1. gern festhalten würde, kommt er daher zu dem Schluß, daß der Sinn der Ausdrücke einer Sprache nicht allein durch die intentionalen Zustände der Sprecher dieser Sprache festgelegt wird, daß dafür vielmehr ein zusätzlicher Faktor erforderlich ist, der sich nicht 'in den Köpfen' dieser Sprecher befindet.

Die Argumentation von Burge kann man nun so verstehen, daß er Putnam vorwirft, in seinen Überlegungen nicht radikal genug gewesen zu sein. Denn aus diesen Überlegungen folge nicht nur, daß das deutsche Wort 'Wasser' eine andere Bedeutung hat als das zwirdische Wort 'Wasser', sondern auch, daß die 'Wasser'-Gedanken der Doppelgänger der Mitglieder der deutschen Sprachgemeinschaft *einen anderen Inhalt* haben als die entsprechenden Gedanken dieser Mitglieder selbst.

Nehmen wir an, Oskar$_1$ (ein Mitglied der deutschen Sprachgemeinschaft) und Oskar$_2$ (sein zwirdischer Doppelgänger) stehen beide an einer Quelle. Da beide physisch ununterscheidbar sind, äußern beide den Satz „Das Wasser ist wirklich sehr klar". Wir haben also allen Grund, beiden eine Überzeugung zuzuschreiben, und zwar eine Überzeugung, die jeder von ihnen durch den Satz „Das Wasser ist wirklich sehr klar" ausdrücken würde (was sie ja auch tun). Aber haben sie deshalb auch dieselbe Überzeugung? Nun, Oskar$_1$ spricht Deutsch; und wir haben keinen Grund zu der Annahme, daß sich der Inhalt seiner Überzeugung vom Inhalt des Satzes unterscheidet, mit dem er seine Überzeugung ausdrückt. Mit anderen Worten: Der Inhalt der Überzeugung von Oskar$_1$ kann problemlos durch den deutschen Satz

(1)   Das Wasser ist wirklich sehr klar

wiedergegeben werden. Bei Oskar$_2$ liegen die Dinge allerdings anders. Denn auch bei ihm haben wir keinen Grund für die Annahme, daß sich der Inhalt seiner Überzeugung vom Inhalt des Satzes unterscheidet, mit dem er seine Überzeugung ausdrückt. Aber dieser Satz ist kein Satz des Deutschen; vielmehr bezieht sich das Wort 'Wasser' in der Sprache von $Oskar_2$ auf etwas, wofür es im Deutschen gar kein Wort gibt. Man könnte aber ein solches Wort – z.B. 'Zwasser' – durch die Festlegung einführen: 'Zwasser' soll im Deutschen genau die Bedeutung haben, die 'Wasser' auf der Zwerde hat. Und dann könnte man den Inhalt des Gedankens von $Oskar_2$ durch den Satz wiedergeben:

(2)   Das Zwasser ist wirklich sehr klar.

Offenbar haben die Sätze (1) und (2) aber verschiedenen Sinn. Und deshalb kann die Schlußfolgerung nur lauten: Die Gedanken von $Oskar_1$ und $Oskar_2$ haben nicht denselben, sondern verschiedene Inhalte. Die 'Wasser'-Gedanken von $Oskar_1$ beziehen sich auf Wasser, die 'Wasser'-Gedanken von $Oskar_2$ dagegen auf Zwasser.

Zu einem ähnlichen Ergebnis führt nach Burge auch ein zweites Gedankenexperiment. Nehmen wir an, Elmar wacht eines morgens mit starken Schmerzen im rechten Oberschenkel auf und denkt spontan <Ich habe wohl Arthritis im Oberschenkel>. Elmar weiß, daß Arthritis eine entzündliche Erkrankung der Gelenke ist, glaubt aber, daß diese Erkrankung manchmal auch in Knochen auftritt. Trotzdem ist er ein kompetenter Sprecher des Deutschen; denn offenbar kann auch der kompetente Sprecher einer Sprache – zumindest manchmal – Überzeugungen haben, die mit den Verwendungsregeln für die Wörter dieser Sprache unvereinbar sind.[30] Allerdings wird Elmar bei einem Arztbesuch sofort aufgeklärt, daß er sicher keine Arthritis im Oberschenkel habe, da Arthritis eine Krankheit sei, die nur in Gelenken vorkomme. Doch

---

[30] Ob jemand, der Überzeugungen hat, die mit den Verwendungsregeln für die Wörter einer Sprache unvereinbar sind, trotzdem als kompetenter Sprecher dieser Sprache gelten kann, hängt unter anderem davon ab, wie er darauf reagiert, wenn man ihn auf seinen Fehler aufmerksam macht. Ein kompetenter Sprecher wird z.B. sagen: „Oh, das wußte ich gar nicht; danke für den Hinweis". Ein Sprecher mit einem abweichenden Sprachverständnis wird dagegen auf seinen Überzeugungen beharren. Vgl. z.B. die im Abschnitt 7.3 angeführten Überzeugungen Gisberts zur Homosexualität.

das ändert nichts daran, daß der Inhalt der Überzeugung, die Elmar beim Aufwachen hatte, korrekt durch den Satz

(3)   Ich habe Arthritis im Oberschenkel

wiedergegeben werden kann.

Wie aber wäre es, wenn Elmar einer Sprachgemeinschaft ange-
hörte, in der eine Sprache – nennen wir sie 'Zeutsch' – gesprochen wird, die vom Deutschen syntaktisch und semantisch ununN-
terscheidbar ist bis auf einen Punkt: In dieser Sprachgemeinschaft
wird das Wort 'Arthritis' nicht nur für entzündliche Gelenker-
krankungen, sondern auch für bestimmte Entzündungen der großen Röhrenknochen verwendet? Auf den ersten Blick könnte es
scheinen, daß dies an den Inhalten der intentionalen Zustände
Elmars nichts ändern würde: Er scheint immer noch zu glauben,
daß Arthritis eine Entzündung der Gelenke ist, die manchmal
auch in Knochen auftritt, und er scheint beim Aufwachen immer
noch die Überzeugung zu haben, daß er Arthritis im Oberschenkel hat. Bei näherem Hinsehen zeigt sich aber, daß sich etwas
geändert haben muß. Denn während im ursprünglichen Fall beide
Überzeugungen Elmars falsch waren, sieht es jetzt so aus, als
wäre seine erste Überzeugung wahr und seine zweite Überzeugung wenigstens möglicherweise wahr. Dies ist jedoch nur möglich, wenn sich die Inhalte der Überzeugungen Elmars doch geändert haben.

Daß dies tatsächlich so ist, ergibt sich aus der folgenden Über-
legung. In der ursprünglichen Situation hat Elmar Deutsch gelernt
und damit auch den Begriff erworben, der mit dem deutschen
Wort 'Arthritis' verbunden ist. Diesen Begriff verwendet er not-
wendigerweise auch in seinen Überzeugungen, die die Krankheit
Arthritis betreffen; denn ein anderer Begriff steht ihm zu diesem
Zwecke gar nicht zur Verfügung. Deshalb kann der Inhalt seiner
Überzeugungen problemlos durch die deutschen Sätze (3) und

(4)   Arthritis ist eine Entzündung der Gelenke, die manchmal
      auch in Knochen auftritt

wiedergegeben werden.

Im zweiten Fall hat Elmar dagegen Zeutsch gelernt und damit
den Begriff erworben, der mit dem zeutschen Wort 'Arthritis'
verbunden ist. Und für diesen Begriff gibt es wieder keinen deut-

schen Ausdruck. Auch in diesem Fall können wir den Inhalt der
Überzeugungen Elmars daher erst wiedergeben, wenn wir ein
neues Wort – sagen wir 'Zarthritis' – in die deutsche Sprache
einführen, indem wir festgelegen: 'Zarthritis' soll im Deutschen
genau die Bedeutung haben, die 'Arthritis' im Zeutschen hat.
Dann können wir nämlich sagen, daß der Begriff, den Elmar in
der zweiten Situation erworben hat, als er das Wort 'Arthritis'
lernte, derselbe ist wie der, der mit dem deutschen Wort
'Zarthritis' verbunden ist. Und dann können wir daher den Inhalt
der Überzeugungen Elmars im zweiten Fall durch die deutschen
Sätze

(5)   Ich habe Zarthritis im Oberschenkel

und

(6)   Zarthritis ist eine Entzündung der Gelenke, die manchmal
        auch in Knochen auftritt

wiedergeben. Die Sätze (3) und (5) bzw. (4) und (6) sind jedoch
nicht nur sinnverschieden; sie haben sogar verschiedene Wahrheitswerte (oder können zumindest verschiedene Wahrheitswerte
haben). Auch hier scheint daher der Schluß unausweichlich: Die
Inhalte der Überzeugungen, die Elmar in dem Fall hat, daß er
Mitglied der deutschen Sprachgemeinschaft ist, sind verschieden
von den Inhalten der Überzeugungen, die Elmar hat, wenn er zur
Sprachgemeinschaft des Zeutschen gehört.
    Damit haben wir nun zwei Fälle, in denen eindeutig externe
Faktoren – also Faktoren, die nicht in den beteiligten Personen
selbst liegen – den Inhalt der intentionalen Zustände dieser Personen mitzubestimmen scheinen. Im ersten Fall war es ein Unterschied in der *physischen* Umwelt – nämlich die Tatsache, daß
sich in Flüssen, Seen, usw. auf der Erde H_2O, auf der Zwerde
dagegen *XYZ* befindet –, der für den Inhalt der intentionalen Zustände von $Oskar_1$ und $Oskar_2$ mitbestimmend war. Im zweiten
Fall war dagegen ausschlaggebend, zu welcher *Sprachgemeinschaft* Elmar gehört. Möglicherweise können auch noch andere
externe Faktoren eine entsprechende Rolle spielen. Der Einfluß
der beiden genannten Faktoren scheint nach den Überlegungen
von Putnam und Burge aber außer Frage zu stehen.

Burges Anti-Individualismus

Der *Inhalt* der intentionalen Zustände einer Person hängt nicht nur davon ab, was im Kopf dieser Person vorgeht, sondern auch davon, in welcher *Umgebung* sie lebt und welcher *Sprachgemeinschaft* sie angehört.

Es ist daher durchaus möglich, daß *physikalische Doppelgänger unterschiedliche* Überzeugungen und Wünsche haben.

Also *supervenieren* intentionale Zustände *nicht* über den physikalischen Eigenschaften einzelner Personen.

12.3.2 Enge und weite Inhalte

Wenn Putnam und Burge recht haben, führt das allerdings zu einem unerwarteten Folgeproblem, das mit den Identitätskriterien für Typen von intentionalen Zuständen zusammenhängt – mit dem, was in der Literatur häufig als das Problem der Individuation intentionaler Zustände bezeichnet wird. Unter welchen Bedingungen darf man sagen, daß zwei Personen in demselben intentionalen Zustand sind, daß sie also z.B. dieselbe Überzeugung oder denselben Wunsch haben? Und unter welchen Bedingungen darf man sagen, daß eine Person zum Zeitpunkt t_1 in demselben intentionalen Zustand ist wie zum Zeitpunkt t_2? Auf diese Fragen scheinen zwei Antworten möglich:

(K1) Zwei intentionale Zustände sind genau dann typidentisch, wenn sie zur selben *Art* gehören (also z.B. beide Wünsche sind oder beide Überzeugungen sind) und wenn sie denselben *Inhalt* haben.

(K2) Zwei intentionale Zustände sind genau dann typidentisch, wenn sie dieselben Kausalkräfte besitzen, d.h. wenn sie durch dieselben Umstände hervorgerufen werden und wenn sie dieselben anderen intentionalen Zustände und dasselbe Verhalten hervorrufen.

Aus der Tatsache, daß hier zwei Antworten möglich sind, scheint sich auf den ersten Blick aber kein Problem zu ergeben. Denn intuitiv ist es fast selbstverständlich, daß die beiden Kriterien (K1) und (K2) immer zusammen erfüllt bzw. nicht erfüllt sind. Auf der einen Seite scheint es selbstverständlich, daß sich intentionale Zustände, die der Art oder dem Inhalt nach verschieden sind, auch in ihren Kausalkräften unterscheiden. Denn der Wunsch, daß es einen schneereichen Winter geben möge, entsteht nicht nur auf andere Weise als die Überzeugung, daß es einen schneereichen Winter geben wird; er führt auch zu einem anderen Verhalten. Und dasselbe gilt für intentionale Zustände derselben Art mit unterschiedlichen Inhalten. Wer glaubt, daß es regnen wird, verhält sich anders als der, der glaubt, daß es schneien wird. Auf der anderen Seite scheint es aber auch kaum denkbar, daß zwei intentionale Zustände, die sich weder der Art noch dem Inhalt nach unterscheiden, verschiedene Kausalkräfte besitzen. Denn wie soll es z.B. möglich sein, daß sich zwei Personen, die exakt dasselbe glauben oder exakt dasselbe wünschen, unter denselben Umständen unterschiedlich verhalten?

Die Beispiele von Burge scheinen jedoch zu zeigen, daß es sehr wohl möglich ist, daß die Kriterien (K1) und (K2) auseinanderfallen. Wenn wir z.B. die 'Wasser'-Überzeugungen und die 'Wasser'-Wünsche von Oskar$_1$ und Oskar$_2$ betrachten, dann scheinen diese Überzeugungen bzw. Wünsche genau *dieselben Kausalkräfte* zu besitzen, obwohl sie sich in ihren Inhalten *unterscheiden*. Sie werden durch dieselben Umstände hervorgerufen und sie führen zu demselben Verhalten. Wenn Oskar$_1$ und Oskar$_2$ Durst haben, dann führt das bei Oskar$_1$ zu dem Wunsch, Wasser zu trinken, und bei Oskar$_2$ zu dem Wunsch, Zwasser zu trinken. Und wenn Oskar$_1$ den Wunsch hat, Wasser zu trinken, dann äußert er – falls er diesem Wunsch Ausdruck geben möchte – denselben Satz, den Oskar$_2$ äußert, wenn er den Wunsch hat, Zwasser zu trinken, nämlich den Satz: „Ich hätte gern ein Glas Wasser". Ganz analog scheint für Elmar zu gelten, daß die Tatsache, in welcher Sprachgemeinschaft er sich befindet, keinen Einfluß darauf hat, wie seine 'Arthritis'-Überzeugungen zustande kommen und wie er sich aufgrund dieser Überzeugungen verhält.

Über diese Plausibilitätsüberlegungen hinaus hat Fodor versucht, die Auffassung, daß sich die 'Wasser'-Überzeugungen von Oskar$_1$ und Oskar$_2$ *nicht* in ihren Kausalkräften unterscheiden, auch theoretisch zu untermauern. Fodor zufolge gilt nämlich das metaphysische Prinzip:

(MP) Kausalkräfte supervenieren über lokalen Mikrostrukturen.[31]

Voraussetzungsgemäß sind Oskar$_1$ und Oskar$_2$ aber physisch ununterscheidbar. Die 'Wasser'-Überzeugungen von Oskar$_1$ und Oskar$_2$ sind daher auf dieselbe Weise physisch realisiert. Aufgrund von (MP) können sich, so Fodor, diese Überzeugungen in ihren Kausalkräften also gar nicht unterscheiden.

Wie es aussieht, scheint aus den Beispielen von Burge damit zu folgen:

• Es gibt intentionale Zustände, die sich in ihrem Inhalt, aber nicht in ihren Kausalkräften unterscheiden. Dem Kriterium (K1) zufolge sind diese Zustände also typverschieden; dem Kriterium (K2) zufolge dagegen typidentisch.[32]

Wie soll man sich angesichts dieser Tatsache verhalten? Soll man an einem der Kriterien festhalten und das andere verwerfen? Oder soll man versuchen, diese Kriterien auf die eine oder andere Weise doch miteinander in Einklang zu bringen? Fodor hat wie kaum ein anderer Philosoph dafür plädiert, den zweiten Weg zu wählen. Zwei Gründe sind es seiner Meinung nach, die eine andere Wahl kaum zulassen.

Erstens gilt nach Fodor für die Bildung *wissenschaftlicher* Begriffe der Grundsatz der kausalen Klassifikation:

(KK) Jede Wissenschaft darf Dinge nur dann unterschiedlich klassifizieren, wenn sie sich in ihren Kausalkräften unterscheiden.[33]

---

[31] Fodor (1987, 44).

[32] Loar hat in (1988) zu zeigen versucht, daß auch das Umgekehrte gilt:

• Es gibt intentionale Zustände, die sich weder der Art noch dem Inhalt nach unterscheiden, die aber trotzdem verschiedene Kausalkräfte besitzen.

[33] Fodor (1987, 44).

In der Umgangssprache gilt dieser Grundsatz offenbar nicht. Ein Aststück ist solange kein Stock, wie es nicht als Stock gebraucht wird. Aber dadurch, daß es als Stock gebraucht wird, ändern sich seine Kausalkräfte nicht. Und ein gefälschtes Fünfmarkstück mag in seinen Kausalkräften völlig mit einem echten Fünfmarkstück übereinstimmen; es wird dadurch trotzdem nicht echt. In der Umgangssprache unterscheiden wir häufig auch zwischen Dingen, die dieselben Kausalkräfte besitzen. Denn im Alltag ist häufig auch wichtig, wie ein Gegenstand gebraucht wird, wie er entstanden ist[34] oder welchen rechtlichen Status er besitzt (z.B. wem dieser Gegenstand gehört). In den Wissenschaften darf all dies Fodor zufolge aber keine Rolle spielen. Denn in der Wissenschaft geht es in erster Linie um Erklärungen. Und für Erklärungen sind nur die Kausalkräfte der Dinge relevant.

Der *zweite* Grund, der in Fodors Augen für den Versuch spricht, die Kriterien (K1) und (K2) in Einklang zu bringen, ergibt sich aus seiner Auffassung, daß es eine Kontinuität zwischen der wissenschaftlichen Psychologie und der Alltagspsychologie geben sollte. In der Alltagspsychologie werden intentionale Zustände aber nach Art und Inhalt individuiert. Also sollte dies auch in der wissenschaftlichen Psychologie so sein, da ansonsten die angestrebte Kontinuität in Frage gestellt wäre.

Fodors Gründe für die Individuation intentionaler Zustände über enge Inhalte

1. Wissenschaften dürfen Dinge nur dann unterschiedlich klassifizieren, wenn sie sich in ihren Kausalkräften unterscheiden.

2. Die 'Wasser'-Überzeugungen und 'Wasser'-Wünsche von Oskar$_1$ und Oskar$_2$ unterscheiden sich nicht in ihren Kausalkräften.

$\Rightarrow$

---

[34] Man denke z.B. auch an den Unterschied zwischen einem echten und einem gefälschten Picasso.

3. Also müssen diese Überzeugungen und Wünsche in der wissenschaftlichen Psychologie als typidentisch behandelt werden.

4. Damit die Kontinuität zwischen Alltagspsychologie und wissenschaftlicher Psychologie erhalten bleibt, sollten intentionale Zustände auch in der wissenschaftlichen Psychologie über ihre Inhalte individuiert werden.

5. Also sollten in der wissenschaftlichen Psychologie die 'Wasser'-Überzeugungen und 'Wasser'-Wünsche von Oskar$_1$ und Oskar$_2$ denselben Inhalt haben.

6. Dies ist aber nur möglich, wenn man Inhalte als enge Inhalte auffaßt.

Soweit Fodors Gründe. Die Frage ist jedoch, wie es angesichts der Argumente von Burge möglich sein soll, die Kriterien (K1) und (K2) in Einklang zu bringen? Fodors Antwort auf diese Frage lautet, daß man zwei Arten von Inhalten unterscheiden müsse: *enge* und *weite* Inhalte. Die 'Wasser'-Überzeugungen und 'Wasser'-Wünsche von Oskar$_1$ und Oskar$_2$ unterscheiden sich nach Fodor zwar in ihren weiten, aber nicht ihren engen Inhalten. Aber was soll das heißen? Wie kann es überhaupt möglich sein, daß ein intentionaler Zustand zwei unterschiedliche Inhalte hat?

An einem sprachlichen Beispiel läßt sich dies vielleicht am ehesten verständlich machen. Nehmen wir an, Hans und Robert äußern beide den Satz „Ich bin krank". Dann sagen sie damit in einem Sinne dasselbe und in einem anderen Verschiedenes. Die deskriptive Bedeutung des indexikalischen Ausdrucks* 'ich' kann man nämlich so erläutern: 'ich' bezieht sich in jedem Äußerungskontext auf die Person, die die jeweilige Äußerung macht. Insofern sagen sowohl Hans als auch Robert etwas, was man so wiedergeben kann: „Die Person, die diese Äußerung macht, ist krank". In diesem Sinne sagen sie dasselbe. Aber natürlich bezieht sich der Ausdruck 'ich' in Hans' Äußerung auf Hans und in Roberts Äußerung auf Robert. Also gibt es einen anderen Sinn, in dem Hans mit seiner Äußerung sagt, daß Hans krank ist, und in dem Robert mit seiner Äußerung sagt, daß Robert krank ist. In diesem Sinn sagen die beiden Verschiedenes.

Etwas Ähnliches gilt auch für die entsprechenden Überzeugungen. Wenn Hans glaubt, er sei krank, und wenn Robert glaubt, er sei krank, dann glauben sie in einem Sinne dasselbe und in einem anderen Verschiedenes. Was die psychologische Erklärung ihres Verhaltens angeht, scheint in diesem Fall jedoch der erste Sinn entscheidend. Denn wenn Hans und Robert beide glauben, daß sie krank sind, dann werden sie sich – unter sonst gleichen Umständen – gleich verhalten.

Überzeugungen wie die von Hans und Robert, die als '*de se*-Überzeugungen' bezeichnet werden, scheinen also ein Modell zu liefern, an dem sich Fodor orientieren kann. Sie geben seiner These, daß man bei intentionalen Zuständen bzw. mentalen Repräsentationen zwischen engen und weiten Inhalten unterscheiden muß und daß es die engen Inhalte sind, die verhaltensrelevant sind, zumindest eine *prima facie* Plausibilität. Außerdem liefert die Semantik indexikalischer Ausdrücke auch einen Hinweis darauf, wie man sich enge Inhalte genauer vorzustellen hat. Häufig wird nämlich gesagt, daß die Bedeutung etwa des Ausdrucks 'ich' eine Funktion ist, die für jeden Äußerungskontext festlegt, welchen Inhalt der Ausdruck in diesem Kontext hat.[35] Es liegt deshalb nahe, sich den *engen* Inhalt einer mentalen Repräsentation ebenfalls als eine Funktion vorzustellen – eine Funktion, die für jeden Kontext, in dem ein Träger dieser mentalen Repräsentation leben kann, festlegt, welchen *weiten* Inhalt die Repräsentation in diesem Kontext hat.

Wenn Oskar$_1$ und Oskar$_2$ zwei Überzeugungen haben, deren Inhalt sie beide mit der Äußerung des Satzes „Wasser ist naß" ausdrücken würden, dann haben diese beiden Überzeugungen Fodor zufolge denselben engen Inhalt. Und dieser enge Inhalt ist in sei-

---

[35] Diese Auffassung geht insbesondere zurück auf Kaplan (1989). Kaplan unterscheidet im Hinblick auf die Bedeutung sprachlicher Ausdrücke zwischen ihrem Charakter und ihrem Inhalt. Der Charakter ist eine Funktion, die einem Ausdruck für jeden Äußerungskontext einen Inhalt zuordnet. Der Inhalt ist allerdings nicht einfach eine Extension, sondern eine Funktion, die dem Ausdruck für jede Auswertungssituation eine Extension zuordnet. Dies ist nötig, um auch Sätzen gerecht werden zu können, die modale Ausdrücke enthalten.

nen Augen eine Funktion, die den mentalen Repräsentationen, mit deren Hilfe die Überzeugungen von $Oskar_1$ und $Oskar_2$ realisiert sind, für den Kontext Erde den weiten Inhalt <Wasser ist naß> und für den Kontext Zwerde den weiten Inhalt <Zwasser ist naß> zuordnet.

Allerdings hat Fodors Theorie einen Schönheitsfehler, der zumindest Zweifel daran aufkommen läßt, daß seine Auffassung wirklich haltbar ist.[36] Für die *de se* Überzeugungen von Hans und Robert gibt es nämlich im Deutschen *einen* daß-Satz, mit dem wir *beide* Überzeugungen zuschreiben können – den daß-Satz 'daß er krank ist'. Der Ausdruck 'glaubt, daß er krank ist' trifft sowohl auf Hans als auch auf Robert zu. In diesem Fall haben wir also einen sprachlichen Ausdruck zur Hand, der es uns erlaubt, die Überzeugungen von Hans und Robert gleich zu klassifizieren. Für die Überzeugungen von $Oskar_1$ und $Oskar_2$ dagegen gibt es keinen solchen daß-Satz. Der Ausdruck 'glaubt, daß Wasser naß ist' trifft nur auf $Oskar_1$ und der Ausdruck 'glaubt, daß Zwasser naß ist' nur auf $Oskar_2$ zu. Offenbar gibt es in diesem Fall einfach kein deutsches Wort, das im Hinblick auf die Überzeugungen von $Oskar_1$ und $Oskar_2$ dieselbe Rolle spielen könnte, die das Wort 'er' in dem daß-Satz spielt, mit dem wir die Überzeugungen von Hans und Robert zuschreiben. Und hieraus kann man den Schluß ziehen: Die Mitglieder der deutschen Sprachgemeinschaft haben kein *Interesse* daran, die Überzeugungen von $Oskar_1$ und $Oskar_2$ gleich zu klassifizieren. Nicht einmal Psychologen haben es für nötig befunden, zu diesem Zweck ein geeignetes Kunstwort zu erfinden. Dies läßt aber den Schluß zu: Entweder sind Psychologen der Meinung, daß sich die Überzeugungen von $Oskar_1$ und $Oskar_2$ doch in ihren Kausalkräften unterscheiden oder sie folgen bei der Bildung ihrer Begriffe nicht dem Prinzip (KK). In beide Richtungen ist in den letzten Jahren gegen Fodor argumentiert worden.

Daß sich die 'Wasser'-Überzeugungen und 'Wasser'-Wünsche von $Oskar_1$ und $Oskar_2$ tatsächlich doch in ihren Kausalkräften unterscheiden, kann man z.B. mit dem folgenden Argument zu zeigen versuchen. Wenn $Oskar_1$ und $Oskar_2$ aufgrund ihrer 'Was-

---

[36] Eine ausführliche Kritik der Fodorschen Unterscheidung von engem und weitem Inhalt findet sich in Saporiti (1997, Kap. V und VII).

ser'-Wünsche den Satz äußern: „Ich hätte gern ein Glas Wasser",
dann sieht es zwar auf den ersten Blick so aus, als täten sie dasselbe; tatsächlich tun sie aber verschiedenes. Denn Oskar$_1$ sagt
mit diesem Satz, daß er gern ein Glas Wasser möchte, Oskar$_2$
dagegen, daß er gern ein Glas Zwasser möchte. Dieses Beispiel
zeigt zugleich, daß mit Fodors Prinzip (MP) etwas nicht stimmt.
Denn plausibel ist nur das folgende eingeschränkte Prinzip:

(MP′)	Zwei physisch gleiche Wesen unterscheiden sich nicht im
	Hinblick auf ihre *physischen* Kausalkräfte.

Wenn Oskar$_1$ und Oskar$_2$ physisch ununterscheidbar sind, dürfen
wir daher annehmen, daß sie in physisch gleichen Situationen
dieselben Körperbewegungen ausführen – also z.B. dieselbe Folge von Lauten äußern. Aber daraus folgt nicht, daß sie auch dieselbe Handlung ausführen. Denn wir hatten gerade schon gesehen, daß man mit der Äußerung derselben Folge von Lauten
durchaus Verschiedenes sagen kann. Und dies läßt sich über
sprachliches Verhalten hinaus verallgemeinern. Mit derselben
Körperbewegung kann man sehr unterschiedliche Handlungen
ausführen: Dieselbe Armbewegung kann ein Grüßen oder eine
Lockerungsübung sein, dieselbe Handbewegung kann ein Zug in
einem Schachspiel oder ein bloßes Spielen mit einer Schachfigur
sein, und dasselbe Pfeifen kann eine Mißfallenskundgebung oder
der Versuch sein, jemanden auf sich aufmerksam zu machen.[37]
Welche Handlung man ausführt, hängt nicht nur davon ab, welche
Körperbewegung man ausführt, sondern auch davon, in welcher
Situation man diese Körperbewegung ausführt und aus welchen
Gründen man sie ausführt. Insofern ist es gar nicht verwunderlich,
daß selbst physisch ununterscheidbare Wesen unterschiedliche
Handlungen ausführen, wenn sie sich in unterschiedlichen Umgebungen befinden. Und genau das trifft auf Oskar$_1$ und Oskar$_2$ zu.
	Vielleicht noch interessanter ist aber die Beobachtung, daß Wis-
senschaftler keineswegs immer dem Prinzip (KK) folgen. Auch
für wissenschaftliche Klassifikationen ist zumindest in manchen
Fällen nicht nur relevant, über welche Kausalkräfte bestimmte
Dinge verfügen, sondern auch, welche Funktion sie haben oder
wie sie entstanden sind. Biologen etwa klassifizieren bestimmte

---

[37]	Vgl. zu diesen Beispielen auch die Beispiele am Ende von Abschnitt 11.2.

Dinge als Herzen und Geologen sprechen von Vulkan- und Sedimentgestein. Nicht jeder Gegenstand, der genauso aussieht und genauso aufgebaut ist wie ein Herz, ist jedoch ein Herz. Dafür ist außerdem erforderlich, daß er eine bestimmte Funktion hat – nämlich die Funktion, für die Zirkulation des Blutes in einem Organismus zu sorgen. Wenn es Lebewesen mit Organen gäbe, die genauso aufgebaut sind wie unsere Herzen, die jedoch z.b. die Funktion haben, Flüssigkeiten abzupumpen, die für diese Organismen schädlich sind, wären diese Organe also keine Herzen. Und wenn wir ein Gestein finden würden, das dieselbe chemische Struktur besitzt wie Vulkangestein, wäre es trotzdem kein Vulkangestein, falls es nicht durch den Ausbruch eines Vulkans entstanden ist. Trotzdem scheint außer Frage zu stehen, daß Organe, die genauso aussehen und genauso aufgebaut sind wie Herzen, auch dieselben Kausalkräfte besitzen wie Herzen – völlig unabhängig davon, welche Funktion sie haben und ob sie überhaupt eine Funktion haben. Und ebenso scheint außer Frage zu stehen, daß jedes Gestein, das dieselbe chemische Struktur besitzt wie Vulkangestein, dieselben Kausalkräfte besitzt wie Vulkangestein. Wissenschaftliche Begriffe wie 'Herz' und 'Vulkangestein' stehen also offenbar nicht im Einklang mit dem Prinzip (KK).

Einwände gegen Fodors Argumentation für die Individuation intentionaler Zustände über enge Inhalte

1. Die 'Wasser'-Überzeugungen und 'Wasser'-Wünsche von $Oskar_1$ und $Oskar_2$ unterscheiden sich doch in ihren Kausalkräften.

2. Auch in den Wissenschaften werden des öfteren Dinge als unterschiedlich klassifiziert, die sich nicht in ihren Kausalkräften unterscheiden.

Welche Gründe kann es dafür geben, daß Wissenschaftler bei der Entwicklung ihrer Terminologie zumindest nicht immer dem Prinzip der kausalen Klassifizierung folgen. Auf den ersten Blick scheint es doch so, daß sie damit auf jeden Fall ein Stück Allgemeinheit verlieren. Denn Kausalgesetze, die für Herzen gelten,

gelten auch für alle Organe, die genauso aufgebaut sind wie Herzen. Und Kausalgesetze, die für Vulkangestein gelten, gelten für jedes Gestein, das dieselbe chemische Struktur besitzt wie Vulkangestein. Auf den zweiten Blick zeigt sich jedoch, daß dieser Verlust an Allgemeinheit häufig nur theoretisch besteht. In unserer Welt gibt es nämlich – zumindest soweit wir wissen – keine Organe, die genauso aufgebaut sind wie Herzen, die jedoch eine andere Funktion haben, und in unserer Welt gibt es auch kein Gestein, das dieselbe chemische Struktur besitzt wie Vulkangestein, das aber nicht bei einem Vulkanausbruch entstanden ist.[38] Also brauchen wir keinen Begriff, unter den nicht nur Herzen, sondern alle gleich aufgebauten Organe fallen, und auch keinen Begriff, der auf alle Gesteine zutrifft, die dieselbe chemische Struktur wie Vulkangestein besitzen. Die Ausdrücke 'Herz' und 'Vulkangestein' erfüllen *in unserer Welt* denselben Zweck. Und – im Gegensatz zu Philosophen – müssen sich Wissenschaftler nicht mit nur möglichen Welten beschäftigen.

Vielleicht gibt es in unserer Sprache also einfach deshalb keine daß-Sätze, mit denen wir enge Inhalte ausdrücken können, weil der Unterschied zwischen engen und weiten Inhalten *in unserer Welt* ohne Bedeutung ist. Leider gilt dies jedoch nicht immer. Denn das Beispiel Elmars zeigt, daß auch in unserer Welt Umstände denkbar sind, unter denen wir intentionale Zustände mit unterschiedlichen daß-Sätzen zuschreiben würden, obwohl sich diese Zustände zumindest intuitiv nicht in ihren Kausalkräften unterscheiden. Besonders Loar hat deshalb betont, daß sich die psychologisch relevanten Unterschiede zwischen intentionalen Zuständen keineswegs immer mit Unterschieden in den daß-Sätzen decken, mit deren Hilfe wir diese Zustände zuschreiben.[39] Das Problem, ob es notwendig ist, zwischen engen und weiten Inhalten zu unterscheiden und wie man gegebenenfalls den Be-

---

[38] Hier ist es also anders als z.B. bei Diamanten. Da es sowohl natürliche als auch künstliche Diamanten gibt, gibt es auch einen Ausdruck – nämlich eben den Ausdruck 'Diamant' –, der auf beide Arten zutrifft.

[39] Vgl. besonders Loar (1988). Loars Unterscheidung zwischen *psychologischen* und *sozialen* Inhalten hat eine große Ähnlichkeit mit Fodors Unterscheidung zwischen engen und weiten Inhalten. Allerdings gibt es auch eine ganze Reihe von interessanten Unterschieden.

griff des engen Inhalts genauer fassen kann, muß daher weiter als ein offenes Problem angesehen werden. Zweifelsfrei gezeigt hat die Diskussion bisher nur, daß es naiv wäre, unkritisch am Kriterium (K1) festzuhalten.

13   Bewußtsein und phänomenale Zustände[1]

13.1   Aspekte des Bewußtseins: Selbstkenntnis und phänomenaler Charakter

Viele Philosophen, so meint zumindest Gilbert Ryle, neigen dazu, 'Bewußtsein' als Namen für eine geistige Innenwelt zu verwenden, die der physischen Außenwelt ähnelt, auch wenn sie sich von ihr in zwei Aspekten grundsätzlich unterscheidet:

• Die geistige Innenwelt ist privat; nur jeder selbst kann wissen, was in seinem Geist vorgeht.

• Alles, was im Geist einer Person vorgeht, ist ihr jederzeit bewußt. Wenn sie denkt, weiß sie, daß und was sie denkt; wenn sie Schmerz empfindet, weiß sie, daß sie Schmerzen hat; und auch wenn sie die Absicht hat, die Hand zu heben, ist sie sich dessen bewußt.

---

[1]   Die Diskussion des Themas 'Bewußtsein' ist inzwischen so umfangreich, daß in diesem Kapitel nur wenige – meiner Meinung nach aber zentrale – Aspekte ausführlicher dargestellt werden können. Einen guten Überblick über die Positionen, die im Augenblick die Debatte beherrschen, bietet der Aufsatz Levine (1997), auf den ich mich besonders in den Abschnitten 13.2.2 und 13.3.1 dieses Kapitels stütze. Unter den neueren Sammelbänden sind besonders Davies/Humphreys (1993), Metzinger (1995), Block/Flanagan/Güzeldere (1997) und Jackson (1998) hervorzuheben. In der deutschen Philosophie gibt es nur eine geringe Zahl von neueren Monographien zum Thema Bewußtsein, wobei besonders Metzinger (1993), Nida-Rümelin (1993), Tetens (1994) und Lanz (1996) zu erwähnen sind. Eine von David Chalmers zusammengestellte umfangreiche, zum Teil kommentierte Bibliographie zur philosophischen Debatte um das Thema 'Bewußtsein' sowie andere Themen aus dem Bereich der Philosophie des Geistes findet sich im Internet unter der Adresse: http://ling.ucsc.edu/ ~chalmers/biblio.html.

Das Bewußtsein ist dieser Auffassung zufolge so etwas wie ein *inneres Theater*, in dem sich der Geist selbst dabei zuschaut, was er tut und was mit ihm geschieht. Zwar gibt es in diesem Theater notwendigerweise nur einen einzigen Zuschauer – den Geist selbst. Dieser ist jedoch insofern sehr viel besser dran als jeder normale Theaterbesucher, als es unmöglich ist, daß ihm irgend etwas von dem entgeht, was in seinem Theater passiert. Alles, was im Geist geschieht, ist in einem bestimmten Sinn *selbstenthüllend*. Der Geist ist sich dieser Auffassung zufolge jederzeit selbst *transparent*.

Wir hatten schon gesehen, daß Ryle dieses Bild des inneren Theaters für völlig verfehlt hält.[2] Einen Geist zu haben bedeutet seiner Meinung nach nicht, daß sich im Innern einer Person Dinge abspielen, über die nur die Person selbst informiert ist. Es bedeutet vielmehr nur, daß diese Person über bestimmte Fähigkeiten und Dispositionen verfügt, die sich in ihrem Verhalten zeigen. Damit geht Ryle von einem Bild des Geistes aus, das in seinen Grundzügen auch von den Kritikern Ryles geteilt wird: Bei geistigen Vorgängen handelt es sich nicht um mysteriöse Phänomene in einer mysteriösen Innenwelt; das geistige Leben von Personen besteht vielmehr darin, daß sie bestimmte (mentale) Eigenschaften besitzen, die sich in mentalen Prozessen bilden und verändern.

Doch damit sind die Fragen, die mit dem Bild des inneren Theaters beantwortet werden sollen, nicht völlig hinfällig. Denn auch im Hinblick auf mentale Eigenschaften kann man fragen, ob jede Person einen privilegierten Zugang zu *ihren* mentalen Eigenschaften besitzt, d.h. ob sie auf andere und direktere Weise über diese Eigenschaften informiert ist als andere Personen. Und man kann fragen, ob jede Person jederzeit über alle ihre mentalen Eigenschaften informiert ist.

In der Regel wird die zweite dieser Fragen heute negativ beantwortet. Nicht erst seit Freud ist bekannt, daß es unbewußte Wünsche und Vorstellungen gibt und daß man sich z.B. im Hinblick darauf, ob man ein mutiger Mensch ist, beträchtlich irren kann. Auf der anderen Seite ist jedoch eine gewisse Form von privilegiertem Zugang kaum zu leugnen. Es gehört ja zu den Schwächen

---

[2] Vgl. oben Abschnitt 4.1.3.

des Semantischen Physikalismus, daß er durch seine Identifikation von mentalen Eigenschaften mit Verhaltensdispositionen die uns vertraute epistemische Situation geradezu auf den
Kopf stellt. Da kaum einer ständig sein eigenes Verhalten beobachtet, scheint diese Position nämlich zu implizieren, daß andere
häufig besser über die mentalen Eigenschaften einer Person informiert sind als diese selbst.[3]

Da es in diesem Teil hauptsächlich um die ontologische Frage
geht, ob mentale Eigenschaften physisch realisiert sein können,
sollen die gerade angesprochenen epistemischen Probleme hier
jedoch nicht weiter verfolgt werden. Festgehalten werden soll
nur, daß offenbar *ein* Aspekt dessen, was wir 'Bewußtsein' nennen, sehr gut durch das Stichwort '*Selbstkenntnis*' gekennzeichnet
werden kann. In diesem Sinne ist sich eine Person genau dann
einer ihrer mentalen Eigenschaften bewußt, wenn sie *weiß*, daß
sie diese Eigenschaft besitzt. Bewußtsein in diesem Sinne besteht
im wesentlichen darin, daß man über intentionale Zustände verfügt, die sich auf die eigenen mentalen Zustände beziehen. Und
genau deshalb stellt diese Art von Bewußtsein kein *neues* Problem für den Eigenschafts-Physikalisten dar. Wenn intentionale
Zustände überhaupt physisch realisiert sein können, kann auch
Bewußtsein in diesem Sinne physisch realisiert sein. Im folgenden wird es deshalb hauptsächlich um einen zweiten Aspekt von
Bewußtsein gehen: den Aspekt des *phänomenalen Charakters*
von Empfindungen. Denn dieser Aspekt stellt – anders als der
Aspekt der Selbstkenntnis – eine ganz neue Herausforderung für
den Eigenschafts-Physikalismus dar.[4]

---

[3] Diese 'verrückte' Situation kommt in dem folgenden Witz sehr anschaulich
zum Ausdruck: Was sagt ein Semantischer Physikalist, wenn er einen anderen trifft? „Dir geht es gut, wie geht es mir?"

[4] Es gibt allerdings eine Reihe von Autoren, die bestreiten, daß das Problem
phänomenaler Zustände ein *Teil*problem des Bewußtseinsproblems ist. Diese Autoren glauben vielmehr, daß es sich hier um zwei *unabhängige* Probleme handelt; denn ihres Erachtens gibt es nicht nur bewußte mentale Zustände, die nicht mit einer Erlebnisqualität verbunden sind, sondern auch
phänomenale Zustände, die nicht bewußt sind. Das Bewußtseinsproblem sei
daher nichts anderes als das Problem der Selbstkenntnis, und für dieses
Problem gebe es eine Lösung – die *Theorie höherstufiger Überzeugungen*
('Higher-Order-Thought theory'):

Was genau ist damit gemeint, daß Empfindungen einen phänomenalen Charakter besitzen? Diese Frage ist leichter gestellt als
beantwortet. Denn gerade der phänomenale, qualitative Aspekt
des Bewußtseins scheint sich dadurch auszuzeichnen, daß er sich
jedem Versuch einer präzisen begrifflichen Charakterisierung
entzieht. Ned Block hat deshalb einmal geschrieben:

> „Sie fragen: Was ist das, was Philosophen qualitative Zustände genannt ha-
> ben? Ich antworte, nur halb im Scherz: Wie Louis Armstrong schon sagte,
> als man ihn fragte, was Jazz sei: 'Wenn Du erst fragen mußt, wirst Du es
> nie verstehen'." (Block 1978, 178 – die Übersetzung weicht teilweise von
> der der deutschen Ausgabe ab)

Damit versucht Block nicht, sich um eine Antwort herumzu-
drücken. Vielmehr ist er der Meinung, daß es tatsächlich keine
nicht-zirkuläre* Definition phänomenalen Bewußtseins gibt. Seiner Meinung nach kann man diesen Aspekt des Bewußtseins nur
erläutern, indem man synonyme Ausdrücke anführt und auf Beispiele verweist.[5] Auch der auf Thomas Nagel zurückgehende
Ausdruck *what it is like* hilft in diesem Punkt nicht wirklich
weiter. Denn wenn man sagt, daß der phänomenale, qualitative
Charakter von Empfindungen darin besteht, daß es auf eine bestimmte Weise *ist* oder sich auf eine bestimmte Weise *anfühlt*, in
diesen Zuständen zu sein, hat man offenbar nur ein neues Wort,
aber keine befriedigende Erklärung gefunden.

Im Deutschen gibt es noch eine andere Möglichkeit, sich dem
phänomenalen Aspekt von Bewußtsein sprachlich zu nähern.
Denn wir können sagen, daß sich die mentalen Zustände, mit denen ein phänomenaler Charakter verbunden ist, dadurch auszeichnen, daß man in diesen Zuständen nicht nur *ist*, sondern daß
man sie *erlebt*. Ich kann durchaus wissen, wie hoch mein Blutdruck ist; dennoch erlebe ich ihn nicht. Ganz anders als einen
Zahnschmerz, von dem ich nicht nur weiß, daß ich ihn habe, den
ich vielmehr auch sehr heftig spüre. Wenn wir uns unserer Emp-

---

(HOT) Der mentale Zustand M eines Wesens S ist genau dann bewußt,
wenn es in S eine höherstufige Überzeugung (oder, wie man auch
sagt: eine *Metarepräsentation*) mit dem Inhalt gibt, daß S in M ist.
Prominente Vertreter dieser Auffassung sind Armstrong (1981), Lycan
(1996a) und Rosenthal (1986; 1990).

[5] Vgl. Block (1994a, 210f.).

findungen bewußt sind, scheint das also nicht nur zu heißen, daß wir wissen, daß wir sie haben, sondern auch daß wir sie erleben, daß wir eine Erfahrung machen, die durch eine spezifische *Erlebnisqualität* gekennzeichnet ist.

Ein dritter Ausdruck, der in diesem Zusammenhang angeführt werden kann, ist der der *'subjektiven Erfahrung'*. Wahrnehmungen informieren uns in der Regel über Dinge der Außenwelt; sie führen dazu, daß wir neues Wissen über unsere Umgebung erwerben. Neben diesem objektiven Aspekt haben sie im allgemeinen aber auch eine subjektive Seite; mit den meisten Wahrnehmungen gehen bestimmte Erfahrungen einher. Aber was ist damit genau gemeint? Nun, daß Wahrnehmungen in der Regel mit Erlebnissen verbunden sind; daß es sich auf eine bestimmte Weise anfühlt, diese Wahrnehmungen zu machen; daß mit ihnen eine bestimmte Erlebnisqualität verbunden ist. Wir sehen, daß wir aus dem Zirkel der Begriffe, mit denen wir versucht haben, dem phänomenalen Charakter von Empfindungen auf die Spur zu kommen, nicht ausbrechen können.

Vielleicht sind deshalb Beispiele an dieser Stelle wirklich hilfreicher. Denn Beispiele für phänomenale Qualitäten – oder wie man in der Fachterminologie sagt: für *Qualia*[6] – scheint es im Überfluß zu geben. Jeder weiß, wie eine Erdbeere schmeckt, wie sich eine Sirene anhört, wie faule Eier riechen oder wie sich ein Über-den-Rücken-Streicheln anfühlt. Und wenn jemand sagt, er wisse trotzdem noch nicht, worin der qualitative Charakter etwa eines Geschmackseindrucks bestehe, dann können wir diesem Unverständnis so begegnen: Wir geben ihm einen Schluck Wein zu trinken, lassen ihn danach ein Pfefferminzbonbon lutschen und geben ihm dann noch einen Schluck desselben Weins mit der Bemerkung: „Das, was sich jetzt geändert hat, *das* ist der qualitative Charakter deines Geschmackserlebnisses." Allerdings: Wenn er nach dieser Erläuterung noch auf einer klaren begrifflichen Definition besteht, dann werden wir wohl passen müssen.[7]

---

6 Singular: *Quale.*
7 Zur philosophischen Diskussion um Sinneseindrücke vgl. auch Lanz (1996).

13.2   Qualia als Problem für den Eigenschafts-Physikalismus

13.2.1   Thomas Nagels Fledermäuse und Frank Jacksons Argument des unvollständigen Wissens

Damit sind wir bei der Frage: Was ist das Besondere an Qualia? Warum eigentlich stellt der qualitative Charakter von Empfindungen ein Problem für den Physikalismus dar? Eine erste Antwort auf diese Frage findet sich in Thomas Nagels berühmtem Aufsatz „What is it like to be a bat?" (1974).[8] Die für Empfindungen charakteristischen Erlebnisqualitäten sind, so Nagel, insofern *subjektiv*, als sie notwendig an eine bestimmte Einzelperspektive gebunden sind. Die Physik dagegen ist *objektiv*; in ihr wird von jeder einzelnen Perspektive abgesehen.

> „Wenn der Physikalismus verteidigt werden soll, müssen phänomenologische [d.h. phänomenale] Eigenschaften selbst physikalisch erklärt werden. Wenn wir aber ihren subjektiven Charakter untersuchen, scheint so etwas unmöglich zu sein. Der Grund dafür ist, daß jedes subjektive Phänomen mit einer einzelnen Perspektive verbunden ist; und es scheint unvermeidlich, daß eine objektive physikalische Theorie von dieser Perspektive abstrahieren wird." (T. Nagel 1974, 262f.)

Was ist damit gemeint, wenn Nagel Erlebnisqualitäten 'subjektiv' nennt? Wir alle wissen, daß sich Fledermäuse ganz anders im Raum orientieren als wir. Sie senden Schallwellen aus und registrieren den Schall, der von den in ihrer Reichweite befindlichen Gegenständen reflektiert wird. Der sensorische Apparat von Fledermäusen unterscheidet sich also grundlegend von unseren Sinnesorganen. Auf der anderen Seite sind jedoch auch Fledermäuse Säugetiere, und daher scheint es zumindest nicht unplausibel, anzunehmen, daß auch ihre Wahrnehmungen einen Erlebnisaspekt haben, daß es sich für sie 'auf eine bestimmte Weise anfühlt', diese Art von Echolotwahrnehmungen zu haben. Aber *wie* fühlt es sich an? Gibt es irgendeine Methode, das Innenleben dieser Tiere aus unserem Innenleben zu erschließen? Oder gibt es einen anderen Weg, eine Antwort auf diese Frage zu finden?

---

8   Ähnliche Überlegungen finden sich schon in Farrell (1950). Vgl. auch Gunderson (1970; 1974).

„Es wird nicht helfen, sich vorzustellen, daß man Flughäute an den Armen hätte, die einen befähigen, bei Einbruch der Dunkelheit und im Morgengrauen herumzufliegen, während man mit dem Mund Insekten finge; daß man ein schwaches Sehvermögen hätte und die Umwelt mit einem System reflektierter akustischer Signal aus dem Hochfrequenzbereich wahrnähme; und daß man den Tag an den Füßen nach unten hängend in einer Dachkammer verbrächte." (T. Nagel 1974, 264)

Aus all dem würde nämlich nur folgen, wie es für *uns* wäre, das Leben einer Fledermaus zu führen. Einer Antwort auf die Frage, wie dies für eine *Fledermaus selbst* ist, brächte es uns nicht näher. Offenbar reicht unser Vorstellungsvermögen in diesem Fall nicht aus. Denn was wir uns vorstellen können, hängt von den Ressourcen unseres eigenen Bewußtseins ab; und diese Ressourcen sind für unser Vorhaben unzulänglich. Wir befinden uns Fledermäusen gegenüber damit in der gleichen Situation, in der sich aller Wahrscheinlichkeit nach Marsmenschen uns gegenüber befinden würden. Was auch immer sie über unsere Sinneserfahrungen und Empfindungen herausfinden, der spezifische Erlebnischarakter dieser mentalen Zustände muß ihnen verborgen bleiben. Denn um diesen Erlebnischarakter zu erfassen, benötigt man Begriffe,[9] „die nur von Wesen verstanden werden können, die uns hinreichend ähnlich sind" (T. Nagel 1974, 265).

Aus dieser Überlegung ergibt sich Nagels Antwort auf die Frage, warum Erlebnisqualitäten subjektiv sind. Denn seiner Meinung nach ist jede Tatsache subjektiv, die nur mit Hilfe von subjektiven Begriffen erfaßt werden kann – d.h. mit Hilfe von Begriffen, die nur erwerben kann, wer in der Lage ist, eine bestimmte Erfahrungsperspektive einzunehmen. Und genau dies trifft zu, wenn es etwa um die Frage geht, wie es sich anfühlt, Zahn-

---

[9] Der Ausdruck 'Begriff' wird in der philosophischen Diskussion leider nicht eindeutig verwendet. Manchmal verwendet man ihn einfach im Sinne von 'Begriffswort' oder 'Prädikat', d.h. zur Bezeichnung bestimmter sprachlicher Ausdrücke. (In diesem Sinne ist 'Begriff' in diesem Buch bisher fast durchgehend verwendet worden.) Manchmal verwendet man den Ausdruck aber auch zur Bezeichnung des *Sinns* eines Begriffsworts. Dieser Verwendung zufolge stehen Begriffswörter und Begriffe in einem ähnlichen Verhältnis zueinander wie Sätze und Propositionen. Um den Ausdruck 'Pferd' verstehen zu können, muß man also über den Begriff PFERD verfügen. Wenn Nagel von 'subjektiven Begriffen' redet, scheint er 'Begriff' in diesem Sinne zu verstehen.

schmerzen zu haben. Denn um die Erlebnisqualität dieser Empfindung erfassen zu können, benötigt man Begriffe, deren Erwerb
voraussetzt, daß man selbst schon einmal Zahnschmerzen gehabt
hat oder daß man sich zumindest vorstellen kann, wie es ist,
Zahnschmerzen zu haben. Objektiv sind demgegenüber die Tatsachen, „die aus verschiedenen Perspektiven und von Individuen
mit verschiedenen Wahrnehmungssystemen beobachtet und verstanden werden können" (T. Nagel 1974, 267). Objektive Tatsachen können also mit Hilfe von Begriffen erfaßt werden, für deren Erwerb keine spezielle Erfahrungsperspektive erforderlich ist.
Nagel zufolge sind aber alle physikalischen Tatsachen – sozusagen *per definitionem* – objektiv. Und daraus ergibt sich das Problem, wie es möglich sein soll, ihrer Natur nach subjektive mentale Zustände auf objektive physikalische Zustände zu reduzieren.
Nagel sagt *nicht*, daß dies unmöglich ist, sondern nur daß keine
der gegenwärtigen Konzeptionen uns einen Hinweis darauf gibt,
wie eine solche Reduktion aussehen könnte. Seiner Meinung nach
kann man aus den angeführten Überlegungen nicht den Schluß
ziehen, daß der Physikalismus falsch ist.

> „Es wäre richtiger zu sagen, daß der Physikalismus eine Position ist, die wir
> nicht verstehen können, weil wir gegenwärtig keine Konzeption davon ha-
> ben, wie er wahr sein könnte." (T. Nagel 1974, 267)

Doch dies liegt vielleicht nur daran, daß wir uns in einer ähnlichen Situation befinden wie ein vorsokratischer Philosoph, den
man mit der Hypothese „Masse = Energie" konfrontiert. Im Augenblick fehlen uns die begrifflichen Mittel, um zu verstehen, wie
der Physikalismus wahr sein kann. Dies muß jedoch, wie das Beispiel zeigt, nicht immer so bleiben.

**Nagels Thesen zum subjektiven Charakter von
Empfindungen**

1. Es gibt Begriffe, die nur erwerben kann, wer in der
   Lage ist, eine bestimmte *Erfahrungsperspektive* einzunehmen.

$\Rightarrow$

---

2. Tatsachen, die man nur erfassen kann, wenn man über derartige Begriffe verfügt, sind *subjektive* Tatsachen.

3. Tatsachen, die die Frage betreffen, *wie es ist*, bestimmte Empfindungen zu haben, sind in diesem Sinne subjektiv.

4. Im Augenblick haben wir noch keinerlei Vorstellung davon, wie es möglich sein soll, ihrer Natur nach subjektive mentale Zustände auf objektive physikalische Zustände zu reduzieren.

Obwohl die Argumente, die Frank Jackson in seinem Aufsatz „Epiphenomenal Qualia" (1982) entwickelt hat, fast dieselbe Pointe haben wie die Überlegungen Nagels, sieht Jackson die Zukunft des Physikalismus in sehr viel düstereren Farben. Seiner Meinung nach behauptet der Physikalismus nämlich unter anderem, daß alle Tatsachen physikalische Tatsachen sind. Wenn man zeigen kann, daß es nicht-physikalische Tatsachen gibt, muß der Physikalismus daher falsch sein.

Jacksons Argumente beruhen auf einem inzwischen recht berühmt gewordenen Gedankenexperiment. Mary, eine brillante Wissenschaftlerin, ist durch unglückliche Umstände gezwungen, von Geburt an in einer schwarz-weiß-grauen Umgebung zu leben. Die Zimmer, in denen sie lebt, sind mit schwarzen und weißen Möbeln ausgestattet, und mit der übrigen Welt kann sie nur über einen Computer mit einem Schwarz-Weiß-Bildschirm kommunizieren. Trotzdem gelingt es ihr, sich zu einer Expertin in Wahrnehmungsphysiologie auszubilden. Am Ende dieser Ausbildung, so die Annahme, verfügt sie über alle *physikalischen* Informationen über das, was vorgeht, wenn ein Normalsichtiger eine reife Tomate oder den blauen Himmel sieht oder wenn er Wörter wie 'rot' und 'blau' verwendet. Sie weiß also, Licht welcher Wellenlängen bei schönem Wetter vom Himmel auf die Retina gelangt, und sie weiß auch, wie dies – auf dem Wege über das Zentralnervensystem, die Stimmbänder und das Auspressen von Luft aus der Lunge – dazu führt, daß jemand den Satz „Der Himmel ist heute aber schön blau" äußert. Ihr Wissen über alle mit der

Wahrnehmung von Farben zusammenhängenden physikalischen und physiologischen Prozesse ist also so vollständig wie irgend möglich.

Trotzdem, so Jackson, weiß Mary nicht alles, was man über Farbwahrnehmungen wissen kann. Wenn wir uns fragen, was wohl geschieht, wenn Mary ihr schwarz-weiß-graues Gefängnis verläßt und zum ersten Mal selbst eine reife Tomate sieht,[10] kommen wir nämlich nicht umhin, zuzugeben, daß sie *etwas Neues* lernt. Denn erst in diesem Augenblick lernt sie, *wie es ist*, einen Roteindruck zu haben.

> „Es scheint ganz offensichtlich, daß sie etwas über die Welt und über unsere visuelle Erfahrung der Welt lernt. Aber dann ist der Schluß unausweichlich, daß ihr bisheriges Wissen unvollständig war. Auf der anderen Seite hatte sie aber *alle* physikalischen Informationen. *Also* kann man mehr als diese Informationen haben; und der Physikalismus ist falsch." (Jackson 1982, 130).

Offenbar läßt sich Jacksons Argument so rekonstruieren:

Jacksons Argument des unvollständigen Wissens

1. Mary weiß vor dem Verlassen ihrer schwarz-weiß-grauen Umgebung alles, was es *physikalisch* und *physiologisch* über das Farbsehen von Menschen zu wissen gibt.

2. Mary lernt beim ersten Anblick eines roten Gegenstands nach dem Verlassen ihrer schwarz-weiß-grauen Umgebung *etwas Neues*; sie erwirbt *neues Wissen*.

3. Also lernt Mary beim ersten Anblick eines roten Gegenstands nach dem Verlassen ihrer schwarz-weiß-grauen Umgebung eine *neue Tatsache*.

---

[10] Hier und im folgenden ist immer vorausgesetzt, daß diese Tomate der erste rote Gegenstand ist, den Mary sieht, nachdem sie ihre alte Umgebung verlassen hat, und daß sie diese Tomate unter normalen Bedingungen sieht.

4. Also kennt Mary vor dem Verlassen ihrer Umgebung *nicht alle Tatsachen*, die das Farbsehen von Menschen betreffen.
5. Also gibt es im Hinblick auf das Farbsehen von Menschen Tatsachen, die *keine physikalischen* Tatsachen sind.
6. Also gibt es *nicht-physikalische Tatsachen*.
7. Also ist der Physikalismus *falsch*.

Wenn man versucht, sich einen Überblick über die an diesem Argument geübten Kritiken zu verschaffen, wird schnell klar, daß eigentlich niemand bestreitet, daß Mary bei ihrer Befreiung tatsächlich etwas *Neues* lernt. Viele Kritiker bestreiten jedoch, daß man von dem Satz

(1)   Mary lernt etwas Neues

ohne weiteres zu der Schlußfolgerung

(2)   Mary lernt eine neue Tatsache

übergehen darf. Denn selbst wenn man (1) im Sinne von

(1')   Mary erwirbt neues Wissen

versteht, ist keineswegs selbstverständlich, daß (2) aus (1) – bzw. (1') – folgt.

Es gibt allerdings auch Kritiker, die die Schlußfolgerung (2) akzeptieren, die im Gegensatz zu Jackson aber bezweifeln, daß dadurch der Physikalismus in Frage gestellt wird. Insgesamt lassen sich die an Jacksons Argument geübten Kritiken also zunächst in zwei Gruppen einteilen: Kritiker der *Gruppe 1* bestreiten, daß Mary eine neue Tatsache lernt; Kritiker der *Gruppe 2* akzeptieren dagegen die Annahme, daß Mary eine neue Tatsache lernt, bestreiten aber, daß sich daraus ein Argument gegen den Physikalismus ergibt.

Innerhalb der Gruppe 1 kann man allerdings eine weitere Unterscheidung treffen. Einige Vertreter dieser Gruppe meinen nämlich, daß Mary zwar etwas Neues lernt, daß es sich dabei aber nicht um den Erwerb von propositionalem Wissen, sondern um den Erwerb einer *Fähigkeit* handelt. Andere Vertreter dieser Gruppe dagegen argumentieren, daß es sich bei dem, was Mary erwirbt, nicht um eine Fähigkeit, sondern um den *neuen Zugang* zu einer ihr schon bekannten Tatsache handelt. Insgesamt ist es also am besten, drei Arten von Kritiken zu unterscheiden.[11]

Kritiken an Jacksons Argument des unvollständigen Wissens

Gruppe 1a

Mary lernt keine neue Tatsache; sie erwirbt vielmehr eine neue *Fähigkeit*.

Gruppe 1b

Mary lernt keine neue Tatsache; sie erwirbt einen neuen *Zugang* zu einer ihr schon bekannten Tatsache.

Gruppe 2

Mary lernt zwar eine neue Tatsache; aber daraus ergibt sich kein Argument gegen den Physikalismus.

Im folgenden sollen diese Kritiken etwas genauer erläutert werden. Kritiker der *Gruppe 1a* stimmen, wie gesagt, mit Jackson darin überein, daß Mary etwas Neues lernt, wenn sie ihr schwarzweiß-graues Gefängnis verläßt, ja sie gestehen sogar zu, daß Mary neues Wissen erwirbt. Allerdings weisen sie mit einigem Nachdruck darauf hin, daß nicht alles Wissen propositionales Wissen – *Wissen-daß* – ist. Denn neben dieser Art von Wissen gibt es das *Wissen-wie* – ein Wissen, das darin besteht, daß man über eine bestimmte Fähigkeit verfügt.[12] Wenn ich weiß, *daß* 11 die Quadratwurzel aus 121 ist oder *daß* Bertrand Russell 1872 geboren wurde, dann weiß ich jeweils, daß etwas Bestimmtes der Fall ist,

---

[11] Vgl. zum folgenden besonders Van Gulick (1993).
[12] Die Unterscheidung zwischen Wissen-daß und Wissen-wie geht im wesentlichen zurück auf Ryle (1945/6); vgl. auch Ryle (1949, ch. 2).

daß eine bestimmte Proposition[13] wahr ist. In diesen Fällen verfüge ich also über propositionales Wissen – Wissen-daß. Wenn ich weiß, *wie* man Fahrrad fährt oder *wie* man einen Tafelspitz zubereitet, weiß ich dagegen in der Regel nicht, daß etwas Bestimmtes der Fall ist. Ich muß keine Regeln und auch kein Rezept kennen, aus denen hervorgeht, wie man Fahrrad fährt oder einen Tafelspitz kocht. Entscheidend ist nur, daß ich die entsprechenden *Fähigkeiten* besitze, daß ich Fahrrad fahren bzw. einen Tafelspitz kochen *kann*. Und diese Fähigkeiten kann ich auch besitzen, wenn ich keinerlei Auskunft darüber geben kann, worin sie bestehen.

Insbesondere Laurence Nemirow und David Lewis[14] haben die These vertreten, daß das, was Mary erwirbt, in genau diesem Sinne eine Fähigkeit, ein Wissen-wie ist.

> „Frag' Harry, ob er weiß, wie es ist, Chartreuse zu sehen. Wenn er diese Frage ernst nimmt, wird er sich möglicherweise bemühen, sich den Anblick von Chartreuse vorzustellen. Wenn er glaubt, sich vorstellen zu können, wie Chartreuse aussieht, wird er bestätigen, daß er weiß, wie es ist, Chartreuse zu sehen. Andernfalls wird er verneinen, daß er das wisse. Es wäre unsinnig, wenn Harry darauf bestehen würde, daß es für ihn ein leichtes sei, sich den Anblick von Chartreuse vorzustellen, daß er aber trotzdem nicht wisse, wie es sei, Chartreuse zu sehen. Ebenso wie es umgekehrt unsinnig wäre, wenn Harry behaupten würde, er wisse, wie es sei, Chartreuse zu sehen, könne sich den Anblick von Chartreuse aber nicht vorstellen. ... Diese Korrelation legt die folgende Gleichung nahe: Wissen, wie es ist, kann mit Sich-Vorstellen-Können identifiziert werden." (Nemirow 1990, 492f.)

David Lewis allerdings meint, daß es nicht nur um die Fähigkeit geht, sich etwas vorzustellen. Für ihn hat Wissen, wie es ist, eine bestimmte Empfindung zu haben, vielmehr mit drei Fähigkeiten zu tun – den Fähigkeiten, sich an Empfindungen dieser Art zu *erinnern*, sich Empfindungen dieser Art *vorzustellen* und Empfindungen dieser Art *wiederzuerkennen*.[15] Doch dies ist ein eher nebensächlicher Punkt. Die entscheidende Frage lautet natürlich, ob es sich beim Wissen darüber, wie es ist, eine bestimmte Empfindung zu haben, tatsächlich nur um eine Fähigkeit, ein Wissen-wie, handelt.

---

[13]   Zum Begriff 'Proposition' vgl. oben S. 269.
[14]   Vgl. Nemirow (1980, 1990) und Lewis (1983, 1988).
[15]   Vgl. Lewis (1988, 514ff.)

Nemirow zufolge spricht für diese Annahme insbesondere ihre Erklärungskraft. Sie kann eine Reihe von Tatsachen erklären, die zusammengenommen eine Bedrohung für den Physikalismus darzustellen scheinen:

- Die Annahme erklärt, warum wir im Zusammenhang mit der Frage, wie es ist, eine bestimmte Empfindung zu haben, überhaupt das mit Phänomenen des Wissens verbundene Vokabular verwenden. Wir sprechen davon, daß jemand 'entdeckt', 'weiß', 'sich erinnert' oder 'vergißt', wie sich eine bestimmte Empfindung anfühlt, weil diese Ausdrücke im Zusammenhang mit Fähigkeiten absolut angemessen sind.

- Die Annahme erlaubt es, Nagels Schluß auf den subjektiven Charakter von Empfindungen zu vermeiden. Denn wenn wir Wissen darüber, wie es ist, eine bestimmte Empfindung zu haben, mit der Fähigkeit identifizieren, sich diese Empfindung vorzustellen, ist gar nichts Merkwürdiges mehr an der Feststellung, daß nur diejenigen dieses Wissen erwerben können, die in der Lage sind, eine bestimmte Erfahrungsperspektive einzunehmen.

- Drittens schließlich erklärt diese Annahme, warum es so schwierig (oder vielleicht sogar unmöglich) ist, unser Wissen, wie es ist, eine bestimmte Empfindung zu haben, in Worten auszudrücken. Denn dies gilt für sehr viele Fähigkeiten – z.B. für die Fähigkeit, mit den Ohren zu wackeln, oder die Fähigkeit, einen Hut auf einem Stock zu balancieren.

Trotz dieser Argumente gibt es allerdings viele Philosophinnen und Philosophen, die die Fähigkeitsanalyse von Nemirow und Lewis nicht für überzeugend halten. Jackson selbst schreibt in seinem kurzen klärenden Artikel „What Mary Didn't Know" (1986):[16]

„... es ist sicher wahr, daß Mary nach ihrer Befreiung eine Reihe verschiedener Fähigkeiten erwirbt. ... Aber ist es plausibel anzunehmen, daß das *alles* ist, was sie erwirbt?" (Jackson 1986, 394)

---

[16] Weitere Argumente gegen die Fähigkeitsanalyse finden sich in Loar (1990), Lycan (1996a, ch. 5) und Nida-Rümelin (1995).

Jackson meint, dies sei nicht plausibel, und er führt für seine Auffassung folgendes Argument an. Vielleicht hat Mary in ihrem schwarz-weiß-grauen Gefängnis einmal einen Artikel über das Problem des Fremdpsychischen, d.h. über die Frage gelesen, ob man wirklich wissen kann, ob andere Menschen dasselbe wie man selbst empfinden, wenn sie Tomaten oder Feuerwehrautos sehen. Nach ihrer Befreiung sieht sie zum ersten Mal eine reife Tomate und sagt spontan zu sich selbst: „So ist es also *für mich und für andere*, einen Roteindruck zu haben." Doch dann fällt ihr der Artikel über das Fremdpsychische wieder ein, und sie fragt sich: „Ist es wirklich *auch für andere* so, einen Roteindruck zu haben?". Nach kurzem Hin und Her entschließt sie sich, diesen Zweifel zu verwerfen. Letzten Endes glaubt sie also, daß es auch für andere genau *so* ist, einen Roteindruck zu haben.

> „Worum ging es bei ihrem Hin-und-her-Überlegen – um ihre Fähigkeiten? Sicher nicht; denn sie wußte, daß sich ihre repräsentationalen Fähigkeiten die ganze Zeit über nicht veränderten. Worum sonst kann es also in ihren mühsamen Überlegungen gegangen sein als darum, ob sie faktisches Wissen über andere erworben hat oder nicht? Wenn eine Fähigkeit *alles* gewesen wäre, was sie bei ihrer Befreiung erworben hat, hätte es nichts gegeben, worüber sie hätte nachdenken können." (Jackson 1986, 394)

Soweit scheint Jacksons Argumentation überzeugend. Die Fähigkeiten, die Mary erwirbt, sind offenbar nicht alles, was sie bei ihrer Befreiung lernt. Aber stützt dies auch seine These, daß man das, was Mary tatsächlich lernt, nur folgendermaßen beschreiben kann?

> „Sie wird bemerken, daß es die ganze Zeit ... über etwas ... gegeben hat, das ihr entgangen ist. Die ganze Zeit über hatten die Empfindungen [der Menschen, deren Farbsehen sie untersuchte] ... ein Merkmal, das für [diese Menschen selbst] augenfällig, für sie aber bisher verborgen war ..." (Jackson 1986, 394)

Jackson glaubt offenbar zweierlei: 1. Nach ihrer Befreiung lernt Mary, *daß* die Farbeindrücke *anderer* Menschen bestimmte phänomenale Qualitäten besitzen. 2. Dieses Wissen konnte Mary unmöglich vorher erwerben. Aber sind diese Annahmen wirklich plausibel? Bei allem, was Mary schon vor ihrer Befreiung wußte, wußte sie natürlich auch, daß die Menschen, deren Farbsehen sie untersucht, *von sich selbst sagen*, daß sie unter bestimmten Bedingungen bestimmte Farbeindrücke haben und daß etwa Blaueindrücke durch eine spezifische Qualität der Bläue und Roteindrücke durch eine spezifische Qualität der Röte gekennzeichnet sind. Mary kann also durchaus wissen, daß Blaueindrücke die Qualität der Bläue und Roteindrücke die Qualität der Röte haben.[17] Was sie nicht weiß, ist nur, *wie es ist*, Eindrücke mit diesen Qualitäten zu haben.

Mary ist gegenüber Menschen, die in einer normalen Umgebung leben, also in derselben Situation, in der wir z.B. gegenüber einem Marsianer wären, der über die Fähigkeit verfügt, elektrische Ladungen zu sehen. Wir wissen durchaus, daß dieser Marsianer visuelle Eindrücke hat, die durch bestimmte phänomenale Qualitäten gekennzeichnet sind. Vielleicht übernehmen wir von ihm sogar die Ausdrücke, mit denen er diese Qualitäten bezeichnet. In diesem Fall wüßten wir etwa, daß die visuellen Eindrücke, die unser Marsianer hat, wenn er Gegenstände mit sehr niedriger elektrischer Ladung sieht, die Qualität Ombra haben. Was wir nicht wissen, ist wieder nur, *wie es ist*, Eindrücke mit der Qualität Ombra zu haben.

Was Mary fehlt, ist also nicht das Wissen, daß und welche phänomenalen Qualitäten Farbeindrücke haben. Was ihr fehlt, ist nur, was man die *direkte Bekanntschaft* mit diesen Qualitäten nennen könnte. Und damit sind wir bei den Kritiken der *Gruppe 1b*. Vertreter dieser Gruppe bezweifeln nämlich, daß Mary nach ihrer Befreiung eine neue Tatsache lernt; sie gestehen aber zu, daß sie einen *neuen Zugang* zu einer ihr schon bekannten Tatsache erwirbt.[18] Was damit gemeint ist, läßt sich am besten so veranschaulichen. Ein Blinder kann durchaus in der Lage sein, Farbbegriffe korrekt zu verwenden, und er kann daher auch wissen, welche Farben etwa die Gegenstände haben, die vor ihm auf dem

---

[17] Schließlich weiß sie aus ihrem eigenen Erleben ja sogar, was visuelle Eindrücke sind und daß Schwarzeindrücke die phänomenale Qualität der Schwärze und Weißeindrücke die phänomenale Qualität der Weiße haben. Wenn Mary nicht wüßte, daß die Wahrnehmung von Farben mit bestimmten Farbeindrücken einhergeht, hätte sie im übrigen den Artikel über das Problem des Fremdpsychischen gar nicht verstehen können.

[18] Diese Art der Kritik ist zuerst von P.M. Churchland (1985) formuliert worden. In Van Gulick (1993) wird z.B. auch Tye (1986) zu den Vertretern der Gruppe 1b gerechnet.

Tisch liegen. Er benötigt nur andere Mittel als wir, um dies herauszufinden – Instrumente, die messen, Licht welcher Wellenlängen von diesen Gegenständen reflektiert wird, und die die Ergebnisse dieser Messungen in akustischer oder tastbarer Form ausgeben. Mit solchen Instrumenten ist es ihm zumindest prinzipiell möglich, festzustellen, ob ein auf dem Tisch liegendes Buch rot oder blau ist und ob das Geschirr auf dem Tisch weiß oder bunt ist.[19] Wir können dies natürlich auch herausfinden. Aber wir benötigen dafür keine speziellen Instrumente; wir können es ohne weitere Hilfsmittel einfach sehen. Offenbar haben wir zu denselben Tatsachen also einen anderen Zugang als der Blinde.

Genau in diesem Sinne, so die Kritiker der Gruppe 1b, gewinnt auch Mary nach ihrer Befreiung einen neuen Zugang zu der Tatsache, daß Blaueindrücke durch das qualitative Merkmal der Bläue gekennzeichnet sind. Sie wußte dies auch schon vorher, und zwar im wesentlichen aus den Berichten der von ihr untersuchten Menschen. Nach dem Verlassen ihres schwarz-weiß-grauen Gefängnisses ist sie auf diese Berichte jedoch nicht mehr angewiesen, da sie nun selbst auf direktem Wege in der Lage ist, das Bestehen dieser Tatsache festzustellen. Es liegt nahe, diesen Unterschied mit dem von Bertrand Russell eingeführten Unterschied zwischen Wissen durch Beschreibung ('*knowledge by description*') und Wissen durch Bekanntschaft ('*knowledge by acquaintance*')[20] in Verbindung zu bringen, wie dies z.B. Paul Churchland getan hat. Dies ist allerdings nicht ganz korrekt, da Russell ausdrücklich betont, daß seine Unterscheidung nur auf die

---

[19] In Zusammenhängen wie diesem ist es unerläßlich, *streng* zwischen *Farben* auf der einen und den *phänomenalen Qualitäten von Farbeindrücken* auf der anderen Seite zu unterscheiden. Farben wie Rot und Blau sind Eigenschaften von Gegenständen der Außenwelt – von Tomaten, Feuerwehrautos, dem Himmel usw. Unsere visuellen Eindrücke dieser Gegenstände dagegen sind weder blau noch rot. Sie haben allerdings – zumindest wird das von allen Qualia-Freunden vorausgesetzt – bestimmte qualitative Merkmale, die hier im Text mit den Ausdrücken 'Bläue' und 'Röte' bezeichnet werden. Die Ausdrücke 'Blau' und 'Rot' dürfen also nicht mit den Ausdrücken 'Bläue' und 'Röte' verwechselt werden. Sie bezeichnen Eigenschaften gänzlich anderer Art.

[20] Vgl. besonders Russell (1912, ch. 5).

Erkenntnis von Dingen und nicht auf die Erkenntnis von Wahrheiten anwendbar ist.

Aber wie dem auch sei, die Position der Kritiker der Gruppe 1b
scheint zumindest in einem Punkt instabil. Wenn Mary einen
neuen Zugang zu einer ihr schon bekannten Tatsache erwirbt,
dann scheint dies zu implizieren, daß sie auch einen *neuen Begriff*
erwirbt. Denn der Ausdruck 'Röte' bekommt für sie, wie es
scheint, auf jeden Fall einen neuen Sinn, wenn sie zum ersten Mal
selbst eine reife Tomate sieht und daher zum ersten Mal selbst
einen Roteindruck hat. Wenn das so ist, drückt der Satz
„Roteindrücke sind durch das qualitative Merkmal der Röte gekennzeichnet" für Mary nach ihrer Befreiung aber eine *andere*
Tatsache aus als vorher. Und dies wiederum scheint zu implizieren, daß sie doch Wissen um eine neue Tatsache erwirbt.

Diese auf den ersten Blick ziemlich verwirrende Argumentation
wird etwas durchsichtiger, wenn man sich klar macht, daß der
Begriff der *Tatsache* in der Philosophie in (zumindest) zwei Bedeutungen verwendet wird. Die erste dieser beiden Bedeutungen
geht zurück auf Wittgenstein und Russell. Eine der Kernthesen
des *Tractatus logico-philosophicus* Wittgensteins lautet, daß (elementare) Tatsachen[21] Verkettungen von Gegenständen sind, wobei Wittgenstein auch Relationen und Eigenschaften zu den Gegenständen rechnet.[22] Dies kann man so verstehen, daß alle Tatsachen darin bestehen, daß ein Gegenstand eine bestimmte Eigenschaft hat oder daß eine Reihe von Gegenständen in einer bestimmten Relation* zueinander stehen.[23] Demzufolge kann eine
Tatsache z.B. darin bestehen, daß Hans die Eigenschaft hat, blond
zu sein – daß Hans also blond ist; und eine andere darin, daß Anna zu Laura in der Relation des Schwester-Seins steht – daß Anna
also die Schwester von Laura ist. Offenbar gibt es einen engen

---

[21] Im folgenden wird der Ausdruck 'Tatsache' immer im Sinne von 'elementare Tatsache' gebraucht. Neben den elementaren Tatsachen gibt es komplexe Tatsachen, die aus der Verbindung von elementaren Tatsachen bestehen. Außerdem wird in Russell (1918/19) die Existenz negativer und allgemeiner Tatsachen diskutiert.

[22] Wittgenstein, L., *Tagebücher 1914-1916*. In: *Werkausgabe, Band 1*. Frankfurt am Main: Suhrkamp 1984, 152.

[23] Dies ist sicher eine Vereinfachung dessen, was Wittgenstein im *Tractatus*
schreibt, gibt die Grundidee jedoch im Kern richtig wieder.

Zusammenhang zwischen Tatsachen im Sinne Wittgensteins und Propositionen im Sinne Russells. Denn den Begriff der Russell-Proposition hatten wir im Abschnitt 10.1 (Anm. 7) so eingeführt: Eine Russell-Proposition ist ein geordnetes Paar* aus einer Eigenschaft und einem Gegenstand oder ein n+1-Tupel* aus einer n-stelligen Relation und n Gegenständen. Auf den ersten Blick könnte es sogar so aussehen, als seien Russell-Propositionen dasselbe wie Wittgenstein-Tatsachen. Das stimmt jedoch nicht ganz. Denn Russell-Propositionen sind nur *mögliche*, Wittgenstein-Tatsachen dagegen *wirkliche* Verkettungen von Eigenschaften bzw. Relationen und Gegenständen.[24] Wittgenstein-Tatsachen sind also eine Teilmenge der Russell-Propositionen; sie sind die Russell-Propositionen, die nicht nur möglich, sondern wirklich sind. Richtig ist allerdings, daß Wittgenstein-Tatsachen und Russell-Propositionen dieselbe Struktur besitzen. Beide sind Komplexe aus Eigenschaften bzw. Relationen und Gegenständen, wobei es keine Rolle spielt, wie diese beschrieben werden. Dies hat zur Folge, daß z.B. die beiden Sätze

(3)   Der Morgenstern ist ein Planet

und

(4)   Der Abendstern ist ein Planet

dem Wittgensteinschen Tatsachenbegriff zufolge *dieselbe Tatsache* ausdrücken.[25]
Genau in diesem Punkt unterscheidet sich Wittgensteins Auffassung von der Freges, der in dem Aufsatz „Der Gedanke" (1918/9) schreibt:

„Was ist eine Tatsache? Eine Tatsache ist ein Gedanke, der wahr ist."
(Frege 1918/9, 50)

---

[24] Russell-Propositionen sind in der Terminologie Wittgensteins also mögliche Sachverhalte, Tatsachen dagegen wirkliche oder, wie er auch sagt, bestehende Sachverhalte.

[25] Russell würde dies natürlich anders sehen. Denn seines Erachtens drückt der Satz „Der Morgenstern ist ein Planet" nicht die Proposition <Ist-ein-Planet, Morgenstern> aus, sondern in etwa dieselbe Proposition wie der Satz „Es gibt genau einen Gegenstand, der der hellste Himmelskörper am Morgenhimmel ist, und dieser Gegenstand ist ein Planet". Vgl. Russell (1905).

Frege-Tatsachen verhalten sich also zu Gedanken wie Wittgenstein-Tatsachen zu Russell-Propositionen. Allerdings können Gedanken nicht mit Russell-Propositionen identifiziert werden. Denn Gedanken gehören bei Frege auf die Seite des Sinns.[26] Gedanken sind die Sinne von Sätzen. Da der Sinn eines Satzes aber vom Sinn der in ihm vorkommenden Ausdrücke bestimmt wird, drücken nach Frege die beiden Sätze (3) und (4) verschiedene Gedanken aus. Denn der Sinn der Ausdrücke 'der Morgenstern' und 'der Abendstern' ist, wie wir schon gesehen hatten, verschieden. Auf der anderen Seite sind die durch die Sätze (3) und (4) ausgedrückten Gedanken aber beide wahr, d.h. beide Gedanken sind Tatsachen. Und damit bleibt nach Frege nur der Schluß, daß die Sätze (3) und (4) *verschiedene Tatsachen* ausdrücken. Auch Frege-Tatsachen können als strukturierte Komplexe aus verschiedenartigen Teilen aufgefaßt werden. Aber nach Frege sind die Teile von Tatsachen nicht Gegenstände und Eigenschaften bzw. Relationen, sondern die Sinne von Namen und Prädikaten. Die Tatsache, die durch den Satz (3) ausgedrückt wird, könnte man sich daher in etwa so vorstellen:

(3a) <Der Sinn des Prädikats 'ist ein Planet', der Sinn von 'der Morgenstern'>

Und die Tatsache, die durch den Satz (4) ausgedrückt wird, entsprechend so:

(4a) <Der Sinn des Prädikats 'ist ein Planet', der Sinn von 'der Abendstern'>

Auf diese Weise tritt der Unterschied zwischen den beiden Tatsachen jedenfalls besonders klar zu Tage. Um eine einfache Möglichkeit zu haben, die gerade erläuterten Tatsachen-Begriffe voneinander zu unterscheiden, werden Wittgenstein-Tatsachen in der Literatur häufig als '*grobkörnige*' und Frege-Tatsachen entsprechend als '*feinkörnige* Tatsachen' bezeichnet.

---

[26] Vgl. oben Abschnitt 5.1.

Zwei Tatsachenbegriffe

Grobkörnige Tatsachen (Wittgenstein)

Elementare Tatsachen bestehen darin, daß ein Gegenstand eine bestimmte Eigenschaft hat oder daß eine Reihe von Gegenständen in einer bestimmten Relation zueinander stehen. Tatsachen sind bestehende Verkettungen von Eigenschaften bzw. Relationen und Gegenständen. Zwei Sätze '*Fa*' und '*Gb*' drücken *dieselbe* Tatsache aus, wenn '*a*' und '*b*' denselben Gegenstand und '*F*' und '*G*' dieselbe Eigenschaft bezeichnen.

Feinkörnige Tatsachen (Frege)

Tatsachen sind wahre Gedanken. Der Gedanke, den ein Satz ausdrückt, ergibt sich aus dem Sinn der Ausdrücke, die in ihm vorkommen. Zwei Sätze '*Fa*' und '*Gb*' drücken *verschiedene* Tatsachen aus, wenn '*a*' und '*b*' oder '*F*' und '*G*' sinnverschieden sind.

Nach diesem Exkurs können wir zu der Frage zurückkehren, ob Mary nach ihrer Befreiung nicht doch Wissen um eine neue Tatsache erwirbt. Ein Argument für diese Annahme könnte, wie schon angedeutet, so aussehen: Nach ihrer Befreiung ändert sich für Mary der Sinn des Ausdrucks 'Röte'. Denn Sinne sind nach Frege Arten und Weisen des Gegebenseins. Und offenbar ist Mary die Qualität der Röte, nachdem sie zum ersten Mal selbst einen Roteindruck hatte, auf eine ganz andere Weise gegeben als vorher. Also drückt für sie der Satz „Roteindrücke haben die phänomenale Qualität der Röte" nach ihrer Befreiung eine andere Tatsache aus als vorher. Mary erwirbt daher nach ihrer Befreiung tatsächlich Wissen um eine neue Tatsache, und zwar um eine Tatsache, von deren Existenz sie vorher nicht einmal wissen *konnte*, da ihr der entsprechende Sinn des Ausdrucks 'Röte' unzugänglich war.

Dieses Argument scheint durchaus stichhaltig – aber natürlich nur, wenn man in seiner Konklusion den Ausdruck 'Tatsache' im feinkörnigen Sinn Freges versteht. Und die Frage ist, ob dies ausreicht, um den Physikalismus in Frage zu stellen. Kritiker der *Gruppe 2* haben jedenfalls argumentiert, daß es mit dem Physikalismus durchaus vereinbar ist, wenn Mary nach ihrer Befreiung Wissen um eine neue Tatsache im *feinkörnigen* Sinn erwirbt.[27] Denn der Physikalismus behauptet nur, daß alle Gegenstände physische Gegenstände und daß alle Eigenschaften physische Eigenschaften sind. Er impliziert keinerlei Annahmen darüber, welche Sinne es in der Welt gibt; denn Sinne haben nichts mit der Welt selbst, sondern nur mit der Art und Weise zu tun, wie uns die Welt gegeben ist.[28] Mit anderen Worten: Der Physikalismus behauptet nur, daß alle grobkörnigen Tatsachen physische Tatsachen sind.

Im Hinblick auf Jacksons Argument des unvollständigen Wissens muß ein Physikalist deshalb nur bestreiten, daß Mary nach ihrer Befreiung Wissen um eine neue grobkörnige Tatsache erwirbt. Er kann durchaus zugestehen, daß der Ausdruck 'Röte' für Mary nach ihrer Befreiung einen neuen Sinn erhält und daß Mary daher Wissen um eine neue feinkörnige Tatsache erwirbt. Allerdings muß er darauf bestehen, daß dieser Ausdruck nach wie vor ein physikalisches Merkmal von Roteindrücken bezeichnet. Aber dies ist durchaus damit vereinbar, daß sich der phänomenale Sinn, den Mary nach ihrer Befreiung mit dem Ausdruck 'Röte' verbindet, psychologisch sehr von den Sinnen unterscheidet, die nor-

---

[27] Siehe besonders Loar (1990).

[28] An diesem Punkt steht die Argumentation der Kritiker der Gruppe 2 allerdings auf etwas schwachen Beinen. Denn wenn es Sinne wirklich gibt, kann man sie als Physikalist nicht einfach ignorieren. Auch Sinne müssen in ein physikalistisches Weltbild integrierbar sein, sonst ist dieses Weltbild zumindest in diesem Punkt unvollständig. Ned Block hat deshalb auf einem Kongreß in Bremen kürzlich die These vertreten, das Hauptproblem für den Physikalisten sei, zu erklären, wie Ausdrücke wie 'Röte' die Sinne haben können, die sie für einen Normalsichtigen – und damit auch für Mary nach ihrer Befreiung – tatsächlich haben. Dieses Problem weist eine verblüffende Ähnlichkeit zu dem dritten Einwand gegen die Identitätstheorie auf, den Smart in (1959) diskutiert; vgl. oben S. 120ff.

malerweise mit Ausdrücken verbunden sind, die physikalische Eigenschaften bezeichnen.[29]

Diese Überlegung wirft auch ein neues Licht auf Nagels These von der Existenz subjektiver Tatsachen. Denn so unplausibel die Annahme ist, daß es *in der Welt selbst* Tatsachen geben kann, die nur von einer bestimmten Erfahrungsperspektive aus zugänglich sind, so selbstverständlich erscheint die These, daß die Art und Weise, *wie uns* diese Tatsachen *gegeben sein können*, entscheidend von unserer epistemischen Ausstattung abhängt. Und daher ist auch gar nichts Geheimnisvolles daran, daß es Sinne gibt, die nur erfassen kann, wer eine bestimmte Erfahrungsperspektive einnehmen kann. Wenn Nagel behaupten will, daß es subjektive Tatsachen im feinkörnigen Sinn gibt, ist seine These deshalb alles andere als aufregend. Wenn er dagegen behaupten will, daß es subjektive Tatsachen im grobkörnigen Sinn gibt, stellt er nicht nur eine intuitiv sehr unplausible These auf; er bleibt uns auch ein Argument für diese These schuldig.

---

[29] Diese Art, die Dinge zu analysieren, mag unbefriedigend erscheinen, da sie zu der kontraintuitiven Konsequenz führt, daß es in einem gewissen - nämlich dem feinkörnigen – Sinn für den Physikalismus gleichgültig ist, ob es nicht-physikalische subjektive Tatsachen gibt. Diese Konsequenz ist jedoch unvermeidlich, solange man mit Frege daran festhält, daß die Formel „Tatsachen sind wahre Gedanken" zumindest einem möglichen und sinnvollen Tatsachenbegriff Ausdruck gibt. Allerdings könnte man die gerade geschilderte Schwierigkeit zum Anlaß nehmen, darüber nachzudenken, ob man den Fregeschen Tatsachenbegriff nicht besser aufgeben sollte – zumal er in unglücklicher Weise das, was in der Welt der Fall ist, mit der Art und Weise vermischt, wie uns die Dinge der Welt gegeben sind. Dies hätte auf jeden Fall den Vorteil, daß man zu einer klareren Terminologie käme: Die Ausdrücke 'Sachverhalt' und 'Tatsache' könnten für das reserviert werden, was in der Welt möglicherweise oder tatsächlich der Fall ist, und den Ausdruck 'Proposition' würde man nur noch für die Art und Weise verwenden, in der uns Sachverhalte gegeben sind. Mit dieser neuen Sprachregelung hießen die Gegenargumente gegen Nagel und Jackson: Es gibt zwar subjektive Propositionen, aber keine subjektiven Tatsachen; bzw.: Mary erwirbt zwar Wissen um eine neue Proposition, aber kein Wissen um eine neue Tatsache. Es ist interessant zu sehen, wie z.B. Van Gulick (1993) zwischen dieser und der oben im Text verwendeten Terminologie schwankt, ohne sich richtig entscheiden zu können.

13.2.2   Levines Argument der Erklärungslücke

In der Diskussion um die physische Realisierbarkeit von Empfindungen hat in den letzten Jahren neben den Argumenten Nagels und Jacksons insbesondere Joseph Levines *Argument der Erklärungslücke* eine große Rolle gespielt.[30] Im Abschnitt 8.4 hatten wir schon gesehen, daß Levine vom Vergleich der folgenden beiden Aussagen ausgeht:

(1)   Schmerz ist durch das Feuern von C-Fasern realisiert.

(2)   In einem idealen Gas ist Temperatur durch die mittlere kinetische Energie seiner Moleküle realisiert.[31]

Die zweite dieser beiden Aussagen ist in seinen Augen *vollständig explanatorisch*, und zwar aus zwei Gründen:

1. Unser Begriff von Temperatur erschöpft sich in einer kausalen Rolle.

2. Die Physik kann verständlich machen, daß die mittlere kinetische Energie der Moleküle eines Gases genau diese kausale Rolle spielt.

Aber könnten diese beiden Punkte – *mutatis mutandis* – nicht auch auf Schmerzen zutreffen? Mit dem Ausdruck 'Schmerzen' assoziieren wir doch ebenfalls eine kausale Rolle. Schmerzen werden durch die Verletzung von Gewebe verursacht, sie führen dazu, daß wir schreien oder wimmern, und sie bewirken in uns den Wunsch, den Schmerz so schnell wie möglich loszuwerden. Dies bestreitet auch Levine nicht. Und er bestreitet nicht einmal, daß das Feuern von C-Fasern den Mechanismus erklärt, auf dem die kausale Rolle von Schmerzen beruht. Dennoch gibt es seiner Meinung nach einen entscheidenden Unterschied.

„Unser Begriff von Schmerzen umfaßt ... mehr als ihre kausale Rolle; es gibt auch den qualitativen Charakter von Schmerzen, wie es sich anfühlt,

---

[30]   Vgl. Levine (1983; 1993). Ein verwandtes Argument findet sich in Bieri (1995).
[31]   Levine spricht selbst nicht von Realisierung, sondern von Identität. Im Abschnitt 8.4 hatte ich jedoch zu zeigen versucht, daß es ihm tatsächlich eher um Realisierung geht.

Schmerzen zu haben. Und was durch die Entdeckung der C-Fasern unerklärt bleibt, ist, *warum sich Schmerzen so anfühlen sollen, wie sie sich anfühlen*! Denn am Feuern von C-Fasern scheint es nichts zu geben, was dafür sorgen würde, daß das Feuern dieser Fasern in natürlicher Weise zu den phänomenalen Eigenschaften von Schmerzen 'paßt'; es könnte genauso gut zu einer anderen Menge von phänomenalen Eigenschaften passen. Anders als bei der funktionalen Rolle bleibt bei der Identifikation des qualitativen Aspekts von Schmerzen mit dem Feuern von C-Fasern (oder mit einer Eigenschaft des Feuerns von C-Fasern) die Beziehung zwischen dem qualitativen Aspekt und dem, womit wir ihn identifizieren, vollständig rätselhaft. Man könnte auch sagen: Diese Identifikation macht die Art und Weise, wie es sich anfühlt, Schmerzen zu haben, zu einem *factum brutum*." (Levine 1983, 357)

Ein erster Grund dafür, daß die Aussage (1) nicht vollständig explanatorisch ist, ist also:

1. Unser Begriff von Schmerzen erschöpft sich nicht in einer kausalen Rolle; er umfaßt auch einen qualitativen Aspekt – die Art, wie es sich anfühlt, Schmerzen zu haben.

Aber dies allein ist noch nicht entscheidend. Denn (1) könnte trotzdem vollständig explanatorisch sein, *wenn* die Neurobiologie verständlich machen könnte, daß sich das Feuern von C-Fasern genauso anfühlt, wie dies für Schmerzen charakteristisch ist. Für den nicht-explanatorischen Charakter von (1) ist deshalb ein zweiter Punkt noch wichtiger:

2. Die Neurobiologie kann *nicht* verständlich machen, daß sich das Feuern von C-Fasern genauso anfühlt, wie dies für Schmerzen charakteristisch ist.

Levines Argument läßt sich daher so zusammenfassen:

Levines Argument der Erklärungslücke

1. Zu den charakteristischen Merkmalen phänomenaler Zustände gehört nicht nur eine bestimmte kausale Rolle, sondern auch, daß es sich auf eine jeweils spezifische Weise anfühlt, in diesen Zuständen zu sein.

$\Rightarrow$

---

2. Für *keinen* möglichen Gehirnzustand folgt aus den allgemeinen Gesetzen der Neurobiologie, daß es sich auf
eine spezifische Weise anfühlt, in diesem Zustand zu
sein.
3. Also können phänomenale Zustände nicht durch Gehirnzustände realisiert sein.

Wenn man einmal zugesteht, daß zu den charakteristischen
Merkmalen phänomenaler Zustände jeweils auch eine spezifische
Erlebnisqualität gehört, liegt der kritische Punkt des Levineschen
Arguments offenbar in seiner zweiten Prämisse. Warum ist sich
Levine so sicher, daß für *keinen* Gehirnzustand aus den allgemei-
nen Gesetzen der Neurobiologie folgt, daß es sich auf eine spezi-
fische Weise anfühlt, in diesem Zustand zu sein?

In seinem Aufsatz „On Leaving Out What It's Like" (1993)
betont Levine bei der Beantwortung dieser Frage zunächst, daß
jede Reduktion zu einer *Erklärung* des reduzierten Phänomens
führen muß und daß es, wenn diese Erklärung gelingt, tatsächlich
in einem epistemischen Sinn unmöglich ist, sich vorzustellen, daß
das Explanans* ohne das Explanandum vorliegt.

> „Die grundlegende Idee ist, daß eine Reduktion das, was reduziert wird, er-
> klären sollte. Und der Weg, um festzustellen, ob dies erreicht wurde, ist zu
> prüfen, ob das zu reduzierende Phänomen durch das Phänomen, auf das es
> reduziert werden soll, epistemisch notwendig gemacht wird, d.h. ob wir
> aufgrund der in der Reduktion angeführten Tatsachen sehen können, warum
> die Dinge so sein müssen, wie sie an der Oberfläche erscheinen." (Levine
> 1993, 129)

Versuchen wir, uns diesen Zusammenhang am Beispiel der Makroeigenschaft, flüssig zu sein, klar zu machen. Wenn man in
einem Lexikon unter dem Stichwort 'Flüssigkeit' nachschaut,
findet man Einträge wie diesen: „Flüssigkeiten unterscheiden sich
von Gasen dadurch, daß ihr Volumen weitgehend druckunabhän-
gig ist, d.h. nur mit großem Druck verringert werden kann; von
festen Körpern unterscheiden sie sich dadurch, daß ihre Form
veränderlich ist und sich der Form des jeweiligen Gefäßes anpaßt." Dies ist offensichtlich eine (wenn auch unvollständige)
Aufzählung der Merkmale, durch die die Eigenschaft, flüssig zu

sein, charakterisiert ist. Läßt sich nun die Tatsache, daß Wasser bei 20° C flüssig ist, aus der Mikrostruktur von Wasser ableiten? Bzw. genauer: Folgt aus den allgemeinen Naturgesetzen, die für H_2O-Moleküle gelten, daß Wasser bei 20° C genau diese Merkmale aufweist?

Nun, aus diesen Naturgesetzen folgt erstens,[32] daß der mittlere Abstand, den H_2O-Moleküle bei 20° C zueinander haben, aufgrund der zwischen den Molekülen bestehenden Abstoßungskräfte nur mit großem Druck weiter verringert werden kann. Und aus ihnen folgt zweitens, daß die Anziehungskräfte zwischen den Molekülen bei 20° C nicht ausreichen, um sie an ihren relativen Positionen festzuzurren. Bei dieser Temperatur können die Moleküle also 'frei übereinander rollen'. Wenn auf alle Moleküle dieselbe Kraft wirkt, wird sich daher jedes Molekül bis zu dem Ort bewegen, an dem es sozusagen nicht mehr weiter kann.

Damit allein ist aber noch nicht gezeigt, daß *Wasser* bei 20° C alle Merkmale aufweist, die für die Eigenschaft, flüssig zu sein, charakteristisch sind. Denn bisher wissen wir nur, wie sich die *einzelnen H_2O-Moleküle* bei dieser Temperatur verhalten. D.h., wir benötigen zusätzlich noch *Brückenprinzipien*,[33] aus denen hervorgeht, wie das Verhalten der gesamten Flüssigkeit mit dem Verhalten ihrer einzelnen Moleküle zusammenhängt. Und diese Prinzipien lauten offenbar:

(3) Wenn der mittlere Abstand, den die Moleküle eines Stoffes zueinander haben, nur mit großem Druck verringert werden kann, dann läßt sich das Volumen dieses Stoffes nur mit großem Druck verringern.

(4) Wenn die Moleküle eines Stoffes frei übereinander rollen können, ist die Form dieses Stoffes veränderlich und paßt sich der Form des Gefäßes an, in dem er sich befindet.

---

[32] Zumindest wird dies allgemein angenommen.

[33] Vgl. Levine (1993, 131). Brückenprinzipien sind etwas anderes als die Brückengesetze, die wir im Kapitel 5 kennengelernt hatten. Sie haben eine andere Form und eine andere Funktion. Der Form nach sind sie keine Bikonditionale (d.h. keine Aussagen der Form „Für alle *x* gilt: *x* hat *F genau dann, wenn x G* hat"), und ihre Funktion ist, die Ebene der Teile eines komplexen Gegenstands mit der Ebene des Ganzen zu verbinden.

Der Status dieser Brückenprinzipien ist zwar nicht leicht zu durchschauen. Aber zwei Dinge scheinen doch klar:

- Ohne Brückenprinzipien kann es niemals gelingen, zu zeigen, daß aus den allgemeinen Gesetzen, die für die *Teile* eines Systems gelten, folgt, daß das *System als Ganzes* bestimmte Merkmale aufweist.[34]
- Diese Brückenprinzipien scheinen so *selbstverständlich*, daß sie entweder den Status von *a priori*-Prinzipien oder von sehr allgemeinen Naturgesetzen haben.

Damit ergibt sich die folgende Antwort auf die Frage, warum es – nach der gegebenen Erklärung – nicht mehr denkbar ist, daß Wasser bei 20° C *nicht* flüssig ist. Der erste Grund dafür ist einfach, daß aus den allgemeinen Naturgesetzen folgt, daß der mittlere Abstand, den H_2O-Moleküle bei 20° C zueinander haben, nur mit großem Druck weiter verringert werden kann und daß die Anziehungskräfte zwischen den Molekülen bei 20° C nicht ausreichen, um sie an ihren relativen Positionen festzuzurren. Mindestens ebenso wichtig ist jedoch der zweite Grund, der sich aus dem speziellen Status der Brückenprinzipien (3) und (4) ergibt. Denn offenbar ist dieser Status dafür verantwortlich, daß es *nicht* denkbar ist, daß der mittlere Abstand, den die Moleküle eines Stoffes zueinander haben, nur mit großem Druck verringert werden kann, sich das Volumen dieses Stoffes aber schon bei geringem Druck verringert bzw. daß die Moleküle eines Stoffes zwar frei übereinander rollen können, die Form dieses Stoffes aber unveränderlich ist, so daß sie sich nicht der Form des Gefäßes anpaßt, in dem er sich befindet.[35]

---

[34] Dies entspricht der Einsicht Broads, daß man bei der 'Deduktion' der Eigenschaften eines Systems aus den Eigenschaften seiner Teile niemals ohne 'Kompositionsgesetze' auskommt. Vgl. Broad (1925) und Beckermann (2000b).

[35] Daß wir uns dies nicht vorstellen können, scheint an folgendem Grundsatz zu liegen:

> Wenn wir wissen, wie sich alle Teile bewegen, aus denen ein Gegenstand besteht, wissen wir auch, wie sich der Gegenstand als ganzer bewegt.

Dieser Grundsatz ist auch dafür verantwortlich, daß wir uns z.B. nicht vorstellen können, daß alle Moleküle, aus denen eine Scheibe besteht, in der-

Wenn wir das Verhältnis zwischen Schmerzen und C-Fasern betrachten, liegen die Dinge Levine zufolge jedoch anders. Auch wenn wir bis ins letzte Detail darüber informiert sind, welche neurophysiologischen Prozesse (oder welche Informationsverarbeitungsprozesse) im Gehirn ablaufen, ist es seiner Meinung nach immer noch denkbar, daß die Person, in deren Gehirn diese Prozesse ablaufen, keine Schmerzen empfindet. Worauf beruht dieser Unterschied?

Wenn wir die Erklärung, die dazu führt, daß es nicht denkbar ist, daß Wasser bei 20° C nicht flüssig ist, im Detail analysieren, zeigen sich drei wichtige Punkte:

1. Die charakteristischen Merkmale der Eigenschaft, flüssig zu sein, bestehen *alle* darin, daß sich flüssige Stoffe unter bestimmten Bedingungen auf eine bestimmte Art und Weise *verhalten*.

2. Aus den allgemeinen Naturgesetzen folgt, daß zwischen H_2O-Molekülen bei 20° C bestimmte abstoßende und anziehende Kräfte bestehen.

3. Es gibt Brückenprinzipien, aus denen sich ergibt, daß ein Stoff, zwischen dessen Molekülen diese Kräfte bestehen, genau das Verhalten zeigt, das für die Eigenschaft, flüssig zu sein, charakteristisch ist.

Das erste Problem, das sich bei dem Versuch ergibt, zu zeigen, daß Schmerzen durch das Feuern von C-Fasern realisiert sind, ist nach Levine daher:

1. Unser Begriff von Schmerzen erschöpft sich nicht in einer kausalen Rolle, und Schmerzen sind auch nicht allein durch ein bestimmtes Verhalten charakterisiert; vielmehr umfaßt unser Begriff von Schmerzen einen qualitativen Aspekt – die Art, wie es sich anfühlt, Schmerzen zu haben.

Doch dieses Problem ist eigentlich gar nicht entscheidend. Denn Schmerzen könnten immer noch durch das Feuern von C-Fasern erklärt werden, *wenn* es nur Brückenprinzipien gäbe, aus denen hervorginge, daß sich das Feuern von C-Fasern auf die für

---

selben Richtung mit derselben Winkelgeschwindigkeit um den Mittelpunkt der Scheibe kreisen, die Scheibe selbst aber still steht.

Schmerzen charakteristische Weise anfühlt. Entscheidend sind daher letzten Endes die folgenden beiden Punkte:

2. Aus den Gesetzen der Neurobiologie folgt nur, unter welchen Bedingungen welche Neuronen mit welcher Geschwindigkeit feuern.

Und:

3. Es gibt keinerlei Brückenprinzipien, die das Feuern von Neuronen mit bestimmten Erlebnisqualitäten verbinden.

Damit soll nicht gesagt sein, daß ein Satz wie

(5)   Immer wenn die C-Fasern im Nervensystem einer Person feuern, fühlt diese Person Schmerzen

kein wahres Naturgesetz ist, sondern nur, daß er nicht denselben Status hat wie die Sätze (3) und (4) – d.h. nicht den Status eines Brückenprinzips. Genau dies scheint jedenfalls der Grund für Levines These zu sein, daß es jederzeit denkbar ist, daß im Nervensystem einer Person die C-Fasern feuern, diese Person aber keine Schmerzen fühlt.[36]

Hat Levine damit gezeigt, daß es bei phänomenalen Zuständen tatsächlich immer eine unüberbrückbare Erklärungslücke geben wird und daß Empfindungen daher grundsätzlich nicht durch neuronale Zustände realisiert sein können? Nun, offenbar hat Levine recht mit der These, daß der Satz (5) tatsächlich nicht den Status eines Brückenprinzips besitzt. Also wird man seiner Argumentation insgesamt zustimmen müssen, *wenn* er auch mit seiner zweiten These recht hat – der These, daß phänomenale Zustände immer durch eine Erlebnisqualität charakterisiert sind, die *völlig unabhängig ist* von einer kausalen Rolle und vom Verhalten der entsprechenden Wesen. Aber genau an diesem Punkt scheint Le-

---

[36] Offenbar liegt es genau am Fehlen solcher Brückengesetze, daß man, immer wenn jemand behauptet, phänomenale Zustände seien durch physische, neuronale oder funktionale Zustände der Art *P* realisiert, die Frage wiederholen kann: „Aber ist es nicht denkbar, daß Zustände der Art *P* mit ganz anderen oder gar nicht mit Erlebnisqualitäten verbunden sind?" Bieri (1995) hat im Zusammenhang mit der Tatsache, daß diese Frage immer und immer wieder gestellt werden kann, das Bild einer „tibetanischen Gebetsmühle" gebraucht.

vines Argumentation angreifbar. Denn ebenso wie Block[37] untermauert Levine diese These mit der Annahme, daß es doch möglich sei, sich Wesen vorzustellen, die dieselbe funktionale Struktur aufweisen und die sich daher genauso verhalten wie wir, bei
denen die Zustände, die in ihnen die kausale Rolle unserer Empfindungen spielen, jedoch mit ganz anderen oder überhaupt nicht
mit Erlebnisqualitäten verbunden sind. Letzten Endes beruhen
Blocks Funktionalismuskritik und Levines Argument der Erklärungslücke also auf denselben Intuitionen bezüglich der Möglichkeit von vertauschten oder fehlenden Qualia. Aber sind diese Intuitionen tragfähig? Ist das, was Block und Levine hier für denkbar halten, wirklich denkbar?[38]

Schon im Abschnitt 6.5.2 hatten wir gesehen, daß die Annahme
fehlender Qualia – also die Annahme, es gebe philosophische
Zombies –, mit dem epistemischen Problem konfrontiert ist, daß
man zwischen Zombies und Wesen mit wirklichen phänomenalen
Zuständen nicht unterscheiden kann. Zombies selbst glauben ja,
daß sie phänomenale Zustände haben. Oder genauer: Zombies
äußern, wenn sie ihre eigenen Zustände beschreiben, dieselben
Sätze wie wir. In seinem Aufsatz „Recent Work on Consciousness" (1997) erläutert Levine selbst diesen Einwand folgendermaßen.

Angenommen, es gäbe ein Wesen, das dieselbe funktionale
Struktur aufweist wie ich, dessen funktionale Zustände jedoch mit
keinerlei Erlebnisqualitäten verbunden sind – angenommen also,
dieses Wesen sei ein Zombie. Voraussetzungsgemäß gibt es in
diesem Wesen – nennen wir es 'Zansgar' – Zustände, die dieselbe
kausale Rolle spielen wie meine Empfindungen; aber nicht nur
das, in diesem Wesen gibt es sogar Zustände, die dieselbe kausale
Rolle spielen wie die *Überzeugungen*, die ich hinsichtlich meiner
Empfindungen habe. Nennen wir diese Zustände Z-Überzeugungen. Offenbar gibt es zwischen meinen Überzeugungen

---

[37] Vgl. oben die Abschnitte 6.5.1 und 6.5.2.

[38] In Levine (1997, sec. iv.) wird noch eine zweite Strategie diskutiert, wie ein
Physikalist auf das Argument der Erklärungslücke reagieren kann: Der Physikalist gesteht die *Denkbarkeit* fehlender oder vertauschter Qualia zu,
leugnet aber, daß aus Denkbarkeit *objektive Möglichkeit* folgt. Diese Strategie kann hier leider nicht weiter erläutert werden.

und Zansgars Z-Überzeugungen – bei aller Verschiedenheit – eine
ganze Reihe von Ähnlichkeiten. Zansgars Z-Überzeugungen
bringen ihn z.B. dazu, zu sich selbst zu sagen „Sicher habe ich
phänomenale Zustände". Aber voraussetzungsgemäß hat Zansgar
natürlich keine phänomenalen Zustände. Nehmen wir nun weiter
an, daß die Zustände, durch die Zansgars Z-Empfindungen realisiert sind, der Reihe nach durch Zustände ersetzt werden, die
nicht nur die richtige kausale Rolle innehaben, die vielmehr außerdem mit den dazugehörenden Qualia verbunden sind. Wird
Zansgar irgendeine Veränderung bemerken (oder Z-bemerken)?
Das scheint nicht der Fall zu sein, da sich an den kausalen Rollen
seiner Zustände nichts ändert. Aber wie kann man unter diesen
Umständen sagen, daß es einen bedeutsamen Unterschied zwischen Zansgar und mir gibt? Schließlich könnte ich in einem um-
gekehrten Prozeß in Zansgar verwandelt werden – und zwar ebenfalls, ohne irgend etwas davon zu bemerken.

> „Was geht hier vor? Genau die intuitive Einstellung, die Perspektive der er-
> sten Person, auf der die Intuition zugunsten der Möglichkeit von Zombies
> beruhte, scheint nun diese Intuition zu untergraben. Auf der einen Seite
> scheine ich mir aus der Innenperspektive eines Merkmals meines mentalen
> Lebens bewußt zu sein, von dem klarerweise denkbar ist, daß es anderen
> fehlt. Wenn man zugesteht, daß dieses Merkmal bei anderen fehlt, scheint
> man jedoch die Möglichkeit zu eröffnen, daß seine Anwesenheit oder Ab-
> wesenheit keinen erkennbaren Unterschied macht – ja daß seine Anwesen-
> heit oder Abwesenheit nicht einmal für mich selbst einen erkennbaren Un-
> terschied macht." (Levine 1997, 385)

Wenn das so ist, wenn es also keinen erkennbaren Unterschied
macht, ob ein bestimmter funktionaler Zustand mit einer bestimmten Erlebnisqualität verbunden ist oder nicht, welchen Sinn
soll es dann noch haben, zwischen funktionalen Zuständen mit
und solchen ohne diese Erlebnisqualität zu unterscheiden? Hier
scheint es sich ganz im Sinne Wittgensteins um ein Rad zu handeln, das nicht zur Maschine gehört.[39]

---

[39] „'Denke dir einen Menschen, der es nicht im Gedächtnis behalten könnte,
was das Wort „Schmerz" bedeutet – und der daher immer wieder etwas
Anderes so nennt – das Wort aber dennoch in Übereinstimmung mit den
gewöhnlichen Anzeichen und Voraussetzungen des Schmerzes verwende-
te!' – der es also verwendet, wie wir Alle. Hier möchte ich sagen: das Rad

Aber nicht nur die Zombie-Hypothese, auch die Annahme der Möglichkeit vertauschter Qualia ist keineswegs so unproblematisch, wie dies auf den ersten Blick scheinen mag. Und es ist sicher kein Zufall, daß diese Annahme meistens am Beispiel von Farbqualitäten erläutert wird. Denn bei anderen Qualitäten sehen die Dinge von vornherein ganz anders aus.[40] Nehmen wir z.B. an, daß Hans ein funktionaler Doppelgänger von mir ist, dessen Schmerzverhalten meinem bis ins letzte Detail gleicht. Hans sagt also ebenfalls „Au", wenn er sich schneidet, und auf die Frage, wie sich Schmerzen anfühlen, antwortet er ohne zu zögern: „Natürlich schmerzhaft, und das ist wirklich sehr unangenehm." Ist es wirklich denkbar, daß sich die Schmerzen von Hans tatsächlich gar nicht schmerzhaft, sondern eher wie ein Kitzel anfühlen? Und wie ist es, wenn Hans Hunger hat und deshalb in die Küche geht, um zu schauen, ob es im Kühlschrank noch etwas zu Essen gibt? Ist es wirklich denkbar, daß sich der 'Hunger' von Hans gar nicht wie Hunger, sondern eher wie Durst anfühlt? Beide Annahmen klingen zumindest sonderbar.[41] Selbst bei Empfindungen scheint der Zusammenhang zwischen phänomenalem Charakter und Verhalten also viel enger, als Block und Levine dies glauben.[42]

13.3 Physikalistische Ansätze zur Lösung des Qualia-Problems

Kann man sagen, daß durch die Kritik an Nagel, Jackson und Levine deren Argumente überzeugend entkräftet sind? Ganz klar sind die Dinge nicht. Die Diskussion ist nach wie vor in vollem Gange; und die Qualia-Freunde sind recht zuversichtlich, daß es

---

gehört nicht zur Maschine, das man drehen kann, ohne daß Anderes sich mitbewegt." (Wittgenstein PU § 271)

[40] Insbesondere Hardin hat zu zeigen versucht, daß selbst bei Farbeindrücken die Annahme vertauschter Qualitäten keineswegs unproblematisch ist. Vgl. bes. Hardin (1987; 1991a; 1991b; 1992) sowie Levines Erwiderung (1991).

[41] Dies war auch schon oben S. 171f. angesprochen worden.

[42] Eine verwandte Kritik an den Intuitionen Blocks und Levines findet sich in Lenzen (1998). Auch Dennett hat an diesen Intuitionen heftige Kritik geübt; darauf werden wir unten im Abschnitt 13.3.2 noch zurückkommen.

auf die Kritik an ihren Argumenten schlagkräftige Erwiderungen gibt.[43] Auf der anderen Seite sind jedoch auch die Physikalisten nicht untätig geblieben, sondern haben versucht, Strategien zu entwickeln, die es erlauben, auf die eine oder andere Weise mit den anti-physikalistischen Intuitionen fertig zu werden. Zwei dieser Strategien spielen in der gegenwärtigen Debatte eine besondere Rolle: der *Repräsentationalismus* und der *Eliminativismus*.

13.3.1 Repräsentationalistische Analysen phänomenaler Zustände

Die Grundidee repräsentationalistischer Analysen phänomenaler Zustände läßt sich in zwei Thesen zusammenfassen:[44]

1. Phänomenale Zustände sind keine Zustände eigener Art, sondern eine Teilklasse der Gruppe der repräsentationalen Zustände.

2. Die Erlebnisqualität phänomenaler Zustände ist nichts anderes als eine bestimmte Art von intentionalem Inhalt.

Wenn man Michael Tye (1995) folgt, hat man sich diese spezielle Art von Repräsentationen so vorzustellen: Lebewesen benötigen, um situationsgerecht handeln zu können, Informationen über die Umgebung, in der sie leben. Diese Informationen erhalten sie über ihre Sinnesorgane, die Reize aus der Umwelt aufnehmen und entsprechende Signale an das Gehirn weiterleiten. Aufgabe des Gehirns ist es unter anderem, aus den Signalen, die von den Sinnesorganen kommen, eine (möglichst zutreffende) Repräsentation der Umwelt zu erzeugen. Bei Lebewesen, wie wir es sind, verläuft dieser Informationsverarbeitungsprozeß jedoch in *zwei* Stufen. Im ersten Schritt wird direkt aus den von den Sinnesorganen

---

[43] In Deutschland hat etwa Martine Nida-Rümelin versucht, nachzuweisen, daß die Kritiken an Jackson alle zu kurz greifen; vgl. Nida-Rümelin (1993; 1995). Und im angelsächsischen Bereich hat sich David Chalmers ganz auf die Seite von Levine geschlagen und das Problem phänomenaler Qualitäten zu dem 'harten Problem' der Bewußtseinsdebatte erklärt; vgl. Chalmers (1995; 1996).

[44] Analysen dieser Art finden sich besonders in Harman (1990), White (1994), Dretske (1995), Tye (1995), Lycan (1996a) und Rey (1997; 1998).

kommenden Signalen ein System von *sensorischen Repräsentationen* erzeugt. Diese stehen für einen zweiten Verarbeitungsschritt bereit, in dem aus ihnen im engeren Sinne *kognitive Repräsentationen* erzeugt werden, in denen der Zustand des Lebewesens und seiner Umwelt explizit in einem begrifflichen Format repräsentiert ist. Im Falle der visuellen Wahrnehmung z.B. repräsentieren die sensorischen Repräsentationen die *Oberflächen* der wahrgenommen Dinge sowie deren Eigenschaften (Form, Farbe, Neigung, Entfernung, etc.). Die kognitiven Repräsentationen dagegen besagen, welche *Gegenstände* sich in unserer Umgebung befinden, welche Eigenschaften diese Gegenstände haben und in welchen Beziehungen sie zueinander stehen. Empfindungen sind nach Tye nichts anderes als Repräsentationen des ersten Typs, also sensorische Repräsentationen.

Ein wesentliches Merkmal sensorischer Repräsentationen ist, daß ihre Inhalte *abstrakt* und *nicht-begrifflich* sind. Sie sind abstrakt, da in ihnen keine konkreten Einzeldinge vorkommen. Wenn zwei Oberflächen genau dieselbe Farbe, Form, Neigung usw. haben, haben die entsprechenden sensorischen Repräsentationen denselben Inhalt; numerische Verschiedenheiten können hier keine Rolle spielen.[45] Nicht-begrifflich sind die Inhalte sensorischer Repräsentationen, da sie sich auch dann unterscheiden können, wenn uns für diese Unterschiede keine Begriffe zur Verfügung stehen. Menschen z.B. können mehr als 7.000 Farbtöne unterscheiden; aber sie sind nicht dazu in der Lage, diese Farbtöne verläßlich wiederzuerkennen oder sich an sie zu erinnern. Außerdem umfaßt unser Farbvokabular eine weit geringere Anzahl von Farbausdrücken. Offenbar verfügen wir also nicht für jeden Farbton, den unser sensorisches System repräsentieren kann, über einen eigenen Begriff.

Sensorische Repräsentationen sind nach Tye also durch folgende Merkmale gekennzeichnet:

- Sie werden direkt aus den von den Sinnesorganen kommenden Signalen erzeugt.

---

[45] Dagegen kann das kognitive System im engeren Sinne natürlich auch zwischen eineiigen Zwillingen unterscheiden, und das selbst dann, wenn sie zufälligerweise denselben Namen tragen.

- Ihre Inhalte stehen zur weiteren Verarbeitung durch das im engeren Sinne kognitive System bereit. (Sie führen im allgemeinen z.b. zu bestimmten Wahrnehmungsüberzeugungen wie der Überzeugung, daß das Buch auf dem Tisch blau ist; sie müssen aber nicht zwangsläufig zu solchen Überzeugungen führen.)
- Ihre Inhalte sind abstrakt und nicht-begrifflich.

Tye nennt sensorische Repräsentationen daher '*PANIC-states*' – Zustände mit einem zur weiteren Verarbeitung bereit stehenden, abstrakten, nicht-begrifflichen intentionalen Inhalt ('*Poised Abstract Nonconceptual Intentional Content*').

Tyes PANIC Theorie

1. Phänomenale Zustände sind nichts anderes als *sensorische Repräsentationen*.

2. Sensorische Repräsentationen werden direkt aus den von den Sinnesorganen kommenden Signalen erzeugt und bilden den *input* des im engeren Sinne kognitiven Systems; sie sind eine Art *Bindeglied* zwischen den Sinnesorganen und dem kognitiven System. Die Inhalte sensorischer Repräsentationen haben folgende Merkmale:

   - Sie *stehen zur weiteren Verarbeitung* durch das kognitive System *bereit*,
   - sie sind *abstrakt*, und
   - sie sind *nicht-begrifflich*.

3. Die *Erlebnisqualitäten* phänomenaler Zustände sind nichts anderes als die *Inhalte* sensorischer Repräsentationen.

Ein wichtiger Grund, der *für* repräsentationalistische Analysen des phänomenalen Bewußtseins wie die Tyes spricht, ist natürlich, daß diese Analysen es viel einfacher erscheinen lassen, phänomenale Zustände in ein physikalistisches Weltbild zu integrieren. Für repräsentationale Zustände gibt es, wie wir in den Kapiteln 10 und 12 gesehen haben, einige ganz erfolgversprechende Antworten auf die Frage, wie diese Zustände physisch realisiert sein können. Wenn phänomenale Zustände nichts anderes sind als repräsentationale Zustände bestimmter Art, lassen sich diese Antworten also auch auf solche mentalen Zustände übertragen, die – unter anderem – durch eine bestimmte Erlebnisqualität charakterisiert sind.

Aber es gibt einen noch wichtigeren Grund. Phänomenale Zustände scheinen von sich aus einen repräsentationalen Charakter zu haben. Besonders deutlich ist dies wieder bei Wahrnehmungseindrücken.[46] Wenn wir etwa ein Flugzeug hoch am Himmel vorbeiziehen sehen, dann hat unser Wahrnehmungseindruck dieser Szene den Inhalt, daß sich ein kleiner silbriger Punkt in einer bestimmten Richtung über eine blaue Fläche bewegt, wobei er einen breiter werdenden weißen Streifen hinter sich zurückläßt. Oder denken wir an optische Täuschungen wie das Müller-Lyer Diagramm:

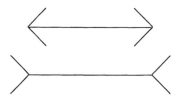

Offensichtlich repräsentiert unser visueller Eindruck dieser Figur die beiden waagerechten Linien als verschieden lang – die obere als kürzer, die untere als länger. Und an dieser Tatsache ändert sich auch nichts, wenn wir uns – z.B. durch Nachmessen – vergewissern, daß die Linien in Wirklichkeit gleich lang sind. Wahrnehmungseindrücke repräsentieren uns das, was wir wahrnehmen, also ganz offensichtlich als so und so beschaffen.[47]

Mit dieser Tatsache hängt ein weiterer Punkt eng zusammen, der ebenfalls deutlich für den repräsentationalen Charakter von

---

[46] Vgl. zum folgenden Tye (1995, ch. 4).

[47] Es ist natürlich die Frage, ob dies auch für *alle* anderen Empfindungen gilt, wie z.B. Tye in (1995, ch. 4) behauptet.

phänomenalen Zuständen zu sprechen scheint – die *Transparenz* dieser Zustände.[48] Damit ist folgendes gemeint. Wenn wir versuchen, unsere Aufmerksamkeit auf die Merkmale unserer Wahrnehmungseindrücke zu konzentrieren, enden wir in der Regel bei den Merkmalen, die die Dinge, die wir tatsächlich oder vermeintlicherweise wahrnehmen, haben oder zu haben scheinen. Nehmen wir z.B. an, wir haben den visuellen Eindruck eines glänzenden, blutverschmierten Dolches. Dann erfahren wir – ganz unabhängig davon, ob wir wirklich einen Dolch sehen oder wie Macbeth nur eine Halluzination erleben – den Glanz und die Röte als Eigenschaften des Dolches und nicht als Merkmale unseres Wahrnehmungseindrucks. Und wenn wir versuchen, unsere Aufmerksamkeit von den Eigenschaften des Dolches weg auf die Merkmale dieses Eindrucks selbst zu lenken, dann scheint das unmöglich.

> „… das Bewußtsein scheint immer durch die Erfahrung hindurch zu dem Glanz und der Röte abzugleiten – *als zusammen extern instantiierten Eigenschaften*. Wenn man seinen Geist nach innen richtet, um sich auf die Erfahrung selbst zu konzentrieren, scheint man am Ende bei der genauen Untersuchung *externer* Merkmale und Eigenschaften anzugelangen." (Tye 1995, 136)

Bei allen Gründen, die für repräsentationalistische Analysen des phänomenalen Bewußtseins sprechen, gibt es jedoch auch eine ganze Reihe von Problemen. Eines dieser Probleme zeigt sich, wenn man die Frage stellt, unter welchen Bedingungen man legitimerweise sagen kann, daß zwei Empfindungen mit derselben Erlebnisqualität verbunden sind, daß sie also zum selben *Typ* von Empfindungen gehören. Die Antwort des Repräsentationalisten auf diese Frage ist klar: Empfindungen sind genau dann *typidentisch*, wenn es sich um sensorische Repräsentationen mit *demselben Inhalt* handelt. Diese Antwort führt jedoch – zumindest in einigen Fällen – zu kontraintuitiven Ergebnissen; das zeigt sich besonders deutlich an Blocks Beispiel der *invertierten Erde*.[49]

Im Abschnitt 12.3.1 hatten wir schon die Zwerde kennengelernt – einen Planeten, auf dem alles genauso ist wie auf der Erde bis auf die einzige Ausnahme, daß sich auf der Zwerde überall *XYZ* befindet, wo auf der Erde H_2O zu finden ist. Dieses Mal soll die

---

[48]   Dieser Punkt ist besonders von Harman (1990) betont worden.
[49]   Block (1990).

Ausnahme darin bestehen, daß auf der Zwerde alle Farben invertiert sind: Reife Tomaten und Feuerwehrautos sind grün, Buchenblätter im Frühling dagegen rot; Orangen sind türkis und der
Himmel ist strahlend gelb. Nehmen wir nun an, ein Erdling
kommt auf die Zwerde, zugleich werden ihm aber invertierende
Linsen eingesetzt, die die auf der Zwerde herrschende Farbinver-
sion kompensieren. Welche Farbeindrücke wird der Erdling haben? Offenbar dieselben wie auf der Erde: Reife Tomaten und
Feuerwehrautos werden in ihm Roteindrücke erzeugen, Buchenblätter im Frühling dagegen Grüneindrücke; Orangen Orangeein-
drücke und der Himmel Blaueindrücke. Dies sieht auch der
Repräsentationalist nicht anders. Denn der Himmel auf der Zwerde erzeugt in unserem Erdling sensorische Repräsentationen, die
denselben Inhalt haben wie die, die durch den Himmel auf der
Erde hervorgerufen werden. Der einzige Unterschied ist der, daß
die Repräsentationen auf der Erde wahr, auf der Zwerde aber
falsch sind, da sie dem Erdling den Himmel auf der Zwerde in
einer Farbe darstellen, die er tatsächlich nicht hat.

Wie stehen die Dinge aber, wenn wir annehmen, daß sich die
Bewohner der Zwerde von den Menschen auf der Erde nur in dem
einen Punkt unterscheiden, daß sie von Geburt an mit kompensie-
renden Linsen ausgestattet sind? Offenbar gilt in diesem Fall auf
der einen Seite: Alle Dinge auf der Zwerde erzeugen in den Bewohnern dieses Planeten *physisch gesehen* dieselben Repräsentationen, die die entsprechenden Dinge auf der Erde in uns Menschen hervorrufen. Aber – ganz unabhängig davon, welchen Ansatz zur Bestimmung des Inhalts mentaler Repräsentationen man
wählt[50] – scheint auf der anderen Seite auch klar, daß die sensorischen Repräsentationen der Bewohner der Zwerde einen *anderen*
Inhalt haben als die entsprechenden Repräsentationen bei uns.
Der Repräsentationalist scheint also zu der Schlußfolgerung gezwungen, daß die Bewohner der Zwerde beim Anblick des Him-
mels einen anderen Farbeindruck haben (nämlich einen Gelb-
eindruck) als ihr Besucher von der Erde. Und das scheint äußerst
unplausibel, da es zwischen diesem Erdling und seinem Zwil-

---

[50] Vgl. oben besonders Abschnitt 12.1.

lingsbruder auf der Zwerde physisch gesehen keinerlei Unterschied gibt.[51]

Neben diesem gibt es noch ein zweites Problem. Qualia stehen nicht isoliert nebeneinander; vielmehr besteht zwischen ihnen ein vielfältiges Geflecht von Relationen. Bleiben wir wieder bei den Farbqualitäten. Niemand wird bestreiten, daß Roteindrücke Orangeeindrücken ähnlicher sind als Grüneindrücken und daß Blaueindrücke Türkiseindrücken ähnlicher sind als Gelbeindrücken. Für diese Tatsache kann der Repräsentationalist nur folgende Erklärung anbieten: Die *Inhalte* von Roteindrücken sind den Inhalten von Orangeeindrücken ähnlicher als den Inhalten von Grüneindrücken, und die Inhalte von Blaueindrücken sind den Inhalten von Türkiseindrücken ähnlicher als den Inhalten von Gelbeindrücken. Aber die Inhalte von Roteindrücken, Orangeeindrücken und Grüneindrücken sind die Farben Rot, Orange und Grün. Und physikalisch gesehen gibt es keinen Grund zu der Annahme, daß die Farbe Rot der Farbe Orange ähnlicher ist als der Farbe Grün oder daß die Farbe Blau der Farbe Türkis ähnlicher ist als der Farbe Gelb. Die Ähnlichkeitsrelationen zwischen Farbeindrücken beruhen offenbar also eher auf Eigenschaften dieser Eindrücke selbst als auf Eigenschaften dessen, was sie repräsentieren.[52]

Diese Überlegungen führen schließlich zu einem sehr grundsätzlichen Problem, mit dem jede repräsentationalistische Analyse phänomenaler Zustände konfrontiert ist – zumindest jede repräsentationalistische Analyse von Farbeindrücken. Alle Analysen dieser Art müssen nämlich davon ausgehen, daß es sich bei Farben um objektive Eigenschaften der uns umgebenden Dinge handelt, die diese unabhängig davon haben, welche Farbeindrücke sie in uns hervorrufen. Dies ist aber sehr umstritten. Grund-

---

[51] Eine mögliche Antwort des Repräsentationalismus auf dieses Problem entwickelt Dretske in (1995, ch. 5). (Vgl. dazu auch die Darstellung und Kritik in Levine (1997, sec. vi.).) Eine andere mögliche Antwort besteht darin, den Inhalt sensorischer Repräsentationen als *engen* Inhalt aufzufassen. (Zum Begriff des engen Inhalts vgl. oben Abschnitt 12.3.2.) Diese Möglichkeit favorisiert White in (1994).

[52] Dieses Argument verdanke ich einer unveröffentlichten Arbeit von Frank Hofmann.

sätzlich gibt es in der Philosophie drei Auffassungen über den Status von Farben:[53]

- Der ersten Auffassung zufolge sind Farben *objektive physikalische Eigenschaften* der uns umgebenden Dinge; bei undurchsichtigen Dingen können sie z.b. mit ihren Reflektanzspektren[54] identifiziert werden.

- Die zweite Auffassung besagt, daß es sich bei Farben um *Dispositionseigenschaften* handelt; dieser Auffassung zufolge ist ein Gegenstand genau dann rot, wenn er in uns unter normalen Bedingungen einen Roteindruck erzeugt.

- Kern der dritten Auffassung ist schließlich die radikale These, daß Farben gar *keine realen Eigenschaften* sind; die Dinge in unserer Umgebung, so diese Auffassung, sind nicht an sich farbig; vielmehr schreiben wir ihnen Farbeigenschaften zu, weil wir sie auf eine bestimmte Weise wahrnehmen. Farbeigenschaften gibt es nur im Auge des Betrachters; in einer Welt ohne wahrnehmende Wesen gäbe es auch keine Farben.

Offensichtlich sind die zweite und dritte dieser Auffassungen mit einer repräsentationalistischen Analyse von Farbeindrücken unvereinbar. Denn wenn z.B. das Rotsein einer reifen Tomate darin besteht, daß sie in uns unter normalen Bedingungen Roteindrücke hervorruft, dann kann der qualitative Charakter dieser Eindrücke – ihre Röte – nicht seinerseits darin bestehen, daß sie die Farbe Rot repräsentieren. Und dasselbe gilt natürlich, wenn die Farbe Rot keine reale Eigenschaft ist; in diesem Falle gibt es gar nichts, was repräsentiert werden könnte. Repräsentationalistische Analysen von Farbeindrücken haben daher nur einen Sinn, wenn die erste Auffassung richtig ist.

Doch auch dann gibt es noch ein Problem, das auf dem Phänomen der Metamerie beruht. Dieses Phänomen besteht darin, daß Gegenstände mit sehr *unterschiedlichen* Reflektanzspektren in uns *dieselben* Farbeindrücke auslösen und daß wir daher von Ge-

---

[53] Einen kurzen Überblick über die verschiedenen philosophischen Theorien über Farben bietet Hilbert (1998); vgl. auch Lanz (1996, Kap. 4).

[54] Das Reflektanzspektrum eines Gegenstandes gibt für jede Wellenlänge im Bereich des sichtbaren Lichts an, zu welchem Prozentsatz Licht dieser Wellenlänge von diesem Gegenstand reflektiert wird.

genständen mit all diesen Reflektanzspektren sagen, daß sie dieselbe Farbe haben. Hieraus ergibt sich deshalb ein Problem für
repräsentationalistische Analysen von Farbeindrücken, weil die
unterschiedlichen Reflektanzspektren, die in uns dieselben Farbeindrücke auslösen, keine physikalischen und auch keine funktionalen Gemeinsamkeiten haben – es ist z.B. nicht so, daß alle roten
Dinge eßbar wären und alle grünen Dinge giftig. Die Menge R
aller Reflektanzspektren, die in uns Roteindrücke hervorrufen,
kann daher nur durch Aufzählung ihrer Elemente charakterisiert
werden. Der Repräsentationalist muß aber sagen, daß die Röte
von Roteindrücken darin besteht, daß diese Eindrücke die Eigenschaft repräsentieren, ein Reflektanzspektrum zu besitzen, das zur
Menge R gehört. Damit stellt sich jedoch die Frage, wie Roteindrücke eigentlich zu diesem eigenartigen Inhalt gekommen sein
sollen. Welche biologische Funktion soll es zum Beispiel haben,
wenn man über einen Zustand verfügt, der verläßlich das Vorliegen dieser Eigenschaft anzeigt? Oder wie will man plausibel machen, daß die Kausalbeziehung zwischen Gegenständen, die wir
fälschlicherweise für rot halten, und Roteindrücken asymmetrisch
von der Kausalbeziehung abhängt, die zwischen Gegenständen,
die ein Reflektanzspektrum besitzen, das zur Menge R gehört,
und Roteindrücken besteht?

Sicher sollte man nicht voreilig schließen, daß es auf alle diese
Fragen keine befriedigenden Antworten gibt.[55] Auf der anderen
Seite ist aber auch nicht zu leugnen, daß repräsentationalistische
Analysen phänomenaler Zustände mit einer ganzen Reihe von
Problemen konfrontiert sind, deren Lösungen keineswegs auf der
Hand liegen.

13.3.2   Gibt es Qualia wirklich?

Am Ende des Abschnitts 13.2.2 waren wir noch einmal auf das
Problem zu sprechen gekommen, daß es zumindest epistemisch
unmöglich ist, zwischen philosophischen Zombies und Wesen zu
unterscheiden, deren mentale Zustände tatsächlich mit Erlebnis-

---

[55]   An dieser Stelle sei nochmals auf die subtile Diskussion in Dretske (1995)
       verwiesen.

qualitäten verbunden sind. Aus dieser Tatsache kann man auch einen sehr radikalen Schluß ziehen: Vielleicht gibt es gar keinen Unterschied zwischen Zombies und Wesen mit wirklichen phänomenalen Zuständen; vielleicht bilden wir uns nur ein, daß unsere phänomenalen Zustände bestimmte qualitative Merkmale besitzen, die den 'phänomenalen Zuständen' von Zombies fehlen.

Aber ist diese Schlußfolgerung nicht völlig absurd? Ist es nicht ganz und gar offensichtlich, daß sich unsere Schmerzen schmerzhaft anfühlen, daß sich der Geschmack einer Erdbeere in seiner Qualität deutlich vom Geschmack einer Gurke unterscheidet und daß sich eine Trompete ganz anders anhört als eine Geige? Auf den ersten Blick ist das unbestreitbar. Es gibt aber Autoren, die die Auffassung vertreten, daß es bei der Diskussion eines so schwierigen Problems, wie es das Qualia-Problem ist, *keine* Annahme geben kann, die nicht in Zweifel gezogen werden darf. Natürlich gibt es starke Intuitionen, die dafür sprechen, daß es Qualia gibt. Aber auch diese Intuitionen sind nicht sakrosankt. Denn auf der anderen Seite stehen, wie wir gesehen haben, die erheblichen theoretischen Probleme, die sich ergeben, wenn wir an diesen Intuitionen unbedingt festhalten wollen. Deshalb sollten wir uns ruhig trauen, auch umgekehrt die Frage zu stellen, ob es nicht gute Gründe dafür gibt, unsere Intuitionen bezüglich der Existenz von Qualia in Zweifel zu ziehen. Da Dennett als der Hauptvertreter dieser Position angesehen werden kann, sollen hier nur seine Argumente etwas genauer analysiert werden.[56]

Auf einen kurzen Nenner gebracht, lautet Dennetts Theorie so: Es gibt Empfindungen; aber Empfindungen sind nichts anderes als interne diskriminatorische Zustände. Diese Zustände haben primäre Eigenschaften (z.B. ihre mechanischen Eigenschaften und den Erregungszustand ihrer Elemente); außerdem haben sie aufgrund ihrer primären Eigenschaften auch eine Reihe von sekundären, rein dispositionellen Eigenschaften. Menschen werden durch diese diskriminatorischen Zustände z.B. dazu disponiert, unter bestimmten Bedingungen bestimmte Wahrnehmungsurteile zu äußern. Qualia haben diese Zustände allerdings nicht; denn

---

[56] Zur Qualia-Theorie Dennetts vgl. besonders Dennett (1988; 1991b, ch. 12; 1993a; 1993b; 1994).

alles, was durch Qualia erklärt werden soll, läßt sich auch schon durch ihre sekundären, dispositionellen Eigenschaften erklären.

„Haben unsere internen diskriminatorischen Zustände nicht *darüber hinaus* einige spezielle 'intrinsische' Eigenschaften, die subjektiven, privaten, nicht in Worte zu fassenden Eigenschaften, die *die Art und Weise* ausmachen, *wie Dinge für uns aussehen* (sich für uns anhören, für uns riechen, etc.)? Nein. Die dispositionellen Eigenschaften dieser diskriminatorischen Zustände reichen schon aus, um *alle* Wirkungen zu erklären: die Wirkungen sowohl auf das äußere Verhalten ('Rot!' sagen, auf die Bremse treten, etc.) als auch auf das 'innere' Verhalten ('Rot!' urteilen, etwas *als* rot sehen, mit Unsicherheit oder Unbehagen reagieren, wenn, sagen wir, rote Dinge einen aufregen, etc.) Irgendwelche zusätzlichen 'qualitativen' Eigenschaften oder Qualia würden also weder eine positive Rolle in *irgendeiner* Erklärung spielen noch sind sie uns auf irgendeine Weise 'direkt' durch Intuition verbürgt. Qualitative Eigenschaften, die intrinsisch bewußt sind, sind ein Mythos, ein Artefakt fehlgeleiteten Theoretisierens, nichts, was uns vortheoretisch gegeben wäre." (Dennett 1994, 143)

Warum sind dann so viele trotzdem felsenfest davon überzeugt, daß es Qualia gibt? Dennett zufolge ist hier ein Umstand von großer Bedeutung, der schon im letzten Abschnitt zur Sprache gekommen war – der Umstand, daß wir Farbtöne 'vor unserem inneren Auge' vergleichen können; daß wir z.B. fragen können, ob der Roteindruck, den eine Rose in uns hervorruft, dem durch eine Tomate verursachten Roteindruck ähnlicher ist als dem durch eine Sauerkirsche verursachten Roteindruck. Denn wir hatten schon gesehen, daß die Eigenschaften, die wir da vergleichen, offenbar keine Eigenschaften der Gegenstände sind, die diese Farbeindrücke in uns hervorrufen. Was sollen sie also sonst sein als intrinsische qualitative Eigenschaften dieser Farbeindrücke selbst – eben Qualia?

„Was passiert, wenn wir diese Vergleiche 'vor unserem inneren Auge' anstellen? Sicherlich *scheint* es so, als stünden wir auf die intimste Weise, die vorstellbar ist, einigen intrinsischen subjektiven Farbeigenschaften der mentalen Dinge gegenüber, die wir vergleichen ..." (Dennett 1994, 147)

Aber, so Dennett, diese Schlußfolgerung ist keineswegs zwingend. Denn es kann sich hier ebenso gut um *physische* Eigenschaften der diskriminatorischen Zustände handeln, mit denen wir auf Farben reagieren. Stellen wir uns z.B. vor, daß in einem Roboter diese diskriminatorischen Zustände durch bestimmte Tri-

pel* von Zahlen realisiert sind, die für den Farbton, die Sättigung
und die Helligkeit der wahrgenommenen Farben stehen. Dann
spricht doch sehr viel dafür, daß auch dieser Roboter Farbeindrücke für ähnlicher hält, die durch die Tripel <165, 44, 7> und
<170, 40, 7> realisiert sind, als Farbeindrücke, denen die Tripel
<165, 44, 7> und <130, 40, 9> entsprechen. Auch um die Rela-
tionen zu erklären, die zwischen Farbeindrücken bestehen, kommen wir also ohne Qualia aus. Und wenn wir annehmen, daß die
Zahlentripel, durch die die diskriminatorischen Zustände in unserem Roboter realisiert sind, außerdem genau die dispositionellen
Eigenschaften haben, die Farbeindrücke in uns haben, dann unterscheiden sie sich in nichts von unseren Farbeindrücken. Es ist
daher völlig überflüssig anzunehmen, sie hätten auch noch – nur
aus der Perspektive des Roboters selbst zugängliche – qualitative
Eigenschaften, die für das Funktionieren des Systems überhaupt
keine Rolle spielen.

Was für den Roboter gilt, gilt aber auch für uns. Wenn die physischen und dispositionellen Eigenschaften unserer diskriminatorischen Zustände zur Erklärung dessen völlig ausreichen, wofür
wir ansonsten Qualia verantwortlich machen, dann gibt es keinen
Grund mehr zu der Annahme, daß sie außer diesen auch noch
spezielle intrinsische, nur aus der Perspektive der ersten Person
zugängliche Eigenschaften besitzen – Eigenschaften, für die sich
kein Platz in einem naturwissenschaftlichen Weltbild finden läßt.

In gewisser Weise ist diese Argumentation Dennetts verblüf-
fend. Denn der erste Eindruck ist doch: Eigentlich ist Dennetts
Theorie nichts anderes als eine weitere Version des Funktionalismus.[57] Und Dennett bestreitet das auch gar nicht; vielmehr hat
er keinerlei Einwände dagegen, 'Behaviorist' oder 'Funktionalist'
genannt zu werden.[58] Aber stehen wir damit nicht wieder am Anfang? Ist Dennetts Theorie nicht mit denselben Intuitionen bezüglich fehlender oder vertauschter Qualia konfrontiert wie frühere funktionalistische Theorien? Das ist zwar richtig; aber an die-

---

[57]   Allerdings kein reiner Funktionalismus, da Dennett die Relationen zwi-
       schen Eindrücken ja auf Relationen zwischen den *Realisierungen* funktio-
       naler Zustände zurückführt. Doch auch dies ist keine neue Idee; vgl. oben
       S. 172 Fn. 30.
[58]   Vgl. z.B. Dennett (1993b, 923).

ser Stelle hat Dennett in der Tat eine originelle Erwiderung, die auf seiner Kritik an dem beruht, was er das 'Modell des Cartesischen Theaters' nennt.

Das Modell des *Cartesischen Theaters* beruht auf der einfachen Annahme, daß die Signale, die von den Sinnesorganen kommen, zwar zuerst in unterschiedlichen Bereichen des Gehirns parallel verarbeitet werden, daß die Ergebnisse dieser Verarbeitungsprozesse aber in einer neuronalen Zentrale zusammengeführt werden müssen, damit dort sozusagen der vollständige Wahrnehmungseindruck entstehen kann, der dann bewußt wird. Dieses Modell ist, so Dennett, durch die Ergebnisse insbesondere der Wahrnehmungsforschung empirisch widerlegt – es gibt keine solche neuronale Zentrale im Gehirn. Stattdessen gibt es eine Vielzahl von Verarbeitungszentren, die zwar ständig miteinander kommunizieren, deren Aktionen jedoch nicht von einem einheitlichen Zentrum überwacht und gesteuert werden. Jedes dieser Zentren liefert einen Beitrag zur Repräsentation der Welt, sozusagen ein Konzept, das die Konzepte der anderen Zentren ergänzt oder mit ihnen konkurriert. Manchmal bilden sich kurzfristige Koalitionen einiger Zentren, deren Konzepte sich auf diese Weise durchsetzen. Aber diese Koalitionen sind nicht auf Dauer angelegt, und auch sie werden nicht zentral gesteuert. Das richtige Modell der Informationsverarbeitung im Gehirn ist daher Dennett zufolge nicht das Modell des Cartesischen Theaters, sondern das Modell *mannigfaltiger Konzepte* ('the *Multiple Drafts* model').[59]

Was folgt aus dieser Tatsache für die Intuition der Möglichkeit *vertauschter* Qualia?[60] Alle realistischen Überlegungen zur Qualia-Inversion gehen, so Dennett, von der Frage aus, unter welchen Bedingungen es wohl in *derselben* Person zu einer Vertauschung von, sagen wir, Farbeindrücken kommt, die von der Person *selbst* festgestellt werden kann.[61] Eine erste Antwort auf diese Frage liegt auf der Hand. Man muß die Neuronen im Gehirn einer Per-

---

[59] Der Ausdruck 'mannigfaltige Konzepte' stammt aus der deutschen Übersetzung von Dennett (1991b). Eine bessere Übersetzung für 'multiple drafts' wäre wohl 'vielfältige Entwürfe'.

[60] Zu Dennetts Kritik an der Intuition der Möglichkeit *fehlender* Qualia vgl. bes. (1991b, ch. 10; 1995).

[61] Vgl. z.B. Shoemaker (1969) und Lycan (1973).

son *S* so neu 'verdrahten', daß alles, was bisher zum Feuern von R-Neuronen führte (d.h. zum Feuern der Neuronen, die mit Roteindrücken verbunden sind), in Zukunft zum Feuern von G-Neuronen führt und umgekehrt. Denn dies scheint mit ziemlicher Sicherheit dazu zu führen, daß nach der Neuverdrahtung Feuerwehrautos für *S* grün aussehen, während ihr frische Buchenblätter rot erscheinen. Und es scheint auch sicher, daß *S* diese Vertauschung der normalen Farbeindrücke bemerken wird, da sich ihre *Reaktionen* auf das Feuern von R- bzw. G-Neuronen nicht verändert haben.

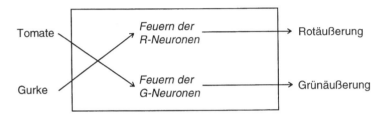

Genau dies ist aber auch der Grund dafür, daß es sich soweit noch nicht um eine Qualia-Inversion im Sinne der Antifunktionalisten handelt. Denn durch die Neuverdrahtung hat sich auch die *funktionale* Struktur des Gehirns von *S* verändert. Um die ursprüngliche funktionale Struktur wiederherzustellen, müssen offenbar nicht nur die Ursachen der beiden Zustände *Feuern der R-Neuronen* und *Feuern der G-Neuronen*, sondern auch ihre Wirkungen vertauscht werden.

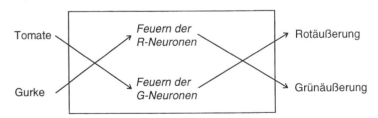

Die Frage ist nun, wie Feuerwehrautos und Buchenblätter nach dieser zweiten Vertauschung für *S* aussehen. Antifunktionalisten vertreten hier, wie wir schon gesehen hatten, die These, daß auch

nach der zweiten Vertauschung für *S* Feuerwehrautos grün und
Buchenblätter rot aussehen. Darüber kann man Dennett zufolge
trefflich streiten. Doch das ist seiner Meinung nach gar nicht der
entscheidende Punkt. Entscheidend ist vielmehr, daß in seinen
Augen das ganze Gedankenexperiment vom Modell des Cartesischen Theaters inspiriert ist, d.h. genauer: von der Annahme, daß
es im Gehirn tatsächlich ein Zentrum für Farbeindrücke gibt.
Wenn in diesem Zentrum die R-Neuronen feuern, haben wir einen Roteindruck, und wenn in ihm die G-Neuronen feuern, einen
Grüneindruck. Aber genau dies ist, so Dennett, nach allem, was
wir wissen, falsch. Auch die Farbsignale, die von der Netzhaut
kommen, werden im Gehirn von ganz unterschiedlichen Zentren
verarbeitet. Und es gibt kein Zentrum, in dem die Ergebnisse dieser Verarbeitungsprozesse zusammengeführt werden, um dann
Farbeindrücke zu erzeugen. Wenn wir dies ernst nehmen, bricht
jedoch das gesamte Gedankenexperiment der Antifunktionalisten
in sich zusammen.

> „… beachten Sie bitte, daß unsere Phantasievorstellung einer Spektrum-
> Inversion … entscheidend davon abhängt, daß es einen zentralen Ort gibt,
> von dem alle 'subjektiven' Farbwirkungen ausgehen. [Was *an diesem Ort*
> passiert], bestimmt, welche Farbe ein Ding … 'zu haben scheint'. Was ist
> aber, wenn es ein solches zentrales Depot oder eine solche zentrale Ver-
> rechnungsstelle gar nicht gibt? Was ist, wenn die verschiedenen Wirkungen
> auf das Gedächtnis und das Verhalten direkt nach den [von den optischen
> Sensoren] kommenden Signalen auseinanderzulaufen beginnen, wobei sie
> für verschiedene Zwecke verschiedene Kodierungssysteme verwenden, so
> daß kein Wert einer einzelnen Variablen als die subjektive Wirkung der
> wahrgenommenen Farbe gelten kann? Dann wird die ganze Idee einer Qua-
> lia-Inversion für das System undefinierbar. Und das ist genau die Situation,
> von der wir wissen, daß sie in der menschlichen Wahrnehmung existiert."
> (Dennett 1994, 151f.)

Wenn man das Modell mannigfaltiger Konzepte ernst nimmt,
gibt es, so Dennett, daher keine Möglichkeit mehr, die Gedankenexperimente überhaupt zu formulieren, auf denen die Intuitionen bezüglich der Möglichkeit vertauschter Qualia beruhen.
Wenn man das unrealistische Modell des Cartesischen Theaters
durch ein realistischeres Modell der Funktionsweise unseres Gehirns ersetzt, verschwinden daher die Intuitionen der Antifunktionalisten sozusagen von selbst.

Es ist kaum zu bezweifeln, daß diese Überlegungen die Intuitionen der Antifunktionalisten tatsächlich in ernsthafte Schwierigkeiten bringen. Dennoch ist Dennetts Theorie auf große Kritik gestoßen.[62] Tye z.B. hat argumentiert, daß es auch Dennett nicht gelungen sei, Erklärungen für das Phänomen Bewußtsein anzubieten, die denselben Status hätten wie die Erklärungen, die wir für das Flüssigsein von Wasser oder die Elastizität von Gummibändern haben.[63] Und Jackson hat darauf hingewiesen, daß Dennett die Frage, was genau der Fall sein muß, damit ein Satz wie „*S* hat einen Roteindruck" wahr ist, nicht beantwortet, daß er sich diese Frage vielleicht nicht einmal stellt.[64] Damit haben Tye und Jackson sicher völlig recht. Vielleicht übersehen sie und andere Kritiker Dennetts aber einfach, daß es zu Dennetts Grundüberzeugungen gehört, daß mentale Zustände nicht in demselben Sinne real sind wie physische Zustände.[65] Vielleicht lassen sich in Dennetts Augen mentale Zustände daher gar nicht in derselben Weise erklären wie z.B. die Zustände des Flüssigseins oder der Elastizität. Und vielleicht kann man Dennett zufolge daher auf die Frage, was eine Aussage wie „*S* hat einen Roteindruck" wahr macht, gar keine Antwort geben – jedenfalls keine Antwort, wie Jackson sie erwartet.

13.4 Schlußbemerkung

Levines Artikel „Recent Work on Consciousness" beginnt mit der Bemerkung:

> „Mit all den Büchern, Aufsätzen und Konferenzen, die [in den letzten Jahren dem Thema 'Bewußtsein'] gewidmet waren, scheinen Philosophen – in Zusammenarbeit mit Psychologen und Neurowissenschaftlern – endlich einen echten Fortschritt beim Verständnis der Natur bewußten Erlebens zu machen. Tatsächlich trügt der Schein; aber nicht ganz. Obwohl meiner Meinung nach das grundsätzliche Problem des Bewußtseins nach wie vor hartnäckig einer Lösung widersteht, hat die Fülle an Diskussionen in der

---

[62] In seiner Rezension von Dennett (1991b) z.B. schreibt Block (1993), der geeignetere Titel für dieses Buch sei '*Consciousness Ignored*'.
[63] Siehe Tye (1993).
[64] Siehe Jackson (1993).
[65] Vgl. oben Abschnitt 11.4.

neueren Literatur zu wichtigen Einsichten geführt und die Debatte auf eine neue, interessantere Ebene gehoben." (Levine 1997, 379)

Levine zufolge hat die philosophische Diskussion – zusammen mit der Diskussion zwischen Philosophen, Psychologen und Neurowissenschaftlern – also zu einem echten Fortschritt geführt, auch wenn dieser Fortschritt nicht in einer Lösung des Bewußtseinsproblems, sondern vielmehr darin besteht, daß wir die verschiedenen Aspekte, Verästelungen und Facetten dieses Problems heute sehr viel besser verstehen als früher.

Dies läßt sich in derselben Weise auch für die gesamte Leib-Seele-Debatte sagen. Auch hier wäre es sicher falsch, zu behaupten, daß die Probleme, die den Kern dieser Debatte bilden, definitiv gelöst werden konnten. Aber wir wissen heute sehr viel besser, was es heißt, ein Physikalist zu sein. Wir haben gelernt, die verschiedenen Versionen des Physikalismus präzise voneinander zu unterscheiden. Wir kennen die spezifischen Probleme dieser Versionen und wissen daher, welche Version mit mehr und welche mit weniger Aussicht auf Erfolg vertreten werden kann. Wir haben heute ein viel besseres Verständnis der kritischen Merkmale mentaler Zustände, die es *prima facie* so schwer machen, diese Zustände in ein naturwissenschaftliches Weltbild zu integrieren. Und wir kennen die verschiedenen Versuche, mit den durch diese Merkmale hervorgerufenen Schwierigkeiten fertig zu werden, mit all ihren Stärken und Schwächen. All das ist wirklicher *philosophischer Fortschritt*. Denn philosophische Probleme lassen sich in der Regel nicht definitiv lösen. Philosophie hat in erster Linie die Aufgabe, die Fragen, die ein Problem ausmachen, so klar wie möglich zu formulieren, den Raum der möglichen Antworten auf diese Fragen so vollständig es geht auszuloten und die Argumente, die für und gegen diese Antworten sprechen, in all ihren Facetten durchsichtig zu machen. Welche Antworten einen am meisten überzeugen, das ist eine Sache, die am Ende jeder für sich selbst entscheiden muß.

Glossar

ad hoc-Annahme

'ad hoc' nennt man eine Annahme oder Theorie, die nur zu dem Zweck eingeführt wird, ein bestimmtes Problem zu lösen, und für die keine weiteren, unabhängigen Gründe sprechen.

afferente und efferente Nerven

Afferente Nerven leiten Reize von Sinneszellen und Organen ins Gehirn; efferente Nerven leiten Reize vom Gehirn zu den ausführenden Organen.

Algorithmus

(nach dem arabischen Mathematiker Al-Chwarismi, ca. 780-850 n.Chr.) Geordnete Menge von Handlungsanweisungen, die für jede Situation, die bei der Bearbeitung einer Aufgabe vorkommen kann, genau vorschreibt, was zu tun ist, und deren korrekte Befolgung mit Sicherheit und automatisch zur Lösung der Aufgabe führt.

Analogieschluß

Argumentform, bei der aus der Tatsache, daß ein Gegenstand oder Phänomen *a* anderen Gegenständen oder Phänomenen in einer bestimmten Hinsicht ähnlich ist, geschlossen wird, daß *a* diesen Gegenständen oder Phänomenen auch in anderen Hinsichten ähnelt.

Argument

→ gültige – ungültige Argumente.

Attribut

Nach Descartes sind Attribute die wesentlichen* Eigenschaften von Dingen, die zugleich bestimmen, zu welcher Art von Dingen sie gehören.

automatisches Beweissystem

Automatische Beweissysteme sind Computerprogramme, die folgendes leisten (zur Terminologie vgl. das Stichwort 'formales System'):

- Sie können Sätze, die aus einer Satzmenge logisch folgen, aus dieser Satzmenge ableiten;
- sie können eine Folge von Sätzen daraufhin überprüfen, ob sie eine Ableitung oder einen Beweis darstellen;
- sie können überprüfen, ob ein Satz aus einer Satzmenge abgeleitet werden kann.

Beweistheorie

Die Untersuchung von Beweisen in formalen* Systemen. Die Beweistheorie interessiert sich unter anderem für die Widerspruchsfreiheit, Vollständigkeit und Äquivalenz formaler Systeme. Bei der Widerspruchsfreiheit geht es darum, ob in einem formalen System K sowohl ein Satz A als auch seine Negation bewiesen werden können; bei der Vollständigkeit darum, ob es einen Satz A gibt, so daß in K weder A noch seine Negation bewiesen werden können; und bei der Äquivalenz darum, ob in zwei formalen Systemen K und K' dieselben Sätze beweisbar sind. Historisch geht die Beweistheorie zurück auf David Hilberts Programm, die Widerspruchsfreiheit der klassischen Mathematik mit finiten Mitteln nachzuweisen. Dieses Programm schien gescheitert, nachdem Kurt Gödel gezeigt hatte, daß die Widerspruchsfreiheit eines formalen Systems nicht mit den Mitteln dieses Systems selbst bewiesen werden kann. Ein paar Jahre nach Gödels Beweis konnte jedoch Gerhard Gentzen die Widerspruchsfreiheit der elementaren Mathematik mit Mitteln beweisen, die zwar über die Mittel hinausgehen, die die elementare Mathematik selbst bereitstellt, die aber trotzdem als finit angesehen werden können.

Bohrsches Atommodell

(nach Niels Bohr, 1885-1962) 1915 entwickelte Verbesserung des Rutherfordschen Atommodells. Dem Bohrschen Atommodell zufolge wird ein aus positiv geladenen Protonen und ladungsfreien Neutronen bestehender Atomkern von negativ geladenen Elektronen umkreist. Dabei sind nur bestimmte Bahnen – die sogenannten 'Quantenbahnen' – möglich. Nehmen Elektronen Energie in Form von Lichtquanten auf, oder geben sie diese ab, findet zugleich ein 'Quantensprung' statt, d.h. die Elektronen wechseln auf eine andere Quantenbahn. In der neueren Atomphysik wurde die Annahme, daß Elektronen den Atomkern auf festen Bahnen umkreisen, aufgegeben.

contradictio in adjecto

'Widerspruch im Adjektiv'. Eine *contradictio in adjecto* liegt vor, wenn einem Substantiv ein Adjektiv beigefügt wird, der durch das Adjektiv ausgedrückte Begriff aber nicht mit dem Begriff vereinbar ist, für den das Substantiv steht. Beispiele: rotes Blau, eckiger Kreis.

Definiens – Definiendum

In einer Definition nennt man den Ausdruck, der definiert wird, 'Definiendum' und den Ausdruck, durch den das Definiendum definiert wird, 'Definiens'.

deklarativ

→ prozedural – deklarativ

Effektor

Teil eines Systems, mit dem es auf die Außenwelt einwirken kann. Effektoren sind z.B. unsere Hände und Füße, aber auch die Greifarme eines Industrieroboters.

Eigenschaftsinstantiierung

Vorkommnis einer Eigenschaft an einem bestimmten Gegenstand zu einem bestimmten Zeitpunkt. Wenn mein Auto zum Zeitpunkt t_1 rot ist, instantiiert es zu t_1 die Eigenschaft, rot zu sein. Wenn das Auto meines Nachbarn zu t_1 ebenfalls rot ist, instantiiert auch dieses Auto zu diesem Zeitpunkt die Eigenschaft, rot zu sein. Die beiden Eigenschaftsinstantiierungen sind jedoch verschieden. Ob Eigenschaftsinstantiierungen eine eigene Art von Entitäten* bilden, ist umstritten.

Entität

Etwas, was es gibt, d.h. was auf die eine oder andere Weise existiert. Der Ausdruck 'Entität' wird insbesondere dann verwendet, wenn man offenlassen will, welchen genauen ontologischen Status das hat, worüber man redet (ob es z.B. ein Einzelgegenstand oder eine Eigenschaft oder ein Ereignis ist).

Entscheidungs- und Spieltheorie

Theorie, in der Entscheidungssituationen theoretisch analysiert werden. Dabei geht es insbesondere um die Frage, welche Entscheidungen unter welchen Bedingungen als *rational* gelten können. Die Spieltheorie befaßt sich mit solchen Situationen, an denen mehrere Entscheider beteiligt sind und in denen das Ergebnis für jeden Teilnehmer auch von den Entscheidungen der anderen Teilnehmer abhängt.

Essentialismus

→ wesentliche Eigenschaft.

Explanans – Explanandum

In einer Erklärung nennt man das, was erklärt werden soll, 'Explanandum', und das, wodurch das Explanandum erklärt werden soll, 'Explanans'.

formales System

Ein Zeichensystem heißt 'formal', wenn es rein syntaktisch* charakterisiert ist. Ein formales System ist festgelegt durch

1. ein Alphabet (einen endlichen Satz von Grundzeichen),
2. eine Menge von Verkettungsregeln, die bestimmen, welche Ketten von Grundzeichen zulässig, d.h. 'wohlgeformt' sind,
3. eine Menge von Ableitungsregeln, die festlegen, welche Folgen von Zeichenketten als Ableitungen oder Beweise gelten.

In *axiomatischen* formalen Systemen sind darüber hinaus einige wohlgeformte Zeichenketten als Axiome ausgezeichnet, d.h. als Zeichenketten, die in allen Ableitungen und Beweisen verwendet werden dürfen. Wenn eine wohlgeformte Zeichenkette A aus den wohlgeformten Zeichenketten A_1, ..., A_n eines formalen Systems K mit Hilfe der Ableitungsregeln von K abgeleitet werden kann, sagt man, daß A in K aus A_1, ..., A_n *ableitbar* ist. Wenn sich A in K aus der leeren Menge ableiten läßt, sagt man, daß A in K *beweisbar* bzw. ein *Theorem* von K ist. Beispiele für formale Systeme sind die verschiedenen Kalküle der Aussagen- und der Prädikatenlogik.

geordnetes Paar

Eine Menge $\{a, b\}$, der nur die beiden Objekte a und b als Elemente angehören, kann man das ungeordnete Paar von a und b nennen. Denn nach den Gesetzen der Mengenlehre gilt $\{a, b\} = \{b, a\}$. Mit dem Ausdruck '$<a, b>$' soll dagegen das *geordnete Paar* von a und b bezeichnet werden, bei dem es anders als bei der Menge $\{a, b\}$ auch auf die Reihenfolge der Elemente ankommt. Für geordnete Paare gilt deshalb:

(1) $<a, b> = <c, d>$ genau dann, wenn $a = c$ und $b = d$.

Und hieraus folgt:

(2) $<a, b> = <b, a>$ genau dann, wenn $a = b$.

Ebenso wie bei einem geordneten Paar kommt es auch bei einem *Tripel* $<a, b, c>$ und allgemein bei einem n-*Tupel* $<a_1, ..., a_n>$ auf die Reihenfolge der Elemente an. Auch hier gilt daher:

(3) $<a, b, c> = <d, e, f>$ genau dann, wenn $a = d$, $b = e$ und $c = f$.

(4) $<a_1, ..., a_n> = <b_1, ..., b_n>$ genau dann, wenn $a_1 = b_1$, $a_2 = b_2$, ... und $a_n = b_n$.

Gesetzescharakter

(auch *Nomologizität*, *Gesetzesartigkeit*) Naturgesetze haben häufig die syntaktische Form von allquantifizierten Wenn-Dann-Sätzen. So hat etwa das Gesetz

(1)   Fluor reagiert bei Zimmertemperatur mit Eisen

die Form

(1') Für alle x gilt: Wenn x Fluor ist, dann reagiert x bei Zimmertemperatur mit Eisen.

Wie das folgende Beispiel zeigt, haben jedoch nicht alle Sätze dieser Form Gesetzescharakter:

(2) Alle Münzen in meiner Hosentasche sind Groschen.

Den Unterschied zwischen Aussagen wie (1) und Aussagen wie (2) scheinen vor allem folgende zwei Eigenschaften auszumachen:

1. Wenn-Dann-Sätze, die Gesetzescharakter haben, stützen *kontrafaktische Konditionalsätze* (vgl. oben S. 353f.) – das sind Aussagen darüber, was unter bestimmten Bedingungen, die tatsächlich *nicht* vorliegen, der Fall sein *würde*. Der Satz (1) z.B. stützt den Satz

(3) Würde diese (jetzt noch stark gekühlte) Portion Fluor auf Zimmertemperatur erwärmt werden und dann in Kontakt mit Eisen treten, so würden beide Elemente miteinander reagieren.

Die Aussage (2) dagegen stützt die folgende Aussage nicht:

(4) Würde ich dieses Markstück in meine Hosentasche stekken, würde es zu einem Groschen.

Denn diese Aussage ist auch dann falsch, wenn (2) wahr ist.

2. Aussagen mit Gesetzescharakter *werden von ihren Einzelfällen gestützt*. So wird (1) durch jeden Fall gestützt, bei dem Fluor bei Zimmertemperatur tatsächlich mit Eisen reagiert. Das Entsprechende gilt für die Aussage (2) jedoch nicht. Wenn ich eine Münze aus meiner Tasche ziehe und sich herausstellt, daß es sich dabei tatsächlich um einen Groschen handelt, würde trotzdem niemand den Satz (2) für wahr oder für besser gestützt halten. Um Sätze wie (2) zu stützen, müssen vielmehr alle Fälle, d.h. alle Münzen in meiner Tasche überprüft werden.

Gesetze sind Aussagen, die erstens Gesetzescharakter haben und zweitens wahr sind.

gültige – ungültige Argumente

In Argumenten geht es darum, daß ein Satz – die *Konklusion* – durch andere Sätze – die *Prämissen* – gestützt werden soll. Diese Stützungsbeziehung kann verschieden stark sein. Die stärkste Form der Stützung liegt vor, wenn die Konklusion logisch* aus den Prämissen folgt. Argumente, die diese Eigenschaft aufweisen, heißen *deduktiv gültig*. Eine schwächere Form der Stützung liegt vor, wenn die Konklusion zwar nicht logisch aus den Prämissen folgt, wenn es aber trotzdem rational ist, die Konklusion für wahr zu halten, falls alle Prämissen wahr sind. Wenn diese Bedingung erfüllt ist, kann man ebenfalls von der Gültigkeit des Arguments sprechen. Allerdings muß man diese Form der Gültigkeit streng von deduktiver Gültigkeit unterscheiden. Unabhängig von der Frage nach der Gültigkeit eines Arguments ist die Frage, ob seine Prämissen tatsächlich wahr sind. Ein Argument, das gültig ist und dessen Prämissen alle wahr sind, heißt 'schlüssig'.

Handlungstheorie

Allgemein ist jede Theorie, die menschliches Handeln zum Gegenstand hat, eine Handlungstheorie – die Psychologie und Soziologie genauso wie die Ethik und die Entscheidungstheorie*. Zentral für die *philosophische Handlungstheorie* sind

- ontologische Fragen – z.B. die Frage, ob Handlungen Ereignisse sind, und die Frage, ob Handlungen mit Körperbewegungen identisch sind,

- Fragen zur Individuation von Handlungen wie die Frage, ob jemand, der das Licht anmacht, indem er den Schalter betätigt, eine oder zwei Handlungen ausführt,

- Fragen zur Struktur von Handlungen wie die Frage, ob das Angehen des Lichts Teil oder Konsequenz der Handlung des Licht-Anmachens ist,

- Fragen zum Status von Handlungserklärungen wie die Frage, ob die Gründe von Handelnden auch die Ursachen ihrer Handlungen sind.

- Normative Fragen wie die Frage, welche Bedingungen erfüllt sein müssen, damit eine Handlung als rational gelten kann.

Holismus

Eine philosophische Position oder These heißt 'holistisch', wenn sie entweder davon ausgeht, daß die Eigenschaften eines *einzelnen* Gegenstandes von den Eigenschaften *aller* Gegenstände *einer Gesamtheit* abhängen, oder wenn sie annimmt, daß nicht einzelne Gegenstände, sondern nur eine Gesamtheit von Gegenständen eine bestimmte Eigenschaft haben. Der *semantische Holismus* z.B. behauptet, daß die Bedeutung jedes einzelnen Ausdrucks einer Sprache von der Bedeutung aller Ausdrücke dieser Sprache abhängt. *Bestätigungsholismus* dagegen ist die Auffassung, daß nicht einzelne Sätze, sondern nur ganze Theorien durch Erfahrungen bestätigt oder widerlegt werden können.

ignoratio elenchi

Verkennung des Beweisziels. Eine *ignoratio elenchi* ist eine Verkennung dessen, was mit einem Argument* gezeigt werden müßte. Sie liegt z.B. vor, wenn zur Stützung einer Aussage Prämissen angeführt werden, die nicht die zur Debatte stehende, sondern eine ganz andere Aussage stützen.

indexikalischer Ausdruck

Ein sprachlicher Ausdruck heißt 'indexikalisch', wenn sein Bezug, oder allgemeiner: wenn sein Beitrag zur Bedeutung eines Satzes vom Kontext abhängt, in dem er geäußert wird. So bezieht sich in dem Satz „Ich bin krank" das Personalpronomen 'ich' im allgemeinen auf den, der diesen Satz äußert; und in dem Satz „Hier ist es schön" das Lokaladverb 'hier' auf den Ort, an dem dieser Satz geäußert wird. Zu den indexikalischen Ausdrücken zählen die Personal- und Possessivpronomen, aber auch die Demonstrativa (das sind Demonstrativpronomen in Verbindung mit einer Zeigehandlung) sowie die Lokal- und Temporaladverbien. Auch die Zeiten von Verben (Präsens, Imperfekt, Futur, etc.) haben indexikalischen Charakter.

Instrumentalismus – instrumentalistisch

'Instrumentalistisch' heißt die Auffassung, daß wissenschaftliche Theorien lediglich als Instrumente anzusehen sind, die es ermöglichen, beobachtbare Phänomene vorherzusagen und zu kontrollieren. Als Instrumente können wissenschaftliche Theorien dieser Auffassung zufolge nicht im strengen Sinne wahr oder falsch, sondern nur mehr oder weniger brauchbar sein. Vgl. wissenschaftlicher Realismus.

isomorph

Der Begriff 'Isomorphie' stammt aus der Algebra. Isomorphie ist eine Relation* zwischen *Strukturen*. Unter einer Struktur versteht man ein geordnetes Paar* $<M, R>$ aus einer nicht-leeren Menge und einer auf der Menge M erklärten Relation* R (bzw. einer Menge von solchen Relationen). Zwei Strukturen $<M, R>$ und $<M', R'>$ heißen 'isomorph', wenn es eine Abbildung f von M nach M' gibt, die die folgenden Bedingungen erfüllt:

1. f weist jedem Element von M genau ein Element von M' zu.
2. Für jedes Element x' von M' gibt es genau ein Element x von M, für das gilt: $f(x) = x'$.
3. Für alle Elemente x und y von M gilt: $R(x, y)$ genau dann, wenn $R'(f(x), f(y))$.

Kennzeichnung

Gegenstandsbezeichner, in dem eine Bedingung angegeben wird, die sein Bezugsgegenstand als einziger erfüllen soll. Kennzeichnungen beginnen typischerweise mit dem bestimmten Artikel – z.B. 'die erste Astronautin', 'das derzeit höchste Haus der Welt' usw. Wenn es genau einen Gegenstand gibt, der die identifizierende Bedingung erfüllt, bezeichnet eine Kennzeichnung diesen Gegenstand. Erfüllt kein oder mehr als ein Gegenstand diese Bedingung, so ist die Kennzeichnung 'leer', d.h. sie hat keinen Bezug.

konativ

Das Wort geht zurück auf das lateinische 'conatus', das unter anderem 'Versuch', 'Anstrengung' und 'Trieb' bedeutet. 'Konativ' nennt man alle mentalen Zustände, die ein Element des Antriebs zum Handeln beinhalten.

Kortex

Der Kortex oder die Hirnrinde ist die stark gefaltete Oberfläche des Großhirns, das den größten Teil des menschlichen Gehirns ausmacht. Bestimmte Felder der Hirnrinde sind mit bestimmten kognitiven Leistungen korreliert. Der Stirnlappen der Hirnrinde steht in enger Beziehung zur Persönlichkeitsstruktur, während im Hinterhauptslappen – dem visuellen Kortex – die von den Augen kommenden visuellen Signale verarbeitet werden. An der Grenze zwischen Stirn- und Scheitellappen liegen zwei Gebiete mit den motorischen Zentren für die einzelnen Körperabschnitte und einem Zentrum für Sinneseindrücke aus der Körpereigenwahrnehmung – der somato-sensorische Kortex.

Laplace

Pierre Simon de Laplace (1749-1827) war ein französischer Mathematiker und Astronom, der grundlegende Arbeiten auf dem Gebiet der Wahrscheinlichkeitsrechnung veröffentlichte. Laplace vertrat folgende Ansicht: Wenn man den Zustand des gesamten Universums zu einem bestimmten Zeitpunkt bis ins kleinste Detail kennen würde und wenn man außerdem alle Naturgesetze kennen würde, so wäre man in der Lage, jedes zukünftige Ereignis vorauszuberechnen. Ein Wesen, das in diesem Sinne allwissend ist, wird oft 'Laplacescher Dämon' genannt.

Logische Implikation

(Auch: *Logische Folgerung*) Ein Satz A wird von einer Menge von Sätzen A_1, ..., A_n logisch impliziert (A folgt logisch aus den Sätzen A_1, ..., A_n), wenn es *nicht möglich ist*, daß A falsch ist, wenn die Sätze A_1, ..., A_n alle wahr sind. Von der logischen ist die *materiale* Implikation streng zu unterscheiden. Materiale Implikationen sind Sätze der Form $A \rightarrow B$, die dann und nur dann falsch sind, wenn A wahr und B falsch ist.

Logisches Konstrukt

Der (scheinbare) Bezugsgegenstand eines Ausdrucks *A* ist ein logisches Konstrukt, wenn alle Sätze, in denen *A* vorkommt, ersetzbar sind durch Sätze, in denen nur über andere Gegenstände geredet wird. Für Bertrand Russell sind z.B. Tische logische Konstrukte, da seiner Meinung nach alle Sätze über Tische äquivalent sind zu Sätzen über Sinneswahrnehmungen. Ein unproblematischeres Beispiel liefert der Ausdruck 'der durchschnittliche Familienvater'. Denn Sätze, in denen dieser Ausdruck vorkommt, sind offensichtlich ersetzbar durch Sätze, die von den verschiedenen konkreten Familienvätern handeln.

n-Tupel

→ geordnetes Paar.

nomologisch

→ Gesetzescharakter.

petitio principii

Voraussetzung des Beweisziels. Argumentationsfehler, bei dem die Konklusion eines Arguments* mit Hilfe von Prämissen gestützt werden soll, die einzeln oder zusammen dasselbe besagen wie die Konklusion. Zwar ist ein solches Argument trivialerweise gültig*; doch sein argumentativer Wert ist nicht größer als die bloße Behauptung der Konklusion.

Phonem

Kleinste bedeutungs*unterscheidende* Einheit eines Sprach*systems*. Die Realisierung eines Phonems im Sprach*gebrauch* heißt '*Phon*'. Der Begriff des *Phonems* sollte nicht mit dem des *Morphems* – der kleinsten bedeutungs*tragenden* Einheit des Sprachsystems verwechselt werden. So besteht z.B. das Wort /aʊto:s/ ('Autos') aus den beiden Morphemen /aʊto:/ (ein Kraftfahrzeug) und /s/ (Plural), aber aus den vier Phonemen /aʊ/, /t/, /o:/ und /s/.

Positronen-Emissions-Tomographie

Positronen sind positiv geladene Teilchen, die von bestimmten radioaktiven Atomen abgesondert werden, wenn diese zerfallen. Positronen interagieren mit Elektronen, wobei zwei Photonen freigesetzt werden, die sich in entgegengesetzte Richtungen voneinander weg bewegen. Dieser Vorgang kann von einander gegenüberliegenden Strahlungsdetektoren bemerkt werden, wenn sie so miteinander verschaltet sind, daß sie nur gleichzeitige Photonenentstehungen registrieren. Positronen-Emissions-Tomographen dienen genau diesem Zweck. Wenn man einer Versuchsperson eine radioaktiv markierte Substanz wie Glukose oder Sauerstoff verabreicht, kann man mit Hilfe eines solchen Geräts daher die Konzentration dieser Substanz in den verschiedenen Teilen z.B. des Gehirns der Person messen. Da größere neuronale Aktivität mit größerem Verbrauch an Glukose und Sauerstoff einhergeht, läßt sich auf diese Weise auch feststellen, unter welchen Bedingungen welche Teile des Gehirns besonders aktiv sind.

proximale – distale Stimuli

In der sensorischen Wahrnehmung sind proximale Stimuli die Reize, durch die die Sinneszellen direkt erregt werden. Von den proximalen unterscheidet man die distalen Stimuli, d.h. die Reize in der Außenwelt, durch die die proximalen Reize hervorgerufen werden. Beim Sehen sind die Lichtreize, die auf die Netzhaut fallen, also die proximalen und die Gegenstände der Außenwelt, die Licht aussenden oder reflektieren, die distalen Stimuli.

prozedural – deklarativ

In der Informatik sind *Deklarationen* explizite Zuordnungen von Bezeichnern (z.B. Variablennamen wie 'x') zu Werten (z.B. x = 5). *Prozeduren* sind kleine Programme oder Programmteile, die aus einem oder mehreren Befehlen bestehen und die über einen zugewiesenen Prozedur-Namen aufgerufen werden können. In der Kognitionswissenschaft unterscheidet man zwischen deklarativen und prozeduralen Repräsentationen von Wissen. Das Wissen um die Tatsache, daß Vögel in der

Regel fliegen können, ist in einem kognitiven System deklarativ repräsentiert, wenn es in diesem System einen internen Satz gibt, der genau diese Tatsache zum Inhalt hat. Das Wissen um die grammatischen Regeln einer Sprache etwa wird man jedoch eher durch ein Programm implementieren, das in der Lage ist, grammatische von ungrammatischen Sätzen zu unterscheiden. Auch von einem solchen System kann man sagen, daß es z.B. *weiß*, daß der Satz „Hans Helga gibt Wurst" ungrammatisch ist. Aber dieses Wissen beruht nicht darauf, daß es in dem System einen internen Satz gibt, der diese Tatsache zum Inhalt hat, sondern darauf, daß man die Ausgabe 'ungrammatisch' erhielte, wenn man dem Grammatikprogramm die Eingabe „Hans Helga gibt Wurst" geben würde. In diesem Sinne ist das Wissen um die Ungrammatikalität dieses Satzes prozedural repräsentiert.

Psychophysik

'Psychophysik' heißt die Wissenschaft, die sich mit den Zusammenhängen zwischen physischen Reizen und von diesen Reizen hervorgerufenen Empfindungen befaßt.

Ramsey-Satz

(nach Frank P. Ramsey, 1903-1930) In den Gesetzen fortgeschrittener wissenschaftlicher Theorien kommen nicht nur Ausdrücke vor, die sich auf Beobachtbares beziehen, sondern auch viele Ausdrücke, die nicht beobachtbare, sogenannte theoretische Entitäten* bezeichnen. Dazu gehören Ausdrücke wie 'Atom', 'Photon', 'Neutrino' usw. Den Ramsey-Satz für eine solche Theorie erhält man, indem man 1. die Konjunktion aller Gesetze dieser Theorie bildet, 2. alle theoretischen Ausdrücke in dieser Konjunktion durch Variablen ersetzt und 3. diese Variablen durch Existenzquantoren bindet. Von Bedeutung ist, daß aus dem Ramsey-Satz einer Theorie genau dieselben Beobachtungssätze folgen wie aus der Theorie selbst.

reductio (ad absurdum)

Nachweis der Falschheit einer Annahme, indem man zeigt, daß sich aus ihr ein Widerspruch (oder etwas offensichtlich Falsches) ableiten läßt.

Relation

Eine Relation ist eine Beziehung, in der Gegenstände zu sich selbst oder zu anderen Gegenständen stehen können. (Beispiele: die Ähnlichkeits-Relation, die Größer-Relation, die Vater-Relation, die Identitäts-Relation.) Die Gegenstände, die in einer Relation zueinander stehen, heißen die *Relata* (sg. 'Relatum') dieser Relation. Relationen unterscheiden sich im Hinblick auf ihre Stellenzahl. Die Größer-Relation und die Vater-Relation z.B. sind zweistellig, da jeweils nur zwei Gegenstände in diesen Relationen zueinander stehen können. Die durch den Ausdruck '… liegt zwischen … und …' ausgedrückte Relation ist dagegen dreistellig und die durch den Ausdruck 'das Produkt von … und … ist gleich der Summe von … und …' ausgedrückte Relation vierstellig. In der Mengenlehre werden Relationen häufig mit Mengen von n-Tupeln* identifiziert. So verstanden ist die Vater-Relation die Menge aller geordneten Paare* $<x, y>$, für die gilt, daß x der Vater von y ist, und die durch den Ausdruck '… liegt zwischen … und …' ausgedrückte Relation die Menge aller Tripel $<x, y, z>$, für die gilt, daß x zwischen y und z liegt.

Relatum

→ Relation.

Speziesismus

Der Begriff 'Speziesismus' wurde in Anlehnung an Begriffe wie 'Rassismus' und 'Sexismus' gebildet. Er bezeichnet Positionen, die Lebewesen *allein* aufgrund der Tatsache, daß sie nicht einer bestimmten Spezies angehören, einen niedrigen oder gar keinen moralischen Status einräumen. Der moralische Status eines Wesens betrifft insbesondere die Frage, welche moralischen Rechte und Pflichten man ihm einräumt.

syntaktisch, Syntax

Man betrachtet die Ausdrücke einer Sprache rein *syntaktisch*, wenn man völlig von ihrer Bedeutung und ihrer Verwendung absieht und sie nur als Ketten von rein formal, d.h. allein durch ihre graphische (oder lautliche) Gestalt charakterisierten Zeichen analysiert. *Syntax* ist entsprechend die Lehre von der Verkettung (uninterpretierter) Zeichen zu wohlgeformten sprachlichen Ausdrücken und insbesondere zu Sätzen; zugleich wird auch das Regelsystem einer Sprache, das bestimmt, was in ihr wohlgeformte Ausdrücke sind, 'Syntax' genannt. Zur Syntax zählt auch die Einteilung von Ausdrücken in Kategorien wie 'Artikel', 'Hauptwort' etc. Die *Semantik* ist demgegenüber die Lehre von der Bedeutung und vom Bezug sprachlicher Zeichen und Ausdrücke; zugleich heißt auch das Regelsystem einer Sprache, das Zeichen und Zeichenketten Bedeutungen und Bezüge zuteilt, 'Semantik'. Von der Syntax und Semantik wird die *Pragmatik* unterschieden, die die Verwendung sprachlicher Ausdrücke durch die Sprecher einer Sprache zum Gegenstand hat.

teleologisch

Das Wort 'teleologisch' geht zurück auf das griechische Wort 'telos' ('Ziel'). Im allgemeinen wird es zur Charakterisierung bestimmter Arten der Erklärung verwendet. Eine Erklärung heißt 'teleologisch', wenn in ihr das Explanandum* unter Berufung auf ein oder mehrere Ziele oder Zwecke erklärt wird, denen es dient. Unter den teleologischen Erklärungen lassen sich grob zwei Arten unterscheiden: Solche, in denen die *Absichten* oder *Ziele* eines Handelnden angeführt werden, und solche, die sich auf eine *Funktion* des Explanandums beziehen. Erstere Art von teleologischer Erklärung liegt z.B. dann vor, wenn das Vorhandensein des Herzens im Körper von Lebewesen auf die entsprechende Absicht eines wohlwollenden übernatürlichen Schöpfers zurückgeführt wird. Die zweite Art von teleologischer Erklärung liegt vor, wenn das Vorhandensein des Herzens durch dessen biologische Funktion erklärt wird. Eine solche Erklärung muß normalerweise durch eine Erklärung der Entstehung des Explanandums ergänzt werden, z.B. durch Hinweis auf den natürlichen Selektionsprozeß. Einige Ansätze zur Bestimmung des Inhalts mentaler Repräsentationen werden 'teleologisch' genannt, weil diesen Ansätzen zufolge der Inhalt einer mentalen Repräsentation wesentlich von der biologischen Funktion abhängt, der diese Repräsentation dient.

token

→ type – token.

Tripel

→ geordnetes Paar.

Tupel

→ geordnetes Paar.

type – token

Auf die Frage, wie viele Buchstaben das lateinische Alphabet enthält, lautet die normale Antwort: 26. Damit sind natürlich Typen ('*types*') von Buchstaben gemeint. Denn allein dieser Absatz enthält weit mehr als 26 einzelne Buchstaben – Vorkommnisse ('*token*') von Buchstaben. Das Wort 'Otto' enthält also vier Buchstaben, wenn man einzelne Vorkommnisse von Buchstaben – Buchstaben-*token* – zählt, aber nur zwei Buchstaben, wenn man Typen von Buchstaben meint. Diese Unterscheidung zwischen *type* und *token* läßt sich auch für Wörter und Sätze treffen. In der Philosophie des Geistes wird die Unterscheidung zwischen *type* und *token* jedoch auch auf Zustände angewendet. Wenn Hans zum Zeitpunkt *t* ein Bier wünscht, sagt man, daß sich Hans zu *t* in einem *token* des Zustands*typs* Sich-ein-Bier-Wünschen befindet. Diese Ausdrucksweise ist nicht besonders glücklich. Denn die Beziehung zwischen 'Zustandstypen' und 'Zustandstoken' ähnelt weniger der zwischen Buchstabentypen und Buchstabentoken als der zwischen Eigenschaften und Eigenschaftsinstantiierungen*.

ungültig

→ gültige – ungültige Argumente.

Von-Neumann-Computer

(nach John von Neumann, 1903-1957) Von-Neumann-Computer unterscheiden sich in einer ganzen Reihe von Punkten von Turing-Maschinen (vgl. oben S. 158f.): 1. Als Speichermedium benutzen sie kein Rechenband, sondern eine Menge von *Speicherregistern*. 2. Veränderungen von Symbolen werden nicht im Speicher, sondern in einer *zentralen Recheneinheit* vorgenommen; wenn der Inhalt eines Speicherregisters verändert werden soll, muß er erst in diese Recheneinheit gebracht und anschließend wieder zurückgebracht werden. (Die zentrale Recheneinheit wird daher häufig als der 'Flaschenhals' von Von-Neumann-Computern bezeichnet.) 3. Außer den Speicherregistern und der zentralen Recheneinheit enthalten Von-Neumann-Computer noch ein *Instruktionsregister* und einen *Programmzähler*. Die Arbeitsweise von Von-Neumann-Computern wird durch das folgende Grundprogramm bestimmt:

(PvN) 1. Lade die Adresse des Registers in den Programmzähler, in dem die erste Programmanweisung steht.

2. Bringe den Inhalt des Registers, dessen Adresse im Programmzähler steht, ins Instruktionsregister.

3. Erhöhe den Programmzähler um 1.

4. Führe die Anweisung aus, deren Code im Instruktionsregister steht.

5. Gehe zu 2.

An der Anweisung 4. des Programms sieht man, daß die eigentliche Datenverarbeitung nicht so sehr von diesem Grundprogramm, sondern mehr von dem variablen Programm abhängt, dessen Anweisungen wie die Daten im Speicher abgelegt sind. Da sie in diesem Sinne programmierbar sind, gehören Von-Neumann-Computer zu demselben Typ abstrakter Maschinen wie universelle Turing-Maschinen.

Vorkommnis

→ Eigenschaftsinstantiierung und type – token.

Wahrscheinlichkeit, objektive – subjektive

Die *subjektive Wahrscheinlichkeit* ist der Grad, mit dem eine Person das Eintreten eines bestimmten Ereignisses erwartet. (Diese Wahrscheinlichkeit zeigt sich z.B. in Wetten, die sie auf das Eintreffen dieses Ereignisses abschließt.) Die subjektive Wahrscheinlichkeit ist damit ein Maß für den Grad, in dem eine Person von etwas überzeugt ist. Die *objektive Wahrscheinlichkeit* wird in der Regel mit dem Grenzwert der relativen Häufigkeiten eines bestimmten Ergebnisses in einer unendlichen Reihe von Versuchen identifiziert oder mit einer durch eine Versuchsanordnung bestimmte Disposition, in einem Einzelfall ein bestimmtes Ergebnis hervorzubringen.

Wesentliche Eigenschaft

Einem Gegenstand kommt eine Eigenschaft *wesentlich* zu, wenn er nicht als derselbe Gegenstand existieren kann, ohne diese Eigenschaft zu besitzen. Eigenschaften, die nicht wesentlich sind, heißen *kontingent*. '*Essentialistisch*' heißt jede Position, die die Ansicht beinhaltet, daß es wesentliche Eigenschaften gibt.

Wiener Kreis

Loser Zusammenschluß von Philosophen und Naturwissenschaftlern in den 20er und 30er Jahren des 20. Jahrhunderts. Wichtige Vertreter waren neben anderen Moritz Schlick, Rudolf Carnap, Otto Neurath und Kurt Gödel. Die philosophische Position des Wiener Kreises ist als 'logischer Positivismus' bzw. 'logischer Empirismus' bekannt geworden und war bis in die 50er Jahre hinein sehr einflußreich. Äußerst knapp läßt sich diese Position anhand folgender Punkte charakterisieren: Alle Sätze werden in sinnvolle und sinnlose eingeteilt. Sinnvoll sind allein analytische und empirisch bedeutungsvolle Sätze. Analytisch ist ein Satz, wenn sich seine Wahrheit oder Falschheit schon allein aus der Bedeutung der in ihm vorkommenden Ausdrücke ergibt; empirisch bedeutungsvoll ist ein Satz, wenn er durch Erfahrungen verifiziert (bzw. falsifiziert oder bestätigt) werden kann. Alle Sätze, die nicht zu einer dieser beiden Gruppen gehören, und damit auch alle metaphysischen Sätze werden als sinnlos verworfen. Philosophie kann daher nicht in der Produktion metaphysischer Sätze, sondern nur in Sprachanalyse bestehen.

Wissenschaftlicher Realismus

Eine Position heißt 'realistisch', wenn sie bestimmten Entitäten eine vom Geist unabhängige Existenz zuschreibt. *Wissen-*

schaftlicher Realismus liegt vor, wenn man den von einer wissenschaftlichen Theorie postulierten, unmittelbar nicht wahrnehmbaren Entitäten (etwa Photonen, Quarks etc.) eine vom Bestehen der Theorie unabhängige Existenz zuschreibt. Auf die Frage nach dem Status von Aussagen wie

(1) Positronen haben dieselbe Masse wie Elektronen, aber eine entgegengesetzte Ladung

antwortet der wissenschaftliche Realismus deshalb, daß diese Aussagen genau so wahr oder falsch sind wie Aussagen über beobachtbare Dinge und daß es, wenn die Aussage (1) wahr ist, Positronen und Elektronen in demselben Sinne gibt wie Steine und Bäume.

Zirkuläre Definitionen und Argumente

Eine Definition heißt 'zirkulär', wenn das Definiendum* im Definiens* selbst auftaucht oder wenn im Definiens ein Ausdruck auftaucht, der seinerseits nur mit Hilfe des Definiendums definiert werden kann. Ein Argument* heißt 'zirkulär', wenn seine Konklusion offen oder verdeckt in seinen Prämissen vorkommt (vgl. *petitio principii*) oder wenn man seine Prämissen nur dann für wahr halten kann, wenn man zuvor schon die Wahrheit der Konklusion nachgewiesen hat. Auch eine längere, aus mehreren Teil-Argumenten bestehende Argumentation kann zirkulär sein, obwohl die einzelnen Argumente selbst es nicht sind. Angenommen z.B., es soll dafür argumentiert werden, daß Fridolin und Emma ehrliche Menschen sind, und es wird vorausgesetzt, daß jemand ehrlich ist, wenn eine Person, die ihrerseits ehrlich ist, dies bestätigt. Nun wird *so* argumentiert:

(1)   Emma hat gesagt, daß Fridolin ehrlich ist.
      Also: Fridolin ist ehrlich.

(2)   Fridolin hat gesagt, daß Emma ehrlich ist.
      Also: Emma ist ehrlich.

Offenbar liegt hier eine Zirkularität vor. Denn die Prämisse des zweiten Arguments stützt seine Konklusion nur, wenn Fridolin ehrlich ist. Doch dies soll mit dem Argument (1) erst gezeigt werden. Dessen Konklusion wird von seiner Prämisse aber nur gestützt, wenn Emma ehrlich ist. Und genau das sollte mit Argument (2) gezeigt werden. Die Argumente sind also solange zu nichts nütze, solange es nicht gelingt, auf unabhängige Weise zu zeigen, daß von Emma und Fridolin wenigstens einer ehrlich ist.

Literaturverzeichnis

Achinstein, P. (1974) The Identity of Properties. *American Philosophical Quarterly* 11, 257-275.

Alexander, S. (1920) *Space, Time, and Deity. 2 Vols.* London: Macmillan.

Alston, W.P. and T.W. Smythe (1994) Swinburne's Argument for Dualism. *Faith and Philosophy* 11, 127-133.

Armstrong, D. (1968) *A Materialist Theory of the Mind.* London: Routledge & Kegan Paul.

Armstrong, D. (1981) *The Nature of Mind.* Ithaca: Cornell University Press.

Audi, R. (ed.) (1995) *The Cambridge Dictionary of Philosophy.* Cambridge: Cambridge University Press.

Baker, L.R. (1987) *Saving Belief.* Princeton NJ: Princeton University Press.

Baker, L.R. (1995) *Explaining Attitudes: A Practical Approach to the Mind.* Cambridge: Cambridge University Press.

Bechtel, W. (1994) Artikel 'connectionism'. In: Guttenplan (1994), 200-210.

Bechtel, W. and A. Abrahamsen (1991) *Connectionism and the Mind.* Oxford: Blackwell.

Beckermann, A. (1977) *Gründe und Ursachen.* Kronberg/Ts.: Scriptor Verlag.

Beckermann, A. (1979) Intentionale vs. kausale Handlungserklärungen. In: H. Lenk (Hrsg.) *Handlungstheorien – interdisziplinär. Band 2. Zweiter Halbband.* München: Fink, 445-490.

Beckermann, A. (Hg.) (1985) *Analytische Handlungstheorie. Band 2. Handlungserklärungen.* 2. Auflage. Frankfurt am Main: Suhrkamp.

Beckermann, A. (1986a) *Descartes' metaphysischer Beweis für den Dualismus – Analyse und Kritik.* Freiburg: Verlag Karl Alber.

Beckermann, A. (1986b) Dennetts Stellung zum Funktionalismus. *Erkenntnis* 24, 309-341.

Beckermann, A. (1988) Sprachverstehende Maschinen. *Erkenntnis* 28, 65-85.

Beckermann, A. (1990) Semantische Maschinen. In: *Intentionalität und Verstehen.* Hg. vom Forum für Philosophie. Frankfurt am Main: Suhrkamp, 196-211.

Beckermann, A. (1991) Der endgültige Todesstoß für den Repräsentationalismus? – Eine Replik auf Andreas Kemmerlings Artikel „Mentale Repräsentationen". *Kognitionswissenschaft* 2, 91-98.

Beckermann, A. (1992a) Introduction – Reductive and Nonreductive Physicalism. In: Beckermann/Kim/Flohr (1992), 1-21.

Beckermann, A. (1992b) Supervenience, Emergence, and Reduction. In: Bekkermann/Kim/Flohr (1992), 94-118.

Beckermann, A. (1992c) Wie real sind intentionale Zustände? Dennett zwischen Fodor und den Churchlands. In: H.J. Sandkühler (Hg.) *Wirklichkeit und Wissen*. Frankfurt am Main: Peter Lang, 151-176.

Beckermann, A. (1995) Ist eine Sprache des Geistes möglich? In: G. Harras (Hg.) *Die Ordnung der Wörter*. Berlin/New York: de Gruyter, 120-137.

Beckermann, A. (1996) Eigenschafts-Physikalismus. *Zeitschrift für philosophische Forschung* 50, 3-25.

Beckermann, A. (1997a) *Einführung in die Logik*. (Sammlung Göschen Bd. 2243) Berlin/New York: Walter de Gruyter.

Beckermann, A. (1997b) Was macht Bewußtsein für Philosophen zum Problem? *Logos* 4, 1-19.

Beckermann, A. (2000a) Ein Argument für den Physikalismus. In: G. Keil und H. Schnädelbach (Hg.) *Naturalismus*. Frankfurt/M.: Suhrkamp, 128-143.

Beckermann, A. (2000b) Die reduktive Erklärbarkeit phänomenalen Bewusstseins – C.D. Broad zur Erklärungslücke. In: M. Pauen und A. Stephan (Hg.) *Phänomenales Bewußtsein*. Paderborn: Mentis Verlag.

Beckermann, A., J. Kim und H. Flohr (eds.) (1992) *Emergence or Reduction? – Essays on the Prospects of Nonreductive Physicalism*. Berlin/New York: Walter de Gruyter.

Bieri, P. (Hg.) (1981a) *Analytische Philosophie des Geistes*. 3. Auflage. Weinheim: Beltz Athenäum 1997.

Bieri, P. (1981b) Generelle Einführung. In: Bieri (1981a), 1-28.

Bieri, P. (1987) Intentionale Systeme: Überlegungen zu Daniel Dennetts Theorie des Geistes. In: J. Brandtstädter (Hg.) *Struktur und Erfahrung in der psychologischen Forschung*. Berlin/New York: Walter de Gruyter, 208-252.

Bieri, P. (1992) Trying Out Epiphenomenalism. *Erkenntnis* 36, 283-309.

Bieri, P. (1995) Was macht Bewußtsein zu einem Rätsel? In: Metzinger (1995), 61-77.

Birnbacher, D. (1990) Das ontologische Leib-Seele-Problem und seine epiphänomenalistische Lösung. In: K.-E. Bühler (Hg.) *Aspekte des Leib-Seele-Problems. Philosophie, Medizin, Künstliche Intelligenz*. Würzburg, 59-79.

Birnbacher, D. (1997) Wie kommt die Welt in den Kopf? Eine Lösung für das Leib-Seele-Problem. In: F. Rapp (Hg.) *Die konstruierte Welt. Theorie als Erzeugungsprinzip* (Schriftenreihe der Universität Dortmund Band 41). Dortmund, 17-35.

Blackburn, S. (1994) *The Oxford Dictionary of Philosophy*. Oxford: Oxford University Press.

Block, N. (1978) Troubles with Functionalism. In: C.W. Savage (ed.) *Perception and Cognition. Minnesota Studies in the Philosophy of Science. Vol. 9*. Minneapolis: University of Minnesota Press, 261-325. Wiederabdruck in: Block (1980a), 268-305. (Dt. leicht gekürzt in: Münch (1992), 159-224)

Block, N. (ed.) (1980a) *Readings in the Philosophy of Psychology. Vol. 1*. Cambridge MA: Harvard University Press.

Block, N. (ed.) (1980b) *Readings in the Philosophy of Psychology. Vol. 2*. Cambridge MA: Harvard University Press.

Block, N. (1980c) What is Functionalism. In: Block (1980a), 171-184.

Block, N. (1990) Inverted Earth. In: J. Tomberlin (ed.) *Philosophical Perspectives 4: Action Theory and Philosophy of Mind*. Atascadero CA: Ridgeview, 53-80. Wiederabdruck in: Block/Flanagan/Güzeldere (1997), 677-694.

Block, N. (1993) Review of D. Dennett *Consciousness Explained. The Journal of Philosophy* 90, 181-193.

Block, N. (1994a) Artikel 'consciousness'. In: Guttenplan (1994), 210-219.

Block, N. (1994b) Artikel 'functionalism (2)'. In: Guttenplan (1994), 323-332.

Block, N. (1998) Artikel 'semantics, conceptual role'. In: E. Craig (ed.) *Routledge Encyclopedia of Philosophy. Vol. 8*. London/New York: Routledge, 652-657.

Block, N., O. Flanagan and G. Güzeldere (eds.) (1997) *The Nature of Consciousness. Philosophical Debates*. Cambridge MA: MIT Press.

Block, N. and J.A. Fodor (1972) What Psychological States Are Not. *Philosophical Review* 81, 159-181. Wiederabdruck in: Block (1980a), 237-250, und Fodor (1981a), 79-99.

Block, N. and R. Stalnaker (1999) Conceptual Analysis, Dualism, and the Explanatory Gap. *The Philosophical Review* 108, 1-46.

Boden, M. (1990) Escaping from the Chinese Room. In: M. Boden (ed.) *The Philosophy of Artificial Intelligence*. Oxford: Oxford University Press, 89-104.

Borst, C.V. (ed.) (1970) *The Mind-Brain Identity Theory*. London: Macmillan.

Bostock, D. (1986) *Plato's Phaedo*. Oxford: Clarendon Press.

Braddon-Mitchell, D. and F. Jackson (eds.) (1996) *The Philosophy of Mind and Cognition*. Oxford: Blackwell.

Braitenberg, V. (1984) *Vehicles*. 7th ed. Cambridge MA: MIT-Press 2000. (Dt.: *Künstliche Wesen*. Braunschweig: Vieweg&Sohn 1986)

Brandt, R. and J. Kim (1963) Wants as Explanations of Actions. *The Journal of Philosophy* 60, 425-435. (Dt. in: Beckermann (1985), 259-274)

Brandt, R. and J. Kim (1967) The Logic of the Identity Theory. *The Journal of Philosophy* 64, 515-537. Wiederabdruck in: O'Connor (1969), 212-237.

Brentano, F. (1924) *Psychologie vom empirischen Standpunkt.* Hrsgg. von O. Kraus. Leipzig: Meiner Verlag.

Broad, C.D. (1925) *The Mind and Its Place In Nature.* London: Kegan Paul, Trench, Turbner, & Co.

Brüntrup, G. (1996) *Das Leib-Seele-Problem. Eine Einführung.* Stuttgart: Kohlhammer.

Burge, T. (1979) Individualism and the Mental. *Midwest Studies in Philosophy* 4, 73-121.

Burge, T. (1986) Individualism and Psychology. *Philosophical Review* 95, 3-45.

Carnap, R. (1932a) Die physikalische Sprache als Universalsprache der Wissenschaft, *Erkenntnis* 2, 432-465.

Carnap, R. (1932b) Psychologie in physikalischer Sprache, *Erkenntnis* 3, 107-142.

Carnap, R. (1936/7) Testability and Meaning, *Philosophy of Science* 3, 419-471, und *Philosophy of Science* 4, 1-40.

Carnap, R. (1952) Meaning Postulates. *Philosophical Studies* 3, 65-73. Wiederabdruck in: Carnap (1956).

Carnap, R. (1956) *Meaning and Necessity.* 2nd enlarged edition. Chicago: Chicago University Press.

Carrier, M. und J. Mittelstraß (1989) *Geist, Gehirn, Verhalten.* Berlin/New York: Walter de Gruyter.

Chalmers, D. (1995) Facing Up to the Problem of Consciousness. *Journal of Consciousness Studies* 2, 200-219. Wiederabdruck in: J. Shear (ed.) *Explaining Consciousness – The 'Hard Problem'.* Cambridge MA: MIT Press 1997, 9-30. (Dt. in: Esken/Heckmann (1998), 221-253)

Chalmers, D. (1996) *The Conscious Mind.* Oxford: Oxford University Press.

Churchland, P.M. (1981) Eliminative Materialism and the Propositional Attitudes. *Journal of Philosopy* 78, 67-90. Wiederabdruck in: Churchland (1989), 1-22.

Churchland. P.M. (1985) Reduction, Qualia, and the Direct Introspection of Brain States. *Journal of Philosopy* 82, 8-28. Wiederabdruck in: Churchland (1989), 47-66.

Churchland. P.M. (1988) *Matter and Consciousness.* 2nd edition. Cambridge MA: MIT Press.

Churchland P.M. (1989) *A Neurocomputational Perspective.* Cambridge MA: MIT Press.

Churchland P.M. (1993) Evaluating Our Self Conception. *Mind and Language* 8, 211-222. Wiederabdruck in: P.S. Churchland/P.M. Churchland (1998), 25-38.

Churchland P.M. (1995) *The Engine of Reason, the Seat of the Soul.* Cambridge MA: MIT Press.

Churchland, P.S. (1986) *Neurophilosophy.* Cambridge MA: MIT Press.

Churchland, P.S. and P.M. (1981) Functionalism, Qualia, and Intentionality. *Philosophical Topics* 12. Wiederabdruck in: J.I. Biro and R.W. Shahan (eds.) *Mind, Brain and Function.* Norman OK: University of Oklahoma Press 1982, 121-145, und P.M. Churchland (1989), 23-46.

Churchland, P.S. and P.M. (1998) *On the Contrary: Critical Essays, 1987-1997.* Cambridge MA: MIT Press.

Churchland P.S. and T.J. Sejnowski (1992) *The Computational Brain.* Cambridge MA: MIT Press.

Clark, A. (1989) *Microcognition: Philosophy, Cognitive Science, and Parallel Distributed Processing.* Cambridge MA: MIT Press.

Cornman, J. (1962) The Identity of Mind and Body. *The Journal of Philosophy* 59, 486-492. Wiederabdruck in: Borst (1970), 123-133.

Cornman, J. (1968) On the Elimination of 'Sensations' and Sensations. *Review of Metaphysics* 22, 15-35. Wiederabdruck in: O'Connor (1969), 175-194.

Cummins, R. (1989) *Meaning and Mental Representation.* Cambridge MA: MIT Press.

Davidson, D. (1967) The Logical Form of Action Sentences. In: N. Rescher (ed.) *The Logic of Decision and Action.* Pittsburgh PA: University of Pittsburgh Press. Wiederabdruck in: Davidson (1980), 105-122. (Dt.: 155-177)

Davidson, D. (1970) Mental Events. In: L. Foster and J.W. Swanson (eds.) *Experience and Theory.* Wiederabdruck in: Block (1980a), 107-119, und Davidson (1980), 207-225. (Dt.: 291-317)

Davidson, D. (1971) Agency. In: R. Binkley et al. (ed.) *Agent, Action, and Reason.* Oxford, 3-15. Wiederabdruck in: Davidson (1980), 43-62. (Dt.: 73-98)

Davidson, D. (1973) The Material Mind. In: P. Suppes et al. (ed.) *Proceedings of the Fourth International Congress for Logic, Methodology, and Philosophy of Science.* Wiederabdruck in: Davidson (1980), 245-259. (Dt.: 343-362)

Davidson, D. (1974) Psychology as Philosophy. In: S.C. Brown (ed.) *Philosophy of Psychology*. London/Basingstoke: Macmillan, 41-52. Wiederabdruck in: Davidson (1980), 229-239. (Dt.: 321-342)

Davidson, D. (1980) *Essays on Actions and Events*. Oxford: Clarendon Press. (Dt.: *Handlung und Ereignis*. Frankfurt am Main: Suhrkamp 1985)

Davidson, D. (1987) Knowing One's Own Mind. *The Proceedings and Addresses of the American Philosophical Association* 60, 441-458. Wiederabdruck in: Q. Cassam (ed.) *Self-Knowledge*. Oxford: Oxford University Press 1994, 43-64.

Davidson, D. (1994) Artikel 'Davidson, Donald'. In: Guttenplan (1994), 231-236.

Davidson, D. (1995) Laws and Cause. *Dialectica* 49, 263-278.

Davidson, D. (1997) Unbestimmtheit und Antirealismus. In: W. Köhler (Hg.) *Davidsons Philosophie des Mentalen*. Paderborn: Schöningh, 19-32.

Davies, M. and G.W. Humphreys (eds.) (1993) *Consciousness: Psychological and Philosophical Essays*. Oxford: Blackwell.

Dennett, D. (1971) Intentional Systems. *Journal of Philosophy* 68, 87-106. Wiederabdruck in: Dennett (1978a), 90-108. (Dt. in: Bieri (1981a), 162-183)

Dennett, D. (1978a) *Brainstorms*. Montgomery, Verm.: Harvester Press.

Dennett, D. (1978b) A Cure for the Common Code? In: Dennett (1978a), 90-108.

Dennett, D. (1978c) Where Am I? In: Dennett (1978a), 310-323.

Dennett, D. (1981a) True Believers. The Intentional Strategy and Why It Works. In: A.F. Heath (ed.), *Scientific Explanation*. Oxford. Wiederabdruck in: Dennett (1987a), 13-35.

Dennett, D. (1981b) Three Kinds of Intentional Psychology. In: R. Healy (ed.), *Reduction, Time, and Reality*. Cambridge. Wiederabdruck in: Dennett (1987a), 43-68.

Dennett, D. (1987a) *The Intentional Stance*. Cambridge MA: MIT Press.

Dennett, D. (1987b) Instrumentalism Reconsidered. In: Dennett (1987a), 69-81.

Dennett, D. (1988) Quining Qualia. In: A. Marcel and E. Bisiach (eds.) *Consciousness in Contemporary Science*. Oxford: Oxford University Press, 42-77. Wiederabdruck in: Lycan (1990a), 519-547, und Block/Flanagan/Güzeldere (1997), 619-642.

Dennett, D. (1991a) Real Patterns. *Journal of Philosophy* 88, 27-51. Wiederabdruck in: Dennett (1998), 95-120.

Dennett, D. (1991b) *Consciousness Explained*. Boston: Little, Brown and Company (Dt.: *Philosophie des menschlichen Bewußtseins*. Hamburg: Hoffmann und Campe 1994)

Dennett, D. (1991c) Mother nature versus the walking encyclopedia. In: W. Ramsey, S. Stich and D. Rumelhart (eds.) *Philosophy and Connectionist Theory*. Hillsdale NJ: Lawrence Erlbaum.

Dennett, D. (1993a) Précis of *Consciousness Explained. Philosophy and Phenomenological Research* 53, 889-892.

Dennett, D. (1993b) The Message is: There is no Medium. *Philosophy and Phenomenological Research* 53, 919-931.

Dennett, D. (1994) Instead of Qualia. In: A. Revensuo and M. Kamppinen (eds.) *Consciousness in Philosophy and Cognitive Science*. Hillsdale NJ: Lawrence Erlbaum, 129-139. Wiederabdruck in: Dennett (1998), 141-152.

Dennett, D. (1995) The Unimagined Preposterousness of Zombies: Commentary on Moody, Flanagan, and Polgar. *Journal of Consciousness Studies* 2, 322-326. Wiederabdruck in: Dennett (1998), 171-177.

Dennett, D. (1998) *Brainchildren. Essays on Designing Minds*. Cambridge MA: MIT Press.

Descartes, R. *Discours de la Méthode. Œuvres des Descartes VI*. Publiées par C. Adam et P. Tannery. Nouvelle Présentation. Paris, J. Vrin, 1964-1976. (Dt.: *Von der Methode des richtigen Vernunftgebrauchs*. Hamburg: Felix Meiner 1960)

Descartes, R. *Meditationes de prima philosophia. Œuvres des Descartes VII+IX*. Publiées par C. Adam et P. Tannery. Nouvelle Présentation. Paris, J. Vrin, 1964-1976 (Dt.: *Meditationen über die Erste Philosophie*. Hamburg: Felix Meiner 1977)

Devitt, M. (1990) Transcendentalism about Content. *Pacific Philosophical Quarterly* 71, 247-263.

Dretske, F. (1981) *Knowledge and the Flow of Information*. Oxford: Basil Blackwell.

Dretske, F. (1986) Misrepresentation. In: R.J. Bogdan (ed.) *Belief – Form, Content, and Function*. Oxford: Clarendon Press, 17-36.

Dretske, F. (1995) *Naturalizing the Mind*. Cambridge MA: MIT Press. (Dt.: *Naturalisierung des Geistes*. Paderborn: Schöningh 1998)

Dretske, F. (im Erscheinen) Where is the Mind? Erscheint in: A. Meijers (ed.) *Explaining Beliefs: Lynne Baker's Theory of the Attitudes*. Stanford: CSLI Publications.

Dreyfus, H.L. and S.E. Dreyfus (1986) *Mind Over Machine*. New York: Harper & Row. (Dt.: *Künstliche Intelligenz: Von den Grenzen der Denkmaschine und dem Wert der Intuition*. Reinbek bei Hamburg: Rowohlt 1987)

Eccles, J.C. (1994) *How the Self Controls its Brain*. Berlin/Heidelberg: Springer. (Dt.: *Wie das Selbst sein Gehirn steuert*. München: Piper 1994)

Eccles, J.C. und H. Zeier (1980) *Gehirn und Geist*. München.

Eccles, J.C. and F. Beck (1992) Quantum Aspects of Brain Activity and the Role of Consciousness. *Proc. Nat. Acad. Sci.* 89, 113-157. Wiederabdruck als ch. 9 in: Eccles (1994).

Esken, F. und D. Heckmann (Hg.) (1998) *Bewußtsein und Repräsentation*. Paderborn: Schöningh.

Farrell, B.A. (1950) Experience. *Mind* 50, 170-198.

Feigl, H. (1958) The 'Mental' and the 'Physical'. In: H. Feigl, M. Scriven and G. Maxwell (eds.) *Concepts, Theories, and the Mind-Body Problem. Minnesota Studies in the Philosophy of Science. Vol. II*. Minneapolis: University of Minnesota Press, 370-497.

Feigl, H. (1970) The 'Orthodox' View of Theories. In: M. Radner and S. Winokur (eds.) *Analyses of Theories and Methods of Physics and Psychology. Vol. IV*. Minneapolis: University of Minnesota Press, 3-16.

Feyerabend, P. (1963a) Mental Events and the Brain. *Journal of Philosophy* 60, 295-296. Wiederabdruck in: Borst (1970), 140-141. (Dt. in: Bieri (1981a), 121-122)

Feyerabend, P. (1963b) Materialism and the Mind-Body Problem. *Review of Metaphysics* 17, 49-66. Wiederabdruck in: Borst (1970), 142-156.

Flanagan, O. (1995) Artikel 'mind, history of the philosophy of'. In: Honderich (1995).

Fodor, J.A. (1965) Explanations in Psychology. In: M. Black (ed.) *Philosophy in America*. London: Routledge & Kegan Paul. (Dt. in: Beckermann (1985), 412-434)

Fodor, J.A. (1968) *Psychological Explanation*. New York: Random House.

Fodor, J.A. (1974) Special Sciences. *Synthese* 28, 77-115. Wiederabdruck in: Block (1980a), 120-133, und Fodor (1981a), 127-145. (Dt. in: Münch (1992), 134-158)

Fodor, J.A. (1975) *The Language of Thought*. New York.

Fodor, J.A. (1978) Propositional Attitudes. *The Monist* 64, 501-523. Wiederabdruck in: Fodor (1981a), 177-203.

Fodor, J.A. (1979) Three Cheers for Propositional Attitudes. Revidierte und erweiterte Fassung in Fodor (1981a), 100-123.

Fodor, J.A. (1981a) *Representations*. Cambridge MA: MIT Press.

Fodor, J.A. (1981b) Introduction – Something on the State of the Art. In: Fodor (1981a), 1-31.

Fodor, J.A. (1983) *The Modularity of Mind*. Cambridge MA: MIT Press.

Fodor, J.A. (1985) Fodor's Guide to Mental Representation. *Mind* 94, 76-100. Wiederabdruck in: Fodor (1990), 3-29.

Fodor, J.A. (1987) *Psychosemantics*. Cambridge MA: MIT Press.

Fodor, J.A. (1989) Making Mind Matter More. *Philosophical Topics* 17, 59-79.

Fodor, J.A. (1990) *A Theory of Content and Other Essays*. Cambridge MA: MIT Press.

Fodor, J.A. (1994) Artikel 'Fodor, Jerry'. In: Guttenplan (1994), 292-300.

Fodor, J.A. and B. McLaughlin (1990) Connectionism and the problem of systematicity. *Cognition* 35, 183-204.

Fodor, J.A. and Z. Pylyshyn (1988) Connectionism and cognitive architecture. *Cognition* 28, 3-71.

Forbes, G. (1995) Artikel 'possible worlds'. In: Kim/Sosa (1995), 404f.

Foster, J. (1991) *The Immaterial Self: A Defense of the Cartesian Dualist Conception of the Mind*. London: Routledge.

Frege, G. (1892) Über Sinn und Bedeutung. *Zeitschrift für Philosophie und philosophische Kritik* 100, 25-50. Wiederabdruck in: Frege (1986), 40-65.

Frege, G. (1918/9) Der Gedanke. *Beiträge zur Philosophie des deutschen Idealismus* 2, 58-77. Wiederabdruck in: Frege (1976), 30-53.

Frege, G. (1976) *Logische Untersuchungen*. Hg. von G. Patzig. 2. Auflage. Göttingen: Vandenhoeck & Ruprecht.

Frege, G. (1986) *Funktion, Begriff, Bedeutung*. Hg. von G. Patzig. 6. Auflage. Göttingen: Vandenhoeck & Ruprecht.

Galicki et al. (1997) Common Optimization of Adaptive Preprocessing Units and a Neural Network during the Learning Period. Application in EEG Pattern Recognition. *Neural Networks* 10, 1153-1163.

Gallop, D. (1980) *Platon Phaedo*. Translation with notes. Oxford: Oxford University Press.

Gean, W.D. (1965/66) Reasons and Causes. *Review of Metaphysics* 19, 667-688. (Dt. in: Beckermann (1985), 195-220)

Glock, H.J. (1996) *A Wittgenstein Dictionary*. Oxford: Blackwell.

Goldman, A. (1970) *A Theory of Human Action*. Englewood Cliffs NJ: Prentice Hall.

Gregory, R. (1987) In Defense of Artificial Intelligence – A Reply to John Searle. In: C. Blakemore and S. Greenfield (eds.) *Mindwaves: Thoughts on Intelligence, Identity and Consciousness*. Oxford: Basil Blackwell, 235-244.

Grimes, T.R. (1988) The Myth of Supervenience. *Pacific Philosophical Quarterly* 69, 152-160.

Gunderson, K. (1970) Asymmetries and Mind-Body-Perplexities. In: M. Rudner and S. Winokur (eds.) *Minnesota Studies in the Philosophy of Science. Vol. IV: Analysis of Theories and Methods of Physics and Psychology*. Minneapolis MN: University of Minnesota Press, 273-309.

Gunderson, K. (1974) The Texture of Mentality. In: R. Rambrough (ed.) *Wisdom – Twelve Essays*. Oxford: Oxford University Press, 177-193.

Guttenplan, S. (ed.) (1994) *A Companion to the Philosophy of Mind*. Oxford: Blackwell.

Hannan, B. (1993) Don't Stop Believing: The Case Against Eliminative Materialism. *Mind and Language* 8, 165-179.

Hardin, C.L. (1987) Qualia and Materialism: Closing the Explanatory Gap. *Philosophy and Phenomenological Research* 48, 281-298.

Hardin, C.L. (1991a) Color for Philosophers: A Précis. *Philosophical Psychology* 4, 21-26.

Hardin, C.L. (1991b) Reply to Levine. *Philosophical Psychology* 4, 41-50.

Hardin, C.L. (1992). Physiology, Phenomenology, and Spinoza's True Colors. In: Beckermann/Kim/Flohr (1992), 201-219.

Harman, G. (1990) The Intrinsic Quality of Experience. In: J. Tomberlin (ed.) *Philosophical Perspectives 4: Action Theory and Philosophy of Mind*. Atascadero CA: Ridgeview, 31-52. Wiederabdruck in: Block/Flanagan/Güzeldere (1997), 663-676.

Hastedt, H. (1988) *Das Leib-Seele-Problem*. Frankfurt am Main: Suhrkamp.

Haugeland, J. (1982) Weak Supervenience. *American Philosophical Quarterly* 19, 93-103.

Hellman, G. and F. Thomson (1975) Physicalism: Ontology, Determination, and Reduction. *Journal of Philosophy* 72, 551-564.

Hempel, C.G. (1935) The Logical Analysis of Psychology, in: Block (1980a) 14-23. (Ursprünglich auf Französisch in *Revue de Synthèse* 1935.)

Hilbert, D. (1998) Artikel 'colour, theories of'. In: E. Craig (ed.) *Routledge Encyclopedia of Philosophy. Vol. 2*. London/New York: Routledge, 428-431.

Honderich, T. (1982) The Argument for Anomalous Monism. *Analysis* 42, 59-64.

Honderich, T. (ed.) (1995) *The Oxford Companion to Philosophy*. Oxford/New York: Oxford University Press.

Hooker, C.A. (1981) Towards a General Theory of Reduction. *Dialogue* 20, 38-60, 201-236, 496-529.

Horgan, T. (1982) Supervenience and Microphysics. *Pacific Philosophical Quarterly* 63, 29-43.

Horgan, T. (1993) From Supervenience to Superdupervenience: Meeting the Demands of a Material World. *Mind* 102, 555-586.

Horgan, T. and J. Woodward (1985) Folk Psychology is Here to Stay. *Philosophical Review* 94, 197-220. Wiederabdruck in: Lycan (1990a), 399-420.

Huxley, T.H. (1874) On the Hypothesis that Animals are Automata. In: T.H. Huxley (1904) *Collected Essays. Vol. 1. Method and Results*. 4th edition. London: Macmillan, 199-250.

Jackson, F. (1982) Epiphenomenal Qualia. *Philosophical Quarterly* 32, 127-136. Wiederabdruck in: Lycan (1990a), 469-477.

Jackson, F. (1986) What Mary Didn't Know. *The Journal of Philosophy* 83, 291-295. Wiederabdruck in: Rosenthal (1991), 392-394, und Block/Flanagan/Güzeldere (1997), 567-570.

Jackson, F. (1993) Appendix A (For Philosophers). *Philosophy and Phenomenological Research* 53, 899-903.

Jackson, F. (1994) Finding the Mind in the Natural World. In: R. Casati, B. Smith and G. White (eds.) *Philosophy and the Cognitive Sciences*. Wien: Hölder-Pichler-Tempsky, 101-112.

Jackson, F. (1995) Postscript to „What Mary Didn't Know". In: Moser/Trout (1995), 184-189.

Jackson, F. (1998a) *From Metaphysics to Ethics*. Oxford: Clarendon Press.

Jackson, F. (ed.) (1998b) *Consciousness*. Brookfield: Ashgate.

Jansen, L. und N. Strobach (1999) Die Unzulänglichkeit von Richard Swinburnes Versuch, die Existenz einer Seele modallogisch zu beweisen. *Zeitschrift für philosophische Forschung* 53, 268-277.

Kaplan, D. (1989) Demonstratives. In: J. Almog, J. Perry and H. Wettstein (eds.) *Themes from Kaplan*. Oxford: Oxford University Press, 481-563.

Keller, I. and H. Heckhausen (1990) Readiness Potentials Preceding Spontaneous Motor Acts. Voluntary vs. Involuntary Control. *Electroencephalography and Clinical Neurophysiology* 76, 351-361.

Kemmerling, A. (1975) Gilbert Ryle: Können und Wissen. In: J. Speck (Hg.) *Grundprobleme der großen Philosophen. Philosophie der Gegenwart III.* Göttingen: Vandenhoeck & Ruprecht, 126-166.

Kemmerling, A. (1991) Mentale Repräsentationen. *Kognitionswissenschaft* 2, 47-57.

Kim, J. (1976) Events as Property Exemplifications. In. M. Brand and D. Walton (eds.) *Action Theory.* Dordrecht: Reidel, 159-177. Wiederabdruck in: Kim (1993a), 33-52.

Kim, J. (1982) Psychological Supervenience as a Mind-Body Theory. *Cognition and Brain Theory* 5, 129-147.

Kim, J. (1984) Concepts of Supervenience. *Philosophy and Phenomenological Research* 45, 153-176. Wiederabdruck in: Kim (1993a), 53-78.

Kim, J. (1985) Psychophysical Laws. In: E. LePore and B. McLaughlin (eds.) *Actions and Events.* Oxford: Basil Blackwell, 369-386. Wiederabdruck in: Kim (1993a), 194-215.

Kim, J. (1987) 'Strong' and 'Global' Supervenience Revisited. *Philosophy and Phenomenological Research* 48, 315-326. Wiederabdruck in: Kim (1993a), 79-91.

Kim, J. (1989) The Myth of Nonreductive Materialism. *Proceedings and Addresses of the American Philosophical Association* 63, 31-47. Wiederabdruck in: Kim (1993a), 265-284.

Kim, J. (1990) Supervenience as a Philosophical Concept. *Metaphilosophy* 21, 1-27. Wiederabdruck in: Kim (1993a), 131-160.

Kim, J. (1992a) Multiple Realization and the Metaphysics of Reduction. *Philosophy and Phenomenological Research* 52, 1-26. Wiederabdruck in: Kim (1993a), 309-335.

Kim, J. (1992b) 'Downward Causation' in Emergentism and Nonreductive Materialism. In: Beckermann/Kim/Flohr (1992), 119-138.

Kim, J. (1993a) *Supervenience and Mind.* Cambridge: Cambridge University Press.

Kim, J. (1993b) The Nonreductivist's Troubles with Mental Causation. In: J. Heil and A. Mele (eds.) *Mental Causation.* Oxford: Clarendon Press, 189-210. Wiederabdruck in: Kim (1993a), 336-357.

Kim, J. (1994) Artikel 'supervenience'. In: Guttenplan (1994), 575-583.

Kim, J. (1995a) Artikel 'mind, problems of the philosophy of'. In: Honderich (1995).

Kim , J. (1995b) Artikel 'mind-body problem, the'. In: Honderich (1995).

Kim, J. (1996) *Philosophy of Mind.* Boulder CO: Westview. (Dt.: *Philosophie des Geistes.* Berlin/Heidelberg: Springer 1998)

Kim, J. and E. Sosa (eds.) (1995) *A Companion to Metaphysics.* Oxford: Blackwell.

Kripke, S. (1971) Identity and Necessity. In: M. Munitz (ed.) *Identity and Individuation.* New York, 135-164. (Dt. in: M. Sukale (Hg.) *Moderne Sprachphilosophie.* Hamburg: Hoffmann und Kampe 1976, 190-215)

Kripke, S. (1972) Naming and Necessity. In: D. Davidson and G. Harman (eds.) *Semantics of Natural Language.* 2nd edition. Dordrecht: Reidel Publishing Company, 253-355. Rev. Fassung erschienen als Monographie: *Naming and Necessity.* Cambridge MA: Harvard University Press 1980. (Dt.: *Name und Notwendigkeit.* Frankfurt am Main: Suhrkamp 1981)

Kripke, S. (1979) A Puzzle about Belief. In: A. Margalit (ed.) *Meaning and Use.* Dordrecht: Reidel, 239-283.

Kutschera, F. von (1992) Supervenience and Reductionism. *Erkenntnis* 36, 333-343.

Landesman, C. (1965/66) The New Dualism in the Philosophy of Mind. *Review of Metaphysics* 19, 329-345.

Lanz, P. (1987) *Menschliches Handeln zwischen Kausalität und Rationalität.* Frankfurt am Main: Athenäum.

Lanz, P. (1993) Vom Begriff des Geistes zur Neurophilosophie. In: A. Hügli und P. Lübcke (Hg.) *Philosophie im 20. Jahrhundert. Band 2.* Reinbek bei Hamburg: Rowohlt Taschenbuch Verlag (re 456), 270-314.

Lanz, P. (1996) *Das phänomenale Bewußtsein. Eine Verteidigung.* Frankfurt am Main: Klostermann.

Lenzen, W. (1998) Zombies, Zimbos und das 'schwierige Problem' des Bewußtseins. In: Esken/Heckmann (1998), 255-281.

LePore, E. (1994) Artikel 'conceptual role semantics'. In: Guttenplan (1994), 193-200.

Levine, J. (1983) Materialism and Qualia: The Explanatory Gap. *Pacific Philosophical Quarterly* 64, 354-361.

Levine, J. (1991) Cool Red. *Philosophical Psychology* 4, 27-40.

Levine, J. (1993) On Leaving Out What It's Like. In: Davies/Humphries (1993), 121-136. Wiederabdruck in: Block/Flanagan/Güzeldere (1997), 543-555.

Levine, J. (1997) Recent Work on Consciousness. *American Philosophical Quarterly* 34, 379-404.

Lewes, G.H. (1875) *Problems of Life and Mind. Vol. 2.* London: Kegan Paul, Trench, Turbner, & Co.

Lewis, D. (1966) An Argument for the Identity Theory. *Journal of Philosophy* 63, 17-25. Wiederabdruck in: D. Lewis, *Philosophical Papers. Vol. 1.* Oxford: Oxford University Press 1983, 99-107. (Dt. in: Beckermann (1985), 398-411)

Lewis, D. (1972) Psychophysical and Theoretical Identifications. *Australasian Journal of Philosophy* 50, 249-258. Wiederabdruck in: Block (1980a), 207-222.

Lewis, D. (1973) *Counterfactuals.* Oxford: Blackwell.

Lewis, D. (1980) Mad Pain and Martian Pain. In: Block (1980a), 216-222. Wiederabdruck in: D. Lewis, *Philosophical Papers. Vol. 1.* Oxford: Oxford University Press 1983, 122-130.

Lewis, D. (1983) Postscript to „Mad Pain and Martian Pain". In: D. Lewis, *Philosophical Papers. Vol. 1.* Oxford: Oxford University Press 1983, 130-132.

Lewis, D. (1986) Events. In: D. Lewis, *Philosophical Papers. Vol. 2.* Oxford: Oxford University Press 1986, 241-269.

Lewis, D. (1988) What experience teaches. In: *Proceedings of the Russellian Society.* University of Sydney. Wiederabdruck in: Lycan (1990a), 499-519, und Block/Flanagan/Güzeldere (1997), 579-595.

Libet, B. and Peer Commentary (1985) Unconscious Cerebral Initiative and the Role of Conscious Will in Voluntary Action. *Behavioral and Brain Sciences* 8, 529-566.

Loar, B. (1981) *Mind and Meaning.* Cambridge: Cambridge University Press.

Loar, B.(1988) Social and Psychological Content. In: R.H. Grimm and D.D. Merrill (eds.) *Contents of Thought.* Tucson: University of Arizona Press, 99-110.

Loar, B. (1990) Phenomenal States. In: J. Tomberlin (ed.) *Philosophical Perspectives 4: Action Theory and Philosophy of Mind.* Atascadero CA: Ridgeview, 81-108. In überarbeiteter Form wiederabgedruckt in: Block/Flanagan/Güzeldere (1997), 597-616.

Loewer, B. and G. Rey (eds.) (1991a) *Meaning in Mind. Fodor and his Critics.* Oxford: Blackwell.

Loewer, B. and G. Rey (1991b) Editor's introduction: In: Loewer/Rey (1991a), xi-xxvii.

Lycan, W. (1973) Inverted Spectrum. *Ratio* 15, 315-319.

Lycan, W. (ed.) (1990a) *Mind and Cognition.* Oxford: Basil Blackwell.

Lycan, W. (1990b) What is the Subjectivity of the Mental. In: J. Tomberlin (ed.) *Philosophical Perspectives 4: Action Theory and Philosophy of Mind*. Atascadero CA: Ridgeview, 109-130.

Lycan, W (1996a) *Consciousness and Experience*. Cambridge MA: MIT Press.

Lycan, W. (1996b) Philosophy of Mind. In: N. Bunnin and E.P. Tsui-James (eds.) *The Blackwell Companion to Philosophy*. Oxford, 167-197.

Lycan, W. and G. Pappas (1972) What is Eliminative Materialism? *Australasian Journal of Philosophy* 50, 149-159.

Margolis, H. (1987) *Patterns, Thinking, and Cognition*. University of Chicago Press.

Marr, D. (1982) *Vision*. New York: W.H. Freeman and Company.

Matthews, R.J. (1988) The Alleged Evidence for Representationalism. In: S. Silvers (ed.) *Rerepresentations*. Kluwer.

Matthews, R.J. (1991) Is There Vindication Through Representationalism? In: Loewer/Rey (1991a), 137-149.

McGinn, C. (1982) *The Character of Mind*. Oxford/New York: Oxford University Press.

McLaughlin, B. (1985) Anomalous Monism and the Irreducibilty of the Mental. In: E. LePore and B. McLaughlin (eds.) *Actions and Events*. Oxford: Basil Blackwell, 331-368.

McLaughlin, B. (1992) The Rise and Fall of British Emergentism. In: Beckermann/Flohr/Kim (1992), 49-93.

McLaughlin, B. (1995a) Varieties of Supervenience. In: E.E. Savellos (ed.) *Supervenience: New Essays*. Cambridge: Cambridge University Press.

McLaughlin, B. (1995b) Artikel 'philosophy of mind'. In: Audi (1995), 597-606.

Melden, A.I. (1961) *Free Action*. London: Routledge and Kegan Paul. (Dt. Auszug in: Beckermann (1985), 120-167)

Metzinger, T. (1993) *Subjekt und Selbstmodell*. Paderborn: Schöningh.

Metzinger, T. (Hg.) (1995) *Bewußtsein. Beiträge aus der Gegenwartsphilosophie*. Paderborn: Schöningh.

Millikan, R. (1984) *Language, Thought, and Other Biological Categories*. Cambridge MA: MIT Press.

Millikan, R. (1989) Biosemantics. *Journal of Philosophy* 86, 281-297.

Morgan, C. Lloyd (1923) *Emergent Evolution*. London: Williams & Norgate.

Morton, A. (1995) Artikel 'mind'. In: Honderich (1995), 569-570.

Moser, P.K. and J.D. Trout (eds.) (1995) *Contemporary Materialism*. London: Routledge.

Münch, D. (Hg.) (1992) *Kognitionswissenschaft*. Frankfurt am Main: Suhrkamp (stw 989).

Nagel, E. (1961) *The Structure of Science*. New York: Harcourt, Brace & World.

Nagel, T. (1965) Physicalism. *The Philosophical Review* 74, 339-356. (Dt. in: Bieri (1981a), 56-72)

Nagel, T. (1974) What is it like to be a bat? *Philosophical Review* 83, 435-450. Wiederabdruck in: T. Nagel (1979a), 165-180, und Block/Flanagan/ Güzeldere (1997), 519-527. (Dt. in: Bieri (1981a), 261-276, und der dt. Übersetzung von T. Nagel (1979a))

Nagel, T.(1979a) *Mortal Questions*. Cambridge: Cambridge University Press. (Dt.: *Letzte Fragen*. Philo Verlagsgesellschaft 1996)

Nagel, T. (1979b) Subjective and objective. In: T. Nagel (1979a), 196-213.

Nagel, T. (1986) *The View from Nowhere*. Oxford: Oxford University Press. (Dt.: *Der Blick von nirgendwo*. Frankfurt am Main: Suhrkamp 1992)

Nemirow, L. (1980) Review of T. Nagel's *Mortal Questions*. *Philosophical Review*, 475-476.

Nemirow, L. (1990) Physicalism and the Cognitive Role of Acquaintance. In: Lycan (1990a), 490-499.

Newell, A. (1982) The Knowledge Level. *Artificial Intelligence* 18, 87-127.

Nida-Rümelin, M. (1993) *Farben und phänomenales Wissen*. St. Augustin: Academia.

Nida-Rümelin, M. (1995) Was Mary nicht wissen konnte. In: Metzinger (1995), 259-282.

Nida-Rümelin, M. (1996) Pseudonormal Vision: An Actual Case of Qualia Inversion? *Philosophical Studies* 82, 145-157.

O'Connor, J. (ed.) (1969) *Modern Materialism: Readings on Mind-Body Identity*. New York: Harcourt, Brace & World.

Papineau, D. (1985) Representation and Explanation. *Philosophy of Science* 51, 550-572.

Papineau, D. (1988) *Reality and Representation*. Oxford: Basil Blackwell.

Papineau, D. (1993) *Philosophical Naturalism*. Oxford: Basil Blackwell.

Papineau, D. (1998) Mind the Gap. In: J. Tomberlin (ed.) *Philosophical Perspectives 12: Language, Mind, and Ontology*. Oxford: Basil Blackwell, 373-388.

Patzig, G. (1982) Platon. In: N. Hoerster (Hg.) *Klassiker des philosophischen Denkens. Band 1*. München: dtv, 9-52.

Penfield, W. and T. Rasmussen (1950) *The Cerebral Cortex of Man: A Clinical Study of Localization of Function*. New York: Macmillan.

Penfield, W. and L. Roberts (1959) *Speech and Brain-Mechanisms*. Princeton NJ: Princeton University Press.

Penfield, W. (1975) *The Mystery of the Mind: A Critical Study of Consciousness and the Human Brain*. Princeton NJ: Princeton University Press.

Penrose, R. (1989) *The Emperor's New Mind – Concerning Computers, Minds and the Laws of Physics*. Oxford/New York: Oxford University Press. (Dt.: *Computerdenken – Des Kaisers neue Kleider oder Die Debatte um künstliche Intelligenz, Bewußtsein und die Gesetze der Physik*. Heidelberg: Verlag Spektrum der Wissenschaft 1991)

Penrose, R. (1994) *Shadows of the Mind*. Oxford/New York: Oxford University Press. (Dt.: *Schatten des Geistes*. Heidelberg: Spektrum Akademischer Verlag 1995)

Place, U.T. (1956) Is consciousness a brain process? *British Journal of Psychology* 47, 44-50. Wiederabdruck in: Borst (1970), 42-51.

Platon *Phaidon*. Dt. von R. Kassner. (insel taschenbuch 379) Frankfurt am Main: Insel Verlag.

Plunkett, K. and V. Marchman (1991) U-shaped learning and frequency effects in a multi-layered perceptron. *Cognition* 38, 1-60.

Pollack, J. (1988) Recursive auto-associative memory: Devising compositional distributed representations. In: *Proceedings of the 10th Annual Conference of the Cognitive Science Society*. Hillsdale NJ: Lawrence Erlbaum.

Popper, K.R. and J.C. Eccles (1977) *The Self and Its Brain*. Berlin/Heidelberg: Springer. (Dt.: *Das Ich und sein Gehirn*. München: Piper 1982)

Priest, S. (1991) *Theories of the Mind*. London: Penguin Books.

Putnam, H. (1960) Minds and Machines. In: S. Hook (ed.) *Dimensions of Mind*. New York: Collier Books, 138-164. Wiederabdruck in: Putnam (1975a), 362-385. (Dt. in: Beckermann (1985), 364-397)

Putnam, H. (1967a) The Mental Life of Some Machines. In: H.-N. Castañeda (ed.) *Intentionality, Mind, and Perception*. Detroit. Wiederabdruck in: Putnam (1975a), 408-428.

Putnam, H. (1967b) Psychological Predicates. In: W.H. Capitan and D.D. Merrill (eds.) *Art, Mind, and Religion*. Pittsburgh PA. Unter dem Titel „The Nature of Mental States" wiederabgedruckt in Putnam (1975a), 429-440, und Block (1980a), 223-231. (Dt. in: Bieri (1981a), 121-135)

Putnam, H. (1975a) *Mind, Language, and Reality. Philosophical Papers, Vol. 2.* Cambridge: Cambridge University Press.

Putnam, H. (1975b) The Meaning of 'Meaning'. In: K. Gunderson (ed.) *Language, Mind, and Knowledge.* Minneapolis: University of Minnesota Press. Wiederabdruck in: Putnam (1975a), 215-271. (Dt.: *Die Bedeutung von 'Bedeutung'.* Frankfurt am Main: Klostermann 1979)

Pylyshyn, Z. (1984) *Computation and Cognition.* Cambridge MA: MIT Press.

Quine, W.V. (1951) Two Dogmas of Empiricism. In: Quine (1961), 20-46.

Quine, W.V. (1952) On Mental Entities. In: Quine (1966), 221-227.

Quine, W.V. (1961) *From a logical point of view.* 2nd edition. New York.

Quine, W.V.(1966) *The Ways of Paradox.* Revised and enlarged edition. New York: Random House.

Rapaport, W.J. (1988) To Think or not to Think – Critical Review of John Searle „Minds, Brains and Science". *Nous* 22, 585-609.

Reichenbach, H. (1938) *Experience and Prediction.* Chicago: University of Chicago Press.

Rey, G. (1997) *Contemporary Philosophy of Mind.* Oxford: Blackwell.

Rey, G. (1998) Qualia als enger Inhalt. In: Esken/Heckmann (1998), 359-376.

Rheinwald, R. (1991) Können Maschinen eine Sprache sprechen? Sind Computerprogramme syntaktisch oder semantisch? *Kognitionswissenschaft* 2, 37-49.

Rorty, R. (1965) Mind-Body Identity, Privacy, and Categories. *Review of Metaphysics* 19, 24-54. Wiederabdruck in: O'Connor (1969), 145-174, Borst (1970), 187-213, und Rosenthal (1971), 174-199. (Dt. in: Bieri (1981a), 93-120)

Rorty, R. (1970) In Defense of Eliminative Materialism. *Review of Metaphysics* 24, 112-121.

Rorty, R. (1979) *Philosophy and the Mirror of Nature.* Princeton: Princeton University Press. (Dt.: *Der Spiegel der Natur: Eine Kritik der Philosophie.* Frankfurt am Main: Suhrkamp 1981)

Rosenberg, J. (1990) Treating Connectionism properly. *Psychological Research* 52, 163-174.

Rosenthal, D.M. (ed.) (1971) *Materialism and the Mind-Body Problem.* Englewood Cliffs NJ.: Prentice Hall.

Rosenthal, D.M. (1986) Two Concepts of Consciousness. *Philosophical Studies* 49, 329-359.

Rosenthal, D.M. (1990) A Theory of Consciousness. Bielefeld: ZIF Report 40. Wiederabdruck in: Block/Flanagan/Güzeldere (1997), 729-754.

Rosenthal, D.M. (ed.) (1991) *The Nature of Mind*. New York/Oxford: Oxford University Press.

Russell, B. (1905) On Denoting. *Mind* 14, 479-493. (Dt. in: B. Russell, *Philosophische und politische Aufsätze*. Stuttgart: Reclam 1971, 3-22)

Russell, B. (1912) *The Problems of Philosophy*. London: Oxford University Press. (Dt.: *Probleme der Philosophie*. Frankfurt am Main: Suhrkamp 1967)

Russell, B. (1918/19) The Philosophy of Logical Atomism. *The Monist* 28/29. (Dt. in: B. Russell, *Die Philosophie des Logischen Atomismus*. München: Nymphenburger Verlagshandlung 1976, 178-277)

Ryle, G. (1945/6) Knowing How and Knowing That. *Proceedings of the Aristotelian Society* 46, 1-16.

Ryle, G. (1949) *The Concept of Mind*, London: Hutchinson. (Dt.: *Der Begriff des Geistes*. Stuttgart: Reclam 1969)

Saporiti, K. (1997) *Die Sprache des Geistes*. Berlin/New York: Walter de Gruyter.

Savigny, E. von (1993) *Die Philosophie der normalen Sprache*. 3. Auflage. Frankfurt am Main: Suhrkamp.

Schiffer, S. (1986) Functionalism and Belief. In: M. Brand and R. Harnish (eds.) *The Representation of Knowledge and Belief*. Tuscon: University of Arizona Press, 127-159.

Schiffer, S. (1987) *Remnants of Meaning*. Cambridge MA: MIT Press.

Searle, J. (1980a) Minds, Brains, and Programs. *Behavioral and Brain Sciences* 3, 417-424. (Dt. in: Münch (1992), 225-252)

Searle, J. (1980b) Intrinsic Intentionality: Reply to Criticisms of „Minds, Brains, and Programs". *Behavioral and Brain Sciences* 3, 450-456.

Searle, J. (1982) The Chinese Room Revisited: Response to Further Commentaries of „Minds, Brains, and Programs". *Behavioral and Brain Sciences* 3, 345-348.

Searle, J. (1983) *Intentionality. An Essay in the Philosophy of Mind*. Cambridge: Cambridge University Press. (Dt.: *Intentionalität. Eine Abhandlung zur Philosophie des Geistes*. Frankfurt am Main: Suhrkamp 1987)

Searle, J. (1984) *Minds, Brains and Science. The 1984 Reith Lectures*. London: BBC Publications. 2nd edition. London: Penguin Books 1989. (Dt.: *Geist, Hirn und Wissenschaft*. Frankfurt am Main: Suhrkamp 1986)

Searle, J. (1987) Minds and Brains without Programs. In: C. Blakemore and S. Greenfield (eds.) *Mindwaves: Thoughts on Intelligence, Identity and Consciousness*. Oxford: Basil Blackwell, 209-233.

Searle, J. (1992a) *The Rediscovery of the Mind*. Cambridge MA: MIT Press. (Dt.: *Die Wiederentdeckung des Geistes*. Frankfurt am Main: Suhrkamp 1996)

Searle, J. (1992b) Consciousness, explanatory inversion, and cognitive science. *Behavioral and Brain Sciences* 13, 585-596.

Searle, J. (1997) *The Mystery of Consciousness*. New York: The New York Review of Books.

Sejnowski, T.J. und C.R. Rosenberg (1986) NETtalk: a parallel network that learns to read aloud. *Cognitive Science* 14, 179-211.

Shoemaker, S. (1969) Time Without Change. *The Journal of Philosophy* 66, 363-381. Wiederabdruck in: Shoemaker (1984), 49-66.

Shoemaker, S. (1975) Functionalism and Qualia. *Philosophical Studies* 27, 291-315. Wiederabdruck in: Block (1980a), 251-267, und Shoemaker (1984), 184-205.

Shoemaker, S. (1984) *Identity, Cause, and Mind*. Cambridge: Cambridge University Press.

Smart, J.J.C. (1959) Sensations and Brain Processes. *Philosophical Review* 58, 141-156. Wiederabdruck in: Borst (1970), 52-66.

Smart, J.J.C. (1995) Postscript to „Sensations and Brain Processes". In: Moser/Trout (1995), 104-106.

Smolensky, P. (1990) Tensor product variable binding and the representation of symbolic structures in connectionist systems. *Artificial Intelligence* 46, 159-216.

Specht, R. (1966) *Descartes*. Reinbek bei Hamburg: Rowohlt.

Spence, S. and Commentary (1996) Free Will in the Light of Neuropsychiatry. *Philosophy, Psychiatry and Psychology* 3, 75-100.

Stephan, A. (1992) Emergence – A Systematic View on its Historical Facets. In: Beckermann/Flohr/Kim (1992), 25-48.

Stephan, A. (1998) *Emergenz. Von der Unvorhersagbarkeit zur Selbstorganisation*. Dresden: Dresden University Press.

Stephan, A. und A. Beckermann (1994) Stichwort: Emergenz. *Information Philosophie*, 46-51.

Sterelny, K. (1990) *The Representational Theory of Mind*. Oxford: Blackwell.

Sterelny, K. (1993) Refuting Eliminative Materialism on the Cheap? *Mind and Language* 8, 306-315.

Stich, S. (1983) *From Folk Psychology to Cognitive Science*. Cambridge MA: MIT Press.

Strawson, P. (1959) *Individuals*. London: Methuen. (Dt.: *Einzelding und logisches Subjekt*. Stuttgart: Reclam 1972)

Stump, E. and N. Kretzmann (1996) An Objection to Swinburne's Argument for Dualism. *Faith and Philosophy* 13, 405-412.

Swinburne, R. (1984) Personal Identity: The Dualist Theory. In: S. Shoemaker and R. Swinburne, *Personal Identity*. Oxford: Oxford University Press, 1-66.

Swinburne, R. (1986) *The Evolution of the Soul*. Oxford: Oxford University Press.

Swinburne, R. (1994) Body and Soul. In: R. Warner and T. Szubka (eds.) *The Mind-Body Problem: A Guide to the Current Debate*. Oxford: Blackwell, 311-316.

Swinburne, R. (1996) Dualism Intact. *Faith and Philosophy* 13, 68-77.

Tetens, H. (1994) *Geist, Gehirn, Maschine*. Stuttgart: Reclam.

Touretzky, D.S. (1990) BoltzCONS: Dynamic symbol structures in a connectionist network. *Artificial Intelligence* 46, 5-46.

Turing, A. (1936/37) On Computable Numbers with an Application to the *Entscheidungsproblem. Proceedings of the London Mathematical Society* 42, 230-265, und 43, 544-546.

Tye, M. (1986) The Subjectivity of Experience. *Mind* 95, 1-17.

Tye, M. (1993) Reflections on Dennett and Consciousness. *Philosophy and Phenomenological Research* 53, 893-898.

Tye, M. (1995) *Ten Problems of Consciousness*. Cambridge MA: MIT Press.

Urmson, J.O. (1952) Motives and Causes. *Proceedings of the Aristotelian Society* 26, 179-194. Wiederabdruck in: A.R. White (ed.) *Philosophy of Action*. Oxford: Oxford University Press 1968, 153-165.

Van Gelder, T. (1990) Compositionality: A connectionist variation on a classical theme. *Cognitive Science* 14, 355-384.

Van Gelder, T. (1995) What might Cognition be, If not Computation? *The Journal of Philosophy* 91, 345-381.

Van Gulick, R. (1993) Understanding the Phenomenal Mind: Are We All just Armadillos? In: Davies/Humphries (1993), 137-154. Wiederabdruck in: Block/Flanagan/Güzeldere (1997), 559-566.

Von Wright, G.H. (1971) *Explanation and Understanding*. London: Routledge & Kegan Paul. (Dt.: *Erklären und Verstehen*. Frankfurt am Main: Athenäum 1974)

White, S.L. (1994) Color and Notional Content. *Philosophical Topics*, 107-126.

Wilkes, K.V. (1984) Pragmatics in Science and Theory in Common Sense. *Inquiry* 27, 339-361.

Wittgenstein, L. (1921) *Tractatus logico-philosophicus*. In: *Werkausgabe, Band 1*. Frankfurt am Main: Suhrkamp 1984.

Wittgenstein, L. (1953) *Philosophische Untersuchungen*. In: *Werkausgabe, Band 1*. Frankfurt am Main: Suhrkamp 1984.

Zhao, Q. and Z. Bao (1996) Radar Target Recognition Using a Radial Basis Function Neural Network. *Neural Networks* 9, 709-720.

Zoglauer, T. (1998) Geist und Gehirn. Göttingen: Vandenhoeck & Ruprecht.

Register

Ansgar Beckermann

Einführung in die Logik

1997. 18 × 12 cm. 314 Seiten. Broschiert.
ISBN 3-11-014774-2
(Sammlung Göschen 2243)

Emergence or Reduction?

Essays on the Prospects of
Nonreductive Physicalism

Edited by Ansgar Beckermann / Hans Flohr /
Jaegwon Kim

1992. 23 × 15,5 cm. VIII, 315 pages. Cloth.
ISBN 3-11-012880-2
(Grundlagen der Kommunikation und Kognition /
Foundations of Communication and Cognition)

Walter de Gruyter Berlin · New York